Heideggers Verstrickung in den Nationalsozialismus war schon immer Gegenstand großer Kontroversen. In den letzten Jahren sind nun zahlreiche Texte und Briefe aus Heideggers Nachlass veröffentlicht worden, auf deren Basis sein Wirken neu beurteilt werden muss. Holger Zaborowski hat erstmals diese Texte umfassend gesichtet. Er beleuchtet sachlich und ausgewogen Heideggers ambivalentes Verhältnis zum Nationalsozialismus und stellt es in den Kontext seines Lebens und Denkens. Verständlich diskutiert Zaborowski dabei ein zentrales Kapitel der deutschen Geistesgeschichte.

Holger Zaborowski studierte Philosophie, Theologie und klassische Philologie in Freiburg, Basel und Cambridge und promovierte in Oxford. Von 2001–2005 war er wissenschaftlicher Assistent an der Universität Freiburg i. Br. und ist nun Professor an der philosophischen Fakultät der Catholic University of America in Washington, D.C. Er ist u. a. Mitherausgeber des Heidegger-Jahrbuchs.

Unsere Adressen im Internet: www.fischerverlage.de
www.hochschule.fischerverlage.de

Holger Zaborowski

»Eine Frage von Irre und Schuld?«

Martin Heidegger und der Nationalsozialismus

Fischer Taschenbuch Verlag

Veröffentlicht im Fischer Taschenbuch Verlag,
einem Unternehmen der S. Fischer Verlag GmbH,
Frankfurt am Main, Juni 2010

© 2010 Fischer Taschenbuchverlag in der
S. Fischer Verlag GmbH, Frankfurt am Main
Satz: Dörlemann Satz, Lemförde
Druck und Bindung: Druckerei C. H. Beck, Nördlingen
Printed in Germany
ISBN 978-3-596-18017-2

Inhalt

III.
Heidegger –
Denker im nationalsozialistischen Deutschland

**V.
Anhang**

I.

Heidegger und der Nationalsozialismus –
noch einmal?

1. »Der verwüstenden Sandstürme nicht vergessen ...«
Der »Fall Heidegger« in der Diskussion[1]

»Mögen diejenigen, die nach uns kommen,
wenn sie unseres Jahrhunderts und seiner Menschen gedenken
und ihnen die Treue zu halten versuchen,
auch der verwüstenden Sandstürme nicht vergessen,
die uns alle, jeden auf seine Weise, umhergetrieben haben,
und in denen dennoch so etwas wie dieser Mann
und sein Werk möglich waren.«[2]
Hannah Arendt

*»Die Einführung des Nationalsozialismus
in die Philosophie«?*

Nicht nur die Philosophie selbst, sondern auch die Philosophiegeschichte spielt sich oft im Verborgenen ab. Sie muss ihre Heimat nicht einmal im Elfenbeinturm welt- und lebensferner Spekulation gefunden haben, um von der Öffentlichkeit weitestgehend unbemerkt ihrer Aufgabe nachzugehen – und nachgehen zu können. Nimmt die Öffentlichkeit in der

---

1 Bei diesem ersten Kapitel handelt es sich um eine überarbeitete Fassung von Holger Zaborowski, »›Der verwüstenden Sandstürme nicht vergessen ...‹ Zur Diskussion über das Verhältnis Martin Heideggers zum Nationalsozialismus«, in: Bernd Martin (Hg.), *Von der badischen Landesuniversität zur Hochschule des 21. Jahrhunderts* (= *550 Jahre Albert-Ludwigs-Universität Freiburg. Festschrift*, 3), Freiburg/München 2007, 355–373.
2 Hannah Arendt, in: *Dem Andenken Martin Heideggers. Zum 26. Mai 1976*, Frankfurt am Main 1976, 9.

Regel nur selten regen Anteil an Gegenwart und Geschichte der Philosophie, so gibt es doch Ausnahmen: die Jubiläen, die Fest- und Geburtstage, die Ausnahmesituationen von Krisen und Katastrophen oder das öffentliche und die Öffentlichkeit herausfordernde Wort des Philosophen, das nach einer Antwort oder Stellungnahme verlangt.

Eine dieser Ausnahmen, wenn nicht sogar *die* Ausnahme der jüngeren Philosophiegeschichte ist der sogenannte Fall Heidegger. Denn zu den in der Öffentlichkeit am kontroversesten und am intensivsten diskutierten Fragen der jüngeren Geistes- und Philosophiegeschichte gehört die Frage nach dem Verhältnis Martin Heideggers und seines Denkens zum Nationalsozialismus und zur nationalsozialistischen Ideologie.

Im Rahmen dieser mit gewisser Regelmäßigkeit neu aufflammenden Diskussion werden zahlreiche Einzelfragen zur Sprache gebracht: Gibt es einen Zusammenhang zwischen dem Denken des Freiburger Philosophen und dem Nationalsozialismus, und, falls ja, wie ist dieser Zusammenhang zu charakterisieren? Welches Licht werfen die Ereignisse der Jahre 1933 und 1934, die Übernahme des Rektorats, Heideggers Rektoratsrede und seine anderen Aktivitäten als Rektor der Freiburger Albert-Ludwigs-Universität, auf seinen Denkweg vor 1933, zwischen 1933 und 1945 und nach 1945?[3] Handelt es sich bei der Rektoratsrede nur um einen »verhängnisvoll opportunistischen Ausrutscher«, wie Hans Blumenberg pointiert angemerkt hat?[4] Wollte Heidegger tatsächlich den

---

[3] Viele der Texte, die Heidegger als Rektor schrieb, sind mittlerweile im Rahmen der Gesamtausgabe der Schriften Martin Heideggers publiziert worden (vgl. hierzu vor allem GA 16, 81–274; vgl. auch *Heidegger-Jahrbuch* 4, 13–52).
[4] Hans Blumenberg, »Keine Promethiden mehr«, in: Hans Blumenberg, *Die Verführbarkeit des Philosophen*, in Verbindung mit Manfred Sommer hg. vom Hans-Blumenberg-Archiv, Frankfurt am Main 2005, 56–62, 56.

»Führer führen«?[5] War er, wie Fritz Stern annimmt, tatsächlich ein »intellectual villain par excellence«?[6] Was meinte Heidegger, als er zu Beginn des Wintersemesters 1933/34 die Studenten der Freiburger Albert-Ludwigs-Universität dazu ermahnte, dass »nicht Lehrsätze und ›Ideen‹ [...] die Regeln Eures Seins« seien? Denn, so Heidegger damals weiter, der »Führer selbst und allein *ist* die heutige und zukünftige Wirklichkeit und ihr Gesetz. Lernet immer tiefer zu wissen: Von nun an fordert jedwedes Ding Entscheidung und alles Tun Verantwortung.«[7] War, so eine andere, oft geäußerte Frage, Heidegger politisch schlichtweg naiv, und war sein Rektorat, wie Heidegger selbst argumentierte, daher nur ein »für sich bedeutungslose[r] Fall«[8]? Entwickelte er daher seine Vernunft- und Modernekritik lediglich in eine falsche Richtung und überschätzte seine eigenen Möglichkeiten, von Freiburg aus seine eigene Version des Nationalsozialismus in die Tat umzusetzen und historisch wirksam werden zu lassen? War er ein »Denker in dürftiger Zeit«, wie sein Schüler Karl Löwith annahm?[9] Inwiefern lässt sich ihm angesichts seiner zahlreichen jüdischen Schüler einerseits – wie etwa Hans Jonas, Hannah Arendt, Karl Löwith oder Herbert Marcuse –, aber auch angesichts eindeutig antisemitische Tendenzen zeigender Äußerungen und Handlungen andererseits der Vorwurf des Antisemitismus machen? Was bedeutet darüber hinaus der »Fall Heidegger« für das Selbstverständnis der Philosophie, für das Verständnis ihrer politischen Im-

---

5 Vgl. hierzu und zur Gesamtproblematik Otto Pöggeler, *Neue Wege mit Heidegger*, Freiburg i. Br./München 1992, 203–254.
6 Vgl. Fritz Stern, *Five Germanys I Have Known*, New York 2006, 365.
7 GA 16, 184.
8 GA 16, 389.
9 Karl Löwith, *Heidegger. Denker in dürftiger Zeit*, Frankfurt am Main 1953, jetzt in: Karl Löwith, *Heidegger – Denker in dürftiger Zeit. Zur Stellung der Philosophie im 20. Jahrhundert* (= Sämtliche Schriften, 8), Stuttgart 1984.

plikationen oder für die Beurteilung der Geschichte der abendländischen Philosophie? Und was bedeuten diese Fragen angesichts der stetig noch wachsenden internationalen Bedeutung Heideggers und seines Denkens nicht nur für die Philosophie, sondern für viele andere wissenschaftliche Disziplinen und weit über den Bereich der Wissenschaft hinaus?

Diese – und viele andere mit dem »Fall Heidegger« verbundene – Fragen werden immer wieder nicht nur unter Philosophen oder Historikern, sondern auch in der weiteren Öffentlichkeit diskutiert.[10] Sie haben sogar schon in der Literatur ihren Niederschlag gefunden – so etwa in Elfriede Jelineks *Totenauberg*[11] oder in Thomas Bernhards *Alte Meister*[12] – und dominieren das öffentliche Verständnis Heideggers und seiner Philosophie. Die Medien kommen dem Interesse an diesen Fragen entgegen – und fallen dabei oft den geschriebenen und ungeschriebenen Gesetzen ihrer Zunft zum Opfer. Als im Jahr 2005 Kurt Flasch Emmanuel Fayes *Heidegger. L'introduction du nazisme dans la philosophie. Autour des séminaires inédits de 1933–1935*[13] in der *Süddeutschen Zei-*

---

10 Vgl. zur Orientierung über diese Diskussion etwa Jürg Altwegg (Hg.), *Die Heidegger Kontroverse*, Frankfurt am Main 1988, Bernd Martin (Hg.), *Martin Heidegger und das ›Dritte Reich‹. Ein Kompendium*, Darmstadt 1989; Gottfried Schramm/Bernd Martin (Hg.), *Martin Heidegger. Ein Philosoph und die Politik*, Freiburg i. Br. ²2001; Dieter Thomä, »Heidegger und der Nationalsozialismus. In der Dunkelkammer der Seinsgeschichte«, in: Dieter Thomä (Hg.), *Heidegger-Handbuch. Leben – Werk – Wirkung*, Stuttgart 2003, 141–162; hilfreich ist auch Dieter Thomä, *Die Zeit des Selbst und die Zeit danach. Zur Kritik der Textgeschichte Martin Heideggers 1910–1976*, Frankfurt am Main 1990, 474–496.
11 Vgl. Elfriede Jelinek, *Totenauberg. Ein Stück*, Reinbek 1991.
12 Vgl. etwa Thomas Bernhard, *Alte Meister. Komödie*, Frankfurt am Main 2003, 87: »[...] an Heidegger, an diesen lächerlichen nationalsozialistischen Pumphosenspießer«.
13 Emmanuel Faye, *Heidegger. L'introduction du nazisme dans la philosophie. Autour des séminaires inédits de 1933–1935*, Paris 2005; die deutsche Übersetzung erschien unter dem Titel *Heidegger. Die Einführung*

tung rezensierte, lautete die Überschrift schlicht »Ein nationalsozialistischer Philosoph«.[14] Eine weitere Differenzierung (selbst ein einschränkendes Fragezeichen) schien nicht notwendig. Und als im Sommer 2007 die *Badische Zeitung* aus Anlass des 550. Geburtstages der Freiburger Albert-Ludwigs-Universität ein *Geburtstagsheft* veröffentlichte, hieß es auf der Titelseite lapidar »Peinlich: Ein Rektor namens Heidegger«. Man kann sich sicher sein, dass diese Art reißerischer Berichterstattung zumindest die gegebenen Vorurteile bestätigt: Das Rektorat Heideggers, damit scheint ein für die Universität Freiburg peinliches Kapitel benannt zu sein. Und es scheint vorausgesetzt werden zu können, dass bekannt ist, warum Heideggers Rektorat so peinlich war. Die angemessene Reaktion scheint dann darin zu bestehen, schuldbewusst Buße zu tun: Ja, wir schämen uns, so der Tenor, wir anerkennen unsere Schuld und blicken schamvoll auf diese Peinlichkeit – als gäbe es, was Person und Denken Heideggers betrifft, nichts, das jenseits dieser »Peinlichkeit« des Rektorats läge und überhaupt erst die Aufmerksamkeit für diese Peinlichkeit erklärte.[15]

Die Akte zum »Fall Heidegger« scheint aber, so legen viele Stellungnahmen nahe, abgeschlossen zu sein. Das Urteil ist gefällt. Heidegger ist für nicht wenige der »Nazi-Rektor« oder »Nazi-Philosoph«. Auch Karl Jaspers, in den 20er Jahren

des Nationalsozialismus in die Philosophie. Im Umkreis der unveröffentlichten Seminare zwischen 1933 und 1935 (aus dem Französischen von Tim Trzaskalik, Berlin 2009).
14 Vgl. für Kurt Flaschs Besprechung von Fayes Buch die *Süddeutsche Zeitung* vom 14. Juni 2005. Für eine sachgerechtere Auseinandersetzung mit Fayes Buch vgl. die Rezension von Thomas Meyer (in: *Die Zeit* vom 21. Juli 2005); Frans van Peperstraten, »Der Nazismus-Vorwurf: Wo wird das Denken zur Ideologie?«, in: *Heidegger-Jahrbuch* 5, 281–297.
15 Vgl. kritisch zu diesem Umgang mit dem Rektorat Heideggers auch Helmut Heiber, *Universität unterm Hakenkreuz. Teil II. Band 1: Die Kapitulation der Hohen Schulen. Das Jahr 1933 und seine Themen*, München 1992, 435.

des 20. Jahrhunderts ein enger Weggefährte Heideggers, sah eine nicht unbeträchtliche Kontinuität zwischen dem Denken Heideggers im Jahre 1933 und nach 1945.[16] Ist Heideggers Denken damit ein »schuldiges Denken« und er selbst schuldig zu sprechen? Ist sein gesamter philosophischer Denkweg von seinen Anfängen in den Jahren des Ersten Weltkrieges bis zum Tod Heideggers im Jahr 1976 damit diskreditiert – von den Wurzeln her in Frage gestellt, bestenfalls ein Objekt historischen, keinesfalls aber noch ein mögliches Objekt philosophischen Interesses?

Wenn aber nicht nur von Schuld, dann ist zumindest auch von einem nicht unbeträchtlichen Irrtum aufseiten Heideggers zu sprechen, einer Verblendung im Bereich des Politischen, die bei einem ansonsten so fein differenzierenden Interpreten von Texten und Ideen überrascht, sosehr sie andererseits bestehende Vorurteile über Philosophen und die ihnen seit Thales nachgesagte Weltfremdheit zu bestätigen scheint. Ein Heidegger so wohlwollend gesinnter Interpret wie Otto Pöggeler kann daher nicht umhin, in seiner Diskussion von Heideggers philosophischer Deutung der Zeitgeschichte und seinen Reden und Taten im Jahr seines Rektorates die Frage zu stellen: »Was nahm Heidegger eigentlich von der Wirklichkeit wahr?«[17] Aber kann Heidegger eigentlich so verblendet gewesen sein, dass ihm nicht klar wurde,

---

16 Vgl. hierzu etwa Karl Jaspers, *Notizen zu Martin Heidegger*, hg. von Hans Saner, München/Zürich ³1989, 267: »Wie die Denkungsart derer, die den Nationalsozialismus mit Enthusiasmus ergriffen [...] heute unverändert als solche fortbesteht, in andere Kleider geschlüpft – so in der Philosophie Heideggers und seiner Anhänger [...].«
17 Otto Pöggeler, »Von Nietzsche zu Hitler. Heideggers politische Optionen«, in: Hermann Schäfer (Hg.), *Annäherungen an Martin Heidegger. Festschrift für Hugo Ott zum 65. Geburtstag*, Frankfurt und New York 1996, 81–101, 83; vgl. in diesem Zusammenhang auch das kritische Fragen an Heidegger und das Verhältnis zwischen seinem Denken und seinem Leben stellende Nachwort zur 2. Auflage von Pöggelers *Der Denkweg Martin Heideggers*, Pfullingen ²1983, 300–336, vor allem 316–330.

worauf er sich 1933 mit der Übernahme des Rektorates eigentlich einließ? Oder war er gar nicht verblendet, sondern eher geblendet, ein begeisterter Sympathisant und Mittäter viel eher als ein Opfer, ein überzeugter Nationalsozialist viel eher als ein in die Irre geführter, politisch unklug und äußerst naiv agierender Denker? Fragen über Fragen, ohne dass sich leicht Antworten finden ließen.

Denn wer sich näher mit dem Thema »Heidegger und der Nationalsozialismus« beschäftigt, wird schnell feststellen, dass man mit dem »Fall Heidegger« nicht so schnell fertig wird, wie manche Schlagzeilen nahelegen. Man wird nicht nur darauf hinweisen müssen, dass sich Heideggers Bedeutung für die Philosophie oder die Universität Freiburg nicht auf sein »peinliches« Rektorat beschränkt, sondern dass er einer der wohl wichtigsten Philosophen des 20. Jahrhunderts ist, ein Denker, dessen Werk weit über die Philosophie hinaus Einfluss ausgeübt und viele andere wissenschaftliche Disziplinen von der Altphilologie über die Kunstwissenschaft und Psychiatrie bis zur Theologie befruchtet hat – und dies sicherlich nicht, weil er ein »nationalsozialistischer Denker« gewesen wäre. Man wird ebenfalls darauf hinweisen müssen, dass gerade auch aus historischer Perspektive das Urteil über Heideggers Rektorat und über sein Verhältnis zum Nationalsozialismus wesentlich differenzierter ausfallen müsste, als es oft geschieht. Von manchen Interpreten werden jüngere Veröffentlichungen von Texten Heideggers kaum oder nur sehr oberflächlich wahrgenommen. Und obwohl dieses Thema sehr intensiv aus historischer wie auch aus philosophischer Perspektive diskutiert worden ist, kann *letztlich* jetzt noch kein endgültiges Urteil gefällt werden. Auch die zukünftige Forschung hat noch wichtige Aufgaben und Arbeitsfelder vor sich: So ist beispielsweise die Gesamtausgabe der Werke Martin Heideggers bislang noch nicht abgeschlossen. Die sogenannten *Schwarzen Hefte*, an denen

Heidegger ab den 30er Jahren des letzten Jahrhunderts gearbeitet hat, sind noch nicht veröffentlicht. Auch gibt es
noch wichtige, vor allem auch die Jahre zwischen 1933 und
1945 und die Jahre der Nachkriegszeit betreffende Briefwechsel, die noch nicht oder nur auszugsweise veröffentlicht
sind, wie etwa der sehr umfangreiche Briefwechsel Heideggers mit seinem Bruder Fritz oder mit seiner Frau Elfride,
der bislang nur in Auswahl veröffentlicht wurde. In ähnlicher Weise gibt es auch Archivmaterial, das es weiter zu erschließen und im zeitgeschichtlichen Kontext zu diskutieren
gilt.[18]

Die Richtung, die die Diskussion um den »Fall Heidegger« in Zukunft nehmen sollte, dürfte allerdings deutlich
sein. Während die ersten Phasen der Diskussion dieses Themas – aus oft sehr verständlichen Gründen – von einem sehr
persönlichen und oft sehr polemischen Ton charakterisiert
waren, ist es nun notwendig, in einer gewissen, dem historischen Blick angemessenen Gelassenheit und Distanz das
Thema zu diskutieren.[19] Es mag dabei immer noch schwer

---

18 Ein weitere Quellen erschließender Beitrag zur Diskussion über dieses Thema liegt mit den Bänden 4 und 5 des *Heidegger-Jahrbuches. Heidegger und der Nationalsozialismus* (I: Dokumente; II: Interpretationen;
hg. von Alfred Denker und Holger Zaborowski, Freiburg/München 2009)
vor. Auf die Notwendigkeit weiterer Forschungen zur Geschichte der
deutschen Philosophie von 1933 bis 1945 verweist auch George Leaman,
»Reflections on German Philosophy and National Socialism«, in: Marion
Heinz/Goran Gretić (Hg.), *Philosophie und Zeitgeist im Nationalsozialismus*, Würzburg 2006, 233–250, 247 f.
19 Die Diskussion dürfte auch von einem größeren methodischen Bewusstsein und einer größeren hermeneutischen Sensibilität profitieren.
Zu oft zeigt sich eine mangelnde Gabe der Unterscheidung – eine der
wichtigsten Aufgaben des Historikers oder Philosophen. Einige Beispiele
für wichtige, in der Diskussion aber oft nicht gemachte Unterscheidungen mögen dies verdeutlichen. So ist etwa zu unterscheiden zwischen der
Frage nach Heideggers Kritik an der Moderne, am Liberalismus oder an
der Demokratie und der Bewertung dieser Kritik und der Frage nach seiner
Parteinahme für den Nationalsozialismus. In ähnlicher Weise ist zu un-

zu verstehen sein und als Skandal erscheinen, dass einer der zumindest aus heutiger Sicht bedeutendsten Philosophen des 20. Jahrhunderts der Verführung des Nationalsozialismus zumindest zeitweise erlag und dabei einen politischen Irrtum beging, der einen Schatten auf seinen gesamten Denkweg werfen sollte. »Bedenkenswert ist […]«, so schon 1953 Jürgen Habermas, »wie der Autor von ›Sein und Zeit‹ (das bedeutendste philosophische Ereignis seit Hegels ›Phänomenologie‹), wie also ein Denker dieses Ranges in einen so offenbaren Primitivismus verfallen konnte, als der sich die hektische Stillosigkeit jenes Aufrufs zur Selbstbehauptung der deutschen Universität bei nüchternem Zusehen erweist.«[20] Es ist daher heute nicht mehr möglich, *Sein und Zeit* mit einer Naivität zu lesen, die Heideggers Leben und damit vor allem auch die Ereignisse von 1933 und 1934 für völlig bedeutungslos erachtet.[21] Man darf diese Ereignisse aber auf der anderen Seite auch nicht über-

---

terscheiden zwischen gelegentlichen *en passant* gemachten antisemitischen Bemerkungen und einem systematisch entfalteten und rassistisch begründeten Antisemitismus (der sich im Werk Heideggers nicht belegen lässt). Aber auch was die Quellen der Diskussion betrifft, sind, wie sich noch weiter zeigen wird, sorgsame Unterscheidungen zu treffen. So ist zu unterscheiden zwischen von Heidegger selbst veröffentlichten Texten und von ihm selbst nicht veröffentlichten Quellen wie etwa Briefen und Vorlesungstexten oder auch zwischen Heideggers eigenen Unterlagen und Mit- und Nachschriften seitens seiner Studenten. Zu unterscheiden ist aber auch zwischen historischen Fakten (wie etwa bestimmten, eindeutig nachweisbaren Ereignissen des Rektorats) und wahrscheinlichen Fakten und reinen Vermutungen oder Legenden. Nur ein oberflächlicher Blick auf die Diskussion des Themas »Heidegger und der Nationalsozialismus« mag ein Defizit an Differenzierungen zeigen, das gerade angesichts der auf dieser Grundlage entwickelten Schlussfolgerungen bedenklich stimmen und zu weiteren Forschungen anregen sollte.

20 Jürgen Habermas, »Zur Veröffentlichung von Vorlesungen aus dem Jahre 1935 (1953)«, jetzt in: Jürgen Habermas, *Philosophisch-politische Profile. Erweiterte Ausgabe*, Frankfurt am Main [2]1991, 65–72, 65.

21 Vgl. z.B. Johannes Fritsche, *Historical Destiny and National Socialism in Heidegger's »Being and time«*, Berkeley 1999.

schätzen, so, als sei das Rektorat der Schlüssel, der es erlaube, das Werk Heideggers zu verstehen und abschließend zu deuten.

Die Kritik hat sich oft süffisant über Heideggers nach dem Zweiten Weltkrieg gemachte Äußerung, wer groß denke, müsse groß irren,[22] geäußert. Diese Äußerung ist – ohne Frage – nicht unproblematisch und mag aufgrund ihrer mangelnden Sensibilität kaum zur Entschuldigung dienen. Aber sie mag auch daran erinnern, dass jede Diskussion des politischen und philosophischen Irrtums Heideggers und seiner Schuld nicht den weiteren Kontext dieser Schuld, die besondere Denk-Leistung Heideggers und seinen gesamten Denk- und Lebensweg, aus den Augen verlieren sollte. So wie es Phasen gibt, in denen vor allem auch aus der zeitlichen Nähe zum Geschehen heraus die moralische Entrüstung und das Bekenntnis, nicht verstehen zu *können*, nicht verstehen zu *dürfen*, im Vordergrund steht, so gibt es andere Phasen, in denen das Bemühen um tieferes Verstehen im Vordergrund stehen sollte, ohne dass das Außerordentliche geschichtlicher Schuld und Verirrung damit trivialisiert werden darf. Auch Jürgen Habermas verwies schon 1953 darauf, dass an der Rektoratsrede »die Kritik aufhängen heißt: simplifizieren«.[23] Die Möglichkeit dazu, zu einer Simplifikationen vermeidenden Diskussion, gibt sich heute, im Anschluss an die bereits geleistete Forschung, erneut: in einem Aufarbeiten dessen, was tatsächlich geschehen ist, und in einem Diskutieren der Frage, wie darüber zu denken ist. Erneut sind also »Tatsachen und Gedanken« gefordert – so wie Heidegger in einem ersten, heute nicht gänzlich unkritisch zu sehenden

---

22 GA 13, 81. Vgl. auch Heidegger/Elfride Heidegger, 243: »je denkender der Mensch je größer die Möglichkeit der Irre – für den Denkenden ist sie schlechthin un-gemein –«
23 Jürgen Habermas, »Zur Veröffentlichung von Vorlesungen aus dem Jahre 1935 (1953)«, 65.

Versuch 1945 »Tatsachen und Gedanken« zu seinem Rektorat formulierte.[24]

»Das Geniale ist zwielichtig.«

Es wäre ein wichtiges und für die weitere Debatte aufschluss-
reiches philosophie- und zeitgeschichtliches Forschungsvor-
haben, die Diskussion des »Falles Heideggers« in der Öffentlichkeit ausführlich darzustellen und zu analysieren. Eine
solche Untersuchung dürfte zu interessanten Ergebnissen
führen und unter anderem auch bei verschiedenen Diskutan-
ten bestimmte, in der Debatte nicht immer eindeutige Interessen und damit oft eine nicht ganz nüchterne historische
oder philosophiegeschichtliche Einschätzung des Verhältnisses Heideggers und seines Denkens zum Nationalsozialismus vorfinden.

Auf einige Beispiele aus der jüngsten Vergangenheit sei
dabei verwiesen. Emmanuel Faye stellt in seinem *Heidegger.*
Die Einführung des Nationalsozialismus in die Philosophie
die Frage nach dem Zusammenhang zwischen Heideggers
politischen Überzeugungen und seinem philosophischen Denken und damit auch die Frage nach dem Zusammenhang von
Leben und Denken Heideggers. Auch ihm erscheint Heidegger letztlich als ein Denker, dessen Werk von seinem Leben –
vor allem von seinem Eintreten für den Nationalsozialismus – nicht getrennt werden könne und das aufgrund seiner
nationalsozialistischen Prinzipien – so Faye – keinen Anspruch auf einen Platz in philosophischen Bibliotheken stellen dürfe.[25] Faye geht dabei so weit, die Frage zu diskutieren,

---

24 GA 16, 372–394. Vgl. auch Hugo Ott, *Martin Heidegger. Unterwegs zu*
seiner Biographie, Frankfurt am Main 1988, 224–246.
25 Emmanuel Faye, *Heidegger. Die Einführung des Nationalsozialismus*
in die Philosophie, 426.

ob Heidegger noch als Philosoph bezeichnet werden könne.[26]
Es mag hier aber zu fragen sein, ob Emmanuel Fayes radikaler
Angriff auf Heidegger nicht vor allem auch im Zusammenhang einer Kritik des Anti-Cartesianismus der französischen
Nachkriegsphilosophie zu lesen ist, die seine Interpretation
des historischen Materials in kaum zu rechtfertigender Weise
vereinfacht und verzerrt hat. Fayes radikale und zu simplizis-
tische Gegenüberstellung von Descartes und Heidegger und
den philosophischen Traditionen, zu denen sie gehören – das
humanistische, die menschliche Entwicklung vorantreibende
Denken Descartes auf der einen, das destruktive, die Prinzipien des »Hitlerismus« aufgreifende Denken Heideggers auf
der anderen Seite –, und seine kritischen Hinweise auf die Situation der von Heidegger beeinflussten französischen Philosophie der zweiten Hälfte des 20. Jahrhunderts belegen diese
über das für eine sachliche Argumentation angemessene Maß
hinausgehende Perspektivität seiner Argumentation sehr
deutlich[27] – gewissermaßen ein Zuviel an Perspektivität, das
sich in vielen Beiträgen zur Debatte um Heideggers Verhältnis
zum Nationalsozialismus aufweisen lässt, wie auch immer
die grundsätzliche Orientierung dieser Beiträge aussehen mag.

Denn andererseits muss man auch an Versuche, Heidegger
gegen seine Kritiker zu verteidigen, wie etwa an Silvio Viettas
*Heideggers Kritik am Nationalsozialismus und an der Tech-
nik* die Frage richten, ob hier nicht die Radikalität der Kritik
Heideggers am Nationalsozialismus und ihre Auswirkungen
überbetont und letztlich aufgrund mangelnder Differenzierungen verzerrt dargestellt werden. So weist Vietta darauf
hin, Heidegger habe »*schon in einer Frühphase* der nationalsozialistischen Herrschaft begriffen, in welchem Maße der

26 Emmanuel Faye, *Heidegger. Die Einführung des Nationalsolzialismus in die Philosophie*, 429.
27 Emmanuel Faye, *Die Einführung des Nationalsolzialismus in die Philosophie*, 429 ff. Vgl. hierzu auch das gesamte »Schlußwort«, 423–431.

Nationalsozialismus Wissenschaft und Technik in den
Dienst einer entfesselten Machtpolitik stellte«, spricht von
einer »*radikal* kritischen« Auseinandersetzung Heideggers
mit dem Nationalsozialismus oder davon, dass Heidegger
»[s]pätestens 1938 [...] die Ideologie sowohl wie die Praxis des
nationalsozialistischen Regimes *mit aller Klarheit* [...] als
eine Erscheinungsform des Nihilismus, der ›Seinsverlassenheit‹ durchschaut« habe.[28] So leicht, wie manche Verteidiger
Heideggers es sich gemacht haben und nach wie vor machen,
darf man es sich angesichts des historischen und philosophischen Befundes, der zeigt, wie komplex und auch ambivalent
Heideggers Verhältnis zum Nationalsozialismus gewesen ist,
nicht machen. Weitere Differenzierungen sind notwendig.
Daher muss man sich auch darum bemühen, die rechten
Kategorien zu finden: Denn wie soll man erst die Auseinandersetzung vieler Emigranten oder Widerstandskämpfer mit
dem Nationalsozialismus bezeichnen, wenn bereits Heideggers Auseinandersetzung mit der totalitären Ideologie des
Nationalsozialismus als »radikal kritisch« bezeichnet wird?
Heideggers Auseinandersetzung mit dem Nationalsozialismus war ab einem bestimmten Zeitpunkt sehr kritisch – und
man kann sie vielleicht auch als »radikal« bezeichnen, wenn
man Heideggers Anliegen, die eigentlichen Wurzeln des Nationalsozialismus aufzudecken, teilt. Aber man muss dann
auch ohne Zweifel noch weitere Differenzierungen vorneh-
men. Denn wie geht man damit um, dass Heidegger sich in
seiner Kritik auf bestimmte Momente des Nationalsozialismus beschränkte, wie etwa den nationalsozialistischen Umgang mit der Technik oder das Unvermögen der Nationalsozialisten, eine wirklich grundlegende Reform der deutschen
Universität zu bewerkstelligen, andere zentrale Bestandteile

---

28 Silvio Vietta, *Heideggers Kritik am Nationalsozialismus und an der
Technik*, Tübingen 1989, 10–11.

der nationalsozialistischen Ideologie aber kaum der Erwäh-
nung wert erachtete und ihnen gar mit einer gewissen Sympathie gegenüberzustehen schien? Und wie deutet man, dass
er seine Kritik aus einer bestimmten Perspektive entwickelt,
nämlich auf der Grundlage einer höchst spekulativen »Theorie«, in der die Seinsgeschichte und -vergessenheit eine zentrale Stellung einnehmen? Ist Heideggers Kritik des Nationalsozialismus bei aller »Radikalität« in der einen Hinsicht
nicht allzu oberflächlich in einer anderen, aber nicht weniger
wichtigen und zentralen Hinsicht? Diese Fragen sind nach
wie vor von zentraler Bedeutung.

Die Frage nach dem Verhältnis Heideggers zum Nationalsozialismus darf der Interpret des heideggerschen Denkens
daher weder gänzlich übergehen – so als sei dies bestenfalls eine Frage für philosophische Anekdotensammler oder
für Soziologen und Historiker, die kaum der philosophiegeschichtlichen Bedeutung Heideggers und seiner eigenen Philosophie gerecht werden können. Noch darf diese Frage relativiert werden, so als lasse sich kaum noch Wichtiges zu dieser
Frage sagen, da diese fast »bis zum Überdruß« diskutiert sei[29]
oder da Heidegger ein gänzlich unpolitischer Denker oder gar
ein verborgener Widerstandskämpfer *sui generis* – ein Wider-
ständler »geistiger Art«, wie Heidegger 1945 selbst behaupten sollte[30] – gewesen sei. Derlei Interpretationen können
heute kaum noch überzeugen. Auch die von Heidegger selbst
und von vielen Verteidigern immer wieder angeführte »offi-
cial story« ist auf Grundlage historischer und philosophie-

---

29 Vgl. Heinrich Wiegand Petzet, *Auf einen Stern zugehen. Begegnungen
und Gespräche mit Martin Heidegger 1929–1976*, Frankfurt am Main
1983, 31.
30 Vgl. hierzu GA 16, 404. 1950 spricht Heidegger korrekter davon, dass
er ab seinem Rücktritt vom Rektorat »in einer immer schärfer werdenden geistigen Auseinandersetzung bzw. Kritik an den ungeistigen Grundlagen der ›nationalsozialistischen Weltanschauung‹ gestanden« sei (GA 16,
452).

geschichtlicher Forschungen zu ergänzen und teils auch zu korrigieren.[31]

Es mag heute geboten sein, die Diskussion auf einer Ebene zu führen, die der Komplexität dessen, was geschah, und seiner Ambivalenz gerecht wird. Denn gerade der geschichtliche Kontext einer totalitären Diktatur erzwingt oft Aussagen und Handlungen, die nicht eindeutig sind, sondern sich in einer gewissen semantischen Schwebe halten: Was für die einen Bestätigung dafür ist, dass Heidegger bis zum Ende der nationalsozialistische Ideologie (ob nun in seiner eigenen oder in der offiziellen Version) mit großer Sympathie gegenüberstand, ist für andere ein Zeichen seiner Vorsicht, die ihm gerade jenen Schutzraum eröffnete, in dem er seine Kritik des Nationalsozialismus entwickeln konnte. Die Wahrheit mag oft in der Mitte liegen, darin, dass Heidegger selbst dem Nationalsozialismus gegenüber zumindest für einige Jahre eine ambivalente Haltung eingenommen hat – »Das Geniale«, so Habermas mit Bezug auf Heidegger, »ist zwielichtig«[32] –, dass er zumindest eine gewisse Zeit lang »gute« von »schlechten« Momenten des Nationalsozialismus unterschied und mal die eine, mal die andere Perspektive im Vordergrund stand – wie letztlich bei so vielen Deutschen, die die Jahre 1933 bis 1945 erlebt haben und angesichts deren das überlieferte Verständnis von Schuld und Unschuld oft an seine Grenzen zu geraten scheint.

Eine Darstellung und Analyse der Diskussion um das Verhältnis Heideggers zum Nationalsozialismus dürfte aber auch zeigen, inwiefern immer wieder ein Missverhältnis zwischen

---

31 Vgl. hier etwa Michael E. Zimmerman, *Heidegger's Confrontation with Modernity. Technology, Politics, and Art*, Bloomington and Indianapolis 1990, 36–45; Julian Young, *Heidegger, Philosophy, Nazism*, Cambridge 1997, 1 ff.
32 Jürgen Habermas, »Zur Veröffentlichung von Vorlesungen aus dem Jahre 1935 (1953)«, 65.

der Darstellung des »Falles Heidegger« und der tatsächlichen historischen Bedeutung von Heideggers Engagement für den Nationalsozialismus – sehen wir hier von seiner tatsächlich gut belegbaren kritischen Auseinandersetzung mit dem Nationalsozialismus einmal ab – herrscht. So wird im *Spiegel-Gespräch* mit Martin Heidegger zu Recht – und zwar nicht von Heidegger selbst – darauf hingewiesen, dass Heideggers philosophisches Werk »von nicht sehr lange währenden Vorkommnissen Ihres [scil. Heideggers, H.Z.] Lebens« ein wenig umschattet werde.[33] Wenn auch in der Öffentlichkeit oft ein anderer Eindruck erweckt wird, so war Heidegger alles andere als ein »nationalsozialistischer Hausphilosoph« wie etwa Alfred Rosenberg, Ernst Krieck oder Alfred Baeumler.[34] Im Vergleich zu führenden Nationalsozialisten oder zu anderen Mitläufern war er eher ein »kleines Licht«, dessen Werk seitens vieler Nationalsozialisten überdies sehr kritisch verfolgt wurde.[35] Heidegger wünschte sich anfänglich ohne Zweifel in den Worten Günter Grass', »von einem Hitler beim Wort genommen zu werden [...], ohne daß er«, wie Grass ganz zu Recht betont, »beim Wort genommen wurde«.[36] Für die nationalsozialistischen Herrscher spielte

---

33 GA 16, 652.

34 Zu Krieck und Baeumler vgl. auch Hans-Joachim Dahms, »Philosophie«, in: Frank-Rutger Hausmann, *Die Rolle der Geisteswissenschaften im Dritten Reich 1933–1945*, München 2002, 193–227, 223 ff. Zu Rosenberg vgl. die wichtige Studie von Ernst Piper, *Alfred Rosenberg. Hitlers Chefideologe*, München 2005; vgl. in diesem Zusammenhang auch George Leaman, »Deutsche Philosophen und das ›Amt Rosenberg‹«, in: Ilse Korotin (Hg.), »*Die besten Geister der Nation.*« *Philosophie und Nationalsozialismus*, Wien 1994, 41–65.

35 Bislang ist die Rezeption Heideggers in Deutschland zwischen 1933 und 1945 wenig erforscht. Heidegger verweist selbst darauf, dass nach seinem Rücktritt vom Rektorat »das Verdächtigen, das bis zur Anpöbelung ausartete« begonnen habe (vgl. hierzu GA 16, 390 ff.). Diesen »Verdächtigungen« ist noch weiter historisch nachzugehen. Ein erster Ansatz dazu ist im Kapitel 13 unternommen worden.

36 Günter Grass, »Zwischenbilanz. Versuch, ein Nachwort zu schreiben«,

Heidegger und sein Denken nämlich kaum eine bedeutende Rolle.

Weit eher verfolgten die nationalsozialistischen Machthaber sehr kritisch die Aktivitäten Heideggers, der zunächst gewissermaßen eher seiner eigenen Version des Nationalsozialismus das Wort redete, als einer bestimmten offiziellen Parteilinie zu folgen, und dann tatsächlich zunehmend zum Kritiker des Nationalsozialismus – seines Biologismus[37] und seines Technik- und Volksverständnisses – wurde – ganz zu schweigen davon, dass bestimmte Momente des heideggerschen Denkens schon sehr früh von nationalsozialistischer Seite als unvereinbar mit der offiziellen Parteiideologie betrachtet wurden. Was die Rektoratsrede betrifft, so betont Heidegger selbst, dass der Minister Wacker ihn am Tage der Rektoratsrede kritisch darauf hingewiesen habe, dass er in seiner Rektoratsrede »eine Art von ›Privatnationalsozialismus‹« entwickelt, den Rassegedanken vernachlässigt und die Idee der ›politischen Wissenschaft‹ zurückgewiesen habe.[38]

in: Günter Grass, *Essays. Reden. Briefe. Kommentare* (= *Werkausgabe*, IX), 264–274, 265.

37 Es ist wichtig, darauf hinzuweisen, dass Heidegger mit seiner Kritik am biologistischen Rassismus des Nationalsozialismus mit der Zustimmung vieler anderer Philosophen rechnen konnte und dass dies allein nicht Zeichen einer radikalen Kritik am Nationalsozialismus ist. Vgl. etwa George Leaman, »Reflections on German Philosophy and National Socialism«, 238: »It was possible for philosophers to reject this concept [scil. das »biological concept of race«, H.Z.] and still remain committed to a belief in innate German superiority and some notion of racial hierarchy, and generally support the political objectives of the Nazi Party.«

38 Vgl. hierzu GA 16, 381ff. Vgl. auch Heinrich Wiegand Petzet, *Auf einen Stern zugehen. Begegnungen und Gespräche mit Martin Heidegger 1929–1976*, 35f.; Otto Pöggeler, *Der Denkweg Martin Heideggers*, 320ff.; Reinhard Mehring, *Heideggers Überlieferungsgeschick. Eine dionysische Inszenierung*, Würzburg 1992, v.a. 76–83. Zur Bedeutung des Rassebegriffs für die nationalsozialistische Ideologie vgl. »Rasse«, in: Cornelia Schmitz-Berning, *Vokabular des Nationalsozialismus*, Berlin 2000, 481–491.

Die – in Kapitel 13 näher dargestellte – Rezeption der Philosophie Heideggers in den Jahren 1933 bis 1945 zeigt sehr deutlich, dass die Differenz zwischen der nationalsozialistischen Ideologie und Heideggers Philosophie deutlich wahrgenommen und öffentlich diskutiert wurde. Heidegger galt 1945 – aus Schweizer Sicht – als einer der »›Stillen‹ im Land«, der »nach einem Zusammenstoß mit Vertretern des Regimes« 1934 von seinem Amt als Rektor zurückgetreten sei.[39] Dennoch ist die Auseinandersetzung um den »Fall Heidegger« oft sehr scharf und polemisch geführt worden. Dies dürfte sich dadurch erklären, dass Heidegger zum einen unmittelbar nach der nationalsozialistischen Machtergreifung 1933 und als der führende deutsche Philosoph seiner Zeit Partei für den Nationalsozialismus ergriff, er aber zum anderen seine kritische Auseinandersetzung mit dem Nationalsozialismus weitestgehend von der Öffentlichkeit unbemerkt – etwa in Vorlesungen und Seminaren oder in bis nach seinem Tod nicht veröffentlichten (Nachlass-)Manuskripten[40] – entwickelte und zu seinen Lebzeiten nach 1945 relativ wenig zur Erklärung oder auch zu seiner eigenen Verteidigung unternahm.

Jeder Leser des berühmten, 1966 geführten, aber aufgrund von Heideggers ausdrücklichem Wunsch erst nach seinem Tod im Mai 1976 veröffentlichten »Spiegel-Gespräches« fragt sich etwa, warum Heidegger einer Veröffentlichung dieses Gespräches zu seinen eigenen Lebzeiten nicht zustimmen wollte. Heideggers Aussagen in diesem Gespräch enthalten wenig, was ihn über die bereits bekannten Fakten hinaus belastet

---

39 Vgl. hierzu Raphael Meile O.S.B., »Martin Heideggers Existentialphilosophie im Aufriß«, in: *Annalen der Philosophischen Gesellschaft Innerschweiz*, Mai/Juni 1945, 2. Jg. Nr. 1, 4–16, 7.
40 Hier ist vor allem an Martin Heidegger, *Beiträge zur Philosophie (Vom Ereignis) (1936–1938)* (GA 65) und an *Besinnung (1938–1939)* (GA 66), aber auch an einige andere Nachlassmanuskripte (vgl. GA 69; 70; 71; 73; 74; 75; 77) zu denken.

hätte, erklären aber zumindest aus seiner eigenen Perspektive heraus manches andere und stellen es in einen biographischen, historischen oder philosophischen Kontext.[41] In ähnlicher Weise mag man fragen, warum Heidegger seinen Aufsatz »Tatsachen und Gedanken«,[42] in dem er sich 1945 zu seinem Rektorat und den Jahren nach seinem Rektorat äußerte, nicht zu seinen Lebzeiten veröffentlicht hat, so dass er selbst zu kritischen Erwiderungen hätte Stellung nehmen können. Man mag für diese Entscheidungen mögliche Gründe anführen – etwa persönliche Scham, die Furcht, dass seine Darlegungen nicht verstanden würden, der Wille, sich auf das, was er für das eigentlich Wichtige hielt, zu konzentrieren,[43] oder die Tatsache, dass er sich nicht in die nicht kleine Reihe derer einreihen wollte, die es immer schon besser gewusst haben wollten –, wird aber kaum umhinkönnen, diese Entscheidungen zumindest als unglücklich zu bezeichnen. Wenn auch die historische Forschung nicht mit allem, was Heidegger im »Spiegel-Gespräch« oder in den »Tatsachen und Gedanken« sagt, einverstanden sein kann, so hätte doch die Veröffentlichung dieser Texte zu Lebzeiten Heideggers eine – von vielen lang erwartete – öffentliche Stellungnahme bedeutet und manches klären können – vor allem auch zum Vorteil Heideggers.[44]

---

41 Vgl. auch Hans Blumenberg, »Die Verführbarkeit des Philosophen«, in: Hans Blumenberg, *Die Verführbarkeit des Philosophen*, 100–106, 100.
42 Vgl. GA 16, 372–394.
43 Darauf, dass Heidegger sein eigenes Schweigen so verstanden haben könnte, deutet ein Rat hin, den er in einer anderen Situation Rudolf Bultmann gegeben hat: »Ich möchte Dir einen freundschaftlichen Rat geben: diese ganze Polemik auf die Seite zu stellen, auf die Gefahr hin, daß die Gegner das Schweigen als Eingeständnis der ›Richtigkeit‹ ihres Standpunktes ausrufen« (Heidegger/Bultmann, 160). Besonders nach 1945 hat Heidegger, wie wir sehen werden, auch viel über das Schweigen – und damit auch über sein eigenes Schweigen – nachgedacht.
44 Vgl. aus einer äußerst kritischen, aber kaum überzeugenden Perspektive hierzu auch Frank Hartmann, *Denker Denken Geschichte. Erkundungen zu Philosophie und Nationalsozialismus*, Wien 1994, 56–59.

»Ernüchterung eines Philosophen«

Es kann nicht geleugnet werden, dass Heidegger vor allem durch sein nicht nur hochschulpolitisch relevantes Engagement als Rektor der Freiburger Universität Schuld auf sich geladen und sich politisch verirrt hat. Auch kann nicht geleugnet werden, dass es gerade aus politischer oder politisch-philosophischer Sicht sehr problematische Aspekte seines Denkens gibt. Heidegger hat, um mit Hans Blumenberg zu sprechen, das heute unbestrittene Recht auf Irrtum gründlich wahrgenommen.[45] Man kann Heidegger und sein Engagement der Jahre 1933 und 1934 nicht einfach mit dem Hinweis darauf, dass er, wie Heinrich Wiegand Petzet darlegte, »von Hause aus kein politischer Mensch« gewesen sei, entschuldigen.[46] Diesen Versuchen der Entschuldigung Heideggers gegenüber bleibt Karl Jaspers im Recht: »Man könnte denken«, so Jaspers in seinen Überlegungen zur politischen Schuld der Deutschen an der nationalsozialistischen Diktatur, »es dürfe doch Menschen geben, die völlig apolitisch seien, ein Dasein außerhalb führten wie Mönche, Einsiedler, Gelehrte und Forscher, Künstler. Wenn sie wirklich apolitisch seien, so trügen sie auch nicht mit an der Schuld. Aber«, so Jaspers weiter, »die politische Haftung trifft sie mit, weil auch sie ihr Leben durch die Ordnung des Staates haben. Es gibt kein außerhalb in modernen Staaten.«[47] Es muss daher in Frage gestellt wer-

---

45 Vgl. Hans Blumenberg, »Die Verführbarkeit des Philosophen«, 100. Vgl. ähnlich auch Max Müllers Stellungnahme in seiner Rezension der *Einführung in die Metaphysik* (Heidegger/Müller, 90).

46 Vgl. etwa Heinrich Wiegand Petzet, *Auf einen Stern zugehen. Begegnungen und Gespräche mit Martin Heidegger 1929–1976*, 37. Ähnlich hat die Bereinigungskommission 1945 Heideggers politische Verirrung zu erklären versucht (vgl. Hugo Ott, *Martin Heidegger. Unterwegs zu seiner Biographie*, 305).

47 Karl Jaspers, *Die Schuldfrage. Zur politischen Haftung Deutschlands*, München 1987, 41. Vgl. hierzu auch das Gutachten Jaspers' (in: Hugo Ott, *Martin Heidegger. Unterwegs zu seiner Biographie*, 315–317, 316f.): »Ich

den, ob Heidegger tatsächlich so unpolitisch war, wie Petzet
(und andere) nahelegen.[48] Es finden sich ja nicht nur seit
seinen frühen Freiburger Vorlesungen, sondern auch in vielen seiner späteren Schriften immer wieder oft *en passant*
gemachte Bemerkungen zur zeitgeschichtlichen und politischen Situation, die keinesfalls in den Bereich der Allotria zu
verbannen sind. Die zentralen Themen des heideggerschen
Denkens haben überdies – von Heidegger selbst oft nicht direkt erschlossene – politische Implikationen, mit denen sich
die Heidegger-Forschung vor allem angesichts des mittlerweile historisch gut erschlossenen Rektorats auseinanderset-
zen muss.[49]

erkenne in einem gewissen Umfang die persönliche Entschuldigung an,
Heidegger sei seiner Natur nach unpolitisch; der Nationalsozialismus,
den er sich zurechtgemacht habe, hätte mit dem wirklichen nichts gemein. Dazu würde ich jedoch erstens an das Wort Max Webers von 1919
erinnern: Kinder, die in das Rad der Weltgeschichte greifen, werden zer-
schmettert. Zweitens würde ich einschränken: [...] seine [scil. Heideggers,
H.Z.] Sprechweise und seine Handlungen haben eine gewisse Verwandtschaft mit nationalsozialistischen Erscheinungen, die seinen Irrtum be-
greiflich machen.«
48 Vgl. auch Gerd Tellenbach, *Aus erinnerter Zeitgeschichte*, Freiburg
im Breisgau 1981, 110f.: »Äußerte er doch in dem Interview, das er Rudolf
Augstein zu postumer Veröffentlichung gewährte, er habe sich vor 1933
nie mit Politik beschäftigt. Das sollte ihn entschuldigen! Als ob irgendein
Mensch, in Handeln, Erleiden oder bloßer Indifferenz ohne politische Wirkung und Mitverantwortung wäre. Und als ob er, Heidegger, mit seiner
Philosophie, nicht in geschichtlichen Zusammenhängen gestanden und
politische Wirkungen ausgeübt hätte.«
49 Vgl. zur politischen Dimension des Denkens Heideggers neben Otto
Pöggeler, *Philosophie und Politik bei Heidegger*, Freiburg/München 1974
auch Miguel de Beistegui, *Heidegger & the Political. Dystopias*, London/
New York 1998; Richard Wolin, *The Politics of Being. The Political
Thought of Martin Heidegger*, New York 1990; Alexander Schwan, *Politische Philosophie im Denken Heidegger*, Opladen ²1989. Auch Leo Strauss
hat sich mit Heideggers Denken aus der Sicht der politischen Philosophie
in mehreren Aufsätzen kritisch beschäftigt. Vgl. hierzu Richard Velkley,
»Heidegger, Strauss und der Nationalsozialismus«, in: *Heidegger-Jahrbuch* 5, 235–241.

Man kann aber nur dann Heideggers Schuld und seinen Irrtum recht einschätzen und beurteilen, wenn die weiteren
Kontexte des heideggerschen Denk- und Lebensweges ausreichend berücksichtigt werden. In diesem Zusammenhang ist
etwa an den Kontext der sogenannten konservativen Revolution,[50] den Kontext der Moderne- und Demokratiekritik oder
den Kontext der Universitätsgeschichte des frühen 20. Jahrhunderts zu denken. Dabei muss man zweifellos nicht so
weit gehen, mit Heidegger sein Rektorat als »Anzeichen für
den metaphysischen Wesenszustand der Wissenschaft, die
nicht mehr durch Erneuerungsversuche bestimmt und in ihrer Wesensveränderung in reine Technik aufgehalten werden
kann«,[51] zu bestimmen. Es gilt aber sicherlich, Heideggers
Rektorat (d.h. die Tatsache der Übernahme des Rektorats wie
auch die eigentliche Amtsführung als Rektor) zumindest
auch im Kontext der Entwicklung seines eigenen Denkens zu
interpretieren.

Heidegger hat sich nämlich seit 1919 immer wieder mit der
Krise der Universität und der Frage nach der Organisation des
akademischen Studiums beschäftigt. So hat er bereits im
Sommersemester 1919 eine Vorlesung »Über das Wesen der
Universität und das akademische Studium«[52] gehalten – ein
Thema, das er nicht nur in vielen Bemerkungen in seinen
Vorlesungen, sondern ausdrücklich auch in der Vorlesung
»Einführung in das akademische Studium«[53] wieder aufgrei-
fen sollte. Auch in Heideggers Briefwechseln mit seiner
Frau Elfride, mit Karl Jaspers oder mit Elisabeth Blochmann
spielen in den 1920er und frühen 1930er Jahren die Fragen
nach der Neuorganisation des universitären Lebens eine

---

50 Vgl. hierzu die wichtige Studie von Stefan Breuer, *Anatomie der kon-*
servativen Revolution, Darmstadt ²1995 (dort weitere Literaturangaben).
51 GA 16, 389.
52 Vgl. GA 56/57, 205–214.
53 Vgl. GA 28, 347–361.

große Rolle. »Die jetzt wieder aufgeregter einsetzenden zufälligen Reformversuche an den Universitäten werden die Ratlosigkeit nur noch mehr«, so Heidegger im September 1930 an Elisabeth Blochmann, »u. hoffentlich handgreiflich an den Tag bringen.«[54] Nicht nur Heidegger, sondern auch Karl Jaspers hat sich zu Fragen der Universitätsreform geäußert;[55] beide schmiedeten sogar den »Plan einer aristokratischen Universität«, den sie für »vorläufig utopisch« hielten.[56] Heidegger und Jaspers haben damit Fragen aufgegriffen, die unter anderem auch für die Philosophen des deutschen Idealismus von großer Bedeutung gewesen sind,[57] vor allem aber in den Jahren nach dem Ersten Weltkrieg zu einer wahren Fülle von Publikationen führten. Wenn Heidegger also in der Rektoratsrede unter dem Titel »Die Selbstbehauptung der deutschen Universität«[58] auch die Aufgabe einer Selbstverwaltung und Selbstbesinnung der deutschen Universität nennt und dabei reiche Anleihen an der griechischen Philo-

---

54 Heidegger/Blochmann, 38.
55 Vgl. hierzu neben Karl Jaspers, *Die Idee der Universität*, Berlin 1923 auch Alfred Denker, »Die Neubelebung der Philosophie in dürftiger Zeit – Martin Heidegger und Karl Jaspers (1919–1933)«, in: Stephan Loos/Holger Zaborowski (Hg.), *Leben, Tod und Entscheidung. Studien zur Geistesgeschichte der Weimarer Republik*, Berlin 2003, 33–56; Alfred Denker, »Martin Heidegger, Karl Jaspers und die Universitätsreform (1919–1933)«, in: *Heidegger-Jahrbuch* 5, 32–45.
56 Heidegger/Jaspers, 135.
57 Vgl. hierzu Ernst Anrich (Hg.), *Die Idee der deutschen Universität. Die fünf Grundschriften aus der Zeit ihrer Neubegründung durch klassischen Idealismus und romantischen Realismus*, Darmstadt ²1964.
58 GA 16, 107–117. Dabei ist in der Forschung umstritten, ob es Heidegger tatsächlich um die *Selbst*behauptung der deutschen Universität ging oder ob er nicht vielmehr die Unabhängigkeit der Universität (im Sinne der akademischen Freiheit) der Unterordnung unter eine bestimmte politische Programmatik opferte. Heidegger hat sich zum Anliegen seiner Rektoratsrede selbst geäußert. Er habe die »Idee der ›politischen Wissenschaft‹, die vom Nationalsozialismus verkündet wurde« abgelehnt und zurückgewiesen (GA 16, 378). Vgl. kritisch hierzu Richard Wolin, *The Politics of Being. The Political Thought of Martin Heidegger*, 91.

sophie macht,[59] dann ist dies nicht nur im unmittelbaren historischen Kontext der nationalsozialistischen Machtergreifung, sondern auch im weiteren geistesgeschichtlichen Kontext des Nachdenkens über das Wesen universitärer Bildung, der gerade in den Jahren nach dem Ersten Weltkrieg sich verschärfenden Krise des humboldtschen Universitätsideals und der für die deutsche Literatur und Philosophie charakteristischen Orientierung an der griechischen Antike zu verstehen. Gerade dass es in der Rektoratsrede um die *Selbst*behauptung der deutschen Universität ging, mag auch zeigen, inwiefern, bei aller Beschwörung des nationalen Aufbruchs und seiner »Herrlichkeit« und »Größe«,[60] Heideggers Rektoratsrede sich nur schlecht mit dem nationalsozialistischen Programm einer politisierenden Gleichschaltung der Universitäten vereinbaren ließ.

Heidegger hat für eine kurze Zeit geglaubt, die nationalsozialistische Revolution erlaube es, die Universität grundlegend – und letztlich in seinem Sinne – zu reformieren, so dass sich die Universität in einer Zeit der Identitätskrise selbst behaupten könne. Dass Heidegger sich hier gründlich geirrt hatte, sah er bald selbst ein.[61] Damit änderte sich auch – und zwar nicht in einem radikalen Bruch, sondern Schritt für Schritt – sein Verhältnis zum nationalsozialistischen Regime. So weist Walter Biemel darauf hin, dass er »[i]n einer barbarischen Zeit, unter einer barbarischen Herrschaft [...] in Heideggers Seminar und in seinem Haus eine andere Welt« erlebt habe, »die ich mir nicht vorzustellen gewagt hätte – ein anderes Deutschland, in dem Hölderlin, Hegel und Kant, Aristote-

---

59 GA 16, 107 f.
60 Vgl. hierzu GA 16, 117.
61 Vgl. etwa GA 16, vor allem 389 ff. Vgl. hierzu auch Hubert L. Dreyfus, »Heidegger on the Connection between Nihilism, Art, Technology, and Politics«, in: Charles B. Guignon (Hg.), *The Cambridge Companion to Heidegger*, Cambridge 1993, 289–316.

les und Platon, Parmenides und Heraklit – und auf der Hütte Johann Peter Hebel gegenwärtig waren«.[62] Biemels Zeugnis ist das Zeugnis eines Augen- und Ohrenzeugen – das diskreditiert das Zeugnis allerdings nicht *per se*, sondern gemahnt über die bereits geleistete historische, biographische und philosophiegeschichtliche Arbeit hinaus zur weiteren Forschung, damit es möglich ist, Biemels subjektiven Eindruck auf der Grundlage objektiver – oder zumindest objektiverer – Quellen abzusichern (oder, auch dies mag eine Möglichkeit sein, als falsch oder inhaltlich problematisch zu erweisen).[63]

Heidegger war nicht über Nacht zum Demokraten geworden (der Demokratie sollte er ja zeit seines Lebens kritisch gegenüberstehen), hatte aber zunehmend erkannt (und artikuliert), dass der Nationalsozialismus nicht das verwirklichen konnte, was er sich zunächst von ihm versprochen hatte, und dass der Nationalsozialismus im Rahmen eines weiteren, kritisch zu beurteilenden Zusammenhangs verstanden werden müsse. Die Veröffentlichung von Heideggers *Beiträgen zur Philosophie. Vom Ereignis*, aber – neben vielen anderen Vorlesungen und Schriften Heideggers aus den 1930er und frühen 1940er Jahren – auch Heideggers Schelling- und Nietzsche-Vorlesungen,[64] seine *Erläuterun-*

---

[62] Walter Biemel, »Erinnerung an zwei Jahre in Freiburg (1942–1944)«, in: Bernd Martin, *Martin Heidegger und das ›Dritte Reich‹. Ein Kompendium*, 118–121, 121; vgl. auch Walter Biemel, »Bericht eines Zeitzeugen zu den Seminaren Heideggers 1942–44«, in: *Heidegger-Jahrbuch* 5, 367–370.
[63] Vgl. zur Wahrnehmung von Heideggers Nietzsche-Vorlesungen als Kritik am Nationalsozialismus Hans Hermann Groothoff, *Jahrgang 1915. Lebensbericht eines Erziehungswissenschaftlers*, Hamburg 2001, 84; 94.
[64] Vgl. für die Auseinandersetzung Heideggers mit Nietzsche und die Entwicklung seines Verhältnisses zur Philosophie Nietzsches GA 6.1 und GA 6.2; vgl. auch GA 43, 44, 47, 48 und 50; diese Bände geben die handschriftlichen Fassungen von Heideggers Nietzsche-Vorlesungen wieder. Vgl. hierzu auch *Heidegger-Jahrbuch* 2, vor allem Katrin Meyer, »Denkweg ohne Abschweifungen. Heideggers Nietzsche-Vorlesungen und das Nietzsche-Buch von 1961 im Vergleich«, 132–156.

gen zu Hölderlins Dichtung[65] oder auch sein Vortrag »Die Zeit des Weltbildes«[66] zeigen sehr deutlich die zunehmende Entfremdung zwischen Heidegger und dem Nationalsozialismus als einer politischen Ideologie, die, so Heidegger, im Zusammenhang des Todes Gottes, der »Vollendung des Nihilismus« und des Zeitalters der »Machenschaft« zu verstehen sei.[67]

In »verwüstenden Sandstürmen«

In der Diskussion des Verhältnisses Heideggers zum Nationalsozialismus stehen nicht nur die Jahre 1933 bis 1945 im Vordergrund. Auch Heideggers Verhalten nach dem Zusammenbruch des Nationalsozialismus wird kontrovers diskutiert – und damit die bereits genannte Frage nach dem Schweigen Heideggers nach 1945, auf die nur schwer eine Antwort zu geben ist und die sich auch nicht in einer philosophischen »Sigetik«, einer »Kunst des Schweigens«, aufheben lässt. Es ist dies eine Frage, die den Bereich der Philosophie verlässt und nach dem persönlichen Umgang mit Schuld und Scheitern fragt. Insofern sie auf das Innerste der Person Heideggers zielt, darf letztlich mit keiner definitiven Antwort gerechnet werden.

Es mag Heideggers Verhalten nicht entschuldigen, aber doch in Ansätzen erklären, wenn man darauf hinweist, dass sein Verhalten nach 1945 nicht ungewöhnlich war und einer allgemeinen Tendenz des Verschweigens entsprach. Dabei darf nicht übersehen werden, dass Heidegger sich – wenn auch selten und oft nicht im Rahmen einer breiteren Öffentlichkeit – zu seinem eigenen Handeln durchaus geäußert hat

---

65 Vgl. vor allem GA 4.
66 GA 5, 75–113.
67 Vgl. hierzu etwa GA 16, 390.

und immer wieder auch versucht hat, den Nationalsozialismus und seine Entstehung im geschichtlichen Kontext zu
verstehen. So spricht Heidegger etwa in einem Brief an Karl
Jaspers aus dem Jahr 1935 in Anspielung an den paulinischen
Pfahl im Fleisch[68] von dem »Mißlingen des Rektorats« als
neben der »Auseinandersetzung mit dem Glauben der Herkunft« einem der zwei Pfähle, die überwunden sein wollen.[69]
Was den geschichtlichen Kontext des Nationalsozialismus
betrifft, so hat Otto Pöggeler zu Recht auf einen oft übersehenen Tatbestand aufmerksam gemacht: darauf nämlich, »dass
Heidegger die ›Revolution‹ des Nationalsozialismus wie die
Pervertierung des Liberalismus und Sozialismus nicht als
Unfälle ansieht, die unserer Zeit mehr oder weniger zufällig
passiert sind«.[70] Es sei, so Heideggers These, wichtig, die
politischen Entwicklungen des zwanzigsten Jahrhunderts in
einen weiteren (seins-)geschichtlichen Kontext zu stellen.
Denn »[w]as heute geschieht, das hat sich nach Heidegger
vielmehr seit Jahrhunderten vorbereitet; das Zeitalter des
Totalitarismus ist für Heidegger das Endzeitalter der Metaphysik«.[71]
Man mag gegen diese Interpretation des Nationalsozialismus kritisch einwenden, dass Heidegger durch seine seinsgeschichtliche Interpretation der nationalsozialistischen
Diktatur den Ernst dessen, was zwischen 1933 und 1945 in
Deutschland geschehen ist, relativiert und überdies auch
sein eigenes Handeln dadurch entschuldigt, dass er es in den
Kontext einer spekulativen Interpretation der Geschichte
der abendländischen Metaphysik hineinstellt. Man wird auf
der anderen Seite aber auch nicht verkennen können, dass
Heidegger – zugegebenerweise in oft äußerst unsensibler

---

68 Vgl. 2 Kor 12,7.
69 Heidegger/Jaspers, 157.
70 Otto Pöggeler, *Philosophie und Politik bei Heidegger*, 32.
71 Otto Pöggeler, *Philosophie und Politik bei Heidegger*, 32f.

Weise[72] – etwas zum Ausdruck bringt, was eine nur geschichtliche Ereignisse in den Blick nehmende historische
Deutung des Nationalsozialismus oft – freilich nicht immer –
zu verkennen tendiert: dass es sich nämlich bei dem Nationalsozialismus nicht um ein Ereignis gehandelt hat, das rein
historisch oder nur im Zusammenhang der engeren Ereignis-
und Ideengeschichte verstanden werden könnte, sondern
dass es zahlreiche, teils das gesamte westliche Denken umfassende philosophie- und geistesgeschichtliche Faktoren
geben mag, die Vorgeschichte und Geschichte der nationalsozialistischen Diktatur verständlicher machen und die teils
nach wie vor unser Leben und Denken bestimmen.[73] Insofern
Heidegger auf seinem Denkweg nach 1945 diesen Faktoren
auf der Spur blieb und sich in seinem Denken um eine »Verwindung« der abendländischen Metaphysik bemühte, bleibt
sein Denken auch eine Herausforderung, wenn es darum
geht, diejenigen (seins-)geschichtlichen Konstellationen, die
unter anderem den Nationalsozialismus ermöglichten, genauer zu verstehen und zu ihnen ein Verhältnis zu finden.

Hannah Arendt hat zum 80. Geburtstag Martin Heideggers
am 26. September 1969 gefordert, die nachkommenden Generationen mögen »auch der verwüstenden Sandstürme nicht
vergessen, die uns alle, jeden auf seine Weise, umhergetrieben haben, und in denen dennoch so etwas wie dieser Mann
und sein Werk möglich waren«.[74] Wenn Arendt von den ver-

---

72 Vgl. etwa Martin Heideggers Kritik an der »Weltdemokratie« (GA 16,
375; vgl. auch 668 für skeptische Bemerkungen Heideggers zur Demokratie im *Spiegel*-Gespräch). Dass Heidegger in seiner Kritik der Demokratie
stark von Nietzsche beeinflusst ist, zeigt GA 43, 193. Vgl. hierzu auch Erik
Wolfs Ausführungen in einem nicht abgeschickten Brief an Karl Barth
(*Heidegger-Jahrbuch* 4, 290ff.).
73 Vgl. hierzu etwa GA 16, 394. Vgl. hier auch Babette Babich, »Nietzsche: Heideggers Widerstand«, in: *Heidegger-Jahrbuch* 5, 397–415, 413ff.
74 Vgl. Hannah Arendts Beitrag in *Dem Andenken Martin Heideggers.
Zum 26. Mai 1976*, Frankfurt am Main 1977, 9.

wüstenden Sandstürmen spricht, dann klingt darin nicht nur die Erfahrung der wachsenden Wüste an, mit der sich Heidegger im Anschluss an Nietzsche auseinandersetzte,[75] sondern auch die in übersetzender Anlehnung an Platon formulierte These, dass alles Große im Sturm stehe, mit der Heidegger seine Rektoratsrede schloss.[76] Ihr an die nachkommenden Generationen gerichteter Wunsch bleibt von Bedeutung: Es ist erstens viel leichter, aus sicherer Position heraus ein Urteil zu fällen, als selbst in »verwüstenden Sandstürmen« zu stehen. Und zweitens mag man sich fragen, ob nicht in der Tat diese Sandstürme die uns heute noch zu denken gebende philosophische Kreativität und die Tiefe der Einsicht mit-bedingt haben, die für Heideggers Denken charakteristisch war. Und so sollte auch das Thema »Heidegger und der Nationalsozialismus« vor allem auch dazu anregen: weiterzudenken – mit und, wo notwendig, auch gegen Heidegger.

---

75 Vgl. Martin Heidegger, *Was heißt Denken?*, Tübingen ⁵1997, 11. Vgl. hierzu auch Friedrich Nietzsche, *Also sprach Zarathustra*, IV, »Unter Töchtern der Wüste«.
76 Vgl. GA 16, 117. Vgl. hierzu auch Dieter Thomä, *Die Zeit des Selbst und die Zeit danach. Zur Kritik der Textgeschichte Martin Heideggers 1910–1976*, 494.

2. Warum noch einmal:
Heidegger und der Nationalsozialismus?

»Trotz dieser Einschränkung denke ich,
daß jemand, der im 20. Jahrhundert den Versuch
unternimmt zu philosophieren, nicht umhin kann,
die Philosophie Heideggers zu durchqueren, und sei es nur,
um sich von ihr zu entfernen. Dieses Denken
ist ein großes Ereignis unseres Jahrhunderts.
Philosophieren, ohne Heidegger zu kennen, würde
etwas von der ›Naivität‹ im Husserlschen Sinne enthalten.«[1]
Emmanuel Levinas

Ein philosophischer Dauerbrenner

Bereits im ersten Kapitel ist darauf hingewiesen worden, dass
es sich beim »Fall Heidegger« um so etwas wie einen philosophischen »Dauerbrenner« handelt. Es finden sich immer
wieder in ganz unterschiedlichen und nicht unbedingt philosophischen Zusammenhängen Bemerkungen oder Anmerkungen zu diesem »Fall«. Selbst wer sich nicht oder kaum
mit Philosophie beschäftigt, hat oft von diesem »Fall« gehört
und weiß um das problematische Verhältnis Heideggers zum
Nationalsozialismus. Aber auch in der philosophischen Diskussion und in der Heidegger-Forschung im engeren Sinne ist
der »Fall Heidegger« in den letzten Jahrzehnten so intensiv

1 Emmanuel Levinas, *Ethik und Unendliches. Gespräche mit Philippe Nemo*, aus dem Französischen von Dorothea Schmidt, Wien ³1996, 32.

wie kaum ein anderes Thema erörtert worden. Der »Fall Heidegger« bleibt ein faszinierender »Fall« – und verspricht Aufmerksamkeit, vor allem dann, wenn die Thesen steil sind und reißerisch formuliert werden. Es gebe daher, so Miguel de Beistegui, eine »inflation in publications devoted to the question of Heidegger's politics«.[2] Und in der Tat: Jedes Jahr erscheinen zahlreiche Bücher und Aufsätze, die sich mit dieser Frage beschäftigen, der Frage, in welchem Verhältnis Heideggers Denken zum Nationalsozialismus gestanden und wie über die politische Dimension seiner Philosophie zu urteilen sei. Die Literatur zu dieser Frage ist selbst für den Fachmann kaum noch zu übersehen. Oft aber handelt es sich auch um das, was Helmut Heiber – einer der besten Kenner der Geschichte der deutschen Universitäten von 1933 bis 1945 – als »blühenden Blödsinn« bezeichnet hat.[3]

Es hat sich so vor allem in den letzten beiden Jahrzehnten in vielen Ländern – nicht nur in Deutschland, sondern vor allem auch in Frankreich und in den USA – eine intensive (und freilich nicht nur blödsinnige) Debatte entwickelt, in der immer neu auch die Frage nach »Heidegger's politics« gestellt, den verschiedenen Schattierungen dieser Frage und möglichen Um- und Neuformulierungen nachgegangen, neue Zusammenhänge philosophischer oder rein historischer Natur entdeckt und diskutiert oder altbekannte Fakten neu in Erinnerung gerufen und besprochen werden. Das verwundert nicht, blieb doch das Rektorat nicht nur für Heidegger selbst – wir sahen es bereits – ein »Pfahl im Fleisch«.[4] Auch für die

2 Miguel de Beistegui, *Heidegger & the Political. Dystopias*, London/New York 1998, X. Vgl. in diesem Zusammenhang auch Richard Wolin, *The Politics of Being. The Political Thought of Martin Heidegger*, New York 1990, XI.
3 Vgl. Helmut Heiber, *Universität unterm Hakenkreuz. Teil II Band 1: Die Kapitulation der Hohen Schulen. Das Jahr 1933 und seine Themen*, München 1992, 435.
4 Vgl. Heidegger/Jaspers, 157.

Heidegger-Forschung und das Philosophieren im Anschluss an und im Dialog mit Heidegger ist das Rektorat und Heideggers Verhältnis zum Nationalsozialismus ein bleibender »Pfahl im Fleisch«. Man kann sich dieses »Pfahles« nämlich nicht so einfach entledigen, um dann schnell zur Tagesordnung – zum Philosophieren jenseits der Niederungen von Politik, Geschichte und Biographie – zurückzukehren. Denn der »Fall Heidegger« führt nicht nur dazu, dass sich erneut in abstrakter und rein theoretischer Weise die Frage nach dem Verhältnis von Politik und Philosophie stellt – eine Frage, die sich zumindest seit Platons Ausflügen in die Welt der konkreten Politik immer wieder in der westlichen Philosophie gestellt hat. Fraglich ist vor allem auch, warum gerade Heidegger, also ein Philosoph, der maßgeblichen Einfluss auf die Geistesgeschichte des 20. Jahrhunderts ausgeübt hat und dessen Werk weiterhin von großer, wenn nicht sogar international von steigender Bedeutung ist, den Verführungen der Macht erliegen konnte, wo andere doch bereits in den frühen 1930er Jahren mit heute oft erstaunlicher Sicherheit zu wissen schienen und auch tatsächlich wussten, wohin Deutschland sich bewegte und was von Hitler und seinen Anhängern zu erwarten war. Man muss nur einmal Thomas Manns hellsichtige und klare Bemerkungen zur politischen und geistigen Situation der frühen 1930er Jahre lesen,[5] um sich ernsthaft zu fragen, wie blind und naiv Heidegger eigentlich in politischen Fragen gewesen ist und ob nicht gerade ein Denker von der Statur und internationalen Reputation Heideggers sich anders hätte verhalten müssen und sich auch anders hätte verhalten können, ohne 1933 unmittelbar Repressio-

---

5 Vgl. etwa »Deutsche Ansprache. Ein Appell an die Vernunft« (1930), »Was wir verlangen müssen« (1932) oder die Rede vor Arbeitern in Wien (1932), in: Thomas Mann, *Essays*, Band 2: *Politische Reden und Schriften*, ausgewählt, eingeleitet und erläutert von Hermann Kurzke, Frankfurt am Main 1977, 109–144.

nen seitens der Machthaber fürchten zu müssen. Denn Heidegger konnte ja in seiner direkten Umgebung zumindest die Probleme seiner jüdischen Schüler – einschließlich seines jüdischen Assistenten Werner Brock und Hannah Arendts, mit der ihn ja zumindest zeitweise auch eine intensive Liebesbeziehung verband – sehr genau mitverfolgen – ganz zu schweigen von all dem, was 1933 sonst noch in Deutschland geschah. Hätte Heidegger sich nicht wie viele Denker und Dichter eindeutiger »positionieren« müssen, selbst wenn dies bedeutet hätte, Deutschland zu verlassen? Auch diese Frage war und ist nicht von der Hand zu weisen. Herbert Marcuse hält Heidegger in einem Brief aus dem Jahr 1947 daher vor, dass er »nach 1934 in Deutschland geblieben« sei, »obwohl Sie überall im Ausland eine Wirkungsstätte gefunden hätten«. Und weiter schreibt Marcuse – im Ton einer feststellenden Anklage und Anfrage: »Sie haben keine einzige der Taten und Ideologien des Regimes öffentlich denunziert.«[6]

Es kann hier – auch hierauf ist schon hingewiesen worden – nicht darum gehen, vorschnell zu verurteilen. Aber die Frage, *warum* Heidegger sich nicht anders verhalten hat, bleibt eine Frage, die sich jedem, der sich auch aus rein philosophischer Perspektive mit Heidegger beschäftigt, immer wieder stellt. Dass die Antwort auf diese Frage allerdings alles andere als einfach ist, zeigen nicht nur Thomas Manns eigene politische Verirrungen und Fehlurteile in den *Betrachtungen eines Unpolitischen*, von denen er sich freilich in den 1920er Jahren distanzieren sollte, die aber deutlich machen, dass auch Denker und Dichter von Statur nicht vor historischen und politischen Fehleinschätzungen gefeit sind,[7] sondern auch das

6 Herbert Marcuse, Brief an Martin Heidegger vom 28. August 1947, in: Bernd Martin (Hg.), *Martin Heidegger und das ›Dritte Reich‹. Ein Kompendium*, Darmstadt 1989, 155–156, 156.
7 Vgl. Thomas Mann, *Betrachtungen eines Unpolitischen*, mit einem Vorwort von Hanno Helbling, Frankfurt am Main ²2002. Für Manns poli-

Verhalten vieler anderer Professoren und Intellektueller in den frühen 1930er Jahren. Gegen die Entlassung jüdischer Gelehrter nach dem Erlass des »Gesetzes zur Wiederherstellung des Berufsbeamtentums« gab es etwa so gut wie keine Proteste seitens der nichtjüdischen Professoren.[8] Und die Liste der Denker, Wissenschaftler und Schriftsteller, die zumindest zeitweise in eine problematische Nähe zum Nationalsozialismus rückten, ist erschreckend lang. Hitler hat nicht nur die »ungebildeten Massen« begeistert, sondern gerade auch unter vielen hochgebildeten Zeitgenossen Anhänger und begeisterte Unterstützer gefunden.

Es gab dabei – freilich – ganz unterschiedliche Verhaltensweisen und Einschätzungen der politischen Situation, die zumindest teilweise auch nicht völlig aus der Luft gegriffen scheinen. Denn was aus der Retrospektive so eindeutig aussehen mag, war in der konkreten Situation oft alles andere als klar und deutlich. In der historischen Rückschau stellen sich andere Fragen, als sich in der konkreten historischen Situation gestellt haben mögen: War der Nationalsozialismus vielleicht, so mögen einige sich gefragt haben, nur ein kurzes, aber doch notwendiges Zwischenspiel, nach dessen Ende die Weimarer Republik erstarken würde? War nicht etwa die »Schattenseite« der nationalsozialistischen Machtergreifung gar nur ein notwendiges oder einfach hinzunehmendes Übel, das die vielen positiven Ereignisse gerade in den Jahren unmittelbar nach der Machtergreifung in keiner Weise in Frage stellte? Wo gehobelt wird, so mögen sich viele gerade 1933 und 1934 noch gesagt haben, fallen nun

tisches Denken vgl. Manfred Görtemaker, *Thomas Mann und die Politik*, Frankfurt am Main 2005.
8 Vgl. hierzu – mit Blick auf die Freiburger Situation – vor allem Bernd Martin, »Die Entlassung der jüdischen Lehrkräfte an der Universität Freiburg und die Bemühungen um ihre Wiedereingliederung nach 1945«, in: *Freiburger Universitätsblätter* 129 (1995), 7–46.

einmal Späne.[9] Andere haben noch zustimmender reagiert
und vermutet, dass der Nationalsozialismus tatsächlich und
endlich einmal Antworten auf Fragen formulierte, die sich
angesichts der Krise der Weimarer Republik, des Versailler
Vertrages, der wirtschaftlichen Probleme oder der nach wie
vor schwelenden Sehnsucht nach einem Kaiser oder einer
Führerfigur immer vehementer stellten. Und wieder andere
mögen sich zweifelnd und kritisch gefragt haben, ob es nicht
besser wäre, vielleicht für einige Jahre in die Emigration zu
gehen – sei es nun eine innere oder die äußere Emigration –,
ohne dass ihre Zweifel und ihre Kritik unmittelbar von außen erkennbar gewesen wären.

Oft war es auch nicht die ungeteilte Zustimmung mit der
nationalsozialistischen Ideologie oder Weltanschauung, die
zur Unterstützung des Nationalsozialismus führte. Nicht
selten spielten ganz andere Gründe eine bedeutende Rolle:
Der Erfolg der NS-Bewegung, so Joachim Fest, »ging gerade
bei Bürgertum und Mittelstand weniger auf die Wirksamkeit
weltanschaulicher Postulate zurück, wie überhaupt der Widerhall und die Fanatisierungsmacht der nationalsozialistischen Ideologie im Rückblick erheblich überschätzt werden. … Nicht der Glaube, ließ sich, die Dinge noch einmal
vereinfachend, sagen, sondern die Sicherheits- und Aufstiegs-
chancen haben, zumindest in der frühen Phase, massenhaft
Proselyten gemacht. Und jedenfalls waren es nicht die in
imaginären Nebel von Rasse, Blutreinheit und Welterobe-
rung entschwindenden Visionen, sondern weit schlichtere
Parolen und Praktiken, die dem System zur Gefolgschaft und
zu seiner bis heute verblüffenden Dynamik verholfen ha-

---

9 Vgl. hierzu auch Bernd Martin, »Einführung: ›Alles Große‹ ist auch gefährdet‹«, in: Bernd Martin (Hg.), *Martin Heidegger und das ›Dritte
Reich‹. Ein Kompendium*, 9; Hans-Ulrich Wehler, *Deutsche Gesellschaftsgeschichte. 4. Band: Vom Beginn des Ersten Weltkrieges bis zur
Gründung der beiden deutschen Staaten 1914–1949*, München ³2008, 825.

ben.«[10] Nicht alle, die sich für Hitler oder den Nationalsozialismus aussprachen, teilten also im strengen Sinne die nationalsozialistische Ideologie. Und wenn sie auch ideologisch aufseiten Hitlers und des Nationalsozialismus standen, dann bedeutete dies auch nicht immer, dass alle Momente der offiziellen Parteiideologie in gleicher Weise Zustimmung und Unterstützung fanden. Aus historischer Sicht ist nicht nur der Nationalsozialismus als politisch-weltanschauliche Ideologie, sondern auch seine Anhängerschaft weit weniger homogen, als man zunächst vielleicht vermutet. Dies gilt, wie sich zeigen wird, auch für Heidegger. Er war nicht der Einzige, der eine höchst selektive Wahrnehmung des Nationalsozialismus mit Ignoranz gegenüber der »Gesamtideologie«, einem nicht unbeträchtlichen persönlichen Interesse und – vor allem 1933 – einem naiven Opportunismus verband. Das entschuldigt ihn nicht von vornherein, macht das, was er vor allem 1933 gesagt und getan hat, aber verständlicher und weist darauf hin, dass es nicht so einfach möglich ist, die Taten und Handlungen, die jemand im Jahr 1933 unternommen hat, aus der Wissens- und Kenntnisperspektive des frühen 21. Jahrhunderts zu bewerten, und dass weitere Differenzierungen notwendig sind.

Dann bleibt aber immer noch die andere große Frage unbeantwortet, die Frage nämlich nach Heideggers Umgang mit seiner eigenen Vergangenheit nach 1945. Hätte er nicht ein eindeutigeres Wort finden können? Auch diese Frage formuliert Marcuse in seinem Brief an Heidegger – wiederum in Gestalt einer Aussage, so, als ob er es vermeiden wollte, Heidegger eine direkte Frage zu stellen, so, als habe er Angst vor einer direkten und möglicherweise enttäuschenden Antwort Heideggers: »Viele von uns haben lange auf ein Wort von

10 Joachim Fest, »Zeitgenosse Hitler. Eine Nachschrift«, in: Joachim Fest, *Nach dem Scheitern der Utopien. Gesammelte Essays zur Politik und Geschichte*, Reinbek bei Hamburg 2007, 413–431, 426f.

Ihnen gewartet, ein Wort, das Ihre wirkliche, heutige Einstellung zu dem, was geschehen ist, ausdrückt. Sie haben ein solches Wort nicht gesprochen – wenigstens ist es nie aus der Privatsphäre herausgekommen.«[11] Es gibt Fragen, die sich nicht nur dem Heidegger-Forscher stellen, wenn es um das Verhältnis Heideggers zum Nationalsozialismus geht, sondern die auf ein breites Interesse stoßen – vielleicht gerade auch deshalb, weil es sich um Fragen handelt, die sich nicht nur an Heidegger und sein Verhalten stellen lassen.

Dass also das Thema »Heidegger und der Nationalsozialismus« zu den oft diskutierten Themen der Heidegger-Forschung gehört, verwundert nicht. Aber es stellt sich mit einem gewissen Recht auch die Frage, ob es denn noch nötig sei, die Diskussion um einen weiteren Beitrag zu bereichern. Ist nicht bereits alles irgendwie schon gesagt worden? Lässt sich die Diskussion wirklich noch ergänzen?[12] Warum also noch ein Buch zu einer Diskussion, die an Beiträgen aller Art – vom Aufsätzen zu allen möglichen Einzelfragen über Monographien bis hin zu umfangreichen Sammelbänden – wahrlich nicht arm ist? Diese Fragen sind berechtigt.

Wenn man sich mit diesem Thema beschäftigt, ist es zunächst einmal aber nicht schwer, dieses Unterfangen zu

11 Herbert Marcuse, Brief an Martin Heidegger vom 28. August 1947, 156.

12 So geht Frank Hartmann, *Denker Denken Geschichte. Erkundungen zu Philosophie und Nationalsozialismus*, Wien 1994, 59 davon aus, dass die »Diskussion, ob Heidegger nun ein Nazi war oder nicht, ... mittlerweile ebenso überflüssig geworden« sei »wie die zuletzt noch von Ernst Nolte (1992) erhobene Klage, in der Diskussion zur Person werde jene zum ›Werk‹ substituiert«. Hartmanns Erklärung dafür, dass diese Diskussion nun überflüssig geworden sei, zeigt sehr deutlich, warum sie gerade noch *nicht* überflüssig ist: »Heideggers Erscheinung passt ganz in das Bild des Nationalsozialismus als kleinbürgerlicher Bewegung, als Aufstand eines proletarisierten Mittelstandes ...« So einfach darf man es sich – wie sich im weiteren Verlauf dieser Arbeit zeigen wird – in dieser Diskussion nun wirklich nicht machen.

rechtfertigen. Denn man schließt sich ja nur einer bereits seit langer Zeit laufenden Diskussion an und antwortet damit auf ein gewisses Interesse an diesem Thema. Bei dieser Diskussion könne ein Beitrag mehr, so mag es scheinen, wohl nicht schaden. Diese Antwort vermag allerdings kaum zu befriedigen. Denn allein die Tatsache, dass durch einen neuen Beitrag die ohnehin schon inflationäre Zahl der Bücher und Aufsätze zum Thema »Heidegger und der Nationalsozialismus« erweitert wird, rechtfertigt kaum die Mühe – und wenn die Mühe des Schreibens gerne in Kauf genommen wird (und so der Rechtfertigung nicht zu bedürfen scheint), so bleibt doch die Frage, ob denn die Mühe des Lesens – nämlich eines neuen Beitrages zu einer Diskussion, in der alles oder zumindest fast alles gesagt zu sein scheint und wenig Neues noch zu sagen wäre – anders gerechtfertigt werden kann als durch den Verweis darauf, dass es ohnehin schon eine hohe Zahl von Veröffentlichungen zum Thema gebe und dass ein Buch oder ein Aufsatz mehr auch dem interessierten und sachkundigen Leser nicht werde schaden können.

Eine andere, eine substantiellere Begründung ist also notwendig. Allerdings ist es nicht schwer, diese zu finden und zu begründen, warum es nicht nur möglich, sondern auch notwendig ist, die Diskussion über das Thema »Heidegger und der Nationalsozialismus« um noch einen weiteren Beitrag zu bereichern. Denn es gibt durchaus sehr gute und wichtige Gründe für einen weiteren Beitrag. Im ersten Kapitel sind einige dieser Gründe mehr oder weniger ausdrücklich schon genannt worden. In diesem Kapitel sei noch einmal systematisch auf diese verschiedenen Gründe eingegangen, indem Aufgaben genannt werden, die sich in der jetzigen Situation in besonderer Weise stellen und von vielen Beiträgen zur Diskussion noch gar nicht oder noch nicht in ausreichender Weise berücksichtigt werden.

Die Berücksichtigung neuer (Primär-)Quellen

Der wohl wichtigste Grund dafür, noch einmal das Thema »Heidegger und der Nationalsozialismus« zu erörtern, besteht darin, dass es in den letzten Jahren eine Reihe wichtiger Neuveröffentlichungen von Primärquellen gegeben hat. Im Vorder- oder auch Hintergrund der Diskussion stehen aber – vor allem auch im Ausland – immer noch viele historische oder biographische Studien, die in den 80er und frühen 90er Jahren des 20. Jahrhunderts entstanden – wenn nicht zumindest teilweise schon früher – und die zu der vor allem in den letzten beiden Jahrzehnten des 20. Jahrhunderts teils sehr vehement geführten Diskussion um das Leben und Werk Heideggers wichtige Beiträge geleistet haben: Hugo Otts *Martin Heidegger. Unterwegs zu seiner Biographie* erschien in erster Auflage 1988.[13] Víctor Farías' *Heidegger und der Nationalsozialismus* wurde in deutscher Übersetzung mit einem Vorwort von Jürgen Habermas im Jahr 1989 veröffentlicht.[14] Ernst Noltes *Martin Heidegger. Politik und Geschichte im Leben und Denken* erschien 1992.[15] Rüdiger Safranskis Bio-

---

13 Hugo Ott, *Martin Heidegger. Unterwegs zu seiner Biographie*, Frankfurt am Main 1988. Ott war sich der Grenzen seiner Untersuchung bewusst. Vgl. hier auch 276: »Dies [scil., Heideggers Verhalten zum Nationalsozialismus nach 1934, H.Z.] gültig zu beurteilen, ist jetzt noch nicht die Zeit, wie ich meine. Erst wenn alles veröffentlicht ist, was Heidegger in jenen entscheidenden Jahren geschrieben hat, mag die Bilanz gezogen werden.« Seltsamerweise wird diese von Ott selbst unternommene Einschränkung der »Reichweite« seiner Untersuchung (die bereits im Titel seines Buches deutlich wird) in der an ihn anschließenden Diskussion so gut wie gar nicht wahrgenommen. Otts Buch gilt vielen Autoren eher als das »letzte Wort« in der Diskussion über Heideggers Verhältnis zum Nationalsozialismus.
14 Víctor Farías, *Heidegger und der Nationalsozialismus*, mit einem Vorwort von Jürgen Habermas, Frankfurt am Main 1989.
15 Ernst Nolte, *Heidegger. Politik und Geschichte im Leben und Denken*, Berlin 1992.

graphie *Ein Meister aus Deutschland. Heidegger und seine Zeit* erblickte im Jahr 1994 das Licht der Welt und wertet vor allem auch die historischen Arbeiten von Ott und Farías aus.[16] Diese weitverbreiteten und vieldiskutierten Bücher spiegeln aber in keiner Weise den *gegenwärtigen* historischen und philosophischen Forschungsstand wider. Denn seitdem sind zum einen zahlreiche Bände der *Gesamtausgabe* der Werke Martin Heideggers erschienen, die auch für die Frage nach dem Verhältnis Heideggers zum Nationalsozialismus von großer Bedeutung sind: So etwa die Bände 65 und 66 der Gesamtausgabe: Die wichtigen *Beiträge zur Philosophie. Vom Ereignis* (GA 65), an denen Heidegger in den Jahren von 1936 bis 1938 gearbeitet hat, erschienen 1989. Der Band *Besinnung* (GA 66), Gedanken, mit denen sich Heidegger in den Jahren von 1938 bis 1940 beschäftigt hat, wurde 1997 publiziert. Auch andere wichtige Dokumente aus der Zeit zwischen 1933 und 1945 liegen mittlerweile in Bänden der Gesamtausgabe vor. Zu denken ist in diesem Zusammenhang nicht nur an Schreiben aus der Rektoratszeit, die im Jahr 2000 im Rahmen des Bandes 16 der Gesamtausgabe veröffentlicht wurden, sondern auch an Heideggers Nietzsche-Vorlesungen der 1930er und frühen 1940er Jahre, die von Heidegger erstmals 1961 in einer bearbeiteten Fassung veröffentlicht wurden, nun aber anhand der Vorlesungshandschrift neu ediert wurden, so dass mittlerweile der ursprüngliche Vorlesungstext – oder zumindest die textliche Vorlage der ursprünglichen Vorlesung – vorliegt.[17] Auch wichtige Vorlesungen des jungen Heidegger – also aus der Zeit seiner frühen und für sein weiteres Denken entscheidenden Freiburger Lehrtätigkeit von 1919 bis 1923 oder seiner sogenannten Marburger Zeit von 1923 bis 1928 – sind mittlerweile veröffent-

---

16 Rüdiger Safranski, *Ein Meister aus Deutschland. Heidegger und seine Zeit*, München 1994.
17 Vgl. für den ursprünglichen Vorlesungstext GA 43; 44; 46; 47; 48; 50.

licht worden. Viele von diesen Texten waren Ott, Farías, Nolte oder Safranski noch gar nicht zugänglich. Damit liegen aber Dokumente vor, die sehr genau den Denk- und Lebensweg Heideggers bis 1933 zeigen und damit einen wichtigen Kontext erschließen, der bei der Diskussion des Themas »Heidegger und der Nationalsozialismus« berücksichtigt werden muss: Die Texte der Rektoratszeit – wie etwa die Rektoratsrede selbst – von diesen Arbeiten der 1920er und frühen 1930er Jahre zu isolieren, wäre äußerst problematisch und historisch wie philosophisch fragwürdig und unverantwortlich. Stehen doch viele der Texte Heideggers aus seiner Rektoratszeit in einem engen Bezug zu seinen vorhergehenden philosophischen Arbeiten und können ohne diesen Bezug gar nicht recht verstanden werden. Heideggers Rektorat und seine Äußerungen aus der Zeit des Rektorats sind nämlich nicht nur aus dem unmittelbaren historischen, biographischen und philosophischen Kontext heraus zu verstehen. Vieles bleibt daher missverständlich oder gar unverständlich, wenn nicht sein früherer Denk- und Lebensweg mit berücksichtigt wird – und zwar in einer Weise, die den historischen und philosophischen Dokumenten Gerechtigkeit widerfahren lässt und auch der Grenzen einer solchen historischen und philosophischen Zugangsweise bewusst bleibt: Im Bereich der historischen Wahrheiten und des philosophischen Denkens lässt sich, da wir es hier mit dem Bereich der menschlichen Freiheit zu tun haben, nicht ein Ereignis eindeutig aus einem anderen Ereignis ableiten – genauso wenig, wie ein späteres Ereignis sich in ein früheres hineinlesen lässt. Es darf, mit anderen Worten, also weder darum gehen, die Ereignisse des Jahres 1933 von Heideggers Denk- und Lebensweg zu isolieren, noch darum, sie historisch-genetisch in ihrer Bedeutung zu relativieren und erklärend zu behaupten, dass Heidegger gar nicht anders hätte handeln können. Viel eher muss es darum gehen, *verständlich* zu machen, was geschehen ist. Wenn im Bereich der Geschichte dann trotzdem von Gründen gesprochen wird, so in einem anderen Sinne als dort, wo im naturwissenschaftlichen Bereich von Gründen gesprochen wird. Von Gründen muss nämlich auch der Historiker sprechen: Historische Ereignisse lassen sich zumindest derart verstehen, dass man retrospektiv erörtert, welche Faktoren zu diesen Ereignissen geführt haben und wie sich bestimmte Ereignisse im Gesamtverlauf der Geschichte verstehen lassen. Historiker erzählen daher, wenn sie ihrer Aufgabe gerecht werden, eine »Geschichte«. Es ist mithin, wenn es um den »Fall Heidegger« geht, notwendig, die einzelnen Elemente – Heideggers Leben und sein Denken in seinen verschiedenen Dimensionen und Phasen – miteinander zu verbinden und ihre innere Struktur und Verbindung aufzuweisen. Es geht dabei darum, eine Geschichte zu erzählen, die bei aller Subjektivität, die dem historischen und auch dem philosophiegeschichtlichen Zugang unweigerlich zu eigen ist, doch mit dem Anspruch, dass sie nachvollziehbar und vor dem Forum der kritisch-historischen wie auch der kritisch-philosophischen Vernunft verteidigbar ist, entfaltet wird. Dabei sind die bereits genannten neuen Quellen von nicht zu unterschätzender Bedeutung.

Auch viele andere Dokumente sind mittlerweile erschienen, die für die Diskussion des Verhältnisses Heideggers zum Nationalsozialismus von Bedeutung sind. Hierbei ist vor allem an einige in diesem Zusammenhang besonders wichtige Briefwechsel zu denken.[18] 1990 erschien der Brief-

---

18 Vgl. in diesem Zusammenhang auch Ernst Nolte, *Heidegger. Politik und Geschichte im Leben und Denken*, 20 f., der die Tatsache, dass 1992 der Briefwechsel Heideggers mit Ausnahme weniger Bände nicht veröffentlicht war, als eine »fundamentale quellenmäßige Schwierigkeit« bezeichnet hat. Andere in diesem Zusammenhang wichtige Briefwechsel – wie etwa der Briefwechsel zwischen Heidegger und Kurt Bauch – waren Anfang der 1990er Jahre vielen Interpreten noch nicht einmal in ihrer Existenz bekannt.

wechsel Heideggers mit Karl Jaspers,[19] der eine wichtige Ergänzung zur Veröffentlichung von Jaspers' Notizen zu Martin Heidegger darstellt,[20] im Jahr 1989 wurden die Briefe, die Heidegger und Elisabeth Blochmann miteinander gewechselt haben, veröffentlicht.[21] 1998 folgte die Veröffentlichung des Briefwechsels Heideggers mit Hannah Arendt,[22] im Jahr 2003 erschien der Briefwechsel Heideggers mit Max Müller,[23] im Jahr 2005 wurde schließlich eine Auswahl der Briefe Heideggers an seine Frau Elfride publiziert,[24] im Jahr 2008 erschien der Briefwechsel zwischen Martin Heidegger und Rudolf Bultmann[25] und im Jahr 2010 der gerade für die Frage nach Heideggers Verhältnis zum Nationalsozialismus wichtige Briefwechsel Heideggers mit dem Kunsthistoriker Kurt Bauch.[26] Andere in diesem Zusammenhang wichtige Briefwechsel wie zum Beispiel der Briefwechsel Heideggers mit seinem Bruder oder mit Hans-Georg Gadamer sind in Bearbeitung und werden in den nächsten Jahren erscheinen.

19 Martin Heidegger/Karl Jaspers, *Briefwechsel 1920–1963*, hg. von Walter Biemel und Hans Saner, München und Frankfurt am Main 1992.
20 Karl Jaspers, *Notizen zu Martin Heidegger*, hg. von Hans Saner, München und Zürich ³1989.
21 Martin Heidegger/Elisabeth Blochmann, *Briefwechsel. 1918–1969*, hg. von Joachim W. Storck, Marbach am Neckar 1989.
22 Hannah Arendt/Martin Heidegger, *Briefe 1925 bis 1975 und andere Zeugnisse*, hg. von Ursula Ludz, Frankfurt am Main 1998 (²1999).
23 Martin Heidegger, *Briefe an Max Müller und andere Dokumente*, hg. von Holger Zaborowski und Anton Bösl, Freiburg und München 2003 (²2004).
24 *»Mein liebes Seelchen!« Briefe Martin Heideggers an seine Frau Elfride 1915–1970*, hg., ausgewählt und kommentiert von Gertrud Heidegger, München 2005.
25 Rudolf Bultmann/Martin Heidegger, *Briefwechsel 1925–1975*, hg. von Andreas Großmann und Christof Landmesser, mit einem Geleitwort von Eberhard Jüngel, Frankfurt am Main/Tübingen 2009.
26 Martin Heidegger/Kurt Bauch, *Briefwechsel*, hg. und kommentiert von Almuth Heidegger, Freiburg/München 2010 (= *Martin Heidegger Briefausgabe*; II.1).

Neben diesen Dokumenten sind in den letzten Jahren auch wichtige Dokumente im Rahmen des *Heidegger-Jahrbuches* erschienen – so etwa Texte oder Briefe des jungen Heidegger oder an den Studenten Heidegger, die sehr deutlich noch einmal das antimodernistische (aber – soweit die Quellen zeigen – keinesfalls antisemitische) Klima zeigen, in dem Heidegger aufwuchs und seine ersten Schritte in die Welt der Philosophie ging.[27] Veröffentlicht wurden im *Heidegger-Jahrbuch* auch Dokumente, die Heideggers Kooperation mit dem Nietzsche-Archiv in Weimar während der 1930er und frühen 1940er Jahre zeigen,[28] oder – im Band 4 des *Heidegger-Jahrbuches*, der zusammen mit dem Band 5 ausschließlich dem Thema »Heidegger und der Nationalsozialismus« gewidmet ist[29] – zahlreiche Texte und Dokumente, die direkte Bedeutung für die Diskussion dieses Themas haben – so etwa weitere, bislang unveröffentlichte Briefe aus der Rektoratszeit, der Briefwechsel zwischen Heidegger und dem Romanisten Hugo Friedrich, Texte aus der Zeit nach 1945, die vor allem die Entnazifizierung, Pensionierung und Emeritierung Heideggers betreffen, oder ein langer und nie abgeschickter Brief des mit Heidegger befreundeten Juristen Erik Wolf an Karl Barth, der rückblickend die Situation des Jahres 1933 aus Freiburger Perspektive beleuchtet.

Auch andere Veröffentlichungen jüngeren Datums sind in diesem Zusammenhang von großer Bedeutung: so etwa die vor wenigen Jahren erschienenen *Erinnerungen* von Hans Jonas[30]

27 Vgl. *Heidegger-Jahrbuch* 1, 18–78.
28 Vgl. *Heidegger-Jahrbuch* 2, 25–36.
29 Alfred Denker/Holger Zaborowski (Hg.), *Heidegger und der Nationalsozialismus* (= *Heidegger-Jahrbuch*; 4 und 5), Freiburg/München 2009.
30 Hans Jonas, *Erinnerungen. Nach Gesprächen mit Rachel Salamander*, hg. und mit einem Nachwort versehen von Christan Wiese, Frankfurt am Main 2003. In diesem Zusammenhang können auch die Erinnerungen von Karl Löwith (*Mein Leben in Deutschland vor und nach 1933. Ein Bericht*,

oder wichtige Arbeiten zur Geschichte der Freiburger Universität oder zur Geschichte der deutschen Universitäten im »Dritten Reich«. Denn die Rolle und Situation der Universitäten im »Dritten Reich« wurde gerade ab den 90er Jahren des letzten Jahrhunderts intensiv diskutiert: Das – leider in der Diskussion um Heidegger und den Nationalsozialismus nur selten ausreichend rezipierte – mehrbändige Standardwerk von Helmut Heiber *Universität unterm Hakenkreuz* wurde erst Anfang der 1990er Jahre publiziert.[31] Auch viele

Stuttgart 1986), Toni Cassirer (*Mein Leben mit Ernst Cassirer*, Darmstadt 2003) und von Gerd Tellenbach (*Aus erinnerter Zeitgeschichte*, Freiburg 1981) genannt werden.
31 Vgl. Helmut Heiber, *Universität unterm Hakenkreuz* (Band I: *Der Professor im Dritten Reich*; Band II.1 und II.2: *Die Kapitulation der Hohen Schulen*), München 1991–1993. Weitere Darstellungen bzw. Diskussionen der deutschen Philosophie im Nationalsozialismus stammen u. a. von Wolfgang F. Haug (Hg.), *Deutsche Philosophen 1933*, Hamburg und Berlin 1989; Claudia Schorcht, *Philosophie an den bayerischen Universitäten. 1933–1945*, Erlangen 1990; George Leaman, *Heidegger im Kontext. Gesamtüberblick zum NS-Engagement der Universitätsphilosophen*, Hamburg 1993; Ilse Korotin (Hg.), *»Die besten Geister der Nation«. Philosophie und Nationalsozialismus*, Wien 1994; Gereon Wolters, »Der ›Führer‹ und seine Denker. Zur Philosophie des ›Dritten Reiches‹«, in: *Deutsche Zeitschrift für Philosophie* 47 (1999), 223–251 (vgl. zur kritischen Auseinandersetzung mit Wolters Volker Böhnigk, *Kant und der Nationalsozialismus. Einige programmatische Bemerkungen über nationalsozialistische Philosophie* [= *Bonner philosophische Vorträge und Studien;* 9], Bonn 2000); Norbert Kapferer, *Die Nazifizierung der Philosophie an der Universität Breslau 1933–1945*, Münster 2001; Christian Tilitzki, *Die deutsche Universitätsphilosophie in der Weimarer Republik und im Dritten Reich*, 2 Teilbände, Berlin 2002; Hans-Joachim Dahms, »Philosophie«, in: Frank-Rutger Hausmann, Die Rolle der Geisteswissenschaften im Dritten Reich 1933–1945, München 2002, 193–227; George Leaman, »Reflections on German Philosophy and National Socialism«, in: Marion Heinz / Goran Gretić (Hg.), *Philosophie und Zeitgeist im Nationalsozialismus*, Würzburg 2006, 233–250. Vgl. aus eher systematisch-philosophischer, aber oft zu stark simplifizierender und problematischer Perspektive auch Frank Hartmann, *Denker Denken Geschichte. Erkundungen zu Philosophie und Nationalsozialismus*, Wien 1994. Einzelne dieser Studien zeigen leider nicht unbeträchtliche ideologische Voraussetzungen oder basieren

Detailuntersuchungen zu einzelnen Universitäten, Fakultäten oder akademischen Disziplinen erschienen erst in den
letzten 10 oder 15 Jahren.[32] Die Universität Freiburg hat sich
vor allem im Umfeld des Universitätsjubiläums 2007 intensiv mit ihrer Geschichte »unterm Hakenkreuz« auseinandergesetzt. 2006 erschien eine umfangreiche Darstellung der
Geschichte der Freiburger Philosophischen Fakultät von
1920 bis 1960.[33] Die Festschrift, die aus Anlass des Universitätsjubiläums erschien, behandelt die erste Hälfte des
20. Jahrhunderts und damit auch die Zeit des Nationalsozialismus in angemessener Ausführlichkeit.[34] Mit Silke
Seemanns *Die politischen Säuberungen des Lehrkörpers der
Freiburger Universität nach dem Ende des Zweiten Weltkrieges (1945–1957)* liegt seit 2002 auch ein wichtiger Beitrag
zur Entnazifizierung des Freiburger Lehrkörpers vor, der auch
ausführlich auf die Entnazifizierung Heideggers eingeht.[35]

auf Vereinfachungen, auf die an dieser Stelle nicht eigens eingegangen
werden kann.
32 Vgl. in diesem Zusammenhang auch Bernd Martin, »Einführung: ›Alles Große ist auch gefährdet‹«, 5 ff.
33 Eckhard Wirbelauer (Hg.), *Die Freiburger Philosophische Fakultät
1920–1960. Mitglieder – Strukturen – Vernetzungen* (= *Freiburger Beiträge
zur Wissenschafts- und Universitätsgeschichte*, Neue Folge 1), Freiburg/
München 2006.
34 Vgl. Bernd Martin (Hg.), *Von der badischen Landesuniversität zur
Hochschule des 21. Jahrhunderts* (= *550 Jahre Albert-Ludwigs-Universität
Freiburg. Festschrift*, 3), Freiburg i. Br./München 2007, vgl. 308–534 für
Beiträge zur Geschichte der Freiburger Universität von 1933 bis 1945. Vgl.
in diesem Zusammenhang auch Eckhard John/Bernd Martin/Marc Mück/
Hugo Ott (Hg.), *Die Freiburger Universität in der Zeit des Nationalsozia-
lismus*, Freiburg 1991.
35 Silke Seemanns, *Die politischen Säuberungen des Lehrkörpers der
Freiburger Universität nach dem Ende des Zweiten Weltkrieges
(1945–1957)*, Freiburg 2002; vgl. zu Seemann auch Paul Falkenburger, »Die
épuration der Universität Freiburg. Eine Auseinandersetzung mit Silke
Seemann«, in: Eckhard Wirbelauer (Hg.), *Die Freiburger Philosophische
Fakultät 1920–1960. Mitglieder – Strukturen – Vernetzungen*, 821–828.

Diese Liste von wichtigen Publikationen, die auch die Diskussion um Heideggers Verhältnis zum Nationalsozialismus in ein neues Licht stellen, ist alles andere als vollständig. Viele andere Werke und Studien wären zu nennen, die einen Beitrag zum besseren Verständnis des »Falles Heidegger« leisten (auch wenn sie oft gar nicht auf diesen »Fall« ausdrücklich eingehen) und die dazu geführt haben, dass die Diskussion des Themas »Heidegger und der Nationalsozialismus« heute auf der Grundlage wesentlich besserer Quellenveröffentlichungen und wesentlich tiefer und weiter »bohrender« historischer Arbeiten erfolgen kann als noch in den 80er oder 90er Jahren des letzten Jahrhunderts.

Worum es dabei geht, dürfte auch schon klargeworden sein: nämlich nicht darum, Heidegger mit dem größtmöglichen Aufwand historischer, philologischer oder philosophischer Detailuntersuchungen gegen alle Vorwürfe zu verteidigen, sein Verhalten zu entschuldigen und dabei im Materialgewühl wichtige und weiterhin offene Fragen aus den Augen zu verlieren. Es bleibt weiterhin das »Rätsel Heidegger«.[36] Viel eher muss es heute daher darum gehen, zu einem besseren Verstehen beizutragen, nach wie vor offene Fragen auch offenzuhalten oder den hypothetischen Charakter aller Antworten auf diese Fragen deutlich zu machen und, wo notwendig und möglich, auch der »Sache« gemäße Urteile zu treffen – was, wie es scheint, nicht immer das Anliegen der bisherigen, oft ideologisch belasteten Diskussion gewesen ist. Dies führt zu einer weiteren, der zweiten Aufgabe, die sich in der gegenwärtigen Diskussion stellt.

---

36 So auch Bernd Martin, »Einführung: ›Alles Große ist auch gefährdet‹«, 7. Vgl. zu den Aufgaben der weiteren Forschung auch Hans-Joachim Dahms, »Philosophie«, 218f.

Die Neubetrachtung der vorhandenen Quellen

Manche Beiträge in der Diskussion des Verhältnisses Heideggers zum Nationalsozialismus haben nämlich nicht immer jene sachliche Distanz an den Tag gelegt, die gerade bei diesem Thema angebracht wäre. Das Ideal des Historikers besteht darin, *sine ira et studio* zu arbeiten – ohne Zorn und Übereifer – und für die historischen Begebenheiten selbst offen zu bleiben. Das ist nun nicht immer möglich und eigentlich ein immer nur annäherungsweise erreichtes und erreichbares Ideal: Denn jeder Historiker steht immer schon in einem gewissen Bezug zu dem »Objekt« seines Interesses – allein das Wort »Interesse« zeigt, dass es nicht um eine gänzlich distanzierte Betrachtung gehen kann und gehen soll, sondern um etwas, das ein »Dabei-« oder »Darin«-Sein, ein Inter-esse eben, voraussetzt. Denn andernfalls würde sich die Arbeit des Historikers nicht rechtfertigen lassen. Das historische Verstehen steht ja immer schon im Kontext einer »Betroffenheit« – sei diese eher persönlich-privater oder eher gesellschaftlicher oder fachlicher Natur. Man kann, um die Missverständnisse, die mit dem Begriff der »Betroffenheit« verbunden sind, zu vermeiden, auch von einer »Involvierung« des Historikers in seinen Gegenstand sprechen. Der Historiker wird daher nie gleichsam aus neutraler Perspektive arbeiten können; manches wird ihn nicht nur zornig machen, sondern auch seinen Eifer herausfordern. Sein Gegenstand »erscheint« ihm daher immer in einer bestimmten Perspektive, in einem bestimmten Licht, das allererst Verstehen möglich macht. Denn mit »nackten Tatsachen« kann der Historiker wenig anfangen. Immer geht es ihm ja darum, die Bedeutung der »Tatsachen« zu verstehen, diese in den Verlauf der Geschichte einzuordnen und umgekehrt den Verlauf der Geschichte von den »Tatsachen« her verstehend zu beschreiben, indem er eine Geschichte erzählt. Als Geschehen, in dem die menschliche Freiheit eine zentrale Rolle spielt, bleibt die Geschichte dabei, wie wir bereits sahen, immer vieldimensional. Sie entzieht sich vereinfachenden Zugangsweisen und bedarf der Vielfalt verschiedener Zugangsweisen. Im Bereich des Menschlichen – und darum handelt es sich ja, wenn es um Fragen der Geschichte geht – ist nicht jene Sicherheit des Wissens zu erreichen, die der Naturwissenschaftler zu erreichen vermag. Objektivität ist dabei immer ein Ideal, das dem Historiker vor Augen schwebt, das sich aber nie erreichen lässt. Aber es gibt verschiedene Stufen der Annäherung an das Ideal der wissenschaftlichen »Objektivität« – oder der Entfernung von ihm.

Darauf, dass es aber gerade in der Diskussion um Heidegger und den Nationalsozialismus eine nicht unerhebliche und oft bewusst in Kauf genommene Entfernung von diesem Ideal gegeben hat, ist bereits hingewiesen worden. Wie aber kann man dies erklären? In der Diskussion um Heidegger gibt es verschiedene Gründe für die Entfernung von diesem Ideal einer gelasseneren und sachlichen (d.h. sachgemäßen) Betrachtung der historischen Ereignisse. Das, was in Deutschland zwischen 1933 und 1945 geschehen ist, lässt niemanden kalt – und es darf den Betrachter auch nicht kaltlassen. Und wenn einer der wichtigsten, wenn nicht sogar der wichtigste Philosoph des 20. Jahrhunderts in Wort und Tat das nationalsozialistische Regime zumindest anfänglich rechtfertigt und unterstützt und so die nationalsozialistischen Machthaber auch international aufwertet und dann – nach 1945 – sehr wenig dazu sagt, dann stellen sich eben Fragen an diesen Denker, sein Leben und sein Werk, die kaum *sine ira et studio* zu diskutieren sind und zur Stellungnahme herausfordern. Gerade die philosophische Bedeutung Heideggers erklärt, warum die Diskussion um sein Rektorat oft so vehement geführt wurde und nach wie vor wird. Dies gilt vor allem in einer Zeit, in der die Erinnerungen noch frisch sind, die Betroffenheit oft eine direkte Betroffenheit ist – wie bei vielen seiner Schüler – und die Ereignisse noch zur unmittelbaren Zeitgeschichte gehören.

Mittlerweile sind seit der nationalsozialistischen Machtergreifung und damit seit Heideggers Rektoratsrede über 75 Jahre vergangen. Es ist zwar nicht der Fall, dass damit diese historischen Ereignisse nur noch »vergangen« und zu einem bloßen »Stück Geschichte« geworden wären; sie sind nach wie vor gegenwärtig und bestimmen das Selbstverständnis Deutschlands und der sich auf Heidegger beziehenden philosophischen Schulen auch zu Anfang des 21. Jahrhunderts. Heute aber ist es möglich, die historischen Ereignisse mit einer größeren Distanz zu betrachten, einer Distanz, die unmittelbaren Zeitgenossen nicht möglich war – und letztlich auch nicht möglich sein konnte und durfte. Erleichtert wird dies – wie bereits erwähnt – durch die zunehmende Erschließung nicht nur des Nachlasses Martin Heideggers, sondern auch vieler anderer historischer, biographischer oder philosophie- und geistesgeschichtlicher Quellen. Bestimmte Vorurteile dürften sich nicht mehr halten, da es heute möglich – und notwendig – ist, wesentlich sachlicher die Diskussion zu führen – und das mag oft auch bedeuten, sich dort eines abschließenden Urteils zu enthalten, wo noch kein Urteil möglich ist oder sich nie ein abschließendes Urteil wird treffen lassen. Dies aber bedeutet auch, jene nicht seltenen Vereinfachungen zu hinterfragen, die sich in der Diskussion des »Falles Heidegger« eingebürgert haben und die ihr Versprechen, dass es nämlich möglich sei, mit wenigen Worten einen sehr komplexen Sachverhalt zu beschreiben oder gar zu deuten, nicht gehalten haben. Dieser Umstand macht es auch notwendig, die bereits lange vorliegenden Quellen noch einmal neu zu betrachten und vor dem Hintergrund des neuen Wissens und neuer Dokumente und Quellen zu deuten. Vor dem Hintergrund dessen, was wir nun über Heideggers philosophische Überlegungen zur Universität aus den 1920er Jahren oder über sein Selbstverständnis als akademischer Lehrer wissen, erscheint die Rektoratsrede doch in einem anderen Licht als bei jenen Deutungen, die diesen nun gut erschließbaren Hintergrund ausblenden oder von ihm schlicht nichts wussten. Und dies gilt für eine ganze Reihe von altbekannten Texten, die nun – nach Jahren weiterer Forschung und Quellenarbeit – in vielleicht nicht gänzlich neuem, aber doch signifikant anderem Lichte erscheinen.

Die Überbrückung des »garstig breiten Grabens« zwischen Philosophie und Geschichte

Das Thema »Heidegger und der Nationalsozialismus« verlangt zwei unterschiedliche »Sensibilitäten« oder Fähigkeiten: Man kann über dieses Thema nicht ohne eine gewisse historische und nicht ohne eine gewisse philosophische »Sensibilität« sprechen. Während viele Historiker vor der Auseinandersetzung mit Heideggers Philosophie zurückschrecken oder sich ausdrücklich auf die historisch interessanten Aspekte beschränken, gibt es viele Philosophen, die eine ähnliche Ignoranz oder ein ähnliches Desinteresse an den Tag legen, wenn es um historische oder biographische Fragen geht. Den Historikern ist die Philosophie Heideggers oft begrifflich zu anspruchsvoll und hermetisch, den Philosophen erscheinen die historischen Fragen oft zu trivial und oberflächlich. Die Aufteilung der akademischen Fächer oder die Differenz persönlicher Vorlieben und Interessen bestimmt dann den Zugang zu Heideggers Leben und Denken. Aber weder unser Leben noch unser Denken folgt der inneren Logik akademischer Disziplingrenzen. Vor allem zwischen 1933 und 1945 hat Heidegger nicht einmal als Philosoph und dann, ein anderes Mal, als Person der Zeitgeschichte gesprochen oder gedacht, so dass sich diese Ebenen fein sauber voneinander trennen und ihren jeweiligen Bearbeitern im Weinberg der Wissenschaft zuordnen ließen, sondern immer in einer Weise, in der Zeit- und Lebensgeschichte auf der einen und die Philosophie auf der anderen Seite sehr eng aufeinander bezogen waren. Der rechte Zugang zu Heideggers Denk- und Lebensweg ist daher ein solcher, der die historische Sicht mit der philosophischen Sicht verbindet.

Gerade dies ist aber, wie schon angedeutet, oft nicht geschehen, wenn es um Heideggers Verhältnis zum Nationalsozialismus ging – oder zumindest nicht in einer ausreichenden Weise. Wer sich mit der Literatur zu diesem Thema beschäftigt, wird nämlich sehr schnell sehen, dass sehr oft eine historische oder eine philosophische (bzw. philosophiegeschichtliche) Zugangsart im Vordergrund steht oder manchmal sogar ausschließlich verfolgt wird, obwohl Heideggers Verhältnis zum Nationalsozialismus einer Zugangsweise bedarf, die gewissermaßen immer wieder den Graben zwischen Philosophie und Geschichte zu überbrücken sucht und Heideggers Denkweg immer wieder in den Rahmen seines Lebensweges und seiner zeitgeschichtlichen Situation stellt – und umgekehrt.[37] Dabei gilt es in der jetzigen Situation, die »Idiosynkrasien« beider Disziplinen zu vermeiden. Denn während manche philosophische Beiträge sich in abstrakten Spekulationen oder Eigenheiten des heideggerschen Denkens und Sprechens verlieren, die für den Nicht-Experten oft unverständlich, wenn nicht sogar missverständlich sind, sind manche eher historisch orientierte Beiträge der Gefahr erlegen, in den Details der historischen Fakten unterzugehen oder – mangels Fakten – bestimmte Zusammenhänge eher zu postulieren oder aus dem Bereich der Phantasie herzuleiten, als in historisch verantwortlicher Manier zu belegen.

---

37 So mit besonderem Bezug auf die Jahre nach 1933 auch Alexander Schwan, *Politische Philosophie im Denken Heidegger*s, Opladen ²1989, 100.

Die Einseitigkeit der Perspektive findet sich etwa bei Ott und Farías, aber auch bei Ernst Nolte, der zwar versucht, die sehr stark historisch-biographische Perspektive der Arbeiten von Ott und Farías aufzubrechen, aber dennoch ausdrücklich als Historiker schreibt: »Ich will das Leben nicht vom Werk trennen, wie Farías und Ott es tun. ... Dabei sollen das ›Lebensmäßige‹ der Werke und die auf das Leben bezogenen Teile der Sekundärliteratur besondere Aufmerksamkeit finden. Das bedeutet, daß das im engeren Sinne Philosophische zurücktreten muß.«[38] Allein der Versuch, die historische von der philosophischen Ebene zu trennen, müsste eigens begründet werden – was nicht nur dort, wo diese Ebenen getrennt werden, zumeist nicht unternommen wird, sondern sich auch gar nicht unternehmen lässt. Denn wer sich mit Heideggers Verhältnis zum Nationalsozialismus beschäftigt, kann nicht umhin, sich u. a. auch mit Heideggers philosophischen Bemühungen seit 1919 zu beschäftigen.

Die Entwicklung einer sach-gemäßen Hermeneutik

Heidegger hat im Jahr 1945 zu seinem Rektorat Stellung genommen. Er hat für seine Überlegungen, die erstmals 1983 erschienen sind,[39] den Titel »Das Rektorat 1933/34 – Tatsachen und Gedanken« gewählt und damit zum Ausdruck gebracht, dass aus historischer Perspektive zumindest zwischen diesen beiden Aspekten – den Tatsachen und den Gedanken darüber – unterschieden werden müsse. Allerdings sind hier noch weitere Unterscheidungen oder Differenzierungen notwendig: Denn zum einen ist oft die Unterscheidung zwischen Tatsachen und Gedanken nicht so eindeutig, wie Heidegger nahezulegen scheint. Dies gilt vor

---

38 Ernst Nolte, *Heidegger. Politik und Geschichte im Leben und Denken*, 18.
39 Vgl. GA 16, 372–394.

allem bei einem Denker, dessen Handeln oft in Gedanken besteht, die sich nicht so einfach als »Tatsachen« rekonstruieren lassen. Zum anderen müssen Tatsachen immer auch historisch eingeordnet und gedeutet werden. Ein- und dieselbe
Tatsache kann ganz unterschiedliche Bedeutungen haben –
und das gilt vor allem auch im Kontext totalitärer Systeme.
Gelegentlich finden sich in den Vorlesungen Heideggers der
1930er und frühen 1940er Jahre etwa Bezugnahmen auf Hitler
oder den Nationalsozialismus – so spricht Heidegger etwa in
seiner Vorlesung *Einführung in die Metaphysik* von »der inneren Wahrheit und Größe des N.S.«.[40] Es gibt, wie sich im
dritten Teil dieses Buches zeigen wird, noch mehr solcher
Bemerkungen. Aber handelt es sich dabei um Aussagen, die
belegen, dass Heidegger auch noch einige Jahre nach dem
Rektorat seine Position zum Nationalsozialismus nicht geändert habe? Oder verweisen diese Aussagen darauf, dass
Heidegger geschickt bestimmte Erwartungen an ihn erfüllte,
um dann das, was ihm eigentlich wichtig war, zu verfolgen –
unter Umständen auch eine zunehmende Kritik am Nationalsozialismus? Gerade wenn es wahr ist, dass, wie Heidegger in den »Tatsachen und Gedanken« schreibt, ab Mitte der
1930er Jahre die Vertreter der Gestapo in seinen Vorlesungen
saßen,[41] stellt sich die Frage, wie Heideggers insgesamt sel-
tene Bezugnahmen auf den Nationalsozialismus zu lesen
sind: als Ausdruck seiner eigenen Position und der inneren
Zustimmung zum Nationalsozialismus, als vorsichtige Absi-
cherung seiner selbst und als Versuch, seine eigentlichen kritischen Intentionen zu verbergen, oder als Zeugnis einer Haltung, die zwischen diesen beiden Möglichkeiten oszilliert.
Und auch hier sollten wir nicht vergessen, dass nicht nur der
Nationalsozialismus ein höchst komplexes Phänomen war,

---

40 GA 40, 208; vgl. zu diesem Zitat unten S. 487ff.
41 Vgl. hierzu neben GA 16, 391f.; 665 auch Heidegger/Jaspers, 201. Vgl.
in diesem Zusammenhang auch *Heidegger-Jahrbuch* 4, 251–255; 259–261.

und zwar derartig komplex, dass unsere Rede von *dem* Nationalsozialismus immer auch eine missverständliche oder
weiterer Konkretisierung bedürftige Rede ist, sondern dass
die Stellungnahmen und Positionierungen der Zeitgenossen
zum Nationalsozialismus höchst unterschiedliche Formen
annehmen konnten. Wer den Nationalismus und den Führerkult teilte, musste nicht unbedingt vom Rassismus oder
Antisemitismus des Nationalsozialismus begeistert gewesen
sein, sondern konnte diese Aspekte übersehen oder in ihrer
Bedeutung relativieren.

Die Probleme, vor denen der Historiker und Philosoph angesichts des »Falles Heidegger« steht, sind noch komplexer:
Denn wir finden – nicht nur, wenn es um den »Fall Heidegger« geht – »Tatsachen« oder historische und philosophische
Zeugnisse ganz unterschiedlicher Natur vor. Gerade in der
Diskussion um das Verhältnis Heideggers zum Nationalsozialismus wird das aber nicht selten gar nicht beachtet.
Zwischen den verschiedenen Arten von historisch bedeutsamen Quellen wird oft nicht ausreichend unterschieden. Gerade dies ist aber notwendig. Denn es besteht ein Unterschied
darin, ob Heidegger eine bestimmte Aussage selbst veröffentlicht hat, ob sie aus einem Brief stammt, ob wir etwa ein Ma-
nuskript eines bestimmten Textes aus Heideggers Hand vorliegen haben oder ob wir auf Mitschriften seiner Studenten
angewiesen sind. Es gilt, diese Differenzen im Kopf zu behalten und bei der Interpretation zu berücksichtigen – oder zumindest zu erwähnen, damit bewusst bleibt, mit welcher Art
von Quelle wir es zu tun haben. Dies hat zum Beispiel eine
große Bedeutung, wenn es um die Frage nach Heideggers Antisemitismus geht. Denn die Äußerungen, die in diesem Zusammenhang immer wieder genannt und zitiert werden (insgesamt, wie sich zeigen wird, nicht sehr viele) finden sich
weitestgehend in Briefen Heideggers, nicht aber in seinen
philosophischen Schriften, auch so gut wie gar nicht in eher

als (universitäts-)politisch zu charakterisierenden Schriften
und Reden aus der Rektoratszeit. Diesen Befund kann man
wieder unterschiedlich interpretieren: Man könnte argumentieren, dass Heidegger gerade in seinen vertraulichen Briefen sein wahres Angesicht gezeigt hat. Man könnte aber auf
der anderen Seite und mit mehr Plausibilität auch die These
aufstellen, dass Heidegger, wenn er tatsächlich derart antisemitisch eingestellt gewesen wäre, wie einige Interpreten
nahelegen, dieser Einstellung vor allem nach der nationalsozialistischen Machtergreifung oder nach seiner Wahl zum
Rektor der Freiburger Universität auch öffentlich deutlicher
Ausdruck verliehen hätte. Dies wäre ja im historischen Kontext des Jahres 1933 oder 1934 nicht nur möglich gewesen,
sondern hätte Heideggers Stellung und Bedeutung innerhalb
des nationalsozialistischen Deutschland auch gefestigt. Von
all dem finden sich aber keine Spuren. Anders als bei anderen
Denkern, die im Jahr 1933 oder schon vorher in einer nicht
unbeträchtlichen Nähe zum Nationalsozialismus standen –
zu denken ist etwa an Carl Schmitt[42] –, spielt der Antisemitismus in Heideggers philosophischen Werken wie auch in
seinen öffentlichen Stellungnahmen als Rektor nicht nur
eine unwesentliche, sondern so gut wie gar keine Rolle. Heideggers öffentliche Äußerungen sprechen, wie wir sehen
werden, eine andere (wenn auch nicht unproblematische)
Sprache als die Schriften derjenigen Denker, die als Vordenker und Unterstützer des nationalsozialistischen Antisemitismus benannt werden können, so dass die Vermutung, dass
sich in seinen Briefen eher Spuren eines für sein Denken
nicht wesentlichen kulturell, nicht rassistisch orientierten
Antisemitismus niedergeschlagen haben, wesentlich mehr
Plausibilität für sich beanspruchen kann als die Gegenthese

---

42 Vgl. hierzu vor allem Raphael Gross, *Carl Schmitt und die Juden. Eine
deutsche Rechtslehre*, durchgesehene und erweiterte Ausgabe, Frankfurt
am Main 2005.

vom grundsätzlich antisemitischen Charakter von Heideggers Philosophie. Aber dazu mehr im Kapitel 14.

Außerdem ist es notwendig, die Tatsache nicht zu vergessen, dass oft die Quellenlage sehr dürftig ist. Eckhard Wirbelauer hat auf diese prekäre Quellenlage in seiner Einführung zur Geschichte der Freiburger philosophischen Fakultät von 1920 bis 1960 aufmerksam gemacht. Was er hier mit Bezug auf die Geschichte der gesamten Fakultät sagt, gilt ohne jeden Zweifel auch mit Bezug auf den besonderen »Fall Heidegger«: »Vielfach«, so Wirbelauer, »verfügen wir nur über eine oder zwei ›interne‹ oder ›private‹ Einschätzungen zu einzelnen Vorgängen und müssen uns auf die jeweilige Deutung verlassen, da das offizielle Schrifttum, gerade zu Berufungen, oft nur in Ansätzen erkennen läßt, wo die Konfliktlinien verliefen, und manchmal nicht einfach dies.«[43]

An dieser Stelle seien nun noch einige abschließende und zusammenfassende Bemerkungen zur »sach-gemäßen Hermeneutik« gemacht. Was das Verhältnis Heideggers zum Nationalsozialismus betrifft, so stellt auch Heideggers Rektorat kein isoliertes oder isolierbares Ereignis im Leben oder Denken Heideggers dar, sondern steht in einem engen Verhältnis zu dem, was vor 1933 geschehen ist. Daher kann eine Diskussion des Verhältnisses Heideggers zum Nationalsozialismus nicht mit dem Jahr 1933 beginnen, sondern sollte letztlich mit dem Jahr 1889, dem Geburtsjahr Heideggers beginnen. Was sich dann zeigen wird, ist eine bestimmte Gestimmtheit oder Prägung Heideggers, die in keiner Weise sein Verhalten in den Jahren zwischen 1933 und 1945 und nach 1945 erklärt, die aber doch ein interessantes und wichtiges Licht auf die Ereignisse dieser Jahre wirft und sich – zunächst einmal als biographische Größe – auch in seinem Denken niederschlägt

43 Eckhard Wirbelauer, »Einführung«, in: Eckhard Wirbelauer (Hg.), *Die Freiburger Philosophische Fakultät 1920–1960. Mitglieder – Strukturen – Vernetzungen*, 12–25, 22.

und wesentliche seiner Denkbewegungen zumindest unbe-
wusst mit motiviert. Heidegger selbst hat in anderem Zusammenhang darauf aufmerksam gemacht, dass Herkunft
stets Zukunft bleibe. Wenn wir also – in aller gebotenen
Kürze – Heideggers Herkunft aus dem kleinstädtischen Meßkirch des späten 19. Jahrhunderts und seine ersten Lebens-
jahrzehnte bis zu seiner Entdeckung der »Berufung zur Philosophie« diskutieren, dann vor allem mit der Absicht,
bestimmte Motive, die sein Handeln in den 1930er und
1940er Jahren bestimmten, verständlicher zu machen. Ein
zumindest kurzer Blick in die Arbeiten des jungen Privatdozenten und Professors Martin Heidegger, also in seine philosophischen Arbeiten der 20er Jahre, dürfte zusätzlich dabei
helfen, Heideggers späteres Handeln und Denken besser einordnen und verstehen zu können.

Ein Beispiel mag dies verdeutlichen. Philosophisch hat
sich Heidegger etwa seit seinen Anfängen immer wieder mit
der Frage beschäftigt, was denn eigentlich die Philosophie
sei. Eine seiner frühesten Vorlesungen trägt den Titel »Zur
Bestimmung der Philosophie«. Wenn er später gerade auch
als Philosoph sich mit dem Nationalsozialismus auseinandersetzt, so geschieht dies vor dem Hintergrund dieser frühen
Überlegungen und seiner These, dass die Philosophie zu Anfang des 20. Jahrhunderts sich in einer grundlegenden Krise
befinde, dass überlieferte Wege vor allem auch des neuzeitlichen philosophischen Denkens nicht mehr gangbar seien
und eine Neuaneignung dessen, was mit »Philosophieren«
eigentlich gemeint sei, sich als notwendig erweise. Heidegger
entdeckt in diesem Zusammenhang etwa die Bedeutung
der historischen Situation, in der Philosophieren geschehe.
Wenn sich später in einigen Texten Anzeichen eines oft
durchaus bizarr und gefährlich zu nennenden Nationalismus
bei Heidegger finden, wenn er etwa an zahlreichen Stellen
von der Bedeutung des deutschen Denkens oder der deut-

schen Sprache spricht oder die Bedeutung des »Volklichen«
oder auch »Völkischen« ausdrücklich betont, dann wird dies,
ohne dass es hier um vorschnelle Entschuldigungsstrategien
gehen könnte, doch verständlicher, wenn man darauf aufmerksam macht, dass Heideggers »philosophischem Nationalismus« nicht nur ein bestimmter Philosophiebegriff zugrunde liegt, sondern dass sich die Wurzeln dieses Denkens
weniger im rassistischen politischen Nationalismus des späten 19. Jahrhunderts finden als in einer eher romantisch zu
nennenden Verklärung der eigenen (nicht unbedingt deutschen) Sprache, Kultur und Nation und in der Einsicht in die
Bedeutung der konkreten geschichtlichen Situation des Philosophierens.[44] Bei allen Gemeinsamkeiten, die viele Texte,
die Heidegger als Rektor 1933/34 verfasst hat, nicht nur inhaltlich, sondern vor allem auch sprachlich mit der nationalsozialistischen Ideologie haben, sollten auch die Unterschiede
nicht übersehen werden.

Diese Position Heideggers ist überdies mit einer »Gräkophilie«, einer aus der deutschen Geistesgeschichte vertrauten idealisierenden Vorliebe für das »Land der Griechen«,
verbunden, die sich bei vielen nationalsozialistischen Ideologen in der Heideggers Denken charakterisierenden Weise
nicht nachweisen lässt.[45] Was sich angesichts dieses Befundes zeigt, ist die Tatsache, dass dieselben Worte oder Ideen –
etwa die Betonung des »Volkes« – in verschiedenen Kontexten durchaus verschiedene Bedeutungen annehmen können
oder in ihrer genauen Bedeutung nicht eindeutig festlegbar
sind und schillernd bleiben, d.h. neben der einen, im engen

---

44 Für den nationalsozialistischen Volksbegriff vgl. »Volk« und »völkisch«, in: Cornelia Schmitz-Berning, *Vokabular des Nationalsozialismus*, Berlin 2000, 642–647.
45 Vgl. hierzu neben Charles Bambach, *Heidegger's Roots. Nietzsche, National Socialism, and the Greeks*, Ithaca/London 2003 auch seinen Aufsatz
»Heidegger und die Griechen«, in: *Heidegger-Jahrbuch* 5, 200–208.

Sinne nationalsozialistisch-ideologischen, auch andere Be-
deutungsdimensionen aufweisen. Jede Diskussion des Verhältnisses Heideggers zum Nationalsozialismus wird dessen
eingedenk bleiben müssen, um dieser »Polysemie« gerecht
zu werden. Dabei hilft nicht nur die Erörterung des philosophischen Selbstverständnisses Heideggers, sondern u. a. auch
eine Diskussion seiner schon früh einsetzenden Überlegungen zur Krise und Zukunft der Universität.

Der Widerstand gegen die Tendenz zur Mythenbildung

Bei der Diskussion um den »Fall Heidegger« geht es oft nicht
nur um Heidegger und sein Handeln in der Zeit des »Dritten
Reiches«. Es geht oft auch um mehr als die Rolle der Philosophie oder der philosophischen Fakultäten zwischen 1933
und 1945. Manchmal hat man sogar den Eindruck, es ginge
überhaupt kaum noch um diesen konkreten historischen
»Fall«, da dieser Fall selbst zum Symbol geworden ist: zum
Symbol der Verführbarkeit des Gelehrten, Intellektuellen
oder Wissenschaftlers durch die politische Macht, zum Symbol der Gefährdungen, denen das Denken immer wieder seitens der Politik ausgesetzt ist, zum Symbol des Verhältnisses
der deutschen Universitäten zum »Dritten Reich« oder gar
zum Symbol des Mitläufertums, Opportunismus oder des latent faschistischen Charakters der Deutschen. Dass es zu
einer solchen Symbolbildung gekommen ist, zeigt sich daran, dass oft nur die Nennung des Namens Heideggers reicht,
um eine ganze Reihe von bestimmten Assoziationen zu wecken, ohne dass es überhaupt noch um historische Wahrheit
und Gerechtigkeit dem Denken oder der Person Heideggers
gegenüber ginge. Dann aber ist der »Fall Heidegger« zu einem
»Mythos Heidegger« geworden. Was dann nicht mehr oder
immer weniger zählt, ist die historische Wahrheit, und was
immer wichtiger wird, ist die gewissermaßen überzeitliche,

ewige Wahrheit des Mythos: der Fall des Denkers Heideggers, der als ein nicht nur juristisch oder moralphilosophisch relevanter Rechtsfall, sondern auch als ein tragischer Sündenfall erscheint und Erklärungsmuster für viele andere, mehr oder weniger ähnlich gelagerte Fälle bereithält. Und auch die These, dass die oft den Bereich des Mythischen zumindest streifende Fixierung auf den »Fall« Heidegger nicht selten gerade davon entbindet, sich mit anderen Fällen in ihrer Konkretheit überhaupt noch ausführlich auseinanderzusetzen, oder es zumindest erlaubt, eine solche Auseinandersetzung auf die lange Bahn zu schieben, scheint plausibel.

An dieser Stelle soll nicht die Diskussion des »Falles Heidegger« seit 1945 dargestellt werden. Aber wir können bereits hier der These Ausdruck verleihen, dass – zunächst einmal abgesehen davon, was überhaupt zum Verhältnis Heideggers zum Nationalsozialismus zu sagen ist – die Diskussion seines »Falls« eine Bedeutung hatte und nach wie vor hat, die weit über diesen Fall selbst hinausging. Denn es ist nicht unplausibel, in der Diskussion des »Falles Heidegger« auch (sicherlich nicht nur!) eine »Stellvertreterdiskussion« zu erblicken. Es ist so, als wäre für lange Zeit die Diskussion über das Verhältnis der Universitäten zum »Dritten Reich« letztlich vor allem auch eine Diskussion über den »Fall Heidegger« gewesen. Dies mag lange Zeit den Nutzen gehabt haben, dass man bestimmte unbequeme Fragen nicht stellen musste, da sie ja exemplarisch bereits erörtert wurden. Allerdings kann dieses Vorgehen nicht nur aus historischer Sicht kaum befriedigen. Denn statt vom »Fall Heidegger« her Licht auf andere Fragen zu werfen (oder diese Fragen zu verdrängen), wäre es wesentlich wichtiger gewesen, den »Fall Heidegger« in den Kontext anderer, viel umgreifenderer Fragen zu stellen und in diesem Kontext zu diskutieren. Dies ist nun möglich – nicht zuletzt auch deshalb, weil nun die Rolle der Universitäten im »Dritten Reich« wie auch die Strukturen der nationalsozialistischen Diktatur viel besser erschlossen sind.

Verständlich der Bedeutung Heideggers gerecht werden

Wenn gesagt wird, dass Heidegger zu den wichtigsten Philosophen des 20. Jahrhunderts gehöre, dann gibt es immer wieder auch Kritiker, die darauf hinweisen, dass es doch zu früh sei, ein derart abschließendes Urteil zu fällen oder dass dieses Urteil zunächst einmal auf einer quantitativen Basis getroffen sei – ausgehend beispielsweise von der Zahl der Studien zum Werk Heideggers. In sehr kritischer Distanz zu Heideggers Denken und seiner Bedeutung vor allem in den Geisteswissenschaften wird dann oft auf die enge Verbindung zwischen Heideggers Philosophie und seiner politischen Verstrickung verwiesen und seine gegenwärtige Bedeutung in Frage gestellt. Wenn Heideggers Denken heute in der universitären philosophischen Diskussion vor allem in Deutschland nicht mehr die Rolle spielt, die es lange Zeit gespielt hat, dann hängt dies unter anderem wohl auch damit zusammen, dass sich immer wieder neu die Fragen nach dem Rektorat Heideggers und damit auch nach dem Zusammenhang zwischen Leben und Werk Heideggers gestellt und man sich eher weniger problematischen Weisen des Philosophierens zugewendet hat.

Wenn die These von der Mythenbildung im Zusammenhang mit dem »Fall Heidegger« stimmt, dann kann man davon ausgehen, dass die Mythisierung des »Falles Heidegger« auch eine Auswirkung auf seine Rezeption gehabt hat und hat. Daher ist umgekehrt die entmythifizierende Arbeit an dem »Mythos« Heidegger auch für die Rezeption seines Denkens von Bedeutung, erlaubt sie doch einen neuen, nicht von Fehlurteilen und Halbwahrheiten behinderten Zugang zu dem, was an Heideggers Werk eigentlich wichtig ist. Erst dann ist es möglich, die Frage nach der langfristigen Bedeutung Heideggers noch einmal neu zu stellen und zu diskutieren. Diese »Entmythologisierung« aber sollte in einer Weise geschehen, die nicht nur für Heidegger-Experten zugänglich ist, sondern prinzipiell für jeden, der sich für Heideggers Denken wie auch für die Frage nach Heideggers Verhältnis zum Nationalsozialismus interessiert und bereit ist, die der Sache angemessene Mühe des Begriffs auf sich zu nehmen. Denn manche Beiträge, deren Anliegen die Diskussion des »Falles Heidegger« war, wurden allein deshalb nicht wahrgenommen, weil sie sich oft eines Sprachspiels bedienten, das nur waschechten »Heideggerianern« zugänglich ist und das zu hermetisch ist, als dass ihre Ausführungen wirklich hätten wirken können und zur Kenntnis genommen worden wären. In dieser Situation gilt es, eine Sprache zu finden, die über den engen Zirkel der Heidegger-Forscher und Fachphilosophen hinaus verständlich ist, ohne dass sie Heideggers Denken trivialisiert oder verzerrt. Von besonderer Schwierigkeit ist die Aufgabe, beim Reden über Heidegger nicht zu »heideggern«, wenn es gilt, über sein Denken in den 1930er und frühen 1940er Jahren zu sprechen: Denn Heidegger hat in dieser Zeit – nach dem »Scheitern« von *Sein und Zeit* – versucht, noch einmal ganz neu zu bedenken, was Denken eigentlich sei. Er hat uns dabei »Wege« hinterlassen – das von ihm gewünschte Motto der Gesamtausgabe seiner Schriften war ja »Wege, nicht Werke«[46] –, deren volle Bedeutung oft bis heute nicht erschlossen ist: Dazu zählen etwa auch seine *Beiträge zur Philosophie. Vom Ereignis* oder *Besinnung*. Beide Texte sprengen allerdings sowohl inhaltlich als auch formal die Erwartungen, die man an klassische philosophische Texte stellt. Da Heidegger sich aber in beiden Texten intensiv mit dem Nationalsozialismus auseinandersetzt, kann von einer

---

46 Vgl. hierzu GA 1, I.

Auseinandersetzung mit diesen Texten hier nicht abgesehen
werden: Allerdings muss dies – wie auch bei vielen anderen
Texten, die hier diskutiert werden sollen – in einer Weise geschehen, die dem Denken Heideggers oft nur in Ansätzen
Gerechtigkeit widerfahren lassen kann. Nicht zuletzt ist dies
auch aufgrund des hier zur Verfügung stehenden Raumes der
Fall: Denn neben dem philosophischen Denkweg Heideggers
der 1930er und frühen 1940er Jahre sind ja eine ganz Reihe
von anderen Fragen zu diskutieren. Manche Experten mögen
ob der mit diesem Versuch der Übersetzung und Vereinfachung verbundenen Verkürzungen und Vereinfachungen die
Nase rümpfen. Denn manchen von ihnen gilt selbst jeder
Versuch, Heidegger in ein kritisches Gespräch mit der Gegenwart oder Geschichte der Philosophie zu bringen, als
verdächtig. Aber dies darf uns hier nicht stören, auch wenn
der hier unternommene Versuch mit einem gewissen Risiko
behaftet ist: Über Heidegger in einer Sprache zu schreiben,
die über den engen Kreis der Heidegger-Forscher und Fachge-
lehrten hinaus »zugänglich« und verständlich ist, ist nicht
einfach. Das hängt nicht damit zusammen, dass es unter
allen Umständen darum gehen müsse, Heideggers Sprache –
seinen »Jargon«, seine Neologismen und seine oft ungewöhnlichen Wort- und Satzkonstruktionen – beizubehalten.
Es hängt vielmehr mit einem Grundcharakter des heideggerschen Philosophierens zusammen: Ihm ging es – auch dies ist
vereinfachend gesprochen – darum, noch einmal neu zu fragen und zu bestimmen, was denn eigentlich Philosophieren
ist. Und er hat diese »Neubestimmung« in seinem eigenen
Denken ernst genommen. Heidegger war Phänomenologe
und sah sich daher bis zu seinem Tode der Maxime »Zu den
Sachen selbst« verpflichtet. Die überlieferten Weisen des
Sprechens und Denkens, so sah Heidegger aber bereits sehr
früh ein, können bei diesem Versuch, den »Sachen selbst«
nahe zu kommen, oft nicht nur nicht helfen, sie sind oft auch

hinderlich bei diesem Versuch. Denn im Laufe der Geschichte der Philosophie sind ursprüngliche Einsichten in
das, was ist, oft verlorengegangen. Heidegger bedient sich
dabei oft nicht nur einer gewissermaßen archäologischen
Methode, mit der er die verschiedenen Schichten der Geistesgeschichte erforscht hat, sondern sah sich auch vor der
Herausforderung, einen neuen sprachlichen und methodischen Zugang zu den »Sachen selbst« zu gewinnen.

So hat er in *Sein und Zeit* auch eine ganz eigene Sprache entwickelt, da er sich zunehmend der Grenzen der traditionellen
Sprache und Begriffe bewusst geworden war. Man kann diese
»Sprache« nun nicht einfach in die Sprache der Tradition zurückübersetzen, sondern muss versuchen, in eigenen Worten
das zu sagen, was Heidegger zu sagen versuchte. Dabei hilft es
sicherlich, sich auch an Heideggers eigenen Worten zu orientieren. In seinem Spätwerk nimmt Heidegger sogar davon Abstand, neue Begriffe zu entwickeln. Viel eher geht es ihm nun
darum, der Etymologie und ursprünglichen Bedeutung von bestimmten Wörtern nachzugehen und auf diese oft verlorenen
Dimensionen hinzuweisen. Und auch hier kann man nicht
einfach sein Denken in eine allgemeinverständlichere Sprache
»zurückübersetzen«, man muss mit Heidegger denken. Heidegger hat dabei immer – von Anfang an – sehr vorsichtig und
sehr bewusst formuliert und oft auch mit verschiedenen Bedeutungsebenen gespielt. Wenn er im Titel der Rektoratsrede
etwa von der »Selbstbehauptung« der deutschen Universität
spricht, dann ging es ihm nicht nur darum, dass die Universität sich im Trubel des Jahres 1933 behaupten solle, sondern
dass sie sich auch selbst be-haupten, d.h. ihr Haupt bestimmen, solle. Auch diesen Doppeldeutigkeiten muss die interpretatorische Auseinandersetzung mit Heidegger gerecht
werden – genauso wie dem Wegcharakter seines Philosophierens: Ist Heidegger denkerisch immer unterwegs, dann auch
der sprachliche »Ausdruck« seines denkerischen Unterwegs-

Seins, das gerade nicht als »Entwicklung« verstanden werden kann. Denn dann wäre es ja möglich, sich auf die »reife Form« zu beschränken und diese zum Ausgangs- oder Zielpunkt entwicklungslogischer Rekonstruktionen zu machen.

Immer steht der Interpret daher vor der Aufgabe einer sehr vorsichtigen Annäherung an das, was Heidegger sagt und meint. Denn wenn man sein Denken gerade nicht so einfach in die Sprache der klassischen philosophischen Begrifflichkeit oder die alltäglich von uns gesprochene Sprache übersetzen kann, dann ist eine nicht zu unterschätzende Sensibilität im deutenden Umgang mit Heideggers Texten verlangt. Manche Heidegger-Forscher entgehen dieser Schwierigkeit, indem sie einfach Heideggers Texte paraphrasieren. Aber das ist genauso problematisch wie die Versuche, Heideggers Denken in die Sprache der philosophischen Tradition oder unsere Alltagssprache zu übersetzen. Viel eher muss es darum gehen, einen Mittelweg zu finden, vor allem auch dann, wenn es darum geht, Heideggers Denken in einer Weise darzustellen und zu diskutieren, die auch demjenigen Leser verständlich ist, der sich nicht tagtäglich mit Heideggers Denken beschäftigt. Gewisse Vereinfachungen sind daher notwendig, aber die Schwierigkeit oder vermeintlich Unmöglichkeit einer Übersetzung und Vereinfachung von Heideggers Denken in eine zumindest allgemeinverständlichere Sprache entbindet nicht von der Aufgabe, dies zumindest zu versuchen – vor allem dann, wenn man der Ansicht ist, dass Heidegger uns durchaus noch etwas zu sagen hat und dass es wichtig ist, den populären und oft popularisierenden Vorverurteilungen entgegenzuwirken. Das schließt allerdings die Kritik an manchen seiner Denkwege und auch an manchen seiner Formulierungen und sprachlichen Eigenheiten nicht aus: Gerade mit Heidegger zu denken erfordert es, manchmal auch gegen ihn zu denken. Anders würden wir Heidegger als bedeutenden Denker nicht ernst nehmen.

Das Anliegen des vorliegenden Bandes

Die folgenden Überlegungen zum Verhältnis Heideggers zum Nationalsozialismus stellen den Versuch dar, auf die gegenwärtige Diskussionslage und die mit ihr verbundenen Aufgaben und Herausforderungen zu antworten. Zusammenfassend stellen sich dabei die folgenden Herausforderungen: Es geht zunächst vor allem darum, auf der Grundlage einer sach-gemäßen Hermeneutik und auf dem Stand der heutigen Diskussion – d.h. der heutigen Quellenlage und wissenschaftlichen Diskussion – das Verhältnis Heideggers zum Nationalsozialismus darzustellen und so die Basis für ein besseres Verständnis dieses Kapitels der jüngeren Philosophiegeschichte zu legen. Dabei soll es auch darum gehen, den Graben zwischen einer historischen und einer philosophischen oder rein philosophiegeschichtlichen Betrachtung immer wieder zu überbrücken – und zwar von beiden Seiten her. Das Anliegen dieses Buches ist dabei auch, dies in einer Sprache zu unternehmen, die auch denjenigen zugänglich ist, die sich nicht schwerpunktmäßig mit Heideggers Denken und Leben beschäftigen. Das Thema ist zu präsent in der öffentlichen Diskussion, als dass es nicht eine zugängliche und gleichzeitig wissenschaftlich verantwortbare Darstellung verdiente – eine Darstellung, die, wie wir gesehen haben, in gewisser Weise auch notwendig ist, wenn es gilt, auch dem Denker Heidegger gerecht zu werden und die Mythen um seinen »Fall« zu überwinden.

Zunächst einmal wird sich zeigen, wie komplex die Frage nach dem Verhältnis Heideggers zum Nationalsozialismus eigentlich ist. Letztlich gibt es auch nicht einfach »die« Frage nach Heideggers Verhältnis zum Nationalsozialismus. Denn es gibt eine ganze Reihe von Einzelfragen, die gestellt werden müssen: Einige betreffen eher das Denken Heideggers, andere seine politischen Positionen, wieder andere eher privat zu nennende Entscheidungen. Wer historisch wie philosophisch redlich sich mit diesem Thema auseinandersetzt, wird schnell sehen, dass es mit den einfachen Antworten nicht getan ist und, so viele Fragen nun auch beantwortet werden können, immer auch viele Fragen offenbleiben. Denn »einfache Antworten« gibt es nicht, sosehr wir uns immer auch danach sehnen und sosehr gerade manche Medien immer auch diese einfachen Antworten – die Schlagworte und fett druckbaren reißerischen Überschriften – der komplexen Argumentation vorzuziehen scheinen.

Aber auch dies – die Einsicht darin, dass es einfache Antworten zumeist nicht gibt – ist keine unwichtige Einsicht: Vielleicht sind am Ende – nach der Lektüre – mehr Fragen offen als wirklich beantwortet. Man mag mit Heidegger dies – das Fragen selbst – als eine »Frömmigkeit des Denkens« verstehen und darin, dass Fragen offenbleiben, kein Problem, sondern eine weitere Herausforderung des Denkens und Forschens sehen. Man mag – eher prosaisch, gewiss – darin einen Hinweis auf die Komplexität des Lebens und Denkens Heideggers erblicken und damit auch auf die Komplexität eines Jahrhunderts, das vereinfachenden Verstehenszugängen immer wieder entgangen ist und an die historische Deutung besondere Anforderungen stellt. Gerade aus dieser Perspektive aber verweist der »Fall Heidegger« weit über Heidegger selbst hinaus. Denn immer wieder wird, wenn dieser »Fall« diskutiert wird, zumindest implizit das Verhalten des Gelehrten oder Wissenschaftlers in totalitären Systemen und das fragile Verhältnis zwischen Politik und Philosophie diskutiert. Insofern hat die Diskussion des »Falles Heidegger« durchaus einen exemplarischen oder auch symbolischen, auf das Allgemeine verweisenden Charakter, allerdings kann dies nur auf derjenigen Grundlage verstanden werden, die eine Verallgemeinerung allererst erlaubt: nämlich auf der Grundlage einer möglichst genauen Beschreibung des besonderen Falles.

In Anbetracht der Tendenzen zur Mythenbildung und oberflächlichen Verallgemeinerung ist in der Tat ein Vorgehen
sine ira et studio notwendig, eine Entmythologisierung, die
Wahres von Falschem, Wahrscheinliches von Unwahrschein-
lichem, Erklärbares von Unerklärlichem unterscheidet, die,
mit anderen Worten, der »Sache selbst« – dem Denk- und Lebensweg Heideggers – sich zuwendet und den Blick auf das
Wesentliche und das, was eigentlich wichtig ist, lenkt.

Damit sich der Umfang der folgenden Überlegungen in
Grenzen hält, wurde die Auseinandersetzung mit der Sekundärliteratur auf ein notwendiges Minimum beschränkt. Für
viele Thesen ließen sich unterstützende Aussagen oder Ge-
genthesen aus der Sekundärliteratur anführen. Im Vordergrund sollen hier aber Heideggers eigene Texte stehen, denn
wie auch immer die Sekundärliteratur geurteilt haben mag,
so bleiben doch letztlich Heideggers eigene Texte entscheidend, wenn es um die Fragen nach Wahrheit oder Unwahrheit, Plausibilität oder mangelnde Plausibilität eines Urteils
geht.

Struktur und Inhalt des vorliegenden Bandes

Dieses Buch ist in vier Teile unterteilt. Dieser *erste* Teil hat
sich mit einleitenden Fragen beschäftigt und diskutiert dabei
auch Fragen der Methode und der Relevanz dieser Untersuchung. Der *zweite* Hauptteil – »Der historische Hintergrund
und philosophische Kontext: Heideggers Lebens- und Denkweg von 1889 bis 1933« – beschäftigt sich mit der Vorgeschichte von Heideggers Rektorat, d.h. den Jahren von Heideggers Geburt im Jahr 1889 bis zu seiner Wahl zum Rektor
der Albert-Ludwigs-Universität im April 1933, und untersucht aus biographischer, historischer und philosophischer
Perspektive die weiteren Kontexte, in deren Rahmen Heideggers Rektorat und sein weiteres Verhältnis zum National-

sozialismus zu verstehen sind. Es handelt sich um den Hintergrund, der für jede Diskussion dieses Themas sehr wichtig ist und den wir heute viel besser als noch vor 20 Jahren rekonstruieren können. Zunächst – in Kapitel 3 – geht es um Heideggers Erziehung und Sozialisation, um seine frühe Prägung durch einen antimodernistisch orientierten Katholizismus und seine zunehmende Distanz zum neuscholastischen »System des Katholizismus«, die eng mit der Entdeckung seiner »Berufung« zur Philosophie verbunden ist. Daran anschließend – in den Kapiteln 4 bis 6 – rücken die Jahre ab 1919 in den Blick. Dies sind die Jahre von Heideggers früher Lehrtätigkeit, die für die Entwicklung der in seinem Hauptwerk *Sein und Zeit* entfalteten Gedanken sehr wichtig waren. In diesem Zusammenhang werden u.a. Heideggers Bemühungen um eine Neu-Bestimmung dessen, was eigentlich Philosophie ist (Kapitel 4), und sein Interesse an der Reform der Universität (Kapitel 5) diskutiert. Zur Sprache gebracht wird aber auch die ethische oder politische Dimension von *Sein und Zeit*, die Frage, ob dieses frühe Hauptwerk Heideggers Spuren eines nationalsozialistisch (oder protofaschistisch) zu nennenden Denkens aufweist (Kapitel 6), sowie Heideggers Denk- und Lebensweg von der Veröffentlichung von *Sein und Zeit* im Jahr 1927 bis Anfang 1933 (Kapitel 7).

Im *dritten* Teil – »Heidegger – Denker im nationalsozialistischen Deutschland« – stehen die Jahre von 1933 bis 1945 im Vordergrund. Ausgehend von Heideggers Rektorat und seiner Rektoratsrede werden seine weiteren Denk- und Lebensschritte in der Zeit des Nationalsozialismus erörtert. Dabei steht auch seine oft indirekte Auseinandersetzung mit dem Nationalsozialismus im Vordergrund, nämlich – nach einer Darstellung der Ereignisse, die zur Wahl Heideggers zum Rektor geführt haben (Kapitel 8), einer Interpretation der Rektoratsrede (Kapitel 9) und einer Darstellung des weiteren Verlaufes der Rektorats bis zum vorzeitigen Rücktritt Heideggers im Jahr 1934 (Kapitel 10) – seine Auseinandersetzung mit der geistigen, politischen und geschichtlichen Situation in den 1930er und 1940er Jahren u.a. in seiner Lektüre und Deutung der Gedichte Hölderlins oder der Philosophie Nietzsches (Kapitel 12). In diesem Zusammenhang werden neben der Vorlesung *Einführung in die Metaphysik* auch die beiden großen Nachlassmanuskripte Heideggers, die *Beiträge zur Philosophie. Vom Ereignis* und die unter dem Titel *Besinnung* veröffentlichten Gedanken diskutiert. Denn in beiden Werken hat Heidegger – zunächst nur für sich selbst und enge Freunde und Bekannte – versucht, eine Deutung der Geschichte, Gegenwart und Zukunft des abendländischen Denkens vorzulegen. Dabei ist er auch – weitestgehend implizit – auf die zeitgeschichtliche Situation eingegangen. Denn diese, so Heidegger, stand ja in einem engen Zusammenhang zu bestimmten Geschehnissen in der Geschichte der abendländischen Metaphysik. Zuvor werden in Kapitel 11 noch Seminare Heideggers aus den Jahren von 1933 bis 1937 diskutiert. Dies geschieht in einem eigenen Kapitel, da die Dokumente, die in diesem Kapitel diskutiert werden, anders als die in Kapitel 12 diskutierten Texte nicht von Heidegger selbst stammen: Wir können nämlich die hier zur Diskussion stehenden Seminare Heideggers nur auf der Grundlage von Studentenmitschriften und Studentenprotokollen rekonstruieren. Daran anschließend wird im Kapitel 13 die Heidegger-Rezeption in Deutschland zwischen 1933 und 1945 untersucht und im Kapitel 14 die Frage erörtert, ob Heidegger ein Antisemit war und ob sein Denken als antisemitisch zu charakterisieren ist.

Der *vierte* Teil diskutiert unter dem Titel »Nach 1945: Unterwegs zur Gelassenheit« die Jahre nach 1945 und damit vor allem Heideggers Entnazifizierung und die Schritte, die zu seiner Emeritierung im Jahr 1951 führten (Kapitel 15), und sein Bemühen, noch einmal einen neuen Zugang zum Philo-

sophieren zu gewinnen (Kapitel 16). Im Vordergrund steht
dabei auch die Frage nach Heideggers Schweigen: Wie ist
zu verstehen, dass Heidegger sich nach 1945 so wenig zu den
Geschehnissen von 1933 bis 1945 geäußert hat? Ist dieses
Schweigen selbst ein sprechendes Schweigen? Oder hat er
sich doch zum Nationalsozialismus geäußert, allerdings in
einer Weise, die einer eigenen Hermeneutik bedarf? Das
Nachwort fasst kurz die wichtigsten Ergebnisse dieses Buches zusammen. Im Anhang zu diesem Band befinden sich –
neben einem Personen- und Sachregister – eine chronologi-
sche Übersicht über die in diesem Zusammenhang wichtigsten Lebensdaten Martin Heideggers sowie eine Liste der
Bände der Gesamtausgabe seiner Schriften.

II.

Der historische Hintergrund und philosophische Kontext: Heideggers Lebens- und Denkweg von 1889 bis 1933

3. 1889–1919:
Heideggers Entdeckung der »Berufung« zur Philosophie

»Von der Philosophie müssen wir immer abraten;
wenn einer dennoch daran festhält
und sich durchbeißt, ist es gut.«[1]
Martin Heidegger (1950)

Die Philosophie steht in einem seltsamen, immer wieder
auch zu Irritationen führenden Verhältnis zur Geschichte:
Auf der einen Seite stellt die Philosophie einen Anspruch,
der nicht an eine besondere historische oder gesellschaftliche
Situation gebunden ist. Es geht ihr um Wahrheit, zu deren
Definition Universalität gehört. Der Philosoph formuliert
nicht nur *je seine* Wahrheit. Und doch kann der Philosoph
dies nur in einer ganz bestimmten Weise, nämlich seiner je
eigenen Weise tun. Auch der Philosoph kann sich nicht aus
seinem Leben und der Geschichte, in der er steht, heraus-
stehlen. Der philosophisch artikulierten Wahrheit haftet
deshalb immer ein unaufhebbares Moment von Geschichtlichkeit an. Die Philosophie steht daher immer in einer Spannung: zwischen ihrem zumindest der Tendenz nach universalen Anspruch und der besonderen historisch-kontingenten
Weise, in der dieser Anspruch geäußert wird.

Auch Heideggers Denken steht in dieser Spannung, die
sich bei ihm noch einmal verschärft: Diese Spannung zeigt
sich etwa darin, dass er, obwohl er wie wenige andere Denker

---

1 Heidegger/Müller, 22.

vor ihm auch über die »historisch-kontingente Weise« nachgedacht hat, in der nicht nur er selbst, sondern jeder Philosoph
philosophiert, gegenüber biographischen oder eher historisch
orientierten Zugängen zur Philosophie – auch zu seiner eigenen Philosophie – sehr kritisch eingestellt war. Ein Gedanke
sollte ja eigentlich seine Geltung oder Gültigkeit aus sich
selbst heraus gewährleisten können. Ein philosophischer Gedanke ist, so könnte man dann behaupten, nicht wahr, weil er
zu einem bestimmten Zeitpunkt von einem bestimmten Denker geäußert wurde. Man mag dies – zu Recht – in Frage stellen oder diese Position modifizieren und darauf hinweisen,
dass es durchaus unterschiedliche Arten des Denkens gibt
und bei bestimmten Formen des Denkens der zeit- und ideengeschichtliche sowie auch der biographische Kontext durchaus eine gewisse Rolle spielt – zumindest wenn es darum geht,
einen Gedanken in all seinen Nuancen zu verstehen.

Man wird gegen diese Infragestellung mit Heidegger versuchen können, biographische oder zeitgeschichtliche Dimensionen seines Denkens für wenig wichtig zu erachten oder in
ihrer Bedeutung herunterzuspielen. Wenn es zum Beispiel
um Kunstwerke ging, war es Heidegger ein Anliegen, den für
die Neuzeit nicht untypischen subjektivistischen Zugang
zur Kunst, also den Zugang, der vornehmlich von der Erfahrung und Intention des Künstlers ausgeht, in Frage zu stellen
und zu überwinden: Das Kunstwerk selbst und nicht der
Künstler stand daher im Vordergrund seiner Überlegungen
zum »Ursprung des Kunstwerkes«, in dem er sich u.a. intensiv mit einem Gemälde von van Gogh beschäftigte.[2] Ähnlich

---

2 Vgl. hierzu GA 5, 1–74. In diesem Zusammenhang ist auch erwähnens-
wert, dass allein die Tatsache, dass Heidegger in den 1930er Jahren ein Bild
von van Gogh zum Gegenstand seines philosophischen Interesses am Ursprung des Kunstwerkes gemacht hat (und seiner Hochschätzung von van
Gogh auch öffentlich Ausdruck verliehen hat), in Hinsicht auf Diskussionen über sein Verhältnis zum Nationalsozialismus nicht uninteressant

hat Heidegger auch die Philosophie oder das Denken verstanden. Heidegger hat ja zu Beginn seiner Aristoteles-Vorlesung aus dem Sommersemester 1924 ausdrücklich bemerkt, dass »bei der Persönlichkeit eines Philosophen« nur die folgenden biographischen Informationen von Bedeutung seien: »Er war dann und dann geboren, er arbeitete und starb.«[3] Und nach dem Zweiten Weltkrieg sollte er folgenden Aphorismus aus seinen eigenen Denkerfahrungen veröffentlichen: »Wir kommen nie zu Gedanken«, so schrieb Heidegger 1947 in *Aus der Erfahrung des Denkens*, »Sie kommen zu uns.«[4] Das Denken ist also nicht als Leistung eines denkenden Subjektes zu verstehen. Das würde nun bedeuten, dass ein Gedanken, der »zu uns« gekommen ist, kaum dadurch erhellt werden kann, dass nach den biographischen oder historischen Umständen seines Gedacht-Werdens gefragt wird.

Aber man wird – mit diesem Versuch, den zeitgeschichtlichen und biographischen Kontext von Heideggers Philosophie herunterzuspielen – auch kaum Heideggers eigenem Denken gerecht werden. Denn Heidegger selbst hat nicht nur später ausdrücklich darauf hingewiesen, dass die Herkunft stets Zukunft bleibe – und das gilt sicherlich nicht nur für die mit dieser Aussage ausdrücklich anvisierte Herkunft seines theologischen Studiums –, sondern hat auch in seiner frühen Freiburger Lehrtätigkeit ein Verständnis von Philosophie

---

ist. Alfred Rosenberg, der Chefideologe des Nationalsozialismus, traf ein vernichtendes Urteil über van Goghs Kunst (vgl. Alfred Rosenberg, *Der Mythus des 20. Jahrhunderts. Eine Wertung der seelisch-geistigen Gestaltenkämpfe unserer Zeit*, München 1933, 298 für Rosenbergs Deutung von van Goghs Kunst als »Mestizen‹kunst‹«, die auf die »rassenvernichtende Arbeit« der »Weltstadt« zurückgehe). Bereits 1911 hatte es einen »Protest deutscher Künstler« gegen die Bedeutung der französischen Kunst gegeben, die sich u. a. an dem Erwerb eines Bildes von van Gogh durch die Bremer Kunsthalle zeige (vgl. hierzu – mit weiteren Literaturangaben – Ernst Piper, *Alfred Rosenberg. Hitlers Chefideologe*, München 2005, 265).

3 GA 18, 5.
4 GA 13, 78.

entwickelt, das von einem sehr engen Zusammenhang von
Leben und philosophischem Denken ausgeht. Er hat auch in
wenigen autobiographischen Rückblicken immer wieder
selbst sein Denken biographisch eingeordnet und Philosophie immer auch von dem konkreten Leben des Philosophierenden her verstanden: Philosophie ist für Heidegger »die im
faktischen Leben selbst seiende Weise des Erkennens, in der
faktisches Dasein sich rücksichtslos zu sich selbst zurückreißt und unnachsichtlich auf sich selbst stellt«.[5] Das Thema
der Philosophie, so Heidegger Anfang der 1920er Jahre, ist daher »je eigenes Dasein, und zwar als hermeneutisch befragt
auf seinen Seinscharakter im Absehen darauf, eine wurzel-
hafte Wachheit seiner selbst auszubilden«.[6]

Wenn dem so ist, wenn es in der Philosophie darum geht,
dass das »je eigene Dasein« erwacht, und zwar »seiner selbst«
wach wird, dann stellt sich bei der Interpretation von Heideggers Denken immer auch die Frage nach seinem eigenen
»faktischen Leben« und den Einflüssen, die auf dieses Leben
gewirkt haben. Denn in »Geschichte und Philosophie«, so
Heidegger an anderer Stelle in der für seinen Denkweg sehr
wichtigen Vorlesung *Ontologie. Hermeneutik der Faktizität*
aus dem Sommersemester 1923, »spricht das Dasein direkt
oder indirekt von ihm selbst, das heißt aber, es hat von sich
eine Auffassung, die es ausbildet«.[7]

Wer dieses lebendige und in sich vielfältige Verhältnis von
Leben und Werk nicht sieht und versteht, steht in der Gefahr,
auch Heideggers Denken und Leben zu stark voneinander zu
trennen: Sein Leben wird dann ohne jeden Bezug auf sein
Werk, sein Werk ohne wesentlichen Bezug auf sein Leben
oder die geschichtlichen Umstände seines Denkens disku-

5 GA 63, 18.
6 GA 63, 16.
7 GA 63, 48.

Der junge Martin Heidegger

tiert. Dieser Zugang ist aber, wie sich bereits angedeutet hat, problematisch und verfehlt insbesondere Heideggers Denken und einige seiner zentralen Einsichten. Dieser Zugang zeigt überdies Grenzen gerade dort, wo es um die Frage nach Heideggers politischem Engagement geht. Denn sein Rektorat war ja – so viel lässt sich bereits jetzt sagen – nicht nur ein »biographischer Unfall«, der in gar keiner Beziehung zu seinem Denken stünde und daher von diesem losgelöst werden müsste. Was aber ist der »Sitz im Leben« von Heideggers Philosophieren? Worin liegt der Ausgangspunkt, die »Herkunft« seines Denkens?

Nach dem Zweiten Weltkrieg hat Heidegger ausdrücklich darauf aufmerksam gemacht, welche Bedeutung sein theologisches Studium für seinen weiteren Denkweg gehabt hat: »Ohne diese theologische Herkunft«, so Heidegger, »wäre ich nie auf den Weg des Denkens gelangt. Herkunft aber

bleibt stets Zukunft.«[8] Dieses Aussage ist vor allem deshalb
berühmt geworden, weil sie dabei helfen kann, den Ausgangspunkt von Heideggers Denkweg besser zu verstehen.
Wenn Heidegger hier von seiner »theologischen Herkunft«
spricht, dann bezieht er sich zunächst einmal auf sein Studium der katholischen Theologie, das er 1911 abbrach, um
danach Philosophie, Mathematik, Geschichte und Natur-
wissenschaften zu studieren. Allerdings geht es hier auch um
mehr als um eine im engeren Sinne »theologische« Herkunft: Denn worauf Heidegger sich hier auch bezieht – zumindest implizit –, das ist die sehr stark religiös geprägte Atmosphäre seiner Kindheit und Jugendjahre in Meßkirch. Hier
liegen die Wurzeln seines Denk- und Lebensweges; diese
Herkunft blieb für ihn eine weiterhin sein Leben und Denken
bestimmende Zukunft. Gewissermaßen zeigt schon Heideggers Vorname die bleibende Bedeutung seiner Herkunft.
Denn wie Alfred Denker sehr schön gezeigt hat, war das Leben in Meßkirch – wie Heidegger später selbst betonen
sollte[9] – von zwei Grundkoordinaten bestimmt: nicht nur
von der Welt des Feldweges, sondern auch von der Welt
des Glockenturmes von St. Martin, der katholischen Stadtkirche, die dem Heiligen geweiht war, nach dem Heidegger
benannt wurde.[10] Zwischen diesen Koordinaten spielte sich
Heideggers Kindheit und Jugend ab. Die Welt schien – bei
allen Problemen, die es gab – letztlich in Ordnung und noch
nicht aus den Fugen geraten, zumindest dort nicht, wo man
sich nicht leichtfertig der Moderne ausgeliefert hatte und
der katholischen Kirche treu geblieben war. So hat auch

8 GA 12, 96.
9 Vgl. hierzu GA 13, 87–90.
10 Vgl. in diesem Zusammenhang die »Einleitung« von Alfred Denker,
in: Alfred Denker/Elsbeth Büchin (Hg.), *Heidegger und seine Heimat*,
Stuttgart 2005, 17–33; Karl Lehmann/Ryosuke Ohashi, *Feldweg und Glo-
ckenturm. Festschrift anläßlich des 30. Todestages von Martin Heidegger*,
Messkirch 2007.

der junge Heidegger gedacht. Wie aber lässt sich dieses geschlossene, sehr enge Milieu des Meßkircher Katholizimus,
in dem der junge Martin Heidegger aufwuchs, noch näher
beschreiben?

Der Meßkircher Katholizismus war ein Katholizismus,
der – gegen Ende des 19. Jahrhunderts und zu Anfang des
20. Jahrhunderts – von vier wesentlichen und eng miteinander verbundenen Momenten gekennzeichnet war. Zunächst
einmal war das Klima, das Heideggers katholische Herkunft
bestimmte, kleinstädtisch und bodenständig. Großstädti-
schem Leben war Heidegger nicht nur in seiner Jugend,
sondern zeit seines Lebens kritisch gegenüber eingestellt.
Es galt ihm bereits in seinen Jugendjahren als dekadent und
als ein Leben im Mangel: Denn es ermangelte nicht nur der
Wurzeln bzw. der Nähe zu den Wurzeln, sondern auch des
rechten Gottesbezuges, der »Seele« und des individuellen
»Ausdrucks«. Das Leben in der Stadt Freiburg versteht Heidegger dabei vom Maßstab der Meßkircher Heimat her. So
groß Freiburg im Vergleich zu Meßkirch ist, so klein und pro-
vinziell erscheint es im Vergleich zu Städten wie etwa Berlin.
Im Jahr 1918 berichtet er bei einem Aufenthalt in Berlin in
einem Brief an seine Frau Elfride von seinen Eindrücken: »in
einem solchen Milieu kann es keine wahrhafte Geisteskultur geben – a priori nicht – u. wenn alle Hilfsmittel in der
vollkommensten Form zu Gebote stehen – es fehlt das
schlicht Grosse-*Göttliche*. Wenn ich da an Freibg. denke u.
sein Münster u. die Linien der Schwarzwaldberge –! Der
Krieg ist noch nicht furchtbar genug für uns geworden. Die
Menschen hier haben die Seele verloren – einen Ausdruck
haben die Gesichter überhaupt nicht – … .«[11] Aber Heidegger
äußert auch eine Hoffnung, die sein Vertrauen in die Freiburger Provinzwelt zeigt: »vielleicht kann das ›geistige‹ Berlin

---

11 Heidegger/Elfride Heidegger, 72 f.

Das alte Meßkirch

durch eine bodenständige Kultur an den Provinzuniversitä-
ten überwunden werden – jedenfalls kommt die Gesundung
unserer Jugend nur von da – *wenn sie überhpt. noch möglich ist.*«[12] Man wird kaum die spätere Rektoratsrede recht
verstehen und die Hoffnungen, die Heidegger an Reformen
an der Freiburger (Provinz-)Universität knüpfte, wenn
man diese frühe kleinbürgerlich-provinzielle Prägung Heideggers und seine Kritik am großstädtischen Leben nicht
berücksichtigt.

Heidegger bleibt zeit seines Lebens Verteidiger einer »bo-
denständigen« Kultur. In seinem Werk findet sich ein durch-
gehender und ab Mitte der 1930er Jahre sich verschärfender
Zug der Verklärung der Heimat und eines einfachen, boden-
ständigen Lebens – das darf man aber nicht zu schnell in den
Kontext einer nationalistischen oder völkischen Perspektive
stellen, denn damit verbunden ist ein »Provinzialismus«,
der zumindest weitgehend zu nationalistischen oder völkischen Tendenzen in einem Widerspruch steht. Denn es ging
Heidegger nicht um die *deutsche* Heimat, sondern um die
Meßkircher Heimat, angesichts deren jede Form von über-
steigertem Nationalismus schon eine Form lebensferner
und lebensfremder Abstraktion gewesen wäre. Wenn für
Heidegger die Heimat als Provinz eine bleibende Bedeutung
hat, dann richtet sich das daher vornehmlich nicht gegen andere Völker oder Nationen, sondern gegen das entfremdete
Leben der modernen Großstädte. Vor allem nach dem Zweiten Weltkrieg sollte Heidegger daher die Heimat – und das
heißt: seine Meßkircher Heimat – als Gegenbild gegen eine
haltlos gewordene Moderne beschwören. Aber auch in den
Jahren des Nationalsozialismus spielte die kleinstädtische
Welt seiner Heimat und ihre Ordnung eine nicht unbe-

---

12 Heidegger/Elfride Heidegger, 73. Heidegger hält selbst im August 1943
noch an einer ähnlichen Hoffnung fest: »Aus der ›Insel‹ Freiburg könnte
eine Ursprungsstätte werden« (Heidegger/Bauch, 93).

Das alte Meßkirch

trächtliche Rolle für Heidegger. Rufe an die Universitäten in Berlin und München sollte er ablehnen – und dies unter dem Titel »Schöpferische Landschaft. Warum bleiben wir in der Provinz?«[13] auch begründen.[14] Seine provinzielle Herkunft war – in der Tat – eine bleibende Zukunft. Überdies sollte man auch nicht vergessen, dass Heideggers Heimat-Begriff philosophisch sehr komplex ist und sich sein Denken nicht auf eine romantische »Heimatphilosophie« reduzieren lässt.[15]

Dann aber stand der Katholizismus, der das Leben des jungen Heidegger prägte, auch in der Anfechtung. Denn anders, als man heute denken könnte, war der Katholizismus in Meßkirch keine unangefochtene Größe. Die geordnete Idylle, als die wir das Leben in Meßkirch gegen Ende des 19. Jahrhunderts zunächst beschrieben haben (und als die Heidegger später selbst seine Heimat zu charakterisieren tendierte), trügt und zeigt Zeichen einer nicht untypischen Idealisierung. So ist das Leben in Meßkirch auch gegen Ende des 19. und Anfang des 20. Jahrhunderts nicht losgelöst von den politischen, gesellschaftlichen und kulturellen Ereignissen des 19. Jahrhunderts zu verstehen. Der Kulturkampf gegen die Katholiken und die Diskussion um das erste Vatikanische Konzil und das von diesem Konzil verkündete Dogma von der päpstlichen Unfehlbarkeit wirkten sich auch in Meßkirch aus. Die Stadt war gespalten. Es gab zwei sich gegenüberstehende Bevölkerungsgruppen: liberale und oft dem Mittelstand und der Oberschicht angehörige Altkatholiken, die die Beschlüsse

---

13 Vgl. GA 13, 9–13. Vgl. hierzu auch Karl Löwith, *Mein Leben in Deutschland vor und nach 1933. Ein Bericht*, Stuttgart 1986, 31 f.
14 Vgl. zur Ablehnung seines 1930 ergangenen Rufes nach Berlin auch GA 16, 61 ff.
15 Vgl. zur Bedeutung der Heimat (und der Erfahrung der Heimatlosigkeit) in Heideggers Spätphilosophie auch Robert Mugerauer, *Heidegger and Homecoming. The Leitmotif in the Later Writings*, Toronto 2008.

des ersten Vatikanischen Konzils ablehnten und damit das Dogma von der päpstlichen Unfehlbarkeit, und romtreue, oft dem Kleinbürgertum entstammende Katholiken, die der Moderne gegenüber kritisch eingestellt waren. Von friedlichen Verhältnissen kann dabei keine Rede sein: In der heute so beschaulich wirkenden Stadt Meßkirch ging es oft heiß her. Die katholische Stadtkirche St. Martin, deren von weit her zu sehender Turm auch heute noch das Stadtbild von Meßkirch prägt, war für einige Zeit sogar in altkatholischer Hand. Die Katholiken versammelten sich in einer Notkirche, bis sie erneut über die barocke Stadtkirche verfügen konnten. Und es gab viele Jahre lang sogar zwei Tageszeitungen: den liberal-altkatholischen *Oberbadischen Grenzboten* und das katholische *Heuberger Volksblatt*, die zeitweise in einem »Zeitungskrieg« miteinander standen.[16] Die Auseinandersetzung in diesem »Zeitungskrieg« um Fragen der Religion fand auf sehr hohem, heute oft erstaunendem Niveau statt – allerdings in der Regel ohne jede Sympathie für die Positionen des Gegners. Dieser »Zeitungskrieg« zeigt sehr deutlich, dass die Religions- oder Konfessionszugehörigkeit im Meßkirch des ausgehenden 19. Jahrhunderts alles andere als eine Privatsache war. Religiösen Differenzen begegnete man nicht einfach mit Toleranz oder gar Apathie und Desinteresse. Insofern religiöse Anschauungen eine zentrale Auswirkung auf das Selbstverständnis der Menschen hatten und es nicht nur um rein theoretisch zu begreifende Wahrheit oder Unwahrheit, sondern auch um das ewige Heil der Seelen (und letztlich auch um soziale Differenzen) ging, hatten die Differenzen zwischen den der Moderne gegenüber offenen Altkatholiken

---

16 Vgl. hierzu Markus Vonberg, »Der Meßkircher Zeitungskrieg. ›Oberbadischer Grenzbote‹ und ›Heuberger Volksblatt‹ im liberal-ultramontanen Streit«, in: Edwin Ernst Weber (Hg.), *Renitenz und Genie. Meßkirch und der badische Seekreis zwischen 1848/49 und dem Kulturkampf*, Konstanz 2003, 153–187.

Bürgerschule Meßkirch 1901|2 — Quarta.

Martin Heidegger als Kind

und den modernekritischen römischen Katholiken nicht unbeträchtliche Auswirkungen auf das innerstädtische Zusam-
menleben.

In diesem Klima weltanschaulich-religiöser Spannungen
wächst Heidegger auf. Früh wird er öffentlich Partei ergreifen – für diejenige »Partei«, der er von seiner Geburt her verbunden war, nämlich für die römisch-katholische Kirche und
ihre Positionen im damaligen Streit der Weltanschauungen.
Heidegger beteiligte sich u. a. auch an dem bereits genannten
»Zeitungskrieg«. Er sollte nicht nur seine ersten Arbeiten
im *Heuberger Volksblatt* veröffentlichen, das *Volksblatt*
berichtete auch über die Meßkircher Vortragstätigkeit des
jungen Studenten Heidegger: Er setzte sich in seinen Vorträgen kritisch etwa mit dem Darwinismus, mit Nietzsches

Philosophie, dem Sozialismus oder dem Modernismus auseinander.[17]

Allein schon aus diesen Themen wird ein weiteres Merkmal der »katholischen Herkunft« Heideggers deutlich, auf
das bereits mehrfach verwiesen wurde: der Antimodernismus. Bei diesem Antimodernismus handelt es sich nicht nur
um eine kritische Haltung zur Moderne, sondern um eine
radikale Ablehnung der Moderne aufgrund ihres vermeintlichen Subjektivismus, Objektivismus, Relativismus oder
Positivismus. Die Liste der Gründe, warum die Moderne
verdammenswert ist, ließe sich fast beliebig weiterführen.
Kritisiert wurden fast alle Aspekte und Auswirkungen der
Modernisierung. Die Moderne erschien als Rückfall oder
Rückschritt, das vormoderne Leben wurde in oft naiver
Weise idealisiert. Wichtig ist in diesem Zusammenhang, dass
der auch lehramtlich festgelegte Antimodernismus – 1910
führte Papst Pius X. den sogenannten Antimodernisteneid
ein – auch in Heideggers frühen Veröffentlichungen einen
Ausdruck findet: Diese Texte zeigen, dass Heidegger sehr
stark die antimodernistische »Befindlichkeit« seiner unmittelbaren Umgebung aufgenommen hat. Spuren einer damals
im katholischen Milieu weit verbreiteten antisemitischen
Einstellung – etwa die Stereotype von den Juden als Gottes-
mördern oder Wucherern – lassen sich allerdings in den Texten des jungen Heidegger nicht belegen.[18] Im Vordergrund

---

17 Vgl. hierzu Alfred Denker/Elsbeth Büchin (Hg.), *Heidegger und seine
Heimat*, 125–132.
18 Vgl. zum Antisemitismus in der deutschen katholischen Kirche Olaf
Blaschke, *Katholizismus und Antisemitismus im Deutschen Kaiserreich*,
Göttingen 1997; vgl. hier auch Hermann Greive, *Geschichte des modernen Antisemitismus in Deutschland*, Darmstadt 1983, 50ff. Ganz ausschließen lässt sich freilich nicht, dass bestimmte Aussagen des jungen
Heidegger u.a. auch antisemitische Konnotationen gehabt haben. Vor
allem der katholische Antimodernismus und Antiliberalismus waren ja
sehr oft sehr eng mit einer dezidiert antisemitischen Position verknüpft.

steht ganz die Auseinandersetzung mit der Moderne als einem die Grundfesten des menschlichen Lebens erschütternden Krisenphänomen. In frühen Texten spricht er nicht nur kritisch davon, dass neuzeitliche Philosophen in ganz subjektivistischer Weise »neue Wertbegriffe« erfänden (und sich nicht an den überlieferten objektiven Werten orientierten), er spricht auch ausdrücklich – mit Bezug auf die Philosophie der Gegenwart – von den »Altären der falschen Götter« und einer »verkehrten, lügenhaften Philosophie«.[19]

Die Gegenwart des frühen 20. Jahrhunderts ist für Heidegger nicht nur von Lüge und Götzendienst, sondern auch von einem »schrankenlosen Autonomismus« gekennzeichnet, dessen Auswirkungen er in den »schreienden Gegensätzen unserer Zeit« findet: »hier der verbohrte Wirklichkeitsfanatismus der naturalistisch-sozialistischen Lebensordnung«, so Heidegger, »dort die neue Gedankenwelten und Daseinswerte konstruierende Immanenzphilosophie«.[20] Wird im einen Fall die wissenschaftlich fassbare Wirklichkeit absolut gesetzt, so legt Heidegger nahe, werden im anderen ganz neue Wirklichkeiten konstruiert. Aber weder die eine noch die andere Extremposition sind wirklich »realistisch« – sie verkennen letztlich die Wirklichkeit, weil sie die Ebene ewiger und höchster Wahrheiten ausblenden. Gegen diesen »Autonomismus« und seine Auswirkungen (Heidegger wird in gewandelter Weise in seiner Rektoratsrede erneut hierauf zu sprechen kommen) setzt Heidegger – hiermit kommen wir zum vierten Merkmal der katholischen Herkunft Heideggers – daher die Philosophie als »in Wahrheit ein Spiegel des Ewigen«.[21]

Allerdings erlaubt die gegenwärtige Quellenlage es nicht, eindeutige Belege für einen solchen religiös bedingten Antisemitismus bei Heidegger anzuführen.

19 GA 16, 3.
20 GA 16, 7.
21 GA 16, 11.

In der Philosophie geht es für den jungen Heidegger, der hier noch nicht um die besondere Bedeutung der Geschichtlichkeit wusste, um ewige Wahrheiten und eine ewige Ordnung des Seins. An die Stelle der Autonomie und gegen den »trügerischen Schein des modernen Geistes« setzt Heidegger daher die philosophische »Entselbstung im Lichtglanz der Wahrheit«.[22] Bereits diese kurzen Ausführungen zeigen, dass Heideggers Weltbild zu dieser Zeit – d.h. zur Zeit seines Studiums – recht einfach strukturiert ist. Es ist bestimmt von radikalen Gegensätzen, die alle auch religiös konnotiert sind. Auf der einen Seite finden wir Wahrheit, Objektivität, Bescheidenheit und Ordnung, auf der anderen Seite Lüge, Ideologie, Selbstsucht und Chaos. Eine dritte Möglichkeit, eine Alternative oder überhaupt Differenzierungen gibt es in den Texten des frühen Heidegger nicht: Alles wird reduziert auf ein Entweder-oder. Deutlich ist daher auch, wo, in welchem Kontext die Wahrheit zu finden ist: nämlich in der katholischen Kirche, die sich vor modernistischen Einflüssen, so Heideggers früher Standpunkt, zu hüten habe: »Und die Kirche wird«, so Heidegger in apodiktischer Schärfe, »will sie ihrem ewigen Wahrheitsschatz treubleiben, mit Recht den zersetzenden Einflüssen des Modernismus entgegenwirken, der sich des schärfsten Gegensatzes nicht bewusst wird, in dem seine modernen Lebensanschauungen zur alten Weisheit der christlichen Tradition stehen.«[23]

Diese Herkunft blieb für Heidegger in gewisser Weise bis zu seinem Tod im Jahr 1976 bestimmend. Sie blieb »in gewisser Weise« bestimmend, weil Heidegger sich bereits sehr früh auch von seiner Herkunft abgewandt hat, allerdings in einer Weise, in der Grundmotive seiner faktischen Herkunft immer wieder in gewandelter Form hervorscheinen und daher

22 GA 16, 8.
23 GA 16, 7.

Martin Heidegger als Abiturient

von bleibender Bedeutung sind. Heidegger bleibt etwa, sosehr
er sich auch mit neuzeitlichem Denken beschäftigt und auch
von diesem beeinflusst wird, einer kritischen Sicht der Moderne treu. Es gibt bis in sein Spätwerk hinein eine eher kritische Sicht dessen, was als Modernisierung unser heutiges
Leben bestimmt und von den Theoretikern der Frankfurter
Schule – in gewisser Nähe zu Heidegger – als Entfremdungs-
geschehen beschrieben wurde. Darauf, dass Heidegger das
Heimatliche und die eigene Meßkircher Heimat immer wieder in oft beschwörender Weise bedenken sollte, haben wir
schon hingewiesen. Und genauso, wie die kritische Haltung
zur Moderne ein bestimmendes Element seines Denkens
blieb, so blieb auch die Einsicht bestimmend, dass die Philosophie eine wichtige Aufgabe bei der Lösung der anstehenden
Probleme spiele: Nur während für den jungen Heidegger die
»wahre Philosophie« in der katholischen Kirche beheimatet

ist und von dieser gegen die Versuchungen und die Verlo-
ckungen der Neuzeit geschützt wird, ist die Philosophie bei
Heidegger später selbst »autonom« geworden: Das Denken
kann sich nicht anderen als seinen eigenen Ansprüchen, dem
Anspruch, dessen, was zu denken ist und zu denken gibt, unterwerfen. Es bleibt aber in einer Anfechtung: Denn so, wie
auch die katholisch geprägte, mit einem hohen Anspruch ver-
sehene Philosophie des jungen Heidegger angefochten wurde,
hat Heidegger auch nach seiner Abwendung von der katholischen Kirche und ihren Glaubenswahrheiten immer auch
in dem Bewusstsein philosophiert, dass sein Denken in der
Anfechtung steht und auf Kritik stößt, aber trotzdem einen
äußerst hohen Anspruch stellen könne. Dies erklärt nicht
zuletzt auch, dass er oft sein Denken ausdrücklich *gegen* andere Formen des Denkens entwickelt. Heidegger gehört nicht
zu den Denkern, die es sich zu ihrer Aufgabe gemacht haben,
in ein wohlwollendes Gespräch mit vielen anderen Denkern
einzutreten und verschiedene Positionen zu »synthetisie-
ren«, sondern eher zu denjenigen Denkern, die polarisieren,
die ihr eigenes Denken in kritischer und teilweise radikal-ab-
lehnender Auseinandersetzung mit anderen Positionen entwickeln. Neben Heidegger, so zeigt die Lektüre, scheinen,
wenn überhaupt, nur die ganz Großen bestehen zu können:
die Vorsokratiker, Platon, Aristoteles, Kant, Hegel, Schelling
oder Hölderlin und Nietzsche. Wollten wir dies psychologisch deuten, so könnten wir der Vermutung Ausdruck verleihen, dass die frühe Erfahrung der Anfechtung in Verbindung
mit dem klar artikulierten Anspruch auf Wahrheit und den
antimodernistischen Tendenzen in seinem Denken zu einem
nicht unbeträchtlichen denkerischen Anspruch geführt haben,
der sich unter anderem auch 1933 zeigen sollte, als Heidegger
der Illusion erlag, er könne von Freiburg aus die nationalsozialistische Bildungs- und Universitätspolitik bestimmen
und die deutsche Universität reformieren.

Die Eltern

Mit dem Verweis auf Heideggers religiöse oder »theologische Herkunft« ist gewiss nicht alles gesagt. Andere Zugänge zu Heideggers Denken sind möglich und auch notwendig: Nicht zu vergessen ist etwa auch, dass Heidegger zu der Generation derjenigen gehörte, für die der Erste Weltkrieg mit einer radikalen Infragestellung der überlieferten Gewissheiten und der damit verbundenen Notwendigkeit, neue Formen der Orientierung zu finden, verbunden war.[24] Auch Heideggers Herkunft aus einem kleinbürgerlichen Umfeld ist in seiner Bedeutung nicht zu unterschätzen: Heidegger kommt nicht aus einem akademisch geprägten oder wohlhabenden Umfeld. Wenn für ihn später die Universität und Fragen der Universitätsreform eine derart zentrale Stelle in seinem Denken ein-

24 Vgl. hierzu auch Stephan Loos und Holger Zaborowski (Hg.), *Leben, Tod und Entscheidung. Studien zur Geistesgeschichte der Weimarer Republik* (= *Beiträge zur Politischen Wissenschaft*; 127), Berlin 2003.

nehmen, dann hängt dies auch mit seiner eigenen Sozialisation und Bildungsgeschichte zusammen. Das universitäre Leben, das wissenschaftliche Denken, Schreiben und Lehren, war für Heidegger nicht etwas, das ihm seit seiner Kindheit vertraut gewesen wäre. Die Universität bleibt ein besonderer und fast geweihter Ort für Heidegger – ein Ort des Geistes und des gesellschaftlichen Aufstiegs.

Dies zeigt sich deutlich in einer Autobiographie *en miniature*, die sich in einem Brief, den Heidegger am 15. Dezember 1915 an seine spätere Frau Elfride geschrieben hat, findet. In diesem Brief heißt es: »Wie es kam, daß er sie [scil., seine Dissertation, H.Z.] schreiben durfte u. weiter aufstieg u. Eingang fand zur Universität, ohne all den Reichtum u. die Fülle einer feinen geistigen Erziehung, ohne das so mächtige u. vielverwandte Mittel einer Protektion, wie es kam – es ist ihm selbst ein Wunder u. ein Grund tiefer Dankbarkeit u. kindlicher Demut ...« [25] Mit seinem Studium betrat er ein Umfeld, das für ihn eine besondere Bedeutung hatte und diese Bedeutung beibehalten sollte. Die Universität ist daher auch später für ihn nicht einfach eine gesellschaftliche Institution neben vielen anderen, sondern nimmt eine besondere Stellung in der Öffentlichkeit ein. So seltsam diese Position uns heute erscheinen mag, so wichtig ist es auch, darauf hinzuweisen, dass diese Sicht der Universität (an der Heidegger prinzipiell festhalten wird) wiederum eher das Denken des frühen 19. Jahrhunderts als die nationalsozialistische Ideologie mit ihrer Tendenz zur Gleichschaltung aller gesellschaftlichen Kräfte und Institutionen widerspiegelt: Denn wenn von Gleichschaltung die Rede ist, dann impliziert dies nicht nur gleiche Bedeutung, Struktur oder Ausrichtung der verschiedenen Institutionen, sondern vor allem eine Unterord-

---

25 Heidegger/Elfride Heidegger, 22 f.; vgl. zur Idealisierung der Universität durch Heidegger auch Max Müller, »Gespräch mit Max Müller«, in: Heidegger/Müller, 122 f.

Heidegger als Kind in Meßkirch

Der junge Martin Heidegger

nung unter die Parteidoktrin, die zu Heideggers Verständnis dessen, was die Universität eigentlich ist, in nicht unbeträchtlichem Gegensatz steht. Vielleicht hatte Heidegger gerade deshalb auch hohe Erwartungen an die Universität, vielleicht überschätzte er gerade auch deshalb die Möglichkeit einer »Selbstbehauptung« der deutschen Universität und den Einfluss eines Universitätsrektors. Gewiss, die Idealisierung der Universität war auch unter denjenigen Studenten und Professoren, die nicht aus kleinbürgerlichen Verhältnissen in den »Tempel der Wissenschaft« aufgestiegen waren, verbreitet. Dennoch mag Heideggers Herkunft aus dem kleinstädtischen Meßkirch diese Idealisierung noch verstärkt und ihn 1933 blind gegenüber der Beschränkung seiner Möglichkeiten als Rektor und gegenüber der Gefährdung des universitären Lebens gemacht haben.

Auch diese Faktoren – Heideggers Zugehörigkeit zu einer bestimmten Generation und einer bestimmten gesellschaftlichen Schicht – sind zu berücksichtigen, wenn es darum geht, den späteren Lebens- und Denkweg Heideggers besser zu verstehen. Dies hat mit einer »Psychologisierung« oder »Soziologisierung« von Heideggers Leben und Denken nichts zu tun. Viel eher geht es darum, Heideggers eigene Selbstinterpretation ernst zu nehmen und nach dem »Zukunftscharakter« seiner Herkunft zu fragen. Und wer diese Frage stellt und vor dem Hintergrund der heute zugänglichen Texte zu beantworten sucht, wird auch sehr schnell feststellen, dass Heidegger sich sehr früh schon von seiner Herkunft emanzipiert. Es handelt sich um eine Emanzipation, die auf der einen Seite Momente eines radikalen Bruches zeigt, während Heidegger sich auf der anderen Seite – wir haben schon darauf hingewiesen – in vielen Ansichten und Einstellungen auch sehr treu bleibt. Wollte Heidegger zunächst Priester werden, wird ihm allmählich bewusst, dass sein Weg ein *Denk*weg, ein Weg in die Philosophie ist. Heidegger spricht in diesem Zusammenhang in einem Brief an den Theologen Engelbert Krebs vom Januar 1919 davon, dass er »glaube, den inneren Beruf zur Philosophie zu haben und durch seine Erfüllung in Forschung und Lehre für die ewige Bestimmung des inneren Menschen – *und nur dafür* das in meinen Kräften Stehende zu leisten und so mein Dasein und Wirken selbst vor Gott zu rechtfertigen«.[26] Diese Aussage ist sehr interessant: Denn Heidegger spricht von dem »Beruf zur Philosophie« als handle es sich um eine Berufung, einen Ruf zur Philosophie – denn worum es ihm vor allem geht, ist, einen Beitrag für die »ewige Bestimmung des inneren Menschen« zu leisten und so sein Leben vor Gott zu rechtfertigen. Aus historischer Perspektive ist diese Sprache nicht ganz so ungewöhnlich, wie sie uns heute – in ihrem kaum noch verständlichen, fast etwas lächerlich anmutenden Pathos – erschei-

26 *Heidegger-Jahrbuch* 1, 67 f.

nen mag. Es gibt – man denke nur an Fichte und seine Idee, der Philosoph sei ein »Priester der Wissenschaft«[27] oder an Schelers »Wissenschaft als Beruf«[28] – viele Zeugnisse dafür, dass die Wissenschaft oder Philosophie nicht einfach als mögliches Objekt einer Berufswahl verstanden wurde, sondern als Gegenstand einer existentiellen Berufung, die ähnlich wie die religiöse Berufung eine radikale Bedeutung hatte: Es ging um eine bestimmte Weise zu leben, die oft auch an die Stelle einer religiös bestimmten Weise zu leben getreten war. Wurde die Wissenschaft oder die Philosophie so verstanden, dann war sie so etwas wie ein Religionsersatz. Ihr kamen daher höchste Weihen zu; sie hatte die Aufgabe, den Sinn des menschlichen Lebens offenzulegen und zu verteidigen. Dem Wissenschaftler oder Philosophen kommt damit eine quasipriesterliche Rolle zu: Er verwaltet jenes Wissen, das den Menschen rechtfertigen und erlösen wird.

Dass auch Heidegger in dieser Tradition steht, zeigt der bereits zitierte Brief an seine Frau Elfride. Heidegger spricht hier die folgende Vermutung in Bezug auf seine akademische Tätigkeit aus: »vielleicht erlebt er [scil. Heidegger, H.Z.] gerade deshalb dieses Priestertum in seiner Tiefe, weil es ihm lange in der Seele schlummerte als fernes Ideal, zu dem er lange keinen Weg sah, weil es ihm viel viel mehr ist als ein Amt, eine gesellschaftliche Stellung, eine Carriere – weil es ihm Priestertum ist, durch dessen Eingang nur ›Geweihte‹ gehen u. diese Weihe erwächst nur aus einem Ringen – aus der qualvollen u. entsagungsreichen, restlosen Hingabe an sein Ideal ...«[29] Das Leben als Philosoph – ein Priestertum, das eine bestimmte Weihe und Berufungserfahrung, eine besondere persönliche Hingabe und die Radikalität eines radi-

27 Vgl. hierzu Johann Gottlieb Fichte, *Über das Wesen des Gelehrten, und seine Erscheinungen im Gebiete der Freiheit* (1805), SW VI, 437.
28 Vgl. Max Scheler, *Wissenschaft als Beruf*, München 1919.
29 Heidegger/Elfride Heidegger, 22 f.

kalen Ringens voraussetzt. »Es ist schwer zu leben als Philosoph«, so schreibt er Engelbert Krebs 1919, »– die innere Wahrhaftigkeit sich selbst gegenüber und mit Bezug auf die, für die man Lehrer sein soll, verlangt Opfer und Verzichte und Kämpfe, die dem wissenschaftlichen Handwerker immer fremd bleiben.«[30] Heidegger ist sich der Tatsache dieser besonderen Berufung zur Philosophie sehr bewusst und scheint sie auch als eine Last wahrgenommen zu haben: »Es ist vielleicht mein Fluch, daß ich die philosophische Begabung habe, vor deren Betätigung alles zurücksinkt u. ich meine Lebensbezüge vernachlässige, als Indifferentes behandle.«[31] Das gesamte Leben scheint der Philosophie und ihren Anforderungen untergeordnet zu sein, alles andere erscheint ihm im Vergleich zur Philosophie gleichgültig oder nebensächlich.

Es ist hier wichtig, auf eine bedeutsame Verschiebung in seinem Verständnis der Philosophie aufmerksam zu machen. Wenige Jahre zuvor war die Philosophie noch dem Glauben untergeordnet, nun scheint sie – Schritt für Schritt – sich an die Stelle des religiösen Glaubens zu setzen. Denn Heidegger wurden die Grenzen seines frühen Verständnisses von Philosophie immer deutlicher: Die von der Neuscholastik geforderte Unterordnung der Philosophie unter den christlichen Glauben (nämlich römisch-katholischer Provenienz) konnte er immer weniger akzeptieren. Er distanzierte sich zunehmend von dem, was er das »System des Katholizismus« nannte. In dem schon zitierten Brief an den katholischen Priester Engelbert Krebs schreibt er im Januar 1919: »Erkenntnistheoretische Einsichten, übergreifend auf die Theorie geschichtlichen Erkennens, haben mir das *System* des Katholizismus problematisch und unannehmbar gemacht ...«[32]

30 *Heidegger-Jahrbuch* 1, 67.
31 Heidegger/Elfride Heidegger, 43.
32 *Heidegger-Jahrbuch* 1, 67.

Zeichen für eine solche Distanzierung von seiner katholischen Herkunft hatte es schon vorher gegeben. In einem Brief aus dem Jahr 1917 schreibt er etwa an den Neukantianer Heinrich Rickert: »Ich bin nie auf dem *engen* katholischen Standpunkt gestanden, daß ich die Probleme, ihre Auffassung und Lösung an außerwissenschaftlichen Gesichtspunkten traditioneller oder sonstwelcher Art orientiert hätte und je orientieren würde.«[33] Wenn Heidegger sicherlich Rickert gegenüber auch ein Interesse hatte, seinen Katholizismus herunterzuspielen, damit dieser ihn nicht als Vertreter eines »engen katholischen Standpunktes« sehe, sondern als Philosophen ernst nehme, entspricht diese briefliche Selbstcharakterisierung Heideggers durchaus seinem damaligen »Standpunkt«: Der Katholizismus seiner Meßkircher Heimat war ihm innerhalb weniger Jahre doch sehr fremd geworden.

Und noch mehr ist hier zu sagen: Heidegger distanziert sich zunehmend nicht nur von der katholischen Theologie, sondern auch vom Christentum oder von einem im weitesten Sinne christlich orientierten Denken. Es gibt, gerade zu Beginn der 1920er Jahre, noch eine gewisse Übergangsphase: Heidegger bezeichnet sich etwa als »christlichen Theolo*gen*« – nämlich in einem Brief an Karl Löwith[34] –, während er auf der anderen Seite immer mehr vom christlichen Glauben und der christlichen Tradition – der Auseinandersetzung mit Schleiermacher, Augustinus oder Paulus – Abstand nimmt: Die Griechen – vor allem Platon und Aristoteles – und die klassische deutsche Philosophie werden im Verlaufe der 1920er Jahre für ihn zu Hauptgesprächspartnern. Es wird

---

33 Heidegger/Rickert, 42.
34 Vgl. den Brief Martin Heideggers an Karl Löwith vom 19. August 1921, in: Dietrich Papenfuß/Otto Pöggeler (Hg.), *Zur philosophischen Aktualität Heideggers. Symposium der Alexander von Humboldt-Stiftung vom 24.–28. April 1989 in Bonn-Bad Godesberg. Band 2: Im Gespräch der Zeit*, Frankfurt am Main 1990, 29.

Heidegger als Student

nicht lange dauern, und Heidegger wird – in der zweiten Hälfte der 1920er Jahre, nach der Veröffentlichung von *Sein und Zeit* – von einer »Todfeindschaft« zwischen Glauben und Philosophie sprechen und immer stärker vom Christentum Abstand nehmen.[35]

Es ist nicht unwichtig, sich dieser komplexen und alles andere als gradlinigen Entwicklung bewusst zu sein, wenn es um sein späteres Verhältnis zum Nationalsozialismus und sein Rektorat geht. Denn Heidegger lässt nicht einfach die Religion hinter sich, indem er sie für unwichtig erklärte: Momente seiner religiösen Sozialisation bleiben erhalten und werden nun auf die Philosophie übertragen, und zwar derart, dass die Philosophie zeitweise sogar den Charakter einer Pseudo- oder Ersatzreligion annimmt. Wenn Heidegger 1933 seine Rektoratsrede halten wird, dann wird er sie auch als Philosoph halten, dem eine besondere Deutungshoheit und Aufgabe der Sinnstiftung zukommt und der – bis zur Sprache – in der Tradition einer priesterlichen Wahrheitsverkündigung steht. Wer Heideggers bildliche Selbstdarstellung aus der Zeit des Rektorats betrachtet, kommt nicht umhin, hier zumindest Formen einer fast priesterlichen Selbstinszenierung zu sehen. Und wer Heideggers Schriften aus dieser Zeit liest, die Rektoratsrede und andere Texte mit ihrer Betonung des »Opfers« und der »radikalen Entscheidung«, kann nicht umhin, hier zu fragen, ob Heidegger nicht weitaus zu viel von der Philosophie erwartete und ihren inneren wie äußeren Grenzen gegenüber nicht zu naiv gegenüber eingestellt war.

Heidegger, so wird sich noch deutlich zeigen, definierte seine Aufgabe als Philosoph mit einem quasireligiösen Pathos

---

35 Vgl. GA 9, 66. Vgl. hierzu auch Holger Zaborowski, »Die ›ungeheure Schwierigkeit des christlichen Lebens‹ und die ›Todfeindschaft‹ zwischen Philosophie und Glauben – Anmerkungen zu Martin Heideggers Denkweg von 1919 bis 1928«, in: Hanns-Gregor Nissing (Hg.), *Vernunft und Glaube. Perspektiven gegenwärtiger Philosophie*, München 2008, 165–184.

gegen die »wissenschaftlichen Handwerker« – das erklärt die Radikalität seines Philosophierens, und es erklärt auch die zentrale Bedeutung, die für ihn die Philosophie gehabt hat: Denn von der Philosophie hat er nicht nur die radikale »Wachheit« über die Existenz des Menschen erwartet, sondern auch grundlegende Orientierung in einer als krisenhaft wahrgenommenen Gegenwart, und zwar eine Orientierung, die die Religion, so zumindest Heideggers Einsicht, nicht mehr bieten konnte. Für Heidegger hatte die Stunde der Philosophie spätestens gegen Ende des Ersten Weltkrieges geschlagen – wenn nicht schon viel früher. Was aber Philosophieren eigentlich sei, wurde von ihm in den Jahren nach dem Ersten Weltkrieg in einer radikalen Weise neu bedacht und bestimmt – gegen die überlieferten und zu seiner Zeit vorherrschenden Meinungen.

4. Unterwegs zur »Bestimmung« der Philosophie: Philosophieren als Hermeneutik der Faktizität

»Der Ausgangspunkt des Weges zur Philosophie
ist die faktische Lebenserfahrung.«[1]
Martin Heidegger

Die Jahre nach dem Ersten Weltkrieg sind Jahre des gesellschaftlichen Chaos und der politischen Verunsicherung, Jahre der »Krise« und einer notwendigen Um- und Neuorientierung. Jahre der »Krise«, das bedeutet – in Anlehnung an die eigentliche Bedeutung des griechischen *krisis* – Jahre der Unterscheidung und Entscheidung. Nicht nur in der Dichtung der Kriegs- und Nachkriegszeit, in der dialektischen Theologie Karl Barths oder in der Rechts- und Staatsphilosophie Carl Schmitts wird die Entscheidung zu einer zentralen Forderung, sondern auch in der Philosophie Martin Heideggers.[2] So stellt Heidegger in *Sein und Zeit* fest, dass das »Man« als »Wer des alltäglichen Daseins« zwar überall dabei sei – das bedeutet, dass wir in der Regel leben, denken und handeln, wie *man* eben lebt, denkt und handelt –, »doch so, daß es sich auch schon immer davongeschlichen hat, wo das Dasein auf Entscheiden drängt« – und gerade darauf kommt

1 GA 60, 10.
2 Vgl. hier auch die nach wie vor noch lesenswerte Studie von Christian von Krockow, *Die Entscheidung. Eine Untersuchung über Ernst Jünger, Carl Schmitt, Martin Heidegger*, Frankfurt am Main 1990 (Stuttgart 1958).

es an, wenn es gilt, ein »eigentliches« Leben zu führen.[3] Gerade das 1927 veröffentlichte frühe Hauptwerk Heideggers zeigt daher sowohl inhaltlich als auch in seinem stilistischen Pathos Züge einer Philosophie der Entscheidung: Das Dasein ist jenes Seiende, das etwas mit sich selbst anfangen muss und daher auch immer schon in der Entscheidung steht. »Entschlossenheit« – als »eigentliches Selbstsein«[4] – ist einer der »Schlüsselbegriffe« in *Sein und Zeit.*[5]

Historische Untersuchungen über die Zeit- und Ideengeschichte der 1920er Jahre zeigen sehr genau, inwiefern diese »Krisenstimmung« fast alle Bereiche des menschlichen Lebens bestimmte. Sie zeigen auch, dass das »Neue« der 1920er Jahre in Deutschland – die Demokratie, die Republik, ein neues Lebensgefühl nach den Jahren des Krieges – nicht verständlich ist, wenn man nicht auch das »Alte« mitbetrachtet: den Zusammenbruch der Ordnung des langen 19. Jahrhunderts. Denn eine Epoche war im August 1914 zu Ende gegangen: das 19. Jahrhundert, dessen Beginn für einige Historiker bis in das Jahr 1789, das Jahr der Französischen Revolution, zurückreicht. Wenige Jahre später hatte Deutschland den Krieg verloren, der Kaiser hatte abgedankt und war im niederländischen Exil, die politische, soziale und wirtschaftliche Ordnung war erschüttert. Diese Verwerfungen im Gefüge der etablierten Ordnung bestimmten auch weitgehend noch das Leben der 1920er Jahre. Im Rückblick spricht man gerne von den »goldenen zwanziger Jahren« – und verdrängt dabei oft, dass diese Jahre – die Jahre der Weimarer Republik vom Kriegsende bis zur nationalsozialistischen Machtergreifung – für die Mehrheit der Menschen alles andere als »golden« waren. Unsichere politische Verhältnisse, die Schande des verlorenen Krieges, die Nachkriegsordnung des Versailler Vertrages, die

3 GA 2, 170.
4 GA 2, 395.
5 Vgl. vor allem GA 2, 355 ff.

Heidegger in den 1920er Jahren

Inflation von 1923 oder die Weltwirtschaftskrise – diese wenigen Stichworte zeigen an, dass das vielbeschworene »Gold« der 1920er Jahre vor allem durch den Kontrast zum Dunkel des alltäglichen Lebens und Überlebens so stark leuchten konnte.

Das politische, geistige und kulturelle Leben der Jahre nach dem Ersten Weltkrieg wird erst aus dieser oft als tragisch erlebten Spannung und einer alle Bereiche des Lebens durchdringenden Krisenerfahrung heraus verständlich. Auch der junge Heidegger steht in dieser Spannung und erfährt das Leben als krisenhaft. Da ist zunächst (aber nicht nur!) seine Entscheidung, von dem »System des Katholizismus« Abstand zu nehmen, die ohne jeden Zweifel auch eine zeitgeschichtliche Dimension hat. Ihm geht es in dieser Entscheidung zunächst einmal um die »Freiheit der Überzeugung und der Lehre«[6] ge-

6 *Heidegger-Jahrbuch* 1, 67.

gen die Bindung an eine tradierte und ihm zutiefst fragwürdig
gewordene Ordnung und Institution. Deren Fragwürdigkeit
dürfte ihm aber eben auch in den Jahren des Krieges deutlich
geworden sein. Der bereits zitierte Brief Heideggers an Engelbert Krebs aus dem Jahr 1919 legt zwar nahe, dass Heideggers
Abwendung vom »System des Katholizismus« vor allem ein
Ergebnis tiefen Nachdenkens gewesen sei. Heidegger spricht
ja von »erkenntnistheoretischen Einsichten, übergreifend auf
die Theorie geschichtlichen Erkennens«, die ihm dieses »System« problematisch gemacht hätten. Wie sehr seine »Umorientierung« aber auch von einer radikalen, die gesamte
Existenz betreffenden Entscheidung abhing, zeigt Heideggers
Hinweis auf die »Opfer und Verzichte und Kämpfe, die dem
wissenschaftlichen Handwerker immer fremd bleiben«,[7] die
aber sein eigenes Leben als Philosoph kennzeichnen. Es geht
hier um mehr als um bloße Erkenntnistheorie – im historischen und biographischen Kontext hat das »System des Katholizismus« seine Glaubwürdigkeit verloren. Noch deutlicher zeigt sich, wie eng Heideggers Ringen um die rechte
persönliche Entscheidung und sein Bewusstsein um den tra-
gischen Charakter des Lebens mit seiner zunehmenden Distanzierung von der katholischen Kirche und ihrem »tradierten System« verbunden war, in einem Brief an seine Frau vom
4. September 1918. Dort lesen wir: »Aber es gibt die Wahrhaftigkeit u. den immanenten Wert der eigenen Entscheidung
u. wenn diese selbst nicht all die Güter der geistigen Befreiung, des einheitlichen Lebensschwunges, der reichen Gestal-
tungsmöglichkeiten unseres künftigen Familienlebens, mit
sich brächte, der Eigenwert der Entscheidung gegenüber dem
aufgezwungenen u. tradierten System fordert ein Durchleben
dieser Tragik.«[8]

---

7 *Heidegger-Jahrbuch* 1, 67.
8 Heidegger/Elfride Heidegger, 79.

Diese Worte zeigen sehr deutlich den existentiellen Hintergrund, vor dem sich Heideggers frühes Philosophieren entfaltet hat: Nicht nur gut zu begründende rein philosophische Überlegungen, sondern auch ein existentielles Ringen um die rechte Entscheidung haben dazu geführt, dass Heideggers Vertrauen in die »ewigen Wahrheiten« des Katholizismus und eine katholisch geprägte Philosophie fraglich geworden war:[9] Die trockene Sterilität eines geschlossenen neuscholastischen Systems konnte die Fragen nicht mehr beantworten, die sich ihm oder auch seiner Generation stellten. Es konnte noch nicht einmal diese Fragen verstehen, denn mit der Welt der alltäglichen Erfahrungen hatte dieses System ewiger Wahrheiten wenig zu tun. Seine akademische Laufbahn verlief daher alles andere als gradlinig. Seine Abwendung vom »System des Katholizismus« war ja keinesfalls karrierefördernd, hatte sich Heidegger ja zumindest zeitweise Hoffnungen auf einen Lehrstuhl für katholische Philosophie machen können. Manche seiner Weggenossen wie etwa sein Jugendfreund Ernst Laslowski hatten große Hoffnungen auf Heidegger als einen »katholisch-apologetischen« Philosophen gesetzt.[10] Diese Hoffnungen erfüllte er nicht.

Nun, nach dem Ersten Weltkrieg, wendet Heidegger sich mehr oder weniger ausdrücklich gegen das »aufgezwungene u. tradierte System« – und hat dabei nicht nur das neuscholastische System des Katholizismus und seine Philosophie im Sinne.[11] Denn viele philosophische Schulen befanden sich in einer ähnlichen Krise wie die Neuscholastik. Der Optimismus, der zahlreiche philosophische Systeme des ausgehenden 19. und frühen 20. Jahrhunderts geprägt hatte, war in den Jah-

---

9 Vgl. zu Heideggers ausdrücklicher Kritik am traditionellen Wahrheitsverständnis auch GA 2, § 44.

10 Vgl. etwa *Heidegger-Jahrbuch* 1, 39 und passim.

11 Vgl. in diesem Zusammenhang Heideggers Kritik an philosophischen Systemen in GA 58, 21 f.

ren nach dem Ersten Weltkrieg – in Zeiten, die von der Erfahrung des massenhaften und anonymen Todes, der wirtschaftlichen Krise oder des weit verbreiteten Leidens und Mangels
geprägt waren – nicht mehr möglich. Die Rede vom Fortschritt von Wissenschaft und Gesellschaft erwies sich angesichts der Realität als eine Farce. Die überlieferte Philosophie
war aber nicht nur deshalb in Frage gestellt, weil es einen Widerspruch zwischen ihren Inhalten und Ideen und der politischen oder gesellschaftlichen Realität gab. Es gab noch einen
anderen wichtigen Grund: Zahlreiche etablierte Vertreter der
Universitätsphilosophie hatten durch ihr Verhalten und ihre
Stellungnahmen während des Ersten Weltkrieges die Infragestellung ihres eigenen Denkens aktiv mit heraufbeschworen:
Denn die Generation von Heideggers akademischen Lehrern
hatte oft in blinder Naivität den Krieg begeistert begrüßt
und teils recht abstruse Deutungsmuster vorgeschlagen, angesichts deren man heute oft nur noch den Kopf schütteln
kann.[12] Eine ganze Generation jüngerer Dichter und Denker –
nicht nur Philosophen wie Heidegger – entwickelt daher
zu Beginn der 20er Jahre ihre Werke aus dem Widerspruch heraus: Das Überlieferte erschien als naiv, wenn nicht sogar
als gefährlich, hat es doch jenen Geist des August 1914 mitbe-
schworen und heraufgeführt, der sich nun als Ungeist erwiesen hat und angesichts dessen sich viele Fragen stellten: Wie
konnten die führenden Vertreter der deutschen Wissenschaft
und Philosophie so oft derart in die Irre gehen und jegliche
kritische Distanz zur Tagespolitik vermissen lassen? War es
möglich, ihr Denken weiterhin noch ernst zu nehmen? Zeigten sich hier – in den etablierten Denkrichtungen – überhaupt
noch irgendwelche Möglichkeiten der Orientierung?

12 Vgl. hierzu vor allem Kurt Flasch, *Die geistige Mobilmachung. Die
deutschen Intellektuellen und der Erste Weltkrieg. Ein Versuch*, Berlin
2000; Helmut Heiber, *Universität unterm Hakenkreuz. Band I: Der Professor im Dritten Reich*, München 1991, 29 f.

Heidegger als Soldat

Heidegger ist sich dieses viele Bereiche des Lebens und
Denkens durchdringenden Krisenhaften seiner Zeit und des
Scheiterns der überlieferten Ordnung sehr bewusst und
kommt immer wieder darauf zu sprechen. Im November
1918 schreibt er – »im Felde« – an Elisabeth Blochmann:
»Wie ja das Leben überhaupt sich gestalten wird nach diesem
Ende, das kommen mußte u. unsere einzige Rettung ist, ist
ungewiß.«[13] »Unser Volk«, so Heidegger 1918 an seine Frau,
»ist heute schon viel viel mehr geistig-seelisch verarmt als
es künftig materiell verarmen wird.«[14] Kriegsbegeisterung ist
ihm fremd.[15] Wir finden in den Texten und Briefen aus der

13 Heidegger/Blochmann, 12.
14 Heidegger/Elfride Heidegger, 86.
15 Heidegger/Bauch, 57ff. zeigt sehr deutlich, dass auch zu Beginn des
Zweiten Weltkrieges sich bei Heidegger keinerlei Anzeichen einer Kriegsbegeisterung finden lassen. Vgl. etwa Heideggers Anmerkungen zur Wie-
dereröffnung der Universität im Dezember 1939: »Ich halte die Wieder-
eröffnung der Universität für eine echte eitle Professorenmache. Die

Zeit des Ersten Weltkrieges, die bislang veröffentlicht wurden, nichts, was auf die verbreitete Begeisterung für den Krieg und einen chauvinistischen Nationalismus hinweisen würde.[16] Das Gegenteil ist der Fall. Das zeigt nicht nur seine Bemerkung über die »geistig-seelische« Verarmung des deut-

Leute ahnen noch weniger als im vorigen Krieg, was vor sich geht. Man will nicht wissen, was *ist*, deshalb kann man es auch nicht und hat noch nie so gleichgültig an der Oberfläche des Bisherigen geplätschert.« Vgl. für eine ähnlich kritische Einschätzung auch Heidegger/Bultmann, 201 f.
16 Vgl. in diesem Zusammenhang etwa auch Heidegger/Rickert, 20. Heideggers Begeisterung über den Ersten Weltkrieg hält sich im Vergleich zu den Zeugnissen anderer Zeitgenossen – zumindest bis Ende der 1920er Jahre – in engen Grenzen. Heidegger schickte zusammen mit einem Brief am 03. November 1914 Heinrich Rickert ein gedrucktes Exemplar seiner Dissertation. Dazu merkt er Folgendes an: »Kurz vor Kriegsausbruch bekam ich die Exemplare; nachher hielt ich es für unpassend und unbedeutend, Doktorarbeiten zu versenden, wie man denn überhaupt mit aller Wissenschaft plötzlich auf die Seite gestellt war. Gleich im August meldete ich mich nochmals zum Militärdienst, obwohl ich frei war. Vor einer Woche musste ich aber wieder entlassen werden, da mein Herzklappenfehler zu stark sich bemerkbar machte und ich den Märschen nicht mehr gewachsen war.« Wie auch später hat Heidegger auch hier aus einer vor allem auf die Philosophie bezogenen Perspektive zur zeitgeschichtlichen Situation Stellung genommen: »So sehr man sich bei Kriegsausbruch mit aller Philosophie unnütz vorkam, so tiefbedeutsam wird sie in der Zukunft werden müssen, eine Kulturphilosophie und das System der Werte zuallererst.« Vgl. auch 47 für Heideggers kurzen, aber ebenfalls wenig enthusiastischen Bericht über seinen später wiederaufgenommenen Militärdienst. Erst ab ca. 1930 – etwa in einer Ansprache an seine ehemaligen Mitschüler bei einem Klassentreffen 25 Jahre nach dem Abitur – findet Heidegger Worte über den »großen Krieg«, die auf eine naive Idealisierung und Romantisierung des Kriegsgeschehens – nun in einem neuen zeitgeschichtlichen Zusammenhang – hinweisen (vgl. GA 16, 279–284; vgl. für Heideggers positive Deutung des Ersten Weltkrieges als Grund für eine »ganz neue Idee der Gemeinschaft« auch GA 16, 299 ff.; GA 38, 72 f.; vgl. auch GA 29/30, 255 f. für einen Ende der 1920er Jahre sich zeigenden positiven Bezug auf den Ersten Weltkrieg). Vermutlich ist Max Müller Zeuge dieser späteren Kriegsverherrlichung durch Heidegger geworden und hat daher bei ihm eine »mythische Verklärung des Fronterlebnisses« festgestellt (»Gespräch mit Max Müller« in: Heidegger/Müller, 135 f.). Allerdings betont Müller auch ausdrücklich, dass Heidegger keine »soldatische Natur« gewesen sei (136).

Heidegger bei der Postzensur

schen Volkes. In demselben Brief, in dem er diese Verarmung seiner Frau Elfride gegenüber erwähnt, spricht er auch von dem »nutzlosen Hinopfern von Menschenleben« und weist darauf hin, »was unsere unselige Politik auf dem Gewissen hat«.[17]

Kein Zweifel: Heidegger gehört zu derjenigen Generation, deren Vertrauen in die Politik und die überlieferten Institutionen durch den Ersten Weltkrieg radikal erschüttert wurde. Überlieferte Gewissheiten sahen sich radikal in Frage gestellt, die geschichtliche Situation verlangte, ernst genommen zu werden: Es war ja gar nicht möglich, sie zu leugnen und sich aus ihr in den Elfenbeinturm etwa der Wissenschaften zurückzuziehen. Die Philosophie konnte nicht mehr ein letztlich welt- und lebensferner »Spiegel des Ewigen« sein –

17 Heidegger/Elfride Heidegger, 89.

das würde bedeuten, sich der Geschichte wie auch der Aufgabe, selbst Entscheidungen zu treffen, zu entziehen. Nicht nur für Heidegger ist die Philosophie nach dem Ersten Weltkrieg vor allem »Spiegel ihrer eigenen Zeit«: Die Philosophie ist, so heißt es in einer Vorlesung Heideggers, »was sie sein kann, nur als Philosophie ›ihrer Zeit‹«.[18] Von Ewigkeit ist keine Rede mehr. Kein Wunder, dass Kierkegaard, Dostojewski und Nietzsche zu den Gewährsleuten einer Generation wurden, die mit einem neukantianisch gedeuteten Kant, einem geschichtsoptimistischen Hegel oder einem rationalistisch missdeuteten Thomas von Aquin nicht mehr viel anfangen konnten.[19] An die Stelle des Systems tritt das Leben, an die Stelle der Vernunft rückt das Abgründige und Irrationale, und wo wenige Jahre zuvor noch die abstrakte Sprache der Wissenschaft und des logischen Kalküls fröhliche Urstände feierte, stand nun die Existenz des Menschen – in ihrer Kontingenz, ihrer Bedrohtheit und Sterblichkeit – im Vordergrund. War das eigene Leben und seine Gewissheiten so gefährdet und herausgefordert wie selten zuvor, so rückt dieses in das Zentrum auch der denkerischen Aufmerksamkeit. In der Zeit nach dem Ersten Weltkrieg wird das menschliche Leben als tragisch, nicht mehr als wohlgeordnet und durch Fortschritt oder göttliche Vorhersehung abgesichert verstanden, und die Geschichte – freilich nicht die Geschichte der Fortschrittsoptimisten oder der Geschichtspositivisten, sondern die »wirkliche« Geschichte dessen, was faktisch geschieht und erfahrbar ist – rückte in das Zentrum der philosophischen Aufmerksamkeit und damit auch jene Existenz, die Heidegger als »faktische Existenz« in das Zentrum seines frühen Denkens gestellt hat.

---

18 GA 63, 18.
19 Vgl. hierzu auch Heideggers kritische Auseinandersetzung mit dem Neukantianismus und Neuhegelianismus seiner Zeit in GA 58, 7f.

Dass Heideggers frühes Nachdenken einen zeitgeschichtlichen »Sitz im Leben« hat, zeigen auch viele Bemerkungen, die er in seinen frühen Freiburger Vorlesungen *en passant* macht. Viele Interpreten Heideggers gehen auf diese – gewiss: nicht sehr zahlreichen – Bemerkungen oft nicht ein und deuten Heideggers Denken ohne jeden Bezug auf den zeitgeschichtlichen Kontext. Aber das führt oft dazu, wichtige Aspekte des heideggerschen Denkweges zu verkennen. Gerade aus diesem Grund ist es nicht unwichtig, den ausdrücklichen Bemerkungen Heideggers zum zeitgeschichtlichen Kontext (wie auch diesem Kontext selbst) einige Aufmerksamkeit zu schenken. Was sich dann zeigt, ist u. a. der nach wie vor deutliche antimoderne Zug von Heideggers Denken. Denn es ist vor allem die Moderne und seine eigene Zeit, mit der Heidegger sich kritisch auseinandersetzt – oft freilich in einer eher oberflächlichen und polemischen Weise, die der Komplexität der Moderne kaum gerecht zu werden vermag. Anfang der 1920er Jahre spricht er in einer Vorlesung etwa kritisch von der »wurzellosen Schnellebigkeit« der Gegenwart.[20] »Alles Moderne«, so Heidegger 1923, »ist daran kenntlich, dass es sich künstlich aus seiner eigenen Zeit wegschleicht und nur dergestalt sich eine ›Wirkung‹ zu verschaffen vermag. (Betrieb, Propaganda, Proselytenmacherei, Cliquenwirtschaft, geistiges Schiebertum).«[21] Die modernen Menschen nähmen nämlich ihre eigene Zeit und ihre Fragen nicht ernst. Sie versuchen vielmehr, das Fragen gänzlich zu vermeiden, und geben sich mit einfachen Antworten zufrieden. »Wir« seien, so Heidegger ebenfalls 1923, »heute so mark- und knochenlos geworden, daß wir eine Frage schon gar nicht mehr aushalten«.[22]

20 GA 61, 6.
21 GA 63, 18 f.
22 GA 63, 20.

Wenn Heidegger sich allerdings zur Zeitgeschichte äußert, dann oft in einer interessanten perspektivischen Verengung: Es geht ihm nämlich – wir werden dies noch deutlicher im nächsten Kapitel sehen – immer wieder um die Situation der Philosophie und der Universität, also um sein unmittelbares Lebens- und Erfahrungsumfeld, über das er nur sehr selten hinausschaut. Fast scheint es so, als habe er nur sehr wenig von dem wahrgenommen, was außerhalb der sicheren Mauern der Burg der Wissenschaften geschah. So bemängelt er etwa die Tendenz zur »Schwärmerei« in der Philosophie oder setzt sich kritisch mit der »Auferstehung« der Metaphysik oder Religion in den Jahren nach dem Ersten Weltkrieg auseinander.[23] Und die Philosophie steht für ihn in der Gefahr, »Bankrott« erklären zu müssen, indem sie Systeme des Wissens aufstellt und damit an überlieferte Weisen des Philosophierens anknüpft.[24] Heidegger nimmt daher in der Philosophie seiner Gegenwart restaurative Tendenzen wahr. Ganz zu Recht, denn die Jahre nach dem Ersten Weltkrieg zeigen in der Tat eine ganze Reihe von Versuchen, die Krise der damaligen Gegenwart durch die Wiederbelebung alter Orientierungsinstanzen zu überwinden. Diese Versuche sind für Heidegger aber naiv und letztlich auch gefährlich: Denn sie verkennen nicht nur, dass sie angesichts der Krisensituation der unmittelbaren Gegenwart und ihrer schwachen geistigen Kraft kaum von Erfolg gekrönt sein werden, sondern dass etwas viel Radikaleres notwendig ist als neometaphysische oder neoreligiöse Schwärmereien.

Hier – in dem Versuch, sich in einer viel radikaleren Weise mit der Krise seiner Zeit auseinanderzusetzen – findet Heidegger seine eigentliche Aufgabe. Angesichts der Gefahren seiner Zeit bemüht er sich nämlich in immer neuen und oft

23 Vgl. GA 61, 36 und 46; GA 63, 5.
24 GA 61, 89.

sehr radikalen Anläufen um ein neues Verständnis dessen, was Philosophieren eigentlich ist. Heidegger versteht sich allerdings, obwohl er die Notwendigkeit sieht, aus der eigenen Situation heraus zu philosophieren, nicht als »Kulturphiloso-phen«, der zu aktuellen Problemen und Fragen seiner Zeit deutend und orientierend Stellung nimmt. Das würde für ihn bedeuten, hinter den strengen Anspruch des Philosophierens zurückzufallen und nicht die wirklich grundlegenden Fragen – wie zum Beispiel die ihn sein Leben lang beschäftigende Frage nach dem Historischen – zu stellen. Sosehr er sich kritisch mit dem überlieferten Verständnis der Philosophie auseinandersetzt, so sehr bleibt für Heidegger die überlieferte Position, dass die Philosophie für das menschliche Selbst- und Wirk-lichkeitsverständnis nicht nur eine zentrale, sondern eine grundlegende und alle anderen wissenschaftlichen Diszipli-nen in den Schatten stellende Aufgabe hat, unhinterfragt. Bei aller Radikalität seines Bemühens um eine Neubestimmung der Philosophie bleibt dies für Heidegger daher gewiss: dass die Philosophie nicht nur eine, sondern eine in besonderer Weise ausgezeichnete und bedeutende Disziplin darstellt und eine ihr eigene Strenge des Denkens und Arbeitens fordert, in-sofern sie die tiefsten und wichtigsten Fragen stellt und nicht nur oberflächlich Orientierung stiftet. Deshalb setzte er sich unter anderem immer wieder deutlich von Oswald Spenglers *Der Untergang des Abendlandes* ab, einem Werk, das er als Ausdruck einer oberflächlichen Kulturphilosophie deutet: »Vor lauter Problemen in bezug auf Geschichte, bei aller Ge-schichtsphilosophie, wird das Problem des Historischen nicht gesehen, geschweige denn verstanden. Grundproblem *Speng-lers*: Geschichtsphilosophie ohne das Historische.«[25] Sosehr er viele Positionen mit Spengler auch geteilt haben mag, ist die *konkrete* Auseinandersetzung mit politischen oder gesell-

25 GA 61, 74. Vgl. auch GA 60, 42 f.

schaftlichen Fragen Heideggers Anliegen nicht. Es geht ihm um die aller konkreten Politik zugrunde- oder vorausliegende Ebene des »Geistigen« und Historischen, der nur eine neu aus ihren Ursprüngen heraus bestimmte Philosophie überhaupt gerecht werden kann, nicht aber um eine feuilletonistische »Schriftstellerphilosophie«, die mit billigen Lösungen und Alternativen zur Krise der Zeit aufwartet.

Eine Antwort auf die Frage nach der »Bestimmung« der Philosophie zu finden ist daher eines der wichtigsten Anliegen des jungen Heidegger. Wir haben schon darauf hingewiesen, dass er sich dabei zunächst einmal nicht nur von der populären »Kulturphilosophie« seiner Zeit absetzt, sondern auch von den überlieferten, im akademischen Bereich etablierten Weisen, die Philosophie zu verstehen. So distanziert er sich in den Jahren seiner frühen Freiburger Lehrtätigkeit, nachdem er sich in den Jahren bis 1919 von der Neuscholastik distanziert hatte, zunehmend auch von Edmund Husserls Verständnis der Phänomenologie als einer »strengen Wissenschaft«, betont ausdrücklich den nichtwissenschaftlichen Charakter der Phänomenologie und formt Husserls sogenannte transzendentale Phänomenologie in eine hermeneutische Phänomenologie des faktischen Lebens bzw. der faktischen Existenz um.[26] In seiner Freiburger Vorlesung aus dem Sommersemester 1923 formuliert er daher ausdrücklich die Ansicht, dass die Philosophie als »Hermeneutik der Faktizität« keine theoretische Wissenschaft sei – eine Sicht der Phänomenologie, der Husserl kaum hätte zustimmen können.[27] Diese »Hermeneutik der Faktizität« mache, so Heidegger, die »entscheidende Möglichkeit und Weise der Selbstbegegnung des Daseins« aus.[28]

---

26 Vgl. hierzu auch GA 60, 3ff. Vgl. in diesem Zusammenhang auch Heidegger/Jaspers, 42f.
27 Vgl. etwa GA 63, 15f.
28 GA 63, 18.

Was bedeutet dies nun? Heidegger nennt zur weiteren Klärung dieses Verständnisses von Philosophie zwei Merkmale:
»1.) Philosophie ist die im faktischen Leben selbst seiende
Weise des Erkennens, in der faktisches Leben sich rücksichtslos zu sich selbst zurückreißt und unnachsichtlich aus
sich selbst stellt. 2.) Philosophie hat als diese keinen Auftrag,
für die allgemeine Menschheit und Kultur zu sorgen und
gar kommenden Geschlechtern die Sorge um das Fragen ein
für allemal abzunehmen oder auch nur durch verkehrte
Geltungsansprüche zu beeinträchtigen.«[29] Dieses Zitat zeigt
sehr deutlich das philosophische Selbstverständnis Heideggers zu Beginn der 1920er Jahre. Zum einen ist das Philosophieren ein Vollzug des faktischen Daseins, in dem das
Dasein erwacht und sich selbst »begegnet«.[30] Das Verstehen,
um das es hier geht, ist also nicht ein theoretisch-verobjekti-
vierendes »erkennendes Verhalten zu etwas anderem«, sondern ein lebendig sich vollziehendes »Wie des Daseins«.[31]
Das Philosophieren ist damit ein ausgezeichneter Lebensvollzug des Daseins (oder Menschen) in seiner faktischen
Existenz. Das Philosophieren ist nicht eine rein theoretische
Übung, die sich aus einer gewissen Distanz zu ihrem Gegenstand heraus durchführen ließe, sondern gewissermaßen
unmittelbar praktisch. Es geht daher nicht darum, in der
Haltung des Wissenschaftlers etwas über den Menschen als
Erkenntnisobjekt zu sagen, sondern für sich selbst wach zu
werden: Philosophieren ist Selbsterhellung und als solche
radikal auf den je Einzelnen bezogen. »Der Begriff der faktischen Lebenserfahrung ist fundamental.«[32] Und wenn von
faktischer Lebenserfahrung die Rede ist, dann immer von der
je eigenen faktischen Lebenserfahrung.

29 GA 63, 18.
30 Vgl. hierzu auch GA 63, 14 ff.
31 GA 63, 15.
32 GA 60, 8.

Dies erklärt, warum – zweitens – die Philosophie keine Aufgabe für die allgemeine Menschheit hat. Denn die Last der eigenen Existenz kann niemandem abgenommen werden. Es gibt bestimmte Fragen, die wir als wir selbst stellen müssen. Und es sind vor allem diese Fragen, die in der Philosophie zur Sprache kommen. Aus diesem Grund steht die »Fraglichkeit« an so zentraler Stelle im Denken des jungen Heidegger. Das »eigentliche Fundament der Philosophie« ist »das radikale existenzielle Ergreifen und die *Zeitigung der Fraglichkeit*«.[33] Dieses Verständnis von Philosophieren erklärt, warum Heidegger sich nicht nur von der husserlschen Phänomenologie so vehement absetzt,[34] sondern auch von jedem Versuch, die Philosophie als Weltanschauung zu verstehen.[35] Auch dieser von vielen Neukantianern – wie etwa von Heinrich Rickert[36] – bevorzugte Zugang zur Philosophie stellte für Heidegger einen nicht gangbaren Weg dar. Die Philosophie ist keine Weltanschauung, die den Rahmen zur Verfügung stellt, innerhalb dessen das Wissen der einzelnen Wissenschaften gedeutet werden kann. Ihre Wurzel liegt im Dasein in seiner Faktizität und damit in seiner Fraglichkeit. Das schließt alle »smen« und die Reduktion der Philosophie auf die weltanschauliche Wirklichkeitsdeutung aus. Weltanschauungsphilosophien waren Heidegger zutiefst suspekt – eine Kritik, an der Heidegger auch noch nach 1933, als allerorten von der »nationalsozialistischen Weltanschauung« die Rede war, festhalten sollte.[37]

33 GA 61, 35.
34 Vgl. für Heideggers (persönliche) Kritik an Husserl auch Heidegger/Jaspers, 38; 42.
35 Vgl. hierzu neben GA 60, 10 auch GA 56/57, 9ff.
36 Vgl. hierzu etwa Heinrich Rickert, *Allgemeine Grundlegung der Philosophie*, Tübingen 1921, 28: »… wissenschaftliche Philosophie *als* Weltanschauungslehre heißt das Ziel der universalen Weltbetrachtung.«
37 Wenn er in einem im August 1934 – also nach dem Rektorat – niedergeschriebenen Text in positivem Sinne von Weltanschauung spricht (GA 16, 308), so stellt dies die Ausnahme dar, die die Regel bestätigt. Heidegger nutzt hier diesen Begriff aus eher strategischen Gründen. Denn es

Daher sieht er die hermeneutische Phänomenologie auch in einer »Kampfstellung«[38] etwa gegen eine »heraufdämmernde Hegelei«[39] oder einen »Platonismus der Barbaren«,[40] der Sicherheit vor den Abgründen der Geschichte in einer Welt objektiver Wahrheiten zu finden beansprucht und nach Heideggers kritischer Analyse die treffende Bezeichnung der »Tendenz der heutigen Philosophie« ist.[41] Dagegen setzt Heidegger ein Denken, das den radikalen Anspruch der Fraglichkeit unseres Dasein wie auch das Historische ernst nimmt, nämlich das Historische, »wie es uns im Leben begegnet«.[42]

Indem er das Philosophieren immer auch gegen die verbreiteten Weisen des Philosophierens definiert, findet Heidegger in seinen frühen Vorlesungen Formulierungen, die von einem nicht gerade geringen philosophischen Selbst- und Sendungsbewusstsein sprechen. Es ist *seine* – Heideggers – Weise des Philosophierens, der eine besondere Bedeutung zukommt, es ist *seine* Neubestimmung dessen, was Philosophieren eigentlich sei, die in besondere Maße dabei helfen kann, die Krisensituation des philosophischen Denkens, aber auch des universitären und gesellschaftlichen Lebens zu überwinden, es ist *seine* Kritik an überlieferten Weisen des Denkens, die es erlaubt, die Philosophie radikal als Philosophieren, als ausgezeichneten Lebensvollzug des Menschen zu verstehen. Heidegger bleibt dieser Überzeugung *mutatis mutandis* treu, weshalb er sich auch später noch immer wieder auch mit Fra-

handelt sich bei diesem Text um eine Stellungnahme zu einem vom Preußischen Ministerium für Wissenschaft, Erziehung und Volksbildung ausgearbeiteten Plan für eine Dozentenakademie. Heidegger hoffte vermutlich, durch seine (auch in anderer Hinsicht an die Erwartungshaltung seiner Leser angepasste) Stellungnahme den Aufbau der Dozentenakademie in seinem Sinne beeinflussen zu können.
38   GA 63, 46.
39   GA 63, 46.
40   GA 63, 42f.
41   GA 63, 43.
42   GA 60, 32.

gen der »Bestimmung der Philosophie« beschäftigen und dieser eine nicht unwesentliche Bedeutung bei der Überwindung der Probleme und Gefahren der Gegenwart zuschreiben sollte. Jeden Versuch, Sicherheit in einem geschichtslosen Denken zu finden, lehnt er – auch in seinem Spätwerk noch – in radikaler Schärfe ab.[43] Die Fraglichkeit der faktischen Existenz und ihre Zeitlichkeit wie auch die Kritik an den Versuchen, sich aus der Geschichte herauszustehlen und diese denkerisch nicht ernst zu nehmen, steht daher im Vordergrund seiner Überlegungen.

Heidegger bleibt auf seinem Denkweg vielen dieser Motive treu. Allerdings gibt es einige wichtige Verschiebungen vor allem in den späten 1920er und frühen 1930er Jahren. Man kann sich dem Eindruck nicht entziehen, dass Heidegger zunehmend die Betonung der Fraglichkeit in den Hintergrund treten lässt und verstärkt sehr definitive Antworten gibt. Bis in den Stil hinein lässt sich eine Wandlung seines philosophischen Anspruches belegen: Sein Stil wird apodiktischer und gewissermaßen auch prophetischer und verliert durchaus an hermeneutischer Schärfe. Hält er in den frühen 1920er Jahren vieles in der Schwebe, in einer gewissen Offenheit oder abstrakten Formalität, so wird er wenige Jahre später oft dazu tendieren, sehr konkrete und definitive Aussagen zu treffen. Hier gilt es, vorsichtig zu formulieren: Denn in keiner Weise lässt sich ein radikaler Wandel beobachten, sondern so etwas wie eine unterschiedliche Akzentsetzung oder Kolorierung innerhalb seines Denkens und Lehrens. Das zeigt sich auch an seinen philosophischen Gesprächspartnern. Aristoteles bleibt zum Beispiel nach wie vor wichtig. Zunehmend wird aber nun auch die Auseinandersetzung mit Platons Philosophie Heideggers eigenes Denken bestimmen. Es liegt nicht ferne, hier auch den Grund für die genannte

---

43 Vgl. hierzu etwa GA 60, 45 ff.

Akzentverschiebung zu finden: Denn während das aristoteli-
sche Denken durch einen hermeneutisch zu nennenden Realismus geprägt ist, während es also Aristoteles in Vorweg-
nahme einer phänomenologischen Maxime darum ging, die
Phänomene zu retten, zeigt sich bei Platon eine anders gelagerte Tendenz: nämlich eine – durchaus auch elitär zu nennende – Tendenz zur idealistischen Wirklichkeitsdeutung
auch um den Preis der Geringschätzung der unmittelbaren
sinnlichen Wirklichkeit. Man muss nicht Karl R. Poppers radikaler (und kontroverser) Kritik an Platon folgen,[44] um
durchaus einige kritische Anfragen etwa an die platonische
politische Philosophie zu stellen – vorausgesetzt, dass es Platon nicht darum ging, in seiner *Politeia* eine Karikatur der
politischen Philosophie zu entwickeln und die Unmöglichkeit einer philosophisch motivierten Lenkung und Ordnung
des Staatswesens anzuzeigen. Denn während die Philosophen nach Platon herrschen und Könige sein sollen, wusste
Aristoteles sehr genau um die Differenz und Spannung von
theoretischem und praktischem Leben und nahm die »Phänomene« selbst viel ernster als Platon. Kann man leicht
von ihm die Verbindungslinie zu den modernen Wissenschaften und zur Hermeneutik ziehen, ja, kann man sogar behaupten, er sei der Vorvater sowohl des im engen Sinne naturwissenschaftlichen als auch des hermeneutischen Denkens,
dann ist es nicht von der Hand zu weisen, dass zumindest
bestimmte Aspekte der politischen Philosophie Platons in
einer irritierenden Nähe zu den totalitären Systemen des
20. Jahrhunderts stehen, insofern sie den Bereich des Politischen nicht zu verstehen, sondern zu bestimmen sucht und
diesen weltanschaulich zu charakterisierenden Voraussetzungen unterordnet.

---

44 Vgl. Karl R. Popper, *Der Zauber Platons*, hg. von Hubert Kiesewetter,
Tübingen [8]2003.

Wir werden diese Akzentverschiebung in Heideggers Denken und Stil spätestens dann sehen, wenn wir uns näher mit einigen Texten aus der zweiten Hälfte der 1920er Jahre – etwa mit Heideggers Deutung des platonischen Höhlengleichnisses – oder mit der Rektoratsrede und Texten aus seiner Rektoratszeit beschäftigen. Von einem »radikalen existenziellen Ergreifen und der *Zeitigung der Fraglichkeit*«[45] ist dann weniger die Rede, als von einem »radikalen existenziellen Ergreifen« der Opferbereitschaft. Die Sprache Heideggers wird daher zunehmend »kämpferischer«. Die Dezision scheint dann ihr Objekt gefunden zu haben. An die Seite des Fragens wird dann zunehmend ein Antworten getreten sein, welches in seiner Selbstsicherheit gerade im zeitgeschichtlichen Kontext noch heute erschrecken kann, das Heidegger aber auch sehr schnell – auf dem Weg zu einer Philosophie der Gelassenheit – hinter sich zurücklassen wird.

---

45 GA 61, 35.

5. Die Krise der Universität
und die Notwendigkeit der Universitätsreform

> *Heute*: Die Lage der Wissenschaften und der Universität ist
> fragwürdiger geworden. Was geschieht? Nichts.
> Man schreibt Broschüren über die Krise der Wissenschaften,
> über den Beruf der Wissenschaft. Einer sagt es dem anderen,
> man sage, wie man höre, mit den Wissenschaften sei es aus.
> Es gibt heute schon eine eigene Literatur über die Frage,
> wie es sein müßte. Sonst geschieht nichts.«[1]
> *Martin Heidegger*

In Heideggers Briefen an seine Frau Elfride, an Elisabeth
Blochmann oder an Karl Jaspers aus der Zeit des Ersten Weltkrieges und der Nachkriegszeit spielen Fragen der Universitätsreform und die Krise der Universität eine bedeutende
Rolle. Wenn er 1933 seine Rektoratsrede unter den Titel
»Die Selbstbehauptung der deutschen Universität« stellt,
dann hat Heidegger sich nicht plötzlich – angesichts seiner
neuen Möglichkeiten als Rektor und angesichts der nationalsozialistischen Revolution[2] – universitätspolitischen Fragen
zugewandt. Auf die Situation an der Universität und die Not-

---

1 GA 63, 32 f.
2 Vgl. zur Rechtfertigung der (umstrittenen) Verwendung des Begriffs
»Revolution« in diesem Zusammenhang Hans-Ulrich Wehler, *Deutsche
Gesellschaftsgeschichte. 4. Band: Vom Beginn des Ersten Weltkrieges
bis zur Gründung der beiden deutschen Staaten 1914–1949*, München
[3]2008, 601 ff.; vgl. hier auch »nationalsozialistische Revolution«, in: Cornelia Schmitz-Berning, *Vokabular des Nationalsozialismus*, Berlin 2000,
424–426.

wendigkeit einer grundlegenden Reform kommt Heidegger in frühen Briefen nämlich immer wieder zu sprechen. Äußert er sich überhaupt zu politischen oder gesellschaftlichen Fragen, dann meistens irgendwie auch mit Bezug auf die Universität und das akademische Leben. Was vor allem an seinen brieflichen Äußerungen aus der Zeit unmittelbar nach dem Ersten Weltkrieg auffällt, ist die geringe Rolle, die – in einer wahrlich nicht ereignisarmen Zeit – politische Fragen spielen, die nicht unmittelbar mit der Universität zu tun haben. Wir hatten im letzten Kapitel schon kurz darauf hingewiesen, dass Heidegger, so scheint es, an Fragen der konkreten Alltagspolitik wenig interessiert war, wenn diese Fragen nicht auch zumindest indirekt im Bezug zum universitären Leben standen.

Das gesellschaftliche Klima, die Stimmung in Deutschland, wird von ihm, wenn überhaupt, durchgehend kritisch und in sehr groben Zügen dargestellt. Von einer – damals nicht unverbreiteten – politisch motivierten oder gar revolutionären Aufbruchstimmung ist in den heute vorliegenden Texten und Dokumenten keine Spur zu finden. Heidegger spricht etwa davon, dass ein »Oberflächendasein« herrschend sei und »uns ... der große Enthousiasmus der Seele u. des Geistes für wahrhaftes Leben u. Erleben der wertvollen Welten« fehle.[3] Heidegger bleibt der Moderne – auch dies sahen wir bereits – gegenüber kritisch eingestellt. Aber es finden sich auch keine Spuren einer Verherrlichung der unmittelbaren Vergangenheit des Kaiserreiches. Heidegger lässt an seiner Deutung der vergangenen staatlichen Ordnung keinen Zweifel: »Die ganze Ziellosigkeit u. Hohlheit u. Wertefremdheit«, so Heidegger im Oktober 1918, »beherrschten das staatliche Leben u. die Staatsauffassung überhpt.«[4]

---

3 Heidegger/Elfride Heidegger, 85.
4 Heidegger/Elfride Heidegger, 85.

Für Heidegger ist die Krise nach dem Ersten Weltkrieg eine
Krise mit Wurzeln, die sehr tief reichen (auch dies ist ein Motiv, das sich *mutatis mutandis* auch in den 1930er Jahren
noch finden wird, wenn die »Seinsvergessenheit« im Vordergrund von Heideggers Gegenwartsanalyse steht): »Wir haben
uns«, so äußert er sich seiner Frau gegenüber, »in den letzten
Jahrzehnten oder gar während des ganzen vergangenen Jahrhunderts zu wenig oder überhpt. nicht mehr um den eigenen
u. des Andern inneren Menschen gekümmert.«[5] Wenn Heidegger hier vom »inneren Menschen« spricht, dann nutzt
er ein Wort, das nicht nur philosophische, sondern vor allem
auch religiöse Konnotationen hat. Allerdings spielen diese
religiösen Konnotationen in einem eigentlichen Sinne hier
keine Rolle mehr. Die Antwort auf die Krise seiner Zeit, auf
ihre Oberflächlichkeit und Äußerlichkeit, findet Heidegger
in den Jahren nach dem Ersten Weltkrieg nicht mehr in einer
bestimmten Glaubenswelt oder in einer bestimmten Form
katholischer Philosophie. Die Krise des »inneren Menschen«
kann allein von der Universität – vom Leben des Geistes –
überwunden werden. Aus diesem Grund war für Heidegger
die Universität mehr als eine Institution neben vielen anderen öffentlichen Institutionen. Sie war so etwas wie eine im
wörtlichen Sinne grund-legende Realität, von der allein er
eine wesentliche Änderung des gesellschaftlichen und politischen Klimas erwartete.

Allerdings steht er auch den Entwicklungen der Universität im 19. Jahrhundert nicht unkritisch gegenüber – das mag
nicht zuletzt auch seine Kritik am damaligen universitären
Leben erklären, die er Jahre später in der Rektoratsrede
vorträgt. »Werte wie Seele u. Geist«, so schreibt er auf das
19. Jahrhundert rückblickend an seine Frau, »gab es nicht, ihr
Bedeutungsgehalt war nicht mehr erlebbar – vollkommenes

5 Heidegger/Elfride Heidegger, 85.

Zerstörungsobjekt allenfalls für exakte wissenschaftl. (natur-
wiss. wie ›histor.‹) Analysen.«[6] Auch die Universität, so denkt
Heidegger, hat in ihrer Weise zu der Krise der Gegenwart beigetragen, nämlich durch die im 19. Jahrhundert stark gewordenen positivistischen und historistischen Tendenzen, die er
bereits in seiner Dissertationsschrift,[7] dann aber auch in seinen frühen Vorlesungen zum Gegenstand einer fundierten
Kritik gemacht hat. Denn die gesamte Wirklichkeit wurde
im Zuge dieser Entwicklung der Wissenschaften im 19. Jahrhundert zu einem Objekt theoretischer Analysen. Die Forschung wurde, so Heidegger, zu einer letztlich geist- und see-
lenlosen Tätigkeit von Menschen, die das Anliegen ihres
Berufes in der Akkumulierung von Wissen und Erkenntnis
sahen, nicht aber eine Berufung zum Leben des Geistes
verspürten. Wissenschaft war zum Brotberuf verkommen.
Und schließlich wurde im Zuge dieser Entwicklungen auch
die Philosophie immer weniger wichtig: Denn viele ihrer
traditionellen Aufgaben wurden ja nun von anderen Wissenschaften – wie etwa der Biologie oder der Psychologie – übernommen.

Das bedeutet, dass für Heidegger die »Rettung« nicht einfach von der Universität, sondern, da sich diese auch in einer
Krise befindet, nur von einer gründlich gewandelten Universität zu erwarten ist. Angesichts dieser Krisensituation wird
auch deutlich, warum für Heidegger die Philosophie eine so
zentrale Bedeutung innerhalb der Universität hat. Denn
in der – freilich: recht verstandenen – Philosophie zeigte sich
Heidegger ja bereits schon sehr früh die Möglichkeit, eine
neue Orientierung zu finden – nicht zuletzt auch für die von
Krisen erschütterte Universität. Denn keine andere Disziplin
kann, so Heidegger, das Gesamt des menschlichen Wissens

6 Heidegger/Elfride Heidegger, 85.
7 Vgl. GA 1, 59–188.

und der wissenschaftlichen Arbeit bedenken, ordnen und strukturieren. Vielleicht sah er darin sogar eine seiner wichtigsten Aufgaben: als Philosoph an das eigentliche Wesen des akademischen Lebens zu erinnern und dieses von innen heraus zu reformieren. Die sehr früh in seiner akademischen Laufbahn gemachte Aussage, er wolle »wohl für immer«[8] ein Kolleg zum akademischen Studium anbieten, deutet auf das Interesse Heideggers hin, aus philosophischer Sicht langfristig einen grundlegenden Beitrag zur Reform und Wiederbelebung der deutschen Universität zu leisten und damit an ein vor allem im späten 18. und im 19. Jahrhundert verbreitetes philosophisches Selbstverständnis anzuknüpfen.

Das von Heidegger immer wieder bekundete Interesse an der Reform der Universität ist auch aus rein historischer Perspektive kein überraschendes Interesse. Nicht nur in Freiburg war die Universität vor allem auch deshalb in einer Krise, weil die Angehörigen der Universität sich allzu sehr von der nationalen Aufbruchstimmung des August 1914 mitreißen ließen: »Keine Institution in Freiburg«, so Roger Chickering, »hat mit größerer Begeisterung und stärkeren Auswirkungen für den Krieg mobil gemacht als die Universität.«[9] Es gibt aber auch – neben der unseligen Rolle, die viele Universitäten und Professoren im Ersten Weltkrieg gespielt haben – zahlreiche andere Gründe für die Krise der humboldtschen Universität. In den Jahren nach dem Ersten Weltkrieg erscheinen deshalb zahlreiche Beiträge zur Universitätsreform – Heidegger ist beileibe nicht der Einzige, der sich den Kopf über Fragen der Universitätsreform zerbricht. Das

8 Vgl. Heidegger/Elfride Heidegger, 88.
9 Roger Chickering, »Die Universität im Krieg 1914–1918«, in: Bernd Martin (Hg.), *Von der badischen Landesuniversität zur Hochschule des 21. Jahrhunderts (= 550 Jahre Albert-Ludwigs-Universität Freiburg. Festschrift Band 3)*, Freiburg/München 2007, 152–165, 152. Vgl. in diesem Zusammenhang auch Roger Chickering, *Freiburg im Ersten Weltkrieg. Totaler Krieg und städtischer Alltag 1914–1918*, Paderborn 2009.

Thema der Universitätsreform ist so etwas wie ein Mode-
thema in den frühen 1920er Jahren. Auch Karl Jaspers, mit
dem Heidegger Anfang der 1920er Jahre engen Kontakt
pflegte, sollte sich zu dieser Frage äußern: 1923 erschien sein
Buch *Die Idee der Universität*.[10] Allerdings sieht Heidegger
diese angeregte Diskussion mit wenig Hoffnung: »*Heute*:
Die Lage der Wissenschaften und der Universität ist fragwürdiger geworden. Was geschieht? Nichts. Man schreibt Broschüren über die Krisis der Wissenschaften, über den Beruf
der Wissenschaft. Einer sagt es dem anderen, man sage, wie
man höre, mit den Wissenschaften sei es aus. Es gibt heute
schon eine eigene Literatur über die Frage, wie es sein müßte.
Sonst geschieht nichts.«[11]

Warum aber wird vor allem in den Jahren nach dem Ersten
Weltkrieg die »Krisis« der Wissenschaften so intensiv diskutiert? Die Antwort ist nicht schwer zu finden. Die »Idee« der
deutschen Universität ist etwas mehr als 100 Jahre alt, aber
die Zeiten haben sich grundlegend geändert. Nicht nur hatte
die universitäre Elite 1914 viel Kredit verspielt. Die hum-
boldtsche Universitätsidee war auch innerlich an ihre Grenzen gestoßen.[12] Unter anderem war die Zahl der Studierenden
stark gewachsen. In seinem Vortrag »Wissenschaft als Beruf«
(auf den Heidegger ja in dem obigen Zitat anspielt) erklärte
Max Weber im November 1917: »Innerlich ebenso wie äußerlich ist die alte Universitätsverfassung fiktiv geworden.«[13]
Reformen wurden notwendig. Wie sollen die alten Ideale –
die Einheit von Lehre und Forschung etwa – in einer Universität mit mehr und mehr Studenten verwirklicht werden?

10 Karl Jaspers, *Die Idee der Universität*, Berlin 1923. Vgl. hierzu auch
Heidegger/Jaspers, 44.
11 GA 63, 33.
12 Vgl. hier auch Heideggers spätere Ausführungen zur Geschichte der
deutschen Universität in GA 16, 285–307 sowie »Gespräch mit Max Müller«, in: Heidegger/Müller, 119.
13 Max Weber, *Wissenschaft als Beruf*, Berlin [10]1996, 8.

Wie kann der so garstig breite Graben zwischen Wissenschaft und Leben überbrückt werden, den gerade auch die Generation derjenigen, die früh Lebenserfahrungen an der Front, in den Schützengräben und Lazaretten gemacht hatten, so schmerzlich erfahren mussten? Wie konnte die Theorielastigkeit und Abstraktheit des universitären Arbeitens wieder mit Leben gefüllt werden? »Wir dürfen«, so Heidegger bereits 1916 an seine Frau Elfride, »unseren jungen Helden, wenn sie hungrig aus dem Kampffeld zurückkommen, nicht Steine statt Brot geben, nicht unwirkliche u. tote Kategorien, nicht schattenhafte Formen u. blutleere Schulfächer um das rationalistisch zerriebene Leben fein säuberlich darin aufzubewahren u. vermodern zu lassen.«[14] Angesichts der Kriegserfahrungen einer ganzen Generation, angesichts gewaltiger politischer und gesellschaftlicher Wandlungen wie auch angesichts einer theoretischen Verengung und Verkürzung der Wissenschaften kann man, so dachte nicht nur Heidegger, nicht einfach das akademische Leben fortsetzen, als sei nichts gewesen, sondern muss neu das bestimmen, was akademisches Leben eigentlich ausmacht, da ansonsten die Krise sich noch weiter verschärfen könnte. 1934 wird Heidegger rückblickend von einem »Versagen der Universität« sprechen: Sie sei »dem neuen Geschehen nicht gewachsen« gewesen.[15] Der Gefahr, dass dies geschehen könne, war sich Heidegger unmittelbar nach dem Ersten Weltkrieg schon bewusst. Im Mai 1919 schreibt Heidegger an Elisabeth Blochmann, er habe die Mitarbeit an den Kommissionen, die in Baden Volkshochschulen planen, abgelehnt. Denn wir, so Heidegger, »haben im eigenen Haus genug zu kehren u. durch positive Arbeit dafür zu sorgen, dass die Univ[ersitäten] nicht noch zu geistigen Augiasställen werden – –.«[16]

14 Heidegger/Elfride Heidegger, 37.
15 GA 16, 300f.
16 Heidegger/Blochmann, 16.

Heidegger ist aber – zunächst – nicht ohne Hoffnung: Er hat, was die Zukunft seiner universitären Arbeit betrifft, »die innere Gewißheit, daß die jungen Menschen dabei innerlich wach u. stark werden u. als ›Sauerteig‹ in unser künftiges Staats u. Volksleben hinaustreten«.[17] Es ist vor allem die Jugend – »neue Menschen die eine ursprüngliche Verwandtschaft mit dem Geist u. seinen Forderungen in sich tragen«,[18] die »jungen Dozenten«,[19] die »Studierenden selbst«[20] –, auf die Heidegger eine große Hoffnung setzt: Ein Brief von Elisabeth Blochmann aus dem Herbst 1918 ist ihm »eine neue wertvolle Bekräftigung u. Bewährung meines Glaubens an die akademische Jugend«.[21] Heidegger ist selbst noch keine 30 Jahre alt, spricht hier aber eine Hoffnung aus, die er auch Anfang der 1930er Jahre hegen wird: Wenn es denn eine Chance der Erneuerung gibt, dann liegt diese nicht in der Restauration alter Kräfte oder Institutionen, sondern bei den »wahrhaft geistigen Menschen«.[22] »Sicher«, so Heidegger, und »unerschütterlich« sei die »Forderung« an diese, »gerade jetzt nicht schwach zu werden sondern eine entschlossene Führung in die Hand zu nehmen u. das Volk zur Wahrhaftigkeit u. echten Wertschätzung der echten Güter des Daseins zu erziehen«.[23] Um echte Geistigkeit also geht es, nicht darum, mit dem Geist nur zu spielen.[24] Dabei hat er vor allem auch an die jungen Studenten gedacht, nicht an die etablierten Professoren. Auf diese setzte Heidegger weder in den Jahren nach dem Ersten Weltkrieg noch 1933 eine große Hoffnung.

17 Heidegger/Elfride Heidegger, 88.
18 Vgl. Heidegger/Elfride Heidegger, 86.
19 Vgl. Heidegger/Elfride Heidegger, 90.
20 Vgl. Heidegger/Elfride Heidegger, 90.
21 Heidegger/Blochmann, 10.
22 Heidegger/Blochmann, 12.
23 Heidegger/Blochmann, 12.
24 Vgl. auch Heidegger/Blochmann, 12.

Wer Heideggers Schriften aus der Rektoratszeit kennt, kann nicht umhin, hier erstaunliche Parallelen zu finden – bis hin zur Betonung des Geistes oder Geistigen, die ein so auffallendes Merkmal der Rektoratsrede darstellt. Denn der Geist steht bereits früh auch im Zentrum von Heideggers Äußerungen zum besonderen Charakter der Universität.[25] »Der Geist trifft den«, so Heidegger an seine Frau im Jahr 1918, »den er treffen soll u. von diesen Getroffenen aus treibt eine Welle um die andere aufrüttelnd, schwingend u. in Schwingung haltend in die Vielheit der Trägen u. Massigen u. Massenhaften.«[26] Hier zeigen sich wieder einmal deutliche Anzeichen einer quasireligiösen Deutung des universitären Lebens: Nur wenige sind im Stande der Gnade und stehen im Geiste, der – in biblischen Worten – ja weht, wo er will. Da nur wenige zu diesem wirklichen Leben des Geistes berufen sind, betont Heidegger die besonderen Aufgaben eines »Führers«: Er erkenne selbst, so heißt es in dem bereits zitierten Brief an seine Frau aus dem November 1918, »immer dringender die Notwendigkeit der Führer – nur der Einzelne ist schöpferisch (auch in der Führerschaft) die Masse nie«.[27] Dass für Heidegger nun die Universität höhere, quasireligiöse Weihen hat, zeigt auch seine Überzeugung, die »jungen Leute« könnten nach ihrem Studium als »Sauerteig« in Gesellschaft und Politik wirken.[28] Denn normalerweise wird –

25 Dies zeigt, dass schon vor 1933 der Begriff »Geist« für Heideggers Überlegungen zur universitären Situation eine Rolle spielte. Vgl. in diesem Zusammenhang auch Jacques Derrida, *Vom Geist. Heidegger und die Frage*, aus dem Französischen übersetzt von Alexander García Düttmann, Frankfurt am Main 1992; vgl. zur Kritik von Derridas These in Bezug auf *Sein und Zeit* auch Dieter Thomä, *Die Zeit des Selbst und die Zeit danach. Zur Kritik der Textgeschichte Martin Heideggers 1910–1976*, Frankfurt am Main 1990, 566f.

26 Heidegger/Elfride Heidegger, 83.

27 Heidegger/Elfride Heidegger, 86.

28 Vgl. Heidegger/Elfride Heidegger, 88.

mit Bezug auf das im Matthäus- und Lukasevangelium sich findende Gleichnis vom Senfkorn und Sauerteig – den Christen die Aufgabe zugesprochen, Sauerteig in einer nicht-christlichen Umwelt zu sein.[29] Heidegger überträgt dies nun – bereits 1918! – auf die Studenten. Und wir können noch genauer formulieren: auf *seine* zukünftigen Studenten, die er – seiner Berufung zur Philosophie unter großen Opfern folgend – für diesen schweren Dienst vorbereitet.

Dass er, wenn er von der »Notwendigkeit der Führer« spricht, dabei zunächst nicht an politische Führer denkt, dürfte aus der Betonung des Geistigen und der »geistig-seelischen« Dimension der Krise heraus deutlich werden:[30] Rettung, so scheint es, erwartet Heidegger in dieser Zeit der Krise gerade nicht von der Politik, sondern von einer grundlegend erneuerten Universität und den in ihr tätigen Führern, die – mittels der von ihnen geprägten Studenten – dann auch in anderen Bereichen indirekt führen werden. Jede Staatsreform setzt also zunächst einmal eine grundlegende Besinnung darüber voraus, was die Universität und das akademische Studium eigentlich ist. Dies macht angesichts des krisenhaften Zustandes der Universitäten eine grundlegende Reform der Universität unter der Führung berufener Philosophen wie Heidegger, die die Not der Zeit verstehen und auf sie zu reagieren verstehen, notwendig. Die Hoffnung, die Heidegger in diesen Jahren hegt, mag aus heutiger Sicht naiv erscheinen: Wenn wir sie allerdings vor allem in die deutsche Geistes- und Ideengeschichte einordnen, sehen wir, dass Heidegger nicht der Einzige war, der hohe Erwartungen an die

29 Vgl. Mt 13, 31–33; Lk 13, 21.
30 Das zeigt sich auch daran, dass Heidegger 1929 in seiner Rede zum 70. Geburtstag seines Lehrers Edmund Husserl zweimal von dessen »Führerschaft« spricht (GA 16, 58). Wir übersehen heute oft, dass der Begriff des »Führers« gerade auch in den 1920er Jahren sehr verbreitet war – nicht nur in politischen Kontexten.

universitäre oder philosophische Bildung hatte und an der Universität eine Aristokratie des Geistes ausbilden wollte.[31] Er steht in einer langen Tradition, mit der er auch die pseudoreligiöse Interpretation der Aufgabe der Universität und die optimistische, wenn nicht naive Überschätzung ihrer Möglichkeiten teilte.

Dass Heidegger hier eine große und wichtige Aufgabe für sich selbst und sein zukünftige Leben erblickt, zeigt sich auch darin, dass er im November 1918 sowohl in einem Brief an Elisabeth Blochmann als auch in einem Brief an seine Frau Elfride davon spricht, dass es ihm angesichts all der sich stellenden Aufgaben eine »Lust« sei »zu leben«.[32] Wir finden bei dem wohl eher zu Schwermut und Melancholie neigenden Heidegger selten solche Äußerungen der Lebenslust. Es wäre kaum verfehlt, hierin ein fast religiös zu nennendes Sendungsbewusstsein zu sehen, das sich später – Anfang der 1930er Jahre – weit verhängnisvoller auswirken wird als gegen Ende des Ersten Weltkrieges und zu Anfang der 1920er Jahre. Es ist aber – wohlgemerkt – weniger ein unmittelbar politisches als ein philosophisches Sendungsbewusstsein.

Denn das Politische nimmt Heidegger 1918 – dies sei noch einmal betont – aus einer philosophischen Perspektive wahr. Die Welt der Politik erschien ihm als wenig vertrauenswürdig, als wenig interessant und wenig wichtig. Allzu große Hoffnungen setzte er auf diese Welt nicht. Allein die Philosophie erschien ihm Anlass zur Hoffnung zu sein. In diesem Sinne ist Heidegger in den Jahren nach dem Ersten Weltkrieg durchaus in gewisser Weise »unpolitisch«. Aber auch dies ist eine nicht unverbreitete Haltung. Sein Schüler Karl Löwith

---

31 Vgl. hierzu neben Heidegger/Jaspers, 135f. auch Heidegger/Bultmann, 152: »Der einzige Weg ist die wirkliche Gründung einer freien ›aristokratischen‹ – geistig verstanden, wozu Bodenständigkeit gehört – vorbildlichen freien Akademie.«
32 Heidegger/Elfride Heidegger, 88; Heidegger/Blochmann, 12.

geht ausdrücklich auf seine eigene unpolitische Haltung zu Beginn der Weimarer Republik ein: »Der Kampf der politischen Parteien«, so Löwith, »konnte mich nicht interessieren, denn es wurde von links wie von rechts um Dinge gestritten, die mich selber nichts angingen und die mich in meiner Entwicklung nur irritierten. Eine Art Rechtfertigung gewährten mir die 1918 erschienenen *Betrachtungen eines Unpolitischen* von Th. Mann.«[33] Wir wissen zwar nicht, ob Heidegger Manns *Betrachtungen* kannte, können aber davon ausgehen, dass er seine politische Indifferenz ähnlich wie Löwith verstanden hat – allerdings hat er seiner akademischen Tätigkeit eine indirekt politische Bedeutung zugeschrieben. Und es wird weiterhin Heideggers Überzeugung sein, dass die Philosophie einen indirekten Einfluss auf den Bereich der Politik haben könne und müsse.

Die Frage, ob Heidegger überhaupt ein politischer Mensch oder Denker gewesen sei oder ob er nicht als gänzlich unpolitisch zu charakterisieren sei (und ob damit nicht sein Ausflug in die Welt der Politik zu entschuldigen und für die Bewertung seines Denkens letztlich völlig irrelevant sei), zeigt sich angesichts dieses Befundes als falsch gestellt. Zumindest zielt sie nicht darauf ab, was hier eigentlich wichtig ist: dass Heidegger nämlich durchaus auch ein politischer Denker war, aber ein Denker, der die Politik in gewisser Weise der Philosophie und der Universität radikal unterordnete und der daher auch das nicht entwickelte, was im landläufigen Sinne »politische Philosophie« genannt wird, nämlich ein Denken, das von außen, in der Distanz, die die Theorie von der Praxis trennt, die Welt der Politik zu be-

---

33 Karl Löwith, *Mein Leben in Deutschland vor und nach 1933. Ein Bericht*, Stuttgart 1986, 18. Vgl. hierzu auch »Gespräch mit Max Müller«, in: Heidegger/Müller, 113: »An Politik hat niemand von seinen [scil., Heideggers, H.Z.] Schülern damals gedacht. In diesen Übungen kam kein politisches Wort vor.«

schreiben, zu verstehen oder auch zu lenken und zu ordnen suchte.[34] Eigentliches Philosophieren ist für den jungen Heidegger, da die politischen Probleme für ihn letztlich auf philosophische Probleme verweisen, auch ein mittelbar politisch relevantes Tun. Denn es vermag, so dachte Heidegger, mittels der Studenten als gesellschaftlichem »Sauerteig« aus der »geistig-seelischen« Krise herauszuführen. Es ist dabei so wenig unpolitisch, wie es unmittelbar politisch wäre. Das zeigt sich nicht nur in den 1920er Jahren, wenn Heidegger die 1918 erst angekündigten Vorlesungen zum Wesen des akademischen Studiums tatsächlich halten wird, oder, wie wir noch sehen werden, im Rektoratsjahr 1933/34, sondern auch direkt nach dem Zweiten Weltkrieg: Denn sein Umgang mit der Situation nach 1945 ist ein zutiefst philosophischer – aber kein schlechthin unpolitischer, weil Heidegger ja letztlich auch nach 1945 daran festhält, dass die Philosophie eine besondere und ausgezeichnete Rolle bei der Aufgabe spielt, die gerade auch politisch sich äußernde Krise der Gegenwart zu verstehen und zu überwinden. Diese Sicht der Dinge zeigt sich selbst dann noch, als Heidegger sich nach dem Zweiten Weltkrieg mit der Frage nach dem Wesen der Technik oder dem Wesen der Wissenschaft beschäftigt: Auch diese Fragen sind für Heidegger zunächst und vor allem philosophische Fragen; sie können aber von ihrer politischen Relevanz nicht losgelöst werden. Weil daher bislang oft die falschen Kategorien Anwendung fanden, um Heideggers Verhältnis zur Politik zu bestimmen, weil man nämlich selten, wenn es um diese Frage ging, gefragt hat, in welchem Sinne Heideggers Denken überhaupt »politisch« genannt werden kann, hat man auch oft die alles andere als unproblematische politi-

---

34 Vgl. hierzu auch Otto Pöggeler, *Der Denkweg Martin Heideggers*, Pfullingen [3]1983, 369: »Ohne jede Konzeption einer politischen Philosophie vertrat er als Philosophie eine politische Option, die er zudem noch als die einzig mögliche ausgab.«

sche Dimension seines Denkens verfehlt oder – umgekehrt – sein Denken in einer falschen Weise »politisiert«.

Kommen wir zurück zum Problem der Universitätsreform, mit dem sich Heidegger nicht nur in Briefen oder privaten Äußerungen, sondern auch in seinen Vorlesungen der 1920er Jahre immer wieder beschäftigt hat. Diese Vorlesungen stellen sehr wichtige Quellen dar, da er in diesen Texten in einer gewissen Länge und Intensität Fragen diskutiert, die er in seinen Briefen oft nur andeutet. Zum einen hat er sich schwerpunktmäßig mit diesen Fragen beschäftigt: Bereits im Sommersemester 1919 hält er eine Vorlesung zum Thema »Über das Wesen der Universität und des akademischen Lebens«,[35] im Sommersemester 1929 liest er zum Thema »Einführung in das akademische Studium«.[36] Aber auch in seinen anderen Vorlesungen gibt es immer wieder Hinweise auf die Situation der Universität. Die Vorlesung »Die Idee der Philosophie und das Weltanschauungsproblem« aus dem Kriegsnotsemester von 1919 beginnt etwa mit einer »Vorbetrachtung« zum Thema »Wissenschaft und Universitätsreform«.[37]

Diese frühen Vorlesungen zeigen zum einen sehr deutlich, dass es Heidegger nicht um die vieldiskutierten konkreten Fragen der Universitäts- oder Bildungspolitik ging. Wenn es Heidegger um Reform geht, dann gerade nicht um Verwaltungsstrukturen, um die Ordnung von Studienabschlüssen oder die aktionistische Bestimmung und Festlegung von Studieninhalten: »Die vielberedete Universitätsreform ist gänzlich mißleitet und eine totale Verkennung aller echten Revolutionierung des Geistes, wenn sie sich jetzt ausweitet in Aufrufen, Protestversammlungen, Programmen, Orden und Bünden: geistwidrige Mittel im Dienste ephemerer Zwe-

---

35 Vgl. GA 56/57, 205–214.
36 Vgl. GA 28, 347–361.
37 Vgl. GA 56/57, 3–6.

cke.«[38] Wenn er von der Universitätsreform sprach, ging es
ihm also immer um anderes als nur um organisatorische Fragen. Aus diesem Grund hält er gegen Ende der 1920er Jahre,
als gewissermaßen wieder Ruhe an die Universitäten zurück-
gekehrt ist und der Betrieb wieder zu laufen scheint, die Krise
für alles andere als überwunden. Im Juli 1929 schreibt
er an Heinrich Rickert, die Universität sei »kaum wieder-
erkennbar ... gegenüber der Glanzzeit von 1913«.[39] Die vor-
nehmliche Beschäftigung mit diesen rein organisatorischen
Fragen, so dachte er, würde in die Sackgasse führen. Es würde
bedeuten, die Chance, die sich jetzt – in den Jahren nach dem
Ersten Weltkrieg – stellte, nicht zu ergreifen. Dies ist ein
Zugang zu Fragen der Universitätsreform, der auch im Jahr
1933 eine wichtige Rolle spielen wird, wenn Heidegger nämlich die Entscheidung zu treffen hat, ob er sich zum Rektor
wählen lässt oder nicht.

Es geht Heidegger aber auch nicht darum, die verschiedenen
Disziplinen von einer bestimmten philosophisch-weltan-
schaulichen Perspektive aus einzuordnen und in ihrem Wesen zu bestimmen: »Nur Leben, nicht das Gelärm überhaste-
ter Kulturprogramme, macht ›Epoche‹. So hemmend wie der
tätige Geist schreibgewandter Jünglinge, so verfälschend
wirkt der allenthalben in den Einzelwissenschaften – von der
Biologie bis zur Literatur- und Kunstgeschichte – gepflegte
Versuch, diesen Wissenschaften durch die phraseologische
Grammatik einer verderbten Philosophie ›weltanschaulich‹
aufzuhelfen.«[40] Den Wissenschaften, so Heidegger, könne
nicht weltanschaulich »aufgeholfen« werden, da dies bedeuten würde, das Wesen der Wissenschaft und der wissenschaftlichen Arbeit wie auch das Wesen der Philosophie (die

38 GA 56/57, 4.
39 Heidegger/Rickert, 63.
40 GA 56/57, 5.

ja gerade keine Wissenschaft und auch keine Weltanschauung sei) zu verfehlen. Heideggers Anliegen bestand in etwas anderem. Worum es ihm ging, hatte viel tiefer greifende Dimensionen, als jede organisatorisch-administrative Neuordnung der Universität oder jede Ergänzung der harten Faktenwissenschaften durch philosophische Weltanschauung je hätten haben können.

Heidegger ging es um eine radikale Reform des universitären Lebens – und zwar in dem Sinne, dass diese Reform die Universität nicht radikal umgestalten würde, sondern die Universität zu dem, was sie eigentlich ist, wieder machen sollte: dem Ort bzw. der Situation einer bestimmten *Lebens*weise. Die Frage, mit der er sich beschäftigt, ist also nicht, wie an die Stelle der alten Universität etwas anderes oder Neues gestellt werden kann, sondern wie die ursprüngliche Idee der Universität neu mit Leben gefüllt werden kann. Neben dem »Geist« wird daher immer auch das »Leben« – und damit eine lang verloren geglaubte Einheit von Theorie und Praxis – von Heidegger betont, wenn er sich zu Fragen der Universitätsreform äußert: Denn das universitäre Leben muss aus seiner Totenstarre, der verstaubten und vertrockneten Brotgelehrsamkeit und der Erstarrung in abstrakte Wissensakkumulierung befreit werden. »Erneuerung der Universität bedeutet Wiedergeburt des echten wissenschaftlichen Bewußtseins und Lebenszusammenhangs«, so Heidegger 1919 in apodiktischer Schärfe, »Lebensbezüge aber erneuern sich nur im Rückgang in die echten Ursprünge des Geistes, sie bedürfen als historische Phänomene der Ruhe und Sicherheit genetischen Sichverfestigens, mit anderen Worten: der inneren Wahrhaftigkeit wertvollen, sich aufbauenden Lebens.«[41]

---

41 GA 56/57, 5.

Was daher notwendig ist, ist ein »vorbildliches Vor*leben*«.[42] Denn die Wissenschaft ist für Heidegger zunächst einmal eine Weise des Lebens: Das wissenschaftliche Bewusstsein steht in einem »Lebenszusammenhang«.[43] In der Universität verwirklicht sich »eine eigene Form der Bewegtheit des Lebens des Geistes«.[44] Dieser Geist ist kein abstrakter, sondern ein lebendiger, ein bewegter Geist: der Geist des einzelnen Wissenschaftlers, der sein Leben bestimmt und von diesem bestimmt wird. Die Wissenschaft ist daher »Habitus eines persönlichen Daseins«,[45] das akademische Leben ist, in anderen Worten, eine Existenzweise, eine Weise zu leben, die einer »inneren Berufung« entstammt.[46] Aus diesem Grund kann man dem »Bankrott« der Wissenschaft nur derart »aufhelfen ..., daß die verschüttete Idee selbst wieder ans Licht gebracht und Wissenschaft wieder wird eine Lebensform, nicht ein Handwerk und Geschäft«.[47]

Alle Versuche, in einem abstrakten und theoretischen Reden über die Universität ihr Wesen zu bestimmen und die universitäre Existenz nicht als eine – und zwar als eine ausgezeichnete – Form des menschlichen Lebens zu bestimmen, so Heidegger, müssen deshalb zum Scheitern verurteilt sein, weil sich nur von innen heraus verstehen lässt, was das akademische Leben eigentlich ist. »Von innen«, das bedeutet, nur im Mitvollzug des akademischen Lebens, der sich an einem Vorbild orientiert. Was die Universität ist, kann daher

---

42 GA 56/57, 5. Vgl. auch Heidegger/Jaspers, 28: »Wenn wir uns nicht klar sind, daß wir der Jugend solche Sachen – sie selbst erst ausbildend – vorleben müssen, dann haben wir kein Recht in wissenschaftlicher Forschung zu leben.« Vgl. auch, was Heidegger an Jaspers 1923 aus Marburg schreibt: »Meine größte Freude ist, daß ich hier durch *Vormachen* Wandel schaffen kann und jetzt frei bin« (Heidegger/Jaspers, 42).
43 Vgl. GA 56/57, 5.
44 GA 56/57, 3.
45 GA 56/57, 4.
46 GA 56/57, 5.
47 GA 58, 20.

letztlich nicht in einer Vorlesung auf den Begriff gebracht werden, sondern nur vor-gelebt werden: In diesem Sinne besteht Heideggers Anliegen in allen seinen Vorlesungen darin, das akademische Leben zu erneuern. »In diesem Semester«, so Heidegger Ende 1931 an Elisabeth Blochmann, »mache ich wieder die Erfahrung, die mich immer wieder beunruhigt, daß das indirekt Gesagte am sichersten einschlägt u. daß wir immer noch zu sehr die Macht des Vorbildes unterschätzen u. zu wenig im Dienste des wahren Vorbildens arbeiten.«[48] Denn nur im Tun, im handelnden Mitvollziehen des wissenschaftlichen Lebens kann man lernen, was Wissenschaft eigentlich ist und worum es in der Universität eigentlich geht. Sie ist nicht »Gegenstand praktischer Regelgebung, sondern Wirkung ursprünglich motivierten persönlich-unpersönlichen *Seins*«.[49] Ähnlich äußerte er sich schon wenige Jahre zuvor in einem Brief an Elisabeth Blochmann. Dort heißt es: »Das geistige Leben muß bei uns wieder ein wahrhaft *wirkliches* werden – es muß eine aus dem Persönlichen geborene Wucht bekommen, die ›umwirft‹ u. zum echten Aufstehen zwingt – und diese Wucht äußert sich als echte nur in der Schlichtheit, nicht im Blasierten, Dekadenten, Erzwungenen. Diese einfache ruhige Linie geistigen Seins u. Lebens ist unseren Universitäten verloren gegangen ...«[50]

Heidegger illustriert seine Sicht des universitären Lebens durch zwei Zitate: Zum einen zitiert er die Aufforderung des Mystikers Angelus Silesius »Mensch, werde wesentlich!«, zum anderen folgenden Satz aus dem Matthäusevangelium: »Wer es fassen kann, der fasse es.«[51] Diese beiden Zitate zeigen noch einmal, wie Heidegger das akademische Leben versteht: nämlich nicht nur als etwas, das mit einem Wesent-

---

48 Heidegger/Blochmann, 46.
49 GA 56/57, 5.
50 Heidegger/Blochmann, 7.
51 GA 56/57, 5.

lich-Werden des Menschen eng verbunden ist, sondern als etwas, das eine quasireligiöse Bedeutung hat. Die Wissenschaft und unter allen wissenschaftlichen Disziplinen vor allem die Philosophie ist an die Stelle der Religion getreten, die Universität nimmt in seinem Denken nun jene Stelle ein, die zuvor die katholische Kirche eingenommen hat. Deshalb kann Heidegger die nun wirklich selten in bildungspolitischen Debatten zitierten Worte des *Neuen Testaments* ohne jede weitere Erklärung auf die Wissenschaft – und zwar auf die »innere Berufung« zum wissenschaftlichen Leben – beziehen und auch das Wort des schlesischen Mystikers, das sich eben nicht auf das akademische, sondern auf das innerlich-religiöse Leben bezieht, zur Deutung der wissenschaftlichen Existenzweise heranziehen.

Diese Sicht der Wissenschaft findet sich auch zehn Jahre später noch, nämlich in der Vorlesung »Einführung in das akademische Studium« aus dem Jahr 1929 – unter einem ähnlichen Titel hatte 1804 bereits F. W. J. Schelling, an den Heidegger hier u.a. implizit anzuknüpfen beansprucht, eine Vorlesung gehalten.[52] Heidegger führt mit dieser Vorlesung in etwas ein, was nicht mehr selbstverständlich ist: »Das akademische Studium ist heute fragwürdig geworden«,[53] so beginnt Heidegger seine Vorlesung und bringt damit eine Haltung zum Ausdruck, die er bereits viele Jahre zuvor ausdrücklich geäußert hatte. Die Jahre der Weimarer Republik waren für ihn – das hat sich schon angedeutet – keine Zeit, in der die Universität erfolgreich reformiert oder die Krise des universitären Lebens überwunden worden wäre. Die Krise war eine bleibende Krise. Warum? Er definiert in dieser Vorlesung das akademische Leben als ein »Existieren im Ganzen der Welt«. Dieses aber müsse wiederbelebt wer-

---

52 Vgl. F. W. J. Schelling, *Vorlesungen über die Methode des akademischen Studiums*, SW V, 207–352.
53 GA 28, 347.

den.[54] Denn so »tadellos« das universitäre Leben zunächst erscheinen mag, so gebe es weiterhin ein »verborgenes Geschehen« an der Universität, das verdeutliche, inwiefern das akademische Studium fragwürdig geworden sei und jene Selbstverständlichkeit vermissen lasse, die es eigentlich charakterisieren solle.[55] Heidegger setzt in dieser Vorlesung seine Kritik daran, dass die philosophische Erkenntnis als eine »rein-theoretische«[56] oder als eine weltanschauliche[57] Erkenntnis gefasst werde, fort und verlangt eine »innere Wandlung«.[58] Denn rein äußere Reformen reichen nicht aus. Sie bleiben oberflächliche Versuche, die das eigentliche Problem nicht beseitigen, insofern sie nicht davon ausgehen, dass die Universität der Ort einer bestimmten, besonders ausgezeichneten Existenzweise ist: »Nicht Lehre ist dann Philosophie«, so Heidegger in seiner Geburtstagsrede zu Ehren von Edmund Husserl aus demselben Jahr wie die Vorlesung zur »Einführung in das akademische Studium«, »nicht blasses Schema der Weltorientierung, überhaupt nicht Mittel und Werk des menschlichen Daseins, sondern dieses selbst, sofern es in Freiheit aus seinem Grunde geschieht.«[59] Wieder einmal stoßen wir darauf, dass es Heidegger darum geht, eine verlorene Einheit neu zu verwirklichen – eine Einheit von Leben und Denken, Handeln und Lernen bzw. Lehren.

Worauf Heidegger in dieser Vorlesung im Vergleich zu seinen Vorlesungen aus den frühen 1920er Jahren wesentlich ausdrücklicher eingeht, ist der in der Entwicklung der Universität zu Fachschulen des Wissens seines Erachtens verlorengegangene »Gemeinschaftscharakter« des wissenschaft-

---

54 Vgl. GA 28, 348.
55 GA 28, 347.
56 Vgl. GA 28, 350.
57 Vgl. GA 28, 349.
58 GA 28, 348.
59 GA 16, 59.

Heidegger ca. 1928

lichen Lebens. »Haben wir nicht alle«, so fragt er, »die Gemeinschaft und Gemeinsamkeit verloren, die wir als Studierende haben sollten?« Dass das akademische Studium ein »gemeinschaftlicher Drang zum In-die-Nähe-Kommen zur Welt im Ganzen bezeichnet«,[60] hat Heidegger zuvor nicht so betont in den Vordergrund gestellt. Diese Behauptung liegt allerdings in der Logik seines früheren Denkens: Denn das akademische Leben war ja immer ein gemeinschaftliches Leben, das in der Einheit oder im Zusammenspiel von Vor- und Nachleben geschah. Und noch ein anderes Moment rückt stärker in den Vordergrund von Heideggers Überlegungen: nämlich dass das wissenschaftliche oder philosophische Leben ein befreites Leben ist und die Entscheidung zum akademischen Leben eine Entscheidung zur Freiheit ist.[61] Denn mit Platon, dessen Denken nun wichtiger geworden ist, deutet Heidegger das philosophische Dasein jetzt als ein aus der Höhle des Nicht-Wissens befreites Dasein – und damit auch als ein Dasein, dem die Aufgabe, die Massen auch zumindest indirekt politisch zu führen, zukommt.[62]

Vor dem Hintergrund dieser Überlegungen dürfte vieles von dem, was Heidegger in seiner Rektoratsrede sagt, ver-

---

60 GA 28, 348.

61 Vgl. GA 28, 354 ff.

62 Vgl. hier GA 28, 358 f.: »Es geht nicht um die Bereitstellung eines theoretischen Wissens, sondern durch die Befreiung sollen wir erst begreifen, daß wir in der Höhle sind. Diese Höhle und unsere Fesseln sichtbar zu machen, ist die Aufgabe.« In dieser Vorlesung bleibt unbestimmt, was die Befreiung oder auch die »Entscheidung« des Daseins »zur eigenen Freiheit« (vgl. 361) konkret bedeuten soll. Heideggers Ausführungen bleiben auf einer abstrakt-formalen Ebene. Es ist allerdings nicht schwer zu verstehen, wie Heidegger vor dem Hintergrund dieser Ausführungen 1933 dazu kommen konnte, in der Entscheidung zum Rektorat und zur Mitgliedschaft in der NSDAP sich zu seiner eigenen Freiheit zu entscheiden und diese Entscheidung in ihrer materialen Konkretheit auch zu begründen. Damit ist allerdings in keiner Weise behauptet, dass die Entscheidungen des Jahres 1933 von der hier zur Diskussion stehenden Position eindeutig ableitbar sind.

ständlicher werden. Einige vertraute Motive werden 1933 wiederkehren – teils allerdings in einer neuen Nuancierung, die darauf verweist, dass es bei aller Kontinuität seiner Gedanken zum akademischen Leben auch einen Bruch gibt, der in einer direkten Politisierung des universitären Lebens vor allem in der Zeit nach der Rektoratsrede liegt, die er in den 1920er Jahren noch sehr kritisch gesehen hätte. Diese direkte Politisierung der Universität und ihre damit letztlich verbundene Unterordnung unter politische Interessen mag ihm vielleicht gar nicht so bewusst gewesen sein, da er ja in der Rektoratsrede ausdrücklich noch die Aufgabe der Selbstbehauptung der Universität forderte. Heidegger mag überdies der Ansicht gewesen sein, dass diese Form der Politisierung des akademischen Lebens die einzige Bedingung gewesen sei, unter der die Universität erfolgreich reformiert werden können, und dass umgekehrt aus dieser erneuerten und reformierten Universität auch eine Rückwirkung auf das politische und gesellschaftliche Leben zu erwarten sei. Darin hat sich Heidegger freilich gewaltig getäuscht – ein Irrtum, der auch darauf zurückgeht, dass er die Niederungen der alltäglichen Politik, wenn überhaupt, in oft idealistischer oder romantischer Verklärung aus der Perspektive der Universität und ihrer Situation zu betrachten tendierte und daher zwar nicht unpolitisch war, aber doch ein sehr beschränktes Verständnis für die Welt der »Realpolitik« hatte. Ging es ihm auch 1933 noch um Rettung der Universität und die Rückbesinnung auf das diesem »Ort« eigene ursprüngliche Leben in der Einheit von Theorie und Praxis oder Einzelnem und Gemeinschaft, dann hat er gerade in diesem Jahr die Universität letztlich den nationalsozialistischen Machthabern ausgeliefert bzw. ihre Auslieferung nicht verhindern können. Er hat dies auch selbst schnell eingesehen und ist gerade aus diesem Grunde frühzeitig zurückgetreten – nicht nur, weil er einsehen musste, welch geringen Einfluss ihm die nationalsozia-

listischen Machthaber in Fragen der Universitätspolitik einzuräumen bereit waren, sondern auch weil er mit ansehen
musste, wie sich nach der nationalsozialistischen Machtergreifung die Krise der Universität noch weiter intensivierte.

Bevor wir – nach weiteren Überlegungen zu *Sein und Zeit*
und zu Heideggers »Denkschritten« zwischen der Veröffentlichung dieses Werkes im Jahr 1927 und dem Jahr 1933 – auf
die Rektoratszeit und dabei auch auf die Rektoratsrede zu
sprechen kommen, ist es notwendig, kurz noch einen weiteren Faktor zu diskutieren, der auch im Jahr 1933 eine nicht
unbeträchtliche Rolle bei seiner Entscheidung, das Rektorat
zu übernehmen, gespielt haben mag. Wir sahen bereits, dass
Heidegger schon sehr früh große Hoffnungen auf die jungen
Studenten als einen »Sauerteig« im gesellschaftlichen und
politischen Leben setzte. Gerade in den Jahren unmittelbar
nach dem Ersten Weltkrieg spricht aus seinen Gedanken zur
Universitätsreform auch ein nicht unerheblicher Optimismus. Seiner Frau gegenüber hatte er ja erklärt, er habe wenig
Hoffnung auf die Dozenten und »erhoffe vorerst alles von den
Studierenden selbst«.[63] Sehr früh zeigen sich aber auch pessimistischere Töne. Bereits 1918 spricht Heidegger gegenüber
Elisabeth Blochmann von der »inneren Hilflosigkeit der akademischen Jugend«.[64] Und 1920 scheint es eine nicht unbeträchtliche Enttäuschung seiner hohen Erwartungen an die
Studierenden gegeben zu haben. Aus St. Märgen – mit einigem Abstand also zum Freiburger »Universitätsbetrieb« –
schreibt er an seine Frau: »Ich habe hier oben – mit der räumlichen Distanz auch eine innere der Betrachtung meiner Situation gewonnen u. ich muß Dir wieder Recht geben, daß
Du vor Monaten schon vorausfühltest, daß ich mich nicht so
ausgeben darf an die jungen Leute – weil man einfach Philos.

---

63 Heidegger/Elfride Heidegger, 90.
64 Heidegger/Blochmann, 7.

nicht andemonstrieren darf u. kann – wer durchhält und echt ist, bleibt von selbst fest … .«[65] Es sieht so aus, als sei Heideggers »universitätsreformerischer« Enthusiasmus schon sehr früh an Grenzen gestoßen. Das mag erklären, warum Heidegger, obwohl er die Vorlesungen zum akademischen Leben doch für eine seiner zentralen Aufgaben gehalten hatte, von 1921 bis 1929 keine Vorlesungen zum akademischen Leben hielt. Erst Ende der 20er Jahre wird er sich in seinen Lehrveranstaltungen wieder ausführlich mit diesem Thema beschäftigen. Nun ist er nicht nur Nachfolger Husserls, sondern auch Autor eines vieldiskutierten und seinen Ruf festigenden Buches – *Sein und Zeit*. Nach wie vor sieht er die Aufgabe, die Studenten zu führen und über ihre Aufgabe aufzuklären, und so, als habe er neue Hoffnung gefasst, ergreift er in dieser Situation bereits Ende der 1920er Jahre wieder das öffentliche Wort. Das »Problem der ›Universität‹«, so schreibt er im Januar 1930 an Rudolf Bultmann, beschäftige ihn »stark wie noch nie«.[66] Die Resignation, so scheint es, war nur von kurzer Dauer. Das Bewusstsein um die eigene Aufgabe und Verantwortung zu groß, als dass er dauerhaft sich universitätsreformerischer Bemühungen hätte enthalten können. Dass auch hier – wieder einmal – die Situation komplexer ist, als sie zunächst erscheint, wird sich im dritten Teil zeigen: Denn gerade in Fragen der Universitätsreform schien Heidegger immer zwischen Optimismus und Pessimismus geschwankt zu haben: Schienen ihm in einem Moment die Studenten vielversprechend sowie bereit und fähig für die ihm vorschwebende grundlegende Reform, verlor er im anderen alle Hoffnung und sehnte sich nach der Einsamkeit seiner Todtnauberger Hütte. Gerade der eben zitierte Brief an Bultmann zeigt ja auch, dass Heideggers Interesse an der Univer-

---

65 Heidegger/Elfride Heidegger, 103.
66 Heidegger/Bultmann, 123.

sität durchaus mit einem Rückzug in die Einsamkeit des Denkens verbunden sein konnte: »Ich lebe hier«, so Heidegger, »sehr intensiv für meine Dinge und lege, meiner eigenen Entwicklung, wenn man es so nennen kann, zufolge, wenig Wert oder gar keinen auf Schulbildung und Schüler.«[67] Ein Jahr später lässt er in einem weiteren Brief an Bultmann seiner Enttäuschung freien Lauf. Denn in diesem Brief spricht er von dem »allgemeinen Verfall der Universität, die mehr und mehr zu einer von Verbänden und Gruppen abhängigen Berufsschule wird und werden muß, weil sie selbst und die an ihr Wirkenden keine lebendige Idee mehr besitzen und der Staat auch nicht will, daß das der Fall ist, indem er jedem beliebigen den Zugang in die Universität eröffnet und sie damit systematisch von unten herauf nivelliert.«[68] Gerade im Rektoratsjahr – so wird sich in Kapitel 8, 9 und 10 zeigen – wird Heidegger aber noch einmal große Hoffnung auf die Studenten setzen – und trotz seiner Anbiederung an den Geist der Zeit gewaltig enttäuscht werden.

67 Heidegger/Bultmann, 123.
68 Heidegger/Bultmann, 151f.

6. Sein und Zeit (1927) –
Dokument eines Protofaschismus?

»Dergleichen ›praktische‹ Anweisungen gibt der
Gewissensruf nicht, *einzig deshalb*, weil er das Dasein
zur Existenz, zum eigensten Selbstseinkönnen, aufruft.«[1]
Martin Heidegger (1927)

»Denn die Wahrheit unseres Daseins ist kein einfach Ding.«[2]
Martin Heidegger (1929)

Im Jahr 1927 erschien Martin Heideggers *Sein und Zeit*,
ein Buch, das zu den wohl wichtigsten philosophischen Veröffentlichungen des 20. Jahrhunderts gehört.[3] Die Geistesgeschichte des 20. Jahrhunderts sähe ohne dieses Buch anders
aus. Denn nicht nur in der Philosophie, sondern auch in vie-

1 GA 2, 390.
2 Heidegger/Blochmann, 31.
3 Die Forschungsliteratur zu *Sein und Zeit* ist mittlerweile selbst für Experten nicht mehr zu überschauen. Für eine Orientierung über die wichtigsten Aspekte vgl. Friedrich-Wilhelm von Herrmann, *Subjekt und
Dasein. Grundbegriffe von »Sein und Zeit«*, 3., erw. Auflage, Frankfurt
am Main 2004; Thomas Rentsch (Hg.), *Martin Heidegger, Sein und Zeit*,
Berlin 2001; Andreas Luckner, *Martin Heidegger: »Sein und Zeit«. Ein
einführender Kommentar*, Paderborn 1997. Vgl. für eine Diskussion von
Sein und Zeit im Hinblick auf die Frage nach den politischen Implikationen dieses Buches auch Julian Young, *Heidegger, Philosophy, Nazism*,
Cambridge 1997, 52–108. Vgl. allgemein zur Bedeutung von *Sein und Zeit*
auch »Intention, Ereignis und der Andere. Gespräch zwischen Emmanuel
Levinas und Christoph von Wolzogen am 20. Dezember 1985 in Paris«, in:
Emmanuel Levinas, *Humanismus des anderen Menschen*, Hamburg 1989,
131–150, 131f.; 147–150.

len anderen wissenschaftliche Disziplinen wie etwa in der katholischen und protestantischen Theologie oder in der Germanistik hat dieses Werk eine enorme Wirkung erzielt. Diese Wirkung beschränkte sich nicht auf die Wissenschaften: Auch in der Kunst oder Literatur spielt die Auseinandersetzung mit *Sein und Zeit* eine wichtige Rolle. Es gehört – obwohl im strengen Sinne unvollendet – zu den Klassikern der neuzeitlichen Philosophiegeschichte, ein Werk, von dem, wie Max Müller berichtet, eine »magische Wirkung« ausging.[4]

Weniger als sieben Jahre nach der Veröffentlichung von *Sein und Zeit* – im Jahr 1933 – begann die nationalsozialistische Diktatur. In diesem Jahr trat Heidegger auch sein Amt als Rektor der Albert-Ludwigs-Universität Freiburg an. Allein schon aufgrund dieser zeitlichen Nähe zwischen der Veröffentlichung von *Sein und Zeit* auf der einen und der nationalsozialistischen Machtergreifung und dem Rektorat Heideggers auf der anderen Seite stellen sich einige wichtige Fragen an dieses Werk. Diese Fragen zu stellen, ist nicht zuletzt deshalb notwendig, weil vor allem Emmanuel Faye in seinem Buch *Heidegger. Die Einführung des Nationalsozialismus in die Philosophie* die Diskussion über *Sein und Zeit* erneut eröffnet hat.[5] Steht *Sein und Zeit*, so muss unter anderem gefragt werden, in einer Verbindung zu Heideggers späterem universitätspolitischen Engagement und seinen 1933/34 geäußerten politischen Ansichten? Wenn es aber einen Zusammenhang zwischen *Sein und Zeit* und seiner späteren universitätspolitischen Tätigkeit als Rektor oder

---

4 »Gespräch mit Max Müller«, in: Heidegger/Müller, 112. Vgl. zur Bedeutung von *Sein und Zeit* auch Herbert Marcuse, »Enttäuschung«, in: *Erinnerung an Martin Heidegger*, hg. von Günther Neske, Pfullingen 1977, 162.

5 Vgl. insbesondere Emmanuel Faye, *Heidegger. Die Einführung des Nationalsozialismus in die Philosophie. Im Umkreis der unveröffentlichten Seminare zwischen 1933 und 1935*, aus dem Französischen von Tim Trzaskalik, Berlin 2009, 32–35.

Heidegger ca. 1928

seinen politischen Ansichten gibt, so muss weiter gefragt werden, wie ist dann diese Verbindung zu charakterisieren? Ist *Sein und Zeit* Zeugnis einer politisch bedenklichen, gar faschistisch orientierten Philosophie? Zeigt sich hier ein Präludium zu dem, was dann im Rektorat geschah? Findet die Frage, warum Heidegger gerade unter den Bedingungen des Jahres 1933 Rektor werden wollte, eine Antwort in seinem frühen Hauptwerk, so dass deshalb auch *Sein und Zeit* in seiner philosophischen Bedeutung radikal in Frage zu stellen ist?[6] Oder gilt es, zwischen *Sein und Zeit* und Heideggers Tätigkeit als Rektor streng zu unterscheiden? Und reicht es daher, die Diskussion über den »Fall Heidegger« auf Heideggers Äußerungen als Rektor und seine unmittelbar politisch relevanten Äußerungen zu beschränken? Wäre es nicht falsch, zu schnell von der Biographie auf das philosophische Werk und – umgekehrt – vom Werk auf die Biographie zu schließen?

Auch was diese Fragen betrifft, finden sich nicht selten – wie so oft, wenn es um die Diskussion von Heideggers Verhältnis zum Nationalsozialismus geht – wieder zwei extreme Antworten: Für einige Interpreten ist Heideggers *Sein und Zeit* ein rein philosophisch zu betrachtendes Dokument, das in keiner Weise in einer Verbindung mit konkreten politischen oder geschichtlichen Ereignissen steht oder in eine solche Verbindung gebracht werden könnte. Und falls sich doch

6 Diese radikale These vertritt auch Herbert Marcuse: »Heute scheint es mir schamlos, Heidegger Bekenntnis zum Hitlerregime als (kurzen) Fehltritt oder Irrtum abzutun: ich glaube, daß ein Philosoph sich solchen ›Irrtum‹ nicht leisten kann, ohne seine eigene und eigentliche Philosophie zu desavouieren« (Herbert Marcuse, »Enttäuschung«, 162). Aus der heutigen Sicht wäre es hier nicht nur notwendig, Heideggers gesamten Lebens- und Denkweg zu berücksichtigen, sondern auch zwischen Leben und Werk – bei aller Nähe – deutlicher zu differenzieren und *Sein und Zeit* auf dieser Grundlage zu interpretieren. Dann wird man schnell sehen, dass sich Marcuses Position in ihrer Radikalität nicht halten lässt und eher im Kontext seiner eigenen Lebensgeschichte zu verstehen ist.

für eine solche politische Dimension dieses Werkes Argumente finden lassen, dann beträfen diese nur die Oberfläche, eine bestimmte Sprache etwa, ein bestimmtes Vokabular oder einen bestimmten Stil, deren sich Heidegger bedient und die er mit seinen Zeitgenossen geteilt hat, aber es betrifft nicht das, was philosophisch eigentlich zählt: der in *Sein und Zeit* ausgesprochene philosophische Gedanke. Aus dieser Sicht war dann Heidegger Rektorat eine von *Sein und Zeit* her nicht erklärbare Enttäuschung.[7] Der einzig angemessene und in strengem Sinne notwendige Zugang zu *Sein und Zeit* ist daher, so einige Interpreten, der einer rein philosophischen Deutung und Auseinandersetzung mit diesem Buch. Sowenig es notwendig sei, Kants *Kritik der reinen Vernunft*, Hegels *Phänomenologie des Geistes* oder Husserls *Logische Untersuchungen* in zeitgeschichtlicher Perspektive zu deuten (obwohl dies im Zweifelsfall möglich sei), sei es dann notwendig, Heideggers *Sein und Zeit* von seinem historischen oder biographischen Kontext her zu lesen. Dass *Sein und Zeit* im Jahr 1927 erschien, dass Heidegger auch lebensgeschichtlich Erfahrungen gemacht hat, die sich in *Sein und Zeit* widerspiegeln und eine mehr als nur äußerliche Bedeutung haben mögen, oder dass Heidegger wenige Jahre später Rektor wurde und sich zumindest für kurze Zeit in zu großer Nähe zum Nationalsozialismus aufhielt, spielt bei diesem Zugang zu Heideggers Philosophie überhaupt keine Rolle.

7 Diese Interpretation teilt Hans Jonas, *Erinnerungen. Nach Gesprächen mit Rachel Salamander*, hg. und mit einem Nachwort versehen von Christan Wiese, Frankfurt am Main 2003, 299: Über diejenigen, die Heideggers politischen Irrtum von 1933 aus seinem Denken vor 1933 ableiten oder dazu in Bezug setzen, sagt er: »Für mich jedenfalls, auf den Heidegger großen Einfluß genommen hatte, war dies eine grausame, bittere Enttäuschung, und zwar eine Enttäuschung, die sich nicht nur auf seine Person bezog, sondern auch auf die Kraft der Philosophie, Menschen vor so etwas zu bewahren.«

Es gibt aber auch Interpreten, die *Sein und Zeit* ganz anders lesen. Für sie ist dieses Werk nicht nur ein Dokument, das im Kontext seiner historischen Genese gedeutet werden muss. Viel mehr noch muss davon ausgegangen werden, dass in ihm viele Ideen Heideggers, die später politisch wirksam wurden, ihren systematisch-philosophischen Ausdruck fanden. *Sein und Zeit* erscheint dann als ein Buch, das zumindest zutiefst ambivalent ist: Wenn Heidegger in diesem Buch vielleicht nicht direkt eine faschistische Philosophie entwickelte, dann doch eine Philosophie, die als Vorstufe einer solchen Philosophie betrachtet werden könne oder zumindest in beträchtlicher Nähe zu einer solchen Philosophie stehe. Karl Löwith deutet Heideggers Philosophie in dieser Weise.[8] Heideggers Philosophie gilt vielen aber auch – wie neben Emmanuel Faye auch Theodor W. Adorno – als »bis

---

8 Vgl. hierzu auch Karl Löwith, *Mein Leben in Deutschland vor und nach 1933. Ein Bericht*, Stuttgart 1986, 32. Löwith geht hier darauf ein, dass es durchaus Parallelen gebe zwischen Heideggers Denken und dem, was ein »nationalsozialistischer Schwätzer wie Hermann Glockner« über die deutsche Philosophie, und fragt sich, was Heidegger dazu sagen würde. Sein Antwort lautet folgendermaßen: »Er würde vielleicht erschrecken über diese unerwünschte Verwandtschaft und doch nicht verstehen, worauf sie beruht, nämlich auf seiner Teilhabe am nationalsozialistischen ›man‹, mag er sich noch so sehr von den Geschmacklosigkeiten der offiziellen Parteiphilosophie und ihrem Blut-und-Boden-Gerede bewusst distanzieren. Der Aufstand gegen den ›Geist‹ hat seine Fürsprecher in sehr verschiedenen Lagern: bei Klages und Baeumler, bei Heidegger und Schmitt, und vielleicht muss man außerhalb Deutschlands leben, um solche lokalen Differenzen als Variation ein und desselben Themas erkennen zu können.« Löwith verweist darauf, dass Heidegger selbst 1936 seiner These, »daß seine Parteinahme für den Nationalsozialismus im Wesen seiner Philosophie läge«, zugestimmt habe: »Heidegger stimmte mir ohne Vorbehalt zu und führte mir aus, dass sein Begriff von der ›Geschichtlichkeit‹ die Grundlage für seinen politischen ›Einsatz‹ sei (57). Vgl. hierzu auch Raymond Klibansky, *Erinnerung an ein Jahrhundert. Gespräche mit Georges Leroux*, aus dem Französischen von Petra Willim, Frankfurt am Main und Leipzig 2001, 93.

in ihre innersten Zellen faschistisch«.[9] Wo dies nicht unmittelbar deutlich ist, ist dann eine »Tiefenanalyse« des impliziten Faschismus oder der mehr oder weniger latenten ideologischen Dimensionen von Heideggers Denken notwendig, die dabei helfen kann, die »eigentliche« Bedeutung seines Denkens und die politisch-ideologischen Implikationen seiner Philosophie offenzulegen.

Dazu seien zwei Beispiele ausführlicher diskutiert: Habe Jürgen Habermas, wie Domenico Losurdo betont, die »Verweltanschaulichung der Theorie« im Denken Heideggers erst auf die Zeit seit 1929 datiert, so dass es ihm möglich gewesen sei, *Sein und Zeit* als einen rein theoretischen Beitrag zur Philosophie zu lesen, so sei dies nach Losurdo »nicht überzeugend«.[10] Vielmehr gelte es, bereits in *Sein und Zeit* den Ausdruck einer bestimmten politisch problematischen Weltanschauung zu sehen. Losurdo bezeichnet diese als »Kriegsideologie«, deren »Schlüsselworte« wie etwa »Schicksal«, »Geschick« oder »Sorge« und deren starke Betonung des Todes auch in *Sein und Zeit* eine zentrale Position einnähmen.[11] Damit, so legt Losurdo nahe, sei jeder Versuch, *Sein und Zeit* der reinen Spekulation oder Theorie zuzuschreiben und es als Klassiker des philosophischen Denkens vor einer Einordnung in die Geschichte politischer Ideologien zu retten, von vornherein zum Scheitern verurteilt: Denn dies würde bedeuten, zu leugnen, dass auch *Sein und*

9 Vgl. den Brief Theodor W. Adornos, in: Theodor W. Adorno, *Musikalische Schriften VI* (= *Gesammelte Schriften*, 19), hg. von Rolf Tiedemann, Darmstadt 1998, 637–638, 638.

10 Domenico Losurdo, *Die Gemeinschaft, der Tod, das Abendland. Heidegger und die Kriegsideologie*, Stuttgart/Weimar 1995, 52. Vgl. hierzu auch Emmanuel Faye, *Heidegger. Die Einführung des Nationalsozialismus in die Philosophie*, 35: »Den Heidegger von 1953 hat Habermas durchschaut und streng beurteilt. Doch den Heidegger von vor 1929 liest er sehr nachlässig.«

11 Vgl. Domenico Losurdo, *Die Gemeinschaft, der Tod, das Abendland. Heidegger und die Kriegsideologie*, 52–59.

Zeit Zeugnis jener unter deutschen Intellektuellen in den ersten Jahrzehnten des 20. Jahrhunderts so verbreiteten Kriegsideologie sei.[12]

Wenn das aber der Fall wäre, wenn also *Sein und Zeit* Zeichen einer verbreiteten Kriegsideologie wäre, dann würden die Ereignisse des Jahres 1933 viel verständlicher: Das Rektorat stellt dann nicht mehr einen Bruch in Heideggers Biographie oder auf seinem Denkweg dar, der jeden Interpreten erstaunen lässt, sondern etwas, das sich ohne große Schwierigkeiten und mit einer gewissen Notwendigkeit aus seiner philosophischen Position herleiten ließe. Vor allem wenn man an den engen Zusammenhang zwischen der Kriegsideologie und der nationalsozialistischen Ideologie denkt, dürfte dann die These plausibel erscheinen, dass Heidegger nicht von den geschichtlichen Ereignissen des Frühjahres 1933 aus dem Elfenbeinturm der reinen Philosophie in die harte Realität des politischen Alltags hinausgestoßen wurde, sondern mit dem Rektorat und seinen politischen Äußerungen dieser Zeit nur fortsetzt, was auf anderer Ebene in *Sein und Zeit* zwar einen eher abstrakten, vielleicht bewusst das eigentliche Anliegen Heideggers verschleiernden Ausdruck fand, worum es ihm in diesem Werk aber eigentlich ging – und was auch nach 1934 für Heidegger wichtig gewesen sei.[13] Denn

---

12 Heidegger muss dann seine Intention sehr gut versteckt haben, da das Wort »Krieg« im gesamten Buch nicht vorkommt – anders als bei anderen Philosophen oder Schriftstellern, denen man durchaus so etwas wie eine »kriegsideologische« Orientierung in den 1920er und frühen 1930er Jahren kritisch vorhalten kann. Zu denken wäre in diesem Zusammenhang etwa an Ernst Jünger.

13 Diese These vertritt auch Emmanuel Faye, *Heidegger. Die Einführung des Nationalsozialismus in die Philosophie*, 35: »Während seiner Marburger Zeit legte Heidegger nur zögerlich und schrittweise, mit äußerster Vorsicht, die Grundlagen seiner Lehre offen.« Nach Faye sei dies auf eine »ausgereifte Strategie« zurückgegangen. Diese Behauptung ist völlig aus der Luft gegriffen. Der Beleg, den Faye für diese These anführt, ist ein »Wort Heideggers, das Erich Rothacker von Ludwig Ferdinand Clauß zulaut Losurdo sei Heidegger bei aller Ambivalenz »im wesentlichen bis zum Schluß Nazideutschland verbunden«[14] und damit seinem »kriegsideologischen« Denken treu geblieben.

So sehr ernsthafte Heidegger-Forscher eine solche Interpretation von *Sein und Zeit* für absurd und zutiefst fragwürdig halten, so sehr wird diese Interpretation doch rezipiert. Sie hat nicht zuletzt dazu geführt, dass *Sein und Zeit* oft nicht mit der Aufmerksamkeit studiert und diskutiert wird, die dieses Buch als Zeugnis und Klassiker des philosophischen Denkens des 20. Jahrhunderts eigentlich verdiente – das Rektorat oder, um genauer zu formulieren, eine bestimmte Interpretation des Rektorates überschattet oft die Lektüre dieses Werkes.

So hat Emmanuel Faye *Sein und Zeit* aus einer Perspektive gelesen, die der von Losurdo ähnlich ist, und noch radikalere Schlüsse gezogen. Nach seiner Interpretation findet man »am Grunde des heideggerschen Werkes nicht ein philosophisches Denken, sondern den völkischen Glauben an die ontologische Überlegenheit eines Volkes und Stammes. Der Ausdruck ›völkisch‹ bezeichnet in der NS-Sprache das Volksverständnis als Blut- und Rasseeinheit und mit einer – dem Grimmschen Wörterbuch zufolge – ›starken antisemitischen Konnotation‹. In der Tat zeigt eine aufmerksame Lektüre der

getragen worden« sei. Dieses Wort besagt, Heidegger sage erst, wenn er Ordinarius sei, »was ich denke« (36). Sehen wir einmal von der alles andere als sicheren Quellenlage ab, so liegt es doch viel näher, Heideggers Wort ganz anders zu interpretieren, als es Faye unternimmt: Wenn er tatsächlich dies so gesagt hat, wird sich Heidegger nicht auf eine vermeintliche politische Position bezogen haben, sondern auf bestimmte Momente seines philosophischen Denkens, die er, solange er noch von anderen wie etwa seinem Lehrer Husserl bei der Suche nach einer ordentlichen Professur abhängig war, nicht öffentlich diskutieren konnte. Dabei kann man beispielsweise an seine implizite und auch explizite Kritik der husserlschen Phänomenologie denken.

14 Domenico Losurdo, *Die Gemeinschaft, der Tod, das Abendland. Heidegger und die Kriegsideologie*, 248.

Paragraphen von *Sein und Zeit* mit ihrem Lob des Opfers, der Wahl des Helden und des eigentlichen Geschicks des Daseins, das sich als Gemeinschaft und Volk vollzieht, dass dieser Glaube bereits 1927 am Werk war.«[15] *Sein und Zeit* ist daher, so Faye, als Zeugnis eines nicht nur »kriegsideologischen«, sondern gar eines antisemitisch orientierten völkischen Denkens zu lesen – und nicht als Zeugnis eines Denkens, das von seinem »Grunde«, seinem Anliegen und seiner Durchführung her als philosophisch zu charakterisieren wäre.

Wer aber hat recht? Ist *Sein und Zeit* ein bloß philosophisch bedeutsames Buch oder ein letztlich bloß politisch relevantes Zeugnis eines kriegsideologischen oder völkisch-antisemitischen Denkens? Die Wahrheit liegt – wieder einmal – in der Mitte zwischen den Extrempositionen. Auf der *einen* Seite ist nicht möglich, *Sein und Zeit* nur vor der Folie bestimmter Aussagen, die Heidegger als Rektor unternommen hat, oder vor dem Hintergrund bestimmter politischer Ereignisse, mit denen Heidegger in einen Zusammenhang gebracht wird, zu lesen und es dann zu einem Dokument eines faschistischen oder protofaschistischen Denkens zu erklären, sosehr es auch möglich ist, bestimmte Zusammenhänge zwischen *Sein und Zeit* zu Heideggers Reden als Rektor aufzuweisen.[16] *Sein und Zeit* nur vor dem Hintergrund dessen, was nicht nur an der Freiburger Universität, sondern in Deutschland nach 1933 geschah, zu lesen, würde nicht nur bedeuten, dieses Buch aus einer anachronistischen Perspektive heraus zu lesen und eine bestimmte Lesart des Rektorates in dieses Buch zurückzuprojizieren, es würde auch bedeu-

---

15 Emmanuel Faye, »Heidegger und der Nationalsozialismus«, in: Bernhard H. F. Taureck (Hg.), *Politische Unschuld? In Sachen Martin Heidegger*, München 2008, 45–77, 48.
16 Vgl. zu einer solchen Lesart von *Sein und Zeit* auch Karl Löwith, *Mein Leben in Deutschland vor und nach 1933. Ein Bericht*, 36 f.

ten, seinen zentralen Anspruch misszuverstehen, und dazu führen, den philosophischen Anspruch dieses Buches, das ja noch nicht einmal einen Beitrag zur politischen Philosophie darstellt, zu leugnen: Denn in *Sein und Zeit* ging es Heidegger darum, die Frage nach dem Sinn von Sein neu zu stellen.[17] Damit stellt sich Heidegger etwa auch die Frage nach dem »Problem« der Geschichte und dem Zusammenhang von Zeitlichkeit und Geschichtlichkeit, aber keinesfalls in einer Weise, die als Beitrag zu tagespolitischen Fragen gelesen werden könnte.

Werden Carl Schmitt, Ernst Jünger und Martin Heidegger immer wieder in einem Atemzug genannt, so ist doch darauf hinzuweisen, dass es einen fundamentalen Unterschied zwischen Schmitt und Jünger auf der einen und Heidegger auf der anderen Seite gibt: Denn während Schmitt und Jünger sich in den 1920er und 1930er Jahren ausdrücklich und unmittelbar zu politischen Fragen geäußert haben und in ihren Stellungnahmen durchaus als Vertreter einer »Kriegsideologie« bezeichnet werden können – man denke an die Betonung der Differenz von Freund und Feind bei Schmitt[18] oder den soldatischen Heroismus, der zu dieser Zeit im Vordergrund der dezidiert politischen Schriften von Jünger[19] steht –, ist, wie sich in den letzten beiden Kapiteln gezeigt hat, Heideggers Denken von unmittelbar politischen Fragestellungen in den 1920er Jahren sehr weit entfernt. Mit Ausnahme seiner

17 Vgl. zum Beispiel GA 1, 3 ff.
18 Vgl. hierzu Carl Schmitt, *Der Begriff des Politischen*. Text von 1932 mit einem Vorwort und drei Corollarien, Berlin [7]2002. Vgl. für die Differenz zwischen Heidegger und Schmitt auch Dieter Thomä, »Heidegger und der Nationalsozialismus. In der Dunkelkammer der Seinsgeschichte«, in: Dieter Thomä (Hg.), *Heidegger-Handbuch. Leben – Werk – Wirkung*, Stuttgart 2003, 141–162, 150; Reinhard Mehring, »Heidegger und Carl Schmitt. Verschärfer und Neutralisierer des Nationalsozialismus«, ebd., 342–345.
19 Vgl. hierzu etwa Helmuth Kiesel, *Ernst Jünger. Die Biographie*, München [2]2007, 138–261.

universitätspolitischen Überlegungen gibt es im philosophischen Werk Heideggers nur sehr wenige Bemerkungen zur Politik oder zur politischen Situation. Das ändert sich zwar in den 1930er Jahren, aber es ist kaum möglich, allein auf der Grundlage von späteren, selbst oft nicht unzweideutigen Äußerungen Heideggers *Sein und Zeit* zu interpretieren – wie dies sowohl Losurdo als auch Faye unternehmen. Hier wird dann eher etwas in den apolitischen Text von *Sein und Zeit* hineingelesen, als dass wirklich ernsthafte Textexegese betrieben würde.[20] Die These, dass *Sein und Zeit* Ausdruck einer problematischen politischen Weltanschauung sei, lässt sich bei einer genauen Lektüre von *Sein und Zeit* nämlich nicht belegen. Dagegen spricht nicht nur Heideggers kritische Auseinandersetzung mit allen möglichen Formen der Weltanschauungsphilosophie ab 1919, sondern auch – viel wichtiger in diesem Kontext – das philosophische Anliegen von *Sein und Zeit*, das nicht von dem unmittelbaren zeitgeschichtlichen Kontext her in angemessener Weise verstanden werden kann.

Wenn es um die Frage nach einer »politischen« Dimension von *Sein und Zeit* geht, so ist daher zunächst einmal auf den »apolitischen« Charakter dieses Buches aufmerksam zu machen. Es ist noch nicht einmal möglich, aus diesem Buch eine explizit antidemokratische Haltung abzulesen. Man wird vielleicht sogar sagen können, dass *Sein und Zeit*, wie wir sehen werden, ein gewisser antitotalitärer Zug zu eigen ist. In dem Denken, das Heidegger in *Sein und Zeit* entfaltet, geht es nämlich vor allem auch um eine »Phänomenologie der Freiheit«[21] –

---

20 Vgl. zur »apolitischen Grundhaltung« von *Sein und Zeit* auch Otto Pöggeler, *Der Denkweg Martin Heideggers*, Pfullingen ³1983, 372. Pöggeler weist hier zu Recht darauf hin, dass *Sein und Zeit* die »Totengräber der Weimarer Demokratie gestützt« habe.
21 Vgl. hierzu etwa Günter Figal, *Martin Heidegger – Phänomenologie der Freiheit*, Weinheim ³2000.

im Vordergrund steht deshalb das einzelne Dasein, das mit seinem Leben in Freiheit etwas anfangen muss, das aber immer schon in einem Bezug zu anderem Dasein steht.[22] Wenn man schon *Sein und Zeit* im Hinblick auf die Ereignisse der 1930er Jahre deuten will, dann sollte man wenigstens auch erwähnen, dass viele der zentralen Gedanken dieses Buches nur schwerlich mit der nationalsozialistischen Ideologie vereinbart werden können und jeder Form von totalitärer politischer Ideologie eigentlich entgegenstehen.

Kritisch muss man hier allerdings anmerken, dass es neben einer a- auch so etwas wie eine antipolitische Dimension des in *Sein und Zeit* entfalteten Denkens Heideggers gibt: Dieses Buch, so Otto Pöggeler, »wurde bei seinem Erscheinen im Jahre 1927 allenthalben verstanden als ein Aufruf an den Einzelnen, sich in einer Zeit des Niedergangs auf sich selbst zu besinnen, wenn nicht auf sich selbst zu stellen«.[23] Hing dies nicht, so fragt Pöggeler, »mit jenen Tendenzen der Zeit der Weimarer Republik« zusammen, »die diese Republik untergruben, weil sie das politisch Mögliche verachteten zugunsten einer Radikalität, deren Realisierung nicht mehr zu haben war«?[24] Diese Frage ist nicht von der Hand zu weisen. Wenn es hier aber um »Radikalität« geht, dann nicht um eine unvermittelt politische »Radikalität«, sondern um die Radikalität eines absolut gesetzten Einzelgewissens, das es nicht erlaubt, die Fragen zu stellen und zu beantworten, die sich in modernen demokratischen Gesellschaften unweigerlich stellen.[25] Gerade aus dieser Perspektive heraus habe Heidegger, so Pöggeler, den Bezug zwischen dem Einzelnen und seinem

---

22 Vgl. etwa GA 2, § 26.
23 Otto Pöggeler, *Philosophie und Politik bei Heidegger*, Freiburg/München 1974, 16.
24 Otto Pöggeler, *Philosophie und Politik bei Heidegger*, 16.
25 Vgl. hierzu Otto Pöggeler, *Philosophie und Politik bei Heidegger*, 17.

Volk »unvermittelt« hergestellt:[26] Die »volkliche« Dimension des Denkens Heideggers lag also gar nicht in der unmittelbaren Logik von *Sein und Zeit*.[27]

Auf der Grundlage dieser Interpretation könnte man eine Kritik an den politischen Implikationen von *Sein und Zeit* entwickeln, die der von Faye und Losurdo vorgetragenen diametral entgegengesetzt wäre: *Sein und Zeit* wäre dann als Zeugnis jenes durchaus antipolitisch orientierten Quietismus und Individualismus zu lesen, der wesentlich mit zum Scheitern der Weimarer Republik geführt hat. Aber auch diese Interpretation würde eine vereinfachende Extremthese darstellen: Denn das Potential, auf der Grundlage von *Sein und Zeit* Grundmomente einer politischen Philosophie

---

26 Vgl. Otto Pöggeler, *Philosophie und Politik bei Heidegger*, 17: »Unvermittelt wird das Schicksal des Einzelnen bezogen auf ein übergreifendes Geschehen und ebenso unvermittelt die maßgebliche übergreifende Gemeinschaft als Volk angesprochen.« Aufschlussreich ist auch die Deutung dieser »Wende« zum Volk, die Pöggeler gibt: »Mit diesem Terminus arbeiteten Herder und der deutsche Idealismus, als sie das Leitbild der griechischen Polis einer verwandelten Welt vor Augen stellten. In welche verfängliche Zeitbezogenheit dieser Terminus führt, zeigt sich, wenn wir sehen, dass Sein, Wahrheit, Volk, Führer die Leitbegriffe sind, mit denen Heidegger operierte, als er am Vorabend der Reichstagswahlen vom 12. November 1933 für die Billigung jener Politik Hitlers votierte, die zum deutschen Austritt aus dem Völkerbund geführt hatte.« Ähnlich – mit Bezug auf Pöggelers *Der Denkweg Martin Heideggers* – beurteilt die »Einführung« des »Volkes« in *Sein und Zeit* auch Dieter Thomä, *Die Zeit des Selbst und die Zeit danach. Zur Kritik der Textgeschichte Martin Heideggers 1910–1976*, Frankfurt am Main 1990, 434 und 554. Thomä stellt angesichts dieser Stelle in *Sein und Zeit* zu Recht die Frage, »warum ... Heidegger überhaupt bei seinem Versuch, die Vereinzelung zu überwinden, auf das ›Volk‹ kommt« (554).
27 Man kann auch nicht das Kapitel »Zeitlichkeit und Geschichtlichkeit« als Zentrum von *Sein und Zeit* bezeichnen, um daraus dann den »intrinsically political« Charakter von Heideggers Auseinandersetzung mit der Seinsfrage abzuleiten, wie es u.a. Tom Rockmore unternimmt (vgl. Tom Rockmore, *On Heidegger's Nazism and Philosophy*, Berkeley 1997, 47 f.).

zu entwickeln, bliebe dann ungenutzt.[28] Einzelne Aspekte diese Buches würden dann auf Kosten des Gesamtwerkes überbewertet.

Wenn man sich darum bemüht, übersimplifizierende Thesen zu vermeiden und dem Buch selbst gerecht zu werden, mag man Heidegger also allenfalls eine bestimmte Perspektivität und ein bestimmtes Frageinteresse kritisch vorhalten. Denn die Frage nach konkreten politischen oder ethischen Optionen steht in der Tat nicht im Horizont eines Buches, in dem es um die Frage nach dem Sinn von Sein geht und die Interpretation des Daseins im Vordergrund steht. Was eine genauere Interpretation dieses Werkes daher zeigt (und was durch ein Blick auf die Rezeptionsgeschichte bestätigt wird), das ist, dass die in *Sein und Zeit* entfaltete Existentialanalyse letztlich für verschiedene politische Konkretisierungen offenbleibt. Man konnte, um es vereinfacht zu formulieren, vor dem Hintergrund des in *Sein und Zeit* formulierten Denkens 1933 sowohl Rektor und Mitglied der NSDAP werden als auch die Entscheidung treffen, ins Exil zu gehen oder Widerstandskämpfer zu werden.

Heidegger schreibt zum Beispiel, dass der Ruf des Gewissens sein »Vor-(nach-›vorne‹-)Rufen des Daseins in seine eigensten Möglichkeiten« sei,[29] erläutert aber nie (weil es seiner Ansicht nach nicht zur Aufgabe des in *Sein und Zeit* entfalteten Denkens gehört) in einer konkreten Weise, was mit diesen »eigensten Möglichkeiten« eigentlich gemeint ist.[30]

---

28 Vgl. hierzu etwa Otto Pöggeler, *Philosophie und Politik bei Heidegger*, 43–67.

29 GA 2, 363.

30 Vgl. hierzu auch Karl Löwith, »Heidegger – Denker in dürftiger Zeit«, in: *Heidegger – Denker in dürftiger Zeit. Zur Stellung der Philosophie im 20. Jahrhundert* (= *Sämtliche Schriften*, 8), Stuttgart 1984, 124–234, 133 f.: »In *Sein und Zeit*, dessen junge Leser entschlossen waren, ohne zu wissen wozu, ehe ihnen die vulgäre Geschichte des ›man‹ einen Inhalt für ihre Entschlossenheit gab, ist die Entschlossenheit die Grundstimmung und

Es geht um »Selbstseinkönnen«, das eine Entscheidung verlangt – aber eine Philosophie des Guten oder des moralischen Sollens wird von Heidegger in diesem Zusammenhang nicht entwickelt.[31] Man muss, wie die Diskussion um *Sein und Zeit* gezeigt hat, entweder »tief bohren«, um die verborgene ethische (und vielleicht auch politische) Dimension dieses Buches aufzuzeigen, oder den Ansatz von *Sein und Zeit* korrigieren und ergänzen.

Man mag daher vielleicht mit einem gewissen Recht den »Formalismus« dieses Buch kritisieren, also darauf hinweisen, dass es keinerlei Orientierung zu geben vermag, was konkrete Fragen der Lebensführung oder politischer Entscheidungen betrifft, aber das ist nicht nur eine ganz andere Frage als die nach den politischen Implikationen von *Sein und Zeit*, sondern auch eine Frage, die insofern problematisch ist, als Heideggers Anspruch gerade nicht darin liegt, mit *Sein und Zeit* eine konkrete Ethik oder politische Philosophie vorgelegt zu haben. Es ging ihm vielmehr um das, was aller konkreten Ethik (und damit auch aller politischen Philosophie) zuvor- oder zugrunde liegt. Man mag diesen philosophischen Anspruch kritisch diskutieren, das kann aber nicht dazu führen, in *Sein und Zeit* Anzeichen eines völkischen, kriegsideologischen oder gar antisemitischen Denkens zu finden. Man wird in diesem Zusammenhang zwar auch die Frage stellen dürfen, ob Heidegger nicht dem Tod

-bestimmung eines eigentlichen Selbstseins im Gegensatz zum ›Mansein‹. Wozu man sich entschließt, bleibt in *Sein und Zeit* absichtlich unbestimmt, denn es bestimmte sich erst im Entschluß selbst, der ein Entwerfen von faktischen Möglichkeiten ist.«

31 GA 2, 364; vgl. auch 390: »Vermißt wird ein ›positiver‹ Gehalt im Gerufenen *aus der Erwartung einer jeweilig brauchbaren Angabe verfügbarer und berechenbarer sicherer Möglichkeiten des ›Handelns‹. ... Dergleichen ›praktische‹ Anweisungen gibt der Gewissensruf nicht, einzig deshalb*, weil er das Dasein zur Existenz, zum eigensten Selbstseinkönnen, aufruft.«

eine zu zentrale Stellung einräumt. »*Hat das In-der-Welt-sein*«, so fragt er, »*eine höhere Instanz seines Seinskönnens als seinen Tod?*«[32] Angesichts dieses Verständnisses des Todes wird man fragen können und müssen, ob nicht mehr zu sagen wäre, wenn es um die höchsten »Instanzen« des »Seinskönnens« des Daseins geht. Aber diese Frage erhärtet in keiner Weise den Verdacht, Heidegger vertrete hier eine »kriegsideologische« Verherrlichung des Todes.

Wenn *Sein und Zeit* für verschiedene politische Konkretisierungen offenbleibt, dann erlaubt eine genaue Lektüre dieses Buches auch, besser zu verstehen, warum Heidegger das Rektorat übernommen hat.[33] Aber das bedeutet nicht, dass Heidegger in *Sein und Zeit* sein Rektorat oder gar den Nationalsozialismus theoretisch begründet hätte. Denn verstehen können wir das Rektorat auf der Grundlage des in *Sein und Zeit* entfalteten Denkens nur, insofern dieses Denken uns erlaubt, menschliches Sein, jene Weise, in der der Mensch immer schon ist, besser zu verstehen. Und gerade wenn man an das denkt, was Heidegger in diesem Buch über das »Verfallen des Daseins« oder über das »Verlorensein in die Öffentlichkeit des Man« sagt,[34] wird man die Frage stellen können, ob sich von *Sein und Zeit* her nicht eher eine kritische Deutung von Heideggers Entscheidung, Anfang 1933 das Rektorat zu übernehmen, nahelegt. Ist er nicht einfach in naiver Verblendung der breiten Masse, der »Öffentlichkeit des Man« gefolgt, um zu handeln, wie *man* 1933 handeln musste?

Wir dürfen hier zunächst einmal nicht vergessen, dass es Heidegger zunächst darum ging, das Dasein bzw. das Sein des Da ontologisch in seiner Seinsweise zu erschließen. Das Verfallen ist für ihn daher ein »ontologischer Bewegungs-

---

32 GA 2, 414.
33 Vgl. hierzu auch Karl Löwith, »Heidegger – Denker in dürftiger Zeit«, 170f.
34 GA 2, 233.

begriff«.[35] Wir dürfen also nicht zu schnell eine Moral oder Ethik in *Sein und Zeit* hineinlesen, aber wir können doch nach den moralischen Implikationen dieses Buches fragen und dabei darauf hinweisen, dass zumindest Heideggers »Seinsideal« – was er das »eigentlich existierende Selbst« nennt[36] – dem »Verlorensein in die Öffentlichkeit des Man« – und damit auch totalitären politischen Tendenzen – entgegensetzt ist. *Sein und Zeit* konnte daher, wie nicht nur die Generation Jean-Paul Sartres in Frankreich gezeigt hat, auch ganz anders gelesen werden, als die Kritiker es nahelegen, die eine Verbindungslinie von diesem Buch zu Heideggers späterem Engagement als Rektor ziehen, nämlich als Ausdruck einer Philosophie, die zum Eigentlich-Werden im Widerstand ermahnte oder nach dem Krieg neue Möglichkeiten des Philosophierens und Lebens aufzeigte.

Wenn es auch Heidegger in *Sein und Zeit* nicht um ethische oder normativ-anthropologische Fragen ging, wie er immer bekundet hat, stellt sich doch die Frage, ob er 1933 nicht auch *gegen* wichtige Elemente seines eigenen Denkansatzes gehandelt hat. Nicht zuletzt aber wird die oft geäußerte Kritik an *Sein und Zeit*, dass es sich um ein Werk handelt, das den einzelnen Menschen zu sehr in den Vordergrund stellt und die mitmenschlichen, die sozialen und politischen Dimensionen des menschlichen Lebens ausblendet oder zumindest in ihrer Bedeutung herunterspielt, dazu führen müssen, sowohl Losurdos als auch Fayes Interpretation mit nicht wenigen Fragezeichen zu versehen.[37] Einen unmittelbaren,

---

35 GA 2, 238.
36 Vgl. hierzu auch GA 2, 173: »Die Selbigkeit des eigentlich existierenden Selbst ist aber dann ontologisch durch eine Kluft getrennt von der Identität des in der Erlebnismannigfaltigkeit sich durchhaltenden Ich.«
37 Faye deutet *Sein und Zeit* anders, aber in einer Weise, die sich in keiner Weise von einer sorgfältigen Textlektüre her rechtfertigen lässt. Vgl. Emmanuel Faye, *Heidegger. Die Einführung des Nationalsozialismus in die Philosophie*, 34: »In Wahrheit ist *Sein und Zeit* dem Willen verpflich-

direkten und eindeutigen Zusammenhang zwischen *Sein und Zeit* und Heideggers Entscheidung, Rektor zu werden wie auch für kurze Zeit die nationalsozialistische Revolution zu unterstützen, lässt sich also nicht finden. Deutliche Zeichen einer Politisierung des Denkens Heideggers finden sich erst nach der Veröffentlichung dieses Werkes.[38]

Wir können jetzt – nach der Betrachtung der *einen* Seite – uns der *anderen* Seite zuwenden. Auf dieser Seite ist es nicht möglich, jeglichen Zeitbezug dieses Buches zu leugnen. Auch *Sein und Zeit* hat seinen »Sitz im Leben«. Es ist – auch – Ausdruck einer bestimmten historischen und biographischen Situation. Zunächst einmal hat *Sein und Zeit* seinen Ort auf Heideggers Lebens- und Denkweg. Die Entstehungsgeschichte dieses Buches ist mittlerweile gut untersucht: Es liegen nicht nur viele Vorlesungen Heideggers auf dem Weg zu diesem Buch vor, sondern auch Studien, die es erlauben, die Entstehung des gesamten Buches oder einzelner Aspekte sehr genau nachzuvollziehen.[39] Diese neuen Dokumente und Studien zeigen sehr deutlich, dass auch dort, wo dies nicht unmittelbar deutlich ist, *Sein und Zeit* Zeugnis eines bestimmten Denk- und Lebensweges ist. So gibt es neben der im Vordergrund stehenden fundamentalontologischen Ebene, wie sich noch deutlicher zeigen wird, auch so etwas wie eine schwerer zu fassende quasitheologische Dimension, die nicht

---

tet, das Denken des Ich zu zerstören, um für die radikalste ›Individuation‹, die sich keinesfalls im Individuum, sondern in der organischen Unteilbarkeit der Volksgemeinschaft verwirklicht, Platz zu schaffen.« Es bleibt schleierhaft, auf welcher Grundlage Faye zu dieser Deutung kommt. Mit *Sein und Zeit* hat diese Deutung wenig zu tun. Vgl. hier auch Otto Pöggeler, *Philosophie und Politik bei Heidegger*, 16f.

38 Vgl. hierzu auch Marion Heinz, »Politisierung der Philosophie«, in: Marion Heinz/Goran Gretić (Hg.), *Philosophie und Zeitgeist im Nationalsozialismus*, Würzburg 2006, 269–290.

39 Vgl. hierzu neben GA 17, 18, 19, 20, 21, 22, 56/57, 58, 59, 60, 61, 62, 63, 64 vor allem die wichtige Studie von Theodore Kisiel, *The Genesis of Heidegger's* Being and Time, Berkeley 1995.

zuletzt bestimmte theologische Interessen des jungen Heidegger in transformierter Form widerspiegelt.[40] So mag man fragen, ob bestimmte Analysen Heideggers – etwas das, was er über die Angst oder die Schuld sagt – möglich gewesen wären ohne die religiöse oder theologische Herkunft Heideggers und eine bestimmte geistig-geistliche Prägung.

Sein und Zeit ist aber in noch ganz anderem Sinne ein Dokument mit einem bestimmten »Sitz im Leben«. Denn in diesem Werk spiegelt sich auch der historische und gesellschaftliche Kontext der 1920er Jahre. Es gibt bestimmte Motive in *Sein und Zeit*, die ganz typische Motive der 20er Jahre des vergangenen Jahrhunderts darstellen und sich nicht nur in der Philosophie, sondern auch in der Theologie, der Literatur oder in der Kunst nachweisen lassen.[41] Zu denken ist dabei etwa an das Motiv des Todes, das, wie wir schon sahen, eine zentrale Stellung in *Sein und Zeit* einnimmt, ohne dass man es so einfach zum Ausdruck einer Kriegsideologie machen könnte.[42] Man mag aber auch an die Bedeutung der Entschlossenheit[43] oder der Differenz von Eigentlichkeit und Uneigentlichkeit denken.[44] Heidegger spricht in diesem Buch nicht nur eine Sprache, die von der philosophischen Tradition oder seiner biographischen Prägung beeinflusst ist,

---

40 Vgl. zu den verschiedenen »Themen« von *Sein und Zeit* auch Herman Philipse, *Heidegger's Philosophy of Being. A Critical Interpretation*, Princeton 1998, 67 ff. Zur theologischen Dimension von *Sein und Zeit* vgl. auch »Intention, Ereignis und der Andere. Gespräch zwischen Emmanuel Levinas und Christoph von Wolzogen am 20. Dezember 1985 in Paris«, 132; Karl Löwith, »Heidegger – Denker in dürftiger Zeit«, 126.
41 Vgl. hier auch Holger Zaborowski, »Leben, Tod und Entscheidung. Die Philosophie Martin Heideggers in zeit- und ideengeschichtlicher Perspektive«, in: Stephan Loos und Holger Zaborowski (Hg.), *Leben, Tod und Entscheidung. Studien zur Geistesgeschichte der Weimarer Republik* (= *Beiträge zur Politischen Wissenschaft*; 127), Berlin 2003, 11–32.
42 Vgl. vor allem GA 2, 314–354.
43 Vgl. GA 2, 404–411.
44 Vgl. für diese Differenz zum Beispiel GA 2, 170 ff.

sondern auch eine Sprache, die Spuren ihres unmittelbaren historischen Kontextes zeigt: Was sich in diesem Werk niederschlägt, ist eben auch eine bestimmte Stimmung oder Befindlichkeit. Es ist ein »Stimmung«, die von einer Skepsis gegenüber den modernen Systemen des Wissens gekennzeichnet ist, in deren Zentrum die sterbliche Existenz des Menschen, seine Schuld und seine Verfallenheit stehen und die Ausdruck eines Bemühens um eigentliches Selbstsein ist. Aber diese »Stimmung« ist gerade im Kontext der 1920er Jahre politisch nicht eindeutig festgelegt. Sie konnte sowohl im rechten als auch im linken politischen Spektrum oder in einer gänzlich unpolitischen Haltung ihre Konkretisierung erfahren, war doch die zeitgeschichtliche Situation der 1920er und frühen 1930er Jahre sehr komplex: Es gibt in dieser Zeit noch keine *eindeutig* als »nationalsozialistisch« einzustufende Sprache oder Ideologie, die es dann auch möglich machte, bestimmte Texte eindeutig dieser Ideologie zuzuschreiben. Außerdem verlangt gerade ein Buch wie *Sein und Zeit* in der Interpretation Kategorien, die der Vielschichtigkeit dieses Werkes gerecht werden.

Wir können uns hier wieder der Kritik von Losurdo zuwenden, um dies zu verdeutlichen. Losurdo verkennt nämlich die Komplexität von *Sein und Zeit,* und zwar sowohl was die historische Genese als auch was die systematische Struktur dieses Buches betrifft. Daran scheitert letztlich sein Interpretationsansatz: Denn die Rede von der »Kriegsideologie« ist zu undifferenziert und zu vereinfachend, als dass sie wirklich bei der Deutung so komplexer Werke wie *Sein und Zeit* helfen könnte. Denn zum einen lässt die Tatsache, dass Heidegger bestimmte Begriffe nutzt, nicht darauf schließen, dass sie auch dasselbe wie bei anderen ideologisch wesentlich problematischeren Autoren bedeuteten. Man wird daher daran erinnern müssen, dass die »Motive« oder Begriffe, die Zeichen einer Kriegsideologie sein sollen, ambivalent bleiben: Denn so einfach, wie Losurdo es sich macht, der »den Begriff ›Sein zum Tode‹ … mit jener ungewöhnlichen ›meditatio mortis‹ in Verbindung« zu bringen versucht, »die sich mit der Kriegsideologie herausbilde,«[45] geht es sicherlich nicht: Zum einen ist der Tod oder das »Sein zum Tode« ein derart zentrales Motiv in der Philosophie, der Literatur und der Kunst der Zeit nach dem Ersten Weltkrieg, dass man von der Betonung des Todes nicht so ohne weiteres auf eine »Kriegsideologie« schließen kann. Die starke Betonung des Todes oder der Sterblichkeit des Menschen ist charakteristisch für das Geistes- und Kulturleben der Weimarer Republik, und zwar zunächst einmal nicht aus »kriegsideologischen« Gründen, sondern deshalb, weil der Tod und die Unsicherheit des menschlichen Lebens vor allem in den Materialschlachten und Schützengräben des Ersten Weltkrieges so drastisch erfahren wurden. Und diese Erfahrung hat nicht nur zu einer verherrlichenden Ideologisierung des Todes geführt, sondern auch zu einer tieferen Auseinandersetzung mit menschlicher Endlichkeit – wie wir sie etwa bei Heidegger finden können.

Ganz abgesehen von diesem unmittelbaren Kontext ist aber darauf hinzuweisen, dass das Thema des Todes in der Philosophie seit der Antike eine zentrale Rolle gespielt hat – nicht etwa aus kriegsideologischen Gründen, sondern weil die eigene Sterblichkeit eine der Grunderfahrungen des Menschen ist, die immer neu zum Fragen und Denken herausfordert. Wenn Heidegger von »Sein zum Tode« (oder auch von »Opfer« und von »Sorge«) spricht, dann stehen dahinter aber auch ganz andere Quellen – etwa die christliche Theologie. Daraus nun zu schließen, dass *Sein und Zeit* ein theologisches Werk sei, ist nun genauso falsch wie die These, dass es sich um ein Werk der »Kriegsideologie« handle. Daher wird

---

45 Domenico Losurdo, *Die Gemeinschaft, der Tod, das Abendland. Heidegger und die Kriegsideologie*, 57.

man darauf hinweisen müssen, dass aus philosophischer Sicht Heidegger, wenn er über das »Sein zum Tode« spricht, nichts sagt, was falsch wäre, denn als Menschen gehen wir nicht nur auf den Tod zu, sondern leben immer im vorausschauenden Wissen um unseren eigenen Tod. Kritisch könnte man hier eher anmerken, wie wir bereits ausgeführt haben, dass die Betonung des »Seins zum Tode« der Ergänzung – etwa durch eine Philosophie der Geburtlichkeit, wie sie zum Beispiel Hannah Arendt im Gespräch mit Heidegger entwickelt hat – bedürfte. Aber das ist eine Anfrage, die sich auf einer ganz anderen – nämlich philosophischen – Ebene befindet als die unsachlichen Invektiven Losurdos.

Wenn *Sein und Zeit* in einem engen Verhältnis zur historischen Situation steht, bedeutet dies also noch lange nicht, dass es sich bei diesem Buch um das Zeugnis eines protofaschistischen Denkens handelt und dass sich von *Sein und Zeit* her die spätere Verstrickung Heideggers in den Nationalsozialismus erklären ließe. Hier soll und darf nichts verharmlost werden: Es gab sicherlich so etwas wie eine »Kriegsideologie«, es gab gerade auch unter Intellektuellen und Philosophen eine Verherrlichung des Ersten Weltkrieges, die uns heute erschrecken lässt, aber es ist nicht so einfach möglich, von bestimmten Begriffen in *Sein und Zeit* aus darauf zu schließen, dass auch Heidegger Vertreter einer »Kriegsideologie« gewesen sei. Dies ist – um unsere These zusammenzufassen – nicht nur deshalb nicht möglich, weil diese Begriffe in ganz unterschiedlichen Kontexten verwendet wurden und *en vogue* waren, sondern auch, weil sie wesentlich vielschichtigere Dimensionen aufweisen. Die These, dass in *Sein und Zeit* eine »deutliche Präsenz der Kriegideologie« aufgewiesen werden könne,[46] verfehlt damit das eigent-

---

46 Domenico Losurdo, *Die Gemeinschaft, der Tod, das Abendland. Heidegger und die Kriegsideologie*, 215.

liche Anliegen und den Anspruch von *Sein und Zeit* auf der
Basis einer viel zu groben und ungenauen Interpretation.

Es ist überdies nicht nur so, dass zumindest der Begriff der
»Kriegsideologie« in Anwendung auf Heideggers *Sein und
Zeit* höchst problematisch ist, sondern auch der Fall, dass
Heidegger, soweit wir aufgrund von vorliegenden Veröffentlichungen von Texten aus der Zeit des Ersten Weltkrieges
wissen, sich überhaupt nur sehr selten auf den Ersten Weltkrieg bezogen hat und dass diese wenigen Bezüge alles andere
als Zeichen einer »Kriegsideologie« darstellen. Gewiss, Heidegger spricht in einem Brief an seine Frau Elfride aus dem
Juli 1918 zwar davon, dass der »Krieg ... noch nicht furchtbar
genug für uns geworden« sei,[47] aber diese – überdies nur brieflich, also in einem privaten Zusammenhang gemachte Aussage – muss in ihrem Kontext gedeutet werden: Heidegger
schreibt diesen Brief aus Berlin und beleuchtet sehr kritisch
das großstädtische Leben, ein »Milieu«, in dem es, wie er
schreibt, »keine wahrhafte Geisteskultur« geben könne und
in der das »Große-Göttliche« fehle. Aus diesen antimodernistisch konnotierten Äußerungen nun abzuleiten, dass
Heidegger gewünscht habe, der Krieg solle tatsächlich noch
furchtbarer werden, entbehrt jeder Grundlage und verfehlt
die Intention dieser allem Anschein nach ohne tiefes Nachdenken niedergeschriebenen Äußerung Heideggers. Ihm ging
es wohl um die Äußerung eines rhetorisch zugespitzten Ent-
setzens. Wenig später – am 10. November 1918, in einem
Brief, den er von der Front schreibt – zeigt sich nämlich eine
sehr kritische Haltung zum Krieg: »die Feuertätigkeit ist wie
noch – nutzloses Hinopfern von Menschenleben – was unsere unselige Politik auf dem Gewissen hat«.[48] Auch mit
Blick auf diese frühen Äußerungen des jungen Heidegger

47 Heidegger/Elfride Heidegger, 72.
48 Heidegger/Elfride Heidegger, 89.

kann man kaum von »Kriegsideologie« sprechen – zumindest nicht, was die Zeit des Ersten Weltkrieges betrifft, und jede These, Heidegger habe diese Ideologie im Verlaufe der 1920er Jahre bis zur Veröffentlichung von *Sein und Zeit* erst entwickelt, entbehrt schlicht und einfach der Grundlage. In der Zeit des Rektorats sieht die Situation insofern anders aus, als die Sprache Heideggers durchaus militaristischer wird. Da ist dann etwa – in der Rektoratsrede – von der »Kampfgemeinschaft der Lehrer und Schüler« an der Universität die Rede – aber dieser Kampf ist zunächst einmal ein Kampf des Geistes und im Geistigen.[49]

Was nun Emmanuel Fayes Deutung betrifft, so projiziert er eher eine bestimmte Interpretation in *Sein und Zeit* hinein, als dass er wirklich den Text dieses Buches mit der notwendigen Vorsicht und hermeneutischen Sensibilität interpretierte. Für Faye ist *Sein und Zeit*, wie wir gesehen haben, Zeugnis eines völkischen und antisemitischen Denkens. Heideggers Rektorat ist für ihn nicht eine nur »zeitweilige politische Verirrung ..., die den Wert von *Sein und Zeit* nicht in Frage stellt«.[50] Aber kann diese Interpretation überzeugen – etwa angesichts der Tatsache, dass sich in *Sein und Zeit* der Begriff »Volk« nur ein einziges Mal und das Wort »völkisch« überhaupt nicht belegen lässt – ganz zu schweigen davon, dass Heidegger von »Juden« oder »Jüdischem« überhaupt nicht spricht?[51] Faye könnte nun antworten, dass es nicht darum gehen dürfe, die Auseinandersetzung um den Fall Heideggers auf philologische Wortzählereien zu reduzieren, sondern dass vielmehr die Suche nach dem inneren und oft impliziten Anliegen des heideggerschen Denkens von ent-

---

49 GA 16, 116. Heidegger nutzt das Wort von der »Kampfgemeinschaft« bereits 1922 und 1924, um seine Beziehung zu Jaspers zu charakterisieren (Heidegger/Jaspers, 30; 46).
50 Emmanuel Faye, »Heidegger und der Nationalsozialismus«, 48.
51 GA 2, 508.

scheidender Bedeutung sei. Denn es könnte ja durchaus der Fall sein, dass es so etwas wie ein »beredtes Schweigen« Heideggers in Bezug auf seine eigentliche politische Position gibt. Aber auch wenn die Wortstatistik nicht alle Fragen beantworten kann, stellen sich doch von diesem Befund her wichtige Fragen an Fayes Vorgehen. Dass »mit Heidegger … die Frage nach dem Menschen somit zu einer völkischen Frage geworden« sei und er daher den Willen gezeigt habe, »den Nationalsozialismus in die Philosophie einzuführen«,[52] ist nämlich in keiner Weise eine überzeugende These und wird dem Denkweg Heideggers und der Komplexität seiner Gedanken nicht gerecht. Denn auch für ein »beredtes Schweigen« – also eine gut verborgene völkische oder antisemitische Position – lassen sich beim besten Willen keine Anzeichen in *Sein und Zeit* finden. Eine kurze Interpretation des in diesem Zusammenhang immer wieder diskutierten fünften Kapitels des zweiten Abschnittes von *Sein und Zeit* mag dabei helfen, dies zu verstehen.

Dieses Kapitel steht unter der Überschrift »Zeitlichkeit und Geschichtlichkeit«.[53] Wir können an dieser Stelle keine ausführliche Interpretation des in diesem Kapitels entfalteten Gedankengangs entwickeln. Dazu wäre zunächst einmal eine Einordnung von Heideggers Ausführungen zur Zeitlichkeit und Geschichtlichkeit in den Gesamtzusammenhang von *Sein und Zeit* notwendig. Worauf wir uns hier beschränken müssen, sind einige Anmerkungen zum nun auftauchenden Begriff des Volkes. Dieser spielt im § 74 »Die Grundverfassung der Geschichtlichkeit« eine gewisse, aber keinesfalls eine zentrale Rolle. In diesem Paragraphen heißt es: »Wenn aber das schicksalhafte Dasein als In-der-Welt-sein wesenhaft im Mitsein mit Anderen geschieht, ist sein

---

52 Emmanuel Faye, »Heidegger und der Nationalsozialismus«, 48.
53 GA 2, 492–533.

Geschehen ein Mitgeschehen und bestimmt als *Geschick*. Damit bezeichnen wir das Geschehen der Gemeinschaft, das Volk.«[54] Dies ist, so ist zunächst nochmals festzustellen, die *einzige* Stelle in *Sein und Zeit*, in der Heidegger den Begriff »Volk« nutzt.[55] Des Weiteren kann festgestellt werden, dass Heidegger diesen Begriff weder in einem nationalistischen noch in einem biologistisch-rassistischen Sinn verwendet. Es geht ihm weder darum, eine Aussage über das deutsche Volk und seine besondere Bedeutung zu machen, noch darum, pseudowissenschaftliche Überlegungen völkischer Natur anzustellen. Ihm dient der Begriff des Volkes lediglich dazu, den Begriff der Gemeinschaft näher zu fassen: Das Geschehen der Gemeinschaft ist das Geschehen des Volkes. Heidegger nimmt hiermit – in der gewissermaßen »vor-globalen« Zeit des Nationalstaates – auf eine elementare Form der gelebten Gemeinschaft Bezug: nämlich die Gemeinschaft des Volkes als jene Gemeinschaft, innerhalb deren das Dasein mit anderen existiert. Er sagt noch nicht einmal ausdrücklich, dass diese Gemeinschaft des Volkes die einzige oder gar eine besonders wichtige Gemeinschaft sei. Dass die Gemeinschaft des Volkes genannt wird und Heidegger nicht andere Gemeinschaften – etwa die für Heidegger sonst so wichtige »landsmannschaftliche« Gemeinschaft oder die auch sonst von ihm genannte Gemeinschaft des Abendlandes – nennt, sollte man daher nicht überbetonen. Im Vergleich zu den anderen beiden genannten »Gemeinschaften« ist das Volk für ihn zur Zeit der Abfassung von *Sein und Zeit* vielleicht wichtiger, aber daraus kann man in keiner Weise Elemente eines

---

54 GA 2, 508.
55 In GA 2, 203 findet sich der Begriff »Volksbegriff«, allerdings in kritischer Absicht, lehnt Heidegger doch die Orientierung an diesen »Volksbegriffen« (d.h. an der Art und Weise, wie man im Volk etwas versteht) im Akt des Verstehens ab und fordert »aus den Sachen selbst her das wissenschaftliche Thema zu sichern«.

völkischen oder gar nationalsozialistischen Denkens ableiten, ohne Grundprinzipien einer sorgfältigen Textinterpreta-
tion zu verletzen.

Das Zitat aus dem § 74 zeigt, dass auch der Begriff »Geschick« eine besondere Rolle für Heidegger spielt. Was er
unter »Geschick« versteht, erläutert er in diesem Paragraphen von *Sein und Zeit* noch weiter: »Das Geschick setzt
sich nicht aus einzelnen Schicksalen zusammen, sowenig als
das Miteinandersein als Zusammenvorkommen mehrer Subjekte begriffen werden kann. Im Miteinandersein in derselben Welt und in der Entschlossenheit für bestimmte Möglichkeiten sind die Schicksale im vorhinein schon geleitet. In
der Mitteilung und im Kampf wird die Macht des Geschicks
erst frei. Das schicksalhafte Geschick des Daseins in und mit
seiner ›Generation‹ macht das volle, eigentliche Geschehen
des Daseins aus.«[56] In diesem Zitat findet man vielleicht
so etwas wie eine Reminiszenz an die seiner Generation gemeinsame Erfahrung des Kampfes im Ersten Weltkrieg. Aber
auch wenn man nicht leugnen möchte, dass Heidegger in diesem Zitat den Kampf durchaus zu verherrlichen scheint,
wird man diese Stelle nicht als Ausdruck einer Kriegsideologie bezeichnen können, vor allem auch deshalb nicht, weil
der Begriff des Kampfes nur an dieser Stelle in einer Weise
auftaucht, die als Hinweis auf eine solche »kriegsideologische« oder kämpferische Einstellung gelesen werden
könnte.[57] Außerdem wird man sich der Tatsache bewusst
bleiben müssen, dass der Begriff »Kampf« in den 1920er oder

---

56 GA 2, 508.
57 Vgl. GA 2, 13, 573 und 574 für weitere Stellen, an denen Heidegger
von »Kampf« spricht. Auf Seite 13 spricht er von einem »Kampf zwischen
Formalismus und Intuitionismus« in der Mathematik. Auf Seite 573 befindet sich dieses Wort in einem Hegel-Zitat, auf das er auf Seite 574 noch
einmal Bezug nimmt. »Kämpferisch« wird Heideggers Metaphorik erst in
den Jahren nach der Veröffentlichung von *Sein und Zeit*.

1930er Jahren wesentlich häufiger und auch in wesentlich anderen Kontexten Anwendung fand, als es heute der Fall ist und Heidegger überdies auch hier schon an Heraklits Wort vom *polemos* (Krieg/Kampf) als dem Vater aller Dinge gedacht haben mag – ein Wort, an das er später noch ausdrücklicher anknüpfen wird.

Man kann also Heideggers Entscheidung aus dem Jahr 1933, Rektor zu werden und sein Rektorat in einer bestimmten Weise zu gestalten, nicht aus *Sein und Zeit* ableiten. Was Heidegger im Jahr 1933 unternahm, liegt weniger in der Konsequenz seines frühen Hauptwerkes, als dass es ihn in einen gewissen Widerspruch zu vielen in diesem Werk geäußerten Gedanken bringt.[58] Dies ist ein Umstand, den nicht zuletzt Heidegger selbst erkannt haben mag – als er nämlich im Verlaufe des Jahres 1934 zunehmend den wahren Charakter der nationalsozialistischen Revolution wahrnahm und sich auch aus dem Rektorat und der Welt der konkreten Politik zurückzog. Was aber war bis 1933 geschehen, dass er das Rektorenamt nicht nur übernehmen konnte, sondern sein Amt auch in einer nach wie vor irritierenden und schockierenden Art und Weise führte?

---

58 Vgl. für diese Deutung auch Julian Young, *Heidegger, Philosophy, Nazism*, 77 f. und 102–108.

7. Von *Sein und Zeit* bis zum Antritt des Rektorats im Jahr 1933

»Mit Bezug auf den Staat«
(wie wir *polis* nicht ganz treffend übersetzen)
und auf die Frage nach seiner inneren Möglichkeit
gilt nach Platon als oberster Grundsatz:
die eigentlichen Wächter des Miteinanderseins
in der Einheit der *polis* müssen philosophierende Menschen sein.
Nicht sollen Philosophieprofessoren Reichskanzler werden,
sondern Philosophen *phylakes*, Wächter.«[1]
Martin Heidegger (1931/32)

In den Jahren nach der Veröffentlichung von *Sein und Zeit* kommt es zu einer Krise in Heideggers Denken. Nach 1929, so Otto Pöggeler, habe Heidegger »auf die Krise der Zeit mit einer Krise seines Denkens« geantwortet.[2] Sein philosophischer Denkweg spiegelt in gewisser Weise das politische Zeitgeschehen. Das mag zunächst verwundern. Heidegger war ja nun – Ende der 1920er Jahre – am Ziel seiner Träume und Wünsche und auf dem vorläufigen Höhepunkt seiner beruflichen Laufbahn. Er war nicht nur Nachfolger seiner Lehrer Edmund Husserl und Heinrich Rickert in Freiburg und damit so etwas wie das neue inoffizielle Haupt der deutschen Phänomenologie. Er hatte auch ein lange erwartetes Buch veröffentlicht, das sehr bald seinen Ruf noch weiter ver-

---

1 GA 34, 100.
2 Otto Pöggeler, *Der Denkweg Martin Heideggers*, Pfullingen ³1983, 369.

mehrte und schnell zu einem Klassiker der Philosophie des 20. Jahrhunderts werden sollte. Er schien angekommen zu sein. Dass er seiner Berufung treu geblieben war, hatte sich ausgezahlt. Das Leben bereitete viele neue Möglichkeiten und Chancen. Eigentlich ein Grund für Optimismus. An seine Frau schreibt er daher im September 1928: »Überhaupt, das Leben beginnt mir langsam erst in seiner Gestalt aufzudämmern u. ich bin dessen gewiß daß Du mir in Deiner Liebe neue Möglichkeiten bereiten wirst.«[3]

Heidegger stößt in seinem Denken aber auch auf Probleme: *Sein und Zeit* bleibt ein unvollendetes Fragment, dessen innere Grenzen Heidegger immer bewusster werden. Ihm wird nicht nur bewusst, dass *Sein und Zeit* oft nicht recht verstanden wird. Damit hätte er noch gut leben können. Viel belastender dürfte gewesen sein, dass er zunehmend auch die Probleme erkannte, die mit seinem in diesem Buch entfalteten philosophischen Ansatz zusammenhängen. Rückblickend spricht Heidegger 1973 von seiner »schon 1929 deutlich gewordenen Verkennung der in ›Sein und Zeit‹ gestellten Seinsfrage«.[4] War *Sein und Zeit* nicht letztlich bei allen Differenzen zum neuzeitlichen Denken doch ein Zeugnis jener modernen Philosophie der Subjektivität, mit der Heidegger sich gerade in diesem Buch sehr kritisch auseinandergesetzt hatte? Sollte es nicht notwendig sein, einen ganz anderen Ansatz des philosophischen Denkens zu finden, um die Frage nach dem Sinn von Sein einer Antwort zuzuführen? Heidegger setzt sich Ende der 20er und Anfang der 30er Jahre mit diesen Fragen auseinander und entwickelt wesentliche Momente eines neuen Denkens. Für dieses »seinsgeschichtliche« Denken ist, vereinfachend gesprochen, der Hauptbezugspunkt nicht mehr ausschließlich das seinsver-

---

3 Heidegger/Elfride Heidegger, 158.
4 GA 3, XIV.

stehende Dasein, das etwas mit sich anfängt und sich zeitigt. In das Zentrum des denkerischen Interesses Heideggers rückt nun das geschichtlich sich ereignende Sein selbst, dessen Hirte – so Heidegger im nach dem Zweiten Weltkrieg geschriebenen Humanismusbrief – der Mensch ist. Um das Sein selbst geht es Heidegger daher in dem Denken, das er vor allem ab den 30er Jahren weiter entfalten sollte. Der Mensch, so erkennt er, könnte nicht in der Wahrheit des Seins stehen, wenn das Sein selbst sich nicht »geschickt« hätte.[5]

Manche Interpreten haben im Zusammenhang mit dieser Umorientierung seines Denkens von einem Bruch auf Heideggers Denkweg gesprochen und sogar zwischen einem Heidegger I und einem Heidegger II scharf unterschieden.[6] Das mag zunächst einmal hilfreich sein: Denn schon ein oberflächlicher Vergleich von Heideggers Schriften aus der »ersten« und der »zweiten« Phase seines Denkens zeigt sehr große Unterschiede: Nicht nur die Sprache Heideggers hat sich geändert, auch inhaltlich setzt er andere Akzente: Es geht nicht mehr um die Hermeneutik des faktischen Lebens, sondern vielmehr um die Frage nach der Lichtung der Wahrheit des Seins. Und auch die Gesprächspartner haben sich geändert: Aristoteles, so wichtig für sein Denken in den frühen 1920er Jahren, rückt in den Hintergrund, ohne unbedeutend zu werden, Kant, Hegel und auch Platon werden in der zweiten Hälfte der 20er Jahre wichtiger, aber dann, vor allem in den 1930er Jahren, auch Nietzsche, Hölderlin und die Vorsokratiker. Im Gespräch mit den letztgenannten Autoren bemüht sich Heidegger um die Konturen eines »andersanfänglichen Denkens« und die »Verwindung« der metaphysischen Tradition.

5 Vgl. hierzu etwa GA 9, 336.
6 So etwa William Richardson, *Heidegger. Through Phenomenology to Thought*, New York 2003.

Diese scharfe Kontrastrierung von Heidegger I und Heidegger II zeigt aus interpretatorischer Sicht aber auch viele Nachteile. Denn zum einen wird mit dieser Gegenüberstellung die Kontinuität von Heideggers Denkwegen nicht ausreichend zur Sprache gebracht. Heidegger ging es nicht um einen radikalen Bruch mit dem in *Sein und Zeit* entfalteten Denken, sondern um eine Vertiefung und Erweiterung. Das zeigt u. a. der nach dem Zweiten Weltkrieg geschriebene Humanismusbrief sehr deutlich. Es gibt aber noch ein zweites Problem der Gegenüberstellung eines »Heidegger I« auf der einen und eines »Heidegger II« auf der anderen Seite: Diese sehr verkürzende Darstellung verkennt, dass auch Heideggers Früh- und sein Spätwerk nicht monolithische Blöcke darstellen, die ohne weitere Probleme als eine geschlossene Einheit dargestellt werden könnten. Heideggers Wunsch, die Gesamtausgabe unter das Motto »Wege, nicht Werke«[7] zu stellen, verdient auch hier Berücksichtigung. Heidegger ist – wie nicht zuletzt viele seiner Buchtitel von den *Holzwegen* über die *Wegmarken* bis zu *Unterwegs zur Sprache* zeigen – Wege des Denkens gegangen; es gibt nicht einfach zwei (oder drei oder vier) Phasen seiner Philosophie, die sich eindeutig voneinander abheben und trennen lassen. In den Jahren nach der Veröffentlichung von *Sein und Zeit* bleibt Heidegger also weiter auf seinen Wegen des Denkens; er bleibt weiter unterwegs – und zwar in einer Weise, in der die Motive, die wir in den letzten Kapiteln als von zentraler Bedeutung für das Verständnis seines Denkens herausgearbeitet haben, weiterhin wichtig bleiben.

Wir haben schon darauf hingewiesen, dass Heidegger sich intensiv seit Mitte der 1920er Jahre u. a. auch mit der Philosophie Platons beschäftigt. Von besonderem Interesse ist dabei auch das Höhlengleichnis, das Heidegger in seiner Vorle-

7 Vgl. GA 1, I.

sung »Vom Wesen der Wahrheit. Zu Platons Höhlengleichnis und Theätet« diskutiert.[8] Bei diesem Gleichnis, das sich im siebten Buch von Platons *Politeia* findet,[9] handelt es sich um einen der Grundtexte der abendländischen Philosophiegeschichte. Platon beschreibt in diesem berühmten Gleichnis, wie Menschen in einer unterirdischen Höhle mit ihrem Rücken zum Ausgang sitzen. Die Menschen sind gefesselt und können nicht sehen, was hinter ihnen geschieht. Hinter ihnen aber liegt nicht nur der Ausgang der Höhle, der, wären sie in der Lage, ihn zu sehen, sie darauf hinweisen könnte, dass es neben der Höhle auch noch ein Draußen gibt. Sie sehen auch nicht, dass hinter einer Wand zu ihrem Rücken Menschen laufen, die Gegenstände derart halten, dass die Schatten der Gegenstände von einem Feuer auf diejenige Wand projiziert werden, auf die die gefesselten Menschen zu schauen gezwungen sind. Platon schildert nun, wie jemand sich von den Fesseln befreit und auf seinem Gang aus der Höhle heraus nicht nur das Sonnenlicht und die Welt außerhalb der Höhle erblickt, sondern auch die Abläufe in der Höhle durchschaut. Hatte er nämlich zuvor noch die Schatten auf der Wand für Dinge der wahren Welt gehalten, wird ihm jetzt bewusst, dass es sich nur um Schatten von bestimmten Objekten handelt und dass die wahre Welt auch nicht die Welt dieser Objekte ist, sondern außerhalb der Höhle liegt. Der Aufstieg aus der Höhle symbolisiert somit das philosophische Bemühen um eine Erkenntnis der wahren Wirklichkeit, die davon abhängig ist, dass wir die Fesseln unseres alltäglichen Wirklichkeitsverständnisses hinter uns lassen und den Aufstieg, den Weg nach draußen in die Welt der Ideen wagen. Wer aber erst einmal draußen gewesen sei

---

8 Vgl. GA 34. Auf die Bedeutung dieser Vorlesung verweist, dass Heidegger sie im Wintersemester 1933/34 (in freilich teils umgearbeiteter Fassung) wiederholen sollte (vgl. GA 36/37, 81–264).
9 Vgl. Platon, *Politeia*, 514a–517a.

und die Sonne gesehen habe, so Platon, müsse in die Höhle zurückkehren – und zwar auch auf die Gefahr hin, dass die Menschen in der Höhle ihm mit Unverständnis und Widerstand oder gar mit Gewalt begegnen könnten.

Warum aber setzt sich Heidegger so intensiv mit diesem Gleichnis auseinander? Die Antwort, dass es sich bei diesem Text um einen der Grundtexte des abendländischen Philosophierens handelt, kann kaum befriedigen. Denn dann müsste geklärt werden, warum es sich bei diesem Text um einen Grundtext des westlichen Denkens handelt. Der Grund dafür liegt darin, dass Platon in diesem Text eine Antwort auf die Frage, was eigentlich in der Philosophie geschieht, formuliert. Er beschreibt hier bildlich, was die Philosophie eigentlich ist: Das Philosophieren ist nicht nur eine Befreiung von den Fesseln unseres alltäglichen Verstehens und seiner ihm innewohnenden Beschränkungen, sondern auch ein Aufstieg aus dem Dunkel der Höhle ins Licht der Erkenntnis der Wahrheit. Platon hat in diesem Gleichnis in indirekter Weise aber auch seinem Lehrer Sokrates ein Denkmal gesetzt.[10] Denn Sokrates, so kann man das Gleichnis verstehen, war sich ja bewusst, dass er seine Einsichten teilen und zu den noch nicht erleuchteten Menschen in der Höhle (sprich: auf den Straßen von Athen) zurückkehren müsse, um diesen von der Welt außerhalb der geschlossenen Welt der Höhle zu berichten und sie von ihrer Last – der Last eines falschen oder verzerrten Wirklichkeitsbezuges – zu befreien. Und Sokrates widerfuhr ja genau das, was dem Philosophen, der in die Höhle zurückkehrt, nach Platon widerfahren solle: Nicht nur, dass ihn die Menschen in der Höhle nicht verstanden haben, sie haben ihn auch getötet bzw. ihn dazu verurteilt, den Schierlingsbecher zu trinken. Platon äußert sich in diesem Gleichnis also auch zur moralischen Verantwortung des

---

10 Vgl. hierzu auch GA 34, 79 f.

Philosophen, zu dem Risiko, das das Philosophieren mit sich bringt, und zu dem immer auch problematischen Verhältnis des Philosophen zu den vielen, die noch gefesselt in der Höhle sitzen – im Kontext eines Werkes freilich, in dem es darum geht, die Herrschaft der Philosophen in einem idealen Staat zu begründen.

Mit diesem Gleichnis hat Platon maßgeblich das westliche Verständnis von Philosophie geprägt, das sich auch im Werk Heideggers wiederfindet: Denn auch für Heidegger zeigt die Philosophie Momente der Befreiung, des Aufstiegs und der Erleuchtung. Vor allem in seiner Vorlesung aus dem Wintersemester 1931/32 betont Heidegger auch die Aufgabe dessen, der sich befreit und die Höhle verlassen hat: Denn »mit dem bloßen Aufstieg zur Sonne ist die Befreiung«, so Heidegger, »noch gar nicht am Ende. Freiheit ist weder nur das Befreit-sein *von* den Fesseln noch auch *nur* das Frei-geworden-sein *für* das Licht, sondern eigentliches Frei-sein ist *Befreier-sein* aus dem Dunkel.«[11] Aus diesem Grunde ist der »Rückstieg in die Höhle … kein nachträglicher Spaß, den sich der vermeintliche Freie zur Abwechslung einmal leisten durfte, etwa aus Neugier, um zu erfahren, wie sich das Höhlendasein von oben gesehen ausnimmt, sondern der Rückstieg in die Höhle ist erst eigentlich *Vollendung* des Freiwerdens.«[12]

Wenn die Vollendung des Freiwerdens allerdings erst der Rückstieg in die Höhle ist, dann darf der Philosoph nicht im Lichte der Sonne außerhalb der Höhle stehen bleiben, sondern er muss in die Niederungen, die Tiefe und das Dunkel der Höhle zurückkehren, um die, die noch in der Dunkelheit weilen, von ihrem Geschick zu befreien.[13] Für Heidegger

---

11 GA 34, 91.
12 GA 34, 91. Vgl. auch GA 36/37, 179–185.
13 Dass Heidegger sich als »Befreier aus dem Dunkel« versteht, zeigt auch seine Vorlesung »Die Grundfrage der Philosophie« aus dem Som-

liegt hier ein Hinweis auf den geschichtlichen Charakter der Wahrheit verborgen: Denn diese ist, so Heideggers Deutung des Höhlengleichnisses, »nicht ruhender Besitz, in dessen Genuss wir uns an irgendeinem Standort zur Ruhe setzen, um von da den übrigen Menschen vorzudozieren, sondern die Unverborgenheit *geschieht* nur in der *Geschichte* der ständigen Befreiung.«[14] Es gibt, mit anderen Worten, eine Geschichte der Wahrheit, die Heidegger als Unverborgenheit versteht. Es ist – wieder einmal – wichtig, hier genau zu lesen. Denn jetzt deutet Heidegger nicht mehr nur das Höhlengleichnis Platons, sondern bezieht es ganz ausdrücklich auf sich und seine Zuhörer. Er wechselt in die Perspektive der ersten Person und spricht nun von einem »wir«.[15] Heidegger, der Dozent der Philosophie, verweist nun darauf, dass es nicht ausreiche, anderen Menschen bloß »vorzudozieren«. Es sei nämlich notwendig, zur Befreiung der Menschen, d.h.

mersemester 1933, in der er diesen Anspruch politisch radikalisiert: Wenn die Philosophie ein »eitler Müßiggang« bleibe, so Heidegger, sei dies »wenig genug, ja ein Nichts angesichts der Härte und Dunkelheit unseres deutschen Schicksals und der deutschen Berufung. Wenn aber dieses uns erfaßt hat, dann erfahren wir die *Unumgänglichkeit* des Philosophierens und die *Not*, die Grundfrage der Philosophie wieder aufzunehmen, uns für die Entscheidung, die gefallen, in neuer und einziger Weise wieder zu entscheiden« (GA 36/37, 6).

14 GA 34, 91. Vgl. auch GA 36/37, 184.

15 Dieser Wechsel zum »Wir« findet sich schon in Heideggers Vorlesung *Die Grundbegriffe der Metaphysik. Welt – Endlichkeit – Einsamkeit* aus dem Wintersemester 1929/30 (GA 29/30), die auch für das Verständnis der Entwicklung von Heideggers Denkweg zwischen 1927 und 1933 von besonderer Bedeutung ist. Vgl. hierzu auch Marion Heinz, »Politisierung der Philosophie«, in: Marion Heinz/Goran Gretić (Hg.), *Philosophie und Zeitgeist im Nationalsozialismus*, Würzburg 2006, 269–290, 270: In dieser Vorlesung, so Heinz, »adressiert sich Heideggers Philosophie« erstmalig »an ein ›Wir‹, d.h. an ein in seiner konkreten historischen Lage situiertes Kollektiv, und Heidegger bestimmt das Verhältnis von Philosophie und Handeln grundlegend neu, derart dass Philosophie selbst das wesentliche Handeln ist, das sein Telos darin hat, das geschichtlich geforderte Handeln des Menschen zu ermöglichen.«

zum Geschehen der Geschichte der Wahrheit, einen wesentlichen Beitrag zu leisten, der sich nicht in einem ruhigen und lebensfernen »Theoretisieren« erschöpft.

Was aber ist die Geschichte? Auch hierzu äußert sich Heidegger: Sie ist »immer einmaliger Auftrag, Schicksal in einer bestimmenden Lage des Handelns, nicht die freischwebende Diskussion an sich«.[16] Sein, so kann Heidegger zusammenfassend erklären, geschieht daher immer als »Geschichte des Menschen«, diese sei aber immer eine »Geschichte eines Volkes«.[17] Das bedeutet, dass wir nur aus der konkreten Geschichte eines Volkes heraus und nur in Bezug auf die konkrete Geschichte eines Volkes die Frage nach dem Sein stellen können – nicht in einem bloßen Reden, das nicht in dieser konkreten Welt der Geschichte verwurzelt ist. Wir müssen also nicht einen Standpunkt einnehmen, wir haben immer schon einen Standpunkt eingenommen, so dass jeder standpunkt- oder bodenlose Universalismus eine abstrakte Illusion ist. Wir müssen, in anderen Worten, Wurzeln schlagen und bodenständig werden, um dadurch den Versuchungen eines entwurzelten oder wurzellosen Denkens zu entgehen.

Auch in diesen Gedanken drückt sich Heideggers kritische Sicht der Moderne aus: Denn die Moderne und ihr Wissenschaftsverständnis sind ja durch einen Universalismus gekennzeichnet, der jede Standpunktnahme auszuschließen tendiert. Dagegen fordert Heidegger in drastischen Worten »Standpunktsmut, Standpunktseinsatz und -festigung«.[18] Und das bedeutet nun, in einem bestimmten Volk seinen Standpunkt zu finden.[19] Es gibt in Heideggers Platon-Vorle-

16 GA 34, 91.
17 GA 34, 145.
18 GA 34, 78.
19 Vgl. für eine ähnliche, im September 1930 geäußerte Idee auch Heidegger/Blochmann, 38. Heidegger äußert sich in diesem Brief – wieder einmal – zu Fragen der Universitätsreform und schreibt in diesem Zusammenhang: »Wir müssen zuerst heraus aus dem Irrtum des 19. Jahrhun-

sung keine Spur einer Verengung auf ein im engen Sinne deutschnationales völkisches oder gar antisemitisches Denken. Es gibt aber eine Wandlung des heideggerschen Philosophiebegriffes, die gerade mit Blick auf das Jahr 1933 von großer Bedeutung ist. Heidegger betont nun, wie wir bereits sahen, das »Handeln« des Philosophen, das in einem bestimmten geschichtlichen Zusammenhang steht, und lehnt die »freischwebende Diskussion an sich« ab. Was sich hier ausdrückt, ist nicht nur eine antimodern grundierte Skepsis gegenüber unfundierten Universalismen und Abstraktionen sowie gegenüber einer romantischen Verklärung des endlosen Gespräches und Diskutierens, sondern auch eine Philosophie der Entscheidung, der entschlossenen Tat und des konkreten Handelns, die dem jungen Heidegger in dieser Form fremd gewesen wäre. Wenn auch die Hermeneutik der Faktizität ihren Ausgangspunkt in der faktischen Lebenserfahrung und in dieser auch ihr Ziel findet, so steht sie beim jungen Heidegger noch nicht in jenem Kontext des geschichtlichen Handelns eines Volkes, der nun den Rahmen bildet, innerhalb dessen die Aufgabe der Philosophie bestimmt wird. Auch zuvor war Heidegger der »bloßen Theorie« und einem Denken im akademischen Elfenbeinturm gegenüber sehr skeptisch eingestellt gewesen. Das Philosophieren sollte seinen »Ort« im faktischen Leben des Menschen finden. Allerdings zeigen sich erst jetzt, gegen Ende der 1920er und zu

derts, die Wissenschaft (wozu man auch die Philosophie degradierte) sei eine wesentliche Möglichkeit der Existenz im Ganzen. ... Ich stimme damit ... dafür, daß die Wirklichkeit des Volkes u. der Stämme zu ihren eigenen Quellen u. Kräften zurückfindet. – –« An die Stelle des modernen Universalismus setzt Heidegger also eine auf die konkrete Volks- und Stammesgemeinschaft bezogene Idee der Wissenschaft. Das zeigt ohne Zweifel Heideggers antimodernistische Einstellung, aber sollte nicht vorschnell mit einem nationalsozialistisch-völkischen Denken identifiziert werden, obwohl Heidegger sich hier eindeutig in eine Richtung bewegt, die seine Position von 1933/34 verständlich macht.

Beginn der 1930er Jahre, jene Dimensionen, die deutlicher machen, wie es zu Heideggers Entscheidung, das Rektorat zu übernehmen und die nationalsozialistische Revolution zumindest in ihren Anfängen auch öffentlich zu unterstützen, kommen konnte. Gerade in den Jahren nach der Veröffentlichung von *Sein und Zeit* hat es zunächst nur sehr geringfügige Akzentverschiebungen gegeben, die Heideggers »politische Wende« im Jahr 1933 verständlicher machen: Es ist zunächst noch keine Wende zum unmittelbaren politischen Engagement, sondern eine innerphilosophische Wende zum Dasein im Volk, zur Bedeutung der geschichtlichen Entscheidung und zur Einsicht in die auch politisch relevanten Aufgaben des Philosophen.

Wir können die Geschehnisse des Jahres 1933/34 auch aus Heideggers philosophischer Entwicklung bis 1933 nicht ableiten. Er hätte sich Anfang 1933 ganz anders entscheiden können, er hätte in einer ganz anderen Weise als »Befreier« in die Höhle zurücksteigen können und hätte auch in ganz anderer Weise seine eigene in *Sein und Zeit* entfaltete Philosophie ernst nehmen und in die Tat umsetzen können: Aber die Diskussion von Heideggers Denkweg nach der Publikation von *Sein und Zeit* hilft uns doch, die Rektoratsrede besser zu verstehen und biographisch wie auch philosophisch besser einordnen zu können: Denn die Rede und vor allem seine Entscheidung, das Rektorat zu übernehmen, kann als Zeugnis seiner eigenen existentiellen Entscheidung, als »Befreier« in einem bestimmten geschichtlichen Kontext handelnd tätig zu werden, gelesen werden. Heidegger betont ja mit Platon sehr stark die Aufgabe des Philosophen, die Menschen zu führen und dadurch am Geschehen der Geschichte – die ja die Geschichte des Seins oder der Wahrheit ist – einen wesentlichen Beitrag zu leisten. Wieder einmal finden wir hier das Zeugnis einer nicht unbeträchtlichen Überschätzung dessen, was der Philosoph zu leisten in der Lage ist. Und dies ist immer auch Zeichen einer *Selbst*überschätzung. Denn wo immer Heidegger von Philosophen spricht, spricht er zunächst einmal von sich selbst: Denn unter den lebenden Philosophen gab es zu seiner Zeit niemand, der – seiner Ansicht nach – ihm das Wasser gereicht hätte. Außerdem dürfen wir, wenn es gilt, Heideggers Übernahme des Rektorats wie auch seine Amtsführung als Rektor zu verstehen, die Tatsache nicht unterschätzen, dass es zwischen seinem philosophischen Anliegen und dem Nationalsozialismus insofern eine Parallele gab, als es in beiden Fällen um die radikale Auseinandersetzung mit etablierten Denk- und Lebensweisen ging. Es gab – bei allen Differenzen – vielleicht so etwas wie eine Familienähnlichkeit zwischen bestimmten Momenten der nationalsozialistischen Ideologie und Heideggers Philosophie. Darauf macht u.a. auch Max Müller aufmerksam: »*Sein und Zeit* war – laut Heidegger – von Anfang an als ein Abschied von der ganzen bisherigen Philosophie gedacht. Den Nationalsozialismus parallelisierte er insofern mit dem eigenen denkerischen Vorhaben als einen grundsätzlichen Abschied von der bisherigen Politik.«[20] Müller macht allerdings sofort – zu Recht – auch auf die Grenzen dieser Parallelisierung aufmerksam: »Das war natürlich utopisch: Die Leute, denen er dieses zutraute, wollten ja etwas ganz anderes als er in seinem Abschied vom bisherigen Denken.«[21] Daher müssen wir auf noch etwas anderes hier – noch einmal – aufmerksam machen: dass nämlich diese Parallelisierung von Philosophie und Politik, von *Sein und Zeit* und dem Nationalsozialismus, möglich, aber in keiner Weise notwendig und logisch zwingend war!

An dieser Stelle können wir auf die Details dessen, was mit der sogenannten Kehre in Heideggers Denken und damit mit

20 »Gespräch mit Max Müller«, in: Heidegger/Müller, 119.
21 »Gespräch mit Max Müller«, in: Heidegger/Müller, 119.

den wichtigen Schritten auf seinem Denkweg unmittelbar nach der Veröffentlichung von *Sein und Zeit* verbunden ist, nicht noch weiter eingehen. Gelegentlich werden wir aber noch darauf zu sprechen kommen, vor allem dort, wo es um die *Beiträge zur Philosophie. Vom Ereignis* oder um *Besinnung* geht. Nachdem wir uns bislang aber gewissermaßen im Vorfeld zu unserem eigentlichen Thema aufgehalten haben, ist es nun Zeit, Heideggers Denk- und Lebensweg zur Zeit der nationalsozialistischen Diktatur näher zu untersuchen. Die ersten Kapitel werden dabei eine nicht unbeträchtliche Hilfe leisten, ist doch in ihnen der Hintergrund entfaltet worden, der ein adäquates Verständnis der nächsten Schritte auf Heideggers Denk- und Lebensweg möglich macht, ohne dass sich das Bemühen um ein solches Verständnis auf diesen Hintergrund beschränken dürfte.

III.

Heidegger –
Denker im nationalsozialistischen Deutschland

8. Heideggers Wahl zum Rektor der Albert-Ludwigs-Universität – die Gunst der Stunde?

»Trotzdem viele Leute hin u. her geschäftig sind,
ist nicht zu ersehen,
was mit den Universitäten zu geschehen hat.«[1]
Martin Heidegger

Skepsis und Kritik gegenüber der Weimarer Republik

Die Weimarer Republik war alles andere als ein gesicherter und in seiner Existenz unhinterfragter Staat. Ursula Büttner hat in ihrer meisterhaften Darstellung die Republik von Weimar als eine »überforderte und mißbrauchte« Demokratie gedeutet.[2] Zwar seien in der Weimarer Republik viele heute oft übersehene Erfolge erzielt worden. Dennoch sei das gesellschaftliche und politische Klima von nicht unbeträchtlichen Spannungen gekennzeichnet gewesen: »In den Krisen der Weimarer Republik stießen die unvereinbaren Staatsvorstellungen wie die politischen Konflikte überhaupt, die sozialen Gegensätze, die unterschiedlichen kulturellen Ansprüche und die Diskrepanz zwischen Ideal und Wirklichkeit besonders heftig aufeinander.«[3] Allerdings wurden in dieser

---

1 Aus einem Brief Martin Heideggers an Elisabeth Blochmann vom 12. April 1933 (Heidegger/Blochmann, 62).
2 Vgl. Ursula Büttner, *Weimar. Die überforderte Republik*, Stuttgart 2008, vor allem 498 ff.
3 Ursula Büttner, *Weimar. Die überforderte Republik*, 505.

Situation Kompromisse weitestgehend nicht gesucht. Die politische und gesellschaftliche Ordnung der Weimarer Republik stand selbst zur Diskussion: »Statt zwischen konträren Interessen Kompromisse zu suchen, sollte ein vermeintlich autonomer Staat eine starke ›Volksgemeinschaft‹ wiederherstellen und zu neuer nationaler Größe führen. Den einen stand dabei die Rückkehr zu Bismarcks Obrigkeitsstaat vor Augen; die anderen, besonders aus den jüngeren Generationen des Bürgertums, erkannten klarer, dass die politische und soziale Privilegierung der alten gesellschaftlichen Eliten im Krieg endgültig untragbar geworden war, und strebten einen von den Volksmassen plebiszitär gestützten ›Führerstaat‹ an.«[4]

Vielfach wird der neuen Republik daher mit Skepsis oder offener Kritik begegnet – auch an der Universität Freiburg. Die Haltung der Freiburger Professoren gegenüber der Weimarer Republik kann – wie die Haltung vieler Professoren[5] und Beamter – treffend als eine Haltung von »Distanz und Ablehnung« beschrieben werden: »Zwar wirkten auch an der *Alberto-Ludoviciana* Professoren, die sich aus innerer Überzeugung für die Demokratie einsetzten. Doch dieser Personenkreis stellte eine kleine Minderheit dar und traf deshalb ... auf starke Vorbehalte und erhebliche Widerstände bei den Kollegen.«[6] Allem Anschein nach näherten sich die Frei-

---

4 Ursula Büttner, *Weimar. Die überforderte Republik*, 504. Vgl. zur Bedeutung Bismarcks im 3. Reich und zur Deutung, dass Hitler vollende, was Bismarck (neben Friedrich dem Großen) begonnen habe, auch Karl Löwith, *Mein Leben in Deutschland vor und nach 1933. Ein Bericht*, Stuttgart 1986, 1; *Heidegger-Jahrbuch* 4, 73f., 78.

5 Vgl. hierzu auch Helmut Heiber, *Universität unterm Hakenkreuz. Band I: Der Professor im Dritten Reich*, München 1991, 36ff.

6 Alexander Bangert, »Distanz und Ablehnung: Die politische Einstellung der Freiburger Professorenschaft zur Weimarer Republik 1918–1933«, in: Bernd Martin (Hg.), *Von der badischen Landesuniversität zur Hochschule des 21. Jahrhunderts* (= *550 Jahre Albert-Ludwigs-Universität Freiburg. Festschrift* Band 3), Freiburg i. Br. 2007, 224–242. Vgl. hierzu auch

burger Professoren auch im Verlaufe der 1920er Jahre nicht an die Republik von Weimar an.[7] Diese erste deutsche Demokratie wurde bestenfalls toleriert.

Martin Heidegger teilte diese Skepsis und Kritik gegenüber der Weimarer Republik. Auch in seinen Schriften und Briefen finden sich deutliche Zeichen der »Distanz und Ablehnung« der ersten deutschen Demokratie. Im Juni 1932 schreibt er an seine Frau: »Ich lese jetzt Bismarcks Gedanken u. Erinnerungen – vor allem aber griechische Geschichtsschreibung – ich frage mich immer wieder, wo sind wir hingeraten – nicht nur, dass nichts Großes u. Wesentliches da ist – es fehlen, was natürlich damit zusammengeht – alle Instinkte für Maßstäbe u. Rang.«[8] Diese Aussage zeigt in aller Kürze wesentliche Momente der politischen Einstellung Heideggers Anfang der 1930er Jahre. Von der Weimarer Republik scheint er wenig begeistert zu sein, er sieht sie als durchaus problematisches Staatsgefüge, dem wirkliche Größe fehle, und idealisiert – wie viele seiner Kollegen – Ende der 1920er und zu Beginn der 1930er Jahre das Kaiserreich und scheint der Option einer »Rückkehr zu Bismarcks Obrigkeitsstaat« wohlwollend gegenüber eingestellt gewesen zu sein. Was Ursula Büttner für die Weimarer Republik im Allgemeinen feststellt, gilt auch für die Freiburger Universität im Besonderen: »Den Bezugspunkt für eine Mehrheit der Studenten – und im übrigen auch für die Professoren – stellte der ›Vollender der deutschen

---

Bernd Martin, »Martin Heidegger und der Nationalsozialismus«, in: Bernd Martin (Hg.), *Martin Heidegger und das ›Dritte Reich‹. Ein Kompendium*, Darmstadt 1989, 16f. Vgl. zur Situation der Philosophie in Deutschland vor 1933 auch Hans-Joachim Dahms, »Philosophie«, in: Frank-Rutger Hausmann, *Die Rolle der Geisteswissenschaften im Dritten Reich 1933–1945*, München 2002, 193–227, 194ff.

7 Vgl. hierzu auch Alexander Bangert, »Distanz und Ablehnung: Die politische Einstellung der Freiburger Professorenschaft zur Weimarer Republik 1918–1933«, 236f.

8 Heidegger/Elfride Heidegger, 180.

Reichseinheit‹ Bismarck dar. Während der gesamten Zeit der
Weimarer Republik wurde an der Freiburger Universität der
Reichsgründungstag des deutschen Kaiserreichs begangen.
Feiertage, die sich auf die Weimarer Republik bezogen, wurden von der Mehrheit der Universitätsangehörigen igno-
riert.«[9] Das Deutsche Reich unter Bismarck erschien also
nicht nur Heidegger, sondern vielen der deutsch-national orientierten Professoren oder auch vielen der nationalsozialistisch orientierten Studenten an der Freiburger Universität als
eine Zeit der Ordnung, Sicherheit und nationalen Einheit
und Eintracht.

Bei Heidegger ist diese idealisierende Orientierung am Kaiserreich und an der verherrlichten Gestalt Bismarcks verbunden mit einer für sein gesamtes Denken typischen Hinwendung zu den Griechen. Dass Heidegger sich im Jahr vor der
nationalsozialistischen Machtergreifung mit griechischer
Geschichtsschreibung (und natürlich auch mit griechischer
Philosophie) beschäftigt, zeigt sehr deutlich, woher er auch
Rettung und eine Überwindung der zeitgeschichtlichen Krise
erwartet: Die Griechen stehen, so setzt Heidegger voraus, in
einer besonderen Nähe zu den Deutschen und können in Zeiten des gesellschaftlich-politischen Umbruchs und existen-
tieller Unsicherheiten Orientierung bieten. Neben Bismarck
und dem Kaiserreich steht für Heidegger also Griechenland –

---

9 Vgl. Bernd Grün, »Die Radikalisierung der Studentenschaft in der
Weimarer Republik und der Wehrsport«, in: Bernd Martin (Hg.), *Von der
badischen Landesuniversität zur Hochschule des 21. Jahrhunderts*,
308–330, 311. Dort auch Informationen zu der in diesem Zusammenhang
interessanten Kritik des Freiburger Juristen Hermann Kantorowicz am
Bismarckkult. Vgl. in diesem Zusammenhang zur Idealisierung des Kaiserreiches auch Bernd Martin, »Das politisch-weltanschauliche Umfeld«,
in: Eckhard Wirbelauer (Hg.), *Die Freiburger Philosophische Fakultät
1920–1960. Mitglieder – Strukturen – Vernetzungen* (= *Freiburger Beiträge
zur Wissenschafts- und Universitätsgeschichte*, Neue Folge 1), Freiburg
und München 2006, 29–57, 33 ff.

und zwar ein von Heidegger immer sehr selektiv und idealistisch verzerrt wahrgenommenes Griechenland. Daher bemängelt er 1933 an Karl Jaspers, seine Welt sei »zudem ohne die der Griechen – was nach meiner Überzeugung im jetzigen Weltaugenblick des abendländischen Geschehens einer Katastrophe gleichkommt«.[10]

Dass Heidegger – gegen »die Erbärmlichkeit des heutigen Philosophiegeschwätzes«[11] – viel von einer Neubesinnung auf die Welt der Griechen erwartet, zeigt sich nicht nur in einer intensiven Auseinandersetzung mit Aristoteles, Platon oder den Vorsokratikern, sondern auch in der Rektoratsrede, wie wir im nächsten Kapitel sehen werden. Mit seiner Überzeugung, die Griechen hätten besondere Bedeutung für die Deutschen, da diese ihnen in besonderer Weise nahe seien, betritt Heidegger allerdings – wie auch mit seiner Bismarck-Lektüre – kein Neuland. Vielmehr liegt hier ein Motiv vor, das aus der deutschen Geistes- und Kulturgeschichte vertraut ist: Wird positiv von einer besonderen Nähe der Deutschen zu den Griechen gesprochen – eine These, die etwa seit Winckelmann, Goethe und Schiller immer wieder in verschiedenen Variationen begegnet –, so finden damit immer auch Abgrenzungen statt: eine Abgrenzung zunächst vom romanischen, von der römischen Kultur beeinflussten Kulturkreis (und damit vor allem von Frankreich und auch von Italien), aber auch eine Abgrenzung vom Christentum in seiner im Westen vorherrschenden, nämlich der römisch-lateinisch geprägten Form.[12] Denn das Griechentum, um das es Heideg-

10 Heidegger/Blochmann, 61.
11 Heidegger/Bultmann, 190.
12 Zeugnisse für eine derartige »Gräkophilie« finden sich auch bei Alfred Baeumler und Alfred Rosenberg – dabei wird die griechische Welt nicht nur mit dem nationalsozialistischen Deutschland in Verbindung gebracht, sondern auch »arisiert« und der »dekadenten« Welt Kretas (und das heißt Asiens) gegenübergestellt. Vgl. hierzu *Das politische Tagebuch Alfred Rosenbergs aus den Jahren 1934/35 und 1939/40*, hg. von Hans-

ger wie auch seinen gräkophilen Vorläufern und Vordenkern ging, war ein paganes, vorchristliches Griechentum: eben das Griechentum der Vorsokratiker, Platons und Aristoteles', der Tragiker, epischen Dichter oder auch der Geschichtsschreiber Herodot und Thukydides.

Die Annäherung Heideggers an die NSDAP

Wenn Heidegger aber in diesem Brief an seine Frau nationalsozialistische Autoren oder Gedanken nicht als wichtig erwähnt, dann aus dem Grunde, dass diese für ihn 1932 wie bei den meisten der Freiburger Professoren keine wesentliche Rolle spielten, auch wenn Heidegger bereits 1930 den *Völkischen Beobachter* gelesen hat.[13] Bis zum März 1933 – also bis zu den sogenannten Märzgefallenen – gab es nämlich nur einen Professor der Freiburger Universität, der auch Mitglied der NSDAP gewesen ist: der klassische Philologe Wolfgang Aly.[14] Wenn Heidegger erst Anfang Mai in die Partei eintritt, während seit den Wahlen vom 5. März 1933 »das Auge starr auf die Karriere gerichtet, Millionen neuer Mitglieder, an der Spitze Beamte und Lehrer, die sogenannten ›März-Gefallenen‹, in die NSDAP«[15] strömten, dann mag dies auch zeigen,

Günther Seraphim, Berlin und Frankfurt am Main 1956, 22f.: »Baeumler kommt noch ganz benommen von der Schönheit des arischen Griechenland zurück. Er hat die Bestätigung unserer Anschauungen überall gefunden, nun wir endlich unbefangene Augen erhalten haben (sic!).« Vgl. auch Alfred Rosenberg, *Der Mythus des 20. Jahrhunderts. Eine Wertung der seelisch-geistigen Gestaltenkämpfe unserer Zeit*, München 1933 (13.–16. Auflage), vor allem 34 ff.

13 Vgl. hierzu Heidegger/Elfride Heidegger, 165; vgl. auch *Heidegger-Jahrbuch* 4, 274.

14 Vgl. auch Alexander Bangert, »Distanz und Ablehnung: Die politische Einstellung der Freiburger Professorenschaft zur Weimarer Republik 1918–1933«, 240f.

15 Hans-Ulrich Wehler, *Deutsche Gesellschaftsgeschichte. 4. Band: Vom Beginn des Ersten Weltkrieges bis zur Gründung der beiden deutschen Staaten 1914–1949*, München ³2008, 605.

dass Heidegger sich erst allmählich an die NSDAP und an die Möglichkeit eines Parteieintrittes angenähert hat. Wäre er nämlich bereits im März 1933 ein wirklich überzeugter Nationalsozialist gewesen oder hätte er Interesse an weiterer politischer Wirkung gehabt, dann wäre er wohl bereits vor seiner Wahl zum Rektor in die Partei eingetreten. Noch Ende 1932 aber schreibt er an Bultmann, der ihm von den Gerüchten, er – Heidegger – betätige sich nun politisch und sei Mitglied der NSDAP geworden, berichtet,[16] Folgendes: »Daß ich Mitglied der NSDAP sei, ist ein Latrinengerücht – wie man beim Militär sagt –, das irgend jemand in der letzten Zeit verbreitet; denn ich habe schon mehrfach Anfragen in dieser Richtung bekommen. Ich bin nicht Mitglied dieser Partei und werde es nie sein, sowenig wie ich früher Mitglied irgend einer anderen gewesen bin.«[17] Noch Ende 1932 liegt Heidegger, folgen wir seinen Aussagen Bultmann gegenüber, ein Parteieintritt also fern. Seinen eigenen Prinzipien wird er allerdings schnell untreu – vermutlich, weil er die Notwendigkeit sieht, als Rektor eine Entscheidung zu treffen, und weil vermutlich auch seine innere Zustimmung zur nationalsozialistischen Bewegung – bei aller nach wie vor vorhandenen Kritik – nach dem Januar 1933 noch stärker wurde: Nachdem er schon im November 1932 die NSDAP auf Drängen seiner Frau gewählt[18] und z.B. auch an den Theologen

16 Heidegger/Bultmann, 187.
17 Heidegger/Bultmann, 191. Vermutlich deshalb konnte Marcuse schreiben: »Ich verließ Freiburg im Januar 1933. Weder ich noch meine Freunde hatten von Heideggers Beziehung zum Nazismus vor 1933 etwas gewußt oder gemerkt« (Herbert Marcuse, »Enttäuschung«, in: *Erinnerung an Martin Heidegger*, hg. von Günther Neske, Pfullingen 1977, 162). Ähnlich äußert sich auch Karl Jaspers, *Philosophische Autobiographie*, erweiterte Neuausgabe, München 1977, 102.
18 Vgl. Heidegger/Bultmann, 191 f.: »All solche [scil., in »›kulturellen‹ Dingen« negativen, H.Z.] Erscheinungen können mich nicht abhalten, die *Bewegung* u.a. auch durch die entsprechende Stimmabgabe bei den Wahlen – nicht erst seit gestern – zu unterstützen.« Dass Heidegger Ende 1932

Ernst Fuchs bereits 1932 die berühmte Rede Hitlers im Indus-
trieklub in Düsseldorf – als Empfehlung Hitlers – geschickt
hatte,[19] tritt Heidegger am 1. Mai 1933 in die NSDAP ein.[20] Er
tritt damit an jenem Tag ein, an dem ein sechsjähriger Auf-
nahmestopp in die Partei verhängt wurde[21] und an dem auch
Erich Rothacker und Carl Schmitt in die NSDAP eintraten.[22]

Wie bereits angedeutet, haben die meisten Professoren in
Freiburg nicht nur die Weimarer Republik, sondern auch den

von einer gewissen Hoffnung in politischen Fragen erfüllt war, deutet
auch Heidegger/Jaspers, 149 an: »Ob es gelingt, für die kommenden Jahrzehnte der Philosophie einen Boden und einen Raum zu schaffen, ob Menschen kommen, die in sich eine ferne Verfügung tragen?« Vielleicht fand
er in den Nationalsozialisten (zumindest in einigen) solche Menschen. Interessant ist aber wieder einmal, welch dominante Rolle auch in dieser
Aussage die Philosophie und damit auch die Welt der Universität spielt.
Lt. einer brieflichen Mitteilung von Herrn Dr. Hermann Heidegger hat
Martin Heidegger im Juli 1932 noch die Partei der württembergischen
Weinbauern gewählt.
19 Vgl. hierzu *Heidegger-Jahrbuch* 4, 247.
20 Nach eigenem Bekunden trat Heidegger am 3. Mai 1933 oder 30. April
(vgl. GA 16, 788) in die NSDAP ein. Er kann gut sein, dass dies wahr ist und
aufgrund des Eintrittsstopps sein Eintritt auf den 1. Mai zurück- bzw. vor-
datiert wurde. Im Fragebogen des NS-Dozentenbundes, den Heidegger am
28. März 1939 ausgefüllt hat (vgl. Hauptstaatsarchiv Stuttgart, Personalakten Heidegger, EA3/150 Bü 835), schreibt er eindeutig, dass er am 1. Mai
»nach Aufforderung durch die Kreisleitung Freiburg i. Br.« in die NSDAP
eingetreten sei (vgl. hierzu auch GA 16, 383; 400f.). Es ist interessant, dass
Heidegger in einem offiziellen Dokument, in dem dies gar nicht notwendig gewesen wäre, und nicht erst nach 1945 betont, dass sein Parteieintritt
auf »Aufforderung« (also nicht aus eigenem Entschluss) geschehen sei.
Dabei stellte er, wie er seinem Sohn Hermann Heidegger nach dem zweiten Weltkrieg erzählte, zwei Bedingungen, nämlich 1) dass er nie an einer
Parteiversammlung teilnehmen müsse und 2) dass er nie ein Parteiamt
übernehmen müsse. Beide Bedingungen wurden von der NSDAP bis 1945
berücksichtigt (briefliche Mitteilung von Herrn Dr. Hermann Heidegger;
vgl. auch GA 16, 372–397; 400f.).
21 Vgl. hierzu auch Hans-Ulrich Wehler, *Deutsche Gesellschaftsgeschichte. 4. Band*, 606.
22 Vgl. hierzu George Leaman, *Heidegger im Kontext. Gesamtüberblick
zum NS-Engagement der Universitätsphilosophen*, Hamburg 1993, 73; 94.

Martin Heideggers Karteikarte aus der NSDAP-Zentralkartei

Nationalsozialismus vor 1933 mit Skepsis, mit einer kritischen Distanz, oft auch mit einem gewissen Dünkel und mit Verachtung betrachtet. Sie waren deutsch-national und konservativ eingestellt, aber das bedeutete oft auch, dass sie lange Zeit mit der »nationalsozialistischen Bewegung« und der ihr eigenen Ideologie wenig anfangen konnten: »Der plebejische Zuschnitt der Partei, die antiintellektuelle Ausrichtung ihrer Politik und die Furcht vor einer Einschränkung der akademischen Freiheit sorgten ebenso für Distanz wie die Angst vor möglichen Karrierenachteilen aufgrund einer Mitgliedschaft in der NSDAP.«[23] Auch den Freiburger Professoren waren die Nationalsozialisten daher oft zu radikal und zu fremd, als dass sie sich mit ihnen schon vor 1933 ernsthaft auseinandergesetzt hätten. Zu groß war die Kluft zwischen ihren politischen Vorstellungen und dem Programm der Nationalsozialisten. Denn die Freiburger Professoren waren oft nicht nur national-konservativ eingestellt, sondern auch katholisch, so dass sie politisch vor allem dem Zentrum nahestanden. Die Freiburger Universität war, was zumindest die Professoren betraf, daher zunächst – d. h. auch nach der Machtergreifung der Nationalsozialisten im Januar 1933 – alles andere als eine Hochburg der Nationalsozialisten. Als es Anfang März 1933 zu einem Wahlaufruf von 300 Wissenschaftlern für Adolf Hitler kam, zeigte sich wenig Unterstützung aus der Freiburger Universität: »Die Freiburger bildeten mit zwei Unterzeichnern, Heidegger gehörte nicht zu ihnen, das einsame Schlußlicht unter den deutschen Hochschulen.«[24] Das änderte sich freilich im Verlaufe des Jahres 1933 – nicht zuletzt, weil es doch auch beträchtliche Gemeinsamkeiten zwischen den verschiedenen rechten Lagern gegeben

23 Michael Grüttner, »Wissenschaft«, in: Wolfgang Benz, Hermann Graml, Hermann Weiß, *Enzyklopädie des Nationalsozialismus*, München 2007, 143–165, 156.
24 Bernd Martin, »Martin Heidegger und der Nationalsozialismus«, 20.

hat und man sich auch in Freiburg – wie anderswo – die Illusion machte, Hitler und seine »Bewegung« könnten im Rahmen einer Koalitionsregierung gebändigt werden.

Auch in diesen Fragen stellt Heideggers politische Einstellung, wie seine Briefe an seine Frau zeigen, keine Ausnahme dar. Von einer Vortragsreise nach Dresden im Juni 1932 schreibt Heidegger seiner Frau einen Brief über eine Begegnung mit dem späteren nationalsozialistischen »Hausphilosophen« Alfred Baeumler, in dem er auch einen anderen nationalsozialistischen »Hausphilosophen«, nämlich Ernst Krieck, erwähnt:[25] »Baeumler hat mich insofern enttäuscht, als er doch philos. ziemlich schwach ist – gut als Historiker – ausgezeichnet informiert in den neuesten Bewegungen. Die Nazi sind nach seinen genauen Kenntnissen noch sehr borniert in allen kulturellen – geistigen Dingen – Fachschule u. Charakterschule – diese Formel soll alles lösen u. ist natürlich der Ruin. Krieck – ist ein von Ressentiment geladener emporgekommener Volksschullehrer.«[26] Dieser Brief an seine Frau zeigt sehr deutlich, wie Heidegger bei allen partiellen Sympathien noch 1932 über die Nationalsozialisten gedacht hat. Er scheint der Beurteilung Baeumlers zuzustimmen (der sich ab 1932 zunehmend dem Nationalsozialismus annäherte) und drückt sehr deutlich seine Ablehnung der nationalsozialistischen »Lösungsformel« zur Reform der Universität aus. Deren Pläne zur Reform der Schulen und Universitäten, so Heideggers Aussage, die sich vermutlich vor allem auf Kriecks Ideen bezieht, kann er nicht akzeptieren. Nicht nur stimmen sie mit seinen eigenen Überlegungen zur

---

25 Vgl. auch hierzu Heidegger/Blochmann, 60f. Vgl. zu Baeumler und Krieck Barbara Schneider, *Die Höhere Schule im Nationalsozialismus* (= *Beiträge zur historischen Bildungsforschung;* 21), Köln 2000, 221–320; vgl. hier auch Hermann Giesecke, *Hitlers Pädagogen. Theorie und Praxis nationalsozialistischer Erziehung*, München ²1999, 33–121.
26 Heidegger/Elfride Heidegger, 175.

Universitätsreform nicht überein. Sie führen seiner Ansicht nach, so schreibt er weniger als ein Jahr vor der Rektoratsrede im Mai 1933, auch »natürlich« zum Ruin. Allzu große Hoffnungen scheint Heidegger also nicht auf die Nationalsozialisten gesetzt zu haben. Er begegnete ihnen auch mit Kritik und Distanz – und mit einer nicht zu leugnenden Arroganz gegenüber den kleinbürgerlichen Ideen und Vertretern der Nationalsozialisten. Die Tiefe der Einsicht in das, was wirklich notwendig war, schien ihnen, so Heideggers Meinung, zu fehlen: Auch bei Krieck hätte er etwa bemängeln können, dass ihm – anders als Jaspers freilich – die Einsicht in die Bedeutung der Welt der Griechen fehlte.

Deutlicher als in seinem Brief vom Juni 1932 hätte er seine eigene Position Anfang der 1930er Jahre kaum aussprechen können: Wenn er sich aber hier zu politischen Fragen äußert, dann wiederum aus einer Perspektive, für die die Universität im Zentrum steht und die für die eigentlichen politischen Fragen auffallend unsensibel ist. Als ob es 1932 nicht auch viele andere drängende politische Probleme und Fragen als nur die Frage nach der Reform der Universität gegeben hätte, steht Anfang der 1930er Jahre nach wie vor die universitäre Perspektive im Vordergrund von Heideggers Äußerungen zur Welt der Politik. Eine wirkliche Gefahr scheint Heidegger in den Nationalsozialisten aber auch nicht erkannt zu haben.

Heidegger in der Gefahr einer »zwiefachen Opposition«

Diese Perspektive Heideggers zeigt sich auch in einem Brief, den er einige Monate nach der nationalsozialistischen Machtergreifung, aber vor Antritt des Rektorats – am 12. April 1933 – an Elisabeth Blochmann (die als »Halbjüdin« Anfang 1934 emigrieren sollte) schreibt. Dort spricht er offen seine Enttäuschung über die ersten Wochen und Monate der nationalsozialistischen Machtergreifung aus. Obwohl viel gemacht werde, so Heidegger, führe dieser Aktionismus doch nicht zu den richtigen Schritten, ja, die eigentliche Aufgabe ist eigentlich noch gar nicht bekannt: »Trotzdem viele Leute hin u. her geschäftig sind, ist nicht zu ersehen, was mit den Universitäten zu geschehen hat.«[27] Ähnlich hatte er sich schon Ende März Blochmann gegenüber geäußert: »Was mit den Universitäten geschehen wird, weiß niemand – jedenfalls unter denen, die betroffen werden.«[28] Ein Grund liegt nach Heidegger in der tiefreichenden Krise der Universität, von der er nach wie vor ausgeht: »Im Unterschied zu den Bonzen, die vor wenigen Wochen noch Hitlers Arbeit als ›ausgekochten Blödsinn‹ bezeichneten u. jetzt um ihre Gehälter u. dgl. zittern, müssen die Einsichtigen sich sagen, daß nicht viel verdorben werden kann. Denn es ist ja nichts mehr da; eine wirklich in sich gesammelte wirkungskräftige oder führende Welt ist die Universität schon lange nicht mehr.«[29] Man könne also, so Heidegger, eigentlich nichts mehr verlieren; es müsse aber jetzt endlich einmal etwas geschehen: »Ein Zwang zur Besinnung« könne, so Heidegger weiter, »nur von Segen sein« – »selbst wenn Mißgriffe unterlaufen«.[30]

Heidegger ist sich also durchaus bewusst, dass »Mißgriffe unterlaufen« können und tatsächlich auch unterlaufen. Sosehr er also die Ereignisse des Frühjahrs – »Hitlers Arbeit« – zu begrüßen scheint, so sehr bleibt er auch kritisch – nicht nur aus dem Grund, dass es Missgriffe gibt, sondern vor allem auch, weil niemand zu wissen scheint, was eigentlich geschehen soll. Offen äußert Heidegger Blochmann gegenüber auch seine Kritik an den ersten Maßnahmen der natio-

---

27 Heidegger/Blochmann, 62.
28 Heidegger/Blochmann, 61.
29 Heidegger/Blochmann, 61. In diesem Brief zeigt sich ansatzweise schon Heideggers später wesentlich deutlicher werdende Begeisterung für Hitler.
30 Heidegger/Blochmann, 61.

nalsozialistischen Bildungspolitik. Wichtige Stimmen, die seiner Ansicht nach eine größere Rolle spielen sollten, werden nicht gehört; die Partei erscheint ihm zu dominant: »Auch bleiben offensichtlich alle Kräfte, die einmal Träger der großen geistigen Überlieferung sind u. zum anderen den Willen haben zu einer gewachsenen Gestaltung des ›Reiches‹ u. seiner geistigen Welt ferngehalten. Wenn auch ein berechtigtes Mißtrauen gegen die Universitäten, in denen gerade jetzt viel Reaktion sich hervortut, zu solcher Haltung zwingt, so darf das nicht in den entgegengesetzten Fehler verleiten, nur Parteigenossen die Aufgaben auszuliefern.«[31]

Heidegger, der zu diesem Zeitpunkt noch nicht Mitglied der Partei ist, scheint einen Mittelweg gehen zu wollen: Er ist nicht ganz gegen »Eingriffe von oben«. Diese scheinen ihm notwendig, weiß er doch darum, dass viele der etablierten Professoren kaum die Notwendigkeit einer Universitätsreform sehen und sich mit ihnen die Universität nicht wirklich umgestalten lasse. Denn diese verhandeln ja, so Heidegger weiter in seinem Brief an Blochmann, als »vitalste« Frage die Frage nach ihrem Gehalt.[32] Und er weiß zudem, dass »auch die Lebendigeren ... zunächst u. ausschließlich nur in Organisationsfragen« denken und sich nicht »um die große Arbeit eines inneren Aufbaus der Universität, dem erst wieder eine geistige Welt entwachsen u. dem ganzen Volk einwachsen kann«, kümmern.[33] Ähnlich wie zu Beginn seiner akademischen Laufbahn in den Jahren nach dem Ersten Weltkrieg setzt Heidegger auf die Professoren – nun seine Kollegen – keine große Hoffnung. Hatte er damals gehofft, die »jungen Leute« könnten dabei helfen, das alte Ideal des universitären Lebens mit neuem Geist zu füllen, so hat er Anfang 1933 eine ähnliche Hoffnung: dass nämlich eine Reform in Zusammen-

---

31 Heidegger/Blochmann, 62.
32 Heidegger/Blochmann, 62.
33 Heidegger/Blochmann, 62. Vgl. hierzu auch GA 16, 100.

arbeit mit den Nationalsozialisten – vor allem auch mit den nationalsozialistischen Studenten – möglich sei.

Eine Form der von außen, d.h. seitens der neuen politischen Machthaber betriebenen Reform der Universität scheint Heidegger also durchaus notwendig. Dass die Universität sich selbst helfen und reformieren könne, erscheint ihm unwahrscheinlich. Wenn es denn überhaupt eine Hoffnung auf eine grundlegende Reform der Universität gibt, so mag Heidegger gedacht haben (und wir haben gesehen, dass er für eine gewisse Zeit selbst diese Hoffnung aufgegeben zu haben schien), dann in dieser universitätspolitisch günstigen Stunde. Das war, gewiss, eine trügerische Hoffnung, eine Hoffnung aber, die Heidegger gehegt hat, obwohl er, so scheint es jedenfalls, auch deutlich gesehen hat, dass er damit in eine »zwiefache Opposition« geraten würde – und dass er dann sich der Gefahr aussetzte, zwischen den »Fronten« zerrieben zu werden.[34]

Denn wenn diese Hoffnung nun bedeuten sollte, dass nur noch »Parteigenossen« die anstehenden Aufgaben erfüllten, dann hält er dies für einen gleichfalls problematischen Fehler. Sosehr er einer Zusammenarbeit mit dem neuen Regime gegenüber offen ist, so sehr lehnt er eine rein (partei-)politisch unternommene Reform der Universitäten ab. Vielmehr, so hat Heidegger gedacht, sei es notwendig gewesen, dass auch diejenigen, die den Reformbedarf und die Richtung der

---

34 Vgl. hierzu GA 16, 373. Heidegger weist hier darauf hin, dass er »bis zum letzten Tag« gezögert habe, das Rektorat zu übernehmen, da er dann in eine Opposition »gegen das ›Neue‹ und gegen das ›Alte‹« geraten würde: »Das Neue war inzwischen aufgetreten in der Gestalt der ›politischen Wissenschaften‹, deren Idee auf einer Verfälschung des Wesens der Wahrheit gründet. Das »Alte« war das Bestreben, beim ›Fach‹ zu bleiben und dessen Fortschritte zu fördern und im Unterricht nutzbar zu machen, jede Besinnung auf die Wesensgrundlagen als abstrakt-philosophisch abzulehnen oder allenfalls doch nur als äußere Verzierung zuzulassen, nicht aber als Besinnung zu vollziehen und *aus diesem Vollzug* zu denken und zur Universität zu gehören.«

notwendigen Reformen erkennen, *von innen heraus* mitwirken. »Meines Erachtens können wir zunächst«, so Heidegger
im März 1933 an Kurt Bauch, »nur Mißgriffe verhüten und
das Bewußtsein von der Notwendigkeit einer Gesamtwand-
lung wecken, die nicht durch bloße ›Maßnahmen‹ zu erreichen ist – sondern eine Klärung und Festigung des Willens
und des Auftrags der jungen Generation voraussetzt.«[35] Es
ging ihm daher zunächst einmal eher um Kooperation mit
den neuen Machthabern – und der Eindruck liegt nicht fern,
dass ihm nicht eine Kooperation unter gleichrangigen Akteu-
ren vorschwebte, sondern eine Form der Zusammenarbeit,
in der diejenigen, die nun – endlich, so wird Heidegger gedacht haben – den politischen Willen zur Reform aufbräch-
ten, sich von denjenigen leiten und führen ließen, die wissen,
wie denn zu reformieren sei und »was mit den Universitäten
zu geschehen hat«, so dass »Mißgriffe« und »bloße ›Maßnahmen‹«, die zu keiner substantiellen Verbesserung führen, vermieden werden.

Dabei denkt Heidegger sicherlich nicht an Ernst Krieck,
der zumindest für einige Jahre maßgeblich die nationalsozialistische Universitäts- und Bildungspolitik mitbestimmte
oder zumindest mitzubestimmen beanspruchte. Krieck wird
von Heidegger kaum und, wenn überhaupt, dann – wie wir
bereits gesehen haben – immer auch in sehr kritischer Weise
erwähnt. Ein 1933 von Krieck verfasstes »kulturpolitisches
Programm« wird von Heidegger zwar als »gesinnungsmäßig
von echtem Antrieb«, aber »im ganzen ... recht subaltern«
bezeichnet und von ihm »verhindert«: »In Frankfurt konnte
ich zunächst nur mehr *verhindernd* wirken, bezüglich der
Veröffentlichung eines von Krieck verfaßten kulturpolitischen Programms. Nicht als ob ich auf die verflossene ›Geistigkeit‹ u. ›Gebildetheit‹ irgendwelchen Wert legte – es fehlt

35 Heidegger/Bauch, 14.

trotz aller meisterhaften Beherrschung heutiger Phraseologie jedes Wissen um die wirkliche Größe u. Schwere der Aufgabe.«[36] Heidegger psychologisiert das mangelnde Bewusstseins Kriecks um die »wirkliche« Aufgabe, sieht für ihn trotzdem eine wichtige Bedeutung in der Zukunft – wobei offen ist, wie glücklich Heidegger wirklich darüber war: »Er wird die Rückgefühle des kleinen, sich heraufarbeitenden Mannes nie überwinden u. so seine Arbeit mit Unfreiheit belasten – trotzdem – glaube ich – wird sein Ernst und sein Charakter u. seine Erfahrung etwas zu bedeuten haben.«[37] Die faktische Bedeutung Kriecks steht Heidegger klar vor Augen – hoch geschätzt hat er ihn oder seine Arbeit ohne jeden Zweifel nicht. Viel eher wollte er ihn wohl sich und seinen eigenen Ideen nutzbar machen. Es scheint nämlich, als habe Heidegger Krieck als »Verbindungsmann« zu Regierungskreisen in Berlin nutzen wollen. In einem Brief an Kurt Bauch vom 14. März 1933, in dem Heidegger auf die Ende April 1933 stattfindende Tagung der »Kulturpolitischen Arbeitsgemeinschaft Deutscher Hochschullehrer« eingeht, heißt es nämlich: »Ich habe wenig und nach Berlin gar keine Beziehungen. Ich glaube der nächste Weg geht jetzt über Jantzen zu Krieck, der mindestens weiß, was man in Berlin vorhat.«[38] Heidegger betont des Weiteren, dass Krieck daher »über das Vorhaben der Regierung orientieren« müsse. Seine prinzipielle und scharf formulierte Kritik an Krieck bleibt davon unberührt: »Von Krieck stammten«, so Heidegger weiter in seinem Brief an Bauch, »allerdings die schmalzigen ›Richt-

---

36 Heidegger/Blochmann, 61. Vgl. hierzu auch Hartmut Tietjen, »Heidegger und die nationalsozialistische Hochschulpolitik«, in: István M. Fehér (Hg.), *Wege und Irrwege des neueren Umgangs mit Heideggers Werk. Ein deutsch-ungarisches Symposium*, Berlin 1991, 109–128, 117f.
37 Heidegger/Blochmann, 61.
38 Heidegger/Bauch, 13f. Der Kunsthistoriker Hans Jantzen war der Lehrer von Kurt Bauch und lehrte an der Universität Frankfurt, deren Rektor Ernst Krieck 1933/34 war.

linien‹, auf deren Fragwürdigkeit ich in der ersten Sitzung deutlich genug hingewiesen habe.«[39] Krieck hat, wie wir im 13. Kapitel sehen werden, kaum positiver über Heidegger gedacht: Er hat schon früh gesehen, dass Heideggers Denken nur schwerlich mit dem Nationalsozialismus vereinbar sei und ihn zum Gegenstand einer heftigen und wenig sachlichen Kritik in der von ihm herausgegebenen Zeitschrift *Volk im Werden* gemacht.[40]

Wenn Heidegger also eine aktive Mitwirkung der »Kräfte, die einmal Träger der großen geistigen Überlieferung sind u. zum anderen den Willen haben zu einer gewachsenen Gestaltung des ›Reiches‹ u. seiner geistigen Welt«[41] fordert, dann wird Heidegger nun – im April 1933 – vor allem auch an sich selbst bzw. an eine Gruppe von »Kräften« unter seiner Führung gedacht haben. Nicht zuletzt aus diesem Grund wird er sich schnell aus der von Krieck initiierten Arbeitsgemeinschaft zurückziehen. Denn zu deutlich wusste er, worin das Gebot der Stunde bestand, als dass er bereit gewesen wäre, sich hier auf Kompromisse einzulassen. Ihm ging es daher zunächst einmal darum, die Gunst der Stunde zu nutzen, um *von innen her* an den *von außen her* betriebenen Reformen der Universität maßgeblich mitzuwirken und die Universität zu dem zu machen, was sie seiner Meinung nach eigentlich ist: eine »wirklich in sich gesammelte wirkungskräftige oder führende Welt«.[42] Denn den Glauben, dass die reformierte und in ihrem Wesen erneuerte Universität auch die Aufgabe habe, die politische und gesellschaftliche Wirklichkeit zu gestalten und zu führen, hat Heidegger Anfang 1933 noch nicht aufgegeben.

Im April 1933 sieht sich Heidegger, wie seine Briefe zeigen, nicht als Nationalsozialist, der bereits mit den Prinzipien na-

39 Heidegger/Bauch, 14.
40 Vgl. hierzu Kapitel 13.
41 Heidegger/Blochmann, 62.
42 Heidegger/Blochmann, 61.

tionalsozialistischer Politik völlig vertraut wäre,[43] sondern als Angehöriger der Universität, der nun die Aufgabe hat, die beginnenden Reformen in Bahnen zu lenken, die dem Wesen der Universität entsprechen. Er wird sich dabei der Schwere dieser Aufgabe durchaus bewusst gewesen sein – und es wird ihm nicht leichtgefallen sein, die ruhige Existenz in der Studierstube mit den öffentlich-politischen Aufgaben als Rektor zu vertauschen. Auch Elisabeth Blochmann wusste darum, dass Heidegger sich keiner leichten Aufgabe gestellt hatte, als er das Rektorat übernahm: »Ich las«, so schreibt sie Ende April 1933 an Heidegger, »daß Sie Rektor geworden sind. Der Entschluß, aus der Einsamkeit Ihrer Arbeit so herauszutreten, wird Ihnen nicht leicht [ge]worden sein. Aber ich bin doch froh und glaube auch, daß es für Sie selbst etwas Großes ist, jetzt solche Verantwortung tragen zu dürfen. Ich wünsche Ihnen von ganzem Herzen daß Sie das Beste Ihrer langgehegten Pläne einer wirklichen Erneuerung der deutschen Universität mit werden verwirklichen können. Und ich wünsche Ihnen, daß Sie Mitkämpfer von wahrhaft geistigem Rang haben, damit in dem – auf die inneren Höhenlage gesehen – so wirren Gewebe unserer Zeit hier wenigstens ein reines Werk gelingt.«[44] Blochmanns Brief ist kein unwichtiges Dokument dafür, wie ihm nahestehende Freunde und Bekannte Heideggers Entscheidung, Rektor zu werden, gedeutet haben: nämlich nicht als Verrat an seinem eigenen Denken und als Zeichen einer fragwürdigen politischen Gesinnung, sondern als sicherlich auch überraschende Fortsetzung eines ihn seit langem beschäftigenden Interesses und

---

43 Vgl. hier noch mal den Brief Heideggers an Bauch vom 14. März 1933 (Heidegger/Bauch, 14): »Wollen wir aber im Augenblick nicht mit einem platonischen Programm ins Leere stoßen, müssen wir erst wissen, was ›man‹ in der Regierung zunächst vorhat.«
44 Heidegger/Blochmann, 66.

Anliegens:[45] Nun endlich, so sahen auch sie, zeige sich ihm die Möglichkeit, aktiv zu werden und die Universität in seinem – und das heißt: im einzig wahren und angemessenen – Sinne zu reformieren. Diese Möglichkeit zeigte sich nicht zuletzt auch angesichts der Tatsache, dass bis April 1933 in universitätspolitischen Fragen noch nicht allzu viel geschehen war.[46]

Die Möglichkeit und Notwendigkeit des Rektorats: Eine Entscheidung angesichts des Gebots der Stunde

Was aber war zwischen dem Juni 1932 und der Rektoratsübernahme alles geschehen, so dass Heidegger doch die Hoffnung haben konnte, innerhalb des nationalsozialistischen Systems seine eigenen Ideen der Hochschulreform zu verwirklichen? 1932 sprach doch alles dafür, dass Heidegger auch weiterhin sich ausschließlich mit philosophischen Fragen im engeren Sinne beschäftigen würde. Dieses Interesse Heideggers daran, sich auf seine eigentliche Berufung, nämlich die Arbeit des Philosophen, zu besinnen, zeigt sich nicht nur in den bereits diskutierten Dokumenten, sondern auch in einem Brief, den Heidegger im Zusammenhang mit seiner Ablehnung des Rufes an die Universität Berlin im Jahr 1930 an den dortigen Minister für Wissenschaft, Kunst und Volksbildung geschrieben hat. Dort heißt es u. a.: »Meine Arbeit ist heute, wenn Sie, Herr Minister, mir dieses Persönliche zu sagen erlauben, in einem Stadium, das jedes Hinausgestelltwerden in die Öffentlichkeit von sich fernhalten muß, wenn die Selbstentfaltung – nicht meines einzelnen Ichs – sondern der Sache selbst – behütet und ich selbst der Sache treu bleiben soll ...

---

45 Vgl. hierzu auch Karl Löwith, *Mein Leben in Deutschland vor und nach 1933. Ein Bericht*, 33.
46 Darauf macht Heidegger kritisch in einem Brief an Jaspers vom 03. April 1933 aufmerksam (Heidegger/Jaspers, 151).

In der Notwendigkeit einer solchen Versenkung und der in ihr unausgesetzt geforderten, gleichsam ›handwerklichen‹ Gestaltung liegt zugleich die Anerkennung der Grenzen, die auch mir gezogen sind.«[47]

Auch in den Jahren unmittelbar nach 1930 ändert sich diese Einstellung zunächst nicht. Weniger als ein Jahr vor der Übernahme des Rektorats hat er sich noch kritisch über die Studenten und ablehnend gegenüber der Möglichkeit einer Änderung seines Wirkungsbereiches und seiner »Wirkungsweise« geäußert. Heidegger schien Anfang der 1930er Jahre in universitätspolitischen Fragen resigniert zu haben. Die konkrete Situation vor Ort war auch wenig verheißungsvoll: Das Rektorat des Theologen Josef Sauer (mit dem Heidegger bereits als junger Student in brieflichem Austausch stand)[48] war zunächst noch relativ friedlich verlaufen. Zunehmend aber hatte sich auch die Situation in Freiburg verschärft: Es waren ja vor allem auch die Studenten, die sehr stark von politisch rechten und insbesondere nationalsozialistischen Ideen beeinflusst waren und ihren Überzeugungen auch Ausdruck verliehen.[49]

Heidegger mag gerade angesichts dieser Politisierung und Radikalisierung der studentischen Jugend an seine Frau geschrieben haben: »Mit der Jugend habe ich jeden Kontakt verloren – nicht als Zurückbleibender – sondern als Vorangehender – Und vielleicht ist das notwendig, dass diese völlige Einsamkeit kommt – sie sichert einem allein die eigene Linie – Die Dinge, die ich zu tun habe, lassen sich am Ende auch gar nicht im direkten Kontakt wirksam machen – sondern erst durch die rechten Mittelstufen. Und diese vielleicht

---

47 GA 16, 64. Vgl. zu den genaueren Umständen auch Heidegger/Jaspers, 130–134.
48 Vgl. *Heidegger-Jahrbuch* 1, 57–61.
49 Vgl. hierzu auch Ursula Büttner, *Weimar. Die überforderte Republik*, 264.

kann man mit vorbereiten helfen durch die Lehrtätigkeit –
Aber sonst ist diese doch – zumal heute in dieser Freiburger
Ecke – ein Zufall. Anderswo natürlich ebenso.«[50] Heidegger
schrieb diese Worte am 20. Juni 1932 – knapp ein halbes Jahr
vor der nationalsozialistischen Machtergreifung und etwas
weniger als ein Jahr vor der Rektoratsrede, zu einer Zeit, als
die Leitung der Freiburger Universität versuchte, »der Radikalisierung der Studentenschaft, besonders am rechten Rand,
und der allgemeinen Politisierung des Universitätslebens
entgegenzuwirken. So war das Freiburger Rektorat darum
bemüht, dem Antisemitismus der völkischen und nationalsozialistischen Gruppierungen Einhalt zu gebieten.«[51] Von

50 Heidegger/Elfride Heidegger, 179. Vgl. auch Heidegger/Rickert, 73
(Brief Heideggers vom 7. Februar 1932): »Ich lebe hier sehr zurückgezogen
der Arbeit und Lehrtätigkeit im Stadium einer gewissen Schwerfälligkeit
und Gleichgültigkeit gegenüber den bisherigen Veröffentlichungen, die
nur Durchgänge sein dürfen … .« Auch diese »Flucht« in die Einsamkeit
war unter den Professoren in Freiburg (und an anderen Universitäten)
recht verbreitet. Vgl. hierzu Bernd Martin, »Martin Heidegger und der
Nationalsozialismus«, 17: »Die Kluft zwischen einer sich auf ihre Wissenschaft zurückziehenden Professorenschaft und einer auf Aktionen drängenden Studentenschaft war auch in Freiburg spürbar und weitete sich zunehmend vor der nationalsozialistischen Machtübernahme.« Vgl. zur
Ambivalenz dieser Einsamkeit auch Hermann Heimpel, »Der gute Zuhörer«, in: *Erinnerung an Martin Heidegger*, hg. von Günther Neske, Pfullingen 1977, 116: »Einem Denker in eisiger Einsamkeit kann die Macht
imponieren, gerade wenn sie sich banal gibt. … Ich habe Heidegger nie als
›Nationalsozialisten‹ empfunden.« Es mag also gerade die Einsamkeit, in
die Heidegger sich nach der Veröffentlichung von *Sein und Zeit* zurückgezogen hat, d.h. seine sich daraus ergebende Naivität in politischen Dingen
und seine Tendenz zur Monomanie, auch ein Grund für Heideggers universitätspolitisches Engagement und seinen Irrtum von 1933/34 gewesen
sein.
51 Bernd Grün, »Die Radikalisierung der Studentenschaft in der Weimarer Republik und der Wehrsport«, 314. Da in Freiburg die katholischen
Studentengruppen zahlenmäßig sehr stark waren, war Anfang der 1930er
Jahre die Unterstützung der Studenten für die NSDAP sehr gering (vgl.
hierzu auch 315). Vgl. allgemein zum Antisemitismus an deutschen Universitäten vor 1933 auch Notker Hammerstein, *Antisemitismus und
deutsche Universitäten 1871–1933*, Frankfurt/New York 1995; Norbert

einem Interesse an einem politischen Wirken ist also Anfang der 1930er Jahre keine Rede – im Gegenteil. Heideggers bereits Anfang der 1920er Jahre sich äußernde Enttäuschung über die Studenten und ihren Willen und ihre Fähigkeit, an der Reform der Universität mitzuwirken, hat sich genauso verstärkt wie seine Tendenz zu einem resignativ eingefärbten Rückzug in die Einsamkeit des akademischen Elfenbeinturms – mit möglichst wenig Berührung mit einem »nicht mehr beherrschbaren Lehrbetrieb«.[52]

Wir haben keinen Anlass, Heideggers briefliche Äußerungen nicht ernst zu nehmen: Eine Neigung Heideggers, sich vor seiner Wahl zum Rektor im Jahr 1933 in konkreter Weise – etwa durch die Übernahme von administrativen Ämtern – universitätspolitisch zu engagieren, lässt sich beim besten Willen aus den uns heute zur Verfügung stehenden Dokumenten nicht erkennen. Anfang der 1930er Jahre spricht alles dafür, dass er seine Zukunft vor allem im Bereich der grundlegenden philosophischen Fragen sieht, die sich ihm nach der Veröffentlichung von *Sein und Zeit* stellten. Wenn Heidegger gewollt hätte, hätte er bereits 1930 in Berlin wirken können – und zwar gerade auch universitätspolitisch. Sein Interesse an einem solchen konkreten Wirken hielt sich aber – mit Ausnahme des Rektorats – in sehr engen Grenzen. Denn wenn

Kampe, *Studenten und ›Judenfrage‹ im Deutschen Kaiserreich. Die Entstehung einer akademischen Trägerschicht des Antisemitismus*, Göttingen 1988; Gabrielle Michalski, *Der Antisemitismus im deutschen akademischen Leben in der Zeit nach dem I. Weltkrieg*, Frankfurt am Main 1980.

52 Vgl. hierzu auch Heidegger/Rickert, 68: »Berlin habe ich vor einigen Tagen abgelehnt. Nicht auf Grund einer Verrechnung von Vor- und Nachteilen, sondern aus einem letzten und ersten ›Gefühl‹, das in mir von Anfang an sicher sprach, dass ich nicht dahin gehöre, zumal die Arbeit an der Philosophie selbst, und das heißt für mich, die ruhige *Entfaltung* zu ihr – dringlicher ist als ein überdies nicht mehr beherrschbarer Lehrbetrieb.« Vgl. zur Absage des Rufes nach Berlin auch Heidegger/Bultmann, 128 f., *Heidegger-Jahrbuch* 4, 233.

Heidegger das universitätspolitische oder im weiteren Sinne politische Engagement auch in den Jahren nach 1933/34 ein wirkliches Anliegen gewesen wäre, dann wäre er nicht nur vom Rektorat nicht vorzeitig zurückgetreten, sondern hätte zuvor auch den zweiten Ruf nach Berlin aus dem Jahr 1933 nicht abgelehnt, sondern als besondere Chance verstanden. Und es ist keine Frage, dass die Diskussion um den »Fall Heidegger« ganz anders aussähe, wenn Heidegger nicht »in der Provinz« geblieben wäre, sondern nach 1933 die Rufe nach Berlin und nach München angenommen hätte – dann hätte er sich nämlich in ganz anderer Weise noch politisch engagiert und dem neuen Regime angedient, als er es durch die Übernahme des Rektorats getan hat.

Hat es, so müssen wir jetzt fragen, so etwas wie eine schrittweise Annäherung an den Nationalsozialismus gegeben, die zumindest als Teilfaktor seine nicht unenthusiastische Übernahme des Rektorats erklären kann? Auch für die Beantwortung dieser Frage ist der Briefwechsel mit seiner Frau Elfride sehr aufschlussreich: Denn es scheint so gewesen zu sein, so zeigen die Briefe Heideggers an seine Frau, dass er bereits 1932 die Nationalsozialisten als ein »kleineres Übel« oder als eine Gruppe mit einer bestimmten, sehr klar und eng umgrenzten Aufgabe – er spricht in diesem Zusammenhang von einer »Mission« – betrachtet hat. Noch im Juni 1932 schreibt er an seine Frau: »Das ›Niveau‹ im V[ölkischen]. B[eobachter]. ist z. Z. wieder unter aller Kritik – wenn nicht sonst die Bewegung ihre Mission hätte, könnte einen das Grauen fassen.«[53] Und zwei Tage später, am 20. Juni 1932, schreibt er: »Aber wie ich schon schrieb – so viel Überwindung einem die Nazis abfordern, es ist immer noch besser, als diese schleichende Vergiftung, der wir in den letzten Jahren unter dem Schlagwort ›Kultur‹ u. ›Geist‹ ausgesetzt

---

53 Heidegger/Elfride Heidegger, 178.

waren.«[54] Im Oktober 1932 zeigt sich noch einmal ganz deutlich eine kritische Haltung den Nationalsozialisten gegenüber: »Freilich die Nat.soz. versagen überall. ... Aber es wird doch die Vermutung bestätigt, dass die Naz. keine geschulten u. erfahrenen Leute haben. Ich finde den Artikel Zehrers u. seine Kritik am Naz.soz. sehr gut.«[55]

Von einer wirklichen Begeisterung Heideggers für den Nationalsozialismus kann im Herbst 1932 – wenige Monate vor der nationalsozialistischen Machtergreifung – also keine Rede sein. Und es scheint auch nicht der Fall zu sein, dass Heidegger von der Möglichkeit einer inneren Reform oder Verbesserung des Nationalsozialismus ausgegangen ist – vielleicht sah er die Notwendigkeit, dass die Nationalsozialisten mehr »geschulte und erfahrene Leute« haben sollten, aber deutlich spricht er dies nicht aus. Keinesfalls spricht er 1932 oder Anfang 1933 das Anliegen aus, durch seinen Beitrag und sein Engagement den Nationalsozialismus von innen heraus reinigen oder verbessern zu wollen. Sein Blick auf den Nationalsozialismus bleibt zunächst ein Blick *von außen.* Heidegger ist also zunächst – d.h. vor 1933 – kein »idealistischer« Nationalsozialist, der an den Tatsachen des realen Nationalsozialismus gescheitert wäre. Wie viele seiner Zeitgenossen, die der Weimarer Republik in der besagten Haltung von Distanz und Ablehnung gegenüberstanden, betrachtete er die Nationalsozialisten aber als ein kleineres Übel: als eine Bewegung, die für gewisse Zeit vielleicht Verantwortung und Macht übernehmen und ihre »Mission« im Kampf gegen die »schleichende Vergiftung« in der Weimarer Republik erfüllen sollte, damit endlich einmal wieder geordnetere Verhältnisse eintreten. Heidegger sollte sich – auch hier war er nicht der Einzige – gewaltig täuschen, und das

---

54 Heidegger/Elfride Heidegger, 180.
55 Heidegger/Elfride Heidegger, 184.

zeigte sich nicht zuletzt daran, dass er vorzeitig als Rektor zurücktrat, sich danach universitätspolitisch immer weniger engagierte und in die Welt des philosophischen Denkens zurückzog.

Dies ist die Ausgangslage, in der Heidegger im April 1933 zum Rektor der Albert-Ludwigs-Universität gewählt wird. Aus historischer Perspektive ist die Wahl Heideggers mittlerweile dank der Arbeiten von Hugo Ott und Bernd Martin und vor allem auch dank jüngerer Veröffentlichungen von Quellenmaterial gut rekonstruierbar. Was zunächst einmal auffällt, ist die Tatsache, dass Heidegger gewissermaßen ein »Notkandidat« gewesen ist und auch in keiner Weise auf seine Wahl langfristig hingearbeitet hätte. Denn im Dezember 1932 – Heidegger war im Wintersemester 1932/33 aufgrund eines Freisemesters zumeist in Todtnauberg – war bereits ein Rektor für das akademische Jahr 1933/34 gewählt worden, nämlich der Mediziner Wilhelm von Möllendorff, Mitglied des Senates der Albert-Ludwigs-Universität und Professor für Anatomie. Möllendorff stand den Sozialdemokraten nahe und wohnte in Freiburg im Rötebuckweg 36. Er war also nicht nur ein Kollege, sondern – was in diesem Zusammenhang nicht unwichtig ist – ein unmittelbarer Nachbar Martin Heideggers, der gegenüber im Rötebuckweg 47 wohnte. Man kann daher vermuten, dass sich für viele Abläufe im Zusammenhang mit Heideggers Wahl zum Rektor keine schriftlichen Zeugnisse finden lassen, weil die Universität zum damaligen Zeitpunkt noch relativ klein war und daher vieles auf dem kurzen mündlichen »Dienstweg« besprochen wurde[56] und weil

---

56 Das gilt auch für die Zusammenarbeit zwischen den Rektoren Neumann, Wolf, Krieck und Heidegger, die sich daher aufgrund der Akten nur unvollständig rekonstruieren lässt (vgl. hierzu Helmut Heiber, *Universität unterm Hakenkreuz. Teil II. Band 1: Die Kapitulation der Hohen Schulen. Das Jahr 1933 und seine Themen*, München 1992, 436).

das ein oder andere zwischen Möllendorff und Heidegger wohl auch bei häuslichen Besuchen zur Sprache gebracht wurde.[57]

Möllendorff trat sein Amt als Rektor am 15. April 1933 an. Am 21. April 1933 trat er zurück, da er aufgrund seiner politischen Orientierung nicht mehr tragbar war – er galt als »ausgesprochener Demokrat«[58] – und es Angriffe auf seine Person in dem nationalsozialistischen Kampfblatt *Der Alemanne* vom 18. April 1933 gegeben hatte.[59] Am 22. April übernimmt Heidegger das Rektorat – in einer Zeit, in der die Universität sich in einer tiefen Krise befindet und in der zunächst einmal, wie wir gesehen haben, wenig für einen solchen Schritt seinerseits sprach. Von einer politischen Aufbruchstimmung oder einem Willen aufseiten Heideggers, die Studenten politisch zu führen, kann Anfang der 1930er Jahre – wir hatten dies ja schon festgestellt – keine Rede sein. Weit eher zeigt sich melancholische Skepsis und eine Tendenz des Rückzugs und der Besinnung auf die eigentliche, die philosophische Arbeit. Warum aber stellte er sich dann im April 1933 zur Wahl? Und noch eine andere Frage stellt sich: Warum kommt es zur Wahl Heideggers, war Heidegger doch zuvor zwar durch philosophische Überlegungen zum Wesen der Universität und des akademischen Studiums, aber kaum durch konkretes universitätspoliti-

---

57 Auf einen bislang verschollenen Briefwechsel zwischen Heidegger und Möllendorff weist GA 16, 124 hin.

58 So Wolfgang Aly in einem Brief vom 09. April 1933 an das Ministerium in Karlsruhe, in: Bernd Martin (Hg.), *Martin Heidegger und das ›Dritte Reich‹. Ein Kompendium*, 165–166, 165.

59 Vgl. hierzu auch Max Müller: »Er war, als die Nationalsozialisten an die Macht kamen, rechtmäßig gewählter Rektor, aber als Mitglied der SPD für sie untragbar. Er mußte zurücktreten und ist später einem Ruf in die Schweiz gefolgt. Das persönliche Verhältnis Heideggers zu Möllendorff ist meines Wissens darüber nicht zerbrochen« (»Gespräch mit Max Müller« in: Heidegger/Müller, 137).

sches Engagement oder gar durch administrative Erfahrung aufgefallen?[60]

Wir können hier auf der Grundlage des nun zur Verfügung stehenden Quellenmaterials einige plausible Vermutungen anstellen, um diese Fragen zu beantworten. Es gibt gute Gründe dafür, dass Heidegger in der Situation des April 1933 auch deshalb zur Wahl aufgefordert und gewählt wurde, weil er als international bekannter Vertreter der Freiburger Universität den nationalsozialistischen Machthabern gegenüber einen gewissen Widerstand gegen die Tendenz zur Gleichschaltung und Politisierung der Universität leisten konnte – und, so hoffte man, würde, insofern wohl auch noch im Frühjahr Heideggers immer noch der Tendenz nach eher skeptisch-kritische Haltung gegenüber dem Nationalsozialismus (bzw. bestimmten Erscheinungen des Nationalsozialismus) vielen seiner Kollegen bekannt gewesen sein dürfte.[61] Heidegger wurde ja in einer Zeit gewählt, als nur sehr wenige der Freiburger Professoren Mitglied der NSDAP waren und es auf der anderen Seite viele Professoren gab, die deutschnational orientiert waren und mit großer Sorge die politischen Ereignisse beobachteten: Denn es »merkten besonders Professoren der älteren Generation sehr rasch, dass sich der Totalitätsanspruch der neuen Machthaber mit dem Gedanken einer freien Wissenschaft nicht vertrug«.[62] Joseph Sauer berichtet zum Beispiel in seinem Tagebuch davon, dass am 13. März die Hakenkreuzfahne auf der Universität gehisst

60 Vgl. zur Wahl Heideggers auch Bernd Grün, »Martin Heidegger als Gleichschaltungsrektor. Eine vergleichende Studie anhand der Rektoratsreden des Jahres 1933«, in: *Heidegger-Jahrbuch* 5, 76–109, 83–85.
61 Vgl. hierzu auch Heinrich Wiegand Petzet, *Auf einen Stern zugehen. Begegnungen und Gespräche mit Martin Heidegger 1929–1976*, Frankfurt am Main 1983, 36.
62 Alexander Bangert, »Distanz und Ablehnung: Die politische Einstellung der Freiburger Professorenschaft zur Weimarer Republik 1918–1933«, 241.

worden sei, ohne dass er – immerhin noch der Rektor der Universität – zuvor gefragt worden war.[63] Bereits wenige Wochen nach der nationalsozialistischen Machtergreifung sah sich die Universität – in Gestalt ihres als *primus inter pares* agierenden Rektors – in die Enge getrieben: Wenn es zwar Anordnung gewesen war, an öffentlichen Gebäuden die Fahnen zu hissen, hätte der Verwaltungsbeamte Weber, so hat Sauer gedacht, doch zumindest noch mit dem amtierenden Rektor Rücksprache halten können und nicht derart »eigenmächtig« handeln dürfen. Es musste also etwas geschehen, wenn es galt, die überlieferte Ordnung der Universität zu bewahren. Die Wahl des richtigen Rektors war daher von zentraler Bedeutung. So wird jedenfalls nicht nur Sauer gedacht haben; viele seiner Kollegen werden ihm in dieser Einschätzung gefolgt sein. Wenn wir dem Tagebuch Sauers weiter folgen (und es besteht kein Anlass, diesem Eintrag zu misstrauen), hat Möllendorff selbst auf der Sitzung vom 21. April Heidegger als seinen Nachfolger vorgeschlagen.[64] Er hat damit durchaus mit der Zustimmung seiner Kollegen rechnen kön-

---

63 Vgl. *Heidegger-Jahrbuch* 4, 229: »Heute müssen alle öffentlichen und staatlichen Gebäude 3 Tage lang mit Schwarz-weiß-rot und Hackenkreuzfahnen beflaggt sein, zur Feier der ›nationalen Revolution‹. Weber hatte die Hackenkreuzfahne, ohne mich vorher gefragt zu haben, auf den Turm der Universität gehißt. Er fuhrwerkt immer eigenmächtiger.« Vgl. hierzu auch Bernd Grün, »Martin Heidegger als Gleichschaltungsrektor. Eine vergleichende Studie anhand der Rektoratsreden des Jahres 1933«, 77–85.
64 *Heidegger-Jahrbuch* 4, 229: »Nachmittags 5 Uhr war Plenarversammlung einberufen. Möllendorff legte sein Amt nieder und schlägt als Nachfolger Heidegger vor, sowie einen nach dem Sinn der Gleichschaltung zusammengesetzten Senat. In würdiger ernster Stimmung ging die Wahl vor sich, nachher redigierten wir die Mitteilung an die Presse, damit es nicht den Anschein haben könnte, als sei der Rücktritt unter dem Druck eines heftigen Angriffs der ›Alemannen‹ erfolgt.« Möllendorff und Heidegger scheinen über die Frage nach seiner Nachfolge mehrfach gesprochen zu haben (vgl. hierzu GA 16, 372; 374; 652f.). GA 16, 374 (wie auch GA 16, 653) spricht dafür, dass auch Sauer Heidegger zum Rektorat gedrängt hat.

nen, denn während er selbst mit 57 von 69 Stimmen gewählt wurde, wurde Heidegger mit einer großen Mehrheit (allerdings ohne die Stimmen der bereits entlassenen jüdischen Professoren) nahezu einstimmig gewählt[65] – sicherlich ein Zeichen des Vertrauens seiner Kollegen, die ihn teils auch zur Übernahme des Rektorats gedrängt zu haben schienen.[66] Zumindest einige Professoren setzten also gewisse Hoffnungen auf Heidegger, nämlich die Hoffnung, er werde das Schlimmste zu vermeiden suchen und das Schiff der Freiburger Universität relativ sicher durch die Wirren der Zeitgeschichte führen können. Dazu äußert sich aus der späteren Erinnerung der Historiker Gerhard Ritter: »Die Absicht war ganz gut. Man glaubte, da ja Heidegger als Gelehrter unbezweifelbaren Rang besaß, würde er durch seine Autorität in der Lage sein, Freiburg zu decken. So haben es jedenfalls die Kollegen, die ihn gewählt haben, verstanden.«[67]

Zudem hatten sich Professoren wie etwa der Altphilologe Wolfgang Schadewaldt für Heidegger direkt starkgemacht. Schadewaldt war nämlich am 14. April bei Joseph Sauer erschienen und hatte vorgeschlagen, Heidegger statt Möllendorff zum Rektor zu »nehmen«.[68] Schadewaldt stand dem

---

65 Vgl. hierzu *Heidegger-Jahrbuch* 4, 309ff.

66 Kurt Bauch hat Heidegger, wie er 1958 an Erwin Panofsky schreibt, »damals ... mit gedrängt, das Rektorat zu übernehmen, mit dem Argument, auch Croce habe, ebenfalls gegen seinen Willen, sich bewegen lassen, Minister zu werden. Heute wirkt dieses Argument vielleicht naiv, damals schien es, dass der Versuch gemacht werden müsse, der dann fehlgeschlagen ist mit all den furchtbaren Folgen« (Erwin Panofsky, *Korrespondenz 1957 bis 1961*, hg. von Dieter Wuttke, Wiesbaden 2008, 256f.).

67 Vgl. hierzu auch Gerhard Ritter, »Selbstzeugnis 3«, in: Eckhard Wirbelauer (Hg.), *Die Freiburger Philosophische Fakultät 1920–1960. Mitglieder – Strukturen – Vernetzungen*, 769–802, 780. Allerdings geht Ritter fälschlicherweise davon aus, dass Heidegger schon im April Parteimitglied gewesen sei.

68 Vgl. *Heidegger-Jahrbuch* 4, 229: »Dann kam Schadewaldt und blieb bis ½ 2 Uhr. Er besprach die Frage der Gleichschaltung an unserer Universität

Nationalsozialismus Anfang 1933 mit nicht unbeträchtlichem Wohlwollen gegenüber und hatte sich etwa durch die Rede »Der neue deutsche Student« auch politisch engagiert.[69] Aber sein Vorschlag, Heidegger zum Rektor zu nehmen, scheint eher, folgen wir hier noch einmal Sauers Eintrag, darauf zurückgegangen zu sein, Schlimmeres – nämlich u.a. einen Rektor Brie oder Aly, der ja bereits Mitglied der NSDAP war – zu vermeiden, es sei denn, Schadewaldt hat Sauer die Wahl Heideggers besonders schmackhaft machen wollen und ihm etwas vorgespielt. Hugo Ott hat in diesem Zusammenhang die Vermutung ausgesprochen, dass es bei der Wahl Heideggers eine »universitätsinterne Vorbereitung« gegeben habe: »hinter den Kulissen durch den kleinen NS-Kader, auf der Bühne indes wurde inszeniert nach Dreh-

und ob man nicht Heidegger zum Rektor nehmen soll. Ich wandte ein, daß der für das eigentliche Verwaltungsmäßige und Geschäftliche, das heute sehr viel schwieriger als früher sein würde, kaum in Frage komme. Was Schadewaldt vermieden sehen wollte, ist etwa die Wahl Bries oder Alys. Ich betonte, daß immer noch Möllendorf da sei und wohl die beste Eignung habe.« Der (jüdische) Anglist Friedrich Brie war bereits 1927/28 Rektor gewesen. Vermutlich erklärt sich die Ablehnung von Brie aus seiner (entweder nicht erfolgreichen oder umstrittenen) Amtsführung als Rektor oder daraus, dass es politisch nicht tragbar war, einen Juden zum Rektor zu wählen.

69 Vgl. hierzu Jürgen Malitz, »Klassische Philologie«, in: Eckhard Wirbelauer (Hg.), *Die Freiburger Philosophische Fakultät 1920–1960. Mitglieder – Strukturen – Vernetzungen*, 303–364, 312 ff. Malitz verweist nicht nur darauf, dass Schadewaldt anders als Heidegger nicht in die Partei eintreten sollte (312), sondern auch darauf, dass er selbst »bald sehr selbstkritisch über diese Freiburger Monate« gedacht habe (314). Allerdings sei das »tatsächliche Ausmaß von Schadewaldts Wirken hinter den Kulissen« als Dekan unter dem Rektor Heidegger »nicht wirklich zu beurteilen« (314). So habe die Fakultät ihm 1945 etwa einen »sehr erheblichen Einfluss« im Sinne des Rektors Heidegger und der nationalsozialistischen Machthaber zugesprochen. Das bedeutet, dass es auch im »Fall Schadewaldt« eine Reihe von offenen Fragen gibt. Gerhard Ritter verweist aus der späteren Erinnerung darauf, dass Schadewaldt Möllendorff zum Rücktritt gedrängt habe (Gerhard Ritter, »Selbstzeugnis 3«, 779 f.).

buch!«[70] Es scheint schwierig, auf Grundlage der bestehenden historischen Fakten ein solches Urteil zu fällen.[71] Es ist nicht auszuschließen, aber doch höchst unwahrscheinlich, dass es eine solche »Inszenierung« gab. Hätte Möllendorff selbst Heidegger als Nachfolger vorgeschlagen, wenn er nicht gewisse Hoffnungen mit einem Rektorat Heideggers verbunden hätte? Oder war Heidegger so kaltblütig, dass er, selbst in diese Intrige »hinter den Kulissen« verstrickt, seinem Nachbarn Möllendorff etwas vorgespielt hätte, so dass dieser sich dann für ihn verwendete? Dass dies unwahrscheinlich ist, zeigt, wie noch deutlich werden wird, Heideggers Verhalten Möllendorff gegenüber während seines Rektorats.

Es gab aber, wie wir bereits sahen, auch Gründe, die es für Heidegger selbst attraktiv machten, sich zur Wahl zu stellen und die Wahl anzunehmen, obwohl seine Frau Elfride ihn im Wissen um seine mangelnden administrativen Fähigkeiten ausdrücklich bat, eine Wahl zum Rektor nicht anzunehmen.[72] Nur der Wunsch oder die Erwartungen seiner Kollegen hätten sicherlich nicht dazu geführt, ihn aus dem Elfenbeinturm philosophischer Spekulation herauszubewegen, in den Heidegger sich nach allerlei enttäuschenden Erfahrungen zurückgezogen hatte. Wir finden bei einer Betrachtung der vorhandenen Quellen in ihrem zeitgeschichtlichen Kontext vor allem zwei Hauptbeweggründe Heideggers, das Rektorat zu übernehmen, die teils schon deutlich geworden sein dürften, nun aber zusammenfassend und in ihren weiteren Kontexten noch einmal genannt seien. Dabei ist wichtig, sich zu verge-

---

70 Hugo Ott, *Martin Heidegger. Unterwegs zu seiner Biographie*, Frankfurt am Main 1988, 142. Angesichts der Quellenlage ist dies nicht auszuschließen. Wichtig scheint in diesem Zusammenhang aber, dass auch Möllendorff, der in keiner Weise ein Komplott zu seinem eigenen Sturz unterstützt haben wird, die Wahl Heideggers empfohlen hat.
71 So auch Bernd Grün, »Martin Heidegger als Gleichschaltungsrektor. Eine vergleichende Studie anhand der Rektoratsreden des Jahres 1933«, 83 f.
72 Briefliche Mitteilung von Herrn Dr. Hermann Heidegger.

genwärtigen, dass für Hitler die Reform der Universität kein wichtiges Anliegen, über das er sich in den Jahren vor seiner Machtergreifung den Kopf zerbrochen hätte, gewesen ist. Hitler, so Bernd Martin treffend, habe nie »einen Hehl aus seiner abgrundtiefen Verachtung aller Intellektuellen gemacht«.[73] Daher war die nationalsozialistische Bildungs- und Wissenschaftspolitik ziemlich chaotisch: Unterschiedliche Personen und Gruppierungen versuchten, Einfluss zu erlangen und ihre Interessen durchzusetzen, ohne dass es zu seiner einheitlichen Linie gekommen wäre.[74] Bildung und Erziehung wurden ideologischen Zwecken und der »Charakterbildung des männlichen Kämpfers«[75] untergeordnet. Die klassische Hochschule erschien in ihrer Bedeutung als überschätzt. »Daher besaßen auch die »Nationalsozialisten ... weder vor noch nach ihrem Regierungsantritt eine stringente Hochschulkonzeption.«[76]

In diesem Kontext sah Heidegger Anfang 1933 zunächst einmal die Möglichkeit, universitätspolitisch aktiv zu werden. Vor allem aber sah er auch die Notwendigkeit eines solchen Engagements, weil er sich der Gefahr bewusst war, dass die nun anstehende Reform scheitern könnte, wenn weiterhin Leute wie zum Beispiel Ernst Krieck verantwortlich tätig seien, ohne gelenkt und über das wahre Wesen der Universität aufgeklärt zu werden.[77] Seine kritische Haltung gegenüber Ernst Krieck, der ja nicht erst 1933 ein pädagogischer und wissenschaftspolitischer Vordenker des Nationalsozia-

---

73 Bernd Martin, »Martin Heidegger und der Nationalsozialismus«, 18.
74 Vgl. hierzu auch Reinhard Bollmus, *Das Amt Rosenberg und seine Gegner. Studien zum Machtkampf im nationalsozialistischen Herrschaftssystem*, Stuttgart 1970, 242 f., sowie Hans-Ulrich Wehler, *Deutsche Gesellschaftsgeschichte. 4. Band*, 828 ff.
75 Bernd Martin, »Martin Heidegger und der Nationalsozialismus«, 18.
76 Bernd Martin, »Martin Heidegger und der Nationalsozialismus«, 18.
77 Auf diesen Beweggrund geht Heidegger auch nach dem Krieg ein (vgl. GA 16, 374 f.).

lismus war, ist ja schon deutlich geworden. Was existierende Vorschläge zur Reform der Universität betrifft, findet sich Heidegger im März 1933 mit Jaspers auf einer gemeinsamen Ebene – gegen Krieck, der sehr genau wusste, was nun, nach der nationalsozialistischen Machtergreifung, zu tun sei, und dies auch in zahlreichen Veröffentlichungen bekanntmachte: »Über das innere Versagen der Universität als einheitlicher wirkfähiger Welt sind wir uns ja nicht erst seit heute einig – aber auch im positiv Praktischen – (dem Unmittelbaren) ebenso ratlos.«[78] Im Folgenden äußert Heidegger sich daher erneut sehr kritisch über Ernst Krieck – über ihn sei er, so Heidegger, »entsetzt« –, nicht ohne Krieck zumindest teilweise wieder einmal eine gewisse Achtung auszusprechen. Es sei, so Heidegger, doch »ein echter Instinkt« da. Von Hochschätzung des nationalsozialistischen Vordenkers der Bildungs- und Universitätspolitik zeugt auch dies nicht – eher vom Wissen darum, dass man diesem Mann bei der Aufgabe der Reform der Universitäten keine wichtige Rolle zubilligen dürfe, zumindest nicht die Rolle, die er sich als publizistisch enorm produktiver und wirksamer Parteiideologe selbst anmaßte. Wenn schon reformiert werde, so mag Heidegger gedacht haben, dann bei aller aktuellen Ratlosigkeit in der konkreten politischen Situation schon richtig – und zwar in einem wirklichen Wissen um das Wesen der Universität, und dies ist ein recht, d.h. im heideggerschen Sinne verstandenes philosophisches Wissen. Wenn Heidegger vor seiner Wahl zum Rektor 1933 einem Anliegen kritisch gegenüberstand, dann vor allem auch dem Anliegen, das viele Nationalsozialisten verfolgten, nämlich das der Politisierung der Universitäten und ihrer »Transformation« in Fachschulen. Das wäre fatal gewesen. Denn dann hätte man wieder einmal die Chance einer wirklichen Reform verstreichen las-

78 Heidegger/Elfride Heidegger, 185.

sen und auf lange Jahre hin weitere Reformen unmöglich gemacht. »Alles hängt daran«, so Heidegger Anfang April 1933 daher an Jaspers, »ob wir der Philosophie die rechte Einsatzstelle vorbereiten und ihr zum Wort verhelfen.«[79] Angesichts der Gefahr einer Politisierung der Universitäten und ihrer Transformation in Fachschulen erscheint dann Heideggers Übernahme des Rektorates als *ultima ratio* – als Gegenstand jener Entscheidung, über die er auch philosophisch sehr viel nachgedacht hat.[80] Nun, so mag Heidegger gedacht haben, musste sich sein Denken in der Tat bewähren.

Diese Entscheidung zum konkreten universitätspolitischen Engagement mag – hier kommen wir auf den zweiten Grund zu sprechen – erleichtert haben, dass er gerade auch aufgrund seiner antimodernen Befindlichkeit bestimmten Momenten der nationalsozialistischen Ideologie durchaus mit Sympathie gegenüberstand und es daher auch so etwas wie eine Nähe in bestimmten Fragen gab.[81] Zu denken ist

---

79 Heidegger/Jaspers, 152.

80 Vgl. hier auch Karl Jaspers, *Philosophische Autobiographie*, 100: »Ende März 1933 war Heidegger zum letzten Mal zu einem längeren Besuch bei uns. Trotz des in den Märzwahlen siegreichen Nationalsozialismus unterhielten wir uns wie früher ... Schneller als ursprünglich geplant reiste Heidegger ab. ›Man muß sich einschalten‹, sagte er angesichts der schnellen Entwicklung der nationalsozialistischen Realität. Ich wunderte mich und fragte nicht.«

81 Vgl. hierzu auch Karl Löwith, *Mein Leben in Deutschland vor und nach 1933. Ein Bericht*, 32. Vgl. auch den Brief Heideggers an Bultmann vom 16. Dezember 1932. Dort schreibt Heidegger, nachdem er Bultmann geschrieben hat, er sei nicht Mitglied der NSDAP und gedenke auch nicht, in die Partei einzutreten: »Wohl dagegen stehe ich *sehr positiv* zu Vielem ... trotz der großen Hemmungen, die ich z.B. gegenüber dem ›Geist‹ und dem ›Niveau‹ in ›kulturellen‹ Dingen habe.« Dass er wieder einmal vor allem an Fragen denkt, die die Universität betreffen, zeigt der nun folgende Satz: »Wobei mir freilich die heutige, gerade auch von der Mehrzahl der ›Kollegen‹ hochgehaltene ›Kultur‹ und ›Wissenschaft‹ gestohlen bleiben kann. Die Ahnungslosigkeit dieser Herren, die auf ihrer ›Universität‹ festsitzen, übersteigt jedes Maß« (Heidegger/Bultmann, 191). Aufgrund seiner positiven Einschätzung von »Vielem« habe er dann auch schon die

hier etwa auch an Heideggers antikommunistische Haltung: Angesichts der Gefahr einer kommunistischen Revolution erschienen ihm – wie vielen anderen Deutschen auch – vielleicht die Nationalsozialisten als ein »kleineres Übel«.[82] Und es gab, wie ebenfalls bereits ansatzweise deutlich geworden sein dürfte, noch eine Reihe von anderen Gründen, die für eine gewisse – freilich partielle – Sympathie Heideggers für die Nationalsozialisten sprechen und verständlich machen, warum Heidegger 1933 mit dem Nationalsozialismus zunächst einmal von außen – d.h. noch nicht als Mitglied der Partei – mit der nationalsozialistischen Bewegung kooperieren konnte: weil er als wenn auch nicht gänzlich unpolitischer, so doch national-konservativ (wenn auch nicht im engen Sinne deutschnational) eingestellter Bürger einer mit kritischer Distanz betrachteten demokratischen Republik auch viele (aber eben nicht alle) Anliegen und politischen Ziele der Nationalsozialisten teilte und daher der nationalsozialistischen Machtergreifung nicht nur skeptisch gegenüberstand.[83] Dass er diese Anliegen teilte, machte ihn aber genauso wenig wie viele andere Professoren zu einem überzeugten Nationalsozialisten, aber doch – anfänglich – zu

NSDAP gewählt. Zu den »positiven Möglichkeiten, die ich damals in der Bewegung sah« vgl. auch GA 16, 377.

82 Vgl. hierzu auch Otto Pöggeler, »Von Nietzsche zu Hitler. Heideggers politische Optionen«, in: Hermann Schäfer (Hg.), *Annäherungen an Martin Heidegger. Festschrift für Hugo Ott zum 65. Geburtstag*, Frankfurt am Main und New York 1996, 81–101, 83. Heidegger habe Anfang der 1930er Jahre, so Pöggeler, seinem Schüler Hermann Mörchen erklärt, dass »nur eine Diktatur, die vor der Eliminierung widerstrebender Personen nicht zurückschrecke, ... vor der drohenden schlimmeren, der kommunistischen Diktatur retten« könne. Vgl. hierzu auch Heideggers Aussagen im Verhör der Reinigungskommission 1945 (Hugo Ott, *Martin Heidegger. Unterwegs zu seiner Biographie*, 302 f.); das Spiegel-Gespräch (GA 16, 655; 658) und Elfride Heideggers 1932 geäußerte Sicht der politischen Lage (*Heidegger-Jahrbuch* 4, 268–270).

83 Vgl. hierzu auch Bernd Martin, »Martin Heidegger und der Nationalsozialismus«, 41.

einem Mitläufer und Sympathisanten, der gerade Anfang 1933 auf seine Weise zum Erfolg und auch zur Anerkennung der »nationalsozialistischen Revolution« beigetragen hat.

Auch diese Einstellung macht Heidegger aber zu keiner Ausnahme unter den deutschen Professoren: »In der politischen Mentalität der Professorenschaft«, so Hans-Ulrich Wehler, »gab es offenbar eine ausgeprägte Affinität zu nicht wenigen programmatischen Forderungen der Hitler-Bewegung ..., ohne dass viele von ihnen schon der NSDAP angehört hätten. Aber: radikale Revision von Versailles, Wiedergewinnung der Hegemonialstellung und Militärmacht, Großdeutschland als Wunschtraum, Beseitigung des verachteten Weimarer Notbaus, autoritärer Regierungsstil, Aufwertung der normsetzenden Eliten, Zerstörung des ›Kulturbolschewismus‹ – im Hinblick auf diese und manche anderen Postulate überwogen statt einiger Differenzen unzweideutig die Berührungspunkte mit dem Rechtstotalitarismus.«[84] In der deutschen Professorenschaft finden sich daher, so Wehler weiter, deutliche Zeichen einer »geradezu unterwürfigen Kooperationsbereitschaft seit dem Februar 1933«.[85]

---

84 Hans-Ulrich Wehler, *Deutsche Gesellschaftsgeschichte. 4. Band*, 823. Vgl. hierzu auch Otto Pöggeler, *Philosophie und Politik bei Heidegger*, Freiburg 1974, 18 f.

85 Hans-Ulrich Wehler, *Deutsche Gesellschaftsgeschichte. 4. Band*, 823 f. Vgl. hier auch George Leaman, »Reflections on German Philosophy and National Socialism«, in: Marion Heinz/Goran Gretić (Hg.), *Philosophie und Zeitgeist im Nationalsozialismus*, Würzburg 2006, 233–250, und Joachim Fest, *Hitler. Eine Biographie*, Frankfurt am Main, Berlin und Wien 1973, 582: »Auch an den Universitäten regte sich nur ein schwacher Selbstbehauptungswille, der alsbald durch das erprobte Zusammenspiel der ›spontanen‹ Willensbekundungen von unten mit nachfolgendem Verwaltungsakt von oben zum Erliegen kam. Zwar gab es vereinzelte Akte der Auflehnung; aber im ganzen ist dem Regime auch die Überwältigung der Intellektuellen, der Professoren, Künstler und Schriftsteller, der Hochschulen und Akademien, so rasch und mühelos gelungen, daß die verbreitete These, das hohe Offizierskorps oder die Großindustrie hätten sich als die schwächste Stelle gegenüber den Einbruchsmanövern des Natio-

Bereits im April 1933 sollte die »Deutsche Philosophische Gesellschaft« öffentlich ihre Unterstützung für die neuen Machthaber aussprechen.[86] Karl Löwith sprach in diesem Zusammenhang von der »schnöden Gleichschaltung der deutschen Professoren«[87] – es handelt sich wahrlich nicht um ein Glanzkapitel der deutschen Hochschul- und Universitätsgeschichte!

Gerade aus dieser historischen Perspektive wird deutlich, dass der »Fall Heidegger« immer auch der »Fall« der deutschen Professoren im Jahr 1933 ist, der Fall einer »Selbstgleichschaltung aus innerer Schwäche«:[88] Der »Fall Heidegger« stellt keine Ausnahme dar, sondern bestätigt die Regel, dass von den Angehörigen der intellektuellen Elite 1933 mit wenigen Ausnahmen kaum Widerstand zu erwarten war. »Am Ende der Weimarer Republik war auch an der Freiburger Universität im Lehrkörper die Zahl derer gering, die in der Dominanz der Nationalsozialisten überhaupt eine Gefahr erblickten und die bereit waren, dagegen etwas zu unternehmen. So war der Senat auch nicht bereit, die AstA-Wahl, die dem NS-Studentenbund eine Mehrheit beschert hatte, zu

nalsozialismus erwiesen, fragwürdig wird.« Vgl. auch Usha Swamy, »›Für Nichtarier bestehen besondere Bedingungen‹ – Das Schicksal der jüdischen Studierenden und Professoren«, in: in: Bernd Martin (Hg.), *Von der badischen Landesuniversität zur Hochschule des 21. Jahrhunderts* (= *550 Jahre Albert-Ludwigs-Universität Freiburg. Festschrift*; 3), Freiburg 2007, 374–390, 376. Swamy führt neben dem Antisemitismus vieler Professoren und ihrer deutschnationalen Gesinnung auch einen »akademischen und wirtschaftlichen Konkurrenzneid« als Gründe dafür an, dass die »Herausdrängung der jüdischen Kollegen aus dem Universitätsleben, die zwischen 1933 und 1938 stattfand, ... ohne nennenswerten Widerstand hingenommen« wurde.

86 Vgl. hierzu George Leaman, »Reflections on German Philosophy and National Socialism«, 240f.

87 Karl Löwith, *Mein Leben in Deutschland vor und nach 1933. Ein Bericht*, 17.

88 Vgl. hierzu Hans-Ulrich Wehler, *Deutsche Gesellschaftsgeschichte. 4. Band*, 824f.

annullieren.«[89] Wenn sehr lange zumindest in der breiten Öffentlichkeit die Diskussion über das Verhalten der deutschen Professoren in der Zeit des Nationalsozialismus sich auf den »Fall Heidegger« zugespitzt hat, dann kann man darin also durchaus auch das Zeichen einer Verdrängung sehen: Die Diskussion dieses einzigen (wenn auch nicht unwichtigen Falles) erlaubte es, von vielen anderen (und oft auch gewichtigeren Fällen) abzusehen. Darauf hinzuweisen entschuldigt Heidegger nicht, fordert aber dazu auf, die Diskussion des »Falles Heideggers« in die angemessene historische Perspektive zu rücken.

Wenn also Heidegger noch 1932 seine Zukunft in einer denkerischen Einsamkeit sieht, dann scheint ihn die »nationalsozialistische Revolution« des Januar 1933 letztlich doch so begeistert zu haben, dass er seine Skepsis in universitätspolitischen Fragen – nämlich vor allem in der Frage, ob die Angehörigen der Universität zu einer solch notwendigen Reform überhaupt bereit waren – für kurze Zeit aufgegeben und optimistischer in die Zukunft geblickt hat. Er sieht auf der einen Seite die Aufgabe, in der neuen Situation aktiv mitzuwirken, und scheint auch zunehmend von der Aufbruchstimmung des Frühjahrs 1933 mitgenommen zu sein. Ende März 1933 schreibt er daher an Elisabeth Blochmann: »Das gegenwärtige Geschehen hat für mich ... eine ungewöhnlich sammelnde Kraft. Es steigert den Willen u. die Sicherheit im Dienste eines großen Auftrages zu wirken und am Bau einer völkisch gegründeten Welt mitzuhelfen.«[90] Über diese Begeisterung Anfang 1933 geben auch die Briefe an seine Frau Aufschluss. Von einem Besuch bei Karl Jaspers in Heidelberg im März 1933 berichtet Heidegger: »Wir – J. u. ich – haben vom ersten Augenblick an den alten Kontakt u. stehen schon

89 Bernd Grün, »Die Radikalisierung der Studentenschaft in der Weimarer Republik und der Wehrsport«, 315.
90 Heidegger/Blochmann, 60. Vgl. hier auch Heidegger/Jaspers, 152 f.

ganz in allen bewegenden Fragen. Es erschüttert mich, wie dieser Mensch urdeutsch u. mit dem echtesten Instinkt u. der höchsten Forderung unser Schicksal u. die Aufgaben sieht u. doch gebunden ist durch die Frau ...«[91]

Die Sprache der verhaltenen Skepsis und Kritik dem Nationalsozialismus gegenüber ist einer Sprache gewichen, in der sich die Freude über die neuen Möglichkeiten klar zeigt: »J. ist auch ganz zugänglich für das wirkliche Geschehen, das die heutige deutsche Revolution darstellt – aber in einzelnen Entscheidungen doch gebunden durch eine ›Geistigkeit‹, die noch das Heidelbergische nicht ganz abgestreift hat.«[92] Jaspers, so legt Heidegger nahe, ist noch zu sehr einem überlieferten Verständnis der politischen Gegenwart verpflichtet. Überdies scheint Jaspers' Frau eher bremsend gewirkt zu haben: kein Wunder, werden ihr doch als Jüdin schon Anfang 1933 die Schattenseiten der nationalsozialistischen Machtergreifung wesentlich bewusster gewesen sein als etwa ihrem Mann oder gar Heidegger.[93] Dagegen – gegen Jaspers' insgesamt doch zögerliche Haltung – stellt Heidegger den Anspruch, die »deutsche Revolution« in ihrer wahren Bedeutung zu verstehen. Im Vergleich zu all den Briefen Heideggers, die wir aus den 1920er Jahren kennen – nicht nur den

91 Heidegger/Elfride Heidegger, 185.
92 Heidegger/Elfride Heidegger, 185.
93 Vgl. hier auch Hans Saner, »Überleben mit einer Jüdin in Deutschland. Karl und Gertrud Jaspers in der Zeit des Nationalsozialismus«, in: Hans Saner, *Erinnern und Vergessen. Essays zur Geschichte des Denkens*, Basel 2004, 97–130. Darauf, dass die Entfremdung zwischen Heidegger und Jaspers in den 1930er Jahren nichts mit Jaspers' Frau, sondern eher mit Heideggers Scham über sein Rektorat zu tun hatte, verweist nicht nur Heidegger/Jaspers, 196f., sondern auch Hannah Arendt/Heinrich Blücher, *Briefe 1936–1938*, hg. und mit einer Einführung von Lotte Köhler, München/Zürich 1999, 225. An dieser Stelle ist auch darauf hinzuweisen, dass es bereits 1932 – nach der Veröffentlichung von Jaspers' *Die geistige Situation der Zeit* im Jahr 1931 – zu einer Entfremdung zwischen Heidegger und Jaspers gekommen zu sein scheint (vgl. hierzu Heidegger/Bultmann, 179; vgl. in diesem Zusammenhang aber auch Heidegger/Jaspers, 143ff.).

Briefen an Jaspers – sehen wir hier eine unerwartete und sich nach seinem Parteieintritt noch verschärfende Politisierung Heideggers, so, als hätte er in einem Rausch all seine Skepsis gegenüber der Welt der Politik hinter sich gelassen, weil nun das, was ihm so wesentlich an der Weimarer Republik fehlte, wieder da sei, weil – in anderen Worten – nun wieder Grund sei, von »Größe« zu sprechen. Es ist fast so, als habe die »deutsche Revolution« bei Heidegger zu Gefühlen geführt, deren bloße Möglichkeit ihm zuvor noch nicht einmal bewusst gewesen sein mag. Hier ist es wichtig, nichts zu beschönigen. Er (bzw. auch seine Frau) sprach ja 1950 rückblickend selbst von einem »Machtrausch«, in den er 1933 geraten sei.[94] Aber man muss auch die rechte Perspektive im Blick halten: Heidegger war in dieser Begeisterung alles andere als allein, und diese war schon 1933 keine ungebrochene Begeisterung.

---

94 Vgl. hier auch Heideggers Rückblick in einem Brief an Jaspers aus dem April 1950 (Heidegger/Jaspers, 200): »Aber zugleich geriet ich in die Maschinerie des Amtes, der Einflüsse und Machtkämpfe und Parteiungen, war verloren und geriet, wenngleich nur für wenige Monate, wie meine Frau sagt, in einen ›Machtrausch‹.« Auf diesen »Machtrausch« verweisen auch Heideggers Schreiben aus dem Beginn der Rektoratszeit. Hier ist ab Mai 1933 – also ab seinem Parteieintritt – eine Verschärfung des Tones festzustellen. Nicht nur nutzt er viele Metaphern aus dem Bereich des Militärischen und biedert sich den neuen Machthabern auch auf der inhaltlichen Eben in höchstem Maße an, mit seinem Parteieintritt unterzeichnet er auch Briefe mit »Heil Hitler«, während er dienstliche Schreiben aus dem April 1933 noch nicht mit diesem Gruß versah (vgl. hierzu GA 16, 82 ff.). Jaspers hat im März 1950 Heidegger gegenüber dessen Verhalten 1933/34 folgendermaßen gedeutet: »Sie werden mir verzeihen, wenn ich sage, was ich manchmal dachte: daß Sie sich den nationalsozialistischen Erscheinungen gegenüber zu verhalten schienen, wie ein Knabe, der träumt, nicht weiß, was er tut, wie blind und wie vergessend auf ein Unternehmen sich einläßt, das ihm so anders aussieht, als es in der Realität ist, dann bald ratlos vor einem Trümmerhaufen steht und sich weitertreiben läßt« (Heidegger/Jaspers, 198).

Von der »ersten« (politischen)
zur »zweiten« (philosophischen) Revolution

Heidegger ist allerdings unter dem Ansturm der politischen Ereignisse der ersten Monate des Jahres 1933 nicht sensibler für Fragen der Realpolitik geworden: Sehr schnell verweist er auf die Aufgabe einer »ontologischen Aufhebung« der Realpolitik (die sich dann auch in seiner Rektoratsrede und in seiner Vorlesung vom Sommersemester 1933 zeigen wird): »Wir werden ihn [scil. den »neuen Boden« im Da-Sein, H.Z.] u. zugleich die Berufung des Deutschen in der Geschichte des Abendlandes nur finden, wenn wir uns dem Sein selbst in neuer Weise u. Aneignung aussetzen.«[95] Hier vermischt Heidegger in gefährlicher Weise Politik und Ontologie und damit die reale Macht und das philosophische Denken – in einer Weise, die auch wieder deutlich werden lässt, aus welcher Perspektive er aktuelle politische Ereignisse verfolgt: Das Politische steht unter der Notwendigkeit einer »sich-aussetzenden« Unterordnung unter das »Sein«. Heidegger rückt hier der nationalsozialistischen Rede von der Vorsehung oder dem Schicksal erstaunlich – und erschreckend – nahe. Aber im März 1933 ist die »nationalsozialistische Revolution« des Januar 1933 für Heidegger auch so etwas wie ein Mittel zum Zweck. Ihn interessiert die Gegenwart im Hinblick auf eine philosophisch verklärte Zukunft: »So erfahre ich das Gegenwärtige«, so bekennt er gegenüber Blochmann, »ganz aus der Zukunft.«[96] Dass er hiermit sich nicht vollständig aus der Welt der Realpolitik heraussstiehlt, zeigt seine These von der Notwendigkeit einer »zweiten Revolution«, die sich auch im Umfeld der SA findet, der im Sommer 1933 von Hitler allerdings eine »schneidende Absage« er-

95 Heidegger/Blochmann, 60.
96 Heidegger/Blochmann, 60.

teilt wurde.[97] Diese These ist bei Heidegger mit einer alles andere als unkritischen Sicht der aktuellen politischen Ereignisse verbunden, deren dezidiert nichtpolitische Perspektive wieder sehr aufschlussreich ist. Denn die aktuellen Ereignisse deutet er als notwendige (und daher zu akzeptierende) Schritte, die auf die zweite Revolution hinführen: »Demgegenüber«, so Heidegger weiter, »muß in aller Ruhe jenes überall aufschießende u. allzu eilige Mitlaufen mit den neuen Dingen hingenommen werden. Jenes Sichankleben an das Vordergründliche, das nun plötzlich alles und jedes ›politisch‹ nimmt ohne zu bedenken, dass das nur *ein* Weg der ersten Revolution bleiben kann. Freilich kann das für Viele ein Weg der ersten Erweckung werden u. geworden sein – gesetzt, dass wir uns für eine zweite u. tiefere vorzubereiten gesonnen sind.«[98] Die Zukunft, die Heidegger vorschwebte, bestand nicht aus einer bloßen Fortsetzung der »ersten« »nationalsozialistischen Revolution«. Diese war für ihn nur ein Anfang im Bereich des Politischen, bei dem man nicht stehen bleiben dürfe. Denn nur wenn man sich der von Heidegger verstandenen Zukunft gegenüber öffne (wozu zunächst einmal nur wenige in der Lage zu sein schienen, insofern hierzu eine ontologische Perspektive notwendig ist), »kann echte Teilnahme wachsen u. jene *Inständigkeit* in unserer Geschichte, die freilich Vorbedingung für ein wahrhaftes Wirken bleibt.«[99]

---

97 Vgl. hierzu Hans-Ulrich Wehler, *Deutsche Gesellschaftsgeschichte. 4. Band*, 638 f.
98 Heidegger/Blochmann, 60. Vgl. hierzu auch Dieter Thomä, *Die Zeit des Selbst und die Zeit danach. Zur Kritik der Textgeschichte Martin Heideggers 1910–1976*, Frankfurt am Main 1990, 579 ff.
99 Heidegger/Blochmann, 60. Vgl. hierzu auch – aus dem August 1934 – GA 16, 285: »Unsere deutsche Gegenwart aber ist erfüllt von einer großen Umwälzung, die durch das ganze geschichtliche Dasein unseres Volkes hindurchgreift. Den *Beginn* dieser Umwälzung sehen wir in der nationalsozialistischen Revolution« (Hervorhebung durch H. Z.).

Der Brief an Elisabeth Blochmann, dem diese Passagen entstammen, ist sehr aufschlussreich, wenn es darum geht, die Motivation Heideggers zur Übernahme des Rektorats zu erklären: Er stand im Frühjahr 1933 der »nationalsozialistischen Revolution« letztlich nicht kritisch oder ablehnend gegenüber, aber er relativiert sie in ihrer Bedeutung: Es handelt sich seiner Analyse nach nur um die erste Revolution, der eine »tiefere« zweite Revolution (und eben keine Vertiefung) zu folgen hat, da ihm die Politisierung der gesamten Wirklichkeit und damit der Anspruch des totalitären nationalsozialistischen Systems das Zeichen eines »Sichanklebens an das Vordergründliche« zu sein scheint. Dass seine Sicht der Dinge einfachhin mit der Einstellung der SA identisch war, wird man daher aber auch nicht behaupten können: Mit der Rede von der »zweiten Revolution« griff er zwar eine in der SA verbreitete Vorstellung auf (was gewisse Sympathien Heideggers der SA gegenüber zeigen mag), gibt ihr aber zugleich eine eigene, nämlich eine philosophisch-ontologische Färbung, die letztlich wenig Kenntnisse der Konflikte zwischen Hitler und Röhm verrät – ganz abgesehen davon, dass sich aus den heute zugänglichen Quellen nicht viel mehr belegen lässt, als dass Heidegger in recht oberflächlicher Weise die These von der Notwendigkeit einer »zweiten Revolution« aufgegriffen hat.

Heideggers Haltung bleibt also auch in seiner Zustimmung zur politischen Situation der Gegenwart ambivalent: In genau jenem Satz, in dem er auf die »ungewöhnliche sammelnde Kraft« des »gegenwärtigen Geschehens« verweist, spricht er auch davon, dass »vieles dunkel und unbewältigt bleibt«.[100] Spielt Heidegger hier nicht auch auf die Dunkelheit in der platonischen Höhle an? Und wenn das der Fall ist, denkt er dann nicht auch an seine sich auch nach der natio-

---

100 Heidegger/Blochmann, 60.

nalsozialistischen Machtergreifung noch stellende Aufgabe, als Philosoph Befreier aus der Dunkelheit zu sein? Es ist gerade diese Ambivalenz in seiner Haltung zu den politischen Geschehnissen des Frühjahrs 1933, mit der Heidegger sein Rektorat antritt und die sich auch in der Rektoratsrede deutlich zeigt: das Politische soll ontologisch aufgehoben und philosophisch durchdrungen werden, die erste bedarf einer zweiten Revolution und die politischen Machthaber daher der Leitung des für den Zuspruchs des Seins offenen Philosophen, der die neuen Machthaber davor bewahren kann, den Bereich des Politischen absolut zu setzen.

Geht Heideggers politische Haltung daher Anfang 1933 – vor seiner Wahl zum Rektor – auf einen »Privatnationalsozialismus« zurück – wenn es einen solchen denn überhaupt gegeben hat?[101] Das würde bedeuten, dass er letztlich nationalsozialistisch eingestellt gewesen wäre und diese Einstellung aus seiner eigenen, seiner »privaten« Sicht modifiziert hätte. Aber ist es nicht eher umgekehrt so, dass er nicht den Nationalsozialismus privatisiert, sondern eher seine private philosophische Sicht der Dinge »nationalsozialisiert« hätte? Es gibt Texte Heideggers aus der Rektoratszeit, die für die

---

101 Helmut Heiber ist der Ansicht, dass dies nicht der Fall gewesen sei. U. a. mit Bezug auf Heidegger schreibt er: »Es war eben das Pech dieser Leute, dass es *den* [scil. den Privatnationalsozialismus, H. Z.] nicht gegeben hat, sondern nur die Standardausführung Adolf Hitlers mit den immer zahlreicher, grotesker und vor allem blutiger werdenden Extras seines pathologischen Syndroms« (Helmut Heiber, *Universität unterm Hakenkreuz. Teil II. Band 1: Die Kapitulation der Hohen Schulen. Das Jahr 1933 und seine Themen*, 529). Worauf Heiber in diesem Zusammenhang nicht eingeht, ist das »polykratische« Element im Nationalsozialismus, das durchaus verschiedene und teils auch miteinander konkurrierende »Interpretationen« der nationalsozialistischen Ideologie kannte. Recht hat Heiber insofern, als diesen interpretatorischen Variationen – um es einmal so zu nennen – sehr enge Grenzen gesetzt waren. Vgl. hierzu auch George Leaman, »Reflections on German Philosophy and National Socialism«, 239.

These sprechen, er habe seinen eigenen Privatnationalsozialismus entwickelt. Es gibt andere, die eher eine andere Situation bezeugen: dass Heidegger – auch 1933 nicht gerade sensibel in politischen Fragen und nach wie vor hauptsächlich mit Fragen der Universitätspolitik beschäftigt – eher Versatzstücke der nationalsozialistischen Ideologie in recht eklektizistischer Weise in sein eigenes philosophisches Denken eingeordnet und ihm angepasst hätte. Er hat dies wohlgemerkt nicht einfach aus opportunistischen Gründen getan, sondern auch aufgrund einer partiellen Übereinstimmung mit den neuen Machthabern und in der naiven Hoffnung, er könne nun die Rolle des »Wächters« spielen, die seiner Ansicht nach die Philosophen – und damit meinte er: die wirklich denkenden Philosophen, sprich: sich selbst – spielen sollten. Denn dort, wo Heidegger sich 1933 zu Fragen des politischen Zeitgeschehens äußert, ist er zumeist sehr schnell auf einer abstrakt-philosophischen Ebene und damit in seinem Element! Auch dies zeigt, dass er nicht ein unpolitischer Denker war, dass er aber die »Niederung« des Politischen aus der Perspektive des Philosophen deutet und in ihr auch als Philosoph tätig werden wollte – mit jenem nicht gerade bescheidenen Anspruch, den er, seit er seine Berufung zur Philosophie entdeckt hatte, nicht aufgegeben hat.

Ist dies also nicht doch ein »Privatnationalsozialismus«? Es hängt, wie in vielen dieser Fragen, von der Definition ab. Der Begriff des »Privatnationalsozialismus« passt (auch hier muss man vorsichtig sein und sich vor vorschnellen Urteilen hüten) eigentlich recht gut auf jemanden wie Ernst Krieck, der ja auch im Verlauf der 1930er Jahre zunehmend marginalisiert wurde, ohne seine – nämlich vor allem seine eigenen – nationalsozialistischen Überzeugungen aufzugeben. Auf Heidegger passt dieser Begriff vielleicht, wenn wir ihn recht weit definieren und zudem darauf hinweisen, dass dieser Begriff, wenn es um Heidegger geht, bereits ab Anfang 1934 seine Interpretationskraft zu verlieren beginnt. Denn Heidegger sollte, wie wir noch sehen werden, sich schon recht früh schrittweise von den neuen politischen Machthabern distanzieren, auch wenn er durchaus noch für einige Zeit an so etwas wie einem »idealisierten« Nationalsozialismus festhalten sollte.[102]

Manöver zwischen den Fronten

Heideggers ideologische Annäherung an den Nationalsozialismus im Verlaufe des Jahres 1932 mag erklären, warum Heidegger auch Kontakt mit den neuen Machthabern gesucht hat – eventuell bereits im November/Dezember 1932.[103] Denn die Wahl Heideggers scheint im Frühjahr 1933 bereits einige Zeit vor der eigentlichen Wahl Ende April in die Wege geleitet worden zu sein. Näheren Aufschluss darüber gibt ein Brief Wolfgang Alys an Eugen Fehrle, der seit März 1933 Hochschulreferent im Ministerium für Kultus, Unterricht und Justiz war. In diesem Brief vom 9. April berichtet Aly u. a. davon, »dass Herr Prof. Heidegger bereits in Verhandlungen

102 Vgl. hierzu etwa Heidegger/Bauch, 29f. Auch in (sehr wenigen!) Texten aus dem Anfang der 1940er Jahre finden sich Stellen, die auf eine Idealisierung des Nationalsozialismus aufseiten Heideggers hinzudeuten scheinen (vgl. z.B. GA 53, 98). Allerdings ist gerade bei diesen späteren Textbelegen fraglich, wie ernst Heidegger das, was er dort sagt, gemeint hat. Denn Heidegger hatte sich, wie zahlreiche andere Texte zeigen, bereits ab Mitte der 1930er Jahre zunehmend kritisch mit dem Nationalsozialismus im Allgemeinen und mit einzelnen zentralen Elementen der nationalsozialistischen Ideologie im Besonderen auseinandergesetzt, und zwar so sehr, dass von einer Idealisierung dieser Ideologie keine Rede mehr sein kann.
103 Vgl. hierzu Helmut Heiber, *Universität unterm Hakenkreuz. Band I: Der Professor im Dritten Reich*, 418. Es scheint, dass Heidegger bereits Ende 1932 zu den »gewonnenen ›besten Kräften‹« gezählt wurde – neben Baemler, Jaensch und Rothacker. Allerdings ist fraglich, was dies genau bedeutet. Da die Quellenlage hier äußerst dürftig ist, können wir (noch) nicht zu einem abschließenden Urteil kommen.

mit dem preußischen Kultusministerium eingetreten ist. Er besitzt unser vollstes Vertrauen, so daß wir bitten, ihn einstweilen als unsern Vertrauensmann an der Universität Freiburg zu betrachten.«[104] Aly geht ausdrücklich auch darauf ein, dass Heidegger nicht Mitglied der NSDAP sei und »es im Augenblick auch nicht für praktisch« halte, »dies zu werden, um den anderen Kollegen gegenüber, deren Stellung noch ungeklärt oder gar feindlich ist, freiere Hand zu haben«.[105]

Hier liegt wieder eines derjenigen Dokumente vor, deren Interpretation vor nicht zu unterschätzende Schwierigkeiten stellt. Denn es ergeben sich sogleich folgende Fragen: Gibt Aly die Situation korrekt wieder? Ist Heidegger der Wunschkandidat der Nationalsozialisten, der ihnen helfen werde, die Universität Freiburg gleichzuschalten? Und, falls ja, war Heidegger ihm gegenüber ehrlich? Wollte Heidegger tatsächlich aus rein strategischen Gründen Anfang April 1933 noch nicht der NSDAP beitreten? Falls das stimmt, warum ist er dann weniger als vier Wochen später in der Partei eingetreten? Lag der einzige Grund darin, dass er nun – nach der Wahl zum Rektor – die Kritik seiner Kollegen nicht mehr zu fürchten hatte? Man kann Alys Brief als Beleg für Otts These, dass die Wahl Heideggers zum Rektor von langer – nationalsozialistischer – Hand geplant und inszeniert worden sei, lesen. Darauf verweist nicht zuletzt, dass man schon vor 1933 versucht zu haben scheint, Heidegger zum Eintritt in die NSDAP zu bewegen.[106] In welcher Weise aber war Heidegger dann an dieser Verschwörung beteiligt? War er vielleicht zunächst nur »Objekt« des machtpolitischen Kalküls einiger Nationalso-

---

104 Bernd Martin (Hg.), *Martin Heidegger und das ›Dritte Reich‹*, 165. Alys Brief zeigt – neben weiteren Dokumenten –, dass Heideggers spätere Darstellung der Ereignisse, die zu seiner Entscheidung, das Rektorat zu übernehmen, geführt haben, ohne jeden Zweifel der Ergänzung bedürftig ist (vgl. GA 16, 372–377).

105 Bernd Martin (Hg.), *Martin Heidegger und das ›Dritte Reich‹*, 165.

106 Vgl. Heidegger/Bultmann, 191.

zialisten, der erst langsam in die Rolle des Akteurs hinein-
wuchs? Wusste er vielleicht gar nicht so recht, worauf er sich
zunächst einließ? Vielleicht auch erschien den Nationalsozialisten – oder zumindest Aly – Heidegger als die beste Wahl,
und zwar nicht vorrangig aufgrund seiner ideologischen
Überzeugungen, sondern vor allem aufgrund seiner internationalen Bedeutung. Denn dass er in zentralen Elementen der
nationalsozialistischen Ideologie nicht auf ihrer Seite stand,
zeigte u. a. auch die Rektoratsrede, die Heidegger etwas mehr
als vier Wochen nach seiner Wahl zum Rektor am 27. Mai
1933 in einem Ambiente, das Helmut Heiber als »etwas ver-
wirrend« beschrieben hat,[107] gehalten hat. Jene berühmt-be-
rüchtigte Rektoratsrede ist ohne jeden Zweifel von einem
Geist des Aufbruchs erfüllt, aber sicherlich nicht von jenem
Geist, den die Nationalsozialisten sich gewünscht haben mögen. Es fehlen, wie wir sehen werden, zentrale Elemente der
nationalsozialistischen Ideologie,[108] während viele Elemente
der Rede die Hoffnungen, die viele seiner Kollegen auf ihn gesetzt hatten, bestätigen konnten.

Man kann daher auch nicht ausschließen, dass der Brief
Alys noch anders gelesen werden kann, dass er weniger eine
Verschwörung, an der auch Heidegger beteiligt gewesen

---

107 Vgl. Helmut Heiber, *Universität unterm Hakenkreuz. Teil II. Band 1:
Die Kapitulation der Hohen Schulen. Das Jahr 1933 und seine Themen*,
278. Heiber spricht von einer Inszenierung »mit einem nahezu schon spa-
nischen Zeremoniell«.
108 Heidegger selbst macht 1945 darauf aufmerksam, dass der nationalsozialistische Minister Otto Wacker ihm im Anschluss an das »Rektorats-
essen« Folgendes vorgeworfen habe: »1. Das sei eine Art von ›Privatnationalsozialismus‹, der die Perspektiven des Parteiprogramms umgehe.
2. Das Ganze sei vor allem nicht auf dem Rassegedanken aufgebaut. 3. Er
könne die Zurückweisung der Idee der ›politischen Wissenschaft‹ nicht
anerkennen, wenn er auch zugeben wolle, dass diese Idee noch nicht genügend begründet sei« (GA 16, 381). Unsere Interpretation der Rektoratsrede im nächsten Kapitel wird zeigen, dass die Vorwürfe Wackers nicht
aus der Luft gegriffen waren.

wäre – ob als handelnder Akteur oder als zunächst eher ah-
nungsloses »Opfer« –, als vielmehr ein in der konkreten
Situation geschicktes Lavieren Heideggers in verschiedene
Richtungen zeigt. Darauf deutet auch der bereits zitierte
Brief Heideggers an Kurt Bauch vom 14. März 1933 hin. Denn
in diesem Brief heißt es: »Die Aufnahme der aussichtsrei-
chen Verbindung meinerseits nach Karlsruhe ist bereits im
Gang.«[109] Heidegger hatte in einer Situation, die er für Reformen an der Universität für sehr günstig hielt, also bereits
Kontakte zum Ministerium in Karlsruhe geknüpft. Das bedeutet aber nicht, dass er an einem nationalsozialistischen
Komplott beteiligt gewesen wäre, denn über das, was seitens
der neuen Regierung beabsichtigt war, zeigt er sich auffallend
unwissend. Außerdem darf man in diesem Zusammenhang
nicht vergessen, dass Heidegger im Wintersemester 1932/33
gar nicht in Freiburg war, sondern während eines Urlaubs-
semesters auf der Todtnauberger Hütte, wo er sich vor allem
mit griechischer Philosophie beschäftigte – viel Möglichkeiten, sich vor Ort an einem Komplott zu beteiligen, hatte Heidegger also gar nicht.[110] Gerade auch seine brieflichen Äußerungen zum Nationalsozialismus, die sehr deutlich eine
kritisch-ambivalente Haltung zeigen, mögen darauf hinweisen – wie auch sein Bewusstsein, dass er in der Gefahr stehe,
durch die universitäre Verantwortung in eine »zwiefache
Opposition« zu geraten.

Daher mag Heidegger sowohl mit Möllendorff als auch mit
Aly gesprochen haben – und beide vielleicht über seine wahren Motive und Interessen auch etwas im Unklaren gelassen
haben. Dies mag nicht zuletzt darauf zurückgegangen sein,
dass Heidegger in äußerst undialogischer und nahezu mono-
manischer Weise – es mangelte ihm ja nicht an philosophi-

---

109 Heidegger/Bauch, 14.
110 Vgl. hierzu neben Heidegger/Jaspers, 149 auch 200.

schem Selbst- und Sendungsbewusstsein – *seine* Vorstellung einer Reform der Universität durchsetzen wollte und zu Zugeständnissen oder wirklichen Kooperationen zunächst einmal nicht willig erschien. Max Müller hat darauf hingewiesen, Heidegger habe die Freiburger Universität »auch in einer unerhört einseitigen Weise nach seinem Bild modeln« wollen.[111] Das verwundert nicht, wenn man Heideggers »Vorliebe« für eine denkerische Einsamkeit berücksichtigt (eine Notwendigkeit, da ihm seiner Ansicht nach kein Zeitgenosse – noch nicht einmal Jaspers – auf Augenhöhe begegnete) und wenn man auch daran denkt, dass er in dem Bewusstsein, universitätspolitisch eine sehr wichtige Rolle zu spielen, nicht zuletzt auch von Karl Jaspers, seinem Freund und Weggefährten in universitätspolitischen Fragen, bestätigt wurde: »Den Weg in die ›echte Öffentlichkeit‹«, so Jaspers Ende 1931 mit Bezug auf seine gesundheitliche Situation in einem Brief an Heidegger, »werde ich kaum zu gehen vermögen. Die physischen Ursachen meiner Begrenzung sind nicht zu ändern. Die Philosophie der deutschen Universitäten liegt aller Voraussicht nach auf die Dauer in Ihren Händen.«[112] Trotz allem sah Heidegger gerade 1933 auch die Notwendigkeit, mit anderen, die seinen eigenen Ideen gegenüber positiv eingestellt waren, zusammenzuarbeiten. Das erklärt u. a. sein Interesse an der von Ernst Krieck gegründeten »Kulturpoliti-

111 »Gespräch mit Max Müller« in: Heidegger/Müller, 123. Vgl. hier auch Heideggers Rückblick in einem Brief an Jaspers aus dem April 1950 (Heidegger/Jaspers, 200): »Und ich träumte und dachte im Grunde nur an ›die‹ Universität, die mir vorschwebte.«
112 Heidegger/Jaspers, 147. Jaspers hatte mit seiner Denkschrift aus dem Jahr 1933 »Thesen zur Frage der Hochschulerneuerung« Gedanken zur Universitätsreform vorgelegt, die dem, was Heidegger in der Rektoratsrede vorschlug, sehr ähnlich waren. Vgl. hierzu Karl Jaspers, »Thesen zur Frage der Hochschulerneuerung«; in: Richard Wisser/Leonard E. Ehrlich (Hrsg.), *Karl Jaspers. Philosopher among Philosophers*, Würzburg 1993, 293–311. Vgl. hier auch Alfred Denker, »Marin Heidegger, Karl Jaspers und die Universitätsreform (1919–1933)«, in: *Heidegger-Jahrbuch* 5, 32–45.

sche[n] Arbeitsgemeinschaft Deutscher Hochschullehrer«, der er von Anfang an aber auch sehr kritisch gegenüberstand.[113]

Das Bild, das sich zeigt, bleibt also komplex. Dass Heidegger nicht ganz auf der Seite Alys stand und sein Verhältnis zu Möllendorff – immerhin dem zum Rücktritt durch üble Propaganda gezwungenen Rektor – nicht allzu schlecht war, wird auch dadurch deutlich, dass Heidegger als Rektor Möllendorff, der überzeugten Nationalsozialisten wie Wolfang Aly als ein »aufrechter Demokrat«[114] galt, zweimal zum Dekan der medizinischen Fakultät ernannte.[115] Überdies gehört kein einziger der Dekane, die Heidegger ernennen wird, der NSDAP an, wenn einige von ihnen im Jahr 1933 durchaus mit Sympathie dem Nationalsozialismus gegenüberstehen – wie etwa Erik Wolf oder Wolfgang Schadewaldt.[116] Bereits in seinen ersten Amtswochen gibt es also eine gewisse Spannung im Verhältnis zu den neuen Machthabern: Mögen diese auf der einen Seite seine Wahl unterstützt und gutgeheißen haben, verfolgte Heidegger auch ganz eigene Anliegen, die nicht deckungsgleich mit den Anliegen der Nationalsozialisten waren, aber durchaus mit der Unterstützung vieler seiner Kollegen rechnen durften. Diese Spannung, aus der heraus Heideggers Rektorat verstanden werden muss, wird anhand eines Fotos aus dem *Freiburger Universitätsführer* aus dem Sommersemester 1933 deutlich: Dort sehen wir eine Fotografie Martin Heideggers über der Unterschrift: »Im Zuge der

---

113 Vgl. hierzu neben Heidegger/Blochmann, 60f.; Heidegger/Jaspers, 151; Theodore Kisiel, »Heidegger als politischer Erzieher: Der NS-Arbeiterstaat als Erziehungsstaat, 1933–34«, in: Norber Leśniewski/Ewa Nowak-Juchacz (Hg.), *Die Zeit Heideggers*, Frankfurt am Main 2002, 71–87, 81.
114 Bernd Martin (Hg.), *Martin Heidegger und das ›Dritte Reich‹*, 165.
115 Möllendorff wurde nicht nur im April, sondern auch im Oktober 1933, nachdem Heidegger vom Kultusminister zum Rektor ernannt worden war, von Heidegger zum Dekan und Senatsmitglied ernannt (vgl. GA 16, 175; vgl. zur Ernennung des Rektors auch GA 16, 158).
116 Vgl. hierzu auch GA 16, 386.

allgemeinen Gleichschaltung wurde Professor Dr. Martin Heidegger am 21. April 1933 zum Rektor der Universität Freiburg im Breisgau gewählt.«[117] Er wurde, ohne dass sich dabei eine direkte Beteiligung der NSDAP feststellen ließe, *gewählt*[118] – und zwar bei nur drei Gegenstimmen und einer Enthaltung von Professoren, die, wenn auch bereits die 17 jüdischen Professoren entlassen waren und daher an dieser Senatssitzung nicht mehr teilnahmen, in ihrer Mehrheit dem Nationalsozialismus gegenüber skeptisch bis kritisch gegenüber eingestellt waren. Und Heidegger, der kurze Zeit vorher noch ebenfalls recht skeptische und kritische Bemerkungen über die Nationalsozialisten gemacht hatte, ließ, wie die Unterschrift verdeutlicht, es sich nicht nehmen, im »Zuge der allgemeinen *Gleich*schaltung« über die »*Selbstbehauptung* der deutschen Universität« zu sprechen.[119]

Dass man Heidegger doch nicht so viel zutraute und ihm viele Parteifunktionäre – anders als Wolfgang Aly – auch schon zu Beginn des Rektorats kritisch begegneten, zeigt sich vielleicht auch daran, dass, wie Aly an Heidegger am 26. Mai 1933 – einen Tag vor der Rektoratsrede – schreibt, »die von zahlreichen Kollegen gewünschte und von der hiesigen Kreisleitung der NSDAP unterstützte Übertragung Ihrer morgigen Rede auf den Rundfunk vom Reichskommissar abgelehnt worden ist. Das ist mir«, so Aly weiter, »um so bedauerlicher, als wir in Ihrer morgigen Rektoratsübernahme dasjenige Ereignis sehen, durch das die deutsche Universität sich öffentlich in den neuen Staat hineinstellt.«[120] Man wusste um Heideggers Bedeutung, schien aber doch Hem-

---

117 Bernd Martin (Hg.), *Martin Heidegger und das ›Dritte Reich‹*, 232.
118 Vgl. hierzu auch Max Müller (»Gespräch mit Max Müller« in: Heidegger/Müller, 110); Bernd Grün, »Nach Heidegger. Die Rektorate von Eduard Kern, Friedrich Merz und Otto Mangold«, 413.
119 Vgl. in diesem Zusammenhang auch GA 16, 380ff.
120 Bernd Martin (Hg.), *Martin Heidegger und das ›Dritte Reich‹*, 167.

mung zu haben, ihn wirklich zu Wort kommen zu lassen.
Sah Heidegger die nationalsozialistische Revolution als
»erste Revolution« und als vorbereitendes Mittel zu einer
tieferen, nur ontologisch-philosophisch recht zu verstehenden zweiten Revolution, so haben die Nationalsozialisten
ihn umgekehrt wohl in einem nicht unbeträchtlichen Maße
als Mittel genutzt und ihn gehen lassen, als er »seine Schul-
digkeit« getan hatte.[121] Man profitierte von seinem Namen
und seiner internationalen Bedeutung. Aber gleichzeitig
wollte man seinen Einfluss auch beschränken.[122] Denn nicht
wenige überzeugte Nationalsozialisten – wie etwa Ernst
Krieck – waren sich schon sehr früh der Tatsache bewusst,
dass Heidegger nicht so gut in die nationalsozialistische
Bewegung hineinpasste, wie er für einige Zeit selbst wohl
gedacht hat, und dass seine Verhältnis zum Nationalsozialismus von Anfang an eines gewesen ist, das auch mit den

121 Das gilt für viele der Vordenker der nationalsozialistischen Bildungs-
und Hochschulpolitik wie – neben Heidegger – etwa auch Ernst Krieck,
Alfred Baeumler oder Friedrich Neumann. Diese »wurden von den Nationalsozialisten als Wegbereiter eigener, sich langsam entwickelnder Vorstellungen benötigt und genutzt« (Bernd Martin, »Martin Heidegger und
der Nationalsozialismus«, 19; vgl. auch 24). Vgl. hierzu auch Helmut Heiber, *Universität unterm Hakenkreuz. Teil II. Band 1: Die Kapitulation
der Hohen Schulen. Das Jahr 1933 und seine Themen*, 436f.
122 Darauf deutet auch hin, dass Heidegger Anfang 1936 keine unmittelbare Antwort auf ein Schreiben an das Reichserziehungsministerium
erhielt, in dem er darum bat, am IX. Internationalen Kongress für Philosophie in Paris teilnehmen zu dürfen. Erst im Juni 1937 wird Heidegger
seitens des Ministeriums zur Teilnahme aufgefordert. Diese lehnt er allerdings mit Berufung auf seine gesundheitliche Situation ab. Es wird aus
einem Brief Heideggers an den Rektor der Freiburger Universität deutlich,
dass es weitere (bzw. ganz andere) Gründe – wie etwa das Verfahren bei der
Zusammensetzung der Delegation – gab, die dazu führten, dass Heidegger
die Teilnahme dezidiert ablehnte. Vermutlich wollte er in der Situation
des Jahres 1937 auch nicht mehr als »offizielles philosophisches Aus-
hängeschild« eines Regimes fungieren, dessen wahres Wessen ihm in den
Jahren ab 1934 immer deutlicher geworden war (vgl. GA 16, 345–347; vgl.
auch GA 16, 393; 402f.; 665f.).

Begriffen der Ambivalenz und zunehmenden Spannung beschrieben werden muss. »Bei Heidegger«, so treffend Max Müller, sei es »selten mit einer einfachen Formel getan«.[123]

Das zeigt das gesamte Rektoratsjahr Heideggers sehr deutlich – nicht zuletzt aber die Rektoratsrede. Worum also ging es in jener Rede? Stellt sie Heideggers Bekenntnis zum Nationalsozialismus oder zu seinem eigenen Privatnational-sozialismus dar? Oder handelt es sich um einen Text, der noch wesentlich komplexerer Kategorien bedarf, um recht verstanden und philosophisch und historisch eingeordnet zu werden?

---

123 »Gespräch mit Max Müller« in: Heidegger/Müller, 136; vgl. auch 138ff.

9. Die Rektoratsrede
»Die Selbstbehauptung der deutschen Universität«: Heideggers Wende zum Nationalsozialismus?

»Alles in allem bin ich nur froh,
dass jemand so sprechen kann,
dass er an die echten
Grenzen und Ursprünge rührt.«[1]
Karl Jaspers

Ein kurzer Rückblick: Im Vorfeld der Rektoratsrede

Heidegger hat, so hat sich im letzten Kapitel gezeigt, 1933 vermutet, die nationalsozialistische Revolution erlaube es nun endlich, die Universität grundlegend zu reformieren – und zwar in dem von ihm seit 1919 entfalteten Sinne. Dies verlange, so hat er gedacht, ein universitätspolitisches Engagement seinerseits – gegen seine Grundüberzeugung von der Differenz von Philosophie und Politik: »Wenigstens in seinem kurzen Engagement«, so Otto Pöggeler über Heideggers Amtszeit als Rektor, »gab er die Überzeugung auf, daß das Denken – in einer Verschärfung der abendländischen Tradition – sich in der Distanz zur religiösen und politischen Sphäre halten müsse und keinen unmittelbaren Einfluß auf diese Sphären nehmen könne.«[2] Nicht nur wenn man sich

1 Heidegger/Jaspers, 155.
2 Otto Pöggeler, *Der Denkweg Martin Heideggers*, Pfullingen ³1983, 369.

Heideggers philosophisches Selbstverständnis vergegenwärtigt, überrascht Heideggers Engagement. Es überrascht auch,
wenn man in Betracht zieht, dass er über recht wenige konkrete Ideen zur Universitätsreform verfügte, die er schnell
in die Tat hätte umsetzen können. Die Ideen zum Wesen der
Universität und des akademischen Studiums, die er seit 1919
in seinen Vorlesungen vorgetragen hatte, verloren sich oft im
Abstrakten oder in der bloßen Kritik bestehender Reformvor-
schläge. Heidegger hatte in den Jahren vor 1933 keinen reformerischen Master-Plan entwickelt (selbst die Rektoratsrede
bleibt, was konkrete Ideen für die Reform der Universität betrifft, wenn man von der Betonung der drei Dienste absieht,
ziemlich schwammig): Es ging ihm in sehr allgemeiner Weise
um eine Wiederbelebung dessen, was er in hoch idealisierter
Weise als das ursprüngliche universitäre Leben verstand.
Selbst Details der äußerst komplexen europäischen Universitätsgeschichte spielten dabei keine Rolle. Dennoch engagierte Heidegger sich – weil er nicht nur um die besondere
Berufung und Aufgabe des Philosophen wusste, sondern auch
um die Bedeutung einer »geistigen Entscheidung« in der konkreten historischen Situation des Jahres 1933. Er konnte
in der Aufbruchstimmung des Frühjahrs 1933 nicht tatenlos
zusehen. Sein persönlicher Einsatz – sein Abstieg in die
Höhle der Ignoranz und die Niederungen der Verwaltungs-
und Organisationsarbeit – war gefragt. Seine Philosophie der
Entscheidung musste sich nun im Leben bewähren. Nicht
zuletzt konnte er dieser Einsicht folgen, weil er wieder Hoffnung auf die Studenten setzte und ihnen zutraute, sie würden
seine Vorhaben zur Reform der Universität unterstützen
können und wollen.[3]

---

3 Vgl. hierzu auch, was Heidegger zu Beginn seiner Vorlesung »Die
Grundfrage der Philosophie« aus dem Sommersemester 1933 sagt: »Von
der Größe des geschichtlichen Augenblicks, durch den jetzt das deutsche
Volk hindurchgeht, weiß die akademische Jugend. ... Und bei diesem Wer-

Sein universitätspolitisches Engagement wurde ihm, wie wir gesehen haben, dadurch erleichtert, dass er dem Nationalsozialismus auch mit gewissen Sympathien gegenüberstand. Während bestimmte Momente der nationalsozialistischen Ideologie ihn ansprachen und auf seine Zustimmung stießen, spielten andere für ihn aber keine bedeutende Rolle. So waren der nationalsozialistische Führerkult oder die von der NSDAP mit radikaler Kraft entwickelte Kritik an Demokratie, Moderne und Liberalismus Elemente der nationalsozialistischen Ideologie, mit denen Heidegger sich durchaus anfreunden konnte (und die sich auch in der Rektoratsrede nachweisen lassen), während er zum Beispiel vielen Konsequenzen des nationalsozialistischen Anspruches auf politische Gleichschaltung aller Lebensbereiche vor allem nach seinem Rücktritt vom Rektorat, aber auch schon während seiner Amtszeit mit teils offener Kritik gegenüberstand. Seinem Denken ist ein antitotalitärer Grundzug eigen, zu dem er sich zeitweise selbst in einen Widerspruch setzen sollte. Es ist zudem kaum möglich, eine substantielle Nähe Heideggers zu dem biologistisch-rassistischen Antisemitismus des Nationalsozialismus zu belegen.[4] Und gegen die Bevorzugung von Parteigenossen aufgrund der bloßen Parteimitglied-

den ist die akademische Jugend schon mit im Aufbruch und sie steht zu ihrer Berufung« (GA 36/37, 3). Vgl. GA 36/37, 5f. zur Bedeutung der Entscheidung in der damaligen historischen Situation. Vgl. zur »geistigen Entscheidung« auch GA 16, 282.

4 Vgl. hierzu auch Bernd Martin, »Martin Heidegger und der Nationalsozialismus«, in: Bernd Martin (Hg.), *Martin Heidegger und das ›Dritte Reich‹. Ein Kompendium*, Darmstadt 1989, 26. Wichtig ist in diesem Zusammenhang, darauf hinzuweisen, dass es in Freiburg gerade auch in gebildeten Kreisen durchaus eine gewisse Offenheit gegenüber antisemitischem und rassistischem Denken gab. Vgl. hierzu Bernd Martin, »Das politisch-weltanschauliche Umfeld«, in: Eckhard Wirbelauer (Hg.), *Die Freiburger Philosophische Fakultät 1920–1960. Mitglieder – Strukturen – Vernetzungen* (= *Freiburger Beiträge zur Wissenschafts- und Universitätsgeschichte*, Neue Folge 1), Freiburg 2006, 29–57, 34f.

schaft hat er sich ausdrücklich ausgesprochen.[5] Die Universität blieb für ihn ein Ort, an dem Leistung und Qualität der wissenschaftlichen Arbeit im Vordergrund standen. Das große Aufbauwerk, so Heidegger im Mai 1933 in einer Ansprache an die Studenten, »darf in keinem Augenblick und in keiner Lage dem Verdacht und Vorwurf preisgegeben werden, als wüßten wir nicht, was geistiger Rang und wissenschaftliche Qualität bedeutet. Wir wissen es nicht nur, wir werden sogar neue Forderungen stellen.«[6]

Im letzten Kapitel haben wir die Frage erörtert, warum Heidegger das Rektorat übernommen hat, obwohl doch die meisten seiner universitätspolitischen Äußerungen aus den

---

5 So hatte Heidegger im Dezember 1933 ein Gutachten geschrieben, in dem er sich gegen die Berufung des antisemitisch eingestellten Philosophen Arnold Rufe auf einen Lehrstuhl für Philosophie an der Universität Heidelberg wandte. In diesem Gutachten heißt es u.a.: »Herr Rufe mag gewisse, meines Erachtens aber sehr beschränkte politische Verdienste haben. Diese reichen aber nicht aus, um sich damit eine philosophische Professur zu verdienen, wenn man sich überhaupt auf eine solche Verrechnung von Verdiensten einlassen will. Solange im Nationalsozialismus das *Leistungsprinzip* für die Auswahl der Führer und verantwortlichen Leiter von Stellen gilt, kommt Herr Ruge für eine philosophische Professur überhaupt nicht in Betracht. Falls die Übertragung einer solchen Professur an einer badischen Hochschule vollzogen würde, müßte ich das als einen öffentlichen Skandal bezeichnen. Es wäre für mich untragbar, gleichzeitig mit diesem ›Fachvertreter‹ im selben Fach an einer badischen Hochschule die Lehrtätigkeit weiterhin auszuüben« (GA 16, 223). Vgl. in diesem Zusammenhang auch GA 16, 100 und 385. Was die nationalsozialistischen Vorstellungen über den »neuen Dozenten« betrifft, kommt Wehler zu folgendem Urteil, das die Differenz zwischen Heideggers Position und der nationalsozialistischen Politisierung der Universität sehr deutlich zeigt: »Von wissenschaftlichen Ausbildungskriterien war nirgendwo die Rede« (Hans-Ulrich Wehler, *Deutsche Gesellschaftsgeschichte. 4. Band: Vom Beginn des Ersten Weltkrieges bis zur Gründung der beiden deutschen Staaten 1914–1949*, München [3]2008, 829). Wehler weist auch darauf hin, dass, wenn man von »gläubigen Nationalsozialisten« absieht, die Politisierung der Universität »nicht hinreißend« wirkte und dass der nationalsozialistischen Bildungs- und Wissenschaftspolitik von vielen Seiten mit »Skepsis« begegnet wurde.
6 GA 16, 100.

Heidegger 1933 mit Hoheitsabzeichen

späten 1920er und frühen 1930er Jahren wie auch viele andere Quellen darauf hinweisen, dass er in der Einsamkeit der »eigentlich philosophischen« Arbeit verbleiben wollte und keine Möglichkeit und Notwendigkeit sah, direkt universitätspolitisch tätig zu werden. Aus heutiger Sicht sprechen viele der im letzten Kapitel diskutierten Äußerungen Heideggers für ein Leben in einer Form der »inneren Emigration« nach der nationalsozialistischen Machtergreifung – Heidegger hätte sich dann mit Fragen des Sinnes von Sein oder der Seinsgeschichte beschäftigt, wäre aber mit Beiträgen zur Politik oder selbst zur politischen oder praktischen Philosophie nicht in Erscheinung getreten. Das ist in gewisser Weise auch geschehen – allerdings erst ab dem Sommer 1934, nach dem vorzeitigen Rücktritt vom Rektorat. Davor gibt es jenes Zwischenspiel des Rektorats, angesichts dessen sich die Notwendigkeit einer ehrlichen und historisch wie auch philosophisch redlichen Bestandsaufnahme zeigt.

Heidegger hat in diesem Jahr seines Rektorats Reden gehalten, die er besser nicht gehalten hätte und die ohne jede Frage Zeugnisse eines beträchtlichen politischen Irrtums und einer nicht leicht zu verstehenden und nicht zu relativierenden Schuld darstellen. Dass er sie gehalten hat, stellt – darüber kann kein Zweifel bestehen – ernste und weiterhin ernstzunehmende Fragen an die philosophische Beschäftigung mit Heideggers Denken. Allerdings muss es auch darum gehen, diesen Reden Heideggers wie auch seinem Handeln in den Jahren 1933 und 1934 interpretatorisch gerecht zu werden. Dabei geht es nicht nur darum, Heideggers Verhalten mit Blick auf das, was er 1933/34 wissen konnte, zu bewerten. Denn es ist zudem nicht immer so unmittelbar deutlich, was diese Reden oder was Heideggers Handeln eigentlich in philosophischer oder historischer Sicht bedeuten. Wenn hier von Ambivalenz gesprochen wird, dann nicht in der Absicht, Heideggers Handeln zu entschuldigen, sondern in der Absicht, der Mehr- und Vieldeutigkeit vieler seiner Äußerungen in Ansätzen gerecht zu werden und der immer gefährlichen und fragwürdigen Tendenz zu vereinfachenden Extremthesen zu entgehen.

Eine erste Annäherung:
Sprache, Stil und Anspruch der Rektoratsrede

Die ambivalente Haltung Heideggers zum Nationalsozialismus wird insbesondere auch in der berühmt-berüchtigten Rektoratsrede deutlich, die Heidegger am 27. Mai 1933 unter dem Titel »Die Selbstbehauptung der deutschen Universität« gehalten hat.[7] In dieser Rede entfaltet er sein Programm einer Reform der deutschen Universität: Von Freiburg aus – und das bedeutet von einer »Provinzuniversität« aus –, so denkt Heidegger auch noch 1933, kann die erwünschte Rettung der deutschen Universität ausgehen – mit ihm als die Geschicke der Freiburger Universität leitenden Rektor, der – als Philosoph – die Einheit der Wissenschaften, die Einheit von Leben, Lehren und Forschen wie auch die Einheit von Wissenschaft und Volksgemeinschaft garantieren und die Frage nach dem Wesen der Universität denkerisch bewältigen kann. Denn wenn Heidegger von der »deutschen Studentenschaft« sagt, sie suche »jene Führer, durch die sie ihre eigene Bestimmung zur gegründeten, wissenden Wahrheit erheben und in die Klarheit des deutend-wirkenden Wortes und Werkes stellen will«,[8] dann denkt er zunächst einmal an sich selbst. Er hatte ja im ersten Satz der Rede bereits die Übernahme des Rektorats als »die Verpflichtung zur *geistigen* Führung dieser hohen Schule« bezeichnet[9] und damit das tra-

---

7 Vgl. zur Schilderung der Atmosphäre aus der Sicht Joseph Sauers *Heidegger-Jahrbuch* 4, 231.
8 GA 16, 112.
9 GA 16, 107.

ditionelle Verständnis des Rektors als eines *primus inter pares* in Frage gestellt.[10] Es ist kein Wunder, dass sich viele seiner Kollegen angesichts dieses Anspruches sehr kritisch zu seiner Amtsführung äußern sollten und sogar schon im Mai 1933 so etwas wie eine »Palastrevolte« in Erwägung zogen.[11] Denn gerade unter seinen Kollegen war Heideggers Rektorat nicht unumstritten. Er erfüllte ja nicht den von ihnen nicht selten gehegten Wunsch, er möge dafür Sorge tragen, dass sie in Ruhe und ohne größere Störungen ihrer Forschungs- und Lehrtätigkeit die Zeit des Nationalsozialismus überstehen können. Heidegger war ja – im Gegenteil – daran interessiert, nun endlich die Universität zu »retten« und sich dabei von der Erstarrung der alten Strukturen und der von ihm oft bemängelten Behäbigkeit seiner Kollegen nicht stören zu lassen.

Worum aber ging es Heidegger eigentlich in seiner Rektoratsrede? Allein schon der Titel der Rektoratsrede ist – darauf

10 Vgl. hierzu auch Otto Pöggeler, *Der Denkweg Martin Heideggers*, 379; Bernd Martin, »Martin Heidegger und der Nationalsozialismus«, 25; Reinhard Brandt, »Martin Heidegger: ›Die Selbstbehauptung der deutschen Universität‹«, in: Reinhard Brandt, *Universität zwischen Selbst- und Fremdbestimmung. Kants ›Streit der Fakultäten‹. Mit einem Anhang zu Heideggers ›Rektoratsrede‹*, Berlin 2003, 167–195, 179; Alexander Schwan, *Politische Philosophie im Denken Heideggers*, Opladen ²1989, 98 f. Vgl. zur Deutung der Rektoratsrede – aus sehr unterschiedlichen Perspektiven – auch Herman Philipse, *Heidegger's Philosophy of Being. A Critical Interpretation*, Princeton 1998, 249; Bernhard Radloff, *Heidegger and the Question of National Socialism. Disclosure and Gestalt*, Toronto 2007, 88–111; Vincent Blok, »Anmerkungen zu Martin Heideggers *Die Selbstbehauptung der deutschen Universität*«, in: *Heidegger-Jahrbuch* 5, 46–54; Bernd Grün, »Martin Heidegger als Gleichschaltungsrektor. Eine vergleichende Studie anhand der Rektoratsreden des Jahres 1933«, in: *Heidegger-Jahrbuch* 5, 76–109; Hermann Heidegger, »Die Selbstbehauptung der deutschen Universität 1933«, in: *Heidegger-Jahrbuch* 5, 361–370, Vgl. auch Erik Wolfs Ausführungen zur Rektoratsrede in seinem nicht abgeschickten Brief an Karl Barth in: *Heidegger-Jahrbuch* 4, 312.
11 Vgl. hierzu S. 341 f.

ist schon hingewiesen worden – nicht einfach zu interpretieren: Was ist mit der »Selbstbehauptung der deutschen Universität« gemeint? Ging es um eine Selbstbehauptung *mit
Hilfe* des Nationalsozialismus, gegen ihn oder teils mit seiner Hilfe und teils gegen ihn? Wer sich auch nur oberflächlich mit der Rektoratsrede beschäftigt, wird feststellen, dass
»Die Selbstbehauptung der deutschen Universität« ein sehr
komplexes Dokument ist. Karl Löwith, dem Heidegger die
Rede 1933 geschickt hat, verweist darauf, dass sie »gemessen
mit dem Maßstab der Philosophie ... eine einzige Zweideu-
tigkeit« sei.[12] Man wisse, so Löwith pointiert, »am Ende des
Vortrages nicht, ob man Diels' *Vorsokratiker* in die Hand
nehmen soll oder mit der S. A. marschieren«.[13] Es mag Fälle
geben, in denen auch komplexe Fragen mit einfachen Antworten zufriedenstellend beantwortet werden können. Gerade wenn es um die Interpretation der Rektoratsrede geht,
ist dies sicherlich nicht so – selbst ein Heidegger kritisch gegenüber eingestellter Interpret wie Reinhard Brandt spricht
von der »Vielschichtigkeit« des Textes der Rektoratsrede.[14]
Es handelt sich daher um einen Text, der oft missverstanden
wurde[15] und einer sehr umsichtigen Interpretation bedarf –

12 Karl Löwith, *Mein Leben in Deutschland vor und nach 1933. Ein Bericht*, Stuttgart 1986, 33.
13 Karl Löwith, *Mein Leben in Deutschland vor und nach 1933. Ein Bericht*, 33. Vgl. hierzu auch Karl Löwith, »Heidegger – Denker in dürftiger
Zeit«, in: *Heidegger – Denker in dürftiger Zeit. Zur Stellung der Philosophie im 20. Jahrhundert* (= *Sämtliche Schriften*, 8), Stuttgart 1984,
124–234, 170f.
14 Vgl. Reinhard Brandt, »Martin Heidegger: ›Die Selbstbehauptung der
deutschen Universität‹«, 177: »Die Rektoratsrede hat eine Eigentümlich-
keit, die sie mit den übrigen Schriften Heideggers und mit Kants Schriften
teilt: Sie ist von großer gedanklicher und literarischer Dichte; jeder Satz
ist komprimiert und wird Stein um Stein in ein Ganzes gefügt. Diese Kom-
paktheit führt zu einer Vielschichtigkeit des Textes, der schon dadurch
wie die Kantischen Texte interpretationsbedürftig ist.«
15 So zu Recht auch Eberhard Jüngel (Heidegger/Bultmann, V).

und in all seiner Mehrdeutigkeit ernst genommen werden muss. Denn sehr oft hat man zu schnell bestimmte Folgerungen daraus gezogen, dass Heidegger vom »Schicksal des deutschen Volkes«[16] oder von seinem »geschichtlichen Auftrag«[17] spricht, und dabei den Text der Rektoratsrede nur sehr oberflächlich interpretiert. Dann erscheint Heidegger schnell als der »Nazi-Rektor«, der in seiner Rektoratsrede die Sprache der nationalsozialistischen Machthaber gesprochen und damit sein eigenes bisheriges Denken verraten hat.

Heidegger spricht zwar in der *Rektoratsrede* eine Sprache, die in engem Bezug zur Sprache der Nationalsozialisten steht. Er spricht zum Beispiel eine oft martialisch gefärbte Sprache. Da geht es – in jener uns heute so befremdlichen Schwere und Tiefe[18] – um die Notwendigkeit der Entscheidung, die »äußerste Fragewürdigkeit«,[19] um den »äußersten Posten der Gefahr«[20] oder um die »Verlassenheit des heutigen Menschen inmitten des Seienden«.[21] Und da ist auch von einem »Marsch«[22] der Studentenschaft, von einer »Gefolgschaft«[23] oder einer »Kampfgemeinschaft der Lehrer und Schüler«[24] oder vom »wissenden Kampf der Fragenden«[25] die Rede. Es ist auch wahr, dass plötzlich (zumindest wenn man die Vorlesungen, die Heidegger nach der Veröffentlichung von *Sein und Zeit* gehalten hat, nicht in Betracht zieht) das Volk oder die »völkische« Dimension des Daseins eine sehr

---

16 GA 16, 107.
17 GA 16, 117.
18 Vgl. zum »soldatischen Umfeld der Rektoratsrede« auch Hugo Ott, *Martin Heidegger. Unterwegs zu seiner Biographie*, Frankfurt am Main 1988, 146–166.
19 GA 16, 113.
20 GA 16, 112.
21 GA 16, 111.
22 Vgl. GA 16, 112.
23 GA 16, 107.
24 GA 16, 116.
25 GA 16, 116.

prominente Stelle einnimmt.[26] Aus heutiger Perspektive ist die Wahl dieser Begrifflichkeit sehr irritierend. Einen Mangel an Pathos wird man Heidegger nicht vorwerfen können: Alles, aber auch wirklich alles scheint auf dem Spiel zu stehen. Die Begrifflichkeit wird aber verständlicher, wenn man sie in den Kontext der Zeit einordnet. Dann wird man feststellen, dass es, gewiss, Parallelen zur nationalsozialistischen Sprache gibt. Viele Zuhörer werden während der Rektoratsrede gelegentlich auch an Hitlers *Mein Kampf* gedacht haben, so kämpferisch und entschlossen gibt sich Heidegger. Man wird aber Heidegger kaum unterstellen können, hier eine Sprache zu sprechen, die *per se* als faschistisch oder nationalsozialistisch bezeichnet werden kann. Denn uns heute so fremd gewordene militärische Metaphern und martialische Ausdrucksweisen waren gerade auch im universitären Kontext weit verbreitet. Auch Edmund Husserl spricht in seinem Buch *Die Krise der europäischen Wissenschaften und die transzendentale Phänomenologie* von den »Geisteskämpfen des europäischen Menschentums« und den »Kämpfen der Philosophie«.[27] Viele andere Belege ließen sich aus der zeitgenössischen Literatur und Philosophie für diese mit militärischen Metaphern aufgeladene Stimmung der 1920er und 1930er Jahre finden. Wenn Heidegger sich dieser Sprache nicht nur in der Rektoratsrede, sondern auch in vielen Vorlesungen bedient, dann spiegelt das eine bestimmte Situation, einen »bestimmten Sitz« im Leben wieder, aber keinesfalls völlige Übereinstimmung mit der nationalsozialistischen Ideologie. Mit Worten wie etwa »Kampf« oder »Kampfgemeinschaft« kann 1933 ganz Unterschiedliches gemeint

26 Vgl. hierzu auch Dieter Thomä, *Die Zeit des Selbst und die Zeit danach. Zur Kritik der Textgeschichte Martin Heideggers 1910–1976*, Frankfurt am Main 1990, 542–554.
27 Vgl. Edmund Husserl, *Die Krise der europäischen Wissenschaften und die transzendentale Phänomenologie*, § 6.

sein – und nicht immer waren denjenigen, die diese Worte nutzten oder sie hörten, die feinen Unterschiede ausreichend bewusst. Gerade im philosophischen Kontext wird man, wenn von Kampf die Rede ist, oft auch an Heraklits Wort vom *polemos* – Kampf oder Krieg – als dem »Vater aller Dinge« denken müssen – ein Wort, das für Heidegger zunehmend wichtig wurde und das ihm dabei half, die Aufhebung des realen Kampfes ins Geistige zu rechtfertigen.[28]

Eine genauere Untersuchung der Sprache der Rektoratsrede und des Anliegens, das Heidegger in dieser Rede entfaltet, zeigt, dass hier bestenfalls das Dokument einer Annäherung an die nationalsozialistische Ideologie vorliegt, nicht ein Dokument, in dem sich eine nationalsozialistische Überzeugung eindeutig und ohne Einschränkungen ausdrückt. Das wird vor allem deutlich, wenn man diejenigen Texte – Reden und Briefe etwa – untersucht, die Heidegger *nach* der Rektoratsrede verfasst hat.[29] Denn in diesen Texten finden

---

28 Vgl. zum Beispiel neben GA 36/37, 89–95 auch GA 16, 314; 283. Hier wird deutlich, dass es Heidegger auch noch im Mai 1934 um eine »geistige Eroberung« des »großen Krieges« ging, so dass »der *Kampf* ... zum *innersten Gesetz* unseres Daseins« werde. Dass dies ein konkretes Interesse Heideggers an Frieden zwischen den Völkern nicht ausschloss, zeigt GA 16, 306f.: Noch im August 1934 scheint Heidegger von der naiven Hoffnung auszugehen, der »Führer« und die nationalsozialistische Revolution könne Europa vor dem Untergang retten. In GA 16, 379f. geht Heidegger auf die Bedeutung des Kampfes (bzw. des *polemos*) in der Rektoratsrede aus der Sicht des Jahres 1945 ein.

29 Vgl. zur Radikalisierung Heideggers nach der Rektoratsrede auch Gerd Tellenbach, *Aus erinnerter Zeitgeschichte*, Freiburg 1981, 40f. Tellenbach geht hier auf den Vortrag ein, den Heidegger Ende Juni 1933 unter dem Titel »Die Universität im neuen Reich« gehalten hat (vgl. hierzu unten S. 351 f.). Dabei äußert Tellenbach sich auch zur Differenz dieses Vortrages zur Rektoratsrede: »Nun [scil. in Heidelberg, H. Z.] sah ich ihn zum ersten Mal und hörte voller Spannung zu, mit wachsendem Entsetzen, bitter enttäuscht über diesen von mir so hochgestellten Mann, empört und traurig. Später bemerkte ich, dass dieser Heidelberger Vortrag sich stark von der bekannten Freiburger Rektoratsrede unterschied.« Der Heidelberger Vortrag stellt, wie wir sehen werden, nicht eine »Vereinfachung« der

sich Belege für eine Radikalisierung von Heideggers politischer Position. Heideggers frühere Bedenken scheinen dann einer zunehmend uneingeschränkten Sympathie und Bewunderung vor allem für Adolf Hitler gewichen zu sein, einer Bewunderung, die sich bis 1936 gehalten zu haben scheint.[30] Das erklärt nicht nur den Charakter und Ton der Äußerungen, die Heidegger nach seinem Amtsantritt als Rektor unternommen hat, sondern auch, warum Heidegger der Gleichschaltung der Freiburger Universität so wenig Widerstand entgegensetzte und warum deshalb auch manchen zeitgenössischen Kritikern die »Selbstbehauptung« auf eine »Selbstgleichschaltung« oder »Selbstenthauptung«[31] hinauszulaufen schien. In der Rektoratsrede aber zeigt sich die politische Radikalisierung Heideggers ab Ende Mai 1933 zunächst in einem Anfangsstadium.[32] Denn es ist zumindest auffallend,

Rektoratsrede dar, wie Bernd Martin annimmt (vgl. Bernd Martin, »Martin Heidegger und der Nationalsozialismus«, 25), sondern steht im Zusammenhang einer politischen Radikalisierung Heideggers, die weitestgehend erst nach der Rektoratsrede festzustellen ist.

30 Vgl. hierzu Karl Löwith, *Mein Leben in Deutschland vor und nach 1933. Ein Bericht*, 57. Dort berichtet Löwith von seinem Treffen mit Heidegger 1936 in Rom Folgendes: »Er ließ auch keinen Zweifel über seinen Glauben an Hitler ... . Er war nach wie vor überzeugt, dass der Nationalsozialismus der für Deutschland vorgezeichnete Weg sei; man müsse nur lange genug ›durchhalten‹. Bedenklich schien ihm bloß das maßlose Organisieren auf Kosten der lebendigen Kräfte.« Vgl. für eine ähnliche, im Mai 1934 geäußerte Betonung der Bedeutung Hitlers GA 16, 284 und GA 16, 297; 307 für Heideggers im August desselben Jahres geäußerte »Führerbegeisterung«.

31 Vgl. hierzu auch GA 16, 380f.

32 Vgl. hierzu Bernd Grün, »Nach Heidegger. Die Rektorate von Eduard Kern, Friedrich Merz und Otto Mangold«, in: Bernd Martin (Hg.), *Von der badischen Landesuniversität zur Hochschule des 21. Jahrhunderts*, 412. Es mag in diesem Zusammenhang auch wichtig sein, darauf hinzuweisen, dass im Mai 1933 in Freiburg – vermutlich aufgrund des schlechten Wetters – keine Bücherverbrennung stattgefunden hat und dass es in Freiburg auch – anders als in anderen Universitätsstädten – »nahezu halkyonisch« geblieben sei, d.h., dass der »Sitz im Leben« der Freiburger Rektoratsrede Heideggers nicht von den Exzessen und Radikalisierungen gekennzeich-

dass Heidegger bestimmte Worte oder Wendungen noch gar nicht verwendet: Es gibt in der Rede keinen Bezug auf »den Führer« oder auf »Hitler«, die Begriffe »Nationalsozialismus«, »Rasse« oder »Partei« fehlen genauso wie jegliche Bezugnahme auf »die Juden«. Das bedeutet nun nicht, dass wir Heidegger von jeglicher Schuld oder jeglichem Irrtum freisprechen können – genauso wenig wie eine martialisch aufgeladene Sprache Heidegger zum Nationalsozialisten macht, erlaubt das Fehlen bestimmter Worte oder Begriffe, ihn zu einem geistigen Widerstandskämpfer zu machen –, aber es mahnt doch zur genauen Lektüre.

Jenseits der Extremthesen

Dieser erste Befund zeigt, wie ambivalent gerade dieser Text Heideggers ist – bis in die Sprache hinein. Was daher notwendig ist, ist eine Interpretation der Rektoratsrede auf der inhaltlichen Ebene, die zunächst einmal den Gedankengang der Rektoratsrede nachzeichnet und sich durch eine gewisse interpretatorische Vorsicht auszeichnet und die gängigen Extreme vermeidet: Denn während einige Interpreten allein in der Sprache der Rede deutliche Zeichen dafür finden, dass Heidegger sich an den Nationalsozialismus mit Haut und

net ist, die sich andernorts beobachten lassen (vgl. hierzu Helmut Heiber, *Universität unterm Hakenkreuz. Teil II. Band 1: Die Kapitulation der Hohen Schulen. Das Jahr 1933 und seine Themen*, München 1992, 74; Heiber geht sogar so weit, die Universität Freiburg als »anti-nationalsozialistische Musteruniversität« zu beschreiben [79]). Heidegger selbst verweist darauf, er habe die Bücherverbrennung verboten (GA 16, 658). Einen weiteren Beleg dafür gibt es bislang nicht. Vgl. hier auch Hartmut Tietjen, »Heidegger und die nationalsozialistische Hochschulpolitik«, in: István M. Fehér (Hg.), *Wege und Irrwege des neueren Umgangs mit Heideggers Werk. Ein deutsch-ungarisches Symposium*, Berlin 1991, 109–128, 119f.; Corine Defrance, »Die französische Besatzungsmacht und die Philosophische Fakultät«, in: Eckhard Wirbelauer (Hg.), *Die Freiburger Philosophische Fakultät 1920–1960. Mitglieder – Strukturen – Vernetzungen*, 810f.

Haaren ausgeliefert habe, sehen andere Forscher deutliche Zeichen einer Distanzierung Heideggers von der herrschenden Ideologie: Da ist zum einen die kritische These, es sei Heidegger darum gegangen, die Prinzipien der nationalsozialistischen Bildungspolitik an der Freiburger Universität als einer *deutschen* »völkischen« Universität umzusetzen,[33] die Universität gleichzuschalten und damit auch ein Modell für andere Universitäten zu schaffen. Aus dieser Sicht erscheint die Rektoratsrede dann als deutliches Zeichen der nationalsozialistischen Überzeugungen Heideggers. Und wo immer eine Parallele zwischen seinem Denken der 1920er Jahre und der Rektoratsrede gezogen wird und plausibel ist, erscheint dann auch sein Denken der 1920er Jahre als politisch belastet oder wird als Ausdruck eines bis in seine Substanz hinein nationalsozialistischen oder faschistischen Denkens radikal in Frage gestellt.

Die andere Extremthese, die apologetische These, geht von einer anderen Deutung der Rektoratsrede aus. Hier wird die These vertreten, es sei Heidegger in dieser Rede vor allem um die *Selbst*behauptung der Universität gegangen, darum also, dass die Universität sich in der Krise der Zeit behauptet und dabei auch sich selbst ihr Haupt – ihren Rektor Heidegger – bestimmt. Heidegger habe daher in seiner Rektoratsrede bei aller rein äußerlichen Annäherung an die politischen Positionen der neuen Machthaber doch auch sehr deutlich seine Distanz zur nationalsozialistischen Ideologie markiert. Heideggers noch 1932 geäußerte Kritik an bestimmten Elementen des Nationalsozialismus legt nahe, die Frage nach der Deutung der Rektoratsrede im Sinne der zweiten Interpretationsweise zu beantworten. Zudem gab es im Frühjahr 1933,

---

33 Für die These, Heidegger habe 1933 das Konzept einer »völkischen Universität« vertreten, vgl. Reinhard Brandt, »Martin Heidegger: ›Die Selbstbehauptung der deutschen Universität‹«, 167 ff. Hier wäre zunächst einmal zu klären, was genau mit »völkisch« gemeint ist.

wie sich bereits gezeigt hat, auch gar nicht so etwas wie eine
eindeutig nationalsozialistische Bildungspolitik, die er in
Freiburg modellhaft hätte verwirklichen können. Man mag
in diesem Zusammenhang auch darauf hinweisen, dass die
Rektoratsrede die Nationalsozialisten unter den Zuhörern
wohl eher langweilte als zu Begeisterungsstürmen hinriss.[34]
Vertreter dieser These können sich auch auf Heideggers
Selbstinterpretation beziehen. Heidegger hatte ja in dem
1945 geschriebenen Aufsatz »Das Rektorat 1933/34. Tatsachen und Gedanken«[35] darauf hingewiesen, es sei ihm in dieser Rede und im Rektorat um die »Ablehnung der Idee der
›politischen‹ Wissenschaft, die vom Nationalsozialismus
verkündet wurde,«[36] gegangen und damit um eine zumindest

---

34 Vgl. hierzu das Zeugnis des Historikers Hermann Heimpel (»Der gute
Zuhörer«, in: *Erinnerung an Martin Heidegger*, hg. von Günther Neske,
Pfullingen 1977, 116): »Als er, nachdem der eben gewählte Rektor der Universität verdrängt war, seinerseits die Rektoratsrede hielt, erlebte er anderes [scil., als dass mit der nationalsozialistischen Revolution seine Philosophie siege, H. Z.]: gelangweilt nach vorn gestreckte braune Stiefel der
Neu-Mächtigen: sind das wir, was der da oben sagt, der kleine Mann im
akademischen Hermelin?« Zur Wirkung der Rektoratsrede vgl. auch
Bernd Martin, »Martin Heidegger und der Nationalsozialismus«, 24f.
35 GA 16, 372–394.
36 GA 16, 378. Vgl. hierzu auch den Brief von Kurt Bauch an Wolfgang
Stechow aus dem Jahr 1958. Die Rektoratsrede, so Bauch, »war in dem an-
tiwissenschaftlichen Ansturm der kleinbürgerlichen Massenrevolution,
wenn man sie historisch liest, sogar ein Wagnis« (Erwin Panofsky, *Korrespondenz 1957 bis 1961*, hg. von Dieter Wuttke, Wiesbaden 2008, 143; vgl.
146 für die Antwort von Stechow, der darauf hinweist, dass Heidegger etwas anderes dem Nationalsozialismus hätte entgegenstellen müssen als
»etwas, was einer wissenschaftlichen Rechtfertigung, ja Verherrlichung
schrecklich nahe kommt«). Deutlich wird in diesem Briefwechsel neben
der Ambivalenz und Vielschichtigkeit der Rektoratsrede auch das grundlegende Problem, dass Heidegger – bei allem Wagnis, das er eingegangen
sein mag – dem Nationalsozialismus deshalb nichts anderes als so etwas
wie eine »wissenschaftliche Rechtfertigung« entgegengestellt hat, weil er
Anfang 1933 der nationalsozialistischen Bewegung auch mit weitestge-
henden, freilich auf einer äußerst idealistischen Sicht basierenden Sympathien gegenüberstand und die Radikalität dieser Bewegung in einer Mi-

implizite kritische Auseinandersetzung mit dem Nationalsozialismus. Vor allem aber wenn man sich den weiteren Weg des Rektors Heidegger im Jahr 1933 und im Frühjahr 1934 vergegenwärtigt, wird man nicht zu schnell Heideggers 1945 unternommenem Deutungs- und Verteidigungsversuch unkritisch in allen Aspekten folgen wollen.[37] Denn er sollte sich zumindest nach der Rektoratsrede für eine Politisierung der Universitäten starkmachen – aber in einer Weise, die nicht in der unmittelbaren Konsequenz der Rektoratsrede lag.

Eine Untersuchung der Rede wird wieder einmal zeigen, dass die beiden möglichen Extremthesen – die Deutung der Rede als Ausdruck der (oder Auslieferung an die) nationalsozialistischen Ideologie einerseits und die Deutung der Rede als subtile Kritik oder Maßnahme zum Schutz der überlieferten Universität andererseits – dem, was geschehen ist, nicht gerecht werden. Eine genauere Lektüre der Rektoratsrede zeigt zunächst einmal, dass diese Rede in großer Kontinuität zu seinen in den 1920er Jahren entfalteten universitätsreformerischen Gedanken steht. Heidegger übt keinen radikalen Verrat an seinen zuvor schon geäußerten Ansichten. Eine genauere Interpretation zeigt, wie die verschiedenen Momente, die Heideggers Denken bestimmt haben und auf die wir im ersten Teil dieses Buches eingegangen sind, hier noch einmal neu ihre Bedeutung zeigen: seine religiöse und theologische Herkunft und sein gewissermaßen priesterliches Selbstverständnis als Philosoph, seine Einsicht in die Krise der Univer-

---

schung aus politischer Naivität und Blindheit zunächst gar nicht verstand bzw. falsch interpretierte. Denn während ihm 1933 der Nationalsozialismus als die Möglichkeit einer Überwindung des Nihilismus erschien, wurde ihm ab 1934 zunehmend klar, dass er es mit einer Erscheinungsform, und zwar der Vollendungsform, des Nihilismus zu tun hatte.

37 Allerdings kann man ihm nicht vorwerfen, sich »gegen alle historischen Fakten« selbst behauptet zu haben, wie dies Reinhard Brandt, »Martin Heidegger: ›Die Selbstbehauptung der deutschen Universität‹«, 188 unternimmt.

sität, sein Bemühen um eine Universitätsreform und auch seine Neubestimmung dessen, was Philosophie bedeutet, in einer Rückkehr zu den Wurzeln des philosophischen Denkens bei den Griechen. Gleichzeitig aber gibt es einige Momente in der Rede, die deutlich ihren historischen »Sitz im Leben« zeigen – dass die Rede nämlich *nach* der nationalsozialistischen Machtergreifung gehalten wurde. Wir sehen daher – auf der anderen Seite –, wie die genannten Momente in der Rektoratsrede in einer Weise radikalisiert oder ergänzt werden, die Heidegger zuvor fremd gewesen wäre, die aber – vor allem, wenn man seinen Denkweg von 1927 bis 1933 betrachtet – auch nicht völlig überrascht. Auch Anfang 1933 gab es keinen radikalen Bruch auf dem Denk- und Lebensweg Martin Heideggers, der gänzlich unverständlich wäre. Sowenig sich Heideggers Rektorat aus seinem Denk- und Lebensweg bis 1933 logisch ergibt und es für ihn keine Alternative gegeben hätte, so wenig ist es »vom Himmel« gefallen.

Die Entscheidung für das »Wesen der Universität«

Heideggers Anliegen in der Rektoratsrede ist vor allem ein universitätspolitisches – dem er sich aus philosophischer Perspektive nähert. Auf Fragen der Politik im engeren Sinne nimmt er – wieder einmal – fast ausschließlich aus der Perspektive der Universitätspolitik Stellung. Es ist nicht unwichtig, eigens auf diesen Charakter der Rektoratsrede hinzuweisen, da es nicht nur andere Rektoratsreden im Jahr 1933 gegeben hat, die in viel höherem Maße politisch orientiert waren,[38] sondern Heidegger selbst im Verlaufe seines Rekto-

---

38 Vgl. hierzu auch Karl Löwith, *Mein Leben in Deutschland vor und nach 1933. Ein Bericht*, 33: »Verglichen mit den zahllosen Broschüren und Reden, die nach dem Umsturz die gleichgeschalteten Professoren von sich gaben, ist Heideggers Rede höchst philosophisch und anspruchsvoll, ein kleines Meisterwerk an Formulierung und Komposition.«

rats auch Reden halten sollte, bei denen die universitätspolitische Perspektive in den Hintergrund rücken sollte. Aufgrund der universitätspolitischen Orientierung dieser Rede
beginnt Heidegger mit Überlegungen zur Universität und zu
seiner Rolle als Rektor: Diese bestehe, wie wir schon sahen,
in der »*geistigen* Führung dieser hohen Schule«.[39] Die »Führer« sollen aber, so Heidegger, selbst »Geführte« sein – sie
sollen also nicht autonome Entscheidungen treffen, sondern
sich führen lassen, und zwar nicht von der Politik, sondern
»von der Unerbittlichkeit jenes geistigen Auftrags, der das
Schicksal des deutschen Volkes in das Gepräge seiner Geschichte zwingt«.[40] Denn nur so sei es wirklich möglich, dass
Lehrer und Schüler gemeinsam »im Wesen der deutschen
Universität« verwurzelt seien. Dass Heidegger hier nicht »*den*
Führer« erwähnt und von einem »geistigen Auftrag« spricht,
ist angesichts der zentralen Rolle des charismatischen Führers Hitler und der zunehmenden Politisierung vieler Lebensbereiche bereits im Mai 1933 nicht uninteressant. Man darf
dies nicht überbewerten, aber muss noch einmal ausdrücklich darauf hinweisen, dass Heidegger nach der Rede durchaus zu einem Anhänger des Führerkultes werden und sich
nicht davor scheuen sollte, den Führer auch beim Namen zu
nennen.[41] Hier ist aber hiervon noch keine Rede. Auch der
Bezug auf das »Schicksal« ist recht allgemein und abstrakt
gehalten, wenn auch nicht in Frage steht, dass Heideggers Betonung des »Schicksals« hier in einer deutlichen Spannung
zu seinem Anliegen einer »Selbstbehauptung« als »Selbstbegrenzung« steht.[42] Erst am Ende der Rede wird Heidegger ein

39 GA 16, 107.
40 GA 16, 107.
41 Vgl. in diesem Zusammenhang auch Dieter Thomä, *Die Zeit des
Selbst und die Zeit danach. Zur Kritik der Textgeschichte Martin Heideggers 1910–1976*, 572–581.
42 Darauf, dass Heideggers Betonung »der Unerbittlichkeit jenes geistigen Auftrags« die apologetische These, es sei dem neuen Rektor der Frei-

eindeutiges Bekenntnis zur neuen politischen Situation abgeben und die abstrakte Ebene des »Geistes« verlassen.

Weil Heidegger sich nach wie vor der Krise der Universität bewusst ist und weil er nach wie vor davon ausgeht, dass die Universität eine bestimmte Lebensweise voraussetze, fragt er im Folgenden, ob das universitäre »Wesen echte Prägekraft« für unser Dasein habe. Es geht ja nach wie vor vorrangig nicht darum, die Universität gut zu organisieren und dadurch »effizienter« zu machen, sondern ihr eigentliches Wesen zu verstehen, damit dieses dann verwirklicht – sprich: gelebt – werden kann. Daher geht es ihm auch in der Rektoratsrede vornehmlich um eine Neu- oder Wiederbelebung eines wissenschaftlich geprägten Lebens. Die Universität und damit das universitäre Leben, so Heidegger, bedürfe aber der Freiheit, das heißt des entschiedenen Wollens all ihrer Angehörigen: Denn das Wesen der Universität hat ja nur

---

burger Universität in seiner Rektoratsrede vor allem um die »Selbstbehauptung« der Universität im Sinne der »Selbstverteidigung ... vor dem NS-Regime« gegangen, in Frage stellt, verweist zu Recht Dieter Thomä, *Die Zeit des Selbst und die Zeit danach. Zur Kritik der Textgeschichte Martin Heideggers 1910–1976*, 569. Trotzdem ist – mit Heidegger späterer Stellungnahme zum Rektorat (vgl. GA 16, 378 ff.) – daran festzuhalten, dass Heidegger in seiner Rektoratsrede die Universität bzw. die Wissenschaft nicht einfach der Politik ausliefert: Sowohl die Wissenschaft als auch die Politik haben sich nach Heidegger dem ihnen übergeordneten geschichtlichen »Auftrag« oder »Schicksal« zu fügen. Solange auch das nationalsozialistische Regime diesem Auftrag treu bleibt, so mag Heidegger gedacht haben, sei es nicht notwendig, dass die Universität sich vor diesem Regime verteidige. Eine Selbstverteidigung sei angesichts von Fehlverständnissen dieses Auftrags notwendig. Hierbei handelt es sich um einen kleinen, aber wichtigen Unterschied, der zeigt, wie komplex die Situation des Jahres 1933 sich gestaltet hat. Deutlich zeigt sich – wieder einmal – die Naivität Heideggers in politischen Fragen, für die sich noch in den Jahren nach Heideggers Rücktritt vom Rektorat Belege finden lassen, nämlich dort, wo er zwischen einer idealen nationalsozialistischen Bewegung oder ihrem eigentlichen Wesen auf der einen und der Partei bzw. der konkreten politisch-historischen Wirklichkeit auf der anderen Seite unterscheidet.

dann wirklich »Prägekraft« für unser Dasein, so Heidegger weiter, wenn »wir dieses Wesen von Grund aus wollen«.[43] Heidegger weiß, dass alle Reformvorhaben zum Scheitern verurteilt sein werden, wenn sie nur »von oben« her verordnet werden. Vielmehr ist eine Entscheidung notwendig. Es ist notwendig, dass die Hörer sich für das »Wesen der Universität« in Freiheit entscheiden. Dies scheint nun, wie er nahelegt, der Fall zu sein. Denn normalerweise werde das Wesen der Universität in ihrer »Selbstverwaltung« gesehen, die, so Heidegger, erhalten werden solle. Es scheine also durchaus einen »Willen«, unser Dasein vom Wesen der Universität prägen zu lassen, zu geben, wäre ja ansonsten den Angehörigen der Universität die *Selbst*verwaltung kaum ein Anliegen. In einer für ihn sehr typischen Denkbewegung fragt er nun aber noch weiter danach, ob »wir« – Heidegger sieht sich hier doch auch als *primus inter pares* – überhaupt darüber nachgedacht haben, »was dieser Anspruch auf Selbstverwaltung von uns fordert«?[44] Dies Frage ist natürlich eine rhetorische Frage: Denn es ist ja – wie Heidegger schon in den 1920er Jahren dachte – gerade Zeichen der Krise der Universität, dass nicht mehr so recht verstanden wird, was denn die Universität eigentlich sei und was daher der Anspruch auf Selbstverwaltung eigentlich bedeute.

Daher legt Heidegger im Folgenden dar, was mit dem – von ihm in keiner Weise in Frage gestellten – Anspruch auf »Selbstverwaltung« verbunden ist. In diesem Zusammenhang verweist Heidegger auf eine Reihe von Aufgaben, die die Universität *selbst* zu leisten habe. Es handelt sich, mit anderen Worten, um Aufgaben, die nicht von außen her gelöst oder bearbeitet werden können: »Selbstverwaltung besteht nur auf dem Grunde der Selbstbesinnung. Selbstbesin-

---

43 GA 16, 107.
44 GA 16, 107.

nung geschieht nur in der Kraft der Selbstbehauptung der deutschen Universität.«[45] Und darüber hinaus verlangt die Selbstbesinnung auch noch »Selbstbegrenzung«, d.h., »daß wir zuvor in Klarheit und Härte dieses Wesen für die Zukunft umgrenzen«. »Umgrenzen« ist die deutsche Übersetzung des lateinischen *definire*; die »Selbstbegrenzung« ist daher – bei aller Doppeldeutigkeit – zunächst einmal keine »Selbstbeschränkung« angesichts der Ansprüche der neuen politischen Machthaber, sondern eine »Selbstdefinition«. Denn was die Universität eigentlich ist und worin ihre Grenzen liegen (und damit auch ihre Möglichkeiten), das kann nur von der Universität selbst – und von keinem außeruniversitären Führer, keiner Partei oder keiner Bewegung – festgelegt werden. Der Universität kommt in diesem Sinne Autonomie zu: Sie bestimmt selbst ihr Gesetz, sie behauptet sich selbst. Ihr ist keine andere Institution übergeordnet, die bestimmte, was sie eigentlich sei.[46]

Daher hat auch im Mai 1933 für Heidegger die Universität noch jene Aufgabe, von der er bereits in den Jahren nach dem Ersten Weltkrieg gesprochen hat, nämlich eine indirekt politische. Allerdings rückt nun das »deutsche Volk« an eine sehr prominente Stellung: »Die deutsche Universität«, so Heidegger, »gilt uns als die hohe Schule, die aus Wissenschaft und durch Wissenschaft die Führer und Hüter des Schicksals des deutschen Volkes in die Erziehung und Zucht nimmt.«[47] Statt also von den »Führern und Hütern« des deutschen Volkes in die Zucht genommen und dadurch poli-

---

45 GA 16, 108.
46 Vgl. hierzu auch »Gespräch mit Max Müller«, in: Heidegger/Müller, 122.
47 GA 16, 108. Vgl. hierzu auch GA 36/37, 3: »Sie [scil. die »akademische Jugend«, H.Z.] lebt aus dem Willen, die Zucht und die Erziehung zu finden, die sie reif und stark macht zu der geistig-politischen Führerschaft, die ihr künftig aus dem Volk für den Staat in der Welt der Völker aufgetragen werden soll.«

tisiert zu werden, nimmt die Universität nach den Vorstellungen Heideggers diese erziehend in die Zucht. Nach wie vor bleibt die Universität für Heidegger nicht nur eine von politischen Kräften und Zielsetzungen zunächst einmal unabhängige und autonome Institution, insofern sie ihre Rolle nicht von der Politik, sondern von der geschichtlichen Stunde (»Schicksal«) her versteht, sondern auch eine vor anderen Institutionen ausgezeichnete Einrichtung, insofern sie zukünftige »Führer« erzieht und damit indirekt auf den gesellschaftlich-politischen Bereich einwirkt. Heidegger geht es also auch hier weniger um eine politisch bestimmte Universität, sondern viel eher um eine universitär bestimmte Politik.

Dieses Gesetz, das die Universität sich selbst gibt, wird aber nicht in solcher Weise autonom festgelegt, dass dezisionistisch allein der Wille der Angehörigen der Universität entscheidend wäre, sondern derart, dass die Definition ihr Maß von dem »Wesen« – der »Sache selbst« – der Universität her empfängt. Es ist daher ein »Wille zum Wesen« notwendig, also kein nietzscheanischer »Wille zur Macht«, kein Wille einer Mehrheit oder der politischen Machthaber, sondern der willentliche und das heißt freie Bezug zum Wesen der Universität, zu dem, was die Universität eigentlich ist. Und gerade hier zeigt sich die Bedeutung der Philosophie. Denn die Philosophie ist ja vor allem auch mit Fragen danach, was etwas eigentlich ist, befasst. Heidegger knüpft hier nicht nur an das seit dem Ende des 18. Jahrhunderts in Deutschland verbreitete Verständnis des Verhältnisses der Philosophie zur Universität an,[48] sondern zeigt auch, wie wichtig es ange-

---

48 Vgl. hierzu Ernst Anrich (Hg.), *Die Idee der deutschen Universität. Die fünf Grundschriften aus der Zeit ihrer Neubegründung durch klassischen Idealismus und romantischen Realismus*, Darmstadt 1956; vgl. auch Ulrich Johannes Schneider, *Philosophie und Universität. Historisierung der Vernunft im 19. Jahrhundert*, Hamburg 1999, v.a. 15 ff.

sichts der Herausforderungen der Stunde gewesen ist, einen Philosophen – sprich: ihn – zum Rektor zu wählen. Denn er kann – seinem nicht gerade unbescheidenen Selbstverständnis nach – wie kein anderer die Frage nach der »Sache selbst« der Universität stellen und beantworten.

Wie aber bestimmt Heidegger das Wesen der Universität? Es gelte zunächst, so Heidegger, sich auf dieses Wesen zu besinnen, also dem Sinn dessen, was das Wesen der Universität ist, nachzudenken (so wie Heidegger in seinem Hauptwerk *Sein und Zeit* die Frage nach dem Sinn von Sein gestellt hat). Der Wille zum Wesen der Universität ist für Heidegger der »Wille zur Wissenschaft«.[49] Auch dies ist eine Aussage, die Heidegger auch schon in den Jahren vor 1933 hätte machen können und in vergleichbarer Weise gemacht hat. Die Universität war für ihn – das zeigten ja auch schon seine sehr frühen Äußerungen – ein Ort des Lebens, das von wissenschaftlicher Strenge und Sachlichkeit charakterisiert ist und daher als ein Leben der Enthaltsamkeit und Einsamkeit zu verstehen ist. Um dieses Verständnis der Wissenschaft besser zu verstehen, ist es hilfreich, noch einmal Heideggers Antrittsvorlesung »Was ist Metaphysik?« in Erinnerung zu rufen. Dort heißt es: »Zum Seienden verhält sich zwar auch das vor- und außerwissenschaftliche Tun und Lassen des Menschen. Die Wissenschaft hat aber ihre Auszeichnung darin, dass sie in einer eigenen Weise ausdrücklich und einzig der Sache selbst das erste und letzte Wort gibt. In solcher Sachlichkeit des Fragens, Bestimmens und Begründens vollzieht sich eine eigentümlich begrenzte Unterwerfung unter das Seiende selbst, auf dass es an diesem sei, sich zu offenbaren. Diese Dienststellung der Forschung und Lehre entfaltet sich zum Grunde der Möglichkeit einer eigenen, obzwar begrenzten Führerschaft im Ganzen der menschlichen Exis-

---

49 GA 16, 108.

tenz.«[50] Die Wissenschaft also erfordert Demut, das Zurücktreten vor »der Sache selbst« (auch vor der »Sache selbst«
der Universität) – und ermächtigt gerade so zur »Führerschaft«, die eine geistige »Führerschaft« ist und das »Ganze«
des menschlichen Lebens betrifft.

Der Wissenschaftler kann also, so Heidegger schon in seiner Antrittsvorlesung, möglicherweise eine »begrenzte Führerschaft im Ganzen der menschlichen Existenz« beanspruchen. Auf der Grundlage dieses Wissenschaftsverständnisses
erhebt Heidegger als Philosoph und Rektor den Anspruch auf
die »*geistige* Führung dieser hohen Schule«.[51] Denn er steht
als Rektor nicht nur dieser Institution der Wissenschaft vor,
sondern weiß auch um die ausgezeichnete Bedeutung dieser
Institution im Lebensganzen.

Wenn also Heidegger in der *Rektoratsrede* von der »geistigen Führung« spricht, dann muss man sich vergegenwärtigen, dass Heidegger in früheren Jahren schon den Begriff der
»Führung« bzw. »Führerschaft« in einem eindeutig nicht von
nationalsozialistischem Denken bestimmten Kontext verwendet hat. Man muss sich auch vergegenwärtigen, dass der
Begriff »Führer« in den 1920er Jahren – nicht nur in Deutschland – verbreitet war und von den Nationalsozialisten aufgegriffen, aber nicht geprägt wurde.[52] Überdies sollte der
Führerkult nach 1933 seitens der Nationalsozialisten noch
intensiviert werden. Hitler hat sich ja erst nach dem Tod Paul

50 GA 9, 104 f. Dass Heidegger auch 1933 noch von der Bedeutung seiner
Antrittsvorlesung ausgeht, zeigt GA 36/37, 78 f. GA 16, 372 f. (wie auch
GA 16, 654) zeigt, inwiefern Heidegger auch nach 1945 von der Bedeutung
von »Was ist Metaphysik?« für seine Entscheidung, das Rektorat zu übernehmen, ausgeht.
51 GA 16, 107.
52 Vgl. in diesem Zusammenhang Ian Kershaw, *Der Hitler-Mythos. Führerkult und Volksmeinung*, Stuttgart 1999; Hans-Ulrich Wehler, *Deutsche
Gesellschaftsgeschichte. 4. Band*, 565 ff.; »Führer, der Führer«, in: Cornelia Schmitz-Berning, *Vokabular des Nationalsozialismus*, Berlin 2000,
240–245.

von Hindenburgs im Jahr 1934 als »Führer und Reichskanzler« bezeichnet. Mit diesem Begriff hat Heidegger also nicht ein eindeutiges Versatzstück der nationalsozialistischen Ideologie genutzt. Ein wichtiger Vertreter des Führergedankens war etwa der Philosoph und Schriftsteller Hermann von Keyserling, der den Begriff des Führers nutzte, um der Idee eines Vorrangs bestimmter Individuen vor einer Masse von Menschen Ausdruck zu verleihen, der aber auch die Nationalsozialisten sehr stark kritisierte.[53] Auch bei Friedrich Nietzsche finden sich Äußerungen, die im Hintergrund von Heideggers »Führerbegriff« stehen. In Nietzsches Vortrag »Über die Zukunft unserer Bildungsanstalten« aus dem Jahr 1872 finden wir eine ganz Reihe von Ideen, die in gewandelter Form, wie wir noch weiter sehen werden, in Heideggers Rektoratsrede wieder auftauchen (so wie sich ein Einfluss Nietzsches auch schon in seinen früheren Äußerungen zu bildungs- und universitätspolitischen Fragen nachweisen lässt), nämlich nicht nur die Betonung der Notwendigkeit des »Führertums«, sondern auch die Kritik eines »gegenwärtigen« Verständnisses von akademischer Freiheit. In diesem Text Nietzsches heißt es zum Beispiel: »Denn ich wiederhole es, meine Freunde! – alle Bildung fängt mit dem Gegentheile dessen an, was man jetzt als akademische Freiheit preist, mit dem Gehorsam, mit der Unterordnung, mit der Zucht, mit der Dienstbarkeit. Und wie die großen Führer der Geführten bedürfen, so bedürfen die zu Führenden der Führer: hier herrscht in der Ordnung der Geister eine gegenseitige Prädisposition, ja eine Art von prästabilirter Harmonie.«[54] Sowenig

---

53 Vgl. etwa zu Keyserling Ute Gahlings, *Hermann Graf Keyserling. Ein Lebensbild*, Darmstadt 1996 (vgl. 236–271 für Keyserlings »Kampf mit den Nationalsozialisten«).

54 Friedrich Nietzsche, »Über die Zukunft unserer Bildungsanstalten«, in: Friedrich Nietzsche, *Werke in drei Bänden* III, hg. von Karl Schlechta, Darmstadt 1997, 262.

man Nietzsche zu einem einfachen Vorläufer oder Ideengeber des Nationalsozialismus machen kann, kann man Heidegger zu einem einfachen Mitläufer der Nationalsozialisten, ihres Führerkultes und ihrer Kritik des bürgerlich-akademischen Freiheitsverständnisses machen. Die Situation sieht also komplexer aus: Es gibt bei allen Gemeinsamkeiten auch Differenzen, die man nicht aus den Augen verlieren sollte, wie auch eine Mehrdeutigkeit bestimmter Begriffe und Anschauungen, die uns heute oft nicht mehr verständlich ist. Denn vor allem auch im Kontext totalitärer Regime können dieselben Worte oft ganz unterschiedliche Bedeutungen haben – ganz abgesehen davon, dass sie in ganz unterschiedlichen Kontexten Anwendung finden können.

Nietzsche scheint noch in anderer Hinsicht für Heidegger wichtig gewesen zu sein. Er folgt Nietzsche (und vielen anderen deutschen Dichtern und Denkern) auch in seiner »Gräkophilie«.[55] Denn wenn es um die Frage nach dem Wesen der

---

55 Auch Emmanuel Levinas, der bei allem Wohlwollen Heidegger gegenüber zu den wichtigsten Kritikern des Denkens Heideggers und seiner politischen Implikationen gehört, hält an einer Form der »Gräkophilie« fest und erweitert sie lediglich. Wichtig ist hier, dass Levinas ausdrücklich auf den nichtrassistischen Charakter der auch von Heidegger geteilten Vorliebe für die »Welt der Griechen« aufmerksam macht: »Ich sage immer – aber unter der Hand –: Das einzige, was im Menschlichen ernst ist, sind die Griechen und die Bibel; alles andere ist Tanzen. Ich finde, das ist der ganzen Welt offen, darin ist kein Rassismus« (»Intention, Ereignis und der Andere. Gespräch zwischen Emmanuel Levinas und Christoph von Wolzogen am 20. Dezember 1985 in Paris«, in: Emmanuel Levinas, *Humanismus des anderen Menschen*, Hamburg 1989, 131–150, 140). Darin »ist kein Rassismus«, weil hier nicht das Anliegen verfolgt wird, ein bestimmtes Volk aufgrund bestimmter *biologischer* Merkmale höher zu stellen. Der Grund für diese Vorliebe liegt nämlich darin, dass bei den Griechen – so zumindest Levinas und Heidegger – *historisch* erstmals und in nach wie vor beeindruckender Weise ein vernunftgeleiteter Bezug zur Wirklichkeit entwickelt wurde, der uns immer noch zu denken gibt. Dass der Übergang zu einer rassistischen bzw. rassistisch weiterentwickelten Gräkophilie fließend sein kann, zeigen einige wenige Texte Heideggers, in denen er aber seinem eigentlichen Anliegen und Denken untreu wird.

Wissenschaften gehe, so Heidegger in einer vertrauten Denk-
figur, dann müsse es zunächst einmal darum gehen, das Wesen
der Wissenschaft aus ihrem Anfang heraus zu bestimmen.
Auch in der Rektoratsrede liegt für Heidegger die Zukunft in
der Herkunft: Wissenschaft könne nur dann wahrhaft bestehen, so Heidegger, »wenn wir uns wieder unter die Macht des
Anfangs unseres geistig-geschichtlichen Daseins stellen«.[56]
Dieser »Anfang« aber ist »der Aufbruch der griechischen Philosophie«, in dem, so Heidegger weiter, »der abendländische
Mensch aus seinem Volkstum kraft seiner Sprache erstmal …
gegen das *Seiende im Ganzen*« aufstehe und es »als das Seiende, das es ist,« befrage und begreife.[57] Auch diese Gedan-
kenfigur ist uns schon vertraut: Wer die Universität wirklich
reformieren will (und dies ist, so Heidegger, ja die zentrale
Frage, die eine »geistige Entscheidung« verlangt), der muss
sich auf ihre Anfänge bei den Griechen besinnen. Und da dies
ein »ontologischer« Anfang ist – es geht um die Befragung des
Seienden und den Aufstand gegen es »im Ganzen« –, spielt
der Philosoph bei dieser Rückbesinnung auf den Anfang der
Wissenschaften eine besondere Rolle. Heidegger formuliert
dies in der Rektoratsrede in zugespitzter Form: »Alle Wissenschaft ist Philosophie, mag sie es wissen und wollen – oder
nicht.«[58] Der Führungsanspruch der Universität ist also
letztlich ein Führungsanspruch der Philosophie. Diese Disziplin ragt unter allen anderen wissenschaftlichen Disziplinen hervor: »Alle Wissenschaft bleibt jenem Anfang der Philosophie verhaftet. Aus ihm schöpft sie die Kraft ihres Wesens,
gesetzt, dass sie diesem Anfang überhaupt noch gewachsen
bleibt.«[59] Daher ist die Reform der Universität nach wie vor
eng mit der Aufgabe, das Wesen der Philosophie zu bestim-

---

56 GA 16, 108.
57 GA 16, 109.
58 GA 16, 109. Ähnlich argumentiert Heidegger auch in GA 36/37, 9.
59 GA 16, 109.

men, verbunden. Wichtig ist hier auch, dass Heidegger nach
wie vor das Verständnis von Philosophie als einer Weltanschauung wie auch den Begriff und die Sache der Weltanschauung ablehnt.[60] Mit »Weltanschauungen« (und d.h.
auch mit der gerade von Hitler selbst oft beschworenen nationalsozialistischen Weltanschauung) kann Heidegger nach
wie vor nicht viel anfangen. Er bleibt – wir haben bereits
mehrfach darauf verwiesen – auch in der Rektoratsrede bei
allen Akzentverschiebungen und Anpassungen an die konkrete historische Situation in vielen wesentlichen Punkten
seinem Denken der 1920er Jahre treu.

Die Entscheidung für den »Willen zum geschichtlichen geistigen Auftrag des deutschen Volkes«

Die Aufgabe des Führens ist für Heidegger eng mit der Aufgabe der Wissenschaft verbunden, die Sachen selbst sprechen
und sich offenbaren zu lassen. Diese Aufgabe verlangt, so
Heidegger, an den Anfang der Philosophie bei den Griechen
anzuknüpfen und damit dem Anfang in einer *bestimmten*
Sprache und in einem *bestimmten* Volk, nämlich in einem
Volk, das ein den Deutschen »stamm- und wesensverwand-
tes Volk«[61] sei, zu folgen. Die wissenschaftliche »Sachlichkeit« steht daher in der Rektoratsrede in einem bestimmten
Kontext: Die Wissenschaft bzw. die Philosophie wird mit
Blick auf ihre »volkliche« Dimension bestimmt: Heidegger
bezeichnet ja den »Willen zur Wissenschaft« als »Willen
zum Wesen der deutschen Universität« und bestimmt damit
den »Willen zur Wissenschaft« in bestimmter Weise, nämlich »als Willen zum geschichtlichen geistigen Auftrag des

---

60 Vgl. auch GA 36/37, 9. Vgl. für das nationalsozialistische Verständnis
des Begriffes der Weltanschauung Cornelia Schmitz-Berning, *Vokabular
des Nationalsozialismus*, Berlin 2000, 686–689.
61 GA 16, 283.

deutschen Volkes als eines in seinem Staat sich selbst wissenden Volkes«.[62] Daher verpflichtet das, was er als den »ursprünglichen Begriff der Wissenschaft« bezeichnet, nicht nur zur »Sachlichkeit«, sondern »zuerst zur Wesentlichkeit und Einfachheit des Fragens inmitten der geschichtlich-geistigen Welt des Volkes«.[63]

Auf der einen Seite klingt dies vertraut: Es geht Heidegger wieder einmal darum, die Wissenschaft oder Philosophie vom Fragen her zu verstehen – in einer Weise, die an seine Vorlesungen aus den 1920er Jahren und die starke Betonung der Fraglichkeit und Fragwürdigkeit – gegen die verschiedenen Formen von »Sicherungstendenzen« – erinnert.[64] Auf der anderen Seite gibt es ein Moment in diesem Verständnis von Wissenschaft, das verwundert. Denn aus dem Begriff der Wissenschaft scheint sich dieses Moment nicht zu ergeben, selbst wenn man versucht, einen »ursprünglichen« Begriff von Wissenschaft zu entwickeln. Die Wissenschaft scheint nicht von bestimmten Völkern und ihren »geistigen Aufträgen« abhängig zu sein, sondern stellt doch Ansprüche, die universal – also über nationale Grenzen hinweg – gelten. Auch hier gilt es, vorsichtig zu entschlüsseln, worum es Heidegger eigentlich ging, ohne dass dies bedeuten sollte, Heideggers Position unkritisch zu diskutieren.

Denn auch diese Aussage hat sehr verschiedene Bedeutungsnuancen. Wenn Heidegger nun – im Unterschied zu seinen universitätsreformerischen Überlegungen der frühen 1920er Jahre – das »volkliche« Element der Wissenschaft sehr stark betont und die Universität in spezifischer Weise als

---

62 GA 16, 108. Vgl. hierzu auch GA 36/37, 3 ff.
63 GA 16, 114. Daher kann man Heidegger nicht vorwerfen, er habe in der Rektoratsrede eine »Polemik gegen alles Akademische« entwickelt, wie dies u.a. Reinhard Brandt unternimmt (Reinhard Brandt, »Martin Heidegger: ›Die Selbstbehauptung der deutschen Universität‹«, 169).
64 Die Bedeutung des Fragens betont Heidegger auch in GA 36/37, 4 f.

»deutsch« bezeichnet, dann geschieht dies also ohne jeden Zweifel auch im Schatten der politischen Ereignisse und des »nationalen Aufbruches« des Jahres 1933. Ausdrücklich spricht er ja auch von der »Herrlichkeit ... und ... Größe dieses Aufbruches«[65] am Ende der Rektoratsrede. Diese Aussage aber *nur* in diesem Kontext zu sehen, würde bedeuten, ihre tieferen Bedeutungsebenen zu übersehen und sie daher misszuverstehen. Denn es handelt sich auch um eine Aussage, die im Kontext eines im wilhelminischen Deutschland verbreiteten Wissenschaftsverständnisses steht. Aus der Perspektive des nach 1871 bedeutsam werdenden Wissenschaftsverständnisses, so Bernd Martin, konnte Wissenschaft »nur etwas Deutsches sein, und Deutsch die alleinige Sprache des Forschenden schlechthin. Nur die Deutschen vermochten daher als Urvolk die Welt in ihrem Zusammenhang erkennen.«[66] Heidegger macht diese Aussage aber auch im Schatten einer weit älteren spezifisch deutschen Universitäts- und Wissenschaftstradition, die mit der Gründung der Universität zu Berlin und mit Namen wie Hegel, Fichte, Schleiermacher und Humboldt verbunden ist, der er aber bereits vor 1933 sehr kritisch gegenüber eingestellt war. Hoffnung setzte Heidegger nämlich nicht auf eine Erneuerung der idealistischen Universitätsvorstellungen.[67]

Zudem handelt es sich um eine Aussage, die nicht nur in einem (universitäts-)politischen, sondern auch in einem philosophischen Kontext steht. Denn Heidegger deutet die

65 GA 16, 117. In seiner Vorlesung aus dem Sommersemester 1933 spricht Heidegger von der »Größe des geschichtlichen Augenblicks, durch den jetzt das deutsche Volk hindurchgeht« (GA 36/36, 3).
66 Vgl. hierzu auch Bernd Martin, »Das politisch-weltanschauliche Umfeld«, 29–57, 33; vgl. mit Bezug auf Heideggers Rektoratsrede auch 44.
67 Vgl. hierzu auch Heidegger/Blochmann, 38 (1930): »Dann aber müssen wir auch darauf verzichten, die abgestandenen u. uns fremdgewordenen Idealismen der Zeit v. Humboldts, Schleiermachers u. Schellings zu erneuern.«

Bedeutung der Deutschen nicht biologistisch oder rassistisch, sondern metaphysisch. Für ihn ist dieser Rückbezug
der Deutschen auf den griechischen Anfang möglich, weil
das deutsche Volk, wie er in seiner Vorlesung aus dem Sommersemester 1933 sagt, »nicht zu jenen Völkern, die ihre
Metaphysik bereits verloren haben« gehört.[68] Diese Sicht
der Dinge ist nicht einfach nur skurril und eigenwillig, sie
ist – das muss offen gesagt werden – höchst gefährlich und
problematisch, da sich in ihr ein Superioritätsanspruch ausdrückt, der, obwohl er sich nicht selten in der deutschen
Geistesgeschichte nachweisen lässt, weder romantisch verklärt noch in historischer Perspektive relativiert werden darf.
Aber sie bezeugt doch, wie Heidegger seine These von der
besonderen Aufgabe der Deutschen verstand und wie sehr
er sich damit auch in Distanz zur parteiamtlichen Sicht der
Dinge befand. Des Weiteren steht im Hintergrund dieser
Aussage auch eher Heideggers zweifelsfrei anti-modern nu-
ancierte Einsicht in die Bedeutung der Geschichtlichkeit und
der damit verbundenen Hermeneutik der »volklichen« Existenz des Menschen als ein enger nationalistischer oder gar
rassistischer Chauvinismus: Der »Wille zur Wissenschaft«
kann gar kein abstrakter Wille sein. Es ist ein immer schon
historisch konkreter Wille. Heidegger hat, wie wir im zweiten Teil dieses Buches sahen, das neuzeitliche Verständnis
von Philosophie als einer abstrakten, universalen und gewissermaßen welt- und geschichtslosen wissenschaftlichen
Disziplin abgelehnt. Für ihn geschah Philosophie immer im
geschichtlichen Vollzug eines faktischen Lebens, d.h. in
einer konkreten Situation. Dann spielt aber »mein histori-

---

68 GA 37/37, 79f. Vgl. zur Problematik dieser Sicht mit Blick auf die
Rektoratsrede auch George Leaman, »Deutsche Philosophen und das
›Amt Rosenberg‹«, in: Ilse Korotin (Hg.), »*Die besten Geister der Nation.*«
Philosophie und Nationalsozialismus, Wien 1994, 41–65, 44f.

sches Ich«[69] und sein Erleben immer eine bedeutende Rolle.
Ich bin dann kein abstraktes oder neutrales Subjekt der
wissenschaftlichen Erkenntnis, sondern stehe als geschichtlich lebender Mensch immer schon in einem bestimmten,
nie abstrakt fassbaren Lebenszusammenhang. Daher nennt
Heidegger das »historische Ich« auch ein »Situations-Ich«.[70]
Heidegger ist sich zwar auch in seinen frühen Freiburger Vorlesungen bewusst, dass das »praktisch-historische Ich … notwendig *sozialer* Natur« sei und »im Lebenszusammenhang
mit anderen Ichen« stehe,[71] legt das Schwergewicht seiner
Überlegungen aber auf das »Ich« und seine konkret-histori-
sche Situation. Die gemeinschaftliche Situation eines Volkes
spielt keine nennenswerte Rolle.

Wenn er in der *Rektoratsrede* nun das Volk so sehr in den
Vordergrund seiner Überlegungen zur Wissenschaft rückt,
dann steht dies also gleichzeitig in Kontinuität und Diskontinuität zu seinen früheren Ausführungen. Nicht zuletzt
(aber eben nicht nur!) drückt sich darin ja auch Heideggers
Kritik an bestimmten Traditionen der neuzeitlichen politischen Philosophie aus – wie etwa dem Denken Lockes,
Rousseaus oder Hobbes' –, die nicht von einer ursprünglichen
Gemeinschaft der Menschen ausgehen, sondern das Individuum zum Ausgangspunkt ihrer politischen Theorie machen.[72] Heidegger steht hier in einer in Deutschland verbrei-

---

69 Vgl. hierzu GA 56/57, 73 ff. oder 85 f.
70 GA 56/57, 206.
71 GA 56/57, 210.
72 Auch in dem Seminar »Über Wesen und Begriff von Natur, Geschichte
und Staat« findet sich eine Kritik an der Vertragstheorie (*Heidegger-Jahrbuch* 4, 53–88, 76). Vgl. hierzu auch GA 16, 284: »Es ist ja nicht so, wie die
Irrlehre des neuzeitlichen Denkens wahrhaben wollte, die aus Einzelnen
zusammengerechnete Einheit der Gesellschaft sei die Vorbedingung für
eine geschlossene Gefolgschaft.« Allerdings begründet Heidegger die
(Volks-)Gemeinschaft nicht völkisch-rassistisch, sondern dezisionistisch:
»Es ist gerade umgekehrt: Die Gefolgschaft, das Sichbinden in den Willen
des Führers, schafft erst Gemeinschaft.«

teten modernekritischen Tradition, die die lebendige, natür-
liche und daher ursprüngliche Gemeinschaft gegen die ste-
rile, auf den Willen der Einzelnen zurückgehende und daher
künstliche Gesellschaft ausspielt. Wir haben ja gesehen, dass
sich in seinen späteren Vorlesungen vor seinem Rektorat
schon diese Wendung zum »Wir« eines Volkes nachweisen
lässt. Aber weder in den Texten, die Heidegger *vor* seinem
Amtsantritt als Rektor verfasst hat, noch in der Rektoratsrede kann man aus diesem Wissenschaftsverständnis eine
Unterordnung der Wissenschaft unter politische oder gar rassistische Ideen und Vorstellungen – im Sinne einer ausdrücklichen Politisierung der Universität im Geiste des Nationalsozialismus – ableiten, wenn sich Heidegger auch in einen
Bereich vorwagt, der einer solchen Politisierung sehr nahekommt und manche Aussagen so erscheinen lässt, als habe er
einer solchen Politisierung das Wort geredet. Hier gilt es, den
Gesamtkontext von Heideggers Leben und Denken hermeneutisch wie auch die »Entwicklung« seiner politischen
Position während des Rektorates sensibel im Auge zu behalten. Es mag überdies – nicht nur in der Rektoratsrede, sondern auch in späteren Texten aus der Rektoratszeit – der Fall
sein, dass Heidegger bewusst mit der Mehrdeutigkeit seiner
Sprache gespielt hat. Dass er, in anderen Worten, es in seiner
Rektoratsrede vielen verschiedenen Gruppierungen recht
machen wollte.

Auf die Differenz zwischen Heideggers Position und
der nationalsozialistischen Ideologie in der Rektoratsrede
verweist auch Folgendes: Wenn von Volk in dieser Rede die
Rede ist, betont Heidegger nicht die naturhaft-biologische
Dimension des Volkes, sondern immer die geistige Dimension. So spricht er etwa von »unserem geistig-geschichtlichen Dasein«[73] und meint damit eben »unser volklich-ge-

73 GA 16, 108.

schichtliches« Dasein. Ähnlich wie die Philosophie und damit auch die Wissenschaft sich im Rahmen eines bestimmten Volkes und seiner Sprache erstmalig entwickelten, so Heidegger, können sie auch nur im geschichtlich-kulturellen Rahmen eines bestimmten Volkes und seiner Sprache neu gewollt und angeeignet werden. Hiermit stellt sich Heidegger auch in eine von der deutschen Romantik her kommende Tradition, in der gerade auch der Begriff des Volkes – ein politisch sehr ambivalenter und schillernder Ausdruck – wie auch die Ablehnung eines abstrakten Universalismus eine besondere Rolle gespielt haben. Dass Heidegger in seinen Überlegungen durchaus keinen eng oder rassistisch gefassten Volksbegriff voraussetzt, zeigt sich auch daran, dass für Heidegger der »*Anfang* unseres geistig-geschichtlichen Daseins« nicht in germanischen Mythen oder bestimmten Ereignissen der deutschen Geschichte liegen, sondern im »Aufbruch der griechischen Philosophie«.[74] Bei Heidegger findet sich keine Beschwörung der Differenz zwischen der Welt der Griechen und der Welt der Germanen, wie sie nicht nur für Ernst Krieck, sondern auch für Alfred Rosenberg wichtig war.[75]

---

74 GA 16, 108. Vgl. hier auch GA 36/37, 6ff.: »Wann aber und wo fiel die erste und einzige Entscheidung zur Grundfrage der Philosophie und damit zu dieser selbst? Damals, als das *Volk der Griechen*, deren Stammesart und Sprache mit uns dieselbe Herkunft hat, in seinen großen Dichtern und Denkern sich aufmachte, die einzigartige Weise des menschlichen volklichen Daseins zu schaffen.« Begründet wird die von Heidegger aufgestellte These über die verwandtschaftliche Nähe der Griechen zu den Deutschen nicht weiter. Er bedient ein kulturphilosophisches Stereotyp, ohne es auf seinen Anspruch zu hinterfragen. Der Begriff der »Stammesart« könnte bei oberflächlicher Lektüre auf eine biologistisch-rassistische Begründung verweisen. Stellt man ihn allerdings in den Gesamtkontext von Heideggers Denken, erscheint diese Lesart unplausibel. Später wird Heidegger nur noch in sehr allgemeiner Weise auf die »Verwandtschaft der deutschen Sprache mit der Sprache der Griechen« eingehen – so etwa im Spiegel-Gespräch (GA 16, 679).

75 Vgl. hierzu Alfred Rosenberg, *Der Mythus des 20. Jahrhunderts. Eine Wertung der seelisch-geistigen Gestaltenkämpfe unserer Zeit*, München

Heidegger geht es um die Möglichkeit eines unmittelbaren Bezugs zum griechischen Anfang der Wissenschaft, der nicht durch eine rassistische Perspektive gebrochen wird. Er hätte daher – bei all seiner Kritik an Platon[76] – auch kaum dem, was Rosenberg über Sokrates (ein nicht aus der griechischen Rasse stammender »Haarspalter«, den Platon »maßlos verherrlicht« habe)[77] oder über Aristoteles (der »schematisierende Verkünder« dessen, was Sokrates gesagt habe)[78] gedacht hat, zustimmen können. Überdies war Heideggers weiteres Anliegen in der Rektoratsrede durchgängig eines, mit dem die Nationalsozialisten – bei allem Pluralismus auf dem Gebiet der nationalsozialistischen Theorie – auch ihre Schwierigkeiten gehabt hätten. Denn sosehr das griechische und das deutsche Volk im Vordergrund von Heideggers Überlegungen stehen, so sehr bleibt seine Gedankenführung doch auch leitend bestimmt von einer Perspektive auf das »Abendland«. Ihm geht es darum, die »geistige Kraft des Abendlandes« wiederzubeleben.[79] Denn der »Aufbruch der griechischen Philosophie« hat eine weit über das griechische oder deutsche Volk hinausgehende Bedeutung: In diesem Aufbruch, so Heidegger, »steht der abendländische Mensch aus einem Volkstum kraft seiner Sprache erstmals auf gegen das *Seiende im Ganzen* und befragt und begreift es als das Seiende, das es ist. ...

1933, 279: »So verwandt in vielem uns auch Hellas erscheint, so hat der Grieche doch ein anderes innerstes Zentrum als der Inder, Römer oder Germane, das den Takt seines Lebens bestimmte.«
76 Diese Kritik setzt schon vor 1933 ein. Heidegger geht davon aus, dass bereits in der Philosophie Platons Wahrheit nicht mehr uneingeschränkt in ihrer ursprünglichen Bedeutung als Unverborgenheit erfahren werde. »Das Wort und seine Bedeutungskraft ist bereits auf dem Wege einer Verarmung und Veräußerlichung«, so z.B. Heidegger in der Vorlesung des Wintersemesters 1931/32 (GA 34, 93).
77 Alfred Rosenberg, *Der Mythus des 20. Jahrhunderts*, 284f.
78 Alfred Rosenberg, *Der Mythus des 20. Jahrhunderts*, 287.
79 GA 16, 117. Vgl. hierzu auch GA 36/37, 6.

Alle Philosophie bleibt jenem Anfang der Philosophie verhaftet.«[80]

Es würde zu weit führen, in Heideggers Bezugnahme auf
die geistig-geschichtliche Dimension des Volkes und seine
Betonung der Bedeutung des »griechischen Anfangs« so
etwas wie eine bewusste Kritik am Nationalsozialismus und
seinem rassisch-biologistischen Volksverständnis zu sehen.
Auffallend bleibt aber vor allem der Unterschied zwischen
Heideggers und dem nationalsozialistischen Verständnis von
Volk: Heidegger versteht das Volk von der Welt des Geistigen
und Geschichtlichen her, die Nationalsozialisten betonten
dagegen vor allem die biologische und rassische Dimension
des Volksbegriffes *gegen* jede Betonung des Abendländischen
oder Europäischen – eine Dimension, die in Heideggers *Rektoratsrede* überhaupt keine Rolle spielt.

Die »schöpferische Unkraft des Wissens«
und die »höchste Verwirklichung echter Praxis«

Wir haben uns, so Heidegger, von dem anfänglichen griechischen Verständnis der Wissenschaft im Verlaufe der Jahrhun-
derte aber entfernt.[81] Hier zeigt sich wieder einmal etwas,
was man einen romantischen (oder gar rousseauistischen)
Grundzug von Heideggers Denken nennen kann: Die Geschichte erscheint auf der Grundlage eines idealisierenden
(und kaum sachgerechten) Verständnisses ihres Ursprungs

80 GA 16, 108 f.
81 Ausführlicher erläutert Heidegger dies in GA 36/37, 8 ff.; vgl. auch
GA 16, 301, wo Heidegger betont, es hänge »alles daran, ob die Universität
als ganzes eine ursprüngliche einheitliche geistige Welt zurückgewinnt.
Ob sie die geschlossene und dauernde Kraft zur echten ›Selbstbehauptung‹
noch einmal in sich erweckt«. Heidegger schreibt dies nach dem Rektorat
und zeigt damit, dass er schon unmittelbar nach seinem Rektorat nicht
davon ausgeht, dass sich 1933 – sprich: während seines Rektorats – die
Universität selbst hat behaupten können.

als eine Verfallsgeschichte. Die unmittelbare Gegenwart muss daher als eine Zeit der tiefgreifenden, nur aus geschichtlicher Perspektive angemessen zu verstehenden Krise charakterisiert werden. In der Rektoratsrede nennt Heidegger ausdrücklich die »Verlassenheit des heutigen Menschen inmitten des Seienden« als einen zentralen Bezugspunkt seiner Überlegungen zur Universitätsreform. Für die Entfernung der Wissenschaft bzw. der Philosophie von ihrem Anfang nennt Heidegger ausdrücklich zwei Gründe: zum einen die »christlich-theologische Weltdeutung« und zum anderen »das spätere mathematisch-technische Denken der Neuzeit«.[82] Wenn es also Heidegger um eine Neubelebung des griechischen Anfanges der Wissenschaften geht, dann auch in kritischer Auseinandersetzung mit dem Christentum und seiner Weltsicht wie auch mit dem modernen, universale Ansprüche stellenden Denken. Bei dieser These spielt ohne Zweifel auch Heideggers Bruch mit dem Glauben seiner Herkunft wie auch seine kritische Sicht der Neuzeit eine zentrale erkenntnisleitende Funktion. 1938 sollte er die Rektoratsrede daher als ein »wissentliches Überspringen der Neuzeit« bezeichnen.[83] Die historischen und geschichtsphilosophischen Voraussetzungen, die Heidegger dabei macht, sind vor allem auch aus historischer Sicht alles andere als unproblematisch. Er begründet seine These nicht ausreichend und verallgemeinert zudem in einer Weise, die einem Denker von seiner Statur nicht gerade zur Ehre gereicht. Dies mag vor allem dem Charakter der Rede geschuldet sein, die ja nicht nur kurz sein sollte, sondern auch, so mag Heidegger

---

82 GA 16, 110.
83 Vgl. GA 16, 349. In seinem Rückblick verweist Heidegger auch darauf, dass er sich in seiner Rektoratsrede auch gegen die »politische Wissenschaft« gewandt habe. Allerdings geht er mit keinem Wort auf die Ambivalenz des Verhältnisses der Rede zur damaligen politischen Situation ein.

gedacht haben, markige Sprüche und apodiktisch vorgetragene Thesen weit eher als subtile Argumentationen enthalten sollte – in einem Widerspruch zu jener »Sachlichkeit«,
die er vom wissenschaftlichen Denken forderte.[84] Heidegger
steht aber auch in seiner Kritik des Christentums und der
Neuzeit in einer bestimmten Tradition. Denn er scheint hier
wieder einmal Nietzsche zu folgen, dessen These vom Tode
Gottes ausdrücklich zitiert wird und der ja nicht nur eine
radikale Kritik des Christentums, sondern auch der neuzeitlichen Wissenschaften entwickelt hat.[85] Die Rektoratsrede
steht also auch im Kontext der Auseinandersetzung mit dem
neuzeitlichen Nihilismus, der sich Heidegger in den 1930er
Jahren sehr intensiv widmen wird.

Unter den genannten Voraussetzungen, so Heidegger, ist
eine Neubelebung des griechischen Anfanges – der »Größe
des Anfanges«[86] – notwendig: Ja, dieser Anfang besteht nicht
nur immer noch, wie er erklärt, er »liegt nicht *hinter uns*
als das längst Gewesene, sondern er steht *vor* uns«.[87] Noch
einmal zeigt sich, dass Heidegger auch in der Rektoratsrede
davon ausgeht, dass unsere Herkunft unsere Zukunft bleibe,
dass wir, in anderen Worten, aus einer Neuaneignung der

---

84 Interessant ist auch, dass Heidegger die Rektoratsrede – anders als die
Freiburger Rektoren vor ihm – für die Veröffentlichung nicht überarbeitet
oder erweitert hat. Er verfolgte, so kann man vermuten, also auch mit der
Veröffentlichung ein nicht nur »sachlich-wissenschaftliches« Interesse
(etwa die allgemeinverständliche Vorstellung seines philosophischen
Ansatzes), sondern war auf – möglichst schnelle – Wirkung zumindest
im universitätspolitischen Bereich bedacht. Vgl. zur Rhetorik und zur veröffentlichten Fassung der Rede auch Bernd Grün, »Martin Heidegger als
Gleichschaltungsrektor. Eine vergleichende Studie anhand der Rektoratsreden des Jahres 1933«, 94.
85 Vgl. etwa Friedrich Nietzsche, *Jenseits von Gut und Böse*, vor allem
die Teile 1 und 3. Vgl. zur Bedeutung Nietzsches für die Rektoratsrede auch GA 43, 193 und – aus der Perspektive des Jahres 1945 – GA 16,
376.
86 GA 16, 111.
87 GA 16, 110.

Herkunft Zukunft gewinnen können. Von besonderer Bedeutung dürfte hier sein, dass nach Heidegger die Griechen vorgelebt haben, was es neu zu beleben gilt. Sie haben keine abstrakte Theorie entwickelt, die es in einer positivistisch-historischen Haltung zu erschließen gälte, sondern – anders als die damaligen Wissenschaften oder die damalige Philosophie – seiner Ansicht nach genau das verwirklicht, was er für das Wesen der Wissenschaft oder der Philosophie gehalten hat – und gerade darin besteht ihr vorbildlicher Charakter.[88] Ihm geht es daher darum, in einem erneuten Rückgang zu den Quellen der westlichen Philosophie Grundprobleme des gegenwärtigen Denkens und Lebens zu überwinden und dadurch unser »Dasein« (also nicht den »Betrieb« der Universität oder »die« Wissenschaft) zu bereichern. »Wir wollen hier«, so Heidegger in der Rektoratsrede, »zwei auszeichnende Eigenschaften des ursprünglich griechischen Wesens der Wissenschaft unserem Dasein zurückgewinnen.«[89] Um welche zwei Eigenschaften handelt es sich dabei?

Die erste Eigenschaft stellt Heidegger mit Bezug auf die Tragödie »Prometheus« des Aischylos dar. Denn Prometheus, so Heidegger in Anknüpfung an eine antike Tradition, sei der erste Philosoph gewesen. Heideggers Hörer werden dabei die folgenden Zeilen aus Goethes »Prometheus« im Kopf gehabt haben: »Hier sitz' ich, forme Menschen / Nach meinem Bilde, / Ein Geschlecht, das mir gleich sei, / Zu leiden, weinen, / Genießen und zu freuen sich, / Und dein nicht zu ach-

---

88 Vgl. hierzu auch Heidegger/Blochmann, 46 (Brief Heideggers aus dem Dezember 1931): »Immer klarer wird mir, daß u. wie der Anfang unserer abendländischen Philosophie für uns wieder Gegenwart werden muß, damit wir am Vorbild wieder erst lernen, daß nicht alle zu jedem Beliebigen u. nicht jeder Beliebige zu allem das Recht u. die Würde haben, daß das Seiende nicht ist, wenn es nicht je *sein* Gesetz, *seinen* Boden, *seinen* Ursprung u. seinen *Rang* hat.«
89 GA 16, 109.

ten, / Wie ich.«[90] Prometheus – dieser Titan, jener besondere
Freund der Menschen, der ihnen das Feuer brachte und damit
auch Erleuchtung und Kultur – steht zunächst einmal für
die schöpferische Macht und Kraft und den Widerstand gegen
die alten, kraftlos gewordenen Götter. Es ist nicht schwer zu
sehen, wie Heidegger seine eigene Philosophie als Philosophie aus dem Geist des Prometheus hätte verstehen können.
Sie setzt die Tat des Prometheus bis in die Gegenwart
fort, knüpft an ihn, seine schöpferische und befreiende Tat an
(man denke noch einmal an Heideggers Deutung des platonischen Höhlengleichnisses und von Nietzsches These vom
Tod Gottes) und setzt so das Projekt der prometheisch orientierten Philosophie fort. Heidegger aber deutet die Pro-
metheus-Figur und das Wesen der Philosophie anders als
Goethe. Er zitiert dazu eine Stelle aus Aischylos' Tragödie
Prometheus. Dort heißt es – in der Übersetzung Heideggers:
»Wissen aber ist weit unkräftiger denn Notwendigkeit.«[91]
Was hier Ausdruck gefunden habe, so Heidegger in impliziter
kritischer Auseinandersetzung mit der modernen Prome-
theusdeutung, sei die erste der zwei »auszeichnenden Eigenschaften«, die das ursprüngliche griechische Verständnis der
Wissenschaften charakterisieren: das Wissen um die »schöpferische Unkraft des Wissens«.[92] Das Seiende, so Heideggers
von der Phänomenologie beeinflusste Interpretation, ist und
bleibt verborgen und zeichnet sich durch eine »unergründ-
bare Unabänderlichkeit«[93] aus. Es wundert daher nicht, dass
auch in der Rektoratsrede das Fragen eine besondere Rolle
spielt: Wissenschaft bestimmt Heidegger als »fragendes
Standhalten inmitten des sich ständig verbergenden Seien-

---

90 Vgl. Johann Wolfgang von Goethe, »Prometheus«, in: *Gedichte und
Epen I* (= Hamburger Ausgabe; 1), München 1998, 44–46, 46.
91 GA 16, 109.
92 GA 16, 109.
93 GA 16, 109.

den im Ganzen«, das um seine »Unkraft vor dem Schicksal«
weiß.[94]

Die so bestimmte Wissenschaft oder Philosophie ist nun –
so jedenfalls Heidegger in einer sehr eigenwilligen, hoch-
gradig idealisierten Interpretation der griechischen Kulturgeschichte – für die Griechen nicht ein »›Kulturgut‹, sondern
die innerst bestimmende Mitte des ganzen volklich-staatlichen Daseins«, die »das ganze Dasein scharfhaltende und es
umgreifende Macht«.[95] Daher lehnt er auch in der Rektoratsrede das Verständnis von Theorie als »reiner Betrachtung, die
nur der Sache in ihrer Fülle und Forderung verbunden bleibt«
und »unter Berufung auf die Griechen um seiner selbst willen geschehen«[96] solle, ab. Man könne zwar, so Heidegger,
seine Rede von der »Unkraft des Wissens« genau in diesem
Sinne verstehen: als Ausdruck dessen, was in der Neuzeit
mit »Theorie« gemeint sei: »ein rein auf sich selbst gestelltes
und dabei selbstvergessenes Wissen«,[97] ein Wissen also, das
seinen Zweck in sich selbst habe. Bei diesem Verständnis von
Theorie oder *theoria*, so Heidegger, handle es sich aber um
ein Missverständnis, und zwar aus zwei Gründen: Die Griechen verstanden zum einen die Theorie nicht als etwas,
das um seiner selbst willen geschehe, sondern »einzig in der
Leidenschaft, dem Seienden als solchem nahe und unter seiner Bedrängnis zu bleiben«.[98] Das bedeutet nun, dass man die
»Theorie« nicht als von allen Interessen losgelösten Selbstzweck verstehen könne. Sie steht in einem »leidenschaftli-
chen« Bezug zum Seienden. Daher auch sei es, so Heidegger,
nicht möglich, sie von aller »Praxis« zu lösen oder der Praxis
gegenüberzustellen. Vielmehr müsse es darum gehen, »die

94 GA 16, 110.
95 GA 16, 110.
96 GA 16, 109.
97 GA 16, 109.
98 GA 16, 109 f.

Theorie selbst als die höchste Verwirklichung echter Praxis zu verstehen«.[99] Die Theorie ist, so die zweite Eigenschaft, die ausgezeichnete und höchste Form des menschlichen Handelns. Heidegger ging es darum – wie auch schon in den 1920er Jahren –, das universitäre Leben von der ihm drohend vor Augen stehenden Gefahr, zu einer lebensfernen und rein theoretischen Existenz (im neuzeitlichen Sinne) zu werden, zu bewahren.

Das Philosophieren (als höchste Praxis der Theorie) war für Heidegger im ursprünglichen Sinne der ausgezeichnete Vollzug des menschlichen Daseins, das darin die Einheit seiner Vollzüge (wieder-)finden konnte. Dass es darum ging, eine »verlorene Einheit« wiederzugewinnen, hatte er schon 1923 ganz ähnlich gesehen: Auf die Bedeutung der Einheit von Leben, Lehren und Forschen oder – wenn wir der Rektoratsrede folgen – von Theorie und Praxis hatten wir ja schon mehrfach hingewiesen. Nun wird, wie wir noch deutlicher sehen werden, auch die Volksgemeinschaft in diese Einheit aufgenommen, für die der Philosoph eine besondere Verantwortung trägt – in einer Rolle, die seltsam zwischen der Rolle des Propheten und des Messias zu oszillieren scheint. Gerade wenn wir uns daran erinnern, dass Heidegger 1919 eine Berufung zur Philosophie erfahren hat, können wir das quasireligiöse Element von Heideggers Rektoratsrede (und vielen anderen Texten aus seiner Feder) als Produkt eines Transformationsprozesses verstehen: Der religiöse Anspruch des jungen Heidegger lebt in seinem philosophischen Anspruch weiter, und wo es im Christentum um die durch die Erbsünde verlorene Einheit und die Erlösung durch das Heilshandeln Gottes in Christus ging, ging es Heidegger 1933 um den Abfall von den

---

99 GA 16, 110. Vgl. hierzu auch GA 36/37, 4, wo Heidegger erneut die Bedeutung des Fragens für das philosophische Denken herausstellt: »Aber solches Fragen ist kein müßiges und neugieriges Grübeln, sondern dieses Fragen ist höchster geistiger Einsatz, ist wesentliches Handeln.«

griechischen Anfängen der Wissenschaft, die dadurch verlorene Einheit unseres Lebensganzen und die Möglichkeit einer Erlösung unter der rechten Führergestalt. Es verwundert eigentlich nicht, dass Heidegger dem messianischen Charisma Hitlers für wenige Jahre erliegen sollte und den ersatzreligiösen Elementen des Nationalsozialismus oft äußerst unkritisch folgen sollte, bis Hölderlin an die Stelle Hitlers und die Idee eines »anderen Anfangs« an die Stelle der »zweiten Revolution« treten sollte. Dies wird sich in den nächsten Kapiteln noch deutlicher zeigen. Kommen wir nun zur Rektoratsrede zurück.

Heidegger mag mit seinem Verweis auf das, was seiner Ansicht nach » auszeichnende Eigenschaften« des anfänglichen Wesens der Wissenschaft seien, viele seiner Zuhörer überrascht haben: Es ist ja nicht nur so, dass diese Betonung der »Unkraft« des Denkens oder der »Wissenschaft« in einem seltsamen Gegensatz zu dem steht, was man normalerweise mit dem Prometheus-Mythos verbinden würde – nämlich die schöpferische Kraft des Denkens und Handelns und den Widerstand gegen das Schicksal. Worauf Heidegger auch implizit aufmerksam macht (insofern er sich auf die Tragödie des Aischylos bezieht), ist ein Aspekt des Mythos, der gerade in der Neuzeit wenig Beachtung fand: die Strafe des gefesselten Prometheus, dessen Leber von einem Adler gefressen wird, weil er sich weigerte, sein Wissen vom Tod des Zeus preiszugeben. Es scheint so, als wolle Heidegger sich hier kritisch gegen das moderne Verständnis von Philosophie und Wissenschaft wenden, gegen die prometheische Betonung des Aufstands und Widerstands gegen die überlieferte Ordnung und gegen die These von der Kraft des Wissens und Denkens. Wissen, so Heidegger, ist nicht ein Ausdruck oder eine Form von Macht, wie viele neuzeitliche Denker seit Bacons Gleichsetzung von Wissen und Macht angenommen haben, sondern mangelt der Kraft und ist gerade darin schöpferisch;

es findet seinen Kern im Fragen und umgreift und bestimmt als ohnmächtige Macht das Dasein vor allem auch in seiner »volklich-staatlichen« Dimension. Deutet sich hier schon Heideggers spätere Philosophie der Gelassenheit an?[100] Zumindest zeigt sich eine Kritik an dem für Heidegger in der Neuzeit sich auch in den Wissenschaften ausprägenden »Willen zur Macht« – ein weiteres Motiv, das auf den Einfluss Nietzsches auf Heidegger verweist.

Wer sich mit Heideggers Denkweg beschäftigt, wird hier wiederum einige aus seinem Denken vor 1933 vertraute Motive finden, nämlich neben der Kritik an der Neuzeit, dem neuzeitlichen Verständnis von theoretischer Wissenschaft und der Bedeutung ihrer in der praktischen Anwendung sich realisierenden Macht auch die Vorstellung, dass das philosophische Denken zuallererst ein fragendes Denken sei und dass es in einer historischen, konkreten Situation geschehe. Was genau aber meint er, wenn er behauptet, »jedes Wissen um die Dinge« bleibe »der Übermacht des Schicksals« ausgeliefert und versage vor ihr?[101] Scheint er hier nicht zu sagen, dass die Wissenschaft vom Schicksal abhängig sei und ihm letztlich – wie der gefesselte Prometheus – nicht entgehen könne? Meint Heidegger hier mit Schicksal die »nationalsozialistische Revolution«? Gilt also für die Wissenschaft, dass sie sich dem »Gebot der Stunde« zu fügen habe? Das könnte man zunächst so verstehen. Aber stünde dies nicht im Widerspruch oder zumindest in einer Spannung zu der Aufgabe der *Selbst*behauptung und *Selbst*verwaltung? Um

---

100 Vgl. – neben vielen anderen Texten – insbesondere seine 1955 gehaltene Rede »Gelassenheit« (GA 16, 517–529). Vg. hierzu auch Richard Polt, »Jenseits von Kampf und Macht. Heideggers geheimer Widerstand«, in: *Heidegger-Jahrbuch* 5, 155–186, vor allem 162–167; Daniel Morat, *Von der Tat zur Gelassenheit. Konservatives Denken bei Martin Heidegger, Ernst Jünger und Friedrich Georg Jünger. 1920–1960*, Göttingen 2007; Bret W. Davis, *Heidegger and the Will. On the Way to Gelassenheit*, Evanston, Ill. 2007.
101 GA 16, 109.

was für eine Auslieferung an welches Schicksal also handelt es sich? Aufschlussreich ist hier, dass das »Schicksal« von Heidegger nicht politisch oder zeitgeschichtlich charakterisiert wird: Es geht um das Schicksal des Seienden, das verborgen und unergründbar bleibt. Wir befinden uns also auf einer ontologischen oder phänomenologischen (insofern es um die Erscheinung des Seienden geht), nicht auf einer politischen Ebene. Gerade auf dieser Ebene aber – gespielt wird das »Drama des Seins« – erfährt die Wissenschaft wie auch die Philosophie ihre Grenzen – und sich selbst als tragisch! Gerade weil Heidegger diesen Aspekt betonen wollte, hat er vielleicht nicht Platon, Heraklit oder Parmenides zitiert, als es darum ging, die »auszeichnenden« Eigenschaften des ursprünglichen griechischen Wesens der Wissenschaften zu erarbeiten, sondern einen Tragödiendichter.

Heidegger geht aber nicht nur auf die Grenzen der Wissenschaft und Philosophie ein. Denn noch etwas anderes fällt bei einer genauen Lektüre der Rektoratsrede auf: Wir hatten schon gesehen, dass für Heidegger bereits vor dem Rektorat die Universität nicht nur eine unabhängige Institution im gesellschaftlich-politischen Bereich darstellt, sondern innerhalb dieses Bereiches auch eine besondere Aufgabe zu erfüllen hat: Die Wissenschaft – und das bedeutet für Heidegger letztlich: die Philosophie – stellte auch damals schon einen Führungsanspruch. Diesen Anspruch, so haben wir auch schon gesehen, stellt Heidegger auch in der Rektoratsrede. Heidegger geht allerdings noch über die Forderungen, die er bereits erhoben hat, hinaus: So fordert er, dass, wenn wir »uns aber der fernen Verfügung des Anfangs« fügen, »dann ... die Wissenschaft zum Grundgeschehen unseres geistig-volklichen Daseins werden« müsse.[102] Denn die Wissenschaft bzw. Philosophie ist bei all ihrer Ohnmacht gegenüber der Notwendigkeit doch

---

102 GA 16, 111.

»die das ganze Dasein scharfhaltende und es umgreifende Macht«.[103] Auch in der Rektoratsrede geht Heidegger also davon aus, dass der Philosophie – und gerade nicht einer bestimmten Partei oder Ideologie – eine ausgezeichnete Rolle auch im gesellschaftlich-politischen Bereich (im Bereich des »geistig-volklichen Daseins«) zukomme. Es geht ihm daher nicht nur um Reform der Universität, sondern um die Rettung des deutschen Volkes aus dem Geist der Philosophie: Nicht die Philosophen sollen Könige werden, sondern, so könnte man zugespitzt, am besten alle Deutschen Philosophen.

Drei Bindungen:
Arbeitsdienst, Wehrdienst und Wissensdienst

Wohlwollender als die zuletzt geschilderten Ideen wurde von den Nationalsozialisten sicherlich ein Gedanke aufgenommen, den Heidegger im zweiten Teil seiner Rektoratsrede entfaltet und der in engem Zusammenhang mit den bereits diskutierten Ideen in Heideggers Rektoratsrede steht. Ausdrücklich verweist er in diesem Teil nicht nur auf den »Geist« als das zentrale Element des universitären Lebens, sondern auch auf die »akademische Freiheit«.[104] Allerdings konstatiert Heidegger eine Krise im Verständnis dieser »akademischen Freiheit«: Diese werde, so schreibt er, als »vielbesungene« »aus der deutschen Universität verstoßen; denn diese Freiheit war unecht, weil nur verneinend. Sie bedeutete vorwiegend Unbekümmertheit, Beliebigkeit der Absichten und Neigungen, Ungebundenheit im Tun und Lassen.«[105]

---

103 GA 16, 110.
104 GA 16, 113.
105 GA 16, 113; vgl. zu diesem Satz auch GA 16, 655. Vgl. kritisch hierzu Raymond Klibansky, *Erinnerung an ein Jahrhundert. Gespräche mit Georges Leroux*, aus dem Französischen von Petra Willim, Frankfurt am Main und Leipzig 2001, 92 f.

Worum es Heidegger hier geht, ist, folgen wir seinen Worten, nicht die Leugnung oder Abschaffung der »›akademischen Freiheit‹«, sondern ein neues Verständnis dessen, was mit Freiheit im Kontext der Universität eigentlich gemeint ist: »Der Begriff der Freiheit des deutschen Studenten wird jetzt zu seiner Wahrheit zurückgebracht.«[106] Heideggers Anspruch ist also nicht die Leugnung, sondern die Reform der Freiheit in der Universität – dass die Machtergreifung der Nationalsozialisten letztlich auf die Abschaffung nahezu aller Freiheitsräume im akademischen Bereich hinauslaufen sollte, war ihm damals noch nicht bewusst. Zu stark wirkt sich seine schon lange gehegte Kritik an der überlieferten Universität aus, als dass ihm bewusst geworden wäre, in welch gefährliches Fahrwasser er sich mit seinen Vorschlägen zur Universitätsreform begab.

Heidegger setzt »akademische Freiheit« in seiner Rede in Anführungszeichen, weil er von der These ausgeht, dass das, was Anfang der 1930er Jahre darunter verstanden wird, längst nicht mehr die eigentliche, sondern nur eine verneinende Freiheit sei. Denn nach Heidegger ist die Freiheit in Wahrheit eine bejahende, aus der heraus die »Bindung« und der »Dienst« der Studenten begründet werden könne. Die Bindung bzw. der Dienst ist daher für die Studenten von besonderer Bedeutung.[107] In besonderer Weise hoffte Heidegger, dadurch die negativen Auswirkungen der Neuzeit, in der der Mensch »aus den bisherigen Bindungen« befreit worden sei,[108] zu überwinden. Was das bedeutet, entfaltet Heidegger

---

106 GA 16, 113.
107 In ähnlicher Weise betont Heidegger auch noch unmittelbar nach dem Rektorat – so etwa im Mai 1934 –, dass »Freiheit … uns nicht die Ungebundenheit des Tuns und Lassens, sondern … Bindung an das innere Gesetz und die Ordnungen unseres Wesens« bedeute (GA 16, 281). Vgl. zum Begriff des Dienstes auch »Dienst«, in: Cornelia Schmitz-Berning, *Vokabular des Nationalsozialismus*, 152 f.
108 Vgl. hierzu GA 16, 289 f.

wieder einmal in einer Weise, in der ganz unterschiedliche Momente und Traditionen eine Rolle spielen. Er schlägt vor, dass die »deutsche Studentenschaft« in dreifacher Weise in den »Dienst« genommen werden solle. Zum einen gebe es, so Heidegger, die Bindung an die »Volksgemeinschaft«: »Sie verpflichtet zum mittragenden und mithandelnden Teilhaben am Mühen, Trachten und Können aller Stände und Glieder des Volkes.«[109] Konkreten Ausdruck findet diese Bindung für die Studenten in dem, was »Arbeitsdienst« genannt wird.[110] Die zweite Bindung des deutschen Studenten realisiert sich im »Wehrdienst«. Es handelt sich dabei um die Bindung »an die Ehre und das Geschick der Nation inmitten der anderen Völker. Sie verlangt die in Wissen und Können gesicherte und durch Zucht gestraffte Bereitschaft zum Einsatz bis ins Letzte.«[111] Die dritte Bindung der Studenten ist nach

109 GA 16, 113.

110 Vgl. hier auch Heideggers Ansprache »Arbeitsdienst und Universität« (GA 16, 125 f.), seine Rede »Der deutsche Student als Arbeiter« bei der feierlichen Immatrikulation am 25. November 1933 (GA 16, 198–208), seinen im Januar 1934 in der Freiburger Studentenzeitung veröffentlichten Text »Der Ruf zum Arbeitsdienst« (GA 16, 238 f.) wie auch seine Rede zur »Eröffnung der Schulungskurse für die Notstandsarbeiter der Stadt an der Universität« (GA 16, 232–237). Vgl. neben Peter Trawny, »›Was ist Deutschland?‹ Ernst Jüngers Bedeutung für Martin Heideggers Stellung zum Nationalsozialismus«, in: *Heidegger-Jahrbuch* 5, 209–241, 219–223, zum Arbeitsdienst auch Dieter Thomä, *Die Zeit des Selbst und die Zeit danach. Zur Kritik der Textgeschichte Martin Heideggers 1910–1976*, 594–607; zum Begriff der Arbeit vgl. »Arbeit«, in: Cornelia Schmitz-Berning, *Vokabular des Nationalsozialismus*, 39 f.; vgl. für Heideggers philosophisches Verständnis der Arbeit GA 38, 153–155. Der Arbeitsdienst schien Heidegger viel wichtiger als der »Wehrdienst« bzw. »Wehrsport« gewesen zu sein.

111 GA 16, 113. Vgl. hier auch Heideggers die Leitung des Wehrdienstes betreffende Bitte an die Polizeidirektion in Freiburg (GA 16, 103; vgl. auch GA 16, 120). 1945 sollte Heidegger seine Rede vom »Wehrdienst« idealisieren: »Den ›Wehrdienst‹ aber habe ich weder in einem militaristischen noch in einem aggressiven Sinne genannt, sondern als Wehr in der Notwehr gedacht« (GA 16, 378). Diese Bedeutung mag auch 1933 eine Rolle gespielt haben, aber Heidegger muss schon sehr naiv und blind gewesen

Heideggers reformerischen Vorschlägen die Bindung »an den geistigen Auftrag des deutschen Volkes«.[112] Dieser Dienst betrifft die eigentliche Aufgabe der Universität. Es handelt sich um den »Wissensdienst«: »So ausgesetzt in die äußerste Fragwürdigkeit des eigenen Daseins, will dies Volk ein geistiges Volk sein. Es fordert von sich und für sich in seinen Führern und Hütern die härteste Klarheit des höchsten, weitesten und reichsten Wissens.«[113] Das Wissen, so Heidegger gegen die Tendenzen, die Universitäten bestimmten Berufszielen unterzuordnen, »steht nicht im Dienste der Berufe, sondern umgekehrt: die Berufe erwirken und verwalten jenes höchste und wesentliche Wissen des Volkes um sein ganzes Dasein«.[114]

Auch Heideggers Überlegungen zu den verschiedenen Diensten zeigen noch einmal sehr deutlich die Ambivalenz seines Denkens, denn auch hier verknüpft er verschiedene Elemente miteinander. Es ist zunächst einmal vor allem Heideggers Bemühen, die Universität als Ort einer ausgezeichneten Daseins- oder Lebensweise und damit als Ort einer neu gefundenen Einheit des Lebensganzen neu zu beleben, das in seinem Versuch Ausdruck findet, das »studentische Leben« als ein Leben, das in drei verschiedenen Diensten stehe, zu deuten. Wir finden in seinen Vorstellungen über die rechte akademische Freiheit aber auch Spuren der Staatsphilosophie Hegels oder der Bildungsphilosophie Friedrich Nietzsches, der ja nicht nur die überlieferte (oder zumindest unter Studenten verbreitete) Vorstellung der »akademischen Freiheit« radikal kritisierte, sondern auch davon gesprochen hatte, dass alle Bildung mit der »Dienstbarkeit« anfange. Aber auch Ernst Jünger, mit dem Heidegger sich vor allem in den 1930er

---

sein, wenn er sich bei der Abfassung der Rede auf diese Bedeutungsdimension des »Wehrdienstes« beschränkt hat.
112 GA 16, 113.
113 GA 16, 113.
114 GA 16, 114.

Martin Heidegger und Ernst Jünger

Jahren sehr intensiv auseinandergesetzt hat, ist in der Rektoratsrede präsent: Die Gestalt des Arbeiters findet im Arbeitsdienst einen Widerhall.[115]

Jeden Leser von Platons *Politeia* erinnert die Dreiteilung von Arbeits-, Wehr- und Wissensdienst aber auch an die drei Stände, die es in Platons idealtypisch entwickelter Stadt geben soll: den Nähr-, Wehr- und Lehrstand.[116] Darauf, dass

115 Vgl. hierzu auch GA 16, 375 und GA 90 für Heideggers Überlegungen zu Jünger und Heidegger/Jünger für ihr persönliches Verhältnis. Vgl. hierzu auch Heinrich Buhr, »Der weltliche Theolog«, in: *Erinnerung an Martin Heidegger*, hg. von Günther Neske, Pfullingen 1977, 53–59, 55; Peter Trawny, »›Was ist Deutschland?‹ Ernst Jüngers Bedeutung für Martin Heideggers Stellung zum Nationalsozialismus«, in: *Heidegger-Jahrbuch* 5, 209–241. Heidegger/Bauch, 53–59, zeigt, dass Heidegger schon 1935 mit Jünger die konkrete historische Situation kritisierte: »Mir scheint, Ernst Jüngers Vision bestätigt sich über das hinweg oder unter dem her, was sonst als ›Bewegung‹ passiert und immer kleinbürgerlicher wird.«
116 Vgl. hierzu Platon, *Politeia*, vor allem die Bücher II und III. Vgl. hier auch Julian Young, *Heidegger, Philosophy, Nazism*, Cambridge 1997, 19 f.

Heidegger durchaus bewusst mit platonischen Motiven spielt, verweist nicht nur, dass er sich in den Jahren zuvor intensiv auch mit Platons *Politeia* auseinandergesetzt hatte,[117] sondern auch die Tatsache, dass am Ende der Rede ein – von Heidegger zwar eigenwillig übersetztes – Zitat aus Platons *Politeia* steht. Unter (bzw. über) die abschließende These, dass, folgen wir Heideggers Übersetzung, alles Große im Sturm stehe, hat er ja die gesamte Rektoratsthese gestellt.[118] Vielleicht hat er mit dieser eigenwilligen Übersetzung der SA (also der *Sturm*abteilung) huldigen wollen – diese Interpretation kann man nicht ausschließen.[119] Heidegger hat aber mit dieser sich auf Platon berufenden politischen Philosophie, die von einer wichtigen politischen Bedeutung der Philosophie ausging und für die das »Germanische« im Besonderen keine besondere Rolle zu spielen scheint (insofern Heidegger sich auf allgemein gehaltene Bezüge auf das deutsche Volk beschränkte), bei vielen Nationalsozialisten sicherlich keine Begeisterungsstürme ausgelöst. Nicht nur Ernst Krieck sollte, wie wir sehen werden, den nicht nur bei Heidegger sich findenden Bezug auf Platon und die Welt der Griechen kritisieren und demgegenüber die Bedeutung des Germanischen betonen, auch Alfred Rosenberg hat sehr kritisch über Platons Ideenlehre (die ja im Vordergrund der *Politeia* steht) gedacht: Sie gehe, so Rosenberg, nicht nur auf den »Wahnsinn« des Sokrates zurück, sie bedeute auch das Ende der Blüte des »Griechentums«: »Mit dem Ausbau einer

---

117 Vgl. etwa die Vorlesung *Vom Wesen der Wahrheit. Zu Platons Höhlengleichnis und zum Theätet* aus dem Wintersemester 1931/32 (GA 34).
118 GA 16, 117. Vgl. zur Übersetzung und Deutung auch Günter Figal, *Heidegger zur Einführung*, Hamburg 1992, 124 f.
119 Vgl. für diese – nicht unplausible – Interpretation etwa Reinhard Brandt, »Martin Heidegger: ›Die Selbstbehauptung der deutschen Universität‹«, 168, 175; Bernd Grün, »Martin Heidegger als Gleichschaltungsrektor. Eine vergleichende Studie anhand der Rektoratsreden des Jahres 1933«, 97.

solchen individualistisch-rasselosen intellektualistischen Weltanschauung wurde die Axt an die Wurzel des griechischen Lebens gelegt ...«[120]

Die Rolle der Philosophie Platons für Heideggers Denken – gerade auch in der Rektoratsrede – verweist noch einmal auf die große Bedeutung, die für Heidegger die Philosophie auch für den Staat hat. Denn Platon entwickelt ja gerade in der *Politeia* den Gedanken, dass die Herrschaft im Staat bei den Philosophen liegen müsse und diese »Könige« sein sollten. Heidegger spricht hiervon zwar nicht ausdrücklich in seiner Rede. Ihm ging es ja auch nicht darum, dass die Philosophen direkt herrschen sollten. Aber seine Gedankenführung läuft letztlich auf eine Form des philosophischen Führungsanspruchs hinaus: Er umgrenzt ja ausdrücklich, wie wir bereits gesehen haben, das »Wesen der deutschen Universität ... als die hohe Schule, die aus Wissenschaft und durch Wissenschaft die Führer und Hüter des Schicksals des deutschen Volkes in die Erziehung und Zucht nimmt«.[121] Und weniger als zwei Jahre zuvor noch hatte er in seiner Vorlesung zu Platons Höhlengleichnis und zum Theätet die diesbezügliche Aufgabe der Philosophie klar umrissen: »Mit Bezug auf den ›Staat‹ (wie wir *polis* nicht ganz treffend übersetzen) und auf die Frage nach seiner inneren Möglichkeit gilt nach Platon als oberster Grundsatz: Die eigentlichen Wächter des Miteinanderseins in der Einheit der *polis* müssen philosophierende Menschen sein. Nicht sollen Philosophieprofessoren Reichskanzler werden, sondern Philosophen *phylakes*, Wächter.«[122] Platons Sicht ist das nicht. Es handelt sich um Heideggers (nicht auf Platons *Politeia* beziehbares) eigenes Verständnis des Verhältnisses von Philosophie und Politik: Denn anders,

---

120 Alfred Rosenberg, *Der Mythus des 20. Jahrhunderts*, 79; vgl. hier auch 286 ff.
121 GA 16, 114.
122 GA 34. 100.

als es Platon vorschwebte, sollten nach Heidegger die Philosophen nicht selbst politische Ämter übernehmen und herrschen, sondern sich auf ihr Wächteramt beschränken. Das ist zweifelsfrei Zeichen einer Politisierung der Philosophie, also einer politischen Deutung und Inanspruchnahme der Philosophie. Es ist aber zugleich Zeichen einer Deutung der Politik in philosophischen Kategorien. Dieser Überzeugung bleibt Heidegger auch in der Rektoratsrede treu. Denn die Wissenschaft und damit vor allem die Philosophie sollte ja zum Grundgeschehen des »geistig-volklichen Daseins« werden. Dabei konnte, so hat Heidegger vermutet, die Übernahme verschiedener Dienste seitens der Studenten eine wichtige Rolle spielen. Von einer Unterordnung der Universität unter die gegebenen politischen Umstände ist daher auch hier keine Rede. Es ging Heidegger um Einheit verschiedener Lebensvollzüge, aber nicht um eine politische Gleichschaltung der Universität im Sinne des nationalsozialistischen Verständnisses von Gleichschaltung.[123] Sein Anliegen bestand eher darin, die Politik (das »geistig-volkliche Dasein«) von der – recht verstandenen und recht betriebenen – Philosophie oder Wissenschaft bestimmt sein zu lassen, weshalb man die Rektoratsrede weder rein philosophisch noch rein politisch deuten kann.[124]

Interessant ist auch, dass Heidegger nicht einfach Platons »Ständelehre« (mit dem ihr übergeordneten Interesse an der

---

123 Julian Young, *Heidegger, Philosophy, Nazism*, Cambridge 1997, 19 geht von einem »private understanding of *Gleichschaltung*« aufseiten Heideggers aus. Diese These leuchtet in Anbetracht der politischen Radikalisierung Heideggers nach der Rektoratsrede ein. Was die Rektoratsrede selbst betrifft, nimmt Heidegger noch deutlich eine Mittelposition ein und steht – vermittelnd – zwischen den Ansprüchen der neuen Machthaber und der Treue zu seiner Überzeugung von der Autonomie und der zentralen (indirekt auch politischen) Rolle der Universität.
124 So auch Karl Löwith, *Mein Leben in Deutschland vor und nach 1933. Ein Bericht*, 33.

Bestimmung der Gerechtigkeit) übernimmt,[125] so dass etwa
an der Universität die Studenten zu »Führern und Hütern«
ausgebildet werden und diejenigen, die dazu nicht geeignet
sind, andere Aufgaben zu erfüllen haben, nämlich die Aufgaben des Wehr- und des Arbeitsdienstes. Auch hier denkt Heidegger mit Platon gegen Platon – und zwar aus einer antieli-
tären Motivation heraus, die ihn den Traum eines »geeinten«
Volksganzen ohne Differenzen von Klasse oder Stand träu-
men ließ. Heidegger denkt hier gegen Platon, so wie letztlich
seine »Neuinterpretation« der platonischen »Ständelehre«
das akademische Leben, so wie es sich seit Platon entwickelt
hat, radikal in Frage stellte.[126] Auch hier stoßen wir auf eine
letztlich nicht lösbare Spannung in Heideggers Denken: Auf
der einen Seite kann sein philosophischer Ansatz und die von
ihm in der Rektoratsrede entfaltete Position durchaus »elitär« genannt werden: Heidegger betont ja nicht nur immer
wieder die Differenz von »Führern« und »Geführten«, sondern schreibt der Universität und insbesondere der Philosophie auch eine besondere Aufgabe im gesellschaftlich-politi-

---

125 Vgl. für Heideggers Desinteresse an der Frage nach der Gerechtigkeit
neben Karl Löwith, »Heidegger – Denker in dürftiger Zeit«, 171 auch
Reinhard Brandt, »Martin Heidegger: ›Die Selbstbehauptung der deutschen Universität‹«, 182. Brandt geht so weit, zu behaupten, dass Heideggers Philosophie »aus der Sicht Platons« zu seiner »Gegenpartei der
Materialisten« gehöre. Das erscheint angesichts des nicht nur in der Rektoratsrede entfalteten Wissenschafts- und Philosophieverständnisses wie
auch angesichts der Bedeutung des »Geistes« in der Rektoratsrede als eine
Fehlinterpretation der philosophischen Position Heideggers.
126 Darauf macht auch Reinhard Brandt, »Martin Heidegger: ›Die Selbstbehauptung der deutschen Universität‹«, 181 aufmerksam: »Die Integration der deutschen Hochschule in das von Platon in der *Politeia* darge-
legte triadische Gesellschaftskonzept zerstört evident die Akademie in
ihrem kosmopolitischen Kern und hebt den quasi internationalen Status
des Universitätsbürgers auf.« Vor diesem Hintergrund ist die bereits Mitte
der 1930er Jahre geschehende Wendung Heideggers zu Europa bzw. zum
Abendland als Kritik an einer von Heidegger 1933 selbst vorgebrachten
These zu verstehen.

schen Bereich zu. Auf der anderen Seite war er aber bestimmten Formen des »universitären Dünkels« gegenüber kritisch eingestellt und hat vor allem 1933/34 immer wieder die Gemeinschaft des Volksganzen beschworen.

Das hat sich schon dort gezeigt, wo er auf das überlieferte Verständnis der »vielbesungenen ›akademischen Freiheit‹« hinwies und dieses Verständnis für falsch erklärte: Heidegger scheint hier an Formen des studentischen Selbstverständnisses zu denken, die auf eine Abgrenzung der Universität von der Lebenswirklichkeit anderer Menschen hinzielen und bestenfalls, wenn es denn überhaupt um Wissenschaft in ernsthafter Weise geht, diese im neuzeitlichen Sinne als eine rein selbstzweckliche theoretische Disziplin verstehen. Aber nur wenn der volle und ursprüngliche Sinn dessen, was mit Theorie gemeint sein soll, zurückgewonnen werde, so scheint Heidegger vorausgesetzt zu haben, könne überhaupt die Universität mit Erfolg reformiert werden. Dabei ging es ihm vor allem auch darum, die Universität bei aller Betonung der Notwendigkeit ihrer Selbstbehauptung in ein größeres Ganzes einzuordnen und dem romantischen Ideal der Gemeinschaft und Einheit aller Menschen eines Volkes – hier: des deutschen Volkes – das Wort zu reden.[127] Auch diese Sicht überrascht nicht, wenn man sich noch einmal Heideggers Werdegang und seine frühen Äußerungen zur Universitätsreform vergegenwärtigt. Wir können hier (wenn wir dies psychologisch deuten wollten) vielleicht so etwas wie ein Ressentiment des sozialen Aufsteigers Heidegger gegen ein im 19. Jahrhundert erstarrtes und vom Leben und der Gemeinschaft losgelöstes Ideal des Studentenlebens erblicken. Denn wenn Heidegger die falsch verstandene »akademische Freiheit« »vielbesungen« nennt, scheint er sich kritisch auch

---

127 Vgl. hierzu auch Heideggers im August 1934 gehaltene Vorträge »Die deutsche Universität« (vor allem GA 16, 290 ff.).

von der auch in Freiburg damals bedeutsamen Welt der Studentenverbindungen abzusetzen.[128] Darauf, dass er viele Gepflogenheiten des überlieferten universitären Lebens nicht geteilt oder kritisch gesehen hat und es ihm um eine neu verstandene Einheit von Lehrenden und Lernenden ging, haben ja schon zeitgenössische Beobachter hingewiesen.[129] Dies scheint nicht zuletzt auf so etwas wie ein nicht gerade professorales »sozialrevolutionäres« oder antibürgerliches, jugendbewegtes Bewusstsein Heideggers hinzuweisen, für das sich zahlreiche Belege finden lassen – vom Leben in der Schwarzwälder Hütte über den konkreten, oft freundschaftlichen Umgang mit seinen Studenten bis hin zur Wahl seiner Kleidung.[130]

Mit seinen Gedanken zu den drei Diensten kam Heidegger aber auch konkreten nationalsozialistischen Vorstellungen zur Bildungs- und Universitätsreform – wie sie sich etwa im neuen, bereits im April 1933 verkündeten Studentenrecht ausdrückten – derart nahe, dass man durchaus von Konzessionen an die neuen Machthaber sprechen kann.[131] So hatte

128 Nicht uninteressant dürfte in diesem Zusammenhang sein, dass gerade auch die in Verbindungen organisierten Studenten oft radikal antisemitisch und nationalistisch eingestellt waren (vgl. hierzu Bernd Grün, »Die Radikalisierung der Studentenschaft in der Weimarer Republik und der Wehrsport«, in: Bernd Martin [Hg.], *Von der badischen Landesuniversität zur Hochschule des 21. Jahrhunderts*, 308–330, 312).
129 Vgl. hierzu auch Karl Löwith, *Mein Leben in Deutschland vor und nach 1933. Ein Bericht*, 27ff. Vgl. für Heideggers kritische (aber gerade 1933 nicht unambivalente) Haltung zum Verbindungswesen auch »Gespräch mit Max Müller«, in: Heidegge.´/Müller, 121; Heidegger/Jaspers, 96.
130 Vgl. hier auch »Gespräch mit Max Müller«, in: Heidegger/Müller, 114f.; Hans-Georg Gadamer, »Einzug in Marburg«, in: *Erinnerung an Martin Heidegger*, hg. von Günther Neske, Pfullingen 1977, 111ff.; Hermann Heimpel, »Der gute Zuhörer«, in: *Erinnerung an Martin Heidegger*, 116f.
131 Anders urteilt hier Heinrich Wiegand Petzet, *Auf einen Stern zugehen. Begegnungen und Gespräche mit Martin Heidegger 1929–1976*, Frankfurt am Main 1983, 34.

Martin Heidegger mit Skiern in den späten 1920er Jahren

der NS-Studentenbund schon Ende der 1920er Jahre dazu beigetragen, dass der sogenannte »Wehrsport« – also so etwas
wie das, was Heidegger als »Wehrdienst« bezeichnet – an
den Universitäten zunehmend akzeptiert wurde.[132] Wie
Bernd Grün feststellt, spielte der Wehrsport keine bedeutende Rolle in »universitären Diskussionen der 1920er Jahre
über Sportfragen«. Allerdings wurde in bestimmten Kreisen
sehr intensiv über den »Wehrsport« gesprochen: »Dementsprechend politisch kennzeichnend war das Engagement für
explizit wehrsportliche Übungen von seiten der völkischen,
nationalistischen und nationalsozialistischen Gruppierungen. So waren es vor allem die Waffenstudenten und die
nationalistisch ausgerichteten bürgerlichen Sportvereine,
die in Kooperation mit der Reichswehr und dem Stahlhelm
Wehrübungen durchführten, um ihre Mitglieder zu diszipli-
nieren und militärisch zu schulen. Solange die Wehrpflicht
verboten war, galten diese Ertüchtigungen als Ersatz für ein
Volksheer und als Vorbereitung einer nivellierten Gesellschaft, der sogenannten ›Volksgemeinschaft‹.«[133]

Auch die Idee eines »Arbeitsdienstes« der Studenten fand
in der zweiten Hälfte der 1920er Jahre zunehmend Anhänger. Bereits Ostern 1934 gab es eine Arbeitsdienstpflicht für
Studierende.[134] Wenn Heidegger also neben dem Wissensdienst die Studenten auch noch in die Bindungen des Arbeits-
und Wehrdienstes stellt und die Durchführung von Maßnahmen, die die Einführung und Gestaltung dieser Dienste

---

132 Vgl. Bernd Grün, »Die Radikalisierung der Studentenschaft in der
Weimarer Republik und der Wehrsport«, 319.
133 Bernd Grün, »Die Radikalisierung der Studentenschaft in der Weimarer Republik und der Wehrsport«, 318f.
134 Vgl. Bernd Grün, »Die Radikalisierung der Studentenschaft in der
Weimarer Republik und der Wehrsport«, 329; Bernd Grün, »Martin Heidegger als Gleichschaltungsrektor. Eine vergleichende Studie anhand der
Rektoratsreden des Jahres 1933«, 97. Vgl. hierzu auch Hans-Ulrich Wehler, *Deutsche Gesellschaftsgeschichte. 4. Band*, 830f.

betreffen, auch in seinem Rektorat aktiv unterstützt, dann zeigen sich darin eindeutige Sympathien zu bestimmten Erziehungs- und Bildungsvorstellungen der Nationalsozialisten, die sehr deutlich auf eine Abschwächung oder Leugnung sozialer Unterschiede hinausliefen. Heidegger hatte daher u.a. auch Schulungs- oder Wissenschaftslager in Todtnauberg (mit-)organisiert, zu denen neben der ideologischen und universitätspolitischen Schulung auch wehrsportliche Übungen und die Erfahrung der Gemeinschaft gehörten.[135] Auch Heidegger zeigte – bei allen Tendenzen zu einer elitären Weltsicht – ein Interesse an einer »nivellierten« Volksgemeinschaft, in der Standesunterschiede weniger zählen als das Erlebnis von Gemeinschaft und Einheit. Man kann sogar sagen, dass das nationalistische (völkisch-rassistisch begründete) Element des Nationalsozialismus für Heidegger weniger wichtig war als das sozialistische, auf eine neue Erfahrung von Gleichheit und Einheit hinzielende Element.[136] Heidegger ging es um den »Geist der Gemeinschaft«.[137] Daher hält er am 3. September 1933 eine Ansprache auf dem 22. Verbandstag des Landesverbandes Badischer Schreinermeister in Freiburg, wo er u.a. die Frage erörterte, was die Hochschule mit dem Handwerk zu tun habe. Heidegger antwortet, so der Zeitungsartikel über Heideggers Rede, »dahin, daß Adolf

---

135 Vgl. neben GA 16,170f.; 174; 179; 386f. auch Bernd Grün, »Die Radikalisierung der Studentenschaft in der Weimarer Republik und der Wehrsport«, 324f.; Hugo Ott, *Martin Heidegger. Unterwegs zu seiner Biographie*, 214–223; Heinrich Buhr, »Der weltliche Theolog«, in: *Erinnerung an Martin Heidegger*, hg. von Günther Neske, Pfullingen 1977, 53f. Vgl. in diesem Zusammenhang auch Heideggers Ausführungen »Zur Einrichtung der Dozentenschule« aus dem August 1934 (GA 16, 308–314).
136 Vgl. hier neben GA 16, 281f. auch GA 16, 304: »Der neue Geist des deutschen Volkes ist kein zügelloser, herrschsüchtiger und kriegsgieriger Nationalismus, sondern nationaler *Sozialismus*. Sozialismus aber bedeutet keine bloße Änderung der Wirtschaftsgesinnung ... sondern ... die Sorge um die innere Ordnung der Gemeinschaft des Volkes.«
137 GA 16, 302.

Hitler das Volk zu einer echten Gemeinschaft erwecken und darauf den neuen Staat gründen will«.[138] Daran scheinen sich Überlegungen über die Bedeutung der Arbeit angeschlossen zu haben, die sich eng an die Rektoratsrede anlehnen und Heideggers Interesse an einer neubelebten Volksgemeinschaft, an der Überwindung von Klassen- und Bildungsdifferenzen und an der Philosophie oder Wissenschaft als des Grundgeschehens des deutschen Daseins zeigen: »Jede deutsche Arbeit ist Geistesarbeit und Werkarbeit, und so haben auch Hochschule und Handwerk zusammenzuwirken, um dem Staate Ansehen und Ehre nach außen zu verleihen ...«[139] Heidegger trat hier – wie in anderen Ansprachen – nicht nur aus dem inneruniversitären Umfeld heraus; er bemühte sich hier auch darum, die Einheit von Universität und der Volksgemeinschaft zu begründen und diese in einer Rede, die bei allen philosophischen Inhalten doch einen eindeutig politischen Charakter gehabt zu haben scheint, bewusstzumachen.[140] Allerdings gab es auch einen großen Unterschied zwischen dem, was Heidegger, und dem, was die nationalsozialistischen Studentengruppierungen unter diesen Diensten genau verstanden. Diese Differenz sollte Heidegger im Verlaufe seines Rektorates immer deutlicher werden.[141]

138 GA 16, 764.
139 GA 16, 764. GA 16, 303 zeigt, dass Heidegger Arbeit als »Vorrang des freien Menschen« verstand und den Menschen durch die Arbeit vom Tier unterschieden sah.
140 Vgl. hierzu auch Theodore Kisiel, »Heidegger als politischer Erzieher: Der NS-Arbeiterstaat als Erziehungsstaat, 1933–34«, in: Norber Leśniewski/Ewa Nowak-Juchacz (Hg.), *Die Zeit Heideggers*, Frankfurt am Main 2002, 71–87, 74f.
141 Bernd Grün, »Die Radikalisierung der Studentenschaft in der Weimarer Republik und der Wehrsport«, 327 geht auf eine dieser »Differenzerfahrungen« ein und weist nach, dass Heidegger sogar SA-Kurse für die Studenten »notfalls ... verbieten« lassen wollte, nicht nur weil er einen Führungsanspruch stellte und sich nicht »von einem kleinen SA-Hochschulführer die Leviten lesen lassen« wollte, sondern auch, weil ihm das Studium der Studenten ein wichtiges Anliegen war.

Denn eine Unterordnung des akademischen Lebens unter politische Anliegen war ihm letztlich zutiefst fremd. Sosehr sich seine oft äußerst wirklichkeitsfremden universitätspolitischen Vorstellungen im Verlauf des Rektorates – nämlich nach der Rektoratsrede – zunächst noch radikalisieren sollten, so sehr musste er auch feststellen, dass ihm etwas ganz anderes unter der Reform der Universität vorschwebte als den Nationalsozialisten und dass sein eigener Einflussbereich alles andere als großzügig bemessen war. Denn um die Philosophie oder ihre Anfänge bei den Griechen ging es den Nationalsozialisten nicht – auf ihrer Agenda standen ganz andere Ideen.

Rückblick und Zusammenfassung

Bevor wir uns mit dem weiteren Verlauf von Heideggers Rektorat beschäftigen und die Geschehnisse bis zu Heideggers vorzeitigem Rücktritt vom Rektorat im April 1934 zum Sommersemester 1934 nachzeichnen, mag es angebracht sein, noch einmal kurz innezuhalten und die wichtigsten Ergebnisse dieses Kapitels zusammenzufassen und in einer weiteren Kommentierung tiefer zu erschließen. Denn in den Details der textnahen und sehr ausführlichen Interpretation der Rektoratsrede mögen die einen oder anderen »großen« Züge doch aus dem Blick geraten sein: Zunächst einmal fällt die Ambivalenz der Rede auf. Dies erklärt, warum sie so unterschiedlich gedeutet wurde und gedeutet werden kann. Die Herausforderung, vor die wir uns hier gestellt sahen, bestand darin, dieser Ambivalenz gerecht zu werden. Heidegger hat ja nicht einfach eine Rede gehalten, die ohne weiteres als eine »nationalsozialistische Rede« gekennzeichnet werden kann. Wenn er später – im Jahr 1945 – darauf hinweist, dass »von der Partei aber (Rosenberg, Krieck u.a.) … ab 1934 eine scharfe Opposition gegen den Inhalt der

Rede«[142] eingesetzt habe und dass man »sogleich die Opposition herausspürte«,[143] dann hat Heidegger insofern nicht völlig unrecht, als es in der Tat eine kritische Auseinandersetzung mit Heideggers Denken ab 1934 gab. Man kann auch schnell feststellen, dass diese Rede an wichtigen Punkten von der nationalsozialistischen Ideologie abweicht, und zwar nicht nur durch das, was sie verschweigt, sondern auch in dem, was in ihr ausdrücklich zu Worte kommt. Allerdings müssen wir hier auch vorsichtig sein und dürfen die Rede nicht vorschnell zu einem Dokument der »Opposition« machen bzw. den Begriff der »Opposition« nicht überstrapazieren. Denn es gibt bei allen Differenzen doch auch eine nicht unbeträchtliche Nähe Heideggers zu dem, was im weitesten Sinne nationalsozialistisches Denken genannt werden kann. Gerade 1933 gab es in diesem Bereich ja auch noch eine gewisse »Interpretationsfreiheit«. Wenn, wie Heidegger dies in seinen »Tatsachen und Gedanken« zum Rektorat schreibt, der Minister Wacker ihm einen »Privatnationalsozialismus« vorgeworfen habe,[144] dann liegt darin sicherlich insofern ein Korn Wahrheit, als Heidegger sich in seiner Rektoratsrede nicht an parteiamtlichen Vorgaben orientierte, sondern selbst gestalterisch tätig zu sein beanspruchte – in nicht in Abrede zu stellender partieller Nähe zum Nationalsozialismus. Teilweise mag es einfach Konvergenzen zwi-

---

142 GA 16, 413.

143 GA 16, 381. Vgl. in diesem Zusammenhang auch die Einschätzung von Hermann Heimpel (vgl. Fußnote 34, S. 275).

144 GA 16, 381. Vgl. hierzu auch Heinrich Buhr, »Der weltliche Theolog«, 55: »... meines Erachtens war diese Rede nicht eigentlich von nazistischen, hitlerischen Gedanken beeinflußt, sondern von Ernst Jünger. Und das ist etwas anderes!« Wieder einmal zeigt sich die Vielschichtigkeit des Textes der Rektoratsrede, die ganz unterschiedlich gelesen werden konnte und kann. Dass die Rede nämlich »nicht eigentlich von nazistischen, hitlerischen Gedanken beeinflußt« gewesen sei, wird man kaum behaupten können.

schen Heideggers und nationalsozialistischen Ideen gegeben haben, teilweise mag Heidegger tatsächlich mit Bestandteilen der nationalsozialistischen Ideologie inhaltlich übereingestimmt haben, teilweise auch mag er sich an die Situation und die Erwartungen seiner Zuhörer angepasst haben – die Rede bleibt ein komplexes Dokument, deren Bedeutung nicht einfach zu erschließen ist. Fast auch wirkt es so, als habe Heidegger bewusst den Text der Rede in vieldeutiger Weise verfasst, so, als habe er es wenn nicht allen, so doch möglichst vielen recht machen wollen.

Diesen ambivalenten Charakter der Rektoratsrede zeigt ein Vergleich dieser Rede mit Grundelementen der nationalsozialistischen Bildungs- und Wissenschaftspolitik. Wenn man das nationalsozialistische Wissenschaftskonzept, sofern es sich überhaupt eindeutig fassen lässt, in vier Punkten zusammenfasst, wie es Michael Grüttner unternimmt, wird man die folgenden Punkte nennen können: 1. »Wissenschaft dürfe künftig kein Selbstzweck mehr sein« und müsse »ihre Nützlichkeit für den Staat unter Beweis stellen«; 2. der »Rassenbegriff ... sollte künftig in das Zentrum wissenschaftlicher Forschung rücken«; 3. gegen die Spezialisierung der Wissenschaften solle eine »ganzheitliche Wissenschaft« entwickelt werden und 4. die »Internationalität von Wissenschaft« sei falsch, da »Wissenschaft ... im Volkstum, in der Rasse« wurzle und da nur die »Angehörigen der ›nordischen‹ bzw. der ›arischen‹ Rasse ... zu produktiven Leistungen in der Forschung fähig« seien.[145] Unsere Diskussion der Rektoratsrede Heideggers dürfte gezeigt haben, dass es sich bei diesem Text um alles andere als einen treuen Ausdruck dieser für die nationalsozialistische Wissenschaftspolitik zentralen Ideen handelt. Auf den ersten Blick gibt es zwar viele Ge-

---

145 Michael Grüttner, »Wissenschaft«, in: Wolfgang Benz, Hermann Graml und Hermann Weiß, *Enzyklopädie des Nationalsozialismus*, München 2007, 143–165, 150f.

meinsamkeiten zwischen Heideggers und dem nationalsozialistischen Wissenschaftskonzept. Wenn man allerdings genauer hinsieht, wird man schnell wichtige Abweichungen feststellen: Während es den Nationalsozialisten um die politische Nützlichkeit der Wissenschaft geht, ist die Rektoratsrede eben *auch* (freilich nicht nur) ein Dokument gegen die Instrumentalisierung der Wissenschaft. Es gibt weitere wichtige Abweichungen: Der Rassebegriff spielte, wie wir gesehen haben, in der Rektoratsrede keine Rolle. Bei aller Betonung der »volklichen« Dimension der Wissenschaft in der Rektoratsrede ist Heideggers Ansatz doch die rassistisch-biologistische Verengung auf die germanische oder nordische Rasse fremd.[146] Er steht eher in der antimodern orientierten romantisch-idealistischen Tradition des »Volksdenkens«, das zwar auch historisch wie systematisch Berührungspunkte mit dem nationalsozialistischen völkischen Denken aufzuweisen hat, mit diesem aber nicht gleichzusetzen ist.[147] Zwar kritisiert auch Heidegger die »Internationalität« der Wissenschaft und einen gerade im neuzeitlichen wissenschaftlichen Denken zentralen abstrakten Universalismus, indem er auf die je konkrete kulturell-geschichtliche Situation der wissenschaftlichen Arbeit aufmerksam macht, aber nicht so, dass er damit andere Zugangsweisen ausschlösse oder diese Kritik rassistisch untermauerte. Einzig was die Forderung nach »Ganzheit« und nach einer »Überwindung der Fachgrenzen« betrifft, scheint Heidegger ganz aufseiten der nationalsozialistischen Vorstellungen zu stehen. Aber gerade diese Vorstellung war, wie Grüttner auch ausdrücklich betont, schon vor 1933 ein »Schlüsselbegriff« der Diskussion um die Gegenwart und Zukunft der Univer-

---

146 Vgl. hierzu auch GA 36/37, 3 ff.
147 Vgl. in diesem Zusammenhang auch Julian Young, *Heidegger, Philosophy, Nazism*, 26 f.

sität gewesen.[148] Wenn es Heidegger um »Ganzheit« ging,
dann in einer Weise, die gerade aus der Geschichte der
neuzeitlichen deutschen Philosophie vertraut ist: Es ging
Heidegger ja darum, die Philosophie (und eben nicht eine
politische Ideologie, noch nicht einmal eine politische Philosophie) als einheitsstiftendes Moment wieder in Erinnerung
zu rufen. Gerade auch was die konkreten wissenschaftspoli-
tischen Vorstellungen der Nationalsozialisten betrifft, bleibt
die Rektoratsrede daher ein zutiefst ambivalentes Dokument.

Diese Ambivalenz der Rede zeigt sich auch darin, dass Heidegger in ihr eine ganze Reihe von Einsichten, die er bereits
in den Jahren nach dem Ersten Weltkrieg entwickelt und
dargelegt hat, wiederholt und in einen neuen Kontext stellt.
Nach wie vor geht Heidegger von einer Krise der Universität
wie auch von einer Krise der Moderne (und damit auch des
Christentums und der neuzeitlichen Wissenschaften) aus.
Und nach wie vor sieht er die Notwendigkeit einer Reform –
d. h. einer Wieder-Formierung: Die gegenwärtige Krise im
Zeitalter des Nihilismus soll durch eine Besinnung auf die
Vergangenheit überwunden werden; die Herkunft bleibt
Zukunft. Und wenn Heidegger hier an Herkunft denkt, dann
wieder einmal an die Herkunft aus dem Bereich des griechischen Denkens, das, so setzt er voraus, in einer besonderen Nähe zum deutschen Denken stehe. Auch wenn wir dieser Rede folgen, ist für Heidegger eine Reform der Universität
nicht auf der Grundlage von rein äußeren Umorganisationen
zu erreichen. Vielmehr ist eine Neubesinnung darauf notwendig, dass die Wissenschaft bzw. die Philosophie eine
bestimmte Lebensweise darstellt, die das gesamte Leben bestimmt und nicht als theoretische Lebensweise im neuzeitlichen Sinne verstanden werden kann. Das bedeutet für Hei-

---

148 Vgl. Michael Grüttner, »Wissenschaft«, 151.

degger keinen Verzicht auf wissenschaftliche Strenge oder Sachlichkeit. Es ist aber eine Aufgabe, die sich seiner Ansicht nach ihrer konkreten Situation – sprich: ihres volklichen Bezuges – bewusst bleiben muss.

Nach wie vor setzt Heidegger eine große Hoffnung auf die Studentenschaft und spricht eine sehr stark dezisionistisch geprägte Sprache: Immer wieder betont er, dass der »Wille« zum »Wesen der Universität« notwendig sei und dass es angesichts dieser Herausforderung darauf ankomme, eine Entscheidung zu treffen. Als die Freiburger Studenten 1930 Heidegger mit einem Fackelzug dafür dankten, dass er den Ruf nach Berlin abgelehnt hatte, hat Heidegger allem Anschein nach – wir verfügen nur über einen Bericht in der *Freiburger Zeitung* als Quelle, um die Ereignisse zu rekonstruieren[149] – ebenfalls eine sehr markige Rede gehalten: »Wir müssen geben«, so soll Heidegger sich geäußert haben, »indem wir fordern. ... Diese Forderung dauernd in sich lebendig zu halten bedeutet Kampf; *Sache der Jugend* aber ist es zu *kämpfen*! Und wenn Sie nachher Ihre Fackeln zum Verlöschen bringen, so möge diese Forderung nicht in Ihnen erlöschen, sondern sich entzünden zu neuer Glut.«[150] Der markige Ton dieser Rede, die, was mögliche politische Implikationen betrifft, völlig unverdächtig ist, lebt in der Rektoratsrede fort. Allerdings ist die Rektoratsrede nun nicht mehr unverdächtig, wenn es um ihre politischen Implikationen geht.

Wer also Heideggers Lebens- und Denkweg bis 1933 kennt, wird über viele der in der Rektoratsrede geäußerten Gedanken nicht erstaunt sein. Sie stehen in großer Kontinuität zu Heideggers vor dem Rektorat entfalteten Denken. Das erklärt, warum sich Karl Jaspers in einem Brief an Heidegger vom 23. August 1933 positiv über die Rektoratsrede geäußert

---

149 Vgl. für einen Wiederabdruck des Zeitungsartikels GA 16, 755–758.
150 GA 16, 758.

hat. »Es war mir lieb«, so Jaspers an Heidegger, »dass ich sie nach der Zeitungslektüre nun in authentischer Fassung kennenlernte.«[151] Jaspers erkannte klar die Bedeutung der »griechischen Welt« für Heideggers Denken: »Der große Zug Ihres Ansatzes im frühen Griechentum hat mich wieder wie eine neue und sogleich wie selbstverständliche Wahrheit berührt. Sie kommen darin mit Nietzsche überein, aber mit dem Unterschied, daß man hoffen darf, daß Sie einmal philosophisch interpretierend verwirklichen, was Sie sagen. Ihre Rede hat dadurch eine glaubwürdige Substanz.«[152] Jaspers blieben aber auch problematische Aspekte der Rektoratsrede nicht verborgen: »Mein Vertrauen zu ihrem Philosophieren, das ich seit dem Frühjahr und unseren damaligen Gesprächen in neuer Stärke habe, wird nicht gestört durch Eigenschaften dieser Rede, die zeitgemäß sind, durch etwas darin, was mich ein wenig forciert anmutet und durch Sätze, die mir auch wohl einen hohlen Klang zu haben scheinen.«[153] Diese problematischen Aspekte stellen aber das grundsätzliche Urteil von Jaspers über die Rede nicht in Frage: »Alles in allem bin ich nur froh, dass jemand so sprechen kann, daß

---

151 Heidegger/Jaspers, 155. Vgl. hierzu auch Otto Gerhard Oexle, »›Wirklichkeit‹ – ›Krise der Wirklichkeit‹ – ›Neue Wirklichkeit‹«, in: Frank-Rutger Hausmann, *Die Rolle der Geisteswissenschaften im Dritten Reich 1933–1945*, München 2002, 1–20, 14f. Oexle betont, dass die Rektoratsrede in dem weiteren Rahmen einer Sehnsucht nach einer »neuen Wirklichkeit« verstanden werden müsse. Sie knüpft damit an Kontroversen aus den 1920er Jahren an, die »im Blick auf die Machtergreifung der Nationalsozialisten lediglich gebündelt und fokussiert« wurden. »Dies hat ohne Zweifel die Akzeptanz dieser ›Machtergreifung‹ auch bei prominenten Gelehrten und Wissenschaftlern ermöglicht und hat damit zugleich dieser ›Machtergreifung‹ eine zusätzliche Legitimation verschafft, indem sie ihr eine wissenschaftliche Dignität, ja Notwendigkeit verlieh« (15). Vgl. zur Rektoratsrede auch 4f.
152 Heidegger/Jaspers, 155.
153 Heidegger/Jaspers, 155. Vgl. auch Rudolf Bultmanns kritische Bemerkungen zur Rektoratsrede, vor allem zu Heideggers Deutung der politischen Gegenwart in: Heidegger/Bultmann, 193ff.

er an die echten Grenzen und Ursprünge rührt.«[154] Jaspers'
unmittelbare Reaktion auf die Rektoratsrede zeigt noch einmal sehr deutlich die Ambivalenz dieser Rede. Die Gedanken Heideggers, die ihm seit langem vertraut waren, nahmen
in der konkreten Situation des Jahres 1933 eine eigene Färbung an: Sie stehen im Schatten dessen, was Heidegger die
»Herrlichkeit« und »Größe« des nationalsozialistischen Aufbruchs nennt.[155]

Zum Zeitpunkt der Rektoratsrede geht Heidegger noch davon aus, dass seine eigenen Anliegen sich mit diesem »Aufbruch« nicht nur vereinbaren lassen, sondern dass er selbst
einen maßgeblichen Einfluss auf die weitere Gestaltung
dieses Aufbruches nehmen kann. Aus seiner Sicht ist dies
durchaus möglich – und sogar notwendig. Es ist aber nicht
möglich, von der Position aus, die er im Frühjahr 1933 eingenommen hat, seinen früheren Denk- und Lebensweg zu interpretieren. Heidegger hätte sich, soweit wir dies aus den
Dokumenten und Zeugnissen bis Anfang 1933 wissen, im

---

154 Heidegger/Jaspers, 155.
155 GA 16, 117. Bernd Grün hat die Rede in einem umfassenden Vergleich mit anderen Rektoratsreden des Jahres 1933 als Zeugnis einer
»identifizierenden Selbstgleichschaltung durch fachwissenschaftliche
Vorausplanung nationalsozialistischer Programme und Praxis« interpretiert: »Eine solche Rede wird in der Regel von Wissenschaftlern gehalten,
die bereits vor 1933 auf dem Boden der nationalsozialistischen Weltanschauung standen (ob mit oder ohne Parteibuch) und sich bereitwillig und
vorbehaltlos in den Dienst der nationalsozialistischen Politik und Programmatik stellten« (Bernd Grün, »Martin Heidegger als Gleichschaltungsrektor. Eine vergleichende Studie anhand der Rektoratsreden des
Jahres 1933«, 100). Unsere Diskussion zeigt, dass im Falle der Rektoratsrede Heidegger hier weitere Differenzierungen vorzunehmen wären, so
dass diese Kategorisierung aus unserer Sicht zu modifizieren wäre. Hierbei geht es nicht nur um die Frage nach Heideggers politischer oder weltanschaulicher Einstellung vor 1933, sondern auch um die »Vorbehaltlosig-
keit« seiner Mitarbeit mit dem Nationalsozialismus. Es gibt, wie sich
deutlich gezeigt hat, auch in der Rektoratsrede einen »philosophischen
Vorbehalt«, auf den die Ambivalenz der Rektoratsrede zurückgeht.

Frühjahr 1933 ganz anders entscheiden können, ohne die ihm wichtigen Anliegen wie auch sein Verständnis dessen, was Philosophie, Wissenschaft und Universität eigentlich sind, zu verraten. Dass er sich nicht anders entschieden hat, dass er plötzlich den formal gefassten Aufruf zur Entscheidung inhaltlich füllte, stellt einen nicht zu entschuldigenden Irrtum auf seinem Denk- und Lebensweg dar. Er hätte durchaus sensibler die »Zeichen der Zeit« wahrnehmen können. Und nicht zuletzt hätte er mit ein wenig mehr Realitätsbewusstsein schon sehr früh – letztlich vor dem Antritt des Rektorats – die Frage stellen können, ob die von den Nationalsozialisten verfolgte Politik mit dem, was er sich unter Universitätsreform vorstellte, überhaupt vereinbar war und ob nach dieser »ersten Revolution« überhaupt eine zweite hätte folgen können. Die Geschwindigkeit, mit der ab der nationalsozialistischen Machtergreifung diese Macht gefestigt und eine neoabsolutistische Führerdiktatur errichtet wurde, bleibt ein erschreckendes Zeugnis nicht nur des aggressiven und gewalttätigen Durchsetzungsvermögens der Nationalsozialisten, sondern auch des Versagens breiter Kreise – nicht zuletzt der gesellschaftlichen Eliten. Hatte sich Heidegger nicht zuvor – in den 1920er Jahren etwa – schon aus ganz anderen Gründen von den Studenten enttäuscht gezeigt und sein Lebensideal in der einsamen Gelehrtenexistenz gesehen? Hätte er Anfang 1933 nicht mehr sehen und anders handeln müssen? Diese Fragen stellen sich und verlangen eine Position zwischen simplifizierender Schuldzuweisung und vorschneller Entschuldigungsstrategie.

Zunehmend wird Heidegger im Verlauf des Jahres 1933 und im Frühjahr 1934 deutlich, dass sich mit den Nationalsozialisten nicht zusammenarbeiten lässt. Aber auch das Jahr seines Rektorats ist ein Jahr, das nicht frei von Ambivalenzen und Mehrdeutigkeiten ist. Denn neben einer zunehmenden Distanzierung vom nationalsozialistischen Regime finden sich auch deutliche Zeichen einer Radikalisierung seiner politischen Position: Wollte er in der Rektoratsrede nämlich noch die zukünftigen Führer führen, so unterwarf er sich bald dem Führerabsolutismus und erklärte den einen Führer Adolf Hitler zur »heutigen und künftigen deutschen Wirklichkeit und ihrem Gesetz«.[156]

156 GA 16, 184.

10. Das Rektorat Heideggers bis zum vorzeitigen Rücktritt im April 1934. Stationen des Scheiterns?

»Heidegger fühle sich offenbar als der
geborene Philosoph und geistige Führer
der neuen Bewegung als der einzige
große und überragende Denker seit Heraklit.«[1]
Joseph Sauer (1933)

»Die Philosophie kann diesen Wandel des Seins nicht erzwingen.«[2]
Martin Heidegger (1934)

1933/34: Rektor Heidegger in Verantwortung für die Universität

Im April 1934 tritt Martin Heidegger als Rektor zurück. In den Jahren danach wird er sich zunehmend kritisch mit dem Nationalsozialismus beschäftigen – oft in indirekter und oft auch in nach wie vor ambivalenter Weise. In einem Brief an Karl Jaspers wird er später – in Anlehnung an den Apostel Paulus – vom Rektorat als einem von zwei Pfählen im Fleische sprechen.[3] Was war seit dem Antritt des Rektorats und vor allem seit der Rektoratsrede geschehen, so dass die opti-

---

1 *Heidegger-Jahrbuch* 4, 230. Sauer zitiert hier in indirekter Rede Walter Eucken, der auch im Auftrag von Wilhelm von Möllendorff bei ihm zu Besuch gewesen war.
2 GA 16, 334.
3 Heidegger/Jaspers, 157.

mistische Stimmung des »Aufbruchs« sich so schnell wandeln konnte, dass Heidegger vorzeitig vom Rektorat zurücktrat? Leider liegen für die Zeit des Rektorats keine Briefe Heideggers an seine Frau vor. Bernd Martin hat in diesem Zusammenhang die Vermutung geäußert, »daß Heideggers privates Bekenntnis zur ›Bewegung‹ und zum ›Führer‹ noch weit deutlicher ausfiel als seine öffentlichen Bekundungen, zumal Ehefrau Elfride zusammen mit ihm ihn die Partei eintrat«.[4] Das mag der Fall gewesen sein. Es könnte aber auch so gewesen sein, dass die Briefe Heideggers eine wachsende Distanz Heideggers zum Nationalsozialismus gezeigt haben und Zeichen seiner zunehmenden Kritik und Enttäuschung zumindest über bestimmte Entwicklungen nach der nationalsozialistischen Machtergreifung gewesen sind. Dann wurden diese Briefe nicht 1945 vernichtet, wie man vermuten könnte, wenn sie Ausdruck von Heideggers großer Begeisterung für den Nationalsozialismus gewesen wären, sondern vielleicht schon in den 1930er Jahren – und zwar aufgrund ihres kritischen Charakters, als Dokumente einer zunehmenden Resignation Heideggers angesichts seiner eigenen Möglichkeiten, die Gegenwart und Zukunft der Universität in der Zeit unmittelbar nach der »nationalsozialistischen Revolution« maßgeblich zu gestalten.

Diese Deutung ermangelt nicht der Plausibilität: Heidegger hatte sich ja bereits vor 1933 über den Nationalsozialismus auch kritisch gegenüber seiner Frau geäußert – und auch der Brief an seinen Bruder Fritz, in dem Heidegger seinen Parteieintritt erklärt, ist nicht das Zeugnis einer bedingungslosen Zustimmung zur nationalsozialistischen Bewegung. In diesem Brief verweist Heidegger seinerseits nämlich auch auf

4 Bernd Martin, »›Die Herrlichkeit aber und die Größe dieses Aufbruchs‹ – Das Rektorat Heidegger«, in: Bernd Martin (Hg.), *Von der badischen Landesuniversität zur Hochschule des 21. Jahrhunderts* (= 550 Jahre *Albert-Ludwigs-Universität Freiburg. Festschrift*; 3), Freiburg 2007, 341.

strategische Gründe für seinen Parteieintritt. Fritz, der auch in den Jahren nach 1933 dem Nationalsozialismus kritisch gegenüber eingestellt war,[5] dürfe, so Heidegger, »die ganze Bewegung nicht von unten her betrachten, sondern vom Führer aus und seinen großen Zielen«.[6] Heideggers Deutung der politischen Geschehnisse des Frühjahres 1933 ist naiv und gefährlich, aber auch nicht untypisch. Auch in diesem Glauben stand Heidegger nicht allein. Er teilte ihn mit nicht wenigen, deren anfängliche Ablehnung der nationalsozialistischen Ideologie sich im Jahr 1933 zunehmend verflüchtigte und einer schrittweisen Annäherung wich – teils aus Opportunismus, teils aus wirklicher »Konversion«, teils aus einer idealisierenden Sicht der Dinge und teils aus einer Mischung von allem diesem.

Es gab daher viele Deutsche, die durchaus mit Schrecken und Entsetzen die Ereignisse »von unten her« hätten sehen können, die, wie Heidegger schreibt, »niedrigen und weniger erfreulichen Dinge«,[7] die aber nicht die Konsequenz zogen, sich dem Nationalsozialismus im Gesamten kritisch gegenüberzustellen, sondern sich um eine – naive – Differenzierung bemühten: zwischen der nationalsozialistischen Bewegung und der faktischen Partei oder zwischen den Ereig-

---

5 Vgl. hierzu Hans Dieter Zimmermann, *Martin und Fritz Heidegger. Philosophie und Fastnacht*, München 2005, vor allem 34–53.

6 GA 16, 93. Ein ganz anderes (nämlich eine unzweideutige Zustimmung zum historisch-faktischen Nationalsozialismus zeigendes) Bild ergibt sich freilich, wenn man sich nur auf Heideggers Brief an den Ministerialrat Fehrle bezieht, in dem Heidegger Fehrle für dessen Glückwunsch zum Parteieintritt dankt (GA 16, 98). Dort heißt es u.a.: »Wir müssen jetzt alles daran setzen, um die Welt der Gebildeten und Gelehrten für den neuen nationalpolitischen Geist zu erobern. Das wird kein leichter Waffengang werden.« Inhalt wie auch Stil dieses Briefes sind sicherlich auch dem Empfänger geschuldet. Angesichts der gesamten heute zugänglichen Quellen kann man davon ausgehen, dass Heidegger seine Motivation zum Parteieintritt seinem Bruder viel ehrlicher mitteilt.

7 GA 16, 93.

nissen auf den Straßen und den früh spürbaren realen Auswirkungen nach der nationalsozialistischen Machtergreifung
auf der einen Seite und, auf der anderen Seite, dem »eigentlichen Anliegen« der Bewegung und dem Führer, der von all
den erschreckenden Aspekten der Machtergreifung entweder
gar nichts wisse oder diese bestenfalls als notwendige Mittel
zur Erreichung der »großen Ziele« toleriere. Heideggers Parteieintritt scheint daher darauf zurückgegangen zu sein, dass
er zumindest die »großen Ziele« der Partei und die Bedeutung des Führers akzeptierte. Die »innere Überzeugung«, so
Heidegger, war durchaus ein Grund für seinen Parteieintritt.
Er nennt seinem Bruder gegenüber aber noch einen weiteren
Grund, nämlich das »Bewußtsein, daß nur auf diesem Wege
eine Läuterung und Klärung der ganzen Bewegung möglich«
sei.[8] Heidegger ging es aber auch darum, mit seinem eigenen
Parteieintritt ein Gegengewicht gegen jene »Zeitgenossen«,
»die jetzt Parteiabzeichen und dergleichen tragen, bei denen
in der Existenz und Grundhaltung sich nicht das Geringste
gewandelt hat«,[9] zu bilden.

Der Anspruch, der hinter diesem Vorhaben steckt, ist so
vermessen wie fatal: Denn spricht sich hier nicht Heideggers
Anspruch aus, besser als viele andere verstanden zu haben,
was der Nationalsozialismus eigentlich ist? Hat er, der ansonsten der Welt der Politik sich immer distanziert gegenüber verhielt, sich nicht zumindest für eine sehr kurze Zeit
im Sommer 1933 sogar für einen »idealen« Nationalsozialisten gehalten? Für Heidegger hatte sich im Mai 1933 die
Situation geändert: Denn nun steht er ja – als Rektor – in der
direkten Verantwortung in einem geschichtlichen Zusammenhang, in dem man »jetzt nicht mehr« an sich selbst denken dürfe, sondern »nur an das Ganze und das Schicksal des

Martin Heidegger und sein Bruder Fritz in den 1940er Jahren

deutschen Volkes, das auf dem Spiele steht«.[10] Heideggers
politische Haltung blieb also, folgen wir diesem Brief an seinen Bruder Fritz, von einer gewissen, nicht untypischen Zer-
rissenheit gekennzeichnet: Die Übernahme des Rektorats
und sein politisches Engagement scheinen nicht etwas gewesen zu sein, was Heidegger aus sich selbst heraus unternommen hätte. Er müsse ja, so schreibt er Fritz gegenüber, »die
eigene Arbeit vollständig in den Hintergrund treten lassen«[11] –
und damit das, was ihm eigentlich wichtig und bedeutsam
erscheint. Heidegger sieht nun aber die Stunde gekommen,
selbst eine Entscheidung zu treffen und das Bewusstsein um
die Notwendigkeit des Opfers und entschiedenen Handelns
praktisch umzusetzen – und zwar um eines höheren Gutes

10 GA 16, 93. Vgl. hierzu auch GA 16, 374ff.
11 GA 16, 93.

willen. Politisch naiv war er also nicht nur aufgrund seiner Meinung, die Universität könne sich in der Zeit des Nationalsozialismus selbst behaupten, sondern auch in der Meinung, sie selbst könne – auf indirektem Wege zwar – politisch wirksam werden und er könne als Rektor und Parteimitglied die »Bewegung« »klären« und »läutern«.[12]

Nach wir vor zeigt sich also in Heideggers Haltung zum Nationalsozialismus die Skepsis, die sich auch in dem Brief an Elisabeth Blochmann vom April Ausdruck verliehen hat.[13] Nur redet er nun nicht mehr von der Notwendigkeit einer »zweiten Revolution« – das ist Zeichen einer zunehmenden Annäherung Heideggers an Hitler und sein politisches Selbstverständnis und einer immer deutlicher werdenden Übernahme des Führerkultes. Denn auch Heidegger erliegt im Laufe des Frühjahrs 1933 dem Kult um den charismatischen Führer der nationalsozialistischen Partei.[14] Diese

12 Vgl. hierzu neben GA 16, 376f. auch Hartmut Tietjen, »Heidegger und die nationalsozialistische Hochschulpolitik«, in: István M. Fehér (Hg.), *Wege und Irrwege des neueren Umgangs mit Heideggers Werk. Ein deutsch-ungarisches Symposium*, Berlin 1991, 109–128, 111–115, vor allem 112: »Dieser Versuch, die zur Macht gekommene ›Bewegung‹, die Heidegger […] als die einer nationalen Erneuerung verstand, von innen her, d.h. aus einer allererst noch zu gewinnenden einflussreichen Position innerhalb der ›Bewegung‹ (im kulturpolitischen Bereich), zu ›läutern‹ und zu ›klären‹, führte zwangsläufig in die Verstrickung mit dem herrschenden Regime, trug aber ebenso zwangsläufig bereits den Keim kommender Konflikte und des Scheiterns in sich – und zeichnete die Leitlinien der späteren Auseinandersetzung ab Mitte der dreißiger Jahre mit dem Nationalsozialismus vor.«
13 Vgl. hierzu oben S. 216ff.
14 Vgl. hierzu neben der Ansprache Heideggers nach der Rede Hitlers vom 17. Mai 1933 (GA 16, 104) als einem frühen Zeugnis dieser Begeisterung auch Emmanuel Levinas' Deutung (»Intention, Ereignis und der Andere. Gespräch zwischen Emmanuel Levinas und Christoph von Wolzogen am 20. Dezember 1985 in Paris«, in: Emmanuel Levinas, *Humanismus des anderen Menschen*, Hamburg 1989, 131–150, 132). Levinas verweist auf eine in unserem Zusammenhang interessante Parallele zwischen Heidegger und Hitler: ›Ich habe Hitler im Radio gehört, und wenn ich ihn gehört

Begeisterung für Hitler wird Heidegger auch nach seinem Rücktritt vom Rektorat nicht sofort aufgeben. Dafür gibt es einige Zeugnisse: Noch nach dem Rücktritt vom Rektorat wird Heidegger in zwei Vorträgen zum Thema »Die Deutsche Universität«, die er im August 1934 in den Ausländerkursen der Freiburger Universität hält, ausdrücklich auf den »Führer« eingehen: Die »Not des Volkes« nach dem Ersten Weltkrieg, so heißt es dort, »erweckte dem Volk einen Führer, der das Volk aus seiner Selbstverlorenheit wieder zurückführen sollte zu seiner eigenen Bestimmung und zu einem neuen Daseinswillen«.[15] Und auch gegen Ende des zweiten Vortrages finden wir einige kurze Anmerkungen über den »Führer« und seine Bedeutung: »Der Führer«, so Heidegger hier, »hat das sichere Wissen um das Einfache. Er hat aber zugleich den unbändigen Willen zu seiner Durchsetzung.«[16]

Man darf sich von diesen beiden Zitaten nicht irreführen lassen: Im Gesamtduktus des Stils und Inhalts sind diese beiden Vorträge nicht mit den Äußerungen zu vergleichen, die Heidegger im Rektoratsjahr gemacht hat: Nicht nur ist der Ton viel sachlicher, auch die für seine Reden des Jahres 1933 so charakteristischen kämpferischen Aussagen sind nicht mehr in derselben Weise vorhanden: Heidegger, der nach wie vor die Universität von der nationalsozialistischen Revolu-

habe, hat mir immer Heidegger nachgeklungen; ich meine in der Art und Weise, die Dinge zu bejahen und herauszuschreien.« Gerade die »Entschiedenheit«, dass er also Entscheidungen getroffen hat, mag Heidegger an Hitler fasziniert haben. Denn Hitlers Entschiedenheit korrespondierte mit der notwendigen Entschiedenheit des deutschen Volkes. Nach 1945 hat Heidegger beim Verhör durch die Reinigungskommission der Universität zu Protokoll gegeben, er habe Hitlers *Mein Kampf* »aus Widerstreben gegen seinen Inhalt« nur teilweise gelesen (Hugo Ott, *Martin Heidegger. Unterwegs zu seiner Biographie*, 302). Die Zitate aus dem Jahr 1933 belegen sehr deutlich, dass Heidegger ein viel positiveres Bild von Hitler hatte und von »Widerstreben« gegen Hitler keine Spur sich findet.
15 GA 16, 297.
16 GA 16, 307.

tion her versteht und ihre Aufgabe in der »Erziehung des Volkes durch den Staat zum Volk«[17] definiert, geht jetzt davon
aus, dass »vielleicht in 50 Jahren eine neue Hochschule des
Geistes verwirklicht« werde.[18] Er setzt keine Hoffnung mehr
auf die unmittelbare Gegenwart und die Welt der Politik –
findet aber ein viel positiveres Verhältnis zu Humboldt und
der zuvor von ihm sehr kritisch betrachteten humboldtschen
Universitätstradition.[19] Und noch ein anderes Moment dieser Vorträge verweist auf einen wichtigen Unterschied zwischen der Position Heideggers, die er im Jahr 1933 einnehmen
sollte, und seinem Denken im Sommer 1934: Zeigen die uns
zur Verfügung stehenden Texte aus dem Rektorat Heideggers
einen für Heideggers Denken eigentlich untypischen, sich
aber wohl in den Jahren nach der Veröffentlichung von *Sein
und Zeit* andeutenden Nationalismus, mit dem Heidegger
selbst die in der Rektoratsrede zumindest gelegentlich auf-
schimmernde »abendländische« Perspektive in Frage stellt
oder zumindest relativiert, so schließt er die beiden Vorträge
für ausländische Studierende mit einem Verweis auf die
Gefahr eines Untergangs Europas. Man mag das sicherlich
zunächst einmal als Zugeständnis an seine ausländischen
Hörer deuten. Wenn man aber weitere Schriften und Briefe in
Betracht zieht, wird man auch hier Spuren eines politischen
Gesinnungswandels Heideggers und eines Perspektiven-
wechsels auf seiner Seite feststellen. Daher stellt sich mit
einer gewissen Dringlichkeit die Frage danach, was eigentlich im Jahr 1933 und Anfang 1934 geschehen war: Warum
also, so sei noch einmal gefragt, tritt Heidegger zurück und
gibt die Hoffnung auf eine unmittelbare Änderung der Situation an der Universität auf? Was also war seit seiner Wahl
zum Rektor geschehen?

17 GA 16, 307.
18 GA 16, 306.
19 Vgl. hierzu zum Beispiel GA 16, 285–307.

Wie sein Brief an seinen Bruder zeigt, weiß Heidegger im Mai 1933 zwar um die Schattenseiten der »nationalsozialistischen Revolution« und hegt die gerade aus heutiger Sicht törichte Hoffnung, zwischen Hitler und manchen seiner Anhänger könne genauso unterschieden werden wie zwischen den teils brachialen Mitteln und den vermeintlich hehren Zielen der Nationalsozialisten. Das Bewusstsein, zu einer »Klärung« und »Läuterung« der nationalsozialistischen Bewegung beizutragen, wird zumindest in den ersten Monaten seine Amtsführung als Rektor bestimmen. Das Politische rückt damit in den Vordergrund des Interesses Heideggers: Nun sieht er sich selbst als Akteur auf der Bühne, die er zuvor immer zu vermeiden suchte und der er zeit seines Lebens eher mit Skepsis gegenüberstand: jener Bühne der konkreten politischen Macht und des gesellschaftlichen Einflusses. Heidegger wird sein Amt als Rektor daher so führen, dass er in gefährlicher Weise auch den Führungsanspruch der Universität in Frage stellt. Heidegger rückt, wie wir sehen werden, so sehr in den Sog der Realpolitik, dass seine zunächst hauptsächlich idealistischen Motive zur Übernahme des Rektorats und zum Parteieintritt sich nicht nur als Irrtum erwiesen, sondern von ihm selbst – von seinen eigenen Reden und Thesen etwa – in Frage gestellt wurden.

Wir sahen ja, dass es Heidegger bereits früh ein Anliegen war, auf dem Umwege der grundlegend reformierten Universität auch politisch wirksam zu sein: War die Universität die grundlegende Realität und Institution, dann waren von ihrer Reform und der Besinnung auf ihr eigentliches Wesen auch Auswirkungen auf den politischen und gesellschaftlichen Bereich zu erwarten. Wenn er im Oktober 1933 die These aufstellt, der »Führer selbst und allein *ist* die heutige und künftige deutsche Wirklichkeit und ihr Gesetz«[20], und er im

---

20 GA 16, 184.

November von der »völligen Umwälzung unseres deutschen Daseins« spricht,[21] dann stellt sich auch die Frage, wie treu Heidegger eigentlich seinen eigenen Vorstellungen zum Wesen der Universität geblieben ist. Von einem indirekten »Führungsanspruch« der Universität ist nicht mehr die Rede, von Humboldt und seinem Universitätsideal (in dessen Tradition Heidegger bei aller Kritik immer stand) distanziert sich Heidegger ausdrücklich.[22]

Es gibt noch andere Zeugnisse für diese politische Radikalisierung Heideggers, nämlich Dokumente, die eine wachsende Enttäuschung seitens seiner Kollegen zeigen. Heidegger, so scheint es, ist nicht einfach nur politisch naiv und verblendet gewesen, sondern hatte sich schnell zum Überzeugungstäter gemausert. So erinnert sich Gerhard Ritter: »In Wirklichkeit war die Enttäuschung [scil. über Heideggers Amtsführung als Rektor, H. Z.] eine ungeheure, denn Heidegger ging nun mit vollen Segeln im nationalsozialistischen Fahrwasser vor, ziemlich diktatorisch, hielt vor der Studentenschaft Reden, in denen er über das akademische Herkommen höchlich lästerte und zu Wehrdienst, Lehrdienst und Arbeitsdienst, nebeneinandergestellt in einer ausgeprägt nationalsozialistischen Weise, aufrief.«[23] Und der Psychiater

---

21 GA 16, 192. Vgl. hierzu auch Dieter Thomä, *Die Zeit des Selbst und die Zeit danach. Zur Kritik der Textgeschichte Martin Heideggers 1910–1976*, Frankfurt am Main 1990, 541 ff.

22 Vgl. GA 16, 198–208. Allerdings geschieht dies im Zusammenhang einer bereits sehr lange anhaltenden Krise der humboldtschen Universität (vgl. hierzu Helmut Heiber, *Universität unterm Hakenkreuz. Band I: Der Professor im Dritten Reich*, München 1991, 27 ff.).

23 Gerhard Ritter, »Selbstzeugnis 3«, in: Eckhard Wirbelauer (Hg.), *Die Freiburger Philosophische Fakultät 1920–1960. Mitglieder – Strukturen – Vernetzungen* (= *Freiburger Beiträge zur Wissenschafts- und Universitätsgeschichte*; Neue Folge 1), Freiburg und München 2006, 769–802, 780. Vgl. auch Ritters Brief an Hermann Oncken vom 01. Oktober 1933. Dort heißt es u. a.: »Unsere neue Hochschulordnung werden Sie gelesen haben. Natürlich geht sie in letzter Linie auf unseren radikalen Rektor Heidegger

Alfred E. Hoche schrieb im Mai 1933 einen Brief an den ehemaligen Rektor Joseph Sauer, in dem er sich über Heideggers diktatorische Amtsführung bitter beklagte: »Es kamen gestern«, so Hoche, »in der Fakultätssitzung Briefe zu unserer Kenntnis, in denen Heidegger die Wendungen braucht ›ich verfüge‹ – ›ich verfüge‹ – gemischt mit Betrachtungen über die ungenügende innere Wandlung der Collegenschaft.«[24] Heidegger hat die Hoffnung, die auch Hoche in ihn gesetzt zu haben scheint, bitter enttäuscht: »Ich bin geradezu entsetzt über den selbstmörderischen Akt, den wir mit der Wahl dieses verworrenen Hauptes begangen haben. Wie ich höre, ist der Senat ausgeschaltet. Hätten wir das gewollt, wäre es besser gewesen, wir hätten uns einen Kommissar aufzwingen lassen, als daß ein College, der nach unserer Verfassung nur ausführendes Organ von Senatsbeschlüssen ist, sich zum Diktator aufwirft.«[25] Heidegger, so suggeriert Hoche, agiere nicht mehr als *primus inter pares*, sondern agiere gegen seine Kollegen und verletze damit die akademische Tradition – rücksichtslos, wie es scheint, und seiner Mission äußerst sicher. Wenn man Heideggers Urteil über seine Kollegen kennt, seine Kritik an ihrer Unwilligkeit zu einer wirklichen Reform, verwundert dies nicht. Als Kritik an der politischen Situation versteht Hoche seinen Brief allerdings nicht: »Die ganze Sache«, so schreibt er, »hat mit Politik gar nichts zu

zurück. Die Konsequenz ist vorläufig, daß man sich jetzt ganz in die gelehrte Arbeit vergräbt. Ich sitze jetzt an 3 größeren Arbeiten auf einmal. Aber eines Tages wird man hervortreten müssen, um die Nation lehren zu helfen, was ›nationale Gesinnung‹ eigentlich ist« (*Gerhard Ritter. Ein politischer Historiker in seinen Briefen*, hg. von Klaus Schwabe und Rolf Reichhardt unter Mitwirkung von Reinhard Hauf [= *Schriften des Bundesarchivs*, 33], Boppard am Rhein 1984, 265). Vgl. hierzu auch Christoph Cornelißen, *Gerhard Ritter. Geschichtswissenschaft und Politik im 20. Jahrhundert* (= *Schriften des Bundesarchivs*; 58), Düsseldorf 2001, 235 f.

24 *Heidegger-Jahrbuch* 4, 246.
25 *Heidegger-Jahrbuch* 4, 246.

tun; es ist einfach eine Rechtsfrage, ob der Senat sich etwas Derartiges gefallen läßt; so lange wir eine Universitätsverfassung haben, ist der jetzige Zustand unmöglich.«[26] Anscheinend war für Hoche die Verletzung universitärer Eitelkeiten wichtiger als die Kritik der unmittelbaren politischen Situation. Zu Apathie führte seine Kritik freilich nicht. Denn was nun vorgeschlagen wird, ist so etwas wie eine inneruniversitäre Palastrevolte: »Ich möchte Ihrer Erwägung anheimgeben, ob Sie nicht in Ihrer Wohnung ein Rumpfparlament, den Senat ohne Rektor, versammeln und über die weiteren Schritte Beschluß fassen sollen; wen wir gewählt haben, können wir auch wieder absetzen, wenn er sich nachweislich nicht als Vertreter der Universitätsgesamtheit, sondern als ausführendes Organ einer Partei betrachtet.«[27] Nein, beliebt hat sich Heidegger mit seiner Amtsführung als Rektor nicht gemacht. Selbst Sauer geht darauf in seinem Tagebucheintrag vom 13. Mai 1933 ein. Dort fasst er die Meinung von Walter Eucken, der nach Absprache mit Wilhelm von Möllendorff ihn besucht hatte, zusammen: »Es mache den Eindruck, als ob er [scil. Heidegger, H.Z.] ganz für sich, nach dem Prinzip des Führersystems fuhrwerken wolle. Heidegger fühle sich offenbar als der geborene Philosoph und geistige Führer der neuen Bewegung als der einzige große und überragende Denker seit Heraklit.«[28] Heideggers philosophisches Sendungsbewusstsein, sein fast priesterlicher Deutungs- und Leitungsanspruch stieß bei seinen Kollegen auf alles andere als Wohlwollen. Diese fühlten sich vor den Kopf gestoßen. Derlei Umtriebe hatten sie nicht erwartet, war ihnen ja die kritische Haltung, die Heidegger gegenüber seinen Kollegen gerade auch in Fragen der Universitätsreform hegte, vielleicht

---

26 *Heidegger-Jahrbuch* 4, 246.
27 *Heidegger-Jahrbuch* 4, 246. Vgl. zu Hoches Brief auch Sauers Tagebucheintrag vom 22. Mai 1933 (*Heidegger-Jahrbuch* 4, 230).
28 *Heidegger-Jahrbuch* 4, 230.

gar nicht bewusst. Heidegger verließ sich gerade 1933 wohl eher auf die Studenten – und das bedeutete nicht nur, dass er seine eigenen Kollegen vor den Kopf stieß, sondern auch, dass sich seine politische Einstellung radikalisierte, teils sicherlich auch, um den Studenten in seinen Ansichten entgegenzukommen und sie dadurch für die Unterstützung seiner eigenen Pläne zu gewinnen. Denn die Freiburger Studentenschaft war ja schon vor 1933, aber vor allem auch nach der nationalsozialistischen Machtergreifung, politisch viel stärker radikalisiert gewesen als die Professorenschaft.[29]

In diesem Kapitel beschränken wir uns auf die Dokumente, die in einem engeren Sinne im Zusammenhang mit Heideggers Amtsführung als Rektor stehen. Im nächsten Kapitel wird dann u.a. auch das Seminar diskutiert, das Heidegger im Wintersemester 1933/34 – also noch während seiner Amtszeit als Rektor – unter dem Titel »Über Wesen und Begriff von Natur, Geschichte und Staat« gehalten hat. Die seine Amtsführung als Rektor betreffenden Dokumente liegen mittlerweile vor allem im Band 16 der Gesamtausgabe wie auch im Band 4 des *Heidegger-Jahrbuches* vor; auch einige Briefwechsel – wie etwa der Briefwechsel mit Elisabeth Blochmann – stellen in diesem Zusammenhang aufschlussreiche Quellen dar. Diese Dokumente zeigen, dass Heidegger zum einen die in der Rektoratsrede eingenommene Position fortsetzt und auch derart radikalisiert, dass er hinter sein eigenes Ideal zurückfällt: Die Universität, die sich zunächst einmal selbst behaupten sollte und dadurch auch selbst im politischen und gesellschaftlichen Bereich führend wirken sollte, wird von Heidegger gerade in den ersten Monaten seines Rektorats zunehmend politischen Zwecken und Absichten untergeordnet. Spielte der Führerkult im engeren Sinne keine Rolle in der Rektoratsrede und blieb auch der

---

29 Darauf deutet auch GA 16, 100 hin.

Name Adolf Hitlers in ihr ungenannt, so zeigen sich bald nach der Rede in Heideggers Äußerungen Zeichen dafür, dass Heidegger dem Charisma Hitlers erlegen war. Es finden sich auch deutliche Zeichen für eine zuvor nicht denkbare Politisierung seines eigenen Denkens. Diese Politisierung der Philosophie und der Wissenschaft ist in der Rektoratsrede zwar angelegt, aber insofern noch nicht voll entwickelt, als diese Rede, wie wir gesehen haben, von einer anderen Verhältnisbestimmung von Politik und Philosophie ausgeht: In ihr passt sich Heidegger philosophisch an die zeitgeschichtliche Situation an, aber doch so, dass er den Führungsanspruch der Philosophie noch nicht so einfach aufgibt, sondern unter den Bedingungen der nationalsozialistischen Machtergreifung reformuliert: weniger als »Mitkämpfer«, sondern eher als »Flankenschützer«.[30] Das ändert sich bereits kurz nach der Rede.

Wir können diese offensichtliche Radikalisierung nach dem Mai 1933 nicht auf den Unterschied zwischen der Rektoratsrede und ihren akademischen Gepflogenheiten und dem Charakter der anderen Stellungnahmen und Äußerungen Heideggers zurückführen, so dass die Rektoratsrede aufgrund des von ihr verlangten Stiles die politische Radikalität Heideggers nur verdeckt hätte.[31] Denn viele der radikaleren Äußerungen finden sich auch in rein inneruniversitären Kontexten, wo Heidegger sich durchaus zurückhaltender und in politisch weniger radikaler Weise hätte zu Wort melden können. Das ist allerdings oft nicht geschehen: Es gibt Texte

---

30 Vgl. hierzu Bruno Altmann, »Heidegger und Banse«, in: *Die neue Weltbühne* 34 (1938), 930–934 (jetzt in: *Heidegger-Jahrbuch* 4, 209–213, 210).
31 Daher kann man nicht wie Hans-Joachim Dahms davon ausgehen, dass die Rektoratsrede »die intensivste Verbindung von Heideggers NS-Aktivismus mit seiner Philosophie« darstellt (Hans-Joachim Dahms, »Philosophie«, in: Frank-Rutger Hausmann, *Die Rolle der Geisteswissenschaften im Dritten Reich 1933–1945*, München 2002, 193–227, 219).

aus den ersten Monaten des Rektorates, angesichts deren man sich fragt, wie ernsthaft Heidegger das eigentlich meinte, was er in diesen Texten sagte, und ob ihm eigentlich klar war, in welches Fahrwasser er sich begeben hatte, so groß ist – bei aller Möglichkeit, Verbindungslinien zwischen seinem philosophischen Denken und seinen 1933 geäußerten politischen Überzeugungen zu ziehen – der Bruch mit allem, was wir über seine politischen und philosophischen Ansichten aus der Zeit vor 1933 wissen. Mit dem, was wir über seinen eher unpolitischen Charakter und sein Selbstverständnis als Philosoph wissen, lassen sich viele dieser Texte nicht vereinbaren. Auch mit seinen eigenen Ideen zur Universitätsreform und auch mit seiner Kritik an den Zuständen im Frühjahr 1933 lässt sich vieles von dem, was Heidegger in der ersten Phase des Rektorats sagt, nicht vereinbaren. Es scheint fast so zu sein, als sei Heidegger in den Sog der offiziellen Parteipolitik geraten und habe sich in einem jedes kritische Denken ausschaltenden Begeisterungssturm zu Aussagen hinreißen lassen, in denen er in unzweideutiger Weise Stellung für den Nationalsozialismus bezieht.

Denn wenn er nur die Rektoratsrede gehalten hätte, müsste man sicherlich (mit u.a. Karl Jaspers) auf wichtige zeitgeschichtlich bedingte Momente dieser Rede aufmerksam machen, man müsste auch darauf hinweisen, dass Heidegger mit der Übernahme des Rektorats und seinem Parteieintritt in nicht unwesentlicher Weise zur Legitimation des Nationalsozialismus beigetragen und die Umsetzung von nationalsozialistischen Ideen zur Universitätsreform wesentlich erleichtert hat, könnte aber zugleich auch darauf aufmerksam machen, was Heidegger in dieser Rede nicht sagt – was er verschweigt –, in welcher Weise die Rede in ihrem Gesamtduktus ambivalent bleibt und inwiefern Heidegger letztlich keine bedeutende Rolle im nationalsozialistischen Deutschland gespielt hat. Die Nationalsozialisten waren für die Unterstützung seitens Heideggers sicherlich nicht undankbar – aber sie waren, wie gerade auch die Ereignisse nach Heideggers Rücktritt zeigen werden, in keiner Weise darauf angewiesen. Die Rektoratsrede ist ein Dokument der Anpassung und auch der Sympathie für die »nationalsozialistische Revolution« – aber sie verbleibt in einer seltsamen Spannung: Heidegger spricht, wie wir gesehen haben, noch von außen. Ihm geht es in dieser Rede um Mitarbeit mit den Nationalsozialisten und um Lenkung und Bestimmung ihrer universitätspolitischen Vorstellungen, nicht aber um Wirkung als Nationalsozialist.

Das ändert sich ab Ende Mai 1933. Wirklich problematisch ist daher vieles von dem, was Heidegger nach der Rede als Rektor gesagt hat. Dafür steht Heidegger ohne jeden Zweifel in der Verantwortung – und angesichts der uns heute gut zugänglichen Texte aus der Rektoratszeit Heideggers stellt sich viel vehementer die Frage nach seinem Irrtum und seiner Schuld als bloß angesichts der Rektoratsrede. Hiermit soll nicht die Rektoratsrede entschuldigt oder in ihrer Bedeutung relativiert werden. Es soll nur darauf hingewiesen werden, dass es durchaus so etwas wie eine Entwicklung und Radikalisierung Heideggers im Jahr 1933 gegeben hat. Selbst so umsichtige Historiker wie Hans-Ulrich Wehler scheinen dies zu übersehen: In seiner *Deutschen Gesellschaftsgeschichte* widmet Wehler einen kurzen Abschnitt dem Rektorat Heideggers. Dort heißt es: »Den neuen Stil demonstrierte der frischernannte Freiburger Rektor, der bis dahin angesehene Philosoph Martin Heidegger, in seiner Rektoratsrede vom 27. Mai 1933, nachdem er seinem Lehrer und Lehrstuhlvorgänger Edmund Husserl wegen dessen jüdischer Herkunft das Betreten des Universitätscampus bereits untersagt hatte. ›Nicht Lehrsätze und Ideen seien die Regel Eures Seins‹, mahnte er. ›Der Führer selbst und allein *ist* die heutige und künftige deutsche Wirklichkeit und ihr Gesetz‹.«[32] Sehen wir einmal davon ab, dass Heidegger im Frühjahr 1933 nicht ernannt, sondern gewählt wurde, dass es dafür, dass Heidegger Husserl das »Betreten des Universitäts-campus« (oder, wie oft kolportiert wird, das Betreten und die Benutzung der Bibliothek) untersagt habe, keine Belege gibt (weil es sich hier um eine reine Legende handelt)[33] und dass sich Heidegger allem Anschein nach für die Aufhebung der Beurlaubung Husserls nach dem Erlass des Gesetzes zur Wiederherstellung des Berufsbeamtentums eingesetzt hat,[34]

---

32 Hans-Ulrich Wehler, *Deutsche Gesellschaftsgeschichte. 4. Band: Vom Beginn des Ersten Weltkrieges bis zur Gründung der beiden deutschen Staaten 1914–1949*, München ³2008, 826f. Eine ähnliche Vermischung von Aussagen, die Heidegger zu verschiedener Gelegenheit gemacht hat, findet sich bei Anton Grabner-Haider/Peter Strasser, *Hitlers mythische Religion. Theologische Denklinien und NS-Ideologie*, Wien/Köln/Weimar 2007, 83f. Allein schon aus historischer Sicht erscheint es wichtig, die Geschehnisse der Rektoratszeit möglichst genau nachzuzeichnen und zwischen der Rektoratsrede und anderen Texten genau so zu unterscheiden wie zwischen der politischen Radikalisierung Heideggers im Verlauf des Sommers und Herbstes 1933 auf der einen Seite und der wachsenden Enttäuschung und Desillusionierung Heideggers bereits ab dem Sommer 1933.
33 Vgl. hierzu unten S. 391.
34 Vgl. hierzu GA 16, 788. Hermann Heidegger berichtet dies. Darauf, dass Heidegger ein persönliches Interesse an der Aufhebung der Beurlaubung von u.a. Husserl hatte, deutet vielleicht auch hin, dass er die Philosophische Fakultät über die Entscheidung des Karlsruher Ministeriums in Kenntnis setzt, aber die Betroffenen selbst vom Rektorat informiert werden. Die Art und Weise, wie Heidegger die Anordnung des Ministers am 28. April 1933 weiterleitet (»Ich bitte, für eine restlose und klare Durchführung des Erlasses vom 6. 4. 1933 Nr. A. 7642 Sorge zu tragen, andernfalls läuft die Universität Gefahr, jedes Eintreten für bedrohte Kollegen selbst aussichtslos zu machen« [GA 16, 85]) spricht für ein Interesse Heideggers an der Aussetzung der Beurlaubung zumindest in den Fällen einiger Kollegen – das berührt freilich nicht die Tatsache, dass er den Erlass an sich in keiner Weise in Frage stellt und er als reiner Befehlempfänger agiert, der bestenfalls die gegebenen Möglichkeiten (dazu zählte u.a. auch die Aussetzung der Beurlaubung in Einzelfällen) ausnützt. Aber vermutlich wäre in dieser Situation die einzige Alternative gewesen, vom Amt des Rektors zurückzutreten. Und da Heidegger von dem Anfang April

so muss doch darauf hingewiesen werden, dass Heidegger die von Wehler zitierten Sätze nicht in der Rektoratsrede, sondern erst später gesagt hat[35] – nämlich in einer Situation, in der sich seine politische Haltung bereits weiter radikalisiert hat und er nicht mehr »von außen« mit den Nationalsozialisten zusammenwirkt, sondern selbst nach außen als Nationalsozialist in Erscheinung tritt. Von kritischer Distanz oder dem Willen, die »Bewegung« von innen heraus zu läutern oder zu klären, ist keine Spur mehr. Heidegger spricht eine Sprache, die sich bestenfalls als Ausdruck eines rhetorischen Überschwangs und einer Anbiederung an das Denken und die Sprache des Nationalsozialismus verstehen lässt, schlimmstenfalls als Zeichen einer nahezu bedingungslosen Unterwerfung unter den Nationalsozialismus. Heidegger zeigt dabei vor allem während der ersten Monate des Rektorats Zeichen einer irritierenden Anbiederung an oder Unterordnung unter die neuen Machthaber, und er spricht eine mit militaristischen Metaphern mehr und mehr aufgeladene Sprache, die reißerisch ist und einem Denker vom Range Heideggers alles andere als zur Ehre gereicht. War Heidegger nun doch – innerhalb kürzester Zeit – zum überzeugten Nationalsozialisten geworden? War er den Verführungen von Macht und politischem Einfluss erlegen und zu einem kompromisslosen Nazi geworden? Haben also doch alle diejenigen recht, die ihn einen »Nazi-Philosophen« nennen? Hat er

1933 erlassenen Gesetz zur Wiederherstellung des Berufsbeamtentums wusste, als er zum Rektor gewählt wurde, hat er es wohl, wenn auch nicht positiv unterstützt, akzeptiert, da er sich andernfalls nicht zum Rektor hätte wählen lassen. Darauf, dass im Fall Edmund Husserl auch Proteste aus dem Ausland eine Rolle gespielt haben, verweist Usha Swamy, »›Für Nichtarier bestehen besondere Bedingungen‹ – Das Schicksal der jüdischen Studierenden und Professoren«, in: Bernd Martin (Hg.), *Von der badischen Landesuniversität zur Hochschule des 21. Jahrhunderts* (= 550 *Jahre Albert-Ludwigs-Universität Freiburg. Festschrift*; 3), Freiburg 2007, 374–390, 387. Vgl. 387 für das weitere Schicksal Husserls im Dritten Reich.
35 Vgl. GA 16, 184.

den »Privatnationalsozialismus« der Rektoratsrede nun auf die offizielle Parteilinie gebracht? Dafür spricht vieles – zumindest was die Zeugnisse und Dokumente betrifft, die aus dem Jahr 1933 vorliegen.

Wenn wir uns an dieser Stelle so intensiv mit diesen Zeugnissen und der politischen »Entwicklung« Heideggers beschäftigen, dann geschieht dies gerade auch aus der Einsicht heraus, dass die zur Zeit vorliegenden Dokumente und Zeugnisse aus der Rektoratszeit bislang noch nicht mit der gehörigen Sorgfalt gedeutet wurden: Denn selbst wenn man – mit einem gewissen Recht – darauf aufmerksam macht, dass bei aller Nähe zu bestimmten nationalsozialistischen Vorstellungen Heidegger sich in der Rektoratsrede doch gegen eine Umwandlung der Universität in eine politische Universität gewendet habe, bleibt doch zu konstatieren, dass es einige Anzeichen für eine zunehmende Unterordnung der Universität unter explizit politische Zwecke und Interessen im Verlaufe des Rektorats gibt. In gewisser Weise verschiebt sich für Heidegger das Verhältnis von Universität und Staat: In der Rektoratsrede ist diese noch dem Staat und damit der Welt der Politik insofern übergeordnet, als es Heidegger nach wie vor darum geht, den Führungsanspruch der Universität zu betonen. Diese versteht er ja nicht nur idealerweise als »Stätte der geistigen Gesetzgebung«, sondern er fordert auch, »in ihr die Mitte der straffsten Sammlung zum höchsten Dienst am Volke in seinem Staat« zu erwirken.[36] Einzig das Volk scheint der Universität übergeordnet zu sein; sie selbst aber erfüllt den höchsten Dienst an ihm. Nun aber – wenige Wochen später – stellt die Universität nur noch eine erzieherische »Macht« neben anderen wie etwa dem Arbeitslager dar.

36 GA 16, 116.

Dass sich – wieder einmal – die Frage nach Heideggers Verhältnis zum Nationalsozialismus nicht so einfach beantworten lässt, wird deutlich, wenn man andere Dokumente aus der Zeit des Rektorats in Betracht zieht – nicht nur die offiziell geschriebenen Briefe oder die Reden, die Heidegger in seiner Funktion als Rektor gehalten hat. Da zeigt sich etwa, dass Heidegger sich für einige seiner Schüler einsetzt, gerade während er doch durch viele seiner öffentlichen Reden und Stellungnahmen als Rektor dasjenige Regime, das seine Schüler zur Emigration zwingt, unterstützt. Noch weitere Differenzierungen sind notwendig, wenn man die gesamte Rektoratszeit in Betracht zieht. Dann wird deutlich, dass Heidegger bereits sehr früh in seinen Erwartungen enttäuscht wurde und dieser Enttäuschung in Briefen auch Ausdruck verlieh. Diese Enttäuschung führte zu einer Desillusionierung über seine Möglichkeit, aus seiner Sicht an der Reform der Universitäten mitzuwirken und die Deutungs- und Leitungshoheit der Philosophie zu behaupten. Es ist unter anderem auch diese Desillusionierung, die dazu führte, dass Heidegger sich zunehmend aus den Amtsgeschäften als Rektor zurückzog[37] und dann auch im Jahr 1934 seinen vorzeitigen Rücktritt vom Amt des Rektors erklärte. Wenn es also um das Jahr seines Rektorats geht, haben wir es mit zwei unterschiedlichen, aber teils gleichzeitig verlaufenden Bewegungen zu tun: Zum einen gibt es Anzeichen einer politischen Radikalisierung und einer zunehmenden Nähe zur offiziellen Parteilinie, zum anderen gibt es aber auch deutliche Anzeichen einer Distanzierung und zunehmenden Enttäuschung der ursprünglich von Heidegger gehegten Hoffnungen. Das Rektorat selbst ist Zeichen einer Gespaltenheit Heideggers – mit seinem Rücktritt vom Rektorat und seiner

---

37 Die Schreiben und Schriften Heideggers aus dem Rektoratsjahr zeigen eine abnehmende Aktivität Heideggers sowohl in administrativer als auch in politischer Hinsicht.

Ablehnung der Rufe an die Universitäten München und Berlin versucht er, diesen (teilweise wohl auf die Anpassung an die Erwartungen der Studenten zurückgehenden) inneren Zwiespalt zu lösen: Er zieht sich in die Provinz zurück, weil ihm sein politischer Irrtum spätestens ab dem Frühjahr 1934 immer bewusster geworden ist, ohne dass Heidegger damit sofort zum radikalen Kritiker des Nationalsozialismus geworden wäre. Genauso wenig, wie sich Heideggers Verhältnis zur katholischen Kirche mit der Metapher des radikalen Bruches deuten lässt, ist dies möglich, wenn es um sein Verhältnis zum Nationalsozialismus geht: Während er in philosophischen Fragen oft um klare Distanzierung bemüht ist, bleibt seine politische Einstellung nach 1934 für einige Zeit noch ambivalent.[38] Man darf daher hier in der Tat nicht so einfach den »verharmlosenden Ausdruck eines ›platonischen Irrtums‹ als eine auf die Jahre 1933 und 1934 beschränkte Blicktrübung« nutzen, wie Gottfried Schramm festgestellt hat.[39] Es mehren sich allerdings in den Jahren ab 1934 die kritischen Äußerungen und seine Versuche, denkerisch – wiederum auf der ihm eigenen Ebene – zu verstehen, was auf der politischen Ebene geschieht. Von Begeisterung ist dann keine Spur mehr.

Die politische Radikalisierung Heideggers im Jahr 1933

Wenden wir uns nun dem Jahr 1933 wieder zu und beginnen wir mit den Anzeichen einer Radikalisierung der politischen Position Heideggers: Heidegger ist im Jahr 1933 der wohl berühmteste Rektor einer deutschen Universität, der auch in Heidelberg, Tübingen und Kiel sich unter dem Titel »Die

---

38 So auch Hartmut Tietjen, »Heidegger und die nationalsozialistische Hochschulpolitik«, 115.
39 Vgl. hierzu »Gespräch mit Max Müller« (in: Heidegger/Müller), 110.

Universität im neuen Reich« zu hochschul- und tagespolitischen Fragen äußerte.[40] Die Universitätsreform bleibt sein
zentrales Anliegen. Von daher sind seine weiteren universitätsreformerischen Bemühungen von großer Bedeutung, um
sein Rektorat zu verstehen. Im Juni 1934 hält Heidegger etwa
eine kurze Rede aus Anlass der Übergabe eines Wohnhauses
der Studentenschaft.[41] Der Inhalt dieser Rede steht noch
in sehr engem Bezug zur Rektoratsrede: Heidegger betont vor
allem die Bedeutung des Arbeitsdienstes und der neu einge-
führten Arbeitslager für Studenten. Dieses Lager sei, so Heidegger, »zugleich ein echtes Schulungslager für das Führer-
tum in allen Ständen und Berufen«.[42] Heidegger geht es
wieder darum, auf die enge Verbindung der Universität mit
der Welt der Arbeit zu verweisen und damit die Einheit der
Volksgemeinschaft zu betonen. Auch hier spricht er eine
Sprache, die sehr dezisionistisch geprägt ist: »Das Arbeitslager wird als eigene Erziehungsstätte zugleich eine neue
Quelle jener Kräfte, durch die alle anderen Erziehungs-
mächte – zumal die Schule – zur Entscheidung gezwungen
und verwandelt sind.«[43] Heidegger betont hier, dass es zwischen »Lager« und »Schule« ein »gegenseitiges Nehmen und
Geben« gebe:[44] Dieser Gedanke ist ohne Zweifel mit der Rektoratsrede vereinbar: Denn dort hatte Heidegger schon darauf
verwiesen, dass die drei Dienste – der Arbeits-, der Wehr-,

---

40 Es gibt keine schriftlichen Aufzeichnungen Heideggers zu dieser Rede
mehr. Vgl. zu den in ihr geäußerten Gedanken neben dem Zeitungsartikel
aus der *Tübinger Chronik* über die Rede (GA 16, 765–773) auch Heinrich
Wiegand Petzet, *Auf einen Stern zugehen. Begegnungen und Gespräche
mit Martin Heidegger 1929–1976*, Frankfurt am Main 1983, 34 f.; vgl. zum
Freiburger Vortrag aus der Sicht Joseph Sauers auch *Heidegger-Jahrbuch* 4,
231 f.
41 Vgl. GA 16, 125 f.; vgl. zu dieser Rede auch GA 16, 790.
42 GA 16, 125.
43 GA 16, 125.
44 GA 16, 126.

und der Wissensdienst – »gleich notwendig und gleichen Ranges« seien.[45]

Allerdings scheint es eine gewisse Veränderung seines Standpunktes zu geben. Denn wenn wir der Rektoratsrede folgen, dann bilden diese drei Dienste erst »das ursprüngliche und volle Wesen der Wissenschaft, deren Verwirklichung uns aufgegeben ist«.[46] Die Wissenschaft und damit die Universität ist daher den drei verschiedenen Diensten übergeordnet. Heidegger ging es ja in der Rektoratsrede vornehmlich um Fragen der Universitätsreform. Und in seinem Versuch einer Antwort blieb er seiner Überzeugung treu, dass die Universität eine zentrale und fundamentale Bedeutung habe. Daher werden, wenn auch die verschiedenen Dienste gleichrangig seien, diese doch der in ihrem Wesen recht verstandenen Universität untergeordnet. Nun scheint es allerdings eine kleine, aber im Hinblick auf das, was noch folgen wird, nicht unbeträchtliche Verschiebung in Heideggers Ansatz gegeben zu haben: Denn nun – wenige Wochen nach der Rektoratsrede – ist das Arbeitslager eine »eigene Erziehungsstätte« und eine »neue und entscheidende Erziehungsmacht«, der eine gewisse Autonomie gegenüber der Universität zukommt. Denn Heidegger beginnt seine Ansprache mit den Hinweis, dass »künftig die *Schule* [und hier meint er vor allem die Hochschule, H. Z.] nicht mehr den ausschließlichen Rang in der Erziehung einnehmen« werde und dass das Arbeitslager »neben« die Schule rücke.

War in der Rektoratsrede die »Schule« diejenige Einrichtung, in der die verschiedenen Dienste ihre Einheit fanden, steht das Arbeitslager bzw. der Arbeitsdienst nun auf gleicher Höhe mit der Hochschule bzw. der Wissenschaft. Dem entspricht, dass Heidegger zwar von einem »gegenseitigen

---

45 GA 16, 114. Anders deutet Heidegger dies in seinen Rückblicken (vgl. GA 16, 378; 657).
46 GA 16, 114.

Geben und Nehmen« von Arbeitslager und Schule spricht, sich aber in dieser Rede vornehmlich nur dafür interessiert, was der Arbeitsdienst der Schule geben kann. Denn er geht davon aus, dass das Arbeitslager die Schule nicht nur zur Entscheidung zwinge und verwandle, sondern dass es auch ein im Arbeitslager vermitteltes Wissen gebe, das »künftig auch reinigend und gesetzgebend für das, was die *Schule* vermag und nicht vermag, was sie soll und nicht soll«, werde.[47] Wie soll man diese Verschiebung deuten? Sie scheint darauf hinzuweisen, dass Heidegger zunehmend die Autonomie der Universität zugunsten einer politisierten Hochschule aufzugeben bereit ist. Hätten wir keine anderen Zeugnisse, die für diese Verschiebung in Heideggers politischen Ansichten sprächen, wäre es vielleicht schwierig, aus der sehr kurzen Ansprache Heideggers aus dem Juni 1933 derlei Konsequenzen abzuleiten. Wir finden allerdings weitere Zeugnisse aus dem Jahr 1933, die unsere Interpretation bestätigen.

Die zunehmende Unterordnung der Universität unter politische Zwecke (wie auch ihre zunehmende »Nationalisierung«) zeigt sich auch in anderen Dokumenten wie etwa einem von Heidegger unterzeichneten Beitrag für die *Freiburger Zeitung*, in dem Heidegger die Hochschule als »höchste politische Volksschule ihrer Landschaft« definiert.[48] Deutlich wird diese Tendenz zur Politisierung der Universität auch in einer Tischrede, die Heidegger bei der Feier des 50-jährigen Bestehens des Instituts für pathologische Anatomie an der Universität Freiburg gehalten hat.[49] An dieser Rede fallen zwei Merkmale dem aufmerksamen Leser sofort ins Auge: Zum einen betont Heidegger zumindest implizit die Differenz zwischen Griechen und Deutschen in einer

47 GA 16, 125.
48 GA 16, 227.
49 Vgl. GA 16, 150–152.

Weise, die ihm zuvor – so scheint es jedenfalls – fremd gewesen wäre. Zum anderen äußert sich der Rektor Heidegger nun ausdrücklich über Adolf Hitler. Dass er nun – anders als in der Rektoratsrede – Hitler beim Namen nennt, ist auffallend: Nun aber – Anfang August 1933 – findet Heidegger folgende Worte, um auf die Bedeutung Hitlers einzugehen: »Das deutsche Volk ist jetzt dabei, sein eigenes Wesen wieder zu finden und sich würdig zu machen seines großen Schicksals. Adolf Hitler, unser großer Führer und Kanzler, hat durch die nationalsozialistische Revolution einen neuen Staat geschaffen, durch den das Volk sich wieder eine Dauer und Stetigkeit seiner Geschichte sichern soll. Diese Revolution war nicht das Werk von Menschen, die Vorhandenes nur umstürzen und Altes überrennen oder gar in blinder Wut das Bisherige beseitigen, sondern sie ist das Werk von Menschen, die eine neue geistige Ordnung wollen und aus der tiefsten Verantwortung heraus für die Geschicke des Volkes handeln. Jedes Volk hat die erste Gewähr seiner Echtheit und Größe in seinem Blut, seinem Boden und seinem leiblichen Wachstum. Wenn es dieses Gutes verlustig geht oder auch nur weitgehend geschwächt wird, bleibt jede staatspolitische Anstrengung, alles wirtschaftliche und technische Können, alles geistige Wirken auf die Dauer nutz- und ziellos.«[50] Diese Äußerungen Heideggers zeigen eine beträchtliche politische Verblendung, die auch heute noch schockiert. Während in der Rektoratsrede sich nur an einer Stelle eine relativ diffuse, schwer zu entschlüsselnde und im Gesamtkontext eigentlich obsolete Bezugnahme auf das rassistische Blut-und-Boden-Denken findet,[51] stoßen wir hier auf das eindeutige Zeichen einer

---

50 GA 16, 151. Vgl. zum Begriff des Blutes (und abgeleiteter Begriffe) im zeitgeschichtlichen Kontext Cornelia Schmitz-Berning, *Vokabular des Nationalsozialismus*, Berlin 2000, 109–125.
51 Vgl. GA 16, 112: »Und die *geistige Welt* eines Volkes ist nicht der Überbau einer Kultur, sowenig wie das Zeughaus für verwendbare Kennt-

weiteren politischen Radikalisierung Heideggers nach der Rektoratsrede. Selbst in der Ansprache, die Heidegger Anfang Mai 1933 aus Anlass der Immatrikulation der neuen Studenten gehalten hat und die noch wesentlich politischer erscheint als die Rektoratsrede, findet sich keine Spur einer rassistischen Einstellung Heideggers. Er beschwört in dieser Ansprache zwar die Entscheidung des deutschen Volkes, bedient sich einer äußerst kämpferischen und in ihrer Diktion irritierenden Metaphorik und idealisiert Albert Leo Schlageter, ordnet seine Überlegungen aber »regionalistisch« in den Rahmen des Schwarzwaldes ein und betont ausdrücklich die »geistige Sendung des deutschen Volkes«.[52] Diese Ansprache zeigt auch, dass Heidegger erst auf dem Weg zum »Führerab-

nisse und Werte, sondern sie ist die Macht der tiefsten Bewahrung seiner erd- und bluthaften Kräfte als Macht der innersten Erregung und weitesten Erschütterung seines Daseins. Eine geistige Welt allein verbürgt dem Volke die Größe. Denn sie zwingt dazu, daß die ständige Entscheidung zwischen dem Willen zur Größe und dem Gewährenlassen des Verfalls das Schrittgesetz wird für den Marsch, den unser Volk in seine künftige Geschichte angetreten hat.« Vgl. zur kontroversen Diskussion dieser Stelle Alfred Denker, »Martin Heidegger, Karl Jaspers und die Universitätsreform (1919–1933)«, in: *Heidegger-Jahrbuch* 5, 32–45, 44; Bernd Grün, »Martin Heidegger als Gleichschaltungsrektor. Eine vergleichende Studie anhand der Rektoratsreden des Jahres 1933«, in: *Heidegger-Jahrbuch* 5, 76–109, 95. Vgl. auch Bernd Martin, »Martin Heidegger und der Nationalsozialismus«, 27: »Auch wenn Heidegger in seiner alemannischen Heimat bodenständig verwurzelt war und sich im archaischen Sinne zur Scholle bekannte, so waren ihm jede Blut-und-Boden-Mythologie und jedweder platter Antisemitismus fremd.«
52 GA 16, 95–97; vgl. hier auch GA 16, 240. Albert Leo Schlageter (1894–1923) organisierte und leitete während der Ruhrbesetzung 1923 eine Stoßtruppe für Sabotageakte gegen die französischen Besatzungstruppen. Am 7. April 1923 wurde er in Essen verhaftet und am 26. Mai hingerichtet. Schlageter, der an der Albert-Ludwigs-Universität studiert hatte, wurde zu einer Märtyrerfigur innerhalb der nationalsozialistischen und der völkischen Bewegung. Vgl. hierzu auch Bernd Martin, »Das politisch-weltanschauliche Umfeld«, in: Eckhard Wirbelauer (Hg.), *Die Freiburger Philosophische Fakultät 1920–1960. Mitglieder – Strukturen – Vernetzungen*, 29–57, 39.

solutismus« ist. Das geschichtlich hauptsächlich handelnde Subjekt ist noch das Volk. Heidegger spricht davon, dass das »deutsche Volk im Ganzen ... unter einer großen Führung« zu sich gefunden habe.[53] Namentlich wird Hitler nicht genannt. Nach der Rektoratsrede wird aber nicht nur Adolf Hitler als Führer ausdrücklich genannt und die »nationalsozialistische Revolution« von ihm her und auf ihn als einer absolut gesetzten, messiashaften Gestalt hin gedeutet. Heidegger bedient sich auch ausdrücklich der Blut-und-Boden-Ideologie des Nationalsozialismus.

Bereits im Juni 1933 hatte Heidegger in einem Gutachten über den Neukantianer Richard Hönigswald auf diese Ideologie Bezug genommen – und zwar in einer Weise, die in seltsamer, peinlich berührender Weise philosophische Argumente (vor allem Heideggers bereits seit seinen frühen Vorlesungen entwickelte Kritik am Neukantianismus) und politische Ansichten mischt. Denn in diesem Gutachten – einem Brief an das Bayerische Kultusministerium – bemängelt Heidegger, Hönigswald habe »unter scheinbar streng wissenschaftlicher philosophischer Begründung« den Blick »vom Menschen in seiner geschichtlichen Verwurzelung und in seiner volkhaften Überlieferung seiner Herkunft aus Boden und Blut« abgelenkt.[54] Was war geschehen? Plötzlich steht nicht mehr der Geist im Vordergrund, sondern Blut und Boden, und die Einsicht in die Geschichtlichkeit menschlicher Existenz führt nicht mehr zu einer Betonung des »volklichen«, sondern nun

---

53 GA 16, 95. Vgl. auch GA 16, 100.
54 GA 16, 132. Vgl. hierzu auch Otto Gerhard Oexle, »Krise des Historismus – Krise der Wirklichkeit. Eine Problemgeschichte der Moderne«, in: Otto Gerhard Oexle (Hg.), *Krise des Historismus – Krise der Wirklichkeit. Wissenschaft, Kunst und Literatur 1880–1932*, Göttingen 2007, 11–116, 104; Tom Rockmore, »Philosophie oder Weltanschauung? Über Heideggers Stellungnahme zu Hönigswald«, in: Wolfdietrich Schmied-Kowarzik (Hg.), *Erkennen – Monas – Sprache. Internationales Richard-Hönigswald-Symposion Kassel 1995*, Würzburg 1997, 171–179.

zu einem eindeutigen Bekenntnis zum völkischen Denken und zur Bedeutung des Führers Adolf Hitler.[55] Selbst wenn man die Rektoratsrede und die in ihr immer wieder betonte Bedeutung des Geistes oder des Geistigen als kritischen Kommentar zu den rassistischen und biologistischen Überzeugungen des Nationalsozialismus liest, wird man Heidegger angesichts dieser Äußerungen nicht mehr verteidigen können. Sie sind, gewiss, nicht im Rahmen einer großen öffentlichen Veranstaltung gemacht worden, und Heidegger hat an den Texten, in denen er diese Äußerungen macht, gewiss weniger intensiv gearbeitet als an der Rektoratsrede, aber es handelt sich doch keinesfalls um rein private oder *en passant* gemachte Äußerungen Heideggers, die wenig Rückschlüsse auf seine eigene politische Einstellung erlauben. Er hat in beiden Fällen – sowohl in dem zitierten Gutachten als auch in der Tischrede – als Rektor der Universität Freiburg gesprochen, ohne dass es notwendig gewesen wäre, so zu sprechen. Gerade bei der Tischrede zur Jubiläumsfeier des Institutes für Anatomie hätte Heidegger ja eine Rede ganz anderer Natur halten können. Er hätte sich darauf beschränken können, einiges zur Bedeutung oder zur Geschichte des Institutes, zum Wesen der Medizin oder über die Differenz von Gesundheit und Krankheit zu sagen. Heidegger entscheidet sich aber, nun eine Rede zu halten, in der er sich noch nicht einmal aus der Perspektive der Universität zu Fragen der Politik äußert, sondern direkt zur politischen Situation Stellung nimmt. Das »geistige Wirken« ist nun zu einem Faktor des politisch-gesellschaftlichen Lebens geworden, einem Faktor, auf den Heidegger kaum noch näher eingeht. Denn im Vordergrund steht nun neben dem deutschen Volk, das wieder »zur wahrhaften Selbstverantwortung« finden will,[56]

55 Vgl. hierzu auch »Gespräch mit Max Müller«, in: Heidegger/Müller, 117.
56 GA 16, 151.

die messianisch verklärte Gestalt des Führers Adolf Hitler, neben dem andere Führer – wie etwa der Rektor selbst als Führer der Universität – keinen Platz beanspruchen können. Der wenige Monate noch so stolze und auf die Selbstbesinnung und -behauptung der Universität pochende Führer der Freiburger Universität ist nun zu einem Geführten des Führers Hitler und des »wahrhafte Selbstverantwortung« wollenden deutschen Volkes geworden. Heidegger erliegt dem Führerkult und unterstützt diesen als Rektor in beträchtlicher Weise, wenn er auch die absolut gesetzte Bedeutung des Blut-und-Boden-Denkens schon in der Vorlesung des Wintersemester 1933/34 einschränken sollte, ohne es freilich prinzipiell in Frage zu stellen.[57] Hier nimmt Heidegger ohne jeden Zweifel eine Position ein, mit der er hinter seine eigenen davor und danach artikulierten Ansprüche zurückfällt: Er rechtfertigt aus philosophischer Perspektive den nationalsozialistischen Rassismus. Die Differenzen fallen hier weniger ins Gewicht als die ideologischen Gemeinsamkeiten.

Wir können nun noch kurz auf den zweiten wichtigen Unterschied zwischen der Rektoratsrede und der Tischrede an-

---

57 Vgl. hierzu GA 36/37, 263: »Es ist heute viel die Rede von *Blut und Boden* als vielberufener Kräfte. Bereits haben die Literaten, die es ja auch heute noch gibt, sich ihrer bemächtigt. Blut und Boden sind zwar mächtig und notwendig, aber *nicht hinreichende* Bedingung für das Dasein eines Volkes.« Dieses Zitat zeigt, wie sehr Heidegger seinem philosophischen Selbstverständnis – bei allen Wandlungen im Detail – auch treu geblieben ist: Denn nach wie war ist er nicht nur den »Literaten« (und damit meint er rassistische Kultur- und Weltanschauungsphilosophen wie etwa Ernst Krieck oder Alfred Rosenberg) gegenüber sehr kritisch eingestellt, sondern erhebt auch den Anspruch einer besonderen Bedeutung der Philosophie als einer Disziplin des Geistes. Denn, so heißt es weiter, »andere Bedingungen sind *Wissen und Geist*, nicht als ein Nachtrag in einem Nebeneinander, sondern das Wissen bringt erst das Strömen des Blutes in eine Richtung und in eine Bahn, bringt erst den Boden in die Trächtigkeit dessen, was er zu tragen vermag; Wissen verschafft Adel auf dem Boden zum Austrag, was er zu tragen vermag.«

lässlich des 50-jährigen Jubiläums des Institutes für pathologische Anatomie eingehen. Dieser Unterschied betrifft
Heideggers Urteil über die Griechen. Die Rektoratsrede ist,
wie wir gesehen haben, das Zeugnis von Heideggers roman-
tisch-idealisierender »Gräkophilie«. Eine Erneuerung oder
Reform der Universität ist für ihn letztlich nur im Rahmen
einer Rückbesinnung auf den griechischen Anfang der Wissenschaft und Philosophie möglich. Das bedeutet für ihn
auch, dass man sich bewusst werden müsse, dass sowohl das
Christentum als auch die neuzeitliche Wissenschaft Stufen
der Entfremdung von diesem Anfang darstellen. Inwiefern
finden sich nun in der Tischrede Zeichen, dass Heidegger
jetzt eine Position einnimmt, die von einer anderen Sicht der
Griechen ausgeht und nicht mehr dem griechischen Anfang
eine zentrale Bedeutung für die Gegenwart zuspricht?

Zeichen für eine solche Nuancierung oder Änderung seiner
Position finden sich in einer kurzen historischen Exkursion
über das Wesen der Gesundheit. Heidegger stellt in seiner
Rede die These auf, dass Krankheit wie auch Gesundheit zu
verschiedenen geschichtlichen Zeiten wie auch bei verschiedenen Völkern unterschiedlich verstanden worden seien.
Er nennt dabei beispielhaft zunächst die Griechen, für die, so
Heidegger, »›gesund‹ soviel wie bereit und stark sein zum
Handeln im Staat« bedeutet habe.[58] Heidegger geht dann
auch auf die »christliche Glaubensbetrachtung« ein, die, so
seine Deutung, »im Gegensatz zu der griechischen Auffassung« stehe und für die »gerade das Übermaß von Leiden und
Trübsal« Gesundheit bedeute, »d.h. denjenigen Zustand, der
geeignet macht und würdig für die überirdische Seligkeit«.[59]
Es stellt keine Frage dar, dass Heidegger diese Verschiebung
im Begriff der Gesundheit kritisch sieht. Das gilt auch für die

58 GA 16, 150.
59 GA 16, 150.

neuzeitliche Auffassung der Gesundheit, die Heidegger in antibürgerlicher Tendenz als das Verständnis von Gesundheit der »neuzeitlichen bürgerlichen Welt« kennzeichnet, nämlich als »ungestörte Behäbigkeit des leiblichen Wohlergehens«.[60]

Es ist in diesem Zusammenhang, dass Heidegger seine bereits in Teilen zitierten Aussagen zur zeitgeschichtlichen politischen Situation macht: Denn diese deutet Heidegger als eine Neubestimmung des Wesens von Gesundheit und Krankheit: »Was gesund und krank ist, dafür gibt sich ein Volk und ein Zeitalter je nach der inneren Größe und Weite seines Daseins selbst das Gesetz. Das deutsche Volk ist jetzt dabei, sein eigenes Wesen wieder zu finden und sich würdig zu machen seines großen Schicksals. Adolf Hitler, unser großer Führer und Kanzler, hat durch die nationalsozialistische Revolution einen neuen Staat geschaffen, durch den das Volk sich wieder eine Dauer und Stetigkeit seiner Geschichte sichern soll.«[61] Schnell haben wir die Ebene der »medizinphilosophischen« Betrachtung verlassen und sind auf der politischen Ebene angekommen. Und doch hat Heidegger die Frage nach der Gesundheit nicht ganz aus den Augen verloren, denn diese wird sich als von zentraler Bedeutung sowohl im Hinblick auf die Politik wie auch im Hinblick auf das »geistige Wirken« erweisen: »Jedes Volk hat die erste Gewähr seiner Echtheit und Größe in seinem Blut, seinem Boden und seinem leiblichen Wachstum. Wenn es dieses Gutes verlustig geht oder auch nur weitgehend geschwächt wird, bleibt jede staatspolitische Anstrengung, alles wirtschaftliche und technische Können, alles geistige Wirken auf die Dauer nutz- und ziellos.«[62] Dies ist eine Definition der Gesundheit auf der Grundlage eines biologistisch-rassistischen Blut-und-Boden-Denkens.

60 GA 16, 151.
61 GA 16, 151.
62 GA 16, 151.

Heidegger definiert »Gesundheit« nun eindeutig wider das christliche wie auch wider das »neuzeitliche bürgerliche« Verständnis dessen, was mit »gesund« und mit »krank« gemeint ist. Wie aber verhält es sich mit dem griechischen Denken? Sieht Heidegger noch die Notwendigkeit einer Besinnung auf einen »griechischen Anfang«? Das scheint nicht mehr der Fall zu sein. Denn obwohl Heideggers (ohne Zweifel sehr fragwürdige) Deutung dessen, was »die Griechen« unter Gesundheit und Krankheit verstanden, weitere Ausführungen zur Nähe der Griechen und der Deutschen erlaubt hätte, zeigt der uns heute vorliegende Ausschnitt aus Heideggers Tischrede nicht, dass diese Nähe jetzt noch für Heidegger besonders wichtig gewesen wäre. Im Gegenteil: Es geht jetzt ausschließlich um das Dasein des deutschen Volkes und »sein eigenes Wesen«. Damit geht es um dasjenige Volk, das seine »wahrhafte Selbstverantwortung« gefunden habe und nun mit Bezug auf »Blut« und »Boden« verstanden wird: Gerade diese Verschiebung von Heideggers »volklichem« Denken zu einem »völkischen« Denken mag erklären, warum Heidegger nun nicht mehr die Nähe von Griechen und Deutschen betont. Denn das mag so lange möglich gewesen sein, als »Volk« mit Bezug auf eine bestimmte Geschichte, Sprache oder kulturelle Prägung verstanden wurde. Dieser romantische Nationalismus erlaubte viel leichter einen Brückenschlag zwischen verschiedenen Völkern als ein rassistisch und biologistisch verengter Volksbegriff: Wird Volk derart verstanden, gibt es auch für »gräkophile« Schwärmereien keine Möglichkeit mehr (das zeigt, wie wir sehen werden, nicht zuletzt auch Ernst Kriecks Kritik an Heideggers Vorliebe für das »Land der Griechen«) – und zusammen damit entfällt auch jenes Moment, durch das Heidegger in der Rektoratsrede Formen eines engstirnigen Nationalismus in Frage gestellt hatte, nämlich der weitere, die verschiedenen europäischen Völker miteinander in eine Beziehung setzende Kontext des Abendlandes.

In der Tischrede sieht Heidegger zwar die Möglichkeit, dass sich im Anschluss an die nationalsozialistische Revolution eine »neue und echte Gemeinschaft der Völker und Nationen« bildet, aber das aus dem griechischen Anfang sich entwickelnde »Abendland« stellt nicht mehr die vereinende Größe dar, denn diese »Gemeinschaft« ist nun »aufgebaut auf der Eigenkraft und Ehre und Verantwortung der einzelnen Völker, getragen von der Treue zum Großen und Wesenhaften der menschlichen Geschicke«.[63] Das bedeutet nun, dass Heidegger nicht nur als Rektor eine zunehmend deutlich werdende Begeisterung für den »Führer« entwickelt und die Universität mehr und mehr politischen Interessen unterordnet, sondern auch, dass er zumindest für eine gewisse Zeit bzw. in gewissen Äußerungen auch jenes völkische Denken vertritt, das für die nationalsozialistische Ideologie eine zentrale Bedeutung einnahm.

Es dauert nicht lange, und Heidegger wird im November 1933 sogar zum Helfer Adolf Hitlers bei der Volksabstimmung über den Austritt Deutschlands aus dem Völkerbund. Er verfasst nicht nur zusammen mit den Leipziger Professoren Theodor Frings, Walther von Wartburg und Artur Knick und mit dem Theologen Emanuel Hirsch und dem Juristen Eberhard Schmidt einen Aufruf »an die Gebildeten der ganzen Welt«, in dem aufgerufen wurde, Deutschland unter seiner neuen Führung das gebotene Verständnis nicht zu versagen.[64]

---

63 GA 16, 152.
64 Vgl. hierzu GA 16, 190–193; 216f.; Helmut Heiber, *Universität unterm Hakenkreuz. Teil II. Band 1: Die Kapitulation der Hohen Schulen. Das Jahr 1933 und seine Themen*, München 1992, 28. Im August 1934 hat Heidegger noch den (vom *Völkischen Beobachter* allerdings – vielleicht wegen mangelnder Vehemenz – nicht beachteten) »Appell der Wissenschaftler« unterzeichnet, mit dem die Volksabstimmung über Hitlers Übernahme des Amtes des deutschen Staatsoberhauptes nach dem Tode Hindenburgs – natürlich im Sinne Hitlers – unterstützt werden sollte (vgl. hierzu auch ebd., 35).

Heidegger wandte sich auch in einer Ansprache in der Leipziger Alberthalle[65] und in einem Artikel an die deutsche Öffentlichkeit. »Das deutsche Volk ist«, so Heidegger an die »deutschen Männer und Frauen« in der Wahlnummer der Freiburger Studentenzeitung, »vom Führer zur Wahl gerufen. Der Führer aber erbittet nichts vom Volk. Er *gibt* vielmehr dem Volk die unmittelbare Möglichkeit der höchsten freien Entscheidung: ob es – das ganze Volk – sein eigenes Dasein will oder ob es dieses *nicht* will.«[66] Viel Wahl bleibt also nicht: Denn angesichts dieser Frage von Leben und Tod (denn darauf läuft ja die von Heidegger genannte Alternative hinaus), gibt es, wenn das »ganze Volk« sich nicht aufgeben will, nur noch die Möglichkeit, für den Führer zu stimmen. Die entschiedene Zustimmung zu Hitler ist also gefordert. Auch wenn man in Betracht zieht, dass die Kritik am Völkerbund bzw. an der Mitgliedschaft Deutschlands im Völkerbund nicht mit einer nationalsozialistischen Einstellung identisch war, lässt sich an Heideggers in diesem Zusammenhang gemachten Äußerungen nichts relativieren: Der Aufruf zur Wahl ist nichts anderes als ein Aufruf zur Wahl des Führers, ja, dies lässt sich noch weiter zuspitzen: Es handelt sich nämlich letztlich um einen Aufruf zum Führer und zur Unterordnung unter ihn. Aus den Studenten sind daher nicht einfach nur »deutsche Männer und Frauen« geworden, auch

65 Vgl. hierzu Helmut Heiber, *Universität unterm Hakenkreuz. Teil II. Band 1: Die Kapitulation der Hohen Schulen. Das Jahr 1933 und seine Themen*, 28 f. Heiber charakterisiert Heideggers Ansprache als im Vergleich zu den anderen Ansprachen als »etwas gedämpfter, indes tief schürfend«. Neben Heidegger hielten die folgenden Wissenschaftler Ansprachen: der Anthropologe Eugen Fischer, Rektor der Berliner Universität, der Rektor der Leipziger Universität Arthur Golf, der Theologe Emanuel Hirsch, der Münchener Kunsthistoriker Wilhelm Pinder, der Chirurg Ferdinand Sauerbruch, der Jurist und Rektor der Hamburger Universität Eberhard Schmidt, der systematische Theologe Friedrich Karl Schumann und der Göttinger Rektor Friedrich Neumann.
66 GA 16, 188; vgl. hierzu auch GA 38, 61.

»der Führer selbst und allein« ist, wie Heidegger zu Beginn des Wintersemesters 1933/34 an die »deutschen Studenten« schrieb, nun »die heutige und künftige deutsche Wirklichkeit und ihr Gesetz«.[67]

Wenig später wird Heidegger den Begriff »völkisch« sogar ausdrücklich verwenden, nämlich in einer am 16. Dezember 1933 gehaltenen Begrüßungsansprache anlässlich eines vorweihnachtlichen »Teenachmittages« der Universität. In dieser Ansprache heißt es: »Jeder deutsche Augenblick des Handelns und Planens, des Helfens und Erziehens steht unter dem neuen Gesetz unseres völkisch-staatlichen Daseins.«[68] Und auch die Unterordnung der Universität unter politische Zwecke steht im Vordergrund dieser kurzen Ansprache Heideggers. Denn was an der Universität geschieht, ist nicht nur eine Form der Arbeit – Heidegger spricht ausdrücklich von der »Erzieherarbeit« – und als solche anderen Formen der Arbeit neben- und beigeordnet, sondern auch eine Form der Mitwirkung »an unserem Teil ... an der Verwirklichung des werdenden Staates, in dem das deutsche Volk seine wahre Bestimmung findet: die Einfachheit und Klarheit, Treue und Entschiedenheit seines Wesens«.[69] Die abstrakten Begriffe und die philosophisch anmutende Rede von der »Entschiedenheit seines Wesens« können nicht darüber hinwegtäuschen, dass Heidegger nun nicht mehr – wie noch in der Rektoratsrede – davon ausgeht, dass die bereits in Angriff ge-

---

67 GA 16, 184. Vgl. hier auch Heideggers kurze Ansprache nach der Rede Hitlers am 17. Mai 1933 (GA 16, 104). Im Spiegel-Gespräch äußert sich Heidegger zu diesem Satz folgendermaßen: »Als ich das Rektorat übernahm, war ich mir darüber klar, daß ich ohne Kompromisse nicht durchkäme. ... Dergleichen habe ich schon 1934 nicht mehr gesagt« (GA 16, 657). 1934 sollte Heidegger, wie wir sehen werden, noch an seiner Begeisterung für den Führer festhalten, aber es sollte nicht lange dauern, bis auch diese Begeisterung verschwand.

68 GA 16, 221.

69 GA 16, 221.

nommenen Reformen nicht allzu schnell ihr Ziel erreichen werden.[70] Heidegger spricht zwar noch von einem »werdenden Staat«, alles ist noch in Fluss und Bewegung, aber die politische Radikalisierung seines Denkens macht nun die letztlich romantische Vorstellung eines fortwährenden und erst nach langer Zeit sein Ziel erreichenden Reformierens oder einer zweiten, eigentlich wichtigen Revolution unmöglich. Viele andere Aussagen Heideggers aus dem Spätjahr 1933 zeigen, dass die »Verwirklichung« des neuen Staates für ihn jetzt keine Frage eines langen oder gar endlosen Prozesses mehr ist und dass die »erste Revolution« nun auch nicht mehr als Vorstufe einer erst noch kommenden Vertiefung gedeutet wird. Sosehr Heidegger auch immer wieder darauf hinweist, dass der Staat von 1933 noch im Werden sei und die Umwälzungen nach andauerten, so sehr ist ihm auch bewusst, dass, wie wir bereits bei der Interpretation der Tischrede bei der Feier des 50-jährigen Bestehens des Instituts für pathologische Anatomie gesehen haben, Hitler bereits »durch die nationalsozialistische Revolution einen neuen Staat geschaffen« hat.[71] Heidegger teilt nun Hitlers Deutung der zeitgeschichtlichen Situation: Dieser hatte am 06. Juli 1933 die Revolution für beendet erklärt.[72]

Aus dem Jahr 1933 finden sich zahlreiche andere Zeugnisse und Dokumente, die diese politische Radikalisierung Heideggers belegen: Noch im Dezember 1933 teilt er der »Reichsstelle zur Förderung des deutschen Schrifttums« mit, er sei »vorläufig« dazu bereit, »an der höchst verantwortungsvollen Beurteilung des deutschen philosophischen Schrifttums mitzuwirken«.[73] Und auch gegenüber der katholischen Kirche

70 Vgl. hierzu GA 16, 115.
71 GA 16, 151.
72 Vgl. hierzu »nationalsozialistische Revolution«, in: Cornelia Schmitz-Berning, *Vokabular des Nationalsozialismus*, Berlin 2000, 424–426, 425.
73 GA 16, 219f.

äußert er sich mehrfach kritisch, da diese ihrer eigenen Auffassung nach »über dem Staat« stehe und daher von ihr der »*staatlich völkische Wille* notwendig *zurückgesetzt*« werde »gegenüber dem kirchlichen«.[74] Die Kirche, so der Tenor von Heideggers diesbezüglichen Aussagen, lasse jene Identifizierung mit dem neuen Staat und dem nationalsozialistischen Aufbruch vermissen, die Heidegger im Verlaufe seines Rektorats in vielen Ansprachen und Reden einfordert. Die Aussagen Heideggers zur katholischen Kirche stehen allerdings auch in einem philosophischen Kontext: Unter dem Einfluss Hölderlins und Nietzsches macht Heidegger die Voraussetzung, dass wir vom »Tod Gottes« auszugehen haben. Unter dieser Voraussetzung wird Heidegger gerade in den 1930er Jahren – das zeigen u.a. auch seine Nietzsche-Vorlesungen aus dieser Zeit – seine Kritik am Christentum intensivieren.

An den hier diskutierten Quellen gibt es, wie gesagt, wenig zu relativieren. Die Dokumente, die wir in diesem Zusammenhang diskutiert haben, sprechen für sich – und sie sprechen eine sehr eindeutige Sprache. Man könnte – darauf ist schon hingewiesen worden – darauf verweisen, dass die politische Radikalisierung Heideggers auch im Zusammenhang mit einer Anpassung an die politisch radikale Studentenschaft in Freiburg zu verstehen sein könnte: Hatte Heidegger gerade zu Beginn seines Rektorats große Hoffnungen auf die Studenten gesetzt, wollte er ihnen vielleicht politisch näherkommen. Dafür spricht auch, was wir auf der Grundlage von einem Zeitungsbericht über Heideggers mehrfach gehaltenen Vortrag über »Die Universität im neuen Reich« sagen können.[75] Das

---

74 GA 16, 224. Vgl. hier auch GA 16, 246.
75 Vgl. hierzu GA 16, 761–763 und 765–773. Wir verzichten an dieser Stelle auf eine ausführliche Diskussion dieser Texte, da es sich nicht um von Heidegger geschriebene Texte handelt, sondern um Berichte über seine Vorträge.

ändert aber nichts an der Tatsache, dass Heidegger auch dort sich politisch radikalisiert gezeigt hat, wo er gar nicht öffentlich zu Studenten sprach. Es geht hier sichtlich nicht nur um eine rein äußerliche, strategisch zu verstehende Anpassung Heideggers. Wir haben es sicherlich auch mit einem Überzeugungstäter zu tun.

Allerdings gibt es noch eine andere Seite der Medaille, die wir zu berücksichtigen haben, vor allem auch dann, wenn es gilt, Heidegger Rücktritt vom Rektorat zu verstehen und der Komplexität seines Verhältnisses zum Nationalsozialismus gerecht zu werden: Auch im Rektoratsjahr 1933/34 bleibt Heideggers Verhältnis zum Nationalsozialismus ambivalent. Den Zeugnissen einer politischen Radikalisierung stehen nämlich Zeugnisse der zunehmenden Enttäuschung und Kritik Heideggers an der »nationalsozialistischen Revolution« entgegen. Und scheint die politische Radikalisierung Ende 1933 oder Anfang 1934 an ein Ende gekommen zu sein, so scheint vor allem ab Anfang 1934 die Enttäuschung Heideggers und die Resignation derart zugenommen zu haben, dass er sich zum vorzeitigen Rücktritt vom Amt entschied.

Der Rücktritt vom Rektorat 1934

Am 14. April 1934 schrieb Heidegger an den Minister des Kultus, des Unterrichts und der Justiz, dass er nach »eingehender Überprüfung der nunmehrigen Lage der Hochschulen ... zu der Überzeugung gekommen« sei, »dass ich zu der unmittelbaren und durch Ämter unbehinderten Erziehungsarbeit innerhalb der Studentenschaft und der jüngeren Dozentenschaft zurückkehren muß. Die neue Verfassung ist durchgeführt und ihr zufolge die Umstellung der Einrichtungen vollzogen und die neue Arbeit in Gang gebracht. Ich erlaube mir daher die Bitte, zum Sommersemester 1934

einen neuen Rektor für die Universität Freiburg zu ernennen.«[76]

Heideggers Bitte darum, der Minister möge einen neuen
Rektor ernennen, ist von nahezu lakonischer Kürze: Kein
Wort von der Größe und Bedeutung des seit Januar oder April
1933 Erreichten, keine politischen Phrasen und nicht jenes Pathos, das so viele der Texte und Stellungnahmen Heideggers
aus dem Jahr 1933 charakterisiert. An die Stelle der Emphase
ist fast kühle Sachlichkeit getreten. Auch hier ist – wieder einmal – wichtig, was Heidegger nicht sagt, was sich aber in der
Zusammenschau verschiedener Dokumente recht genau rekonstruieren lässt, nämlich Heideggers Enttäuschung und die
Einsicht in seinen Irrtum. Der Minister bemüht sich, soweit
wir wissen, noch nicht einmal darum, Heidegger dazu zu bewegen, im Amt zu bleiben, obwohl man bei der Ernennung
1933 vorgesehen hatte, ihn »für einen längeren Zeitraum« im
Amt zu halten.[77] Es wird mit dem Juristen Eduart Kern
(1887–1972), Professor für Strafrecht und Strafprozessrecht, ein
Nachfolger ernannt, in dessen Amtszeit nach dem ereignisrei-
chen Rektorat Heideggers das universitäre Leben wieder in ru-
higeren Bahnen verlaufen sollte.[78] Kern, dessen persönliches

---

76 GA 16, 272. Laut einer brieflichen Mitteilung von Dr. Hermann Heidegger ist Martin Heidegger schon Ende Februar zurückgetreten. Der Minister habe ihn gebeten, dies geheim zu halten, bis ein Nachfolger gefunden sei. Daran habe sich Martin Heidegger gehalten.
77 Die Tatsache, dass man seitens des Reichserziehungsministeriums im
Frühjahr 1935 Kern gegen seinen Willen und seine erklärte Absicht vorschlägt, Heidegger zum Dekan der Philosophischen Fakultät zu ernennen
(ein Vorschlag, gegen den Kern sich vehement zur Wehr setzen sollte),
zeigt, dass man auf der politischen Ebene Heidegger zumindest 1935 noch
nicht völlig aufgegeben hatte. Vgl. hierzu Bernd Grün, »Universitätsleitung und Philosophische Fakultät«, in: Eckhard Wirbelauer (Hg.), *Die
Freiburger Philosophische Fakultät 1920–1960. Mitglieder – Strukturen –
Vernetzungen*, 723 f.
78 Vgl. hierzu und zum Folgenden auch Bernd Grün, »Nach Heidegger.
Die Rektorate von Eduard Kern, Friedrich Merz und Otto Mangold«, in:
Bernd Martin (Hg.), *Von der badischen Landesuniversität zur Hochschule*

Verhältnis zu Heidegger alles andere als positiv war – nicht zuletzt, weil Heidegger ihn im Sommer 1933 als Dekan der juristischen Fakultät entlassen hatte, um Erik Wolf zum Dekan zu ernennen[79] –, hat Heidegger der traditionellen Gepflogenheit gemäß dazu eingeladen, an der feierlichen Übernahme des Rektorats teilzunehmen. Heidegger lehnte ab, da dies nach der neuen Universitätsverfassung nicht mehr notwendig sei. In einem Brief teilt er Kern Anfang Mai 1934 mit, »daß ich unter den gegebenen obwaltenden Umständen zu meinem Bedauern nicht in der Lage bin, in irgendeiner Weise an einer Rektoratsübergabe mitzuwirken, zumal diese heute als eine veraltete Einrichtung angesehen werden muß«.[80] Heideggers Begründung ist wenig überzeugend, denn selbst wenn die Rektoratsübergabe als »veraltet« hätte angesehen werden müssen, hätte Heidegger doch daran teilnehmen können – gerade in seiner Rolle als erster im Herbst 1933 vom Ministerium ernannter Rektor der Universität Freiburg.

Wenige Tage später gibt Heidegger – vermutlich auf Nachfrage seitens des Rektors Kern – eine ausführliche Erklärung ab. Heidegger geht in dieser Erklärung auf die neue Situation der Universität ein und äußert sich zur traditionellen Gepflogenheit der Rektoratsübergabe: Während vor der nationalsozialistischen Universitätsreform die Rektoren – wie ja auch Heidegger selbst noch im Frühjahr 1933 – von der Universität gewählt wurden, während also, in anderen Worten, in der Wahl des Rektors sich die Autonomie der Universität gezeigt habe, werde er nun – nach Erlass der neuen Hochschulverfassung – »durch den Minister ernannt, und zwar bei uns ohne jedes Vorschlagsrecht weder des Senats noch des abtretenden

---

des 21. Jahrhunderts, 412 f.; vgl. auch Hugo Ott, *Martin Heidegger. Unterwegs zu einer Biographie*, Frankfurt am Main 1988, 238 f. und GA 16, 389.

79 Vgl. hierzu auch *Heidegger-Jahrbuch* 4, 232; 313–318.

80 GA 16, 277. Vgl. hierzu auch GA 16, 368; 389; 400; 664.

Rektors«.[81] Aus diesem Grund, so schließt Heidegger hieraus, sei »verfassungsgemäß *innerhalb der Universität* gar niemand mehr da, der etwas übergeben könnte, was er in irgend einem Sinne, und sei es nur vertretungsweise, noch hätte«.[82] Heidegger wendet sich in seiner Erklärung auch gegen eine »formelle Übergabe ohne den üblichen Geschäftsbericht«. Denn es »würde ja durch eine solche Übergabe lediglich das Bestehen eines Zustandes vorgetäuscht, der durch die nationalsozialistische Hochschulverfassung beseitigt ist«.[83] Daher schließt Heidegger mit dem Verweis darauf, dass die »dem Geiste der neuen Hochschulverfassung allein entsprechende Form der Rektoratsfeier« nur darin bestehen könne, dass der neue Rektor durch den Minister ernannt und vereidigt werde.[84]

Auch diese Erklärung begründet nicht in überzeugender Weise, warum Heidegger nicht an der Rektoratsübergabe teilnahm. Denn er hätte ja trotzdem immer noch der Übergabe beiwohnen können – vielleicht in der Hoffnung, dass sein wichtiger Beitrag zur Universitätsreform nun fortgesetzt werde. Das war nicht der Fall, da Heidegger – das zeigt eine genauere Untersuchung dessen, was Heidegger in seinem Brief an den neuen Rektor Kern wie auch in seiner Erklärung sagt (und nicht sagt!) – wohl tief enttäuscht war. Es ist fast so, als wolle er nach seinem Rücktritt vom Rektorat und den

---

81 GA 16, 278. Dass Heidegger die neue Hochschulverfassung vom August 1933 nicht für eine ideale Verfassung hielt, zeigen auch die von ihm im Dezember 1933 vorgeschlagenen »Ergänzungsbestimmungen« (GA 16, 222).

82 GA 16, 278.

83 GA 16, 278.

84 Vgl. GA 16, 278. Dies spricht dafür, dass Heidegger selbst noch den offiziellen Amtseid geleistet hat. Für die kontroverse Diskussion dieser Frage vgl. Reinhard Brandt, »Martin Heidegger: »Die Selbstbehauptung der deutschen Universität««, 178. Helmut Heiber geht davon aus, dass Möllendorff der Letzte gewesen sei, der den lateinischen Amtseid geleistet habe (Helmut Heiber, *Universität unterm Hakenkreuz. Teil II. Band 1: Die Kapitulation der Hohen Schulen. Das Jahr 1933 und seine Themen*, 351).

auch enttäuschenden Erfahrungen des Jahres 1933/34 einfach nur seine Ruhe haben.[85] Diese Enttäuschung wird bis in die Wortwahl hinein deutlich: Denn die neue Hochschulverfassung, an deren Zustandekommen Heidegger ja auch direkt beteiligt gewesen sein könnte,[86] führte ja nicht nur zu einer Entmachtung der Universität, sondern – in gewisser Hinsicht – auch zu einer Entmachtung des Rektors, der nun noch nicht einmal das Recht habe, einen Kandidaten vorzuschlagen. Letztlich hänge alles, so betont Heidegger, vom Minister ab. Die Universität hat ihre Unabhängigkeit verloren; sie war zumindest teilweise zu einer politischen Universität geworden. Und Heidegger, der an diesen Änderungen ja durch seine Amtsführung als Rektor beteiligt war, scheint sich nun vollends der Konsequenzen bewusst geworden zu sein. Er hatte ja schon – das zeigen die vorliegenden Dokumente aus dem Rektorat Heideggers sehr deutlich – seit einiger Zeit sein Amt mit einer gewissen Lustlosigkeit geführt. Die eigentliche Verwaltungsarbeit scheint er weitestgehend dem Kanzler überlassen zu haben, und in öffentlichen Ansprachen oder Vorträgen wie etwa der Vorlesung über die »Notwendigkeit der Wissenschaft« zeigt sich ein Rektor, der von einer kämp-

85 Laut Gerhard Ritter war nach dem Rücktritt Heideggers auch Ruhe an der Universität eingekehrt. Vgl. hierzu seinen Brief an seine Eltern vom 19. Mai 1934: »Inzwischen ist auf der Universität alles sehr friedlich geworden. Heidegger hat als Rektor abgedankt, ebenso alle von ihm ernannten Dekane. Ein braver Stahlhelmer ist sein Nachfolger geworden, in unserer Fakultät einer meiner Freunde Dekan. – Die Ära der ewigen Aufregungen und verrückten Experimente ist vorüber« (*Gerhard Ritter. Ein politischer Historiker in seinen Briefen*, 270). Dekan der philosophischen Fakultät war im Sommersemester 1934 Wolfgang Schadewaldt.
86 Vgl. Hartmut Tietjen, »Heidegger und die nationalsozialistische Hochschulpolitik«, 109–128, vor allem 120f. zur Frage nach Heideggers Beteiligung am Erlass der neuen Hochschulverfassung. Heidegger soll gesprächsweise 1959 von seiner »absoluten Nichtmitwirkung« an diesem Erlass gesprochen haben. Dafür spricht auch GA 16, 377; 384; dagegen könnte jedoch GA 16, 222 sprechen.

ferischen Aufbruchstimmung nur noch wenig spüren lässt – im Gegenteil![87]

Bei seinem Rücktritt vom Rektorat sieht er also so etwas wie einen persönlichen Scherbenhaufen: Die alte Universität, um deren Reform es ihm eigentlich gegangen war, bestand nicht mehr in einer Form, mit der er sich hätte anfreunden können. Die Nationalsozialisten, so musste er wohl zunehmend während seines Rektorats erkannt haben, bewegten sich mit ihren Ideen in eine ganz andere Richtungen, als ihm selbst vorschwebte. Auch die Konflikte mit den entsprechenden politischen Amtsträgern im Karlsruher Ministerium schienen nach der Einführung der neuen Hochschulverfassung im August 1933 zugenommen zu haben. Max Müller berichtet, dass nach Heideggers eigenem Zeugnis ein »unerfreuliches Gespräch im Hochschulministerium in Karlsruhe« Heidegger dazu veranlasst habe, das Rektorat niederzulegen.[88] Zudem gab es – neben Konflikten mit der Studentenschaft[89] – nicht wenige inneruniversitäre Konfliktfelder etwa durch Heideggers in Zusammenarbeit mit Erik Wolf versuchte Reform der Lehrpläne der juristischen Fakultät.[90] Heidegger war, so schien er selbst eingesehen zu haben, Anfang 1934 gescheitert. Dies schien nicht nur ihm selbst bewusst gewesen zu sein. Joseph Sauer berichtet über die Feier zum Amtsantritt von Rektor Kern und das anschließende Festessen in seinem Tagebuch Folgendes: »Die ganze

---

87 GA 16, 251–255. Vgl. hierzu auch S. 383.
88 Vgl. »Gespräch mit Max Müller«, in: Heidegger/Müller, 111. Vgl. hierzu auch Heidegger/Jaspers, 200 f.; GA 16, 388; 400; 663; Hartmut Tietjen, »Heidegger und die nationalsozialistische Hochschulpolitik«, 119–128.
89 Vgl. zu den Konflikten mit der Studentenschaft GA 16, 100; 124; 148; 166 f.; 183; 256–258. Hierauf geht Heidegger 1945 ausdrücklich ein (vgl. GA 16, 382 f.).
90 Vgl. neben GA 16, 388 auch Hartmut Tietjen, »Heidegger und die nationalsozialistische Hochschulpolitik«, 119.

Feier einschließlich des Essens im ›Kopf‹ nahm sich wie die Beerdigung eines Selbstmörders für Heidegger aus; von ihm war überhaupt keine Rede. Der Jahresbericht, den er zu erstatten gehabt hätte, trug Fehrle kurz und schlicht vor.«[91]

Wachsende Enttäuschung und Stationen des Scheiterns

Es gibt nicht wenige Dokumente aus der Rektoratszeit, die zeigen, dass Heideggers Amtsjahr als Rektor der Freiburger Universität nicht frei von enttäuschenden Erfahrungen war. Vor allem im Briefwechsel mit Elisabeth Blochmann finden sich einige wichtige Belege für diese These. So berichtet Heidegger Blochmann Ende August 1933 von einer Besprechung der neuen Hochschulverfassung in Karlsruhe. Heidegger hatte ja der Durchsetzung dieser neuen Verfassung aktiv als Rektor u. a. durch Verteidigung des »Führerprinzips« an der Universität in der Rektoratsrede und in anderen Reden, aber wohl auch durch direkte Zusammenarbeit mit dem Karlsruher Ministerium vorgearbeitet.[92] Nach dieser neuen Verfas-

91 *Heidegger-Jahrbuch* 4, 233. Vgl. zur ambivalenten Rolle Sauers auch Max Müllers Einschätzung in: »Gespräch mit Max Müller« in: Heidegger/ Müller, 137: »Um die Zwiespältigkeit dieser Zeit aufzuzeigen: der damalige Prorektor Joseph Sauer hat in sein Tagebuch sehr scharfe Urteile über seinen Rektorkollegen Heidegger hineingeschrieben ... Aber es wäre falsch, ihn zum ›guten‹ Gegenpol des ›bösen‹ Heidegger in der Zeit von dessen ›Verirrung‹ zu machen. Sauer war immer Monarchist, deutschnational, er hat Weimar nie akzeptiert. Als Prorektor hat er das ganze Jahr des Heideggerschen Rektorats mit durchgedient und durchgehalten.«
92 Vgl. hierzu den Brief, den Heidegger als Rektor am 24. August 1933 an »sämtliche Herren Dozenten und Assistenten« schreibt (GA 16, 157). Dieser Brief zeigt Heideggers Zustimmung zur neuen »Führer-Rektor«-Verfassung, die ihm als Rektor großen Einfluss erlaubt: »Es ist damit die erste Grundlage geschaffen für den inneren Ausbau der Universität entsprechend den neuen Gesamtaufgaben der wissenschaftlichen Erziehung.« Vgl. zur badischen Hochschulverfassung vom August 1933 auch Bernd Grün, »Universitätsleitung und Philosophische Fakultät«, 715–730; Bernd Grün, »Nach Heidegger. Die Rektorate von Eduard Kern, Friedrich Merz

sung, so Heidegger, »haben Rektor u. Dekane große Voll-
machten u. noch größere Verantwortung – aber das Größte
dabei ist jetzt der Mangel an Menschen –; ohne diese wird die
neue Verfassung zu einem verhängnisvollen ›Instrument‹.«[93]
Heidegger war sich also durchaus nicht nur der Möglichkeiten, sondern auch der mit der neuen Hochschulverfassung
verbundenen Gefahren bewusst: »Alles hängt«, so erläutert
er weiter, »an der Erziehung der Hochschullehrer – sie als
erste Erzieher müssen sich zuvor selbst erziehen u. dafür eine
sichere u. stetige Form finden. Sonst könnte das Ganze an
lauter Organisation ersticken.«[94] Heidegger sieht, wie dieser
Brief an Blochmann zeigt, vor allem zwei Gefahren, die eine
Reform der Universität in seinem Sinne erschweren könnten. Eine dieser Gefahren betrifft die Studentenschaft. Er
betont noch einmal eigens, dass sich »in diesem Winter für
die deutsche Universität viel entscheiden« werden müsse,
nämlich »vor allem ob es gelingt, die Studentenschaft erzie-
herisch-geistig unter die Macht zu bekommen – statt immer
nur blindlings zu bejahen, was ihr gerade einfällt«.[95] Heidegger denkt vermutlich an die politisch radikalisierten Studenten, die auf das Leben an der Universität einen nicht unbeträchtlichen Einfluss hatten, denen Heidegger aber Willkür
und Wankelmütigkeit vorzuhalten scheint. Noch einmal
zeigt sich hier Heideggers ambivalentes Verhältnis zur »Studentenschaft«. Setzt er auf der einen Seite große Hoffnungen

---

und Otto Mangold«, 412; Silke Seemann, »Die gescheiterte Selbstreinigung: Entnazifizierung und Neubeginn«, in: Bernd Martin (Hg.), *Von der
badischen Landesuniversität zur Hochschule des 21. Jahrhunderts*, 537 f.
Vgl. kritisch hierzu auch Joseph Sauers Tagebucheintragung vom 22. August 1933 (*Heidegger-Jahrbuch* 4, 232 f.). In lakonischer Kürze vermerkt
Sauer: »Finis universitatis!«
93 Heidegger/Blochmann, 69. Vgl. in diesem Zusammenhang auch den
Brief Martin Heideggers an Carl Schmitt vom 22. August 1933 (GA 16, 156).
94 Heidegger/Blochmann, 69.
95 Heidegger/Blochmann, 70.

auf die Studenten, äußert er sich auf der anderen Seite immer wieder auch enttäuscht über die Studenten und ihre Unfähigkeit, das universitätspolitische Gebot der Stunde zu verstehen. Dass es Probleme mit der nationalsozialistischen Studentenschaft gegeben hat, zeigt auch ein von Heidegger vorgelesenes, genehmigtes und unterschriebenes Protokoll einer erweiterten Senatssitzung der Universität Freiburg vom 28. Juli 1933. In diesem Protokoll heißt es: »Die allgemeine Lage ist die, daß die Universitäten keinen großen Einfluß mehr haben, daß dagegen die *Studentenschaft* sowohl beim Reichsinnenminister als auch bei den Kultusministerien sehr einflußreich ist. Es gilt, im Laufe der nächsten Semester die Position wiederzugewinnen.«[96]

Und auch eine weitere Gruppe wird von Heidegger nach wie vor kritisch gesehen: die Dozentenschaft. Hier sieht er eine zweite Gefahr. Wenn diese, so schreibt er an Blochmann, »einsichtiger u. stärker wäre u. nicht fortgesetzt in bloßen Bedenken u. Befürchtungen sich herumtriebe, wären wir längst weiter. Aber dieses Versagen ist ja nur der Beweis, daß seit langem wirkliche geistige u. erzieherische Antriebe u. Maßstäbe fehlen – u. daß die Selbstgefälligkeit in der vermeintlichen Unentbehrlichkeit jede Besinnung lahmlegt.«[97] Enttäuscht zeigt sich Heidegger im August 1933 also nicht nur von den Studenten, sondern auch von den Dozenten: Weder die einen noch die anderen scheinen sein Anliegen zu ver-

---

96 GA 16, 148. Auf Probleme mit der Studentenschaft könnte auch auf der Senatssitzung vom 14. Juni 1933 geäußerte Bitte Heideggers »um Ruhe und Geduld in Anbetracht der großen gegenwärtigen Schwierigkeiten« hinweisen (GA 16, 124). Vgl. hierzu auch den Brief Heideggers an Hans Spemann vom 13. September 1933 (GA 16, 166). Auf Widerstände seitens Studenten gegen Heidegger verweist auch der Brief Heideggers an Elisabeth Blochmann vom 16. Oktober 1933 (Heidegger/Blochmann, 76 f.). Vgl. für die Schwierigkeiten, die Heidegger u. a. mit dem Führer des SA-Hochschulamtes Freiburg hatte, auch GA 16, 256 ff.
97 Heidegger/Blochmann, 70.

stehen und sich ihm anschließen zu wollen. Heidegger fühlt sich als Einzelkämpfer allein auf weiter Flur: »Aber ich lasse im Kampf nicht locker – denn diesmal geht es ums Ganze.«[98] Auch auf Berlin – und damit auf die verantwortlichen politischen Gremien – scheint er keine großen Hoffnungen zu setzen: Von einer Begegnung mit Alfred Baeumler und einem Besuch in Berlin (wo er sich für Blochmann verwendet zu haben scheint[99]) schreibt er nicht nur, er sei immer noch nicht weit genug vorgedrungen, sondern auch, dass man »sehr mißtrauisch« sei – »u. Intriguen gibt es auch«.[100]

Wenige Tage später – am 4. September – sollte Heidegger einen Ruf nach Berlin »verbunden mit einem politischen Auftrag« erhalten. Er informiert darüber nicht nur Dr. Fehrle, den Leiter der Hochschulabteilung des Ministeriums des Kultus, des Unterrichts und der Justiz in Karlsruhe,[101] sondern auch Elisabeth Blochmann.[102] Von den Verhandlungen hat Heidegger allerdings wenig Positives zu berichten. Er fühlt sich missverstanden und nicht ernst genommen. So schreibt er am 19. September an Blochmann Folgendes von seinem – zweifelsfrei ernüchternden – Aufenthalt in der deutschen Hauptstadt: »Denn in Berlin bin ich auch diesmal nicht weiter vorgedrungen, d.h. man hat mich nicht gerufen, sondern mit einem Ministerialrat Achelis [?], der einen guten Eindruck macht, verhandeln lassen.«[103]

Heidegger scheint beleidigt zu sein ob der Respektlosigkeit, mit der man ihn in Berlin behandelt hat: »Ich brachte es nicht fertig, um ›Audienzen‹ zu *bitten*, da man ja von *mir* etwas will. Ich soll die preußische Dozentenschaft ›führen‹ –

---

98 Heidegger/Blochmann, 70.
99 Vgl. hierzu auch Heidegger/Blochmann, 68 f. und 73.
100 Heidegger/Blochmann, 69.
101 Vgl. GA 16, 163.
102 Vgl. GA 16, 164 und Heidegger/Blochmann, 71.
103 Heidegger/Blochmann, 73.

Lehrtätigkeit in Berlin ist Nebensache.«[104] Diesem Vorschlag
ist Heidegger allerdings alles andere als wohlgesinnt gegenüber eingestellt: »Ich habe sofort erklärt, daß so keine Möglichkeit der Führung sei u. ich auch nicht wüßte, ob über-
h[au]pt ein höherer Wille hinter dem Ganzen stehe.« Es
scheint, als habe sich Heidegger in Berlin auf dem Arm genommen gefühlt: Nicht nur hat er mit letztlich untergeordneten Beamten verhandeln müssen, man hat ihm auch einen
Vorschlag gemacht, mit dem er sich alles andere als anfreunden konnte, weil ihm nicht nur die Lehre selbst sehr wichtig
war, sondern weil er auch keinen »höheren Willen« hinter
dem, was man ihm vorschlug, sah. Er sah wohl genau jene
Furcht bestätigt, von der er Blochmann Ende August geschrieben hatte. Es kam allerdings noch schlimmer: Denn als
Heidegger die Gelegenheit nutzte, »meinen Plan der Dozentenhochschule« vorzutragen, sei dieser zwar auf »Zustimmung« gestoßen »– aber nicht auf eigentliches aktives Mitgehen«.[105] Man ist also, in anderen Worten, seinem Plan
freundlich begegnet, ohne ihn wirklich ernst zu nehmen.
Heidegger sah schnell, in welchen Grenzen er in Berlin hätte
arbeiten müssen, hätte er den Ruf an die Universität angenommen: Nicht nur wäre seine Arbeit dann auf Preußen beschränkt gewesen, er hätte auch in Berlin gar »keine Position
u. hätte vor allem keine Zeit u. Kraft, mir eine solche zu
schaffen«.[106] Sein Fazit fällt dementsprechend aus: Das Ganze
sei, so Heidegger, »bodenlos« gewesen, und er sei »wie erleichtert« gewesen, »als ich wieder aus Berlin draußen war«.[107]

In diesem Brief an Blochmann geht Heidegger auch darauf
ein, dass die Universität München an ihm Interesse gezeigt
habe. Heidegger sieht durchaus die Möglichkeiten, die ein

104 Heidegger/Blochmann, 73.
105 Heidegger/Blochmann, 73.
106 Heidegger/Blochmann, 73 f.
107 Heidegger/Blochmann, 74.

Wechsel nach München mit sich bringt. Er spricht u. a. von dem »Vorteil des großen Wirkungskreises« und der »Möglichkeit, an Hitler heranzukommen«.[108] Er scheint sich also etwas von einer größeren Nähe zu Hitler zu versprechen – müsste er dann ja nicht mit untergeordneten Chargen verhandeln, die ohnehin nicht recht verstehen, was sein Anliegen ist und worin seine Bedeutung besteht. Bereits am 20. Mai – also eine Woche vor der Rektoratsrede – hatte sich Heidegger direkt an Hitler gewandt, nämlich in einem Telegramm, das er auf Bitten von Karl Lothar Wolf, des nationalsozialistisch eingestellten Rektors der Universität Kiel, verfasst hat. Der Text dieses Telegramms lautet: »Ich bitte ergebenst um Verschiebung des geplanten Empfanges des Vorstandes des Verbandes der deutschen Hochschulen bis zu dem Zeitpunkt, in dem die Leitung des Hochschulverbandes im Sinne der gerade hier besonders wichtigen Gleichschaltung vollzogen ist.«[109] Wolf hatte alle Rektoren der deutschen Universitäten und Technischen Hochschulen angeschrieben, um sie um Unterstützung zu bitten.[110] Heidegger ist zwar nicht aus eigener Initiative tätig geworden, hat im Mai 1933 aber ohne Zweifel auch selbst ein Interesse an einer Nähe zu Hitler gehabt, dem er durch das Telegramm ohne Zweifel auch seine Bereitschaft zur entschiedenen Mitarbeit signalisieren wollte. Was seiner Ansicht nach aber vollzogen werden sollte, war nicht einfach eine parteipolitische Vorgabe, sondern vor allem seine eigene Idee zur Universitätsreform. Denn dass dies in Zusammenarbeit mit den Nationalsozialisten – vor allem Hitler – und anderen Rektoren möglich sei, hatte er in der Aufbruchstimmung des Frühjahrs 1933 gehofft. Bereits im September scheint diese Hoffnung aber geschwächt zu sein. Denn die von ihm beschworene

108 Heidegger/Blochmann, 74.
109 GA 16, 105. Vgl. hierzu auch GA 16, 410f.
110 Vgl. GA 16, 789 zu den näheren Umständen.

»Möglichkeit, an Hitler heranzukommen«, scheint nicht mehr sehr attraktiv gewesen zu sein. »Aber woher die Menschen nehmen«, so fragt er rhetorisch Elisabeth Blochmann – in einer Zeit, in der ganz Deutschland sich im nationalen Aufbruch bewegt und überdies die Hochschulverfassungen der badischen Universitäten und der technischen Hochschule Karlsruhe schon neu gestaltet sind.[111] Und auch die Aussicht, nach München zu gehen, erscheint ihm wenig reizvoll. Denn die Universität München sei wie alle anderen »tot«.[112]

Von Begeisterung scheint bei Heidegger nun – weniger als ein halbes Jahr nach Antritt des Rektorats – keine Spur mehr zu sein. Bereits im Juni sind Heidegger wohl die Grenzen seines Einflusses bewusst geworden: Er habe, so schreibt er am 10. Juni an Blochmann aus Berlin, »wie mir jetzt ganz deutlich wurde, keine Sympathien ... wegen meiner Angriffe gegen den Dilettantismus, mit dem überall gearbeitet wird«.[113] Heidegger muss feststellen, dass er »zwischen zwei Fronten« zerrieben wird: Weder die Dozenten und Studenten noch die zuständigen politischen Gremien ziehen mit. Was kann er da noch bewegen? Im September 1933 finden sich daher erste Überlegungen Heideggers, das Amt des Rektors niederzulegen und sich auf seine »eigenste Arbeit« zu besinnen, aus der sich das »tägliche Handeln« nähre und auf die es »dränge«.[114] Wenige Tage vorher hatte er an Hans Spemann einen Brief geschrieben und so etwas wie eine erläuternde Stellungnahme zu seinem Rektorat abgegeben, die alles andere als optimistisch ausfiel: Nur aus der »Sorge um die deut-

---

111 Vgl. hierzu auch GA 16, 157f.
112 Heidegger/Blochmann, 74.
113 GA 16, 122; Heidegger/Blochmann, 67.
114 Heidegger/Blochmann, 74. Heidegger schien zunehmend auch diese »eigenste Arbeit« vermisst zu haben. Vgl. auch den Brief Heideggers an den Basler Philosophen Paul Häberlin. Dort heißt es: »Meine philosophische Arbeit im rein spekulativen Sinne muß jetzt ruhen und sich im ›Praktischen‹ bewähren. Und das ist nicht ganz leicht« (GA 16, 154).

sche Universität« habe er sich dazu entschlossen, »mitzuhandeln und zu gestalten, soweit das geht«.[115] Allein der Zusatz »soweit das geht« zeigt sehr deutlich, dass Heidegger die Begrenzungen seiner Handlungsmöglichkeiten schnell deutlich geworden sind. Daher ist der Brief von einem Tenor der enttäuschten Hoffnungen getragen: Das vergangene Semester, so Heidegger, »musste unter dem Leitspruch stehen: Übereiltes und Unmögliches zu *verhüten*«.[116] Konstruktives Handeln, das sich Heidegger zu Anfang seines Rektorats versprochen hatte, schien nicht möglich gewesen zu sein. Gerade jetzt, nach dem Erlass der neuen badischen Hochschulverfassung im August 1933, überfällt Heidegger Verzweiflung.

Wenn Heidegger jetzt allerdings noch nicht zurücktritt, dann scheint ihn nur der Blick auf mögliche Konsequenzen davon abzuhalten: »So ist mir auch zweifelhaft«, so Heidegger an Blochmann, »ob sich die mehrjährige Arbeit in Freiburg aufgrund der neuen Verfassung lohnt. Ob nicht unmittelbare Wirkung auf die Jugend das Wertvollste ist. Andererseits, wenn ich mich zurückziehe, bricht in Fr[ei]b[ur]g alles zusammen.«[117] Wäre dies nicht der Fall, so scheint es, hätte sich Heidegger wohl aus Enttäuschung und in dem klaren Wissen, mit seinen universitätsreformerischen Vorschlägen nicht ernst genommen zu werden, vom Amt des Rektors zurückgezogen.

Parallel zu der politischen Radikalisierung Heideggers, die wir zunächst diskutiert haben, zeigen sich also bereits sehr früh deutliche Zeichen einer Desillusionierung Heideggers: Er war enttäuscht, und er enttäuschte wohl auch die nationalsozialistischen Machthaber, die, wenn sie ihn nicht bloß

---

115 GA 16, 166.
116 GA 16, 166.
117 Heidegger/Blochmann, 74; vgl. auch 69. Vgl. hier auch Hartmut Tietjen, »Heidegger und die nationalsozialistische Hochschulpolitik«, 123.

unmittelbar nach ihrer Machtergreifung vor ihren Karren hatten spannen wollen, sicherlich mehr von ihm erwartet hatten.[118] Sicherlich spielte die Ernennung von Ernst Krieck zum Rektor der Universität Heidelberg keine unwesentliche Rolle.[119] Denn diese zeigte ihm, welch geringen Einfluss er – Heidegger – auf die nationalsozialistische Bildungs- und Hochschulpolitik hatte.[120] Aber es scheint auch eine der nationalsozialistischen Diktatur interne Logik gegeben zu haben, die dazu führte, dass Heidegger – wie vielen anderen auch – schnell deutlich wurde, dass er mit seinen Vorstellungen und Einstellungen doch nicht so gut in die »neue Zeit« hineinpasste, wie er vielleicht Anfang 1933 gedacht hat (das war übrigens eine Erfahrung, die – freilich viel später und in anderer Weise – auch Ernst Krieck machen musste). »Der Weg von den Persönlichkeiten des Aufbruchs«, so Helmut Heiber über die nationalsozialistische Bildungs- und Universitätspolitik, »zum Mittelmaß des Alltags, der Weg, sagen wir einmal, von den Heidegger und Krieck zu den Platzhoff und Hoppe, ist nicht zu umgehen gewesen, er war unver-

---

118 Es könnte sein, dass diese Desillusionierung vor allem auch im Briefwechsel Heideggers mit seiner Frau thematisiert wurde. Die Tatsache, dass sie im Briefwechsel Heideggers mit Elisabeth Blochmann aus dem Jahr 1933 eine so große Rolle spielt, scheint dafür zu sprechen. Auf diese »beidseitige Enttäuschung« geht auch – mit ausdrücklichem Bezug auf Heidegger (wie auch auf Ernst Krieck, dessen Enttäuschung allerdings wesentlich länger auf sich warten ließ) – Helmut Heiber, *Universität unterm Hakenkreuz. Band I: Der Professor im Dritten Reich*, München 1991, 475 ein. Vgl. hierzu auch Michael Grüttner, »Wissenschaft«, in: Wolfgang Benz, Hermann Graml und Hermann Weiß, *Enzyklopädie des Nationalsozialismus*, München 2007, 143–165, 151f.
119 Dass Heideggers Verhältnis zu Krieck auch nach 1933 sich nicht wesentlich besserte, dürfte auch der sehr kurze Brief zeigen, in dem Heidegger Krieck zur Übernahme des Rektorats der Universität Frankfurt gratulierte (vgl. GA 16, 98).
120 Vgl. hierzu auch Gerhard Ritter, »Selbstzeugnis 3«, in: Eckhard Wirbelauer (Hg.), *Die Freiburger Philosophische Fakultät 1920–1960. Mitglieder – Strukturen – Vernetzungen*, 769–802, 782.

meidbar. Man konnte nur auf die Zukunft hoffen, tat dabei freilich alles, was sie zerstörte, was ›Persönlichkeiten‹ gar nicht erst hochkommen ließ, und hat am Ende die Hoffnung auf diese Zukunft, auf den endlichen Führerrektor, definitiv begraben.«[121]

Widersprüchliches Verhalten gegenüber Kollegen und Schülern

In diesem Zusammenhang ist es auch nicht unwichtig, darauf hinzuweisen, dass auch Heideggers konkretes Verhalten gegenüber Schülern und Kollegen von einer schwer zu deutenden Ambivalenz gekennzeichnet ist. Auf das Gutachten über seinen Münchener Kollegen Hönigswald waren wir oben schon eingegangen: Heideggers Gutachten spricht eindeutig die Sprache eines Blut-und-Boden-Denkens, für das sich ansonsten im Werk Heideggers so gut wie keine Belege finden lassen – Heidegger war ja im Gegenteil einem biologistischen Rassismus gegenüber sehr kritisch eingestellt.[122] Es gibt weitere Gutachten, die Heidegger während seiner Amtszeit als Rektor verfasst hat und die deutlich den politischen

---

121 Helmut Heiber, *Universität unterm Hakenkreuz. Teil II. Band 1: Die Kapitulation der Hohen Schulen. Das Jahr 1933 und seine Themen*, 325. Walter Platzhoff war von 1934 bis 1945 Rektor der Universität Frankfurt; Willy Hoppe war von 1937–1942 Rektor der Universität Berlin. Heideggers Desillusionierung von dem politischen Aufbruch des Jahres 1933 zeigt sich auch in dem im Februar 1933 verfassten Vortrag »Die Notwendigkeit der Wissenschaft« (GA 16, 251–255), der inhaltlich und stilistisch in einem großen Kontrast zur Rektoratsrede steht. Heidegger verteidigt in diesem Vortrag die Wissenschaft als »Erforschung des Seienden um der Wahrheit willen« gegen die Absolutsetzung der Wissenschaft als »Wissenstechnik« für gewisse Berufe« und damit auch gegen eine Grundtendenz der nationalsozialistischen Bildungs- und Universitätspolitik.
122 Vgl. zur Diskussion von Heideggers Kritik eines biologistischen Rassismus, ihre Entwicklung und Ambivalenz auch Sonia Sikka, »Heidegger and Race«, in: Robert Bernasconi (Hg.), *Race and Racism in Continental Philosophy*, Bloomington & Indianapolis 2003, 74–97.

Irrtum und auch die Schuld Heideggers belegen: Im Dezember 1933 schreibt er etwa ein Gutachten über Eduard Baumgarten für den NS-Dozentenbund in Göttingen, das vernichtend ausfiel: Baumgarten, so Heidegger, sei »weder wissenschaftlich noch charakterlich« dazu geeignet, sich im Fach Philosophie zu habilitieren.[123] Er komme, so Heidegger weiter, »verwandtschaftlich und seiner geistigen Haltung nach aus dem liberal demokratischen Heidelberger Intellektuellen Kreis um Max Weber« und »verkehrte ... sehr lebhaft mit dem früher in Göttingen tätig gewesenen Juden Fränkel«.[124] Heidegger hält nicht nur die »Aufnahme in die SA«, sondern auch die Aufnahme in die Dozentenschaft für unmöglich,[125] kritisiert, dass Baumgarten während eines Aufenthaltes in den USA »erheblich amerikanisiert wurde in Haltung und Denkweise«, und äußert erhebliche Zweifel an »seiner politischen Instinktsicherheit und Urteilsfähigkeit«, obwohl er die »grundsätzliche Möglichkeit« einräumt, dass »Baumgarten sich gründlich wandelt und festigt«.[126] Dieses Gutachten über Baumgarten wirft ohne jede Frage kein gutes Licht auf Heidegger: Er hätte sich auch zurückhaltender äußern können, hätte nicht antisemitische Stereotype bedienen und nicht indirekt auch noch seinen alten Freund Jaspers (der ja auch zu dem »Heidelberger Intellektuellen Kreis um Max Weber« gehörte) kritisieren müssen. Es ist nicht zu verstehen, was in Heidegger vorging, als er dieses Gutachten schrieb. Ohne jeden Zweifel kann man hier von menschlichem Versagen und einem schuldhaften Irrtum aufseiten Heideggers sprechen.[127]

---

123 GA 16, 774.
124 GA 16, 774.
125 GA 16, 774.
126 GA 16, 775.
127 Vgl. GA 16, 417f. für Heideggers 1946 verfasste Stellungnahme zu diesem Gutachten. Heidegger stellt in Frage, dass er der Verfasser der uns heute nur zugänglichen Abschrift des Gutachtens über Baumgarten ist. Er

Dies gilt auch für Heideggers Verhalten gegenüber seinem Freiburger Kollegen Staudinger: Auf Nachfrage des Karlsruher Ministeriums äußerte sich Heidegger in einem Brief an Ministerialrat Fehrle zu der Frage, wie mit Staudinger nach Erlass des Gesetzes zur Wiederherstellung des Berufsbeamtentums zu verfahren sei. Staudinger sei zur Zeit des Ersten Weltkrieges Pazifist gewesen und habe sich damals, so legt Heidegger dar, wenig national gezeigt, sich um das Schweizer Bürgerrecht bemüht und auch Spionage betrieben.[128] Nun – 1934 – stand Staudinger auf der Seite der »nationalsozialistischen Revolution«. In dieser Situation betont Heidegger, es sei wichtig, den § 4 des Gesetzes zur Wiederherstellung des Berufsbeamtentums anzuwenden[129] und Staudinger aus dem aktiven Dienst zu entfernen. Auch das »Ansehen der Universität«, so Heidegger, gebiete ein »Einschreiten, zumal sich Staudinger als 110 %iger Freund der nationalen Erhebung ausgibt«.[130] Heidegger kommt dabei zu folgendem Schluss: »Es dürfte eher Entlassung als Pensionierung infrage kommen.«[131] Heidegger, der sich hier als Rechtsgutachter und Richter aufspielt, wird wenig später sein Urteil abmildern – allerdings vor allem mit »Rücksicht

vermutet, dass es sich um die »Abschrift eines *parteiamtlichen Gutachtens*, das auf Grund *meines* Gutachtens abgefasst wurde und dann nach der bei Parteistellen üblichen nachlässigen Methode als von mir verfasst weitergegeben wurde,« handelt (GA 16, 417f.). Dagegen spricht nicht nur, dass dieses Verfahren höchst ungewöhnlich gewesen wäre, sondern auch, dass das Gutachten in der ersten Person verfasst ist.
128 Vgl. GA 16, 248f.
129 Dieser Paragraph lautet folgendermaßen: »Beamte, die nach ihrer bisherigen politischen Betätigung nicht die Gewähr dafür bieten, daß sie jederzeit rückhaltlos für den nationalen Staat eintreten, können aus dem Dienst entlassen werden. Auf die Dauer von drei Monaten nach der Entlassung werden ihnen ihre bisherigen Bezüge belassen. Von dieser Zeit an erhalten sie drei Viertel des Ruhegeldes (§ 8) und entsprechende Hinterbliebenenversorgung.«
130 GA 16, 249.
131 GA 16, 249.

auf die Stellung, die der Genannte in seiner Wissenschaft im Ausland genießt«.[132]

Heideggers Gutachten zeigen die Auswirkungen seiner politischen Radikalisierung im konkreten Bereich. Heidegger hat sich nicht nur auf markige Reden beschränkt, sondern durch diese Gutachten auch aktiv an der konkreten Umsetzung der nationalsozialistischen Ideologie mitgewirkt. Er scheint sogar bereits im Juli 1933 auf eigene Initiative hin im »Fall Staudinger« tätig geworden zu sein und Alfons Bühl, einen Privatdozenten der Physik, nach Zürich geschickt zu haben, um Erkundigungen über Staudinger einzuholen.[133] Es handelt sich, gewiss, um Einzelfälle. Hugo Ott bezeichnet das Gutachten über Baumgarten als den einzigen ihm bekannten »Vorgang ..., an dem objektiv gemessen werden kann, dass Heidegger zumindest im Jargon der Nationalsozialisten sprechend, und zwar im antisemitischen Stil, bereit war, einen politischen Gegner zu diffamieren«.[134] Während der »Fall Staudinger« zwar auch eine Diffamierung darstellt, spricht Heidegger in seiner Stellungnahme zur Person Staudingers doch eine weniger jargonhafte Sprache. Dieses Urteil von Hugo Ott gilt *mutatis mutandis* auch heute noch. Es gibt, wie wir gesehen haben, noch einige wenige weitere Texte, in denen Heidegger den ideologischen Jargon seiner Zeit in einer fast ungebrochenen Weise spricht und sogar sonst von ihm kaum bediente rassistische Stereotype bedient, allerdings handelt es sich alles in allem um relativ wenige Dokumente. Es sind Einzelfälle, wie gesagt, aber gerade wenn man sie in das Jahr von Heideggers Rektorat einordnet, wird doch deutlich, dass das Verhalten während seines Rektorats auch als

---

132 GA 16, 260. Vgl. hiezu auch GA 16, 261.
133 Vgl. hierzu Hugo Ott, *Martin Heidegger. Unterwegs zu seiner Biographie*, 209; vgl. ebd., 201–213 zum »Fall Hermann Staudinger«.
134 Hugo Ott, *Martin Heidegger. Unterwegs zu seiner Biographie*, 183.

Martin Heidegger im Schwarzwald

schuldhaft zu bezeichnen ist, auch wenn es nicht möglich ist, letzte Klarheit über die Motivation Heideggers in vielen seiner Handlungen, Reden und Stellungnahmen zu gewinnen.[135]

Er hätte nämlich über Baumgarten, Staudingen und über Hönigswald auch andere Gutachten schreiben können – so wie er sich auch in vielen seiner Reden und Ansprachen anders hätte äußern können, ohne dass er damit sofort Kopf und Kragen riskiert hätte. Gerade wenn Heidegger, wie er 1933 seinem Bruder Fritz schrieb, der Ansicht war, dass eine »Läuterung« der nationalsozialistischen Bewegung notwendig sei, hätte er in diesen Fällen anders Stellung nehmen müssen. Einmal im Amt, schien Heidegger schnell seine Position zu ändern: vom Sympathisanten zum Mitläufer, um sich dann gefährlich der Position des Überzeugungstäters zu nähern und diese zeitweise allem äußeren Anschein nach auch zu füllen. Viele der Fragen, die nach 1945 an Heidegger gestellt wurden, wurden daher ganz zu Recht gestellt: Warum nur hat ein Denker vom Format Heideggers sich so sehr von der »Aufbruchstimmung« des Jahres 1933 mitreißen lassen?

Hier aber darauf zu verweisen, dass Heidegger eben ein überzeugter Nationalsozialist gewesen sei und dass damit auch ein Urteil über sein Denken gefällt sei, verkennt noch einmal die Komplexität des historischen Befundes. Denn dieser zeigt, dass Heidegger nicht ohne weitere Differenzierungen als ein Überzeugungstäter eingestuft werden kann – und zwar nicht erst, was sein Denken und Handeln nach 1934 betrifft. Denn er hat sich schon während seines Rektorats nicht nur enttäuscht gezeigt, sondern sich auch für bedrohte Kolle-

---

135 So auch Hugo Ott, *Martin Heidegger. Unterwegs zu seiner Biographie*, 201; 208f. Vgl. auch »Gespräch mit Max Müller« in: Heidegger/Müller, 130. Dort erklärt Max Müller: »Sonderbares bleibt am ›Fall Staudinger‹ immer.«

gen eingesetzt – und zwar in einer Zeit, als die Mehrheit der Professoren an deutschen Universitäten die Vertreibung ihrer Kollegen weitestgehend ohne Widerstand und Protest akzeptierte: »Die protestlose Hinnahme aller Ungeheuerlichkeiten an der Alma Mater«, so Hans-Ulrich Wehler, »enthüllte eine bestürzende Gleichgültigkeit gegenüber dem Willkürschicksal enger Fachgenossen.«[136]

So lesen wir etwa in einem Beschluss des Rektors vom 28. April 1933, mit dem Heidegger den Dekanen einen Brief des Karlsruher Ministeriums über das Gesetz zur Wiederherstellung des Berufsbeamtentums mitteilt, diese sollten »für eine restlose und klare Durchführung des Erlasses vom 6. 4. 1933 Nr. A.7642 Sorge … tragen«.[137] Heidegger liefert die Begründung gleich mit: »andernfalls läuft die Universität Gefahr, jedes Eintreten für bedrohte Kollegen selbst aussichtslos zu machen«.[138] Was nun bedeutet das? Geht es Heidegger, der sich alles andere als schützend vor Baumgarten, Staudinger und Hönigswald stellen wird, tatsächlich um ein erfolgreiches »Eintreten für bedrohte Kollegen«, oder will er damit einfach die Durchführung des badischen Erlasses 7642, aufgrund dessen u.a. auch Heideggers Lehrer Edmund Husserl beurlaubt wurde, beschleunigen und unterstützen? Hat Heidegger im Sinn gehabt, sich schützend vor seinen Lehrer Husserl zu stellen? Wir können mit sehr guten Gründen vermuten, dass er sich in den Fällen einiger jüdischer Kollegen für die Aussetzung der Beurlaubung eingesetzt hat – nicht nur im Falle Husserls, sondern auch im Falle seines Assistenten Werner Brock. Aber vor allem Husserl gegenüber hat Heideg-

---

136 Hans-Ulrich Wehler, *Deutsche Gesellschaftsgeschichte. 4. Band*, 825; vgl. auch Michael Grüttner, »Wissenschaft«, 146. Auf einige wichtige Gegenbeispiele verweist Helmut Heiber, *Universität unterm Hakenkreuz. Band I: Der Professor im Dritten Reich*, München 1991, 217 ff.
137 GA 16, 85.
138 GA 16, 85.

ger, wie er nach dem Zweiten Weltkrieg selbst anerkennen wird,[139] sich nicht sehr anständig verhalten. Ein am 29. April geschriebener Brief von Elfride Heidegger an Husserls Frau Malvine drückt »aufrichtige und unveränderliche Dankbarkeit« der Heideggers gegenüber den Husserls aus – aber neben dem Bewusstsein um »diese schweren Wochen« zeigt sich in diesem Brief auch eine fast zynisch zu nennende Apologie des »neuen Gesetzes«: Denn die Heideggers, so Elfride Heidegger, seien nicht nur den Husserls gegenüber zu Dank verpflichtet, sondern auch »gegen die Opferbereitschaft Ihrer Söhne«, von denen einer im Ersten Weltkrieg gefallen war und der andere, Gerhart Husserl, soeben von seinem Amt als Professor der juristischen Fakultät der Universität Kiel beurlaubt worden war, obwohl auch er als Soldat am Ersten Weltkrieg teilgenommen hatte und sogar ausgezeichnet worden war und daher eigentlich die Ausnahmeregelung des Gesetzes zur Wiederherstellung des Berufsbeamtentums (d. h. das sog. »Frontkämpferprivileg« des §3) hätte Anwendung finden müssen. Es sei, so Elfride Heidegger, »ja nur im Sinne des neuen Gesetzes, wenn wir uns bedingungslos und in aufrichtiger Ehrfurcht zu denen bekennen, die sich in der Stunde der höchsten Not auch durch die Tat zu unserem deutschen Volk bekannt haben«.[140] Dass Gerhart Husserl gegen den Wortlaut des Gesetzes beurlaubt wurde, verweist für Elfride Heidegger auf »Übergriffe …, die untergeordnete Stellen in der allgemeinen Erregung dieser Wochen begingen, so wie sich 1918 in den Revolutionswochen ungerechte und schmerzvolle Ereignisse abspielten«.[141] Dieser Brief stellt in

---

139 Vgl. etwa den Brief an Malvine Husserl anlässlich ihres 90. Geburtstages (GA 16, 443). Vgl. hierzu auch Heideggers 1950 geschrieben »Bemerkungen zu Verleumdungen, die immer wieder kolportiert werden« (GA 16, 468 f.).
140 GA 16, 87.
141 GA 16, 87.

der Tat einen schwachen Trost dar – man wundert sich nicht, dass Malvine Husserl in einem kurzen Antwortbrief die Beziehung zwischen den beiden Familien für beendet erklärt hat.

Man wird dies kaum als ein anständiges Verhalten Heideggers gegenüber seinem früheren Lehrer bezeichnen können. Hätte er, bei aller fachlich-philosophischen Entfremdung zwischen ihm und Husserl, sich nicht persönlich melden können? Es gibt (anders als oft kolportiert) keinen Beleg dafür, dass Heidegger persönlich Husserl die Benutzung der Bibliothek oder das Betreten des Universität untersagt habe.[142] Aber das bedeutet nicht, dass das Verhalten Heideggers gegenüber seinem Lehrer Husserl und seiner Frau im Jahr 1933 gutzuheißen wäre: Es gibt 1933 aufseiten Heideggers eine emotionale Gleichgültigkeit und ein »Funktionieren im System«, das schockierend ist.

Und doch gibt es auch Gegenbeispiele: Hugo Ott weist darauf hin, dass Heidegger, während er sich im »Fall Staudin-

---

142 Husserl durfte ab dem Sommer 1933 wieder Vorlesungen halten, wollte dies allerdings nicht mehr. Vgl. hierzu *Edmund Husserl und die phänomenologische Bewegung. Zeugnisse in Text und Bild*, im Auftrag des Husserl-Archivs an der Universität Freiburg im Breisgau herausgegeben von Hans Rainer Sepp, Freiburg/München [2]1988, 384 und Bernd Martin, »Martin Heidegger und der Nationalsozialismus«, 27. Vgl. neben GA 16, 639; 661 auch Walter Biemel, »Erinnerungsfragmente«, in: *Erinnerung an Martin Heidegger*, hg. von Günther Neske, Pfullingen 1977, 22f: »Während unserer Tätigkeit am Archiv [scil., am Husserl-Archiv in Löwen, wo »keine Heidegger-feindliche Atmosphäre« herrschte, »wenn auch manche Besucher, gerade aus Übersee, wegen Heideggers Rektoratszeit ihm gegenüber Kritik übten« (23), H.Z.], konnten manche Missverständnisse geklärt werden, so das immer wieder auftauchende Gerücht, Heidegger habe Husserl verboten, die Universitätsbibliothek zu besuchen. Husserl erhielt bis zu seinem Tod regelmäßig die Liste der Neuanschaffungen der Bibliothek. Er verwendete die Rückseite der Blätter, um sich darauf Notizen zur Krisis-Thematik zu machen. Wäre ihm der Besuch der Bibliothek verboten worden, so wäre solch eine Information unsinnig, sie hätte zuallererst eingestellt werden müssen.«

ger« als, so Otts Urteil, »politischer Denunziant«[143] betätigt habe, er in einem andere Fall – nämlich im Fall des Geophysikers Johann Georg Königsberger – sich ganz anders verhalten habe: Königsberger war, so Ott, von seinem Kollegen Wilhelm Hammer beim badischen Ministerium angezeigt worden, weil er eine marxistische Vergangenheit gehabt habe. Heidegger schlug nun vor – und zwar im direkten zeitlichen Umfeld des »Falles Staudinger« –, dass keine Maßnahmen zu ergreifen seien, da Königsberger seit vielen Jahren nicht mehr politisch aktiv sei.[144] Während er also im einen Fall – nämlich eines ehemaligen Pazifisten und nun dem Nationalsozialismus nahestehenden Wissenschaftlers – keinerlei Milde walten lässt und sich selbst zum Vollstrecker des Gesetzes zur Wiederherstellung des Berufsbeamtentums aufspielte, zeigt Heidegger im anderen Falle – Königsberger hatte zuvor noch erklärt, bis Anfang des Jahres 1932 Mitglied der SPD gewesen zu sein[145] – Milde bis Gleichgültigkeit. Schlüssig erklären können wir dies auf Basis der zugrundeliegenden Dokumente nicht. Es mag der Fall sein, dass es schon zuvor aus irgendwelchen Gründen Probleme im Verhältnis zu Staudinger gegeben hat. Vielleicht wollte sich Heidegger, der ja noch nicht lange Mitglied der Partei war, als besonders überzeugter Nationalsozialist erweisen, vielleicht sah er in Staudinger einen »Wolf im Schafspelz«, der aus rein opportunistischen Gründen sich der nationalsozialistischen Revolution angeschlossen habe und daher viel gefährlicher als ein unpolitisch lebender Geophysiker sei, dem überdies die meisten Apparaturen des mathematisch-physikalischen

---

143 Hugo Ott, *Martin Heidegger. Unterwegs zu seiner Biographie*, 201.
144 Hugo Ott, *Martin Heidegger. Unterwegs zu seiner Biographie*, 213.
145 Vgl. auch Hugo Ott, *Martin Heidegger. Unterwegs zu seiner Biographie*, 213.

Instituts gehörten.[146] Wir wissen nicht, wie sich die hier stellenden Fragen letztgültig beantworten lassen.

Das Bild, das sich aufgrund der zugrundeliegenden Dokumente ergibt, ist sogar noch wesentlich komplexer. Denn Heidegger hat sich zumindest für einige Schüler und Kollegen direkt eingesetzt, also nicht nur allgemein Sorge für »bedrohte Kollegen« ausgesprochen, sondern auch aus einer solchen Sorge heraus gehandelt. So hat er zum einen Ende April 1933 einen Empfehlungsbrief für seinen jüdischen Schüler Paul Oskar Kristeller an den Basler Philosophen Paul Häberlin geschrieben. Dieser Brief zeigt durchaus Bewusstsein um die aktuelle Lage: »Ich fürchte«, so heißt es dort, »Sie werden in Basel jetzt mit Gesuchen um Habilitation überhäuft. Aber wo zunächst die Wege bei uns abgeschnitten sind, gilt es so weit zu helfen, als es möglich ist.«[147] Im August 1933 wendet sich Heidegger noch einmal an seinen Basler Kollegen, um sich für seinen jüdischen Assistenten Werner Brock zu verwenden, den er zum Herbst »verliere« (Brocks Beurlaubung wurde zusammen mit der Beurlaubung Husserls im April 1933 ausgesetzt[148]). Heidegger ist sogar bereit, eigens nach Basel zu kommen, um mit Häberlin über Brock zu sprechen.[149]

---

146 Darauf weist Hugo Ott, *Martin Heidegger. Unterwegs zu seiner Biographie*, 213 hin.

147 GA 16, 89. Vgl. für Heideggers philosophische Einschätzung von Kristeller auch Heidegger/Jaspers, 64 ff.

148 Vgl. GA 16, 91 f.

149 Vgl. GA 16, 154. Vgl. hierzu auch Heidegger/Blochmann, 70: »Neben dem vielen Laufenden suche ich immer noch vergeblich für Brock eine Stelle –, es zeigt sich hier die unmittelbare Unbrauchbarkeit der Philosophie.« Auch Karl Jaspers erwähnt in seinem 1945 geschriebenen Gutachten über Heidegger, dass dieser sich Brock gegenüber »nach Mitteilungen Brocks, die ich damals mündlich erhielt, einwandfrei benommen« habe (Heidegger/Jaspers, 271). Heidegger soll sich nach dem Zeugnis Hermann Heideggers selbst für die Aussetzung der Beurlaubung von u. a. Husserl und Brock eingesetzt haben (vgl. GA 16, 788). Vgl. für Heideggers Einsatz für Brock nach dem Zweiten Weltkrieg auch Heidegger/Blochmann, 86;

Aber nicht nur für seine Schüler, sondern auch für Kollegen
setzt Heidegger sich 1933 ein: so nicht nur für Fritz Pringsheim, für den er sich beim Karlsruher Ministerium einsetzt,
damit dieser, so hofft Heidegger, aufgrund des »Frontkämp-
ferprivilegs« an der Universität verbleiben könne,[150] sondern
auch für die Kollegen von Hevesy und Eduard Fraenkel. Heidegger schreibt an den Minister »im vollen Bewusstsein von
der Notwendigkeit der unabdingbaren Ausführung des Gesetzes zur Wiederherstellung des Berufsbeamtentums«[151] –
ein Bekenntnis, das angesichts seines Anliegens notwendig
war. Denn in seiner Stellungnahme geht es darum, die Beurlaubung beider jüdischer Kollegen auszusetzen, da beide besonders »bewährt« seien und damit Vorbedingungen für eine

98f.; Heidegger/Bauch, 109f. Dort heißt es mit Bezug auf Brock: »Mit diesem Namen verbindet sich für mich im Persönlichen und Sachlichen etwas Schmerzliches.« Vgl. zu Brock auch Usha Swamy, »›Für Nichtarier
bestehen besondere Bedingungen‹ – Das Schicksal der jüdischen Studierenden und Professoren«, in: Bernd Martin (Hg.), *Von der badischen Landesuniversität zur Hochschule des 21. Jahrhunderts* (= *550 Jahre Albert-
Ludwigs-Universität Freiburg. Festschrift*; 3), Freiburg 2007, 374–390, 375.
1945 erwähnt Heidegger, er habe sich als Rektor gegen die »Aushängung
des ›Judenplakats‹« in der Universität ausgesprochen (GA 16, 382). Es
konnte bislang nicht nachgeprüft werden, ob dies den historischen Tatsachen entspricht. Allerdings wird Heidegger in einem Text, dessen erste
Leser sich an viele Ereignisse des Jahres 1933 noch erinnern konnten, auch
nicht bewusst gelogen haben. Vgl. hierzu auch Heideggers Bericht über
diese Geschehnisse im Spiegel-Gespräch (GA 16, 653ff.).
150 Vgl. hierzu den Brief Heideggers an Pringsheim vom 22. Juli 1933
(GA 16, 147). Heidegger soll sich auch für den jüdischen Klinikdirektor
Siegfried Thannhauser eingesetzt haben, der bis 1933 Klinikdirektor war
und u.a. nach Denunziation durch Studenten ab 1934 – nach dem Rektorat Heideggers! – als Hilfsarbeiter hätte arbeiten müssen, wenn er nicht
von seinem Amt zurückgetreten wäre. 1935 emigrierte Thannhauser in
die USA (vgl. Johannes Baptist Lotz, »Im Gespräch«, in *Erinnerung an
Martin Heidegger*, hg. von Günther Neske, Pfullingen 1977, 158; vgl. auch
GA 16, 662). Vgl. zu Thannhauser auch Usha Swamy, »›Für Nichtarier bestehen besondere Bedingungen‹ – Das Schicksal der jüdischen Studierenden und Professoren«, 374f.
151 GA 16, 140; vgl. auch GA 16, 662.

Aussetzung erfüllt seien. Im Vordergrund der geschickten Argumentation Heideggers steht neben der »außenpoliti-schen Stellung Deutschlands« auch die »Erhaltung unge-wöhnlicher geistiger Kräfte im Dienste der Universität«, nicht aber, so Heidegger ausdrücklich, die »Person der ge-nannten Gelehrten«.[152] Ob Heidegger hier aus eigener Initia-tive tätig wurde, wissen wir nicht, wir können aber nicht ausschließen, dass Heidegger auch aus eigener Sorge um die beiden Kollegen gehandelt hat und dass die »Person« der bei-den durchaus für ihn von Interesse war.

Rückzug aus der Höhle –
mit Hölderlin um das Schicksal des Abendlanges ringen

Gerade das Rektoratsjahr Heideggers bleibt daher ein nicht leicht zu verstehendes historisches Phänomen: Heidegger war bei aller Radikalisierung nicht zum radikalen National-sozialisten mutiert, der über Leichen gegangen wäre. Wenn man sich fragt, *warum* er so gehandelt hat, wie er – bei allem, was wir jetzt wissen – gehandelt hat, ergibt sich ein sehr komplexes Bild: Heidegger handelt teils aus Gehorsam, teils aus eigener Überzeugung, teils aus dem Bedürfnis heraus, Zweifel an seiner Linientreue nicht aufkommen zu lassen und sich als überzeugtes Parteimitglied zu erweisen, und teils aus dem Grund, dass »man« damals so gehandelt hat, weil das Schicksal es erforderte. Und oft wird man bei ein und derselben Handlung von durchaus sehr verschiedenen, wenn nicht teils sogar sich widersprechenden Gründen aus-gehen können. Heideggers Persönlichkeit ist alles andere als einfach und leicht zu durchschauen. Philosophische, histori-sche und psychologische Motive scheinen in seinem Han-deln unentwirrbar miteinander verknüpft zu sein: Jeder Ver-

---

152 GA 16, 141. Vgl. auch GA 16, 144–146.

such, Heideggers Verhalten monokausal zu erklären, scheitert. Es bleiben viele offene Fragen – nicht zuletzt, weil jede
Untersuchung des Rektoratsjahres auf letztlich zahlenmäßig
sehr wenige und oft auch nicht eindeutig in ihrer Bedeutung
festzulegende Dokumente beschränkt bleiben muss. Dass
Heidegger sich geirrt und auch in einer Weise gehandelt hat,
die mit seinem philosophischen Denken nicht nur keinesfalls zu vereinbaren war, sondern auch als schuldhaft zu bezeichnen ist, ist keine Frage. Umso wichtiger ist es, Heideggers Leben und Denken nach dem Rücktritt vom Rektorat
weiterzuverfolgen.

Aus der Zeit unmittelbar nach dem Rektorat – d.h. aus
dem Jahr 1934 – gibt es Dokumente, die belegen, was sich
bereits angedeutet hat, dass es im April 1934 nämlich keinen
radikalen Bruch im Verhältnis Heideggers zum Nationalsozialismus gegeben hat.[153] Ende Mai 1934 hält Heidegger

---

[153] Heidegger war zum Beispiel bis ca. 1936 Mitglied im Ausschuss für
Rechtsphilosophie der »Akademie für Deutsches Recht«, dessen Anliegen
in der Entwicklung eines genuin deutschen Rechts bestand und deren
erster Präsident Reichskommissar Hans Frank (der spätere, für seine Bru-
talität bekannte Generalgouverneur des besetzten Polen) war. Frank hatte
in der von ihm 1933 gegründeten Akademie Politiker wie u.a. auch Hermann Göring, Ideologen wie Alfred Rosenberg und Professoren wie neben
Heidegger auch Erich Rothacker und Hans Naumann ernannt. Über
Heideggers Mitwirkung lässt sich aufgrund der zur Verfügung stehenden
Quellen nichts Sicheres sagen. Vermutlich war (der bis 1933 nicht durch
Beiträge zur Rechtsphilosophie hervorgetretene) Heidegger aufgrund seiner prominenten Rolle als Philosoph und Rektor der Freiburger Universität zum Mitglied ernannt worden. An der konstituierenden Sitzung des
Ausschusses im Mai 1934 hat Heidegger teilgenommen. Alles spricht dafür, dass er sich vor allem nach 1934 aus der Mitarbeit zunehmend zurückzog bzw. dass der Ausschuss selbst, wie Alexander Hollerbach schreibt,
»stillschweigend von der Bildfläche« verschwand (vgl. hierzu wie auch
allgemein zum Ausschuss Heidegger-Jahrbuch 4, 332f.). Vgl. hierzu kritisch auch Karl Löwith, Mein Leben in Deutschland vor und nach 1933.
Ein Bericht, Stuttgart 1986, 57f. Löwith erwähnt, dass sich Heidegger sehr
kritisch über Julius Streicher geäußert habe und nicht verstanden habe,
warum sich Hitler nicht von ihm befreit habe. Vgl. hierzu die im Hinblick

zum Beispiel eine Ansprache an seine Klassenkameraden:
Wo er sich leicht auf Erinnerungen an die gemeinsame Schul-
zeit hätte beschränken können, hält Heidegger eine Rede,
die nicht nur den »frühen Tod« der im Ersten Weltkrieg
gefallenen Mitschüler verherrlicht (»dieser frühe Tod war der
schönste und größte Tod«[154]), sondern auch die »neue deutsche Wirklichkeit« in einer Weise deutet, die kaum auf eine
Enttäuschung hinweist, sondern eher umgekehrt darauf, dass
er nach wie vor aufseiten der nationalsozialistischen Machthaber steht: »Die Gefolgschaft, das Sichbinden in den Willen
des Führers«, so Heidegger gegen Ende der Rede, »schafft erst
Gemeinschaft.«[155]

Wenige Monate später hält er zwei Vorträge in den Aus-
landskursen der Freiburger Universität. Auch diese Vorträge
weisen, wie wir bereits gesehen haben, nicht auf einen
radikalen Bruch mit dem Nationalsozialismus hin: Viel eher
deutet sich hier ein anderer Ton an, der, wenn man spätere
Dokumente heranzieht, darauf hinweist, dass Heidegger sich
zunehmend vom Nationalsozialismus distanzierte, da er diesen nun in viel kritischerem Licht sah als noch 1933. Die Ereignisse um den sogenannten »Röhm-Putsch« mögen dabei
eine gewisse Rolle gespielt habe, insofern Heidegger 1933/34
Sympathien mit der SA gehabt haben mag. Aber auch diese
Ereignisse führten nicht zu einer Entscheidung Heideggers,
sofort nach seinem Rücktritt vom Rektorat in die »innere
Emigration« zu gehen: Er blieb, dies zeigen nicht nur seine
zwei Ansprachen aus dem August 1934 wie auch seine Überlegungen zur Einrichtung einer Dozentenschule[156] – eben-

auf Heideggers Mitwirkung auch wenig ergiebigen Ausführungen von
Victor Farías, *Heidegger und der Nationalsozialismus*, mit einem Vorwort von Jürgen Habermas, Frankfurt am Main 1989, 277–280.
154 GA 16, 279.
155 GA 16, 284.
156 GA 16, 308–314. Dass Heidegger vor allem auch nach seinem Rücktritt vom Rektorat nicht allzu viele Erwartungen an die Durchführung sei-

falls vom August 1934 – weiterhin auch im Bereich der Hochschulpolitik aktiv und hatte auch seine Begeisterung für Hitler noch nicht verloren.

Danach aber zieht sich Heidegger zunehmend aus dem Bereich der Politik – auch der Universitätspolitik – zurück: Ein Vortrag in der deutschen Gesellschaft in Konstanz über die »gegenwärtige Lage und die künftige Aufgabe der deutschen Philosophie« vom November 1934 zeigt so gut wie keine zeitgeschichtlichen Spuren mehr: Wüsste man nicht, wann Heidegger diesen Vortrag gehalten hat, fiele die Datierung äußerst schwer. Er hätte diesen Text in der uns heute vorliegenden Fassung sowohl vor 1933 wie auch nach 1945 schreiben können: Die reale Zeitgeschichte ist in den Hintergrund getreten. Wenn er nach der Gegenwart und Zukunft der deutschen Philosophie frage, so Heidegger, dann meine er nicht »ein zufälliges Heutiges«.[157] Mit Hölderlin und der »stiftenden« Dichtung[158] stiehlt sich Heidegger aus der Realgeschichte in eine alles andere als unmittelbare, sehr ferne und offene Zukunft. Fast scheint es so, als sei ein fast messianisch oder prophetisch verklärter Hölderlin[159] an die Stelle getreten, die zuvor für Heidegger noch Hitler eingenommen hatte. Dabei entdeckt Heidegger nicht nur die Aufgabe und

ner Pläne gehegt haben mag, zeigt Heidegger/Blochmann, 73. Bereits im September 1933 musste er ja feststellen, dass sein Plan einer Dozentenhochschule nicht wirklich zu einem »eigentlichen aktiven Mitgehen« seitens der politischen und administrativen Entscheidungsträger geführt hatte.

157 GA 16, 319.
158 Vgl. zum stiftenden Wesen der Dichtung auch GA 4, 41 f.
159 Vgl. hierzu kritisch auch Max Müller, »Gespräch mit Max Müller«, in: Heidegger/Müller, 117; 133 f. Sehr deutlich zeigt sich Heideggers Verklärung der Dichtung Hölderlins auch in seinem Briefwechsel mit der ehemaligen Verlobten des im Ersten Weltkrieges gefallenen Hölderlin-Herausgebers und -Forschers Norbert von Hellingrath (vgl. Heidegger/Bodmershof). Vgl. zu Hellingraths Hölderlin-Rezeption auch Ute Oelmann, »Norbert von Hellingrath«, in: Johann Kreuzer (Hg.), *Hölderlin-Handbuch. Leben – Werk – Wirkung*, Stuttgart/Weimar 2002, 422–425.

vor allem die Grenzen der Philosophie neu, sondern ordnet seine Überlegungen auch ausdrücklich in eine europäisch-abendländische und sogar globale Perspektive.[160]

Ein Ausschnitt aus dem Ende der Rede mag dies verdeutlichen. Dort heißt es: »Die wahre geschichtliche Freiheit der Völker Europas aber ist die *Voraussetzung* dafür, dass das Abendland noch einmal geistig-geschichtlich *zu sich selbst* kommt und sein Schicksal in der großen Entscheidung der Erde gegen das Asiatische sicher-stellt. Allein solche geschichtliche Freiheit *wird* nur, und wird erst in *langer* Zeit, wenn sich ein Wandel des *Wissens* um das *Wesen des Seins* und eine Bändigung der Macht des Unwesens vollzieht. Die Philosophie kann diesen Wandel des Seins nicht erzwingen. Aber sie kann ein Wissen schaffen, das mittelbar in je verschiedenen Stufen der Klarheit, Fülle und Strenge als wesentliches Wissen des Volkes um sich selbst in dieses sich einpflanzt. ... Keiner weiß, wann das geschieht. Aber eines wissen wir, was Hölderlin, der Deutscheste der Deutschen in einem Bruchstück seiner späten und eigentlichen Dichtung sagt: ›Einst hab ich die Muse gefragt, und sie / Antwortete mir / Am Ende wirst du es finden. / Vom Höchsten will ich schweigen. / Verbotene Frucht, wie der Lorbeer, ist aber / Am meisten das Vaterland. Die aber kost' / Ein jeder zuletzt.‹«[161] In dem, was Heidegger in diesem Text über das Asiatische sagt, bedient er ohne Zweifel überlieferte kulturelle Stereotype. Wichtiger in unserem Zusammenhang ist allerdings, dass nun nicht mehr das »deutsche Volk«, sondern das Abendland bzw. Europa im Vordergrund seines

---

160 Vgl. hierzu (neben einer ähnlich globalen Perspektive im Mai 1934 in GA 16, 281) auch Otto Pöggeler, *Philosophie und Politik bei Heidegger*, Freiburg 1974, 24 f.
161 GA 16, 334. Vgl. GA 16, 355 für die Deutung Hölderlins als des »deutschesten Dichters«. Allein diese Kennzeichnung verweist auf einen politischen Gesinnungswandel Heideggers.

Interesses steht: Das verweist nicht auf einen Akt des Widerstands, zeigt aber doch eine wichtige Verschiebung in
Heideggers philosophischem Selbstverständnis. Auch in seinem Denken nimmt er von den politischen Parolen der Zeit
zunehmend Abstand. Es ist keinesfalls so, dass er als Rektor zurücktritt, um all seine Kraft darauf zu verwenden, den
Nationalsozialismus philosophisch zu begründen oder zu
stärken.[162]

Viel eher hat er recht schnell erfahren müssen, dass sein
»Ausflug« in die Welt der Universitätspolitik von den politischen Machthabern nicht in der Weise, die er sich gewünscht
hätte, geschätzt wurde. Und ihm ist zunehmend auch deutlich geworden, dass die Welt dieser neuen Machthaber bei
allen anfänglichen Sympathien letztlich nicht seine Welt
war.[163] Damit ändert sich auch sein philosophisches Selbstverständnis. Wir haben gesehen, dass er in seiner Platon-
Vorlesung aus dem Wintersemester 1931/32 gewissermaßen

---

162 Vgl. hierzu auch Heideggers 1936 in Rom gehaltenen Vortrag »Europa und die deutsche Philosophie«, in: Hans-Helmuth Gander (Hg.), *Europa und die Philosophie* (= *Schriftenreihe der Martin-Heidegger-Gesellschaft*; 2), Frankfurt am Main 1993, 31–41.
163 Darauf verweist auch ein Brief, den Heidegger am 2. Oktober 1939 an
Rudolf Bultmann schreibt und in dem er auch auf die Schließung der Universitäten nach dem Beginn des Zweiten Weltkrieges eingeht: »Ich weiß
nicht, ob es ein großer Schaden ist, daß die meisten Universitäten geschlossen wurden. Ich denke seit meiner Erfahrung von 33/4 sehr gering
von dieser Einrichtung; was sich als ›neu‹ gebärdet, ist so bodenlos und
besinnungsfeig wie das ›Alte‹« (Heidegger/Bultmann, 201). Deutlich
bleibt, wie sehr auch angesichts des Kriegsbeginns die Frage nach der Universität Heidegger bewegt. Allerdings nimmt er in diesem Brief durchaus
auf andere Aspekte des Kriegsbeginns Bezug – und zwar, anders als viele
andere Deutsche, keineswegs in einer verherrlichenden oder naiv-kriegs-
begeisterten Weise. Ende 1939 machte sich Heidegger nämlich nicht nur
über die Möglichkeiten der Reform der Universität im Besonderen, sondern über den Nationalsozialismus im Allgemeinen und die »Aufdring-
lichkeit an Leid und Wirrnis« (201) in der Gegenwart keine Illusionen
mehr.

seine spätere Entscheidung, Rektor zu werden, philosophisch verständlich machte. Fast enthusiastisch heißt es dort: »Die Herrschaft und Herrschaftsordnung des Staates soll durchwaltet sein von philosophierenden Menschen, die aus dem tiefsten und weitesten, frei fragenden Wissen Maß und Regel setzen, Bahnen der Entscheidung erschließen. Als Philosophierende müssen sie imstande sein, in Klarheit und Strenge zu wissen, was der Mensch sei und wie es um sein Sein und Sein-können steht. ›Wissen‹ heißt nicht gehört haben und meinen und nachreden, sondern selbst diese Erkenntnis auf dem ihr zugehörigen Wege angeeignet haben und immer wieder aneignen; es ist jenes Erkennen, das selbst vorangegangen ist und immer wieder diesen Weg hin und her zurücklegt.«[164] Hier – im Wintersemester 1931/32 – haben wir eine theoretische Rechtfertigung von Heideggers späterer Entscheidung, das Rektorat zu übernehmen und als Philosoph zwar nicht direkt und unmittelbar, aber doch indirekt politisch tätig zu werden. Aber auch wenn er dort, wo er von »philosophierenden Menschen« spricht, zweifelsfrei von sich selbst spricht, ist wenige Jahre vor der nationalsozialistischen Machtergreifung noch nicht deutlich, in welche Richtung die Übernahme dieses »Wächteramtes« Heidegger 1933 zu gehen veranlassen wird. In einer Zeit der Krise – nämlich vor allem auch einer Krise der demokratischen Institutionen – verweist Heidegger auf die Bedeutung der Philosophie, allerdings ohne die gegebene »Herrschaftsordnung« grundsätzlich in Frage zu stellen.

Die begeisterte Aufbruchstimmung des Frühjahrs und Sommers 1933 hat Heidegger schnell hinter sich gelassen. Bestenfalls »diesen oder jenen« erhofft er noch anzusprechen und zu erreichen.[165] An die Stelle der Illusion ist die Desillu-

---

164 GA 34, 100.
165 Vgl. hier auch den Brief Heideggers an Kurt Bauch vom 7. Februar 1935 (Heidegger/Bauch, 18): »Was bleibt? Und was sollen wir da noch

Martin Heidegger in Todtnauberg.

sionierung getreten. Die Not der Zeit hat sich als eine »metaphysische Not«[166] erwiesen, auf die dementsprechend zu antworten ist. Daher beginnt Heidegger schon 1934 mit Hölderlin auf seiner Seite eine kritische Auseinandersetzung sowohl mit dem Rektorat als auch mit der zeitgeschichtlichen politischen Situation – aus der ihm eigenen, aber seines Erachtens zentralen philosophischen Perspektive. Dass dies eine *kritische* Auseinandersetzung ist, zeigt nicht nur seine Vorlesung aus dem Wintersemester 1933/34 oder der Vortrag über die »gegenwärtige Lage und die künftige Aufgabe der deutschen Philosophie«, es zeigen auch die Schriften Heideg-

mitspielen? Es bleibt noch die Möglichkeit eines Zufallstreffers, daß diesem oder jenem – und auf Wenige wird es auch künftig ankommen – ein wesentlicher Stoß versetzt wird.« Vgl. auch Heidegger/Bauch, 51, für eine ähnliche Einschätzung der zeitgeschichtlichen Lage.
166 Vgl. hierzu Heidegger/Blochmann, 83.

gers aus den 1930er Jahren sowie die Lehrveranstaltungen, die er ab dem April 1934 anbietet. Auch diese zeigen deutlich seine Distanzierung von der Welt der Realpolitik, die in eine zunehmend radikale Kritik übergeht.[167]

Mit der Universität, so schreibt Heidegger an Elisabeth Blochmann wenige Tage vor dem Weihnachtsfest des Jahres 1934, »komme ich sonst [scil. mit Ausnahme seiner Lehrtätigkeit, H.Z.] gar nicht in Berührung«.[168] Er lebe, so bekennt er Blochmann gegenüber »ganz geschlossen in der Zeit«.[169] Selbst aus Berufungskommissionen zieht Heidegger sich bis 1941 zurück.[170] Sein Verhältnis zur Fakultät ist von einer zunehmenden Entfremdung gekennzeichnet.[171] Spätestens 1936 hat Heidegger die Illusionen, die er Anfang 1933 gehabt haben mag, verloren.[172] Mit der Diskussion seines Vortrages zur Gegenwart und Zukunft der deutschen Philosophie wie auch der Vorlesung aus dem Wintersemester 1933/34 haben wir

---

167 So deutet auch Alexander Schwan in *Politische Philosophie im Denken Heidegger* (Opladen ²1989) die »Schritte«, die Heidegger denkerisch nach seinem Rektorat gegangen ist (vgl. etwa 105–125). Vgl. hierzu auch Heideggers 1945 verfasste kurze Darstellung seines Lebens- und Denkweges nach dem Rektorat (GA 16, 389–394).

168 Heidegger/Blochmann, 84.

169 Heidegger/Blochmann, 84.

170 Vgl. hierzu GA 16, 359. 1941 beteiligt Heidegger sich wieder an einer Kommission. Es geht um eine Professur in der klassischen Philologie, also in einem Fach, dessen Schicksal Heidegger ohne Zweifel am Herzen lag. Dass er also Anfang der 1940er Jahre wieder innerhalb der universitären Selbstverwaltung tätig wird, geht nicht darauf zurück, dass er seine Skepsis gegenüber dem universitären Betrieb verloren hätte oder gar wieder einen wesentlichen Einfluss erlangen wollte.

171 Vgl. auch Heidegger/Bauch, 52f.

172 Ab dem Jahr 1936 steht dann auch »Ereignis« im Vordergrund von Heideggers Denken (vgl. hierzu Friedrich-Wilhelm von Herrmann, *Wege ins Ereignis. Zu Heideggers »Beiträgen zur Philosophie«*, Frankfurt am Main 1994, 17ff.; Hartmut Tietjen, »Heidegger und die nationalsozialistische Hochschulpolitik«, in: István M. Fehér [Hg.], *Wege und Irrwege des neueren Umgangs mit Heideggers Werk. Ein deutsch-ungarisches Symposium*, Berlin 1991, 109–128, 110f. und 116f.).

bereits den Bereich des philosophischen Denkens wieder betreten. Diesem Bereich – d.h. dem Denkweg Heideggers ab dem Wintersemester 1933/34 – werden wir uns in den folgenden zwei Kapiteln näher zuwenden.

11. Von »Natur, Geschichte und Staat« über Hegels Staatsphilosophie bis zu Schillers »ästhetischer Erziehung«. Zu Heideggers Seminaren von 1933–1937

> »Wir wollen vielmehr sofort die Briefe durchfragen,
> nicht mit einer allgemeinen historischen Absicht,
> um zu wissen, was *damals* vor sich ging, sondern wir fragen
> für uns und d.h. für die *Zukunft*.«[1]
> *Martin Heidegger*

Hermeneutische Vorüberlegungen

In den letzten Jahren sind neben vielen anderen Texten zwei Dokumente veröffentlicht worden, die in besonderer Weise Aufschluss über Heideggers philosophische und politische Position und seine denkerische Entwicklung in den 1930er Jahren geben. Im Band 4 des *Heidegger-Jahrbuches* wurden 2009 Studentenprotokolle aus seinem Seminar »Vom Wesen und Begriff von Natur, Geschichte, Staat« veröffentlicht.[2] Bereits im Jahr 2005 erschien eine Mitschrift aus Heideggers »Übungen für Anfänger. Schillers Briefe über die ästhetische Erziehung des Menschen« aus dem Wintersemester 1936/37.

---

1 Martin Heidegger, *Übungen für Anfänger. Schillers Briefe über die ästhetische Erziehung des Menschen. Wintersemester 1936/37. Seminar-Mitschrift von Wilhelm Hallwachs*, hg. von Ulrich von Bülow, mit einem Essay von Odo Marquard, Marbach am Neckar 2005, 9.
2 *Heidegger-Jahrbuch* 4, 53–88.

Neben diesen Mitschriften bzw. Protokollen von Studenten sind kein Manuskripte oder Notizen zu diesen Lehrveranstaltungen aus der Hand Heideggers bekannt. Vermutlich gibt es derlei Manuskripte auch gar nicht mehr. Daher ist es nur aufgrund von Quellen, die nicht aus der Hand Heideggers stammen, überhaupt möglich, etwas zu diesen Lehrveranstaltungen zu sagen. Das gilt auch für das Seminar über »Hegel und den Staat«, das Heidegger zusammen mit dem Juristen Erik Wolf im Wintersemester 1934/35 durchgeführt hat.[3] Auch vom Verlauf dieses Seminares haben wir nur aufgrund von zwei Mitschriften – den Mitschriften von Wilhelm Hallwachs und Siegfried Bröse – Kenntnis. Die Mitschriften und Protokolle dieser Seminare sollen in diesem Kapitel im Vordergrund der Diskussion stehen: Da wir keine Heidegger-Originaltexte aus diesen Lehrveranstaltungen besitzen, werden diese Seminare nicht zusammen mit anderen Schriften Heideggers aus der Zeit nach 1933 diskutiert, wenn auch gelegentlich auf andere Texte Heideggers verwiesen wird.

Wie wenige handschriftliche Anmerkungen Heideggers in den Protokollen zum Seminar vom Wintersemester 1933/34 zeigen, hat Heidegger diese Texte durchgelesen und stellenweise ergänzt. Aber bestenfalls kann man hier von einer Kenntnisnahme von Protokollen sprechen, bei denen er von dem jeweiligen Protokollanten weniger die wortgetreue Wiedergabe als vielmehr ein selbständiges Durchdenken des in der Seminarsitzung besprochenen und verhandelten Themas erwartete. Wir erhalten durch die Protokolle also allenfalls eine Annäherung an die eigentliche Seminarsitzung und ihren Verlauf.[4] Mit noch größerer Vorsicht sind die Mitschrif-

---

3 Ich danke Herrn Dr. Klaus Stichweh, Paris, sehr herzlich dafür, dass er mir seine Transkription der Seminarmitschriften überlassen hat.
4 Heidegger hat sich hierzu 1937/38 selbst geäußert. Vgl. GA 66, 423, wo er zu seinen eigenen »Aufzeichnungen zu den Übungen« und den Protokollen Folgendes anmerkt: »Aus ihnen ist nicht immer der wirkliche

ten von Studenten zu behandeln: Denn hier ist davon auszugehen, dass Heidegger diese Mitschriften nie zu Gesicht bekam und dass hier die »subjektive« Dimension noch stärker ausprägt ist als bei den Protokollen. In beiden Fällen – sowohl bei den Protokollen als auch bei den Mitschriften – haben wir es daher bereits mit Interpretationen zu tun. Und wir haben auch in Betracht zu ziehen, dass Heidegger in seinen Seminaren – gerade in den Seminaren für Studienanfänger – wohl mehr noch als in den Vorlesungen auch bestimmte inhaltliche Zugeständnisse gemacht hat, und zwar vornehmlich aus pädagogischen Gründen. Das zeigen nicht zuletzt auch die zahlreichen Wiederholungen, die sich sowohl in den Protokollen als auch in den Mitschriften finden. Daher ist bei der Interpretation der vorliegenden Texte mit einer besonderen Vorsicht zu verfahren.

Dort aber, wo andere Quellen fehlen, ist selbst eine solche vorsichtige Annäherung an das von Heidegger Gesagte von nicht zu unterschätzendem Interesse. Nicht zuletzt sind Ausschnitte aus den Protokollen aus dem Wintersemester 1933/34 und dem Wintersemester 1934/35 von Emmanuel Faye diskutiert worden – allerdings weitestgehend ohne ausreichende Berücksichtigung der hermeneutischen Probleme einer Interpretation dieser Texte.

Gang der Übungen zu ersehen; diesen Einblick geben die ›Protokolle‹, die jeweils von ganz verschiedenem ›Wert‹ sind und auch dort, wo sie ›wörtlich‹ berichten, niemals die Fragen so geben, wie ich sie dargestellt und durchgesprochen habe.« Vgl. hierzu auch Johannes Baptist Lotz, »Im Gespräch«, in *Erinnerung an Martin Heidegger*, hg. von Günther Neske, Pfullingen 1977, 156: »Bei jeder Sitzung [scil., von Seminaren, H.Z.] wurde einer beauftragt, das Protokoll auszuarbeiten, für das Heidegger eine selbständige Durchdringung des Behandelten verlangte ...« Vgl. auch Walter Biemel, »Bericht eines Zeitzeugen zu den Seminaren Heideggers 1942–44«, in: *Heidegger-Jahrbuch* 5, 367–370, 370.

Wintersemester 1933/34:
Mit einer Ontologie des Politischen die konkrete
Situation nach der Machtergreifung legitimieren

Wenden wir uns zunächst dem Seminar aus dem Wintersemester 1933/34 zu.[5] Allein schon der Titel »Über Wesen und
Begriff von Natur, Geschichte und Staat« zeigt eine Wende
Heideggers zu Fragen der politischen Philosophie. Hatte
Heidegger bis Anfang der 1930er Jahre sich mit staatsphilosophischen Fragen im engeren Sinne nur am Rande, wenn
überhaupt, beschäftigt, geschieht jetzt für ihn die »höchste
Verwirklichung menschlichen Seins ... im Staat«.[6] Vor allem
in den letzten Sitzungen dieser Übung werden daher nun
ausführlich auch staatsphilosophische Fragen diskutiert – in
einer Weise, die für Heideggers Denken zwar nicht ungewöhnlich ist, aber auch eine ideologische Unterwerfung des
philosophischen Denkens unter totalitäre politische Ideen
zeigt.

Deutlich ist, dass Heidegger – seinem eigenen hermeneutischen Ansatz gemäß – auf die zeitgeschichtliche Situation
Bezug nehmen möchte und sein Denken aus dieser Zeit heraus versteht: »Zu dieser Besinnung ist nun zu sagen«, so Heidegger am Ende seiner Ausführungen über die Geschichte
und im Übergang zu seinen staatsphilosophischen Überlegungen in der 5. Stunde der Übung, »daß sie aus unserem
augenblicklichen, geschichtlichen Dasein heraus gesprochen
wurde und so auch einer bestimmten Verstehbarkeit unter-
liegen muß, wie alle Sätze und Wahrheiten über den Men-

---

5 Vgl. zur Interpretation dieses Seminars Theodore Kisiel, »Heidegger als
politischer Erzieher: Der NS-Arbeiterstaat als Erziehungsstaat, 1933–34«,
in: Norber Leśniewski/Ewa Nowak-Juchacz (Hg.), *Die Zeit Heideggers*,
Frankfurt am Main 2002, 71–87, 83–86; Marion Heinz, »Volk und Führer.
Untersuchungen zu Heideggers Seminar *Über Wesen und Begriff von Natur, Geschichte und Staat* (1933/34)«, in: *Heidegger-Jahrbuch* 5, 55–75.
6 *Heidegger-Jahrbuch* 4, 88.

schen, die immer in der eigenen Entscheidung gewonnen werden müssen. Das ist dann zu bedenken, wenn wir nach der Natur des Staates fragen.«[7] Heidegger geht daher in dieser Übung auf in der »augenblicklichen, geschichtlichen Situation« zentrale Themen wie Volk und Staat, den Bezug des Volkes zu einem Raum und das Verhältnis von Volkswillen und Eigenwillen ein. In diesem Zusammenhang gibt es auch sehr deutliche positive Stellungnahmen zur zeitgeschichtlichen Situation. Nicht nur zeigen sich erneut Spuren von Heideggers Interesse an Bismarck, sondern auch deutlich die Konturen seiner Begeisterung für Hitler als den »Führer«.

Den nationalsozialistischen Staat sieht Heidegger – wie viele andere auch – als die Fortführung und Vollendung des preußischen Staates. Das, was Bismarck nicht erreichen konnte – es finden sich einige kritische Bemerkungen zu Bismarck –, werde nun durch Hitler in die Tat umgesetzt. Daraus ergeben sich auch Folgerungen, die sich an »uns« – vor allem an Heidegger als Erzieher und an seine Zuhörer – stellen: »Bismarck übersah diese Verwurzelung seiner Staatsidee in den festen, kräftigen Boden des politischen Adels, und als sein stützender Arm losließ, sank das zweite Reich haltlos zusammen. Wir dürfen die Gründung einer politischen Tradition und Erziehung eines politischen Adels jetzt nicht übersehen. Vielmehr hat jeder Einzelne sich jetzt zu besinnen, um zu dem Wissen von Volk und Staat und zu eigener Verantwortung zu kommen.«[8] Obwohl Heidegger dies in diesem Zusammenhang nicht ausdrücklich sagt, ist klar, dass er hier vor allem auch an die Universität denkt: Das »Wir«, von dem er spricht, ist vornehmlich – aber nicht nur – das »Wir« der Lehrenden und Studierenden. Diesen kommt die Aufgabe zu, zu einem »politischen Adel« zu werden (man denke hier

7 *Heidegger-Jahrbuch* 4, 69.
8 *Heidegger-Jahrbuch* 4, 73 f.

auch an die von Jaspers und Heidegger diskutierte Idee einer »aristokratischen Universität«), damit das nationalsozialistische Deutschland nicht wie das zweite Reich Bismarcks scheitert. So kann Heidegger emphatisch erklären: »Wenn wir jetzt nach dem Staat fragen, dann fragen wir nach uns.«[9] Was Heidegger hier vorträgt, hat also unmittelbare Konsequenzen; seine »Erziehungsarbeit« steht in einem weiteren politischen Kontext. Aber er fragt immer auch nach allen Menschen, denen er mitteilt, worin das Gebot der Stunde besteht: »Es muß jeder Mann und jede Frau, wenn auch nur dumpf und unklar, wissen lernen, dass ihr einzelnes Leben das Schicksal des Volkes und Staates entscheidet, es trägt oder verwirft.«[10] Bei allem Interesse an der Erziehung eines »politischen Adels« verliert Heidegger doch nicht die Volksgemeinschaft aus den Augen.

Die Hermeneutik der Faktizität wird nun also mit den Mitteln der Staatsphilosophie weitergeführt und politisch radikalisiert. Ergab sich allerdings Anfang der 1920er Jahre noch der Eindruck, der Mensch lebe relativ isoliert für sich selbst, zumindest nicht in einer Staatsgemeinschaft, wird nun das Politische – in Anlehnung an einen freilich eigenwillig, nämlich mit eindeutig dezisionistischen Untertönen interpretierten Aristoteles – zu einem auszeichnenden Merkmal des Menschen: »Der Mensch ist ein *zoon politikon*, weil er Kraft und Anlage zur *polis* hat, wobei *polis* nicht begriffen ist als ein schon vorher bestehendes, sondern als etwas, das der Mensch erst gestalten konnte und mußte. In diesem Sinne aber ist der Mensch dann freilich zur Polis gehörig, *politikos*, als das Lebewesen nämlich, das Möglichkeit und Notwendigkeit hat zur Existenz in der Polis.«[11]

---

9 *Heidegger-Jahrbuch* 4, 69.
10 *Heidegger-Jahrbuch* 4, 77.
11 *Heidegger-Jahrbuch* 4, 71.

Im Rahmen von Heideggers Ausführungen zur politischen
Natur des Menschen zeigt sich sehr deutlich der unmittelbare historische Kontext: »Als dringende Aufgabe unserer
Zeit«, so Heidegger, »erkannten wir deshalb, dieser Gefahr
[scil. des neuzeitlichen Individualismus und der Abwertung
des Politischen, H.Z.] zu begegnen, indem wir der *Politik*
ihren gehörigen Rang wieder zu geben versuchen, sie wieder
sehen zu lernen als Grundcharakter des in der Geschichte
philosophierenden Menschen und als das Sein, in dem der
Staat sich entfaltet, so daß derselbe wahrhaft die Seinsart
eines Volkes genannt werden kann.«[12] Hier zeigt sich zum
einen, dass es Heidegger darum ging, dem Bereich des Politischen eine zentrale Stellung einzuräumen und dem totalitären Anliegen der neuen Machthaber dadurch entgegenzuarbeiten. Es ging ihm 1933/34 darum, deutlich zu machen, dass
das Politische nicht nur ein Bereich neben anderen Lebensbereichen sei, sondern eine zentrale Bedeutung einnimmt. Es
zeigt sich aber auch, worin – unter anderem – die Faszination
des Nationalsozialismus für Heidegger bestand: Heidegger
war, wie wir bereits gesehen haben, in besonderer Weise für
bestimme antimoderne Elemente der nationalsozialistischen
Ideologie empfänglich, nämlich u.a. auch das antiliberale
Anliegen, die mit der Renaissance[13] einsetzende Betonung
der Einzelpersönlichkeit zu korrigieren und der Abwertung
der genuin politischen Existenz als der Seinsart des Menschen entgegenzuwirken. Daher war – wie ja auch schon die
obige Diskussion der Rektoratsrede deutlich werden ließ –
für Heidegger 1933/34 das neue politisch orientierte »Ge-

12 *Heidegger-Jahrbuch* 4, 72.
13 Vgl. *Heidegger-Jahrbuch* 4, 72 für Heideggers Bezug auf die Renaissance und seine Deutung der neuzeitlichen Abwertung des Politischen.
Marion Heinz verweist hier zu Recht auf die Parallelen zwischen Carl
Schmitts und Heideggers Kritik am Liberalismus (vgl. Marion Heinz,
»Volk und Führer. Untersuchungen zu Heideggers Seminar *Über Wesen
und Begriff von Natur, Geschichte und Staat* [1933/34]«, 60f.).

meinschaftsgefühl«, das der Nationalsozialismus vor allem in der Zeit unmittelbar nach der Machtergreifung mit sich brachte, von besonderer Bedeutung. In dieser neuen, alte Gegensätze vermeintlich überwindenden Gemeinschaft, so dachte er, konnte die in seiner Bedeutung vom neuzeitlichen Denken überschätzte Einzelpersönlichkeit ihre eigentliche Bestimmung finden: Denn das Politische war ja, wie wir gesehen haben, für Heidegger nicht einfach eine Möglichkeit, sondern eine »Grundmöglichkeit und ausgezeichnete Seinsweise des Menschen«.[14] Diese war der »Grund, auf dem der Staat ist«.[15]

Wenn die Fehler der bismarckschen Politik vermieden werden sollen, war nach Heideggers Einschätzung daher noch Weiteres notwendig: nämlich die Integration des Proletariats in die Staatsgemeinschaft und die Entwicklung eines »wahrhaft völkischen Staates«, der sich nicht in einem oberflächlichen Patriotismus und Vaterlandsdenken erschöpfe.[16] Obwohl Heidegger hier nicht – wie auch im gesamten Seminar nicht – ausdrücklich auf die NSDAP eingeht, kann man aus seinen Anmerkungen zur Krise des zweiten deutschen

---

14 *Heidegger-Jahrbuch* 4, 73.
15 *Heidegger-Jahrbuch* 4, 73.
16 Vgl. hier auch *Heidegger-Jahrbuch* 4, 78f.: »Desweiteren hatten wir noch etwas nachzutragen über die inneren Gründe des Scheiterns der Bismarckschen Politik. Wir haben gehört, daß ein Volk neben der Notwendigkeit eines Führers noch die einer Überlieferung habe, deren Träger ein politischer Adel sei. Daß das zweite Reich nach dem Tode Bismarcks einem rettungslosen Zerfall ausgeliefert war, hat seinen Grund nicht nur darin, daß es Bismarck nicht gelang, diesen politischen Adel zu schaffen. Er brachte es auch nicht fertig, das Proletariat als eine in sich berechtigte Erscheinung zu betrachten und es mit verständnisvollem Entgegenkommen in den Staat zurückzuführen. Der Hauptgrund ist aber wohl der, daß sich der völkische Charakter des Zweiten Reiches in dem erschöpfte, was wir Patriotismus und Vaterland nennen. Diese Elemente des Zusammenschlusses von 1870–71 sind an sich nicht negativ zu bewerten, sie sind aber völlig unzureichend für einen wahrhaft völkischen Staat. Sie hatten auch nicht die letzte Verwurzeltheit im Volk.«

Reiches und zu den Gründen für sein Scheitern doch sein
Verständnis des Nationalsozialismus sehr genau ableiten:
Während das »Nationale« für ihn als Ausdruck des »wahr-
haft völkischen« Elements wichtig gewesen ist, dürfte für
Heidegger am »Sozialismus« die notwendige Integration des
Arbeiters – als der, folgen wir hier mit Heidegger Ernst Jün-
ger, Grundgestalt des 20. Jahrhunderts – in eine das gesamte
Volk umfassende Gemeinschaft wie auch das egalitäre Ver-
ständnis der Gleichheit aller »Volksgenossen« als »Arbeiter«
wichtig gewesen sein. Heidegger sah also im »National-
Sozialismus« – wie viele andere auch – eine zweigliedrige
Antwort auf die drängenden gesellschaftlichen Probleme und
politischen Herausforderungen der Weimarer Republik wie
auch der gesamten, zum Nihilismus führenden Moderne.

Kommt Heidegger auf Fragen der konkreten Politik und
Zeitgeschichte zu sprechen, gehört seine Aufmerksamkeit in
diesem Seminar weniger der nationalsozialistischen Bewegung, sondern – wieder einmal – vor allem dem Führer Adolf
Hitler, in dem Heidegger den Volkswillen – die *Entscheidung*
des Volkes – sich verwirklichen sieht. Denn insofern es »ein
Führer« mit dem Volkswillen – nicht mit dem Willen des
Einzelnen – zu tun hat, nimmt »der Führer« eine besondere
Rolle im politischen System ein.[17] Es scheint dabei sogar so
zu sein, dass Heideggers Staatsauffassung in diesem Seminar
nicht ausdrücklich antidemokratisch orientiert ist, sondern
ihrem Anspruch nach eine – vor allem aus heutiger Perspektive äußerst eigenwillige und mehr als fragwürdige – Interpretation der Demokratie voraussetzt:[18] Denn die »Frage

---

17 Vgl. hierzu *Heidegger-Jahrbuch* 4, 85.
18 Vgl. hier auch Erik Wolfs Ausführungen in einem nicht abgeschickten
Brief an Karl Barth: »Auch ich muß Dir gestehen, daß die anfangs verkündeten Vorsätze des Nationalsozialismus: den Gemeinnutzen durch Ver-
minderung der Klassengegensätze, Bekämpfen des bourgeoisen Standes-
dünkels, Stärken des Bauerntums und Überwinden der Arbeitslosigkeit
zu fördern, auch mich eine richtige Planung gedünkt haben und entschei-

nach dem Willensbewusstsein der Gemeinschaft«, so Heidegger, »ist ein Problem in allen Demokratien, das freilich
aber erst dann fruchtbar werden kann, wenn Führerwille und
Volkswille in ihrer Wesenheit erkannt sind«.[19] Dieses Zitat
zeigt deutlich, dass Heidegger den Führerstaat nicht der Demokratie entgegengesetzt wissen will, sondern in kritischer
Absetzung von einem neuzeitlichen Demokratieverständnis
als eine eigentliche Verwirklichung der Demokratie – der
*Volks*herrschaft – deutet: Zwang darf daher, so Heidegger,
bei der Durchsetzung des politischen Willens keine Rolle
spielen. Die Freiheit bleibt weiterhin von zentraler Bedeutung für ihn. Von den realen Gefährdungen der Freiheit im
Deutschland von 1933/34 zeigt Heidegger überhaupt kein Bewusstsein: »Die wahre Willensdurchsetzung geht nicht auf
Zwang aus, sondern auf Erweckung des selben Wollens im
anderen, d. h. desselben Zieles und Einsatzes, Vollzugs. ... In
diesem Sinne ist die gegenwärtige Forderung der ›politischen
Erziehung‹ zu verstehen: nicht als ein Auswendiglernen von
Sätzen und Meinungen und Formen, sondern als Schaffung
einer neuen Grundhaltung willensmäßiger Art. Der Führer-
willen schafft allererst die anderen zu einer Gefolgschaft um,
auf der die Gemeinschaft entspringt. Auf dieser lebendigen
Verbundenheit geht ihr Opfer und Dienst hervor, nicht aus
bloßem Gehorsam und Zwang von Institutionen.«[20]

Allerdings geht es Heidegger zunächst um den politischen
Führer oder den »großen« oder »genialen« Staatsmann[21] in

---

dend dazu beitrugen, daß ich unter dem Eindruck der Worte, mit denen
ein so mächtiger und superior eigenständiger Geist wie Martin Heidegger
die guten Absichten der leitenden Männer als jeden Volksfreund verpflichtend erachtete und von dem neuen Regime eine echte Demokrati-
sierung unseres öffentlichen Lebens erhoffte« (sic!; *Heidegger-Jahrbuch* 4,
293).

19 *Heidegger-Jahrbuch* 4, 85.
20 *Heidegger-Jahrbuch* 4, 87.
21 Vgl. hierzu *Heidegger-Jahrbuch* 4, 74.

einem recht allgemeinen oder abstrakten Sinne, wenn er auch ohne jeden Zweifel zumeist an Hitler[22] gedacht haben mag. Zumindest dem äußeren Anschein nach bleibt er auf der Ebene philosophischer Abstraktion: »Denn der Ursprung alles staatlichen Handelns und Führens«, so Heidegger gemäß dem vorliegenden Protokoll der 7. Seminarsitzung, »liegt nicht im Wissen, sondern im Sein. Jeder Führer *ist* Führer, *muss* der geprägten Form seines Seins nach Führer sein, und versteht und bedenkt und erwirkt in der lebendigen Entfaltung seines eigenen Wesens zugleich, was Volk und Staat ist. Ein Führer braucht nicht politisch erzogen zu werden, wohl aber eine Hüterschar im Volk, die die Verantwortung für den Staat mit tragen hilft. Denn jeder Staat und jedes Wissen um den Staat wächst in einer politischen Tradition.«[23] Und in derselben Seminarsitzung heißt es später: »Nur wo Führer und Geführte gemeinsam in *ein* Schicksal sich binden und für die Verwirklichung *einer* Idee kämpfen, erwächst wahre Ordnung.«[24] Es hängt – wieder einmal – alles von einer freien Entscheidung, nämlich einer Entscheidung zur Bindung und wahren Ordnung, ab. Und dabei hat der Philosoph eine zentrale Aufgabe. Insofern der »Ursprung alles staatlichen Handelns und Führens« nicht im Wissen liegt, soll er nicht selbst herrschen (wie Platon gedacht hat). Er soll aber zur »Hüterschar im Volk« gehören und dabei helfen, das Volk über seine Rolle und Aufgabe aufzuklären,[25] damit es seiner Entscheidung gerecht wird und ihr folgt. Der Philosoph wird damit – in anderen Worten – zum Helfershelfer des Führers, der aufgrund seines Seins der Führung nicht bedarf, weil er

---

22 Vgl. hierzu auch *Heidegger-Jahrbuch* 4, 87.
23 *Heidegger-Jahrbuch* 4, 73.
24 *Heidegger-Jahrbuch* 4, 77.
25 Vgl. hier auch Marion Heinz, »Volk und Führer. Untersuchungen zu Heideggers Seminar *Über Wesen und Begriff von Natur, Geschichte und Staat* (1933/34)«, 64.

unmittelbar – also nicht durch Erziehung vermittelt – ist, wer er sein soll.

»Verfassung und Recht«, so Heidegger weiter, »sind Verwirklichung unserer Entscheidung zum Staat, sind die faktischen Zeugen für das, was wir für unsere geschichtliche, völkische Aufgabe halten und zu leben versuchen.«[26] Nun spricht Heidegger also nicht mehr in formaler Weise von der Notwendigkeit der Entscheidung wie noch einige Jahre zuvor, sondern konkretisiert, wozu man sich zu entscheiden habe: »Auf unserer Wachheit und Bereitschaft und unserem Leben ruht der Staat. Die Art und Weise unseres Seins prägt das Sein unseres Staates. Jedes Volk nimmt so Stellung zum Staat und keinem Volk fehlt der Drang zum Staat.«[27] Was dies in der Situation des Jahres 1934 bedeutet, verdeutlicht Heidegger in der 9. Sitzung: »Heute gilt es, das Grundverhältnis unseres gemeinsamen Seins auf diese Wirklichkeit von Volk und Führer einzurichten, wobei beide als eine Wirklichkeit nicht zu trennen sind. Erst dann, wenn dieses Grundschema durch Umwandlung im Wesentlichen erfolgt ist, ist eine wahre Führerschulung möglich.«[28]

»Volk« und »Führer«, so zeigt sich, sind die Grundkoordinaten von Heideggers Staatsphilosophie im Wintersemester

---

26 *Heidegger-Jahrbuch* 4, 76. Vgl. hierzu auch *Heidegger-Jahrbuch* 4, 77: »Die Ordnung des Staates äußert sich im abgegrenzten Aufgabengebiet der einzelnen Menschen und Menschengruppen. Diese Ordnung ist nichts bloß Organisches, wie man nach der Fabel des Menenius Agrippa annehmen könnte und annahm, sondern sie ist etwas Geistig-Menschliches, d. h. zugleich Freiwilliges. Sie gründet im Herrschafts- und Dienstschaftsverhältnis der Menschen zueinander.«

27 *Heidegger-Jahrbuch* 4, 74. Vgl. hierzu auch Dieter Thomä, *Die Zeit des Selbst und die Zeit danach. Zur Kritik der Textgeschichte Martin Heideggers 1910–1976*, Frankfurt am Main 1990, 558 f. Thomä diskutiert hier die Rektoratsrede und Heideggers Vorlesung aus dem Sommersemester 1933 und verweist auf die Parallelen zwischen Heideggers und Hitlers Verständnis des Verhältnisses von Volk und Staat.

28 *Heidegger-Jahrbuch* 4, 85.

1933/34: Das Seminar endete mit einem Bekenntnis Heideggers zum Führerstaat, in dem sich das Volk »verwirkliche« und »vollende«: »Der Führerstaat – wie wir ihn haben – bedeutet die Vollendung der geschichtlichen Entwicklung: die Verwirklichung des Volkes im Führer. Der preußische Staat, wie er sich vollendete unter Bildung des preußischen Adels, ist die Vorform des heutigen. Dieses Verhältnis bezeugt die Wahlverwandtschaft, die zwischen dem Preußentum und dem Führer besteht.«[29] War Heidegger in den 1920er Jahren geschichtsphilosophischen Spekulationen äußerst kritisch, sprich: offen ablehnend gegenüber eingestellt gewesen, bedient er sich nun bestimmter Versatzstücke einer teleologischen, bei allen Unterschieden an Hegels Philosophie erinnernden Geschichtsbetrachtung, in deren Zentrum der das Volk und seine Entscheidung repräsentierende Führer stehen.

Gerade wenn das Volk die »Substanz« des Staates ist[30] und der Staat im »Sein des Volkes« – also in einer Entscheidung des Volkes – »gegründet« sein muss,[31] wundert es nicht, dass wir in diesem Seminar ausführliche Überlegungen zum Volksbegriff vorfinden: Wenn es um den Staat gehe, so Heideggers Meinung, müsse immer auch vom Volk gesprochen werden. In diesem Zusammenhang entwickelt Heidegger auch eine »Ontologie« des Volkstums. Das Volk, so Heidegger, ist das »Seiende des Staates, seine Substanz, sein tragender Grund«.[32] Dass Heidegger mit seinem Volksbegriff nicht einfach einen biologistischen oder rassistischen Volksbegriff aufgreift, sondern den Volksbegriff ontologisiert, zeigen auch seine Überlegungen zur Bedeutung des Wortes Volk. Er ver-

---

29 *Heidegger-Jahrbuch* 4, 88.
30 Vgl. auch *Heidegger-Jahrbuch* 4, 72.
31 Vgl. auch *Heidegger-Jahrbuch* 4, 74.
32 *Heidegger-Jahrbuch* 4, 72.

weist zwar darauf, dass Volk auch auf das »Band der Bluts-
und Stammeseinheit, die Rasse« verweisen könne – in Begriffen wie »Volksgesundheit« etwa.[33] Zugleich aber betont
er, dass dieser biologische Volksbegriff nicht der »umfas-
sendste« Volksbegriff sei, denn dieser beziehe sich auf »etwas
noch stärker verbindendes sogar als Stammesgemeinschaft
und Rasse, nämlich die Nation, und das heißt eine unter ge-
meinsamem Schicksal gewachsen [???] und innerhalb *eines*
Staates geprägte Seinsart«.[34] Klar erteilt er bloß biologistischen Volksbegriffen eine Absage: »Zunächst stellten wir
formal fest, daß das Volk das Seiende ist, das in der Art und
Weise des Staates ist, das Staat ist oder sein kann. Formal
fragten wir dann weiter: Welche Prägung und Gestalt gibt
sich das Volk im Staat, der Staat dem Volk? Die des Organismus? Unmöglich, denn wenn wir nach dem Staat fragen, fragen wir nach dem Wesen des Menschen und nicht nach dem
Wesen eines Organismus.«[35]

Die Biologie, so Heidegger, kann nicht die eigentliche
Wahrheit des Menschen und damit auch seine politische
Seinsart in angemessener Weise verstehen. Dazu ist die Phi-
losophie notwendig, und zwar eine Philosophie, die vor der
Seinsfrage – hier zunächst verstanden als die Frage nach der
Seinsart oder dem Leben des Volkes – nicht zurückschreckt:
»Das Volk«, so Heidegger, »ist beherrscht vom Drang, vom
eros zum Staat. Sofern aber der *eros* etwas ausgezeichnet
Menschliches ist, läßt sich dieser Staatswille nicht biolo-
gisch nur auffassen oder gar vergleichen mit dem Trieb der
Bienen und Termiten zu ihrem ›Staat‹. Das Leben (*zoe*) der

---

33 *Heidegger-Jahrbuch* 4, 73.
34 *Heidegger-Jahrbuch* 4, 73. Heidegger nennt hier als Beispiel für diesen
Begriff von Volk das »Volk in Waffen« – ein Beispiel, das die »Militarisierung« von Heideggers Denken im Jahr seines Rektorates sehr genau zeigt.
Das Wort nach »gewachsen« konnte nicht entziffert werden.
35 *Heidegger-Jahrbuch* 4, 70.

Tiere ist eben grundverschieden von dem Leben der Menschen.«[36] Von entscheidender Bedeutung ist hier, so Heideggers dezisionistisches Volksverständnis, die Entscheidung des Volkes zu einem Staat.[37] Auffallend ist nicht nur die Relativierung eines biologischen oder biologistischen Volksbegriffs und die klare Absage an politische Philosophien auf der (einzigen) Grundlage des Sozialdarwinismus, sondern auch der sehr allgemein gehaltene Charakter von Heideggers Ausführungen: Es geht Heidegger nicht darum, eine Philosophie des deutschen Volkes oder der arischen bzw. nordischen Rasse zu entwickeln, sondern um eine Ontologie des Politischen, die vor allem für den »abendländischen Menschen« (auf den sich Heidegger in diesem Seminar ausdrücklich bezieht),[38] letztlich aber für alle Menschen gilt.[39] Deutlich relativiert Heidegger in seiner Ontologie des Politischen sogar die Bedeutung des Volksbegriffes: »Wir müssen uns überhaupt hüten, uns durch das Wort Volk allzu sehr imponieren zu lassen.«[40] Der Grund hierfür liegt darin, dass Heidegger durchaus sieht, wie missverständlich der seines Erachtens wohl zu oft genutzte Volksbegriff ist. Allerdings kann nicht geleugnet werden, dass Heidegger selbst sich – das zeigt nicht nur dieses Seminar – durchaus vom Wort »Volk« imponieren ließ und auch nicht immer in klarer Weise die Differenz sei-

36 *Heidegger-Jahrbuch* 4, 76.
37 Vgl. *Heidegger-Jahrbuch* 4, 76f.
38 *Heidegger-Jahrbuch* 4, 79.
39 Daher deutet Heidegger die Existenz staatenloser Völker folgendermaßen: »Das Volk, das den Staat ablehnt, das staatenlos ist, hat nur die Sammlung seines Wesens noch nicht gefunden; es fehlt ihm noch Gefasstheit und Kraft zur Verpflichtung an sein völkisches Schicksal« (*Heidegger-Jahrbuch* 4, 74). Man wird hier – noch einmal – darauf hinweisen müssen, dass Heidegger nicht einfach eine rassistische deutsch-national ausgerichtete politische Philosophie entwickelt.
40 *Heidegger-Jahrbuch* 4, 82. Vgl. in diesem Zusammenhang auch Heideggers hier entfaltete Kritik an der gerade in der Zeit des Nationalsozialismus wichtigen Volkskunde (*Heidegger-Jahrbuch* 4, 82).

ner Position zu rassistisch-völkischen Positionen markiert hat, ja, gelegentlich, wenn auch nicht oft sogar eine allem äußeren Anschein nach eindeutig als rassistisch zu bezeichnende Position eingenommen hat. Wie aber ist das Verhältnis von Staat und Volk noch näher zu bestimmen?

In seinem Versuch, das Wesen des Politischen ontologisch zu bestimmen, stellt Heidegger nun die These auf, Staat und Volk verhielten sich wie Sein und Seiendes zueinander. Man kann also das eine nicht ohne das andere bestimmen und etwa die Frage nach dem »Wesen des Volkes schlechthin« stellen.[41] Die sogenannte ontologische Differenz von Sein und Seiendem findet sich also auch im Verhältnis vom Sein des Staates zu dem Volk als eines Seienden. Dies ist die grundlegende philosophische Bestimmung des Politischen, die Heidegger auch der Bestimmung des Politischen, die Carl Schmitt vorschlägt, nämlich der Bestimmung, die auf dem Gegensatz von Freund und Feind basiert, entgegensetzt: Schmitt, so Heideggers kurze Anmerkungen zu Schmitts politischer Philosophie, verfehle mit dieser Bestimmung das Wesen des Politischen. Damit kritisiert Heidegger einen Denker, der vor allem in den Jahren unmittelbar nach der nationalsozialistischen Machtergreifung eine bedeutende Rolle in Deutschland spielen sollte – kein Wunder, denn Schmitts theoretisches Verständnis des Politischen entsprach weit eher dem von den Nationalsozialisten praktizierten Verständnis des Politischen als die Ontologie des Politischen, die Heidegger im Jahr 1933/34 skizziert hat. Schmitt und Heidegger stimmten 1933/34 in ihrer Begeisterung für den Führer überein, nicht aber in ihrer Bestimmung des Politischen.[42]

---

41 *Heidegger-Jahrbuch* 4, 83.
42 Ohne dass der Name Carl Schmitts genannt würde, zeigen auch Heideggers Ausführungen zur Souveränität und zu Jean Bodin, die auf

Wichtig ist aber auch zu sehen, dass die Entscheidung des Volkes zu einem Staat von Heidegger ausdrücklich auch in die Geschichte des Nihilismus eingeordnet wird und vor dem Horizont der für Heidegger seit seinen philosophischen Anfängen wichtigen Fraglichkeitserfahrung gedeutet wird: »Der Mensch, der seinem Wesen nach fragen muß, der muß sich der Gefahr des Nichts, des Nihilismus aussetzen, um aus dessen Überwindung den Sinn seines Seins zu erfassen.«[43] Es gilt aus diesem Grund, so Heidegger, dass das Volk sich zu seinem Sein, nämlich zum Staat, entscheiden müsse und dadurch den Nihilismus überwinden könne.[44] Endlich, so scheint es (und so hat sich in der Rektoratsrede schon ansatzweise gezeigt), hat Heidegger eine Antwort auf die ihn seit längerem beschäftigende Frage nach dem modernen Nihilismus – der von Nietzsche artikulierten Erfahrung des »Todes Gottes« – gefunden: Der Nationalsozialismus wird ihm daher 1933/34 zu einer Form der sinngebenden Anti- oder Pseudoreligion, die die neuzeitliche Erfahrung der Sinn-

---

zentrale ideengeschichtliche Gedanken Carl Schmitts Bezug nehmen, Zeichen einer intensiven Auseinandersetzung Heideggers mit Schmitts *Politische[r] Theologie.* Heidegger scheint auch mit Schmitts ideengeschichtlicher These, die zentralen Begriffe der neuzeitlichen politischen Philosophie seien säkularisierte theologische Begriffe, übereinzustimmen. »Heute«, so Heidegger, »sagt man vielfach ›Volk‹, so man früher Gott sagte, und bestimmt danach diese letzte Bindung« (*Heidegger-Jahrbuch* 4, 88). Heidegger diskutiert in diesem Zusammenhang nicht nur kurz die Staatsphilosophie Jean Bodins, die auch für Schmitt von besonderer Bedeutung gewesen ist, sondern scheint auch Schmitt – allerdings ohne Namensnennung – übereinstimmend zu zitieren, wenn er darauf hinweist, dass »die omnipotentia dei säkularisiert sei zur Souveränität Gottes«. Eine große inhaltliche Nähe zu oder sachliche Übereinstimmung Heideggers mit der von Schmitt 1933/34 vertretenen Ideologie kann man daraus so wenig ableiten, wie man sie aus dem wohl einzigen Brief Heideggers an Schmitt ableiten kann (vgl. GA 16, 156).

43 *Heidegger-Jahrbuch* 4, 75.
44 Vgl. *Heidegger-Jahrbuch* 4, 75.

losigkeit zu überwinden hilft. Hitler, so kann man sagen, ist als verklärte Führergestalt für Heidegger der neue Messias oder – folgen wir Heideggers Auseinandersetzung mit Nietzsche – der langersehnte »Übermensch«.[45] In gewisser Weise ist also die nationalsozialistische Ideologie bei Heidegger an die Stelle der gegen die Moderne positionierten Religion getreten: War hier in den 1920er Jahren in seinem Denken eine Leerstelle zu verzeichnen, insofern er das Offenhalten der Fraglichkeit und den Widerstand gegen »Sicherungstendenzen« zu einem Akt des Heroismus stilisierte (und damit eine höchst radikal-moderne Position einnahm), geht er nun davon aus, dass der wahre Heroismus in einer Antwort und das heißt in einer Kollektiv-Entscheidung des Volkes für den neuen Staat liegt. Das Pathos des Fragens und der Kritik ist nun durch das affirmative Pathos des entschiedenen Antwortens und konkreten Handelns ersetzt worden. Staat und Recht werden der konkreten politischen Situation unterworfen und von dieser her bestimmt. Allein schon die bloße Möglichkeit einer kritischen Auseinandersetzung mit der politischen Situation der damaligen Gegenwart wird damit von Heidegger aufgegeben. Marion Heinz spricht in diesem Zusammenhang zu Recht davon, Heidegger habe »Staat und Recht einem durch Berufung auf Verwurzelung im Geschichtlichen kaum zu kaschierenden kollektiven Dezisionismus« ausgeliefert, »dessen verzweifeltes Pathos als sich mit dem Nihilismus konfrontierende Sinnstiftung nur Peinlichkeit hervorruft«.[46]

---

45 Hierauf macht auch Marion Heinz, »Volk und Führer. Untersuchungen zu Heideggers Seminar *Über Wesen und Begriff von Natur, Geschichte und Staat* (1933/34)«, 75, aufmerksam.
46 Marion Heinz, »Volk und Führer. Untersuchungen zu Heideggers Seminar *Über Wesen und Begriff von Natur, Geschichte und Staat* (1933/34)«, 67.

Mit der Bedeutung, die die ontologische Perspektive und die Differenz des Seins des Staates zum Seienden des Volkes nach Heidegger einnimmt, wird noch einmal die Bedeutung der Philosophie deutlich: Denn nur diese – keine politische Ideologie, keine Kulturphilosophie, keine Weltanschauung, keine bloße Rechtsphilosophie oder -soziologie – kann wirklich fassen, was damit gemeint ist, dass der Mensch politisch existiere. Der »abendländische Mensch« wird daher von Heidegger ausdrücklich als »aus der Philosophie heraus existierend« bezeichnet,[47] das bedeutet, dass Heidegger seine Überlegungen nicht nur in die Geschichte der abendländischen Philosophie einordnet, sondern auch weiterhin daran festhält, dass der Philosophie – und damit auch ihm selbst als Philosophen – eine besondere, die Gegenwart in umfassendster und tiefster Weise deutende und das notwendige Wissen vermittelnde Rolle zukommt. Und dass dies eine Rolle ist, die von Heidegger als unmittelbar politisch relevant verstanden wird, haben wir schon gesehen.

Hat Heidegger damit den Nationalsozialismus in die Philosophie eingeführt, wie vor allem Emmanuel Faye behauptet? Die obigen Zitate scheinen zunächst einmal Fayes These zu bestätigen. Heidegger ist zum »Führer-« und »Volksphilosophen« geworden. War das »Volk« bereits in den Jahren nach der Veröffentlichung von *Sein und Zeit* für Heidegger zu einem zunehmend wichtigen Gegenstand des philosophischen Nachdenkens geworden, so hat nun der »Führer« selbst seinen Platz in den heiligen Hallen der Philosophie gefunden. Allerdings gilt es auch hier, genau zu lesen und dem, was Heidegger sagt, gerecht zu werden – soweit dies auf der Grundlage des zur Verfügung stehenden Quellenmaterials möglich ist. Zunächst ist darauf hinzuweisen, dass die im en-

47 *Heidegger-Jahrbuch* 4, 79.

geren Sinne zeitgeschichtlichen Bezüge in diesem Seminar sich auf dessen zweite Hälfte beschränken. Die Begriffe und das Wesen von »Natur« und »Geschichte« als »Bezirken« des menschlichen Daseins[48] werden von Heidegger zunächst in einer streng philosophischen, wenn auch sicherlich nicht unumstrittenen Weise erörtert, ohne dass der zeitgeschichtliche Kontext eine wesentliche, das heißt das Denken bestimmende Rolle spielte.[49] Das entschuldigt wenig, zeigt aber zumindest, dass Heidegger es nicht für notwendig erachtet hat und es ihm nicht nahelag, auch seine Überlegungen zur Natur und zur Geschichte von der neuen politischen Situation her zu entwickeln, also etwa im Sinne eines völkisch-rassistischen Naturbegriffs oder eines nationalistisch verengten Geschichtsbegriffs.

Erst in der fünften Seminarsitzung ändert sich dies: Heidegger kommt nun, nachdem er die Geschichte als den »auszeichnenden ›Titel‹ für das Sein des Menschen«[50] erläutert hat, auf den Staat zu sprechen: Denn »wir«, so Heidegger zu seinen Studenten, »sollten uns um ein echtes Wissen um den Staat bemühen, damit er unser Wesen bilde und der Staat so Gewalt gewinne«.[51] Wie wir sahen, wird auch der Staat von Heidegger ontologisch gedeutet, nämlich als »Seinsart eines

---

48 Vgl. hierzu *Heidegger-Jahrbuch* 4, 55.
49 Vgl. dagegen, wie Heidegger in seiner Rede bei der feierlichen Immatrikulation vom 25. November 1933 Ausführungen zum »Volk im Raum« natur- und geschichtsphilosophisch untermauert: »So wird z. B. die *Natur* offenbar als Raum eines Volkes, als Landschaft und Heimat, als Grund und Boden. Die Natur wird frei als Macht und Gesetz jener verborgenen Überlieferung der *Vererbung* wesentlicher Anlagen und Triebrichtungen. … In die Natur gebunden, von ihr getragen und überwölbt, durch sie befeuert und begrenzt, verwirklicht sich die *Geschichte* des Volkes. Im Kampf, dem eigenen Wesen die *Bahn* zu schaffen und die *Dauer* zu sichern, erfaßt das Volk sein Selbst in der wachsenden Staatsverfassung« (GA 16, 200f.).
50 *Heidegger-Jahrbuch* 4, 69.
51 *Heidegger-Jahrbuch* 4, 70.

Volkes«.[52] Der Staat ist für ihn aus diesem Grund kein Lebensbereich, sondern ein Bezirk des menschlichen Daseins.[53] Das Denken von *Sein und Zeit* wird somit auf Fragen der Staatsphilosophie angewandt, ohne dass Heidegger dem nationalsozialistischen Biologismus folgen würde. Wiederum spielt das griechische Denken, vor allem die dezisionistisch gebrochene Staatsphilosophie des Aristoteles, eine wichtige Rolle – nicht aber ein rassistischer Nationalismus.[54] Heidegger geht, wie wir sahen, von Aristoteles' These, der Mensch sei ein »politisches Lebewesen«, aus und bestimmt das Verhältnis von Staat und Politik als ein solches, in dem die politische Existenz des Menschen und damit die geschichtliche Entscheidung des Volkes die Bedingung für den Staat ist und nicht umgekehrt.

Heidegger kommt allerdings einem völkischen und auch antisemitisch orientierten Nationalismus in dieser Übung gefährlich nahe, wenn er nicht teilweise auch die Schwelle dazu schon zu überschreiten scheint, wenn er nun auch Überlegungen zur »Räumlichkeit« des Volkes anstellt. Volk und Staat, so Heidegger, »haben einen ihnen zugehörigen Raum«, wobei der Raum des Staates nicht unbedingt mit dem Raum des Volkes zusammenfallen müsse.[55] In diesem Zusammenhang kommt Heidegger auch auf die Deutschen zu sprechen, die außerhalb der Grenzen des »Deutschen Reiches« leben. Er skizziert die Gefahren, die seines Erachtens damit verbunden sind, zieht aber nicht die Folgerungen daraus, die seitens der nationalsozialistischen Machthaber daraus gezogen wurden. Er beschränkt sich auf eine Beschrei-

---

52 *Heidegger-Jahrbuch* 4, 71.
53 *Heidegger-Jahrbuch* 4, 55.
54 Vgl. zur kritischen Diskussion dieses Bezuges auf Aristoteles auch Marion Heinz, »Volk und Führer. Untersuchungen zu Heideggers Seminar *Über Wesen und Begriff von Natur, Geschichte und Staat* (1933/34)«, 61.
55 *Heidegger-Jahrbuch* 4, 82.

bung, die, was ihre konkreten politischen Implikationen betrifft, ganz unterschiedlich verstanden werden kann. Auch sein u.a. von Emmanuel Faye diskutierter Bezug auf die »semitischen Nomaden« bleibt ambivalent: Diesen, so Heidegger, werde »die Natur unseres deutschen Raumes ... vielleicht überhaupt nie offenbar«.[56] Ambivalent ist dieser Satz, weil nicht nur nicht deutlich ist, wie wichtig es in diesem Zusammenhang für Heidegger ist, dass es sich um *semitische* Nomaden handelt und nicht einfach nur um Nomaden und weil überdies auch nicht klar ist, ob und welche Folgerungen Heidegger aus dieser Aussage zieht. Behauptet er damit, dass die in Deutschland lebenden Juden dort nie heimisch werden können? Impliziert dies, dass sie vertrieben werden sollten?

Wir können diese Fragen hier nicht mit letzter Sicherheit klären, können aber doch die Vermutung aussprechen, dass es Heidegger vornehmlich darum ging, die sesshafte von der nomadischen Lebensweise abzugrenzen, ohne dass ihm vielleicht sogar völlig bewusst geworden wäre, welche Implikationen mit seinen Aussagen verbunden gewesen sind. Einige der Zuhörer werden Heidegger wohl so verstanden haben, dass sie in diesen wenigen Sätzen seine Nähe zum parteiamtlichen Antisemitismus und völkischen Nationalismus sahen. Aber selbst wenn Heidegger hier ganz bewusst ein antisemitisches Stereotyp verwendet hat, so bleibt der Befund, dass Heidegger daraus nicht die Folgerungen ableitet, die seitens der offiziellen Parteiideologen daraus abgeleitet wurden: Denn Heideggers (freilich fragwürdiger) Anspruch besteht darin, die zur Diskussion stehenden Verhältnisse – die Dif-

---

56 *Heidegger-Jahrbuch* 4, 82. Vgl. hierzu auch Marion Heinz, »Volk und Führer. Untersuchungen zu Heideggers Seminar *Über Wesen und Begriff von Natur, Geschichte und Staat* (1933/34)«, 69 f.; Emmanuel Faye, *Heidegger. Die Einführung des Nationalsozialismus in die Philosophie*, 195 ff., sowie unten S. 622 ff.

ferenz zwischen verschiedenen Seinsweisen – zunächst zu beschreiben. Manchen Zuhörern wird hier auch ein Widerspruch aufgefallen sein, nämlich der Widerspruch zwischen der naturalistischen Position, dass das »Eingesenktsein und Angelegtsein im Volke, diese ursprüngliche Teilhabe am Wissen des Volkes ... nicht gelernt werden« könne,[57] und Heideggers ansonsten durchgängig dezisionistischer, also der Entscheidung eine zentrale Position einräumender politischer Philosophie, in der die Geschichte eine viel größere Rolle spielt als die Natur. Jetzt scheint seinem politischen Dezisionismus eine völkische Philosophie zugrunde gelegt zu sein – wider Heideggers Kritik an gerade solchen Philosophien. Aber – wie gesagt – letzte Klarheit lässt sich hier nicht finden. Irritierend und zutiefst problematisch bleiben diese Aussagen allemal. Aber man sollte sie auf keinen Fall aus einer anachronistischen Perspektive lesen oder hineinlesen, was weder hier noch anderswo in Heideggers umfangreichem Werk ausdrücklich gesagt ist, obwohl Heidegger gerade 1933/34 reiche Gelegenheit gehabt hätte, noch wesentlich radikalere Aussagen zu machen als die, die wir hier diskutieren.

Selbst wenn wir mit verschiedenen Deutungsmöglichkeiten der hier besprochenen Texte rechnen, bleibt die These plausibel, dass Heidegger bei aller Annäherung an die politische Situation des Jahres 1933/34 trotz der zu beobachtenden politischen Radikalisierung doch nicht zu einem blinden Parteigänger wurde, der nun die nationalsozialistische Ideologie zum Maßstab all seines Denkens und Handelns gemacht hätte. Heidegger führt, so können wir jetzt zusammenfassend sagen, also nicht einfach den Nationalsozialismus in die Philosophie ein. Gerade diese Übung aus dem Wintersemester 1933/34 zeigt, dass die Situation wesentlich komplexer

---

57 *Heidegger-Jahrbuch* 4, 82.

aussieht: Er führt bestimmte Motive und Ideen der nationalsozialistischen Ideologie in die Philosophie ein, wie er umgekehrt auch bestimmte philosophische Ideen in diese Ideologie einzuführen beansprucht. Die Philosophie ist für ihn
weiterhin »die höchste Grundform der menschlichen Existenz«.[58] Bei aller Begeisterung für den Führer, für den Heidegger sich nun eindeutig entschieden hat, bleibt er doch zumindest teilweise auch seiner Berufung zur Philosophie treu und
vermischt in einer seltsamen, heute noch peinlich berührenden und erschreckenden Weise seine eigene Philosophie,
Positionen der Philosophiegeschichte in zumeist höchst
eigenwilliger Lesart und Versatzstücke der nationalsozialistischen Ideologie.

Darum, den Führer philosophisch zu führen (und sich dadurch über ihn zu stellen), ging es ihm, soweit wir sehen, in
dieser Lehrveranstaltung nicht – gerade weil der Führer aufgrund seines Seins (nicht aufgrund seines Wissens) nicht nur
die ihm eigene Position beanspruchen konnte, sondern auch
fordern konnte, dass das Volk sich für ihn entschied. Unterordnung unter den Willen des Führers war also das Gebot der
Stunde; und Heidegger sah sich herausgefordert, zu einem
»Hüter« der Entscheidung des Volkes – und damit des Volks-
und Führerwillens – zu werden. Es ging ihm – die Übung
bestätigt die politische Radikalisierung Heideggers, die wir
im letzten Kapitel festgestellt hatten – daher darum, sich mit
dem politischen Geschehen nach der nationalsozialistischen
Machtergreifung philosophisch auseinanderzusetzen. Als
»Erfüllungsgehilfe des Faktischen«[59] bereitet Heidegger also
so etwas wie einen philosophischen Überbau, der dabei hilft,
die Machtergreifung Hitlers und damit die Entscheidung des

---

58 *Heidegger-Jahrbuch* 4, 78.
59 Marion Heinz, »Volk und Führer. Untersuchungen zu Heideggers
Seminar *Über Wesen und Begriff von Natur, Geschichte und Staat*
(1933/34)«, 75.

deutschen Volkes zu verstehen und – Heideggers Haltung zu den neuen Machthabern ist ohne jeden Zweifel durchgehend affirmativ – zu rechtfertigen. »Heute gilt es«, so Heidegger gegen Ende der 9. Seminarsitzung, »das Grundverhältnis unseres gemeinsamen Seins auf diese Wirklichkeit von Volk und Führer einzurichten, wobei beide als eine Wirklichkeit nicht zu trennen sind.«[60] Deutlicher hätte Heidegger die neue politische Situation nicht philosophisch rechtfertigen können.

Die feinen Unterschiede seiner in diesem Seminar deutlich werdenden philosophischen Position zur nationalsozialistischen Ideologie dürfen – gerade weil diese Ideologie durchaus verschiedene Zugänge zuließ – daher nicht als Zeichen einer letztlich doch oppositionellen Haltung überinterpretiert werden. Dieses Seminar aus dem Wintersemester 1933/34 ist daher alles andere als unproblematisch und zeigt ohne jede Frage einen Verrat der Philosophie durch Heidegger. Dem Auftrag, kritischer »Wächter« zu sein, bleibt Heidegger dabei nicht treu – es sei denn, wir gehen davon aus, dass er dieses Wächteramt als ein rein affirmatives und die politische Situation so legitimierendes »Hüter«-Amt verstanden hätte. Gerade wenn man die Frage nach Heideggers Schuld stellt, muss man aber auch darauf hinweisen, dass Heidegger besonders aufgrund seiner »Realitätsblindheit«, d.h. eines einseitigen und verzerrten Zugangs zur zeitgeschichtlichen Situation, nicht einfach 1933 (oder gar schon vor 1933) den Nationalsozialismus in die Philosophie einführte, sondern die zeitgeschichtliche politische Situation so, wie er sie in einer Haltung, die in seltsamer und irritierender Weise zwischen politischer Naivität, auf Wirkung bedachtem Opportunismus und ideologischem Fanatismus zu oszillieren scheint, wahrnahm, philosophisch zu verstehen und zu rechtfertigen

---

60 *Heidegger-Jahrbuch* 4, 85.

suchte. Das ist ein kleiner, aber wesentlicher Unterschied, der sich vor allem in den Jahren nach 1934 sehr stark auswirken wird. Denn dann wird ihm zunehmend deutlich, dass die philosophische Auseinandersetzung mit dem Nationalsozialismus ganz anders aussehen muss.

Man darf dabei auch nicht vergessen, dass Heidegger letztlich auch seine eigene Philosophie verrät: Denn was er im Wintersemester 1933/34 von sich gibt, lässt sich – entgegen dem ersten Anschein – nicht so einfach mit dem weitestgehend apolitischen Denken von *Sein und Zeit* vereinbaren, wie Heidegger selbst gedacht haben mag.[61] Denn der politische Dezisionismus oder »Existenzialismus«,[62] dem Heidegger im Wintersemester 1933/34 das Wort redet, ist auf einer ganz anderen Ebene anzusiedeln als das Denken, das in *Sein und Zeit* oder in seinen Vorlesungen aus dem Umfeld dieses Buches Ausdruck gefunden hat. Die Skepsis und Distanz gegenüber der Welt der konkreten Politik ist der Auslieferung an diese Welt und der fatalen Absolutsetzung und Legitimierung der konkreten politischen Situation gewichen. Aus unserer heutigen Sicht erscheint diese Position Heideggers ungeheuer naiv und angesichts dessen, was bis zum Ende dieser Übung im Februar 1934 schon geschehen war, auch als zynisch und alles andere als unschuldig. Wieder einmal zeigt sich, wie wenig Heidegger von den realen historischen Bedingungen seiner Zeit eigentlich wahrnahm oder wahrnehmen wollte, so dass er so einfach den Bereich der Realgeschichte und Politik fast ausschließlich durch die in diesem Zusammenhang nicht selten verzerrende Optik der Philosophie be-

---

61 So urteilt auch Marion Heinz, »Volk und Führer. Untersuchungen zu Heideggers Seminar *Über Wesen und Begriff von Natur, Geschichte und Staat* (1933/34)«, 62. Heinz spricht davon, dass Heidegger die Philosophie von *Sein und Zeit* in diesem Seminar »grundlegend verwandelt« habe.

62 Vgl. hierzu auch Marion Heinz, »Volk und Führer. Untersuchungen zu Heideggers Seminar *Über Wesen und Begriff von Natur, Geschichte und Staat* (1933/34)«, 73.

trachten konnte. Das ist – nicht nur 1933/34 – gefährlich und nicht zu entschuldigen.

Heidegger hätte mehr wissen können und dort, wo er vielleicht mehr wusste – man denke noch einmal an seine jüdischen Schüler, für die er in genau der Zeit, in der er sich über das Verhältnis von Volk und Staat und über die Aufgabe des Führers Gedanken macht, Gutachten schreibt – andere philosophische Konsequenzen ziehen müssen. Dass er dies nicht getan hat, verweist nicht nur auf politische Naivität, sondern auch auf das Ausmaß, in dem er im Jahr 1933 und Anfang 1934 trotz seiner eindeutig belegbaren zunehmenden Enttäuschung dem totalitären Regime des Nationalsozialismus affirmativ gegenüberstand. Die kritische Aufgabe der Philosophie hatte der Denker, der in den 1920er Jahren wie auch in seinem späteren Denken immer auch die Philosophie als Kritik verstand, mehr oder weniger völlig aufgegeben. Die philosophischen Koordinaten, die in dem Seminar vom Wintersemester 1933/34 deutlich werden, erlauben bestenfalls marginale Kritik an den damals in Deutschland herrschenden Zuständen – etwa an einer zu großen und falsch verstandenen Bedeutung des Volksbegriffes. Jeder Maßstab für eine tiefer reichende kritische Auseinandersetzung mit dem Nationalsozialismus ist Heidegger hier verlorengegangen.

Dass Heideggers Ontologie des Politischen zum Scheitern verurteilt war und dass die Differenzen zwischen seinem Verständnis des Politischen als einer Seinsweise aller Menschen und seiner Philosophie (einschließlich seiner universitätspolitischen Ideen) auf der einen Seite und dem nationalsozialistischen Totalitarismus, der sich alles andere als offen für Heideggers ontologische Spekulationen zeigen sollte, auf der anderen größer waren als die Gemeinsamkeiten, wurde auch Heidegger ab Anfang 1934 und vor allem in den Jahren nach seinem Rücktritt vom Rektorat immer deutlicher: Heidegger musste u. a. bald lernen, dass der Nationalsozialismus

unter dem Vorschein der kritischen Auseinandersetzung mit
der Moderne die Modernisierung radikalisierte und dass daher, was zunächst wie die Möglichkeit der Überwindung des
Nihilismus erschien, letztlich diesen nur in gewandelter und
radikalisierter Weise fortsetzte. Und er musste auch einsehen, dass es mit der Freiheit und Entscheidung des Volkes zur
Bindung nicht so weit her war und Zwang und »Auswendiglernen von Sätzen« in den dunklen Jahren der nationalsozialistischen Diktatur eine viel größere und bedeutendere Rolle
spielten, als er zunächst vermutet haben mag – so wie er bald
schon – vielleicht schon zur Zeit des Röhm-Putsches im Jahr
1934 – einsehen musste, dass die Identifikation des Führerwillens mit dem Volkswillen doch eine gefährliche und rea-
litätsvergessene Idealisierung darstellte und dass seine idealisierende Ontologie der politischen Willensbildung von der
Wirklichkeit eingeholt wurde.

Das erklärt, warum ab dem Sommer 1934 bei Heidegger
»Führerbegeisterung« kaum noch nachzuweisen ist und, wie
wir noch deutlicher sehen werden, ein messianisch verklärter
Hölderlin an die Stelle Hitlers getreten ist. Und wo er sich ab
1934 in einer Weise äußert, die als affirmative Stellungnahme
zu zeitgeschichtlichen Ereignissen gelesen werden kann,
wirkt dies wenn noch nicht eindeutig kritisch, so zunächst
zumindest zunehmend deplatziert: so, als bediene Heidegger
bestimmte Erwartungen, ohne selbst noch wirklich ernst zu
nehmen, was er sagt, oder als schütze er sich vor Repressalien,
die aufgrund seiner nun zunehmenden teils offenen, oft ver-
deckten, aber nicht schwer zu entziffernden Kritik am Nationalsozialismus nicht unwahrscheinlich gewesen wären. Aussagen wie die gerade diskutierten werden wir nämlich nicht
mehr finden: Sowohl inhaltlich und stilistisch werden sich
Heideggers Lehrveranstaltungen schnell ändern: Von konkreter Politik ist dann so gut wie gar nicht mehr die Rede, und an
die Stelle apodiktisch verkündeter Wahrheiten tritt dann das

verhaltene, aus dem Hören (beispielsweise auf das Wort Hölderlins) gespeiste Wort, das in einer fernen Zukunft seine Orientierung findet. Diese spätere Perspektive ist, wie wir sehen werden, auch nicht unproblematisch – aber doch ganz anders als dieses Seminar des Wintersemesters 1933/34.

Wintersemester 1934/35:
Mit Hegel über den »Staat im Werden« nachdenken

Dass es bereits 1934 zu einer Distanzierung und Desillusionierung Heideggers gekommen war, zeigt ein anderes Seminar: Ein Jahr nach der gerade interpretierten Übung – im Wintersemester 1934/35 – wendet sich Heidegger in diesem Seminar erneut Fragen zu, die im weiteren Sinne der Staatsphilosophie oder politischen Philosophie zugerechnet werden können. Zusammen mit seinem Kollegen Erik Wolf von der juristischen Fakultät bietet Heidegger eine »Übung für Anfänger« zum Thema »Hegel, über den Staat« an.[63] Laut Faye begegne man »hier einem Heidegger, der für den Fortbestand des nationalsozialistischen Reiches sorgen will«.[64]

63 Vgl. hierzu auch Alexander Hollerbachs Ausführungen in: *Heidegger-Jahrbuch* 4, 337. Hollerbach urteilt – gegen Emmanuel Faye – zu Recht, dass dieses »Seminar als Beleg für den angeblich fortdauernden ›Nazismus‹ Wolfs ausscheiden« müsse. Diese Aussage lässt sich, wie wir sehen werden, *mutatis mutandis* auch im Hinblick auf Heideggers damalige politische Einstellung machen.
64 Emmanuel Faye, *Heidegger. Die Einführung des Nationalsozialismus in die Philosophie*, 273. Es ist in diesem Zusammenhang nicht unwichtig, darauf hinzuweisen, dass die Deutung Hegels während der Zeit des Nationalsozialismus durchaus kontrovers war. Alfred Rosenberg etwa war Hegel gegenüber außerordentlich kritisch und ablehnend eingestellt (vgl. Alfred Rosenberg, *Der Mythus des 20. Jahrhunderts. Eine Wertung der seelisch-geistigen Gestaltenkämpfe unserer Zeit*, München 1933, 287 und 525ff.; vgl. hierzu und zu den Unterschieden zwischen dem deutschen und dem italienischen Faschismus die nach wie vor lesenswerten Ausführungen von Fritz Nova, *Alfred Rosenberg. Nazi Theorist of the Holocaust*, New York 1986, 180f.).

Heidegger verfolge, so Faye, das Anliegen, »an der weiteren Ausbildung des nationalsozialistischen Staates zu arbeiten, und zwar auf der Grundlage des nationalsozialistischen Rechts und des Führerprinzips«.[65] Denn Heidegger sehe in sich denjenigen, »der am ehesten die Fähigkeit hat, für die zukünftige ›geistige‹ Ausrichtung und den ›geistigen‹ Fortbestand des nationalsozialistischen Staates Sorge zu tragen«.[66] Dieser Anspruch nun belege, »dass seine Lehre nicht auf einen philosophischen, sondern auf einen politischen Zweck abzielt«.[67] Faye verzichtet allerdings auf eine Diskussion des gesamten Seminares. Er bekennt sogar ausdrücklich, dass es in seinem Kapitel zu diesem Seminar nicht darum gehen könne, »das Seminar in seiner ganzen Länge zusammenzufassen«.[68]

Wer sich aber auch nur oberflächlich mit den Mitschriften von Hallwachs und Bröse beschäftigt, auf deren Grundlage wir den Seminarverlauf rekonstruieren können, sieht sehr schnell, dass eine Diskussion des gesamten Seminares notwendig gewesen wäre, wenn Fayes Anliegen denn darin be-

---

65 Emmanuel Faye, *Heidegger. Die Einführung des Nationalsozialismus in die Philosophie*, 277.
66 Emmanuel Faye, *Heidegger. Die Einführung des Nationalsozialismus in die Philosophie*, 274.
67 Emmanuel Faye, *Heidegger. Die Einführung des Nationalsozialismus in die Philosophie*, 274; vgl. auch 281: »In Wirklichkeit ist das, was hier auf dem Spiel steht, nichts Philosophisches, sondern etwas einzig und allein Politisches.«
68 Emmanuel Faye, *Heidegger. Die Einführung des Nationalsozialismus in die Philosophie*, 280. Vgl. in diesem Zusammenhang auch 181: »Es liegt uns fern, Heideggers Lehrstunde einen ausführlichen Kommentar zu widmen und so dem Schein des Akademischen zu erliegen, den Heidegger seinen Ausführungen zu verleihen sucht, um einen radikal hitlerischen Bodensatz besser zu verpacken.« Faye scheint den Verzicht auf eine genaue Lektüre zum Prinzip seiner Interpretation gemacht zu haben. Selbst wenn seine Deutung von Heideggers Texten oder Seminaren korrekt wäre, bedürften diese doch der sorgsamen Kommentierung und textnahen Deutung.

standen hätte, in einer philologisch und historisch korrekten Weise das Seminar zu Hegels Rechtsphilosophie zu diskutieren. Denn dann hätte sich sehr schnell gezeigt, dass es im gesamten Seminar nur äußerst wenige Aussagen gibt, die eine unmittelbar politische Relevanz haben oder sich direkt auf die zeitgeschichtliche Situation beziehen.[69] Heidegger (und mit ihm Wolf) geht es um eine Einführung in die hegelsche Rechtsphilosophie. Heidegger liest dabei Hegel – im Kontext eines bei ihm schon seit einigen Jahren nachweisbaren Interesses an Hegel[70] – als Vollender der abendländisch-metaphysischen Philosophiegeschichte und ordnet ihn in die Geschichte vor allem des neuzeitlichen Denkens ein.[71] In diesem Zusammenhang werden u. a. auch die Philosophie Platons,[72] Descartes', Rousseaus, Kants und des deutschen Idealismus diskutiert. Man mag aus im engeren Sinne inhaltlichen oder didaktischen Gründen durchaus Kritik an Heidegger üben, unkontrovers dürfte allerdings sein, dass es sich bei diesem Seminar nicht darum gehandelt hat, mit Bezug auf Hegels Denken für den Fortbestand des Nationalsozialismus »Sorge zu tragen«. Die Begriffe »national« oder »Nation« tauchen gar nicht auf, der Begriff »deutsch« oder »Deutschland« nur dort, wo Heidegger Hegels Äußerungen

---

69 Diese These wird bestätigt durch eine Aussage, die Heidegger in einem Brief an Elisabeth Blochmann im Dezember 1934 macht: »Gleichzeitig behandle ich im Oberseminar Hegels ›Phänomenologie des Geistes‹ u. im Unterseminar Hegels Staatslehre. Ich lebe so ganz geschlossen in der Zeit« (Heidegger/Blochmann, 84). Heidegger lebt also, wie auch der Gesamttenor des Briefes zeigt, zurückgezogen von den eigentlich zeitgeschichtlichen Ereignissen. Vgl. auch Heidegger/Bauch, 24: »Im Übrigen sehe und höre ich nichts von unserer ›Welt‹.«
70 Vgl. hierzu z. B. GA 28, GA 32 wie auch den 1930 gehaltenen Vortrag »Hegel und das Problem der Metaphysik« (erscheint in GA 80).
71 Vgl. Martin Heidegger, *Hegel, über den Staat* (Hallwachs), 1v, 4v, 28v, 68v.
72 Vgl. Martin Heidegger, *Hegel, über den Staat* (Hallwachs), 5r, 31v, 63r.

zur deutschen Verfassung[73] diskutiert oder auf den deutschen Idealismus[74] Bezug nimmt. Hinzu kommt, dass Heidegger etwa dort, wo er auf französische Philosophen wie etwa Descartes oder Rousseau zu sprechen kommt, diese keinesfalls polemisch oder aus einer nationalsozialistisch verengten Perspektive deutet. Soweit wir dies aus den Mitschriften von Hallwachs und Bröse sehen können, beschränkt sich Heidegger hier auf den Ton philosophiegeschichtlicher Sachlichkeit.

Schon eine erste oberflächliche Lektüre zeigt, dass Heidegger wie auch Wolf, hätte Faye recht, ihre eigentlichen Absichten recht gut versteckt haben müssen oder dass sowohl Hallwachs als auch Bröse letztlich nicht verstanden haben, worum es Heidegger und seinem jüngeren Kollegen gegangen war. Dann aber würde sich die Frage stellen, woher Faye denn zu wissen beansprucht, was Heideggers eigentliche Absicht gewesen ist, wenn die einzigen Quellen, die uns zur Verfügung stehen, die Mitschriften der Herren Hallwachs und Bröse sind. Haben Heidegger und Wolf ihre »eigentlichen Absichten« zu gut versteckt? Aber warum sollte Heidegger hier – wohlgemerkt: nach der nationalsozialistischen Machtergreifung – seine eigentlichen Absichten überhaupt verborgen haben? Denn dies war im zeitgeschichtlichen Kontext ja nicht notwendig und, hätte Faye recht, ja zumindest unerwünscht gewesen. Nun könnte es freilich der Fall sein, dass Heidegger und Wolf auf einer tieferen Ebene Hegel mit nationalsozialistischer Brille und einem Interesse am »Systemerhalt« gelesen haben, dass sie also, mit anderen Worten, den Anschein einer rein akademischen Diskussion geweckt haben, um im Verborgenen die Studenten ideologisch zu bestätigen oder gar zu bestärken oder nationalsozialistisch zu infiltrieren. Gibt es Anzeichen dafür?

---

73 Vgl. Martin Heidegger, *Hegel, über den Staat* (Hallwachs), 3v.
74 Vgl. Martin Heidegger, *Hegel, über den Staat* (Hallwachs), 34r, 42v.

Bei der Klärung dieser Frage helfen einige der Ausschnitte aus den Seminarmitschriften, die Faye diskutiert. So heißt es gegen Ende des Seminares etwa: »Welches ist nun aber die heutige Staatsauffassung? Man hat gesagt 1933 ist Hegel gestorben. Im Gegenteil: er hat erst angefangen zu leben.«[75] Faye urteilt sehr schnell über diesen Satz: Es handle sich um einen »abscheulichen Satz«, der vollkommen unhaltbar sei[76] und die »Identifizierung Hegels mit dem Staat von 1933«[77] zeige. Hat aber Heidegger (wenn wir davon ausgehen, dass Heidegger diese Aussage gemacht hat) Hegels Staat ohne weitere Differenzierungen mit dem nationalsozialistischen Staat nach 1933 identifiziert? Zunächst einmal ist daran festzuhalten, dass Heidegger sich in diesem Kontext kritisch mit Interpretationen der nationalsozialistischen Machtergreifung auseinandersetzt. Er mag dabei nicht nur an Carl Schmitt,[78] sondern u.a. auch an Alfred Rosenberg gedacht haben, der, anders als die italienischen Faschisten, der Philosophie Hegels gegenüber sehr kritisch eingestellt war. Dank der mittlerweile vorliegenden Studie von Ernst Piper wissen wir, dass Rosenberg durchaus eine viel wichtigere Rolle im »Dritten Reich« gespielt hat, als lange angenommen wurde.[79] Er war

75 Martin Heidegger, *Hegel, über den Staat* (Hallwachs), 75v. Vgl. Emmanuel Faye, *Heidegger. Die Einführung des Nationalsozialismus in die Philosophie*, 299.
76 Emmanuel Faye, *Heidegger. Die Einführung des Nationalsozialismus in die Philosophie*, 299. Faye verweist hier darauf, dass das »bei der Begegnung mit diesem Satz verspürte Entsetzen ... vor einigen Jahren den Anstoß zum vorliegenden Buch gegeben« habe.
77 Vgl. Emmanuel Faye, *Heidegger. Die Einführung des Nationalsozialismus in die Philosophie*, 296ff.
78 Auf diese Dimension geht zu Recht auch Emmanuel Faye, *Heidegger. Die Einführung des Nationalsozialismus in die Philosophie*, 311, ein. Allerdings findet sich hier kein Bezug auf Rosenberg, der in diesem Zusammenhang wohl auch eine Rolle gespielt haben dürfte.
79 Vgl. Ernst Piper, *Alfred Rosenberg. Hitlers Chefideologe*, München 2009, vor allem 16, 186f., 200 und passim. Reinhard Bollmus, *Das Amt Rosenberg und seine Gegner. Studien zum Machtkampf im nationalsozia-*

keinesfalls ein Außenseiter im Machtgefüge der nationalsozialistischen Diktatur, sondern hatte einen großen Einfluss
nicht zuletzt auch auf Hitler selbst. Heidegger (und Wolf)
interpretieren mit Hegels Rechtsphilosophie also das Werk
eines Denkers, der im »Dritten Reich« nicht unumstritten
war, wenn es auch – wie bei fast allen Klassikern der deutschen Philosophie und Literatur – zahlreiche Zeugnisse einer
nationalsozialistischen Vereinnahmung der Philosophie
Hegels gegeben hat. Heidegger und Wolf könnten also auch
gegen den verbreiteten impliziten und expliziten Antihege-
lianismus ihrer Zeit an die Aufgabe erinnern, Hegel wieder
ernst zu nehmen, da dessen Denken wichtig sei wie selten
zuvor.

Was aber bedeutet es dann, wenn Heidegger sagt, Hegel
habe erst angefangen zu leben? Aufschluss gibt in diesem
Zusammenhang ein Abschnitt, der in unmittelbarer Nähe
des hier zur Diskussion stehenden Satzes steht. Er lautet:
»Die Bedeutung der Auseinandersetzung mit H's Staatsphilosophie und zunächst der Besinnung auf sie liegt darin, zu lernen, *wie* ein metaphysisches Denken und Durchdenken des
Staates aussieht. Es handelt sich um die *Form* des Staatsden-
kens. Es ist sicher, daß unser neues Ringen um den Staat aus
der *soziologischen* Fragestellung *heraus* ist, wenn es auch
immer wieder in sie zurückfällt.«[80] Was wir hier wieder einmal vorfinden, ist Heideggers Bemühen, gegen die Gefahr
möglicher Missverständnisse den Blick seiner Studenten auf
die grundsätzlich philosophischen Fragen bzw. Ebenen zu
lenken. Der einzelwissenschaftliche Blick – etwa der Soziologie – hilft nicht weiter; eine philosophische oder metaphysische Zugangsweise ist notwendig. Das bedeutet nun auch,
dass rein politische oder weltanschauliche Zugangsweisen

---

listischen Herrschaftssystem, Stuttgart 1970 geht von einer wesentlich
geringeren Bedeutung Rosenbergs aus.
80 Martin Heidegger, *Hegel, über den Staat* (Hallwachs), 76rf.

zu dem, was mit Staat eigentlich gemeint ist, nach Heidegger zum Scheitern verurteilt sind. Es sei notwendig, so denkt Heidegger, mit Hegel die Frage nach dem »Wesen« des Staates zu stellen, aber von einer »Identifizierung« des Staates von 1933 mit dem Staat Hegels kann hier eigentlich keine Rede sein – zumindest nicht auf der Grundlage des uns heute zur Verfügung stehenden Quellenmaterials. Man wird vielmehr auch den Eindruck nicht los, dass es Heidegger, der ja ein Jahr vorher noch die These von der Vollendung des preußischen Staates im nationalsozialistischen Deutschland formuliert hatte, auch um die Differenzen zwischen dem Staat Hegels und dem »Staat von 1933« ging. Die metaphysisch-philosophische Perspektive scheint jetzt nicht mehr der Rechtfertigung, sondern der – noch maßvollen – Kritik der zeitgeschichtlichen politischen Situation zu dienen.

Deshalb setzt er sich in diesem Zusammenhang – wie in dem Seminar des Wintersemesters 1933/34 – auch kritisch mit anderen politisch einflussreichen Positionen auseinander: »Neuerdings ist das *Freund-Feindverhältnis* aufgetaucht als Wesen des Politischen. Es setzt die *Selbstbehauptung voraus*, ist also nur Wesens*folge* des Politischen. Freund und Feind gibt es nur, wo Selbstbehauptung ist. Selbstbehauptung in diesem Sinn verlangt eine bestimmte Auffassung des geschichtlichen Seins des Volkes und des Staates selbst. Weil der Staat diese Selbstbehauptung des geschichtlichen Seins eines Volkes ist *und* weil man Staat = nennen kann, zeigt sich demzufolge das Politische als Freund-Feindverhältnis; aber nicht *ist* dieses Verhältnis = *das* Politische.«[81] Ohne dass er sich hier namentlich auf Carl Schmitt beziehen würde, dürfte seinen Zuhörern klar gewesen sein, wer »neuerdings« sich auf das »Freund-Feindverhältnis« bezogen habe. Faye geht davon aus, dass Heidegger Schmitts These, »die eine

---

81 Martin Heidegger, *Hegel, über den Staat* (Hallwachs), 78vf.

profunde Kontinuität zwischen dem hegelschen Denken der Totalität des Staates einschließlich seiner ständischen Implikationen mit der dreigliedrigen Organisation des nationalsozialistischen Staates behauptet«,[82] noch radikalisiert habe. Allerdings finden sich dafür in dem Seminar überhaupt keine Spuren. Heideggers Haltung zu Schmitts Denken ist auch in diesem Seminar offen kritisch und Zeichen einer Distanzierung von einem Totalanspruch eines politischen Denkens, wie es vor allem auch Schmitt in einflussreicher Weise entwickelt hat. Schmitt ist für Heidegger kein Metaphysiker, kein Denker, der die wirklich tiefen Fragen stellt und damit an das Wesen der Dinge heranzureichen vermag.

Wieder einmal verteidigt Heidegger die Philosophie – oder sagen wir besser: sein eigenes Verständnis der Philosophie – und die nur von ihr in grundlegender Weise zu behandelnden Fragen. Das ist aber in diesem Zusammenhang alles andere als eine Instrumentalisierung oder oberflächliche Politisierung der Philosophie. Denn hier spricht Heidegger eine ganz andere Sprache als in der Übung des Wintersemesters 1933/34 oder in den Reden und Ansprachen, die er als Rektor gehalten hat. Die Sprache ist nicht nur viel sachlicher geworden, auch fehlen die im Wintersemester 1933/34 so zahlreichen Bezugnahmen auf die aktuelle politische Situation zwar nicht vollständig, aber doch in einem solchen Maße, dass der Kontrast zu dem, was Heidegger 1933/34 noch gelehrt hatte, eindeutig ins Auge fällt. Aber auch Heideggers Verständnis dessen, was Philosophieren eigentlich ist, ist eindeutig nicht mehr politischen Zwecken untergeordnet: Gleich zu Beginn des Seminars verweist Heidegger nämlich auf die (nicht zuletzt von ihm selbst 1933/34 erfahrene) Nutzlosigkeit der Philosophie. Heidegger erzählt dabei eine

---

82 Emmanuel Faye, *Heidegger. Die Einführung des Nationalsozialismus in die Philosophie*, 313.

»kleine Geschichte«: »Ich machte neulich Besuch in einer hiesigen Familie, dem Mädchen, welches mich anmeldete, entfuhr es dabei: Heidegger! ist das der, bei dem die Studenten nichts lernen? ... Dies war die allerbeste Definition für meine Lehrtätigkeit. Sie lernen *praktisch* hier nichts.«[83] Drückt sich hierin – wie im Gesamttenor dieses Seminares – nicht eine ganz andere Position aus als in der Übung des Wintersemesters 1933/34? Hätte Heidegger als Rektor-Philosoph die Philosophie so einfach als nutzlos bezeichnet? War er 1933/34 nicht vielmehr von der die politische Situation legitimierenden Wächter- oder Hüter-Aufgabe der Philosophen ausgegangen? Finden wir hier nicht eine Besinnung auf das eigentliche Wesen philosophischer Theorie, mit der Heidegger an sein früheres Denken wieder anknüpft, die aber auch Ausdruck der von ihm 1933/34 erfahrenen Enttäuschung ist? Dass Heidegger enttäuscht wurde – nicht zuletzt auch von der Studentenschaft, auf die er Anfang 1933 noch große Hoffnungen gesetzt hatte –, zeigt ja auch die folgende Anmerkung zur universitären Situation: »Studenten halten Reden über Reform der Universität und arbeiten nicht, das ist wirklich, aber nicht vernünftig.«[84] Nein, das Wirkliche fällt 1934/35 für Heidegger nicht einfach in hegelscher Manier mit dem Vernünftigen zusammen – nicht zuletzt sein gescheiterter Versuch, die Universität mit Hilfe der Studenten zu reformieren, hat ihn dies gelehrt.

Wenn Heidegger das Wesen des Politischen nun aber in der »Selbstbehauptung« sieht, dann steht er zunächst einmal auch in einer neuzeitlichen Denktradition, die nicht so einfach als »nationalsozialistisch« bezeichnet werden kann oder auf eine Identifizierung des hegelschen Staates mit dem deutschen Staat nach 1933 hinausläuft. Denn Heidegger ging es in

---

83 Martin Heidegger, *Hegel, über den Staat* (Hallwachs), 15vf.
84 Martin Heidegger, *Hegel, über den Staat* (Hallwachs), 13r.

metaphysisch-philosophischer Absicht um eine Bestimmung des Wesens des Staates – und damit eines jeden Staates –, ohne dass er dabei auf zentrale Begriffe und Anschauungen des nationalsozialistischen Staatsverständnisses zurückgegriffen hätte. Noch deutlicher wird der Abstand seines nun artikulierten Staats- und Politikverständnisses zum nationalsozialistischen Verständnis von Staat und Politik, wenn man sich klarmacht, dass dieses Seminar nach dem Nürnberger Reichsparteitag von 1934 stattgefunden hat. In dieser Zeit, in der eigentlich alle staats- und rechtsphilosophischen Fragen geklärt sein sollten, setzt Heidegger *nicht* zu einer hegelianisch geprägten Apologie des Führerstaates an, die in der Konsequenz seiner Ausführungen des Wintersemesters 1933/34 gelegen hätte. Der Führerstaat ist wie der Führer selbst abwesend in diesem Seminar. Viel eher verweist Heidegger auf das, was sich nach wie vor als fraglich zeigt: »Es könnte ganz allgemein gefragt werden, *wohin* gehört so etwas wie Staat? Auch diese allgemeine Frage ist nicht ohne weiteres eindeutig zu lösen. Vor kurzem sagte man noch, Staat ist da, wo auch solches, wie Wirtschaft, Religion, Kultur u.s.w. ist. Aber auch die Frage nach einem solchen allgemeinen Rahmen ist fragwürdig geworden. Man muß sich diese Not jeden Tag vor Augen führen, um daran zu *arbeiten*: Wenn wir all diese Ratlosigkeit uns klar machen, und von daher nun fragen: Wie ist das bei Hegel?, dann werden wir sehen, mit welcher ungeheuren Geisteskraft bei ihm der Staat gedacht ist.«[85] Ausdrücklich hatte er schon zuvor sein Nicht-Wissen zum Ausdruck gebracht: »Der Staat [steht, H.Z.] nicht an der Wand herum, so daß wir ihn hernehmen und betrachten könnten, sondern wir wissen gar nicht, was der Staat ist, wir wissen nur, daß so etwas wie Staat im Werden ist.«[86] Hier

85 Martin Heidegger, *Hegel, über den Staat* (Hallwachs), 25r.
86 Martin Heidegger, *Hegel, über den Staat* (Hallwachs), 16v

zeigt sich, wie wichtig es war, so ausführlich aus der Übung Heideggers über »Wesen und Begriff von Natur, Geschichte und Staat« zu zitieren: Denn es dürfte auf dieser Grundlage deutlich sein, dass Heidegger so, wie er jetzt – ein Jahr später – spricht, im Wintersemester 1933/34 nicht gesprochen hat. Denn nicht nur hat er nicht so einfach von der Nutzlosigkeit der Philosophie gesprochen, er hat auch die damalige politische Situation ganz anders eingeschätzt, wusste er doch 1933/34 ziemlich genau, »was der Staat ist«. Nun ist alles wieder im Fluss. Damit nimmt Heidegger noch keine oppositionelle Position ein, aber doch eine Position, die nicht mehr als blinde und naive Apologie der konkreten politisch-gesellschaftlichen Situation gelesen werden kann.

Ein wesentlicher Grund für Heideggers zunehmende Enttäuschung über den nationalsozialistischen Staat mag auch in den Ereignissen im Zusammenhang mit dem sogenannten »Röhm-Putsch« liegen. Jedenfalls verweist er darauf nicht nur nach dem Zweiten Weltkrieg in seinen »Tatsachen und Gedanken«.[87] Er soll sich auch Gerhard Ritter gegenüber dementsprechend geäußert haben.[88] Und Ritter, der alles andere als unkritisch Heideggers Rektorat kommentiert hat, deutet auch an, dass es ab dem Sommer 1934 so etwas wie eine zunehmende Distanzierung Heideggers vom Nationalsozialismus gegeben habe: »Er hat von dem Moment [scil. vom 30. Juni 1934, H. Z.] an doch wohl so etwas gespürt, dass er eigentlich einer Bande von Räubern in die Hände gefallen

---

87 Vgl. GA 16, 390: »Ich war mir über die möglichen Folgen der Amtsniederlegung im Frühjahr 1934 klar; ich war mir darüber vollends klar nach dem 30. Juni desselben Jahres. Wer nach dieser Zeit noch ein Amt in der Leitung der Universität übernahm, konnte eindeutig wissen, mit wem er sich einließ.«

88 Vgl. Gerhard Ritter, »Selbstzeugnis 3«, in: Eckhard Wirbelauer (Hg.), *Die Freiburger Philosophische Fakultät 1920–1960. Mitglieder – Strukturen – Vernetzungen* [= *Freiburger Beiträge zur Wissenschafts- und Universitätsgeschichte*, Neue Folge 1], Freiburg 2006, 769–802, 782.

war und sich ungeheuer getäuscht hatte in seinen Hoffnungen.«[89] Relativiert Heidegger deshalb im Wintersemester 1934/35 auch die Bedeutung des Führers? Wir lesen ja in der Mitschrift von Wilhelm Hallwachs auch den folgenden Satz: »Unser Staat wird in 60 Jahren bestimmt nicht mehr vom Führer getragen, was *dann* aber wird, steht bei *uns. Deshalb* müssen wir philosophieren.«[90] Die Erwartungen, die ein Jahr zuvor erfüllt schienen, werden nun in einer seltsamen Weise von Heidegger als offen dargestellt. In einer ganz anderen Weise zeigt sich nun die Notwendigkeit eines ohnmächtigen (also gar nicht mehr auf die konkrete politische Macht bezogenen) Philosophierens: als Vorbereitung für das, was in der Zukunft geschieht, ohne dass damit die Philosophie funktionalistisch verstanden werden dürfte.[91]

Es gibt noch andere Dokumente, die diesen Gesinnungswandel Heideggers belegen. So hat Max Müller darauf hingewiesen, er sei ab 1933 nicht mehr in die Lehrveranstaltungen Heideggers gegangen, »weil einige Typen, die sich dort eingenistet hatten, mich sehr abschreckten«.[92] In Anbetracht der Übung aus dem Wintersemester 1933/34, die wir oben diskutiert haben, kann man gut verstehen, dass sich überzeugte Nationalsozialisten, die philosophisch interessiert waren, in Heideggers Lehrveranstaltungen nicht unwohl gefühlt haben werden, wenn ihnen auch oft die Perspektive, aus der Heideg-

---

89 Gerhard Ritter, »Selbstzeugnis 3«, 782. Nach Ritter hat vor allem Heideggers Frau Elfride einen nicht unbeträchtlichen Einfluss auf das politische Denken Heideggers ausgeübt (783). Vgl. zu Elfride Heideggers eigenem politischen Denken auch *Heidegger-Jahrbuch* 4, 268–283.

90 Martin Heidegger, *Hegel, über den Staat* (Hallwachs), 16v.

91 Vgl. hierzu auch Martin Heidegger, *Hegel, über den Staat* (Hallwachs), 16r.

92 »Gespräch mit Max Müller« in: Heidegger/Müller, 130. Vgl. hierzu auch Max Müller, *Auseinandersetzung als Versöhnung. Ein Gespräch über ein Leben mit der Philosophie*, hg. von Wilhelm Vossenkuhl, Berlin 1994, 52f.

ger im Jahr seines Rektorats viele politische Fragen behandelte, ungewöhnlich erschienen sein mag. Müller hat aber auch darauf hingewiesen, dass sich »schon 1935 ... die Seminaratmosphäre wieder geändert« habe.[93] Wenn wir unsere Interpretation der Übung aus dem Wintersemester 1934/35 mit dem vergleichen, was wir über die Übung aus dem Wintersemester 1933/34 festgestellt haben, sehen wir, dass sich das, was Müller über die Veränderung der Seminaratmosphäre von 1933 bis 1935 gesagt hat, in ähnlicher Weise auch am konkreten Inhalt der Lehrveranstaltungen Heideggers belegen lässt. Denn auch *was* er sagt, hat sich schon 1934/35 im Vergleich zu 1933/34 »wieder geändert«. Da überzeugte Nationalsozialisten an der Übung des Wintersemesters 1934/35 viel weniger Freude gehabt haben dürften als an Heideggers Ausführungen zu »Wesen und Begriff von Natur, Geschichte und Staat«, werden sie vermutlich Heideggers Veranstaltungen nicht mehr besucht haben. Die Änderung sowohl der Atmosphäre als auch des Inhaltes von Heideggers Lehrveranstaltungen setzt sich fort und kann u. a. nicht nur anhand seiner Vorlesungen und seiner privaten Aufzeichnungen der 1930er Jahre, auf die wir im nächsten Kapitel eingehen, sondern auch anhand der zwei Jahre später stattfindenden »Übungen für Anfänger« über Schillers *Briefe* belegt werden.

---

93 »Gespräch mit Max Müller« in: Heidegger/Müller, 131. Vgl. hierzu auch 134: »Im Jahre 1933 ging es in den Heideggervorlesungen keineswegs unpolitisch zu. Zum Beispiel erinnere ich mich an einen improvisierten Satz aus der Logikvorlesung: ›Die Logik ist natürlich das richtige Denken existierend-konkreter Menschen. Auch in die Logik kann man die Gestalt des Führers hineinbringen.‹ Aber wohlgemerkt: So etwas hätte Heidegger schon 1934/35 nicht mehr gesagt. Seit dieser Zeit fiel, soweit ich das als Nichtteilnehmer beurteilen kann, in seinen Lehrveranstaltungen kein politisches Wort mehr.«

Wintersemester 1936/36:
Mit Schiller »für die Zukunft« fragen

Deutliche Anzeichen einer kritischeren Auseinandersetzung
mit dem Nationalsozialismus finden sich in den »Übungen
für Anfänger« über Schillers *Briefe*, die Heidegger im Wintersemester 1936/37 anbietet und auf die Faye interessanter-
weise überhaupt nicht eingeht, obwohl Mitschriften aus
diesem Seminar seit mehreren Jahren bereits in veröffentlichter Form vorliegen. Vermutlich konnte er sich von einer
Beschäftigung mit diesem Text dispensieren, weil er seine
These nicht bestätigt, sondern ihr widerspricht. Heidegger
bietet dieses Seminar zu einer Zeit an, als er sich von universitätspolitischen Aufgaben schon sei mehr als zwei Jahren
zurückgezogen hat. Er arbeitet nun schon an den *Beiträgen
zur Philosophie* und hält eine Vorlesung über Nietzsche
unter dem Titel »Der Wille zur Macht als Kunst«. Außerdem
trägt Heidegger in diesem Wintersemester in Frankfurt die
dritte Bearbeitung der Vorträge über »Der Ursprung des
Kunstwerkes« vor. Allein dies zeigt schon, dass Heidegger
sich nun nicht nur intensiv mit der Philosophie der Neuzeit beschäftigt, sondern auch mit Fragen der Philosophie der
Kunst und dessen, was »seins- oder ereignisgeschichtliches
Denken« genannt werden kann. Fragen der Staatsphilosophie
oder der politischen Philosophie sind nun in den Hintergrund
getreten. Es gibt in den Übungen bis auf wenige Ausnahmen
keinerlei ausdrückliche Hinweise auf die zeitgeschichtliche
Situation. Wird der »Führer« in dem Seminar über Hegel nur
sehr selten, so wird er hier überhaupt nicht mehr erwähnt.
Auch sonst fehlen Aussagen, die als positive Bezugnahmen
auf die politischen Verhältnisse der Jahre 1936 und 1937 gedeutet werden können. Der Hinweis auf die – so Heidegger –
falsche Meinung, »man mache Kunst durch Malen recht
vieler S. A. Männer in braunen Hemden«, ist eher eine zwei-

felsfrei *en passant* gemachte kritische Bemerkung über die nationalsozialistische Ästhetik. Auf den ersten Blick ist das Politische in dieser Lehrveranstaltung abwesend. Von einer »Einführung des Nationalsozialismus in die Philosophie« kann hier überhaupt keine Rede sein. Das Seminar ist Zeugnis der fortgesetzten kritischen Distanzierung Heideggers von der Welt der Realpolitik.

Diese Beobachtungen sind insofern wichtig, als es für Heidegger 1936/37 nicht schwer gewesen wäre, seinen Studenten einen »nationalsozialistischen« Schiller zu präsentieren. Die Feierlichkeiten zum 175. Geburtstag Friedrich Schillers lagen ja nur wenige Jahre zurück. Gerade im Zusammenhang des Schiller-Jubiläums von 1934 wurde Schiller zum revolutionären Vorläufer des Nationalsozialismus stilisiert.[94] Die nationalsozialistischen Machthaber verstanden es, die Begeisterung für Schiller ihren eigenen politischen Zwecken unterzuordnen und zu intensivieren, und stellten – so etwa Joseph Goebbels in einer Rede im Deutschen Nationaltheater in Weimar – einen »eindeutig staatlichen Anspruch auf Schiller«.[95] Schiller wurde in diesem Kontext nicht nur als vorbildhafter Vorläufer oder Vordenker des Nationalsozialismus gedeutet, sondern – so von Goebbels – als Vorläufer Hitlers inszeniert: Hitler selbst wurde damit in die Geschichte der Weimarer Klassik einbezogen. Störende Aspekte von Schillers Denken wurden dabei »neutralisiert«.[96] Anknüpfen konnte Goebbels an zahlreiche bereits seit mehreren Jahren unternommene Versuche einer nationalsozialistischen Vereinnahmung des Dichtens und Denkens Friedrich Schillers, die für den heutigen Interpreten seltsam und wenig plausibel

---

94 Vgl. hierzu Claudia Albert, »Schiller als Kampfgenosse«, in: Claudia Albert (Hg.), *Deutsche Klassiker im Nationalsozialismus. Schiller – Kleist – Hölderlin*, Stuttgart und Weimar 1994, 48–76, 67ff.
95 Claudia Albert, »Schiller als Kampfgenosse«, 69.
96 Claudia Albert, »Schiller als Kampfgenosse«, 69.

erscheint, aber im Gesamtzusammenhang einer seit Gründung des Deutschen Reiches nachweisbaren nationalistisch geprägten Zugangsweise zu Schiller (wie auch zu Goethe) verständlich wird.[97]

Allerdings muss man sich auch der Tatsache bewusst bleiben, dass vielen nationalsozialistischen Interpreten die Ambivalenz Schillers durchaus deutlich vor Augen stand. Alfred Rosenberg deutet zwar Schillers Gedanken, er gebe, wenn er Gott denke, den Schöpfer auf, als »in knappster Form die klare Absage der arisch-nordischen Rassenseele an die zauberisch-magische Verknüpfung von ›Schöpfer und Geschöpf‹, als Gott und ehrlose Kreatur«.[98] Zugleich aber findet er äußerst kritische Worte über Schillers (wie auch über Winckelmanns, Lessings, Kants und Schopenhauers) Ästhetik: »Winckelmann und Lessings Anschauungen versteht niemand mehr in das heutige Denken einzufügen, Schiller, Kant und Schopenhauer verehrt die Allgemeinheit fast nur dem Namen nach. Nicht deshalb, weil wir nicht in ihren Werken die tiefsten Gedanken finden würden, sondern weil wir sie als *Ganzes* auf dem Gebiet des Kunstbetrachtung nicht zu verwenden vermögen.«[99] Warum aber kann man sie nicht mehr »verwenden«? Liegt dies nur an den unfähigen Rezipienten? Rosenberg begründet dies folgendermaßen: »Sie schauen alle fast nur nach Griechenland und sprechen alle noch von einer angeblich möglichen *allgemeinen* Aesthetik.«[100] Deshalb stellt er bei Schiller ein »hellenistisches Vor-

97 Vgl. hierzu Claudia Albert, »Schiller«, in: Claudia Albert (Hg.), *Deutsche Klassiker im Nationalsozialismus. Schiller – Kleist – Hölderlin*, 14–17, 14ff.; vgl. zur Schiller-Rezeption auch Norbert Oellers, *Schiller, Zeitgenosse aller Epochen. Dokumente zur Wirkungsgeschichte Schillers in Deutschland*, Band 2: 1860–1966, München 1976.
98 Alfred Rosenberg, *Der Mythus des 20. Jahrhunderts. Eine Wertung der seelisch-geistigen Gestaltenkämpfe unserer Zeit*, 250.
99 Alfred Rosenberg, *Der Mythus des 20. Jahrhunderts*, 278.
100 Alfred Rosenberg, *Der Mythus des 20. Jahrhunderts*, 278.

urteil« fest.[101] Die Verherrlichung der Welt der Griechen war Rosenbergs Sache nicht.

Von all dem – einer nationalistisch überhöhten und politisch instrumentalisierten oder gar einer nationalsozialistisch-kritischen Zugangsweise zu Schiller – findet sich in Heideggers Seminar nichts. Soweit wir den Seminarverlauf rekonstruieren können, war Heideggers Darstellung von Schillers Denken von einer fast nüchternen Klarheit und Sachlichkeit. Aber dies bedeutet nicht, dass diese Seminarveranstaltung gänzlich unpolitisch gewesen wäre. Sie ist politisch, aber nicht in dem Sinne, den Fayes Interpretation des Denkens Heideggers nahelegt. Denn Heideggers Hinwendung zur Ästhetik Schillers hat auch eine implizite politische Dimension. Dies wird deutlich, wenn wir uns kurz vergegenwärtigen, was für ein Text Schillers eigentlich im Vordergrund von Heideggers Seminar des Wintersemesters 1936/37 stand. Von Interesse ist nämlich nicht nur, dass Heidegger sich hier Schiller zuwandte – einem Denker und Dichter, den er sonst nur höchst selten einmal erwähnt –, sondern auch, dass er sich Schillers *Briefen über die ästhetische Erziehung des Menschen* zuwandte, die ja selbst auch eine politisch bedeutsame Dimension haben. Denn diese *Briefe* Schiller stellen eines der ersten wichtigen Zeugnisse einer kritischen Auseinandersetzung mit der Französischen Revolution dar, das für die deutsche Geistesgeschichte – etwa auch für die Entwicklung des deutschen Idealismus – eine nicht zu unterschätzende Bedeutung haben sollte.

Heidegger geht in seinem Seminar ausdrücklich auf diesen zeitgeschichtlichen Bezug der *Briefe* Schillers ein. Diese seien, so betont er, »der erste bewußte und große Gegenschlag gegen die *französische Revolution*«.[102] Heidegger verweist nun

---

101 Alfred Rosenberg, *Der Mythus des 20. Jahrhunderts*, 305. Vgl. für Rosenbergs ambivalente Schiller-Deutung auch 346 f.
102 Martin Heidegger, *Übungen für Anfänger. Schillers Briefe über die ästhetische Erziehung des Menschen*, 13.

darauf, dass wir nur dann ihre »eigentliche Bedeutung« verstehen, wenn wir sie »in diesem Blickbereich« sehen.[103] Es ist also nicht möglich, die *Briefe* überhaupt zu verstehen, wenn sie nicht aus historischer Perspektive als Dokument der Kritik gedeutet werden. Heidegger, der sonst sehr oft den zeitgeschichtlichen Zusammenhang der von ihm diskutierten Texte ausblendete oder für wenig relevant erachtete, betont in diesen »Übungen« umgekehrt die Wichtigkeit dieses Zusammenhanges – und es liegt nahe, hier einen impliziten kritischen Verweis auf die Situation des Jahres 1936 zu sehen: Denn, wie Heidegger ausführt, »[g]erade das unmittelbare Scheitern der französischen Revolution, das Aufkommen und das Sichausbreiten des *Barbarischen* und des *Wilden*, überzeugte Schiller, daß moralische Gesetze, Vernunftgesetze, politische Regeln nie unmittelbar, nie un*mittelbar* dem Menschen eingepflanzt werden können, sondern dass es einen *Weg* braucht, vom natürlichen (tierischen) Zustand zum moralischen Zustand – den Weg des ästhetischen Zustands.«[104] Es ist schwierig, in diesen Worten nicht auch eine Stellungnahme zur zeitgeschichtlichen Situation zu sehen (vor allem, wann man die im nächsten Kapitel diskutierten Texte zusätzlich mit in Betracht zieht).

Es ist hier auch wichtig, zu sehen, dass es Heidegger nicht darum ging, geschichtliches Wissen um seiner selbst willen oder um der bloßen Gegenwartskritik willen auszubreiten. Bereits in der ersten Sitzung vom 4. November 1936 verweist er auf die von ihm bevorzugte Zugangsweise zu Schillers Briefen: »Wir verzichten zunächst darauf, Schiller geistesgeschichtlich einzuordnen, zu erzählen, woher er kommt

---

103 Martin Heidegger, *Übungen für Anfänger. Schillers Briefe über die ästhetische Erziehung des Menschen*, 13
104 Martin Heidegger, *Übungen für Anfänger. Schillers Briefe über die ästhetische Erziehung des Menschen*, 14.

und wodurch er bestimmt ist. Wir wollen vielmehr sofort
die Briefe durchfragen, nicht mit einer allgemeinen historischen Absicht, um zu wissen, was *damals* vor sich ging,
sondern wir fragen für uns und d. h. für die *Zukunft*.«[105] Es
überrascht nicht, dass Heidegger wenig Interesse an einem
allgemeinen historischen oder geistesgeschichtlichen Zugang zu Schiller bekundet (obwohl er in diesem Seminar gerade in dieser Hinsicht, wie wir gesehen haben, wichtige
Aussagen trifft!), stand er doch rein historisch orientierten
Zugängen zu Philosophen und Dichtern immer skeptisch
gegenüber. Aber es erstaunt doch, dass er nicht für die Gegenwart, sondern für die Zukunft zu fragen beansprucht: Es
dürfte nicht falsch sein, in einer solchen Aussage ein Zeichen für Heideggers Kritik an der Instrumentalisierung
Schillers für Zwecke der gegenwärtigen Politik zu finden.
Dies wird durch den Gesamttenor seiner Ausführungen bestätigt. Denn was er über Schiller sagt, ist frei von den Stereotypen, die die nationalsozialistische Schiller-Deutung –
auch die Deutung vieler Germanisten – bestimmten. Aber
wir dürfen hier auch in allgemeinerem Sinne von einer impliziten Kritik Heideggers an den politischen Zuständen der
Gegenwart ausgehen. Mehr noch als zuvor denkt Heidegger
nun für eine ferne Zukunft – eine Perspektive, auf die wir
noch häufiger stoßen werden und die sich ansatzweise
schon im Hegel-Seminar gezeigt hat. Was die politische Gegenwart betrifft, scheint er resigniert zu haben: Im Dezember 1935 (also noch vor dem Schiller-Seminar) schreibt er
daher an Kurt Bauch, der ein negatives Erlebnis mit den damaligen Machthabern gehabt zu haben scheint: »All das
lohnt nicht mehr. Es bleibt nur, sich dumm stellen und innerlich ein riesiges Gelächter anstimmen – und im übri-

---

105 Martin Heidegger, *Übungen für Anfänger. Schillers Briefe über die
ästhetische Erziehung des Menschen*, 9.

gen und d.h. eigentlich für die nächsten 100 Jahre voraus arbeiten.«[106]

Die von Heidegger gewählte Perspektive ist vor allem auch deshalb interessant, weil Heidegger sich der Grenzen der schillerschen Philosophie bewusst ist. Heidegger scheint die These Hegels vom Ende der Kunst zu teilen. »Nach Hegel«, so betont er, »wird durch die Kunstwerke nicht unmittelbar verbindlich das Ziel und die Wahrheit unseres Daseins vorgestellt und dargestellt.«[107] Dies, so Heidegger, gelte noch heute.[108] Schillers *Briefe* nehmen daher einen bestimmten Ort in der Geschichte des abendländischen Denkens ein: Schiller halte nämlich am Vernunftideal fest und überwinde daher nicht den Vernunftstandpunkt, der etwa auch in der Französischen Revolution eingenommen worden sei: »Es bleibt das Vernunftideal erhalten und damit der Nihilismus.«[109] Die Auseinandersetzung mit Schillers *Briefen* zeigt Heidegger daher die Grenzen der Ästhetik und auch einer Vernunftphilosophie, wie sie u.a. von dem Weimarer Klassiker vorausgesetzt wurde. Sosehr Schiller das Dichten und Denken verbindet und daher auf Heideggers Interesse stoßen sollte, so sehr bleibt er zutiefst in seiner Zeit verwurzelt. An die Bedeutung Hölderlins reicht er nicht heran. Denn im Denken Hölderlins findet Heidegger Spuren oder Ansätze jenes andersanfänglichen Denkens, das ihm ein zunehmend wichtiges Anliegen wurde. Schillers Denken ist daher letztlich ein Denken der Vergangenheit. Sollte daher Heideggers

106 Heidegger/Bauch, 27. Ab jetzt wird Heidegger übrigens seine Briefe an Kurt Bauch nicht mehr mit »Heil Hitler« (wie bis Ende 1935 zumeist), sondern mit »Herzliche Grüße« (o.Ä.) unterzeichnen.
107 Martin Heidegger, *Übungen für Anfänger. Schillers Briefe über die ästhetische Erziehung des Menschen*, 14.
108 Martin Heidegger, *Übungen für Anfänger. Schillers Briefe über die ästhetische Erziehung des Menschen*, 14.
109 Martin Heidegger, *Übungen für Anfänger. Schillers Briefe über die ästhetische Erziehung des Menschen*, 130.

Frageperspektive – mit Schiller »für die *Zukunft*« zu fragen – nicht implizit die Notwendigkeit eines ganz anderen Denkens – aus der mit Schiller geteilten Erfahrung einer gescheiterten Revolution – voraussetzen? Dass dies der Fall ist, werden wir im nächsten Kapitel sehen.

Zusammenfassung

Es ist nun möglich, kurz die Ergebnisse unserer Überlegungen zusammenzufassen und Rückblick zu halten. Beginnen wir mit dem Seminar vom Wintersemester 1933/34: Heidegger hat in diesem Seminar durchaus problematische Positionen eingenommen. Aber auch hier gilt es, bestimmte Aussagen Heideggers nicht vorschnell aus ihrem Kontext zu entfernen und einen Eindruck zu vermitteln, der sich auf der Grundlage einer Interpretation des gesamten Seminarverlaufs nicht halten lässt. Zunächst einmal ist darauf zu verweisen, dass Heidegger keine nationalsozialistische Philosophie entwickelt hat, wenn denn darunter eine Philosophie zu verstehen ist, die in ihren Grundlagen und Prinzipien von nationalsozialistischen Voraussetzungen abhängig ist und die kollabieren würde oder ganz einfach sinnlos würde, entfernte man die politisch-ideologischen Elemente aus ihr. Das Seminar zeigt in seiner Gesamtheit, dass Heidegger Hitler durchaus nicht nur blind gefolgt ist und plötzlich seine ganze Philosophie »hitlerisiert« hätte. Die meisten Sitzungen – vor allem die Sitzungen, die den Themen Natur und Geschichte gewidmet sind – sprechen auch dort eine rein philosophische Sprache, wo Heidegger, wäre er tatsächlich der ideologisch völlig verblendete überzeugte Nationalsozialist gewesen, als den ihn Faye hinstellt, ganz anders, nämlich in eindeutig nationalsozialistischer Weise hätte sprechen können.

Es ist daher notwendig, mit einer der Komplexität gerecht werdenden Terminologie zu arbeiten. Die politisch oder

staatsphilosophisch relevanten Aussagen der letzten Semi-
narsitzungen lassen sich dabei, wie wir gesehen haben, auch
nicht einfach als unwichtig relativieren. Sie sind in all ihrer
heute noch erschreckenden Dimension zur Kenntnis zu nehmen. Was aber war geschehen, dass Heidegger sich zu solchen Aussagen hat hinreißen lassen? In gewisser Weise sehen
wir hier eine Konkretisierung oder Anwendung seines Denkens in einem bestimmten zeitgeschichtlich-politischen
Kontext, die im Vergleich mit der Rektoratsrede auch deutliche Zeichen einer politischen Radikalisierung zeigt. Wir
haben diese politische Radikalisierung ja schon festgestellt,
als wir die Amtsführung Heideggers als Rektor nach der Rektoratsrede untersucht haben. Das verweist zunächst noch
einmal auf die Grenzen der politischen Urteilsfähigkeit Heideggers wie auch auf sein Schuldig-Werden zu Beginn der nationalsozialistischen Diktatur. Dabei ist immer auch zu berücksichtigen, dass zum einen Heidegger nicht der einzige
Denker (oder Dichter) von Format war, der sich 1933/34 gewaltig in seiner politischen Urteilsfähigkeit geirrt hat und in
einer seltsamen, sich fatal auswirkenden Mischung aus Realitätsblindheit, Idealismus und äußerst problematischen politischen Überzeugungen der Verführungsgewalt der neuen
Machthaber erlag, und dass zum anderen gerade im Jahr
1933 – man denke nur noch einmal an die verbreitete kritische Sicht der Weimarer Republik, die auch Heidegger teilte –
die politische Urteilsfähigkeit auch leicht zu täuschen war.

Wenn man sich noch einmal kurz Heideggers Lebens- und
Denkweg von 1889 bis 1933 vergegenwärtigt, dann kam sein
politischer Irrtum sicherlich nicht völlig überraschend. Aber
es wäre – auch dies haben wir schon gesehen – auch nicht
überraschend gewesen, wenn Heidegger bereits Anfang 1933
eine ganz andere Position eingenommen hätte. Darüber weiter nachzudenken, würde zu weit führen. Der Ausflug in vir-
tuelle Geschichtsschreibung mag manchmal interessant sein

und zum Erkenntnisgewinn beitragen. Hier, wenn es um Heideggers Denk- und Lebensweg geht, müssen wir uns auf das beschränken, was sich aus einem nüchternen Blick auf diesen Weg ergibt, und das ist u.a. auch die Einsicht, dass sein politischer Irrtum von 1933/34 eben in keiner Weise notwendig war – weder, was sein bisheriges Leben, noch, was sein Denken betrifft, wenn es auch viele Faktoren gibt, die ihn verständlich machen. Dass Heideggers Denken eine derartige Konkretisierung oder Anwendung finden konnte, diskreditiert daher nicht automatisch auch sein philosophisches Denken. Denn zwischen der Konkretisierung oder Anwendung und dem eigentlich Gedachten ist sorgfältig zu unterscheiden, wenn man auch nicht die Möglichkeit bestimmter Formen der Konkretisierung und die mit ihnen verbundenen Gefahren ausblenden darf.

Dass Heidegger selbst die problematischen Aspekte seiner 1933/34 vorgenommenen »Konkretisierung« seines Denkens gesehen hat, zeigen seine philosophischen Schriften aus der Zeit nach dem Rektorat: Heidegger wird sich zunehmend der Grenzen und des wahren Gesichtes des Nationalsozialismus bewusst, was sich vor allem auf philosophischer Ebene niederschlägt. Das führt nun nicht zu offenen Akten des Widerstandes oder zur Entscheidung, Deutschland zu verlassen und in die Emigration zu gehen. Es gibt vielmehr Momente dessen, was man eine »innere Emigration« Heideggers nennen kann. Heidegger äußert sich zum einen immer seltener in jener enthusiastischen Weise über den Nationalsozialismus, die einige der von ihm 1933/34 gehaltenen Reden und Lehrveranstaltungen gekennzeichnet hat. Warum nicht, so könnte man fragen, wo doch nun das nationalsozialistische Regime gefestigt war und sich auch in der deutschen Öffentlichkeit einer zunehmenden Beliebtheit erfreute? Wenn er gewollt hätte und dies seiner Auffassung entsprochen hätte, hätte Heidegger weit über das Ende seines Rektorats hinaus

gar propagandistisch oder politisch-philosophisch tätig sein
können. Das war aber nicht der Fall.

Wir haben es hier mit einem Schweigen zu tun, das dem
Schweigen nach 1945 vorhergeht: das zunehmende Schweigen nach 1934, d.h. die Tatsache, dass er in vielen Texten gar
nicht mehr oder nur gelegentlich und in systematisch oft
nicht wichtigen Aussagen zur zeitgeschichtlichen Situation
Stellung nimmt.[110] Wie sollte man dies anders deuten denn
als Zeichen einer zunehmenden Distanzierung Heideggers
vom Nationalsozialismus? Man könnte es anders deuten, indem man Heidegger unterstellte, dass er nach seinem Rücktritt vom Rektorat »trotz seines hochschulpolitischen Scheiterns seinem Führer und dessen Partei treu« geblieben sei,[111]
ohne für diese These (wenn sie sich denn auf die Zeit bis 1945
beziehen soll) ausreichende oder wirklich überzeugende Belege anführen zu können. Dieser Deutung aber widerspricht
ein zweiter Befund, nämlich der Befund, dass es mehr und
mehr Äußerungen Heideggers gibt, die auf eine zunehmende
Kritik des Nationalsozialismus – und zwar von außen, nicht
mehr von innen – verweisen. War es Heidegger zunächst vielleicht vor allem auch um eine Läuterung der Bewegung gegangen, so scheint er zunehmend eingesehen zu haben, dass
diese nicht möglich gewesen ist. Denn es hatten ja nicht nur
die Angriffe auf seine Person und sein Denken zugenommen.
Er war sich auch – und zwar u.a. aus philosophischen Gründen – zunehmend des wahren Charakters des nationalsozialistischen Regimes bewusst geworden, so dass es in einigen

---

110 Vgl. hierzu auch Christoph von Wolzogen, »Heideggers Schweigen.
Zur Rede ›Edmund Husserl zum siebenzigsten Geburtstag‹«, in: *Heidegger-Jahrbuch* 5, 382–396.
111 So auch Bernd Martin, »Das politisch-weltanschauliche Umfeld«,
in: Eckhard Wirbelauer (Hg.), *Die Freiburger Philosophische Fakultät
1920–1960. Mitglieder – Strukturen – Vernetzungen* (= *Freiburger Beiträge
zur Wissenschafts- und Universitätsgeschichte*, Neue Folge 1), Freiburg
und München 2006, 29–57, 44.

Lehrveranstaltungen, wie wir im nächsten Kapitel sehen werden, sogar zu einer deutlichen Kritik gekommen ist.

Die Übungen zu Hegels Staatsphilosophie und zu Schillers *Briefen* zeigen sehr deutlich, wie Heideggers Verständnis des Nationalsozialismus sich nach seinem Rücktritt vom Rektorat entwickelt hat. Zunächst stellten wir fest, dass Heideggers sich immer weniger enthusiastisch zur damaligen politischen Situation äußert und dass, nachdem sich schon im Wintersemester 1934/35 kritische Töne nachweisen lassen, diese danach noch deutlicher zu werden scheinen, während gleichzeitig die konkreten Bezüge zur politischen Situation immer unwesentlicher werden. Im Schillerseminar ist von einem Führerkult keine Spur mehr. Es ist auch nicht von der Hand zu weisen, dass Heideggers Entscheidung, Schillers *Briefe* zum Gegenstand dieses Seminar zu machen, und seine Zugangsweise zu diesem Text als unterschwellige Kritik am Nationalsozialismus gelesen werden können. Zu deutlich verweist Heidegger darauf, dass Schillers *Briefe* eine kritische Reaktion auf die Französische Revolution darstellen. Es ging Heidegger sicherlich nicht darum, den Gegensatz von Deutschland und Frankreich hervorzuheben und aus nationalistischer Sicht die Überlegenheit des deutschen Denkens und Handelns vor der Französischen Revolution und ihrer Betonung der Gleichheit, der Freiheit und der Brüderlichkeit aller Menschen herauszustellen. Für einen derartigen nationalistischen Chauvinismus findet sich in diesem Seminar nämlich kein Anzeichen. Außerdem werden wir sehen, dass Heidegger sich in seiner Schelling-Vorlesung von 1936 einer ähnlichen Strategie bedient und auch dort vermittelt über Aussagen über Frankreich zur konkreten zeitgeschichtlichen Situation Stellung nimmt.

Angesichts der Quellenlage und auch angesichts der Ambivalenz vieler Aussagen müssen wir hier – wie auch bei der Diskussion der Seminare des Wintersemesters 1933/34 und

des Wintersemesters 1934/35 – mit abschließenden Urteilen
vorsichtig sein. Wir sollten nicht aus einer anderen Perspektive Fayes Fehler wiederholen und Heidegger nun zu einem
mutigen Widerstandskämpfer erklären, aber wir sollten doch
eine gewisse philologische und historische Nüchternheit
an den Tag legen und darauf hinweisen, dass eine sorgfältige
Deutung der Seminare in dem Rahmen, in dem sie möglich
ist, nicht nur nicht die Deutung Fayes bestätigt, sondern sie –
und damit die These seines gesamten Buches – radikal in
Frage stellt. Heidegger, so zeigt sich, führt nicht einfach den
Nationalsozialismus in die Philosophie ein. Heidegger ringt
zunehmend um die Unabhängigkeit des Philosophierens und
versucht, diese vor jeglicher Form der Instrumentalisierung
und Politisierung zu bewahren und für die sich ihr eigentlich
stellende Aufgabe – die ganz auf die Zukunft orientiert ist –
bereitzumachen.[112] Die Plausibilität dieser These wird gestützt, wenn man zusätzlich Dokumente zur Hand nimmt,
die von Heidegger selbst stammen, wie auch die Zeugnisse
berücksichtigt, die zur Heidegger-Rezeption in den Jahren
1933 bis 1945 zur Verfügung stehen.

---

112 Die verbreitete These, dass Heideggers »NS-Begeisterung während
des Dritten Reiches nie aufgehört hat und dass er sich vom Nationalsozialismus im Ganzen wie von seinen eigenen Taten in dieser Zeit nach 1945
nie distanziert hat« (vgl. Hans-Joachim Dahms, »Philosophie«, in: Frank-
Rutger Hausmann, *Die Rolle der Geisteswissenschaften im Dritten Reich
1933–1945*, München 2002, 193–227, 220), ist angesichts des in diesem und
den nächsten Kapiteln interpretierten historischen und philosophischen
Materials nicht nur nicht plausibel, sondern eindeutig falsch.

12. Heideggers Denkweg bis 1945: Schelling, Nietzsche, Hölderlin und die Suche nach einem neuen Denken

»Bei mir ist es – um davon zu reden – ein mühsames Tasten;
erst seit wenigen Monaten habe ich
den Anschluss an die im Winter 32/3 (Urlaubssemester)
abgerissene Arbeit wieder erreicht;
aber es ist ein dünnes Gestammel,
und sonst sind ja auch zwei Pfähle
– die Auseinandersetzung mit dem Glauben der Herkunft
und das Mißlingen des Rektorats –
gerade genug an solchem,
was wirklich überwunden sein möchte.«[1]
Martin Heidegger (1935 an Karl Jaspers)

1 Heidegger/Jaspers, 157. Vgl. in diesem Zusammenhang auch Otto Pöggeler, *Der Denkweg Martin Heideggers*, Pfullingen ³1983, 372: »Als ich seit 1959 mit Heidegger sprechen konnte, bestand er selbst darauf, dass sein Irrweg von 1933 ›unentschuldbar‹ sei, da er sich über das Geschehen vollständig getäuscht habe.« Heidegger scheint auch mit Kurt Bauch über diesen schmerzlichen »Pfahl im Fleische« gesprochen zu haben. Vgl. Heidegger/Bauch, 75 (Brief von Kurt Bauch vom 18. April 1942): »1933 liegt so Jahrzehnte weit zurück. Vielleicht ist es immer noch schmerzlich für Dich, daran zu denken.« Dass es Heidegger nach dem Rektorat vor allem darum gegangen ist, einen Anschluss an die philosophische Arbeit vor dem Rektorat zu gewinnen, zeigt auch Heidegger/Blochmann, 87. Vgl. in diesem Zusammenhang auch Theodore Kisiel, »Political Interventions in the Lecture Courses of 1933–36«, in: *Heidegger-Jahrbuch* 5, 110–129.

Versuche der »Überwindung« des misslungenen Rektorats

Nach seinem Rücktritt vom Rektorat hat Heidegger wieder Zeit, sich intensiv mit philosophischen Fragen auseinanderzusetzen. Fast scheint es so, als habe der »Pfahl« des misslungenen Rektorats auch zu einer neuen philosophischen Kreativität geführt. Neben seiner eigenen Erfahrung als Rektor der Freiburger Universität fordert ihn aber auch die zeitgeschichtliche Situation mehr und mehr zur philosophischen Stellungnahme heraus. Die 1930er und frühen 1940er Jahre gehören mit zu den produktivsten Jahren seiner philosophischen Karriere. Er hält in dieser Zeit nicht nur viele wichtige Vorlesungen und Vorträge – über Hölderlin, Schelling, Nietzsche und die Vorsokratiker –, sondern arbeitet auch an Manuskripten, die erst nach seinem Tode aus dem Nachlass veröffentlicht werden sollten und zentrale Bedeutung für das Verständnis seiner Spätphilosophie haben. All diese Texte stellen an den Interpreten nicht zu unterschätzende Herausforderungen. Teilweise hat man den Eindruck, Heidegger schreibt nur noch für sich selbst, so, als habe er die Hoffnung auf eine unmittelbare Wirkung – selbst im engen philosophischen Bereich – gänzlich aufgegeben. Von direkten Stellungnahmen zu politischen oder politisch-philosophischen Fragen nimmt er zunehmend Abstand. Er zieht sich in die Stille und Einsamkeit des Denkens zurück.[2] So hatte er

2 Vgl. hierzu auch Gerhard Ritter, »Selbstzeugnis 3«, in: Eckhard Wirbelauer (Hg.), *Die Freiburger Philosophische Fakultät 1920–1960. Mitglieder – Strukturen – Vernetzungen [= Freiburger Beiträge zur Wissenschafts- und Universitätsgeschichte, Neue Folge* 1], Freiburg 2006, 769–802, 782 f.: »Er hat sich [scil. nach dem Sommer 1934, H. Z.] ganz in die Stille zurückgezogen und ist politisch wohl überhaupt nicht mehr hervorgetreten, hat nur noch seine Wissenschaft getrieben.« Vgl. hierzu auch den Brief Ritters an Karl Jaspers vom Januar 1946. Dort heißt es: »Hinzufügen möchte ich noch, dass er, wie ich aus sehr genauer und beständiger Kenntnis weiß (wir gehörten immer einem gemeinsamen philosophischen Kränzchen an), seit dem 30. Juni 34 heimlich ein erbitterter Gegner des Nazitums war

ursprünglich für das Sommersemester 1934 eine Vorlesung zum Thema »Der Staat und die Wissenschaften« angekündigt, aber kurzfristig den Vorlesungstitel geändert und über »Logik als die Frage nach dem Wesen der Sprache« gelesen. Er soll seine Vorlesung mit den Worten, er lese »Logik« (er halte also *keine* Vorlesung über den Staat und die Wissenschaften) begonnen haben – und dadurch vor allem auch die Zuhörer enttäuscht haben, die weitere Ausführungen Hei-

und auch den Glauben an Hitler, der ihn 1933 zu seiner verhängnisvollen Verirrung geführt hat, vollständig verloren hatte« (*Gerhard Ritter. Ein politischer Historiker in seinen Briefen*, hg. von Klaus Schwabe und Rolf Reichhardt unter Mitwirkung von Reinhard Hauf [= *Schriften des Bundesarchivs*; 33], Boppard am Rhein 1984, 409). Auch Karl Löwith verweist darauf, dass Heidegger »nach manchen Enttäuschungen und Ärgernissen« vom Rektorat zurückgetreten sei, »um seitdem wieder in alter Weise dem neuen ›man‹ zu opponieren und im Kolleg bittere Bemerkungen zu riskieren« (*Mein Leben in Deutschland vor und nach 1933. Ein Bericht*, Stuttgart 1986, 35). Löwith verweist unmittelbar im Anschluss an diesen Satz darauf, dass dies »seiner substanziellen Zugehörigkeit zum nationalsozialistischen Wesen und Unwesen« nicht widerspreche, allerdings ist zu beachten, dass Löwith seinen Bericht 1940 verfasst hat, als er Heidegger bereits vier Jahre nicht mehr gesehen und gesprochen hat und auch seine philosophischen Arbeiten aus diese Zeit nicht kannte. Vgl. hier auch Heinrich Schlier, »Denken im Nachdenken«, in: *Erinnerung an Martin Heidegger*, hg. von Günther Neske, Pfullingen 1977, 221: »Es ist nicht mehr der Marburger, sondern der Freiburger Heidegger, obwohl die Szene in Marburg spielt (1934). Er war bei seinem Freund Bultmann eingeladen. Wir hatten den Abend mit allerlei Gesprächen zugebracht. Natürlich vor allem über das sogenannte ›Dritte Reich‹. Man hatte Heidegger sehr zugesetzt wegen seines Verhaltens 1933. Da wandte er sich beim Hinausgehen zu mir um und sagte verhalten: ›Herr S., es ist noch nicht aller Tage Abend.‹ Ich verstand wohl, was er meinte. Aber hätte er klar gesagt: ›Ich habe mich geirrt …‹, wären wir ihm gewiß um den Hals gefallen.« Dieses Zitat zeigt dreierlei: 1) dass es schon früh Diskussionen über Heideggers Rektorat mit Heidegger selbst gab, 2) dass er dieses nicht apologetisch verteidigte, 3) dass er weniger seinen Irrtum als vielmehr die Möglichkeit einer signifikanten Änderung der politischen Situation anzuerkennen bereit war und 4) dass er – wie später – auf die Frage nach seinem Rektorat mit Schweigen und der Weigerung, seinen Irrtum öffentlich anzuerkennen, reagiert.

deggers zur Rolle der Wissenschaften im neuen Staat erwartet hatten.[3]

Heideggers philosophisches Anliegen besteht nach wie vor darin, neu zu bestimmen, was denn eigentlich die Philosophie ist und wie Philosophieren geschehe – in einer Zeit, in der die Philosophie, so seine Sicht der Dinge, sich immer noch in einer substantiellen Krise befinde. Heidegger bemüht sich um diese Bestimmung der Philosophie, als ihm nicht nur die Grenzen des in *Sein und Zeit* beschrittenen Weges deutlich geworden sind. Zunehmend wurden ihm auch die Grenzen eines Denkens deutlich, das innerhalb der von der abendländischen Metaphysik entwickelten Anschauungen und Begriffe verbleibt. Von besonderem Interesse war für ihn in diesem Zusammenhang nach wie vor die Auseinandersetzung mit der Neuzeit. Aber auch die Auseinandersetzung mit dem Christentum und seiner eigenen frühen religiösen Prägung spielt eine große Rolle in diesen Jahren. Nietzsches Wort vom Tode Gottes hatte ja schon in der Rektoratsrede eine wichtige Stelle eingenommen. Nun wendet er sich daher intensiv den Fragen nach dem Charakter der Neuzeit und der gesamten abendländischen Denkgeschichte zu und ordnet Nietzsches Denken, seine Philosophie des Todes Gottes, der ewigen Wiederkehr und des Willens zur Macht, nicht nur in die Geschichte der Philosophie ein, sondern deutet es auch als Vollendung der Geschichte der Metaphysik. Er setzt sich

---

3 Vgl. hierzu neben Heinrich Buhr, »Der weltliche Theolog«, in: *Erinnerung an Martin Heidegger*, 54f. auch GA 16, 401f.; GA 38, 172 (»Nachwort« des Herausgebers); Otto Pöggeler, *Der Denkweg Martin Heideggers*, 380. Pöggeler deutet die Entscheidung Heideggers, über Logik zu lesen, als eine »schneidende Absage an das unmittelbare politische Engagement«. Eine weit geringere Bedeutung schreibt dieser Änderung des Vorlesungsthemas Helmut Heiber, *Universität unterm Hakenkreuz. Teil II. Band 1: Die Kapitulation der Hohen Schulen. Das Jahr 1933 und seine Themen*, München 1992, 481 zu. Zu dieser Vorlesung vgl. auch Theodore Kisiel, »Political Interventions in the Lecture Courses of 1933–36«, 116–121.

Martin Heidegger in den 1930er Jahren

auch sehr intensiv mit Hölderlin auseinander, dessen Dichtung seiner Ansicht nach dabei helfen könnte, Momente eines »andersanfänglichen Denkens« aufzuzeigen und dabei auch neu von Gott oder dem Heiligen zu sprechen. »Seinsvergessenheit« und »Seinsverlassenheit« werden zu zentralen Begriffen seines Denkens – und das Bemühen, neu zur Sprache zu bringen, was mit Sein eigentlich gemeint ist, und an das »Ereignis« des Seins zu erinnern, wird zu dem zentralen Anliegen seiner philosophischen Überlegungen.

All dies geschieht – wie bereits erwähnt – auch im Kontext der zeitgeschichtlichen und biographischen Situation: Wieder einmal können wir seine Denkversuche nicht von dieser Situation ableiten oder sein Denken auf diese reduzieren, aber wir können bei der Interpretation seines Denkens dieses auch nicht so einfach aus seinem konkreten historischen Zusammenhang lösen. In seinem Brief an Jaspers hat Heidegger ja gerade auch das Rektorat als einen »Pfahl«, der »überwunden sein möchte«, bezeichnet – und diese Überwindung bzw. Versuche zu einer solchen finden in den Jahren nach 1934 auf derjenigen Ebene statt, die Heidegger nicht nur am vertrautesten ist, sondern die er auch für zentral und am bedeutendsten hält, nämlich der Ebene des *philosophischen* Denkens.

Wenn Heidegger Anfang Juli 1935 Jaspers gegenüber von einem »Mißlingen des Rektorats« spricht, dann wird deutlich, dass Heidegger sich bereits 1935 – wenn nicht sogar schon früher – von seinem Rektorat mit aller Deutlichkeit distanziert hat. Seine Charakterisierung des Rektorats als misslungen liest sich wie eine Antwort auf Jaspers' Kritik an der Ambivalenz der Rektoratsrede[4] – es scheint sich bei diesem Brief aus dem Sommer 1935 ja auch um den ersten Brief Heideggers nach Jaspers' Stellungnahme zur Rektoratsrede aus dem Sommer 1933 zu handeln. Heidegger berichtet Jaspers darin auch in einer gewissen Ausführlichkeit von seinem philosophischen Ringen: »Die pflichtgemäßen Äußerungen in den Vorlesungen bewegen sich in Auslegungen; aber das ist nur eine neue Gelegenheit, um zu erfahren, wie groß der Abstand ist zu den Möglichkeiten eines wirklichen Denkens.«[5] Wenn Heidegger sich nun vornehmlich mit »Auslegungen« beschäftigt, dann zeigt sich darin auch eine »Not«, nämlich die Not, noch nicht recht zu erkennen und zu wissen, welche »Möglichkeiten eines wirklichen Denkens« es in der gegebenen Situation eigentlich gibt. In den *Beiträgen zur Philosophie* und in *Besinnung* wird sich Heidegger mit solchen Möglichkeiten näher beschäftigen – sie stellen Versuche einer Neubestimmung des Philosophierens angesichts der krisenhaften Situation im Ausgang der abendländischen Philosophie und auch der abendländischen Geschichte dar. Denn ge-

---

4 Vgl. hierzu oben S. 326 ff.
5 Heidegger/Jaspers, 157.

rade wer sich mit den *Beiträgen zur Philosophie. Vom Ereignis* oder mit *Besinnung* beschäftigt, wird feststellen, dass Heidegger sich sehr wohl in den Jahren nach 1934 sehr kritisch mit dem Nationalsozialismus auseinandergesetzt hat. Allerdings hat er dies in einer Weise unternommen, die philosophisch vielleicht notwendig, in der Diskussion um den »Fall Heidegger« aber nicht gerade hilfreich war: Diese beiden Nachlassmanuskripte sind nämlich nicht nur erst viele Jahre nach Heideggers Tod veröffentlicht worden, sie versperren sich auch einem unmittelbaren interpretatorischen Zugang. Man muss schon mit dem Denken Heideggers sehr vertraut sein, um die schwierigen Gedankengänge der *Beiträge* auch nur ansatzweise zu verstehen. Sie stellen auch heute noch – 20 Jahre nach ihrer Veröffentlichung – eine Herausforderung für die Heidegger-Interpretation dar.

Wir werden in diesem Kapitel kurz auf diese beiden wichtigen Nachlassmanuskripte eingehen – ohne den Anspruch zu erheben, ihnen wirklich gerecht zu werden. In ähnlicher Weise müssen wir uns beschränken, wenn es um andere wichtige Texte aus den 1930er und frühen 1940er Jahren geht. Daher kann an dieser Stelle keine auch nur im Ansatz vollständige Interpretation des heideggerschen Denkweges von 1934 bis 1945 unternommen werden. Obwohl bereits viele Studien zu einzelnen Aspekten dieses Denkweges vorliegen, stellt eine solche Interpretation auf der Grundlage der heute zur Verfügung stehenden Quellen immer noch ein Desiderat dar. Was im Rahmen dieses Kapitels allerdings unternommen werden kann, ist eine summarische Darstellung der in unserem Zusammenhang wichtigsten Momente des heideggerschen Denkweges von 1934 bis 1945.

Dann wird deutlich, dass sich Heidegger immer wieder implizit und teilweise auch explizit mit dem Nationalsozialismus auseinandergesetzt hat und dass es keinesfalls möglich ist, dieser Auseinandersetzung ihre kritische Dimension abzusprechen und sie für eine Auseinandersetzung aus rein »inner-nationalsozialistischer« Perspektive zu halten. Denn was wir bereits im letzten Kapitel festgestellt haben, nämlich eine zunehmend kritische, schließlich mehr oder weniger offen ablehnende Haltung Heideggers zum Nationalsozialismus, zeigt sich auch in den Vorlesungen, Vorträgen und »privaten Manuskripten« Heideggers aus der Zeit von 1934 bis zum Ende der nationalsozialistischen Diktatur: Wird zum Beispiel durch die Diskussion der 1953 wiederveröffentlichten Vorlesung *Einführung in die Metaphysik* oft der Eindruck erweckt, Heidegger habe eine nationalsozialistische Einführung in die Metaphysik geschrieben oder gar in eine nationalsozialistische Metaphysik eingeführt, zeigt eine genaue Interpretation dieses Textes, dass dies nicht der Fall ist. In dieser Vorlesung spielt der Nationalsozialismus eine untergeordnete und systematisch überhaupt nicht relevante Rolle. Man sollte sich nur einmal vergegenwärtigen, dass das immer wieder genannte Zitat erst auf Seite 152 der 1953 veröffentlichten Ausgabe der Vorlesung steht.[6] Hätte Heidegger Anfang der 1950er Jahre darauf verzichtet, das Zitat mit zu veröffentlichen, statt einfach nur eine zusätzliche Erklärung in Klammern hinzuzufügen (ohne dies eigens anzuzeigen), wäre es kaum aufgrund dieser Veröffentlichung zu einer ersten deutschen Diskussion um den »Fall Heidegger« gekommen. Denn die Vorlesung selbst kann – bei allen Fragen, die man aus philosophischer Sicht zu Recht an ihren Inhalt und ihre Sprache stellen kann – nicht als Dokument einer unzweideutigen Stellungnahme für den Nationalsozialismus gelesen werden. Eigentlich ist bereits in dieser Vorlesung das Gegenteil der Fall. Denn weit eher als positive Stellungnahmen zum Nationalsozialismus zeigen sich deutliche Anzei-

6 Vgl. Martin Heidegger, *Einführung in die Metaphysik*, Tübingen 1953, 152 (= GA 40, 208).

chen einer zunehmend kritischen Auseinandersetzung mit dem Nationalsozialismus und der damaligen Situation in Deutschland. Heideggers Text bleibt zumindest sehr ambivalent und kann sowohl in die eine als auch in die andere Richtung gelesen werden.

Das gilt für viele der Texte, die Heidegger in den Jahren unmittelbar nach dem Rücktritt vom Rektorat abfasst (später wird seine Kritik eindeutiger und expliziter formuliert), so auch für die Logik-Vorlesung aus dem Sommersemester 1934. Diese Vorlesung wird sehr kontrovers diskutiert, obwohl sie, gerade wenn man sie in den weiteren Kontext von Heideggers Denkweg stellt, ein klares Zeichen einer philosophischen Neu- und »Rück«-Orientierung aufseiten Heideggers darstellt. Heidegger knüpft in dieser Vorlesung sehr deutlich an *Sein und Zeit* an, spricht aber auch schon viele wichtige Einsichten – etwa über Sprache oder Dichtung – an, die er in den folgenden Jahren noch weiter ausarbeiten sollte. Aber in der veröffentlichten Fassung dieser Vorlesung lesen wir nicht nur, »dass es Menschen und Menschengruppen (Neger wie z.B. Kaffern) gibt, die keine Geschichte haben, von denen wir sagen, sie seien geschichtslos«,[7] sondern auch die folgenden Sätze: »Wie ist es mit den Umdrehungen des Propellers? Dieser mag sich tagelang drehen – es geschieht dabei doch eigentlich nichts. Wenn das Flugzeug freilich den Führer von München zu Mussolini nach Venedig bringt, dann geschieht Geschichte. ... Und doch ist nicht nur das Zusammenkommen der beiden Männer Geschichte, sondern das Flugzeug selbst geht in die Geschichte ein und wird vielleicht später einmal im Museum aufgestellt.«[8] Ist nicht

7 GA 38, 81.
8 GA 38, 83. Vgl. für eine Deutung dieser Stelle, die ihr eine wesentlich zu große Bedeutung im Gesamtkontext der Vorlesung einräumt, Emmanuel Faye, »Heidegger und der Nationalsozialismus«, in: Bernhard H.F. Taureck (Hg.), *Politische Unschuld? In Sachen Martin Heidegger*, Mün-

durch solche Aussagen zweifelsfrei erwiesen, dass es sich bei der gesamten Vorlesung um das Zeugnis eines durch und durch nationalsozialistischen Denkens handelt?

Man muss interpretatorisch hier vorsichtiger sein als einige Kommentatoren dieser Vorlesung: Zum einen spielen die hier diskutierten Aussagen keinerlei systematisch bedeutende Rolle im Gesamtkontext der Vorlesung. Heidegger hat bereits in den 1930er Jahren darauf hingewiesen, dass es ihm in seinem Denken nicht um »Augenblickserscheinungen« gegangen sei.[9] Ein Lektüre dieser Vorlesung bestätigt dies. Denn Heidegger ging es hier vor allem um die – freilich alles andere als unproblematische – Illustration seiner rein philosophischen These über die »Geschichte«, dass nämlich Geschichte vom Sein des Menschen her (und zwar von einem bestimmten Sein des Menschen) verstanden werden müsse. Dazu bemüht er nicht nur das Gegenbeispiel von (vermeintlich) geschichtslosen Menschen oder das Flugzeug Hitlers, sondern auch die »Geburtsstunde Albrecht Dürers und die Todesstunde Friedrichs des Großen«.[10] Das von ihm gewählte Beispiel des Flugzeuges Hitlers mag Heideggers noch vorhandenen Respekt für Hitler zeigen (und diese These ist alles andere als unwahrscheinlich), aber streng genommen kann man diesen aus diesem Beispiel nicht direkt ableiten, denn auch ein Gegner des Nationalsozialismus könnte das

chen 2008, 45–77, 141. Für ähnliche Ausführungen aus dem November 1934 ohne Verweis auf Hitler oder Mussolini vgl. auch GA 16, 321–325. Man mag dies als Zeichen für Heideggers zunehmende Distanz zu Hitler deuten. Denn in Heideggers Vortrag »Die gegenwärtige Lage und die künftige Aufgabe der deutschen Philosophie« aus dem November 1934 finden sich schon deutliche Anzeichen von Heideggers Flucht in eine ziemlich unbestimmt gelassene Zukunft. Jetzt stellt er die These auf, dass, wer geschichtlich sei und denke, in Jahrhunderten denke (324) und findet in Hölderlins Dichtung neue Weisung für die Gegenwart und Zukunft (333 f.).

9 Vgl. GA 66, 422: »Bei allen Vorlesungen sind die gelegentlichen auf Augenblickserscheinungen bezogenen Bemerkungen sachlich wertlos.«
10 GA 38, 85.

Flugzeug des »Führers« als Beispiel dafür, dass auch Gegenstände geschichtliche Bedeutung erlangen können, anführen. Außerdem lässt sich auch aufgrund der Änderung des Themas wie auch aufgrund des inhaltlichen und sprachlichen Gesamtduktus der Vorlesung – etwa im Vergleich mit den Lehrveranstaltungen Heideggers des Jahres 1933 – die plausible Vermutung aussprechen, dass Heideggers Denken nun nicht mehr von der Aufbruchstimmung charakterisiert ist, die viele seiner 1933 und Anfang 1934 geschriebenen Texte so maßgeblich bestimmt hat.

Wohlgemerkt, hier geht es erst einmal nicht darum, zu belegen, dass Heidegger schon im Sommersemester 1934 ein ausgewiesener »Gegner des Nationalsozialismus« gewesen sei. Dazu bleibt zu vieles in dieser Vorlesung – etwa was er über das Volk oder den Staat sagt[11] – ambivalent. Vielmehr geht es darum, darauf hinzuweisen, dass zunächst einmal offenbleiben muss, wie man die in seinen Vorlesungen nach 1934 nur gelegentlich gemachten Aussagen Heideggers, die eine bleibende Nähe zum Nationalsozialismus eindeutig zu belegen scheinen, deuten soll und dass es daher notwendig ist, nicht zu schnell zu einem abschließenden Urteil zu kommen. Denn auch die Aussage, die Heideggers Rassismus und damit einen weiteren Grund für seine tiefreichende Übereinstimmung mit der nationalsozialistischen Ideologie zu belegen scheint, erweist sich – ohne dass hier ihre Bedeutung relativiert werden soll – als wesentlich komplexer und weit weniger eindeutig, wenn man sie in den historischen und philosophischen Kontext einordnet.[12] Die Tatsache, dass wir

11 Vgl. hierzu vor allem GA 38, 156–166.
12 Man vergleiche dies nur einmal damit, was Rosenberg über die »Neger« aus rassistischer und politischer Perspektive zu sagen hat (vgl. Alfred Rosenberg, *Der Mythus des 20. Jahrhunderts. Eine Wertung der seelisch-geistigen Gestaltenkämpfe unserer Zeit*, München 1933, 645 und 665 ff.), um zu sehen wie harmlos letztlich Heideggers Bemerkung, »Neger« hätten keine Geschichte, ist. Diese Aussage klingt gerade aus heutiger

es zahlenmäßig mit nur sehr wenigen Aussagen zu tun haben, die weitere Tatsache, dass diese selbst unterschiedlich gedeutet werden können – es mag ja auch der Fall gewesen sein, dass Heidegger sich durch Aussagen, die eine bleibende Nähe zum Nationalsozialismus zu belegen scheinen, hat schützen wollen –, wie auch die Tatsache, dass es nicht wenige Belege einer direkten Kritik Heideggers an der zeitgeschichtlichen Situation gibt, weisen in eine andere Richtung: Gerade wenn man den gesamten Denk- und Lebensweg Heideggers von 1933 bis 1945 betrachtet, kann man nicht umhin, deutliche Anzeichen einer zunächst, d.h. bis 1936 erst noch zögerlichen und ambivalenten, dann aber direkter und eindeutiger werdenden Distanzierung Heideggers vom Nationalsozialismus bis hin zu Zeichen einer teils erstaunlich of-

Sicht schockierend. Aber wir dürfen nicht vergessen, dass Heidegger nicht auf unsere heutige Sicht und unser heutiges Wissen zurückgreifen konnte. Damit ist – dies sei noch einmal wiederholt – nicht behauptet, dass Heideggers simplifizierende Aussage unproblematisch sei. Es ist zunächst nur einmal behauptet, dass sie – im Kontext von spätkolonialistischen Vorurteilen und aus einer eurozentrischen Perspektive gemacht – nicht einfach als Beleg für Heideggers »Einführung des Nationalsozialismus in die Philosophie« dienen kann. Heidegger hat mit einer oft erschreckenden Naivität bestimmte Vorurteile, Perspektiven und Ressentiments seiner Zeit geteilt – aber das macht ihn nicht automatisch zu einem Nationalsozialisten. Außerdem stellt sich hier philosophischerseits auch die Frage, ob es nicht bestimmte Seinsweisen des Menschen gibt, die in unterschiedlicher Weise geschichtliche Existenz ermöglichen. Man mag in diesem Zusammenhang an ein bestimmtes Wirklichkeitsverständnis oder an Schriftlichkeit als Voraussetzungen geschichtlicher Existenz denken. Auf dieser (nämlich philosophischen) Ebene sollte die Diskussion geführt werden. Zudem könnte man darauf hinweisen, dass es auch Texte gibt, die darauf hinweisen, dass Heidegger Anfang der 1930er Jahre durchaus Geschichtlichkeit als eine allgemeine »Grundverfassung« des Menschen (im Gegensatz etwa zum Tier) verstanden hat. Vgl. hierzu etwa *Heidegger-Jahrbuch* 4, 69: »Nicht als Rahmen verstanden wir die Zeit, sondern als die eigentliche Grundverfassung des Menschen. Und nur ein Wesen, dessen Sein Zeit ist, kann Geschichte haben und machen. Ein Tier hat keine Geschichte.« Vgl. hier auch *Heidegger-Jahrbuch* 4, 76–85.

fenen Kritik zu finden. Auch wenn er seine Kritik teilweise recht offen geäußert hat – so offen, dass auch, wie wir noch sehen werden, die Exilpresse davon Kenntnis nahm –, macht dies Heidegger nicht zu einem Widerstandskämpfer, aber doch zu einem Denker, der sich in seiner »geistigen Auseinandersetzung« mit dem Nationalsozialismus und dem ihm seiner Ansicht nach zugrundeliegenden Nihilismus in so etwas wie eine »innere Emigration« zurückzieht und dabei Fragen der Politik nicht aus einer dezidiert politischen, sondern aus einer philosophischen Perspektive angeht. Gerade wenn man diesen bereits aus den 1920er Jahren vertrauten Zugang Heideggers zu Fragen der Politik berücksichtigt, wird man feststellen, dass sich Heidegger auch dort zu Fragen der zeitgeschichtlichen Politik äußert, wo diese Fragen keine Rolle zu spielen scheinen. Das mag man ihm vorwerfen, man mag sich ein eindeutigeres Wort Heideggers bereits in den 1930er Jahren, aber zumindest nach 1945 gewünscht haben, aber bevor man ihn verurteilt und zu einem »Nazi-Philosophen« abstempelt, sollte man doch erst einmal sachlich zur Kenntnis nehmen, in welcher Weise Heidegger sich mit dem Nationalsozialismus auseinandergesetzt hat, und ihm einräumen, dass es auch verschiedene Möglichkeiten der kritischen Stellungnahme zum Nationalsozialismus gegeben hat und gibt. Denn wo immer Heidegger von einem »anderen Anfang« spricht, schwingt auch eine politische Dimension mit. Diese steht für Heideggers seinsgeschichtliche Fragestellung nicht im Vordergrund, darf aber nicht übersehen werden, wenn es gilt, seine philosophischen Schritte der 1930er Jahre angemessen zu deuten.

Wenn wir hier davon sprechen, dass Heidegger sich in »so etwas wie eine ›innere Emigration‹« zurückgezogen habe, dann deshalb, weil – wieder einmal – im »Fall Heidegger« landläufige Kategorien nicht so einfach greifen: Während es auf der einen Seite gute Gründe dafür gibt, von einer »inneren Emigration« zu sprechen – man denke hier gerade an Heideggers »Rückzug« in die nur mittelbar politisch relevante »Seinsgeschichte« –, gibt es auf der anderen Seite Äußerungen Heideggers, die gegen eine »innere Emigration« zu sprechen scheinen, also etwa viele der letztlich sehr wenigen Aussagen Heideggers, die auf eine nach wie vor vorhandene Übereinstimmung mit dem konkreten Nationalsozialismus oder auf eine Idealisierung dieser Ideologie zu verweisen scheinen. Hier ist hermeneutische Sensibilität notwendig – und ein Kategoriensystem, das ausreichend differenziert ist, um das Verhältnis Heideggers zum Nationalsozialismus zu erfassen. Denn oft hat man in der Diskussion nicht nur des »Falles Heidegger« den Eindruck, es habe ab 1933 nur Emigranten, Widerstandskämpfer und überzeugte Nationalsozialisten gegeben. Vor allem aber der »Fall Heidegger« zeigt, dass wir nicht nur mehr Kategorien benötigen, um die verschiedenen Weisen eines möglichen Verhältnisses zum Nationalsozialismus zu beschreiben, sondern auch in Betracht ziehen müssen, dass es im Verhältnis von Personen wie etwa Martin Heidegger zum Nationalsozialismus durchaus eine gewisse Dynamik und auch Ambivalenzen gab und selbst feine Unterschiede eine große Bedeutung haben können, die sich allerdings nicht im Rückgriff auf nur sehr wenige Kategorien fassen lässt. Dies fällt, wie wir bereits angedeutet haben, bereits unmittelbar nach dem Rücktritt vom Rektorat auf. Man muss nur einmal die Rektoratsrede und die Schriften aus dem Jahr des Rektorats mit ihren zahlreichen politischen Stellungnahmen und oft äußerst militaristischen Metaphern mit dem Stil der Texte, die Heidegger nach dem Ende des Rektorats verfasst hat, vergleichen, um festzustellen, dass hier ein gewaltiger, in seiner Bedeutung nicht zu unterschätzender Bruch vorliegt, ohne dass Heidegger im Frühjahr 1934 in eine »innere Emigration« gegangen wäre oder sich zum Widerstandskämpfer gemausert hätte.

Denn im Jahr 1934 argumentiert Heidegger wieder, wo er 1933/34 eine Vorliebe für apodiktisch vorgetragene Wahrheiten gezeigt hat, und er beschränkt sich im Allgemeinen wieder auf jenen Bereich des philosophischen Denkens, den er 1933/34 mehr als einmal auch in seinen philosophischen Lehrveranstaltungen verlassen hatte. Wo Heidegger 1933/34 – bei aller Betonung der Aufgabe, Fragen zu stellen – Antworten liefert, steht nach dem Rektorat wieder ein fragendes Denken im Vordergrund. Er arbeitet sich eher tastend vor – im Gespräch mit großen Denkern der philosophischen Tradition. Der heutige Leser findet keine Spur mehr von den markigen politischen Aufrufen und Reden des Rektors Heidegger, keine naiv-begeisterte Beschwörung des »nationalsozialistischen Aufbruchs« des Jahres 1933 mehr und so gut wie keine Stellungnahmen zu Ereignissen der konkreten Geschichte. Die Welt der Alltagspolitik und der alltäglichen Geschichte ist in den Hintergrund getreten. Die Frage nach der Geschichte des Seins fesselt Heidegger zunehmend. Wo die Nationalsozialisten und mit ihnen viele Vertreter der Wissenschaft Platon, Schiller, Hölderlin, Kleist und viele andere zu Vorläufern des Nationalsozialismus oder gar des Führers machen, liest Heidegger die klassischen Autoren gegen den Strich einer ideologisch vorbestimmten Lesart. Und wo viele die Gegenwart, das, was seit 1933 schon erreicht wurde, glorifizieren, bemüht Heidegger sich zwar zunächst noch um so etwas wie einen »idealen« Nationalsozialismus und hält auch bis vermutlich 1936 an seiner Begeisterung für Hitler fest, verliert aber zunehmend das Interesse an der Gegenwart und bemüht sich rein philosophisch um die Zukunft, um das, was von der Zukunft her kommt, wie auch um die Möglichkeiten eines anderen – und das heißt: eines ganz anderen – Anfangs.

Es sei noch einmal betont, dass man dies – Heideggers Strategie, mit der zeitgeschichtlichen Situation umzugehen –

durchaus mit Recht auch kritisieren kann. Aber man muss dann auch klar verstehen und benennen, *was* man kritisiert, und dies auch einordnen in einen weiteren Kontext: Selbstverständlich erscheint Heideggers rein philosophisch-»ontologische« Perspektive auf die Geschichte und die Geschehnisse in Deutschland problematisch. Selbstverständlich wünschte man sich aus heutiger Sicht, dass Heidegger eindeutiger Stellung genommen oder mehr Zivilcourage gezeigt hätte.[13] Aber es gibt moralisch keine Pflicht, zum Helden zu werden – ganz zu schweigen von der Frage, die sich immer an die nachkommende und oft zum vorschnellen Urteil neigende Generation stellt, der Frage nämlich, wie wir als Angehörige dieser heute auf die Ereignisse der Jahre von 1933 bis 1945 mit Entsetzen und Sprachlosigkeit zurückblickenden Generation selbst reagiert hätten.

Lassen wir es bei diesen Überlegungen »im Vorfeld« und wenden wir uns nun konkreten Zeugnissen des Denkweges Heideggers von 1934 bis 1945 zu – um zu sehen, wie aus dem Mitläufer Heidegger zunehmend ein »Stiller im Lande«[14] wurde, wie, in anderen Worten, er zunehmend verstummte – allerdings in einer selbst »sprechenden« Weise. »In einer wirklichen philosophischen Vorlesung«, so Heidegger im Winter 1934, »kommt es eigentlich nicht darauf an, was unmittelbar gesagt wird, sondern auf das, was in diesem Sagen erschwiegen wird. Deshalb kann man zwar philosophische Vorlesungen ohne weiteres hören und nachschreiben und kann sich dabei doch ständig *verhören* – und das nicht in dem zufälligen Sinne, daß einzelne Worte und Begriffe unrichtig aufgefaßt werden, sondern in dem grundsätzlichen Sinne

---

13 Vgl. für Heideggers Mangel an Zivilcourage auch »Gespräch mit Max Müller« in: Heidegger/Müller, 126; 136.
14 Vgl. hierzu Raphael Meile O.S.B., »Martin Heideggers Existentialphilosophie im Aufriß«, in: *Annalen der Philosophischen Gesellschaft Innerschweiz*, Mai/Juni 1945, 2. Jg. Nr. 1, 4–16, 7.

eines wesentlichen Verhörens, daß einer nie merkt, wovon und zu wem eigentlich gesprochen wird.«[15] Wir können nicht ausschließen, dass Heideggers sagendes oder sprechendes Schweigen sich nicht nur auf seine Hermeneutik der Dichtung Hölderlins bezieht, sondern auch in einem engen Zusammenhang mit der politischen Situation des Jahres 1934 steht: Wo es zunehmend schwer wird, direkte Kritik zu äußern, rücken Formen der indirekten Mitteilung in den Vordergrund: Unsere Sprache wird ambivalenter, und das, was nicht gesagt oder nur angedeutet wird, kann manchmal sogar noch wichtiger sein als das, was ausdrücklich gesagt wird.

Die Einführung in die Metaphysik *(1935)* *als Dokument des »Übergangs«*

Wenden wir uns nun zunächst der immer wieder diskutierten *Einführung in die Metaphysik* aus dem Sommersemester 1935 kurz zu.[16] In dieser Vorlesung nimmt Heidegger wieder einmal zur Situation an der Universität Stellung. Von einer wirklichen Veränderung oder Verbesserung der Situation nach 1933 ist dort keine Rede. Zumindest implizit gesteht Heidegger das Scheitern seiner universitätsreformerischen Bemühungen ein – und zwar wiederum in sehr ambivalenter Weise: Kritik mischt sich mit einer naiv-zynisch wirkenden Rechtfertigung »mancher Säuberung« nach 1933. Denn in der Vorlesung lesen wir: »An der Wissenschaft, die uns hier in der Universität besonders angeht, läßt sich der Zustand der letzten Jahrzehnte, der heute trotz mancher Säuberung

---

15 GA 39, 41. Vgl. hier auch GA 6.1, (264ff.).
16 Vgl. zur Deutung dieser Vorlesung mit Blick auf ihre politischen Implikationen u.a. Bernhard Radloff, *Heidegger and the Question of National Socialism. Disclosure and Gestalt*, Toronto 2007, 210–255; Richard Polt/Gregory Fried (Hg.), *A Companion to Heidegger's* Introduction to Metaphysics, New Haven/London 2001; Alexander Schwan, *Politische Philosophie im Denken Heidegger*, Opladen ²1989.

unverändert ist, leicht sehen.«[17] Bereits im Sommersemester 1934 hatte er sich ähnlich kritisch zur universitären Situation geäußert: »Der Rektor kann heute statt in dem althergebrachten Talar«, so Heidegger in unverhohlenem Sarkasmus, »in der SA-Uniform auftreten. Hat er damit bewiesen, dass die Universität sich gewandelt hat?« Die Antwort auf diese Frage gibt Heidegger im nächsten Satz: »Es ist höchstens verschleiert, dass im Grunde alles beim alten bleibt. Wir können uns vollkommen in die neuen Pflichten und Einrichtungen einstellen und uns doch dem eigentlichen Geschehen verschließen.«[18] Denn rein politisch, so dachte Heidegger, lasse sich das eigentliche Geschehen nicht verstehen.

Heidegger macht 1934 und 1935 ohne Zweifel immer noch »Zugeständnisse« an die politische Situation nach 1933 und spricht im Jahr 1934 nicht nur von einem in diffuser Unklarheit belassenen »eigentlichen Geschehen« (von dem er – der Philosoph – ein privilegiertes Wissen zu haben beansprucht), sondern noch ein Jahr später von »mancher Säuberung« – womit er sich wohl nicht auf »Säuberung« im Sinne der »Entfernung« jüdischer Professoren aus dem Amt bezieht, sondern allem Anschein nach »Säuberung« in allgemeinerer (aber dadurch nicht unbedingt weniger zynischer) Weise nutzt.

---

17 GA 40, 51. Vgl. hierzu auch den Brief Heideggers an Kurt Bauch vom 7. Februar 1935: »Aber im Grunde ist es doch jetzt gleichgültig; so wie es jetzt aussieht, wird für die nächsten Jahrzehnte an den Universitäten und durch sie nichts mehr entschieden. Vor allem werden sie immer mehr sich selbst durch die jetzt schnell voranschreitende – *ganz geräuschlose innere* Auflösung der Selbstvernichtung entgegen führen« (Heidegger Bauch, 17f.). Vgl. hierzu neben Heidegger/Bauch, 84 auch den Brief Heideggers an Bultmann vom 02. Oktober 1939: »Ich weiß nicht, ob es ein großer Schaden ist, daß die meisten Universitäten [scil., nach Kriegsbeginn, H.Z.] geschlossen wurden. Ich denke seit meinen Erfahrungen von 33/4 sehr gering von dieser Einrichtung; was sich als ›neu‹ gebärdet, ist so bodenlos und besinnungsfeig wie das ›Alte‹« (Heidegger/Bultmann, 201).
18 GA 38, 74.

Zu einem radikalen Bruch mit dem Nationalsozialismus war es nach dem Rücktritt vom Rektorat nicht gekommen. Wir können in seinen kritischen Aussagen aus dieser Zeit mit ihren »Zugeständnissen« daher Zeichen eines Übergangs sehen, nämlich Zeichen seiner *zunehmend* kritischen Position. Man muss sie nicht unbedingt als Zugeständnisse an den politischen Erwartungshorizont seiner Hörer interpretieren und kann durchaus davon ausgehen, dass Heidegger diese »Zugeständnisse« ernst gemeint hat, ohne hierin Zeichen einer ziemlich ungebrochenen Zustimmung Heideggers zum Nationalsozialismus zu erblicken, Zeichen, für die es 1933/34 eine ganz Reihe von eindeutigen, überhaupt nicht ambivalenten Zeugnissen gab. Denn die Zeichen seiner zunehmenden Kritik am nationalsozialistischen Totalitarismus sind zu deutlich.

So wird ja das »Zugeständnis«, das Heidegger in der Vorlesung vom Sommer 1935 an die nationalsozialistischen Machthaber macht, sofort eingeschränkt – ähnlich wie der Verweis auf das »eigentliche Geschehen« durch den Hinweis, dass »alles beim alten bleibt« in seiner Tragweite relativiert wird: Nach Heidegger bewegen sich die beiden dominanten Auffassungen dessen, was Wissenschaft ist, nämlich »*beide in der gleichen* Verfallsbahn einer Mißdeutung und Entmachtung des Geistes« als Intelligenz.[19] Bei diesen Auffassungen handelt es sich um jene beiden Verständnisse von Wissenschaft, die Heidegger im nationalsozialistischen Deutschland – aber nicht nur dort – vorgefunden hat, nämlich um das Verständnis von Wissenschaft als »technisch-praktischem Berufswissen« und als eines »Kulturwertes an sich«.[20] Heidegger deutet diese beiden Auffassungen von Wissenschaft nicht einfach mit Bezug auf eine abstrakt ver-

19 GA 40, 51.
20 GA 40, 51.

standene »Neuzeit« oder »Moderne«, sondern mit Bezug auf die konkrete Situation des Jahres 1935 in Deutschland: »Nur darin unterscheiden sie sich«, so Heidegger zu den Differenzen dieser beiden Auffassungen, »dass die technisch-praktische Auffassung der Wissenschaft als Fachwissenschaft noch den Vorzug der offenen und klaren Folgerichtigkeit *bei der heutigen Lage* beanspruchen darf, während die *jetzt wieder aufkommende* reaktionäre Deutung der Wissenschaft als Kulturwert die Ohnmacht des Geistes durch eine unbewußte Verlogenheit zu verdecken sucht.«[21] In beiden Fällen aber, so Heidegger in eindeutiger Radikalität, handelt es sich um Formen der »Geistlosigkeit«, die dazu führen, dass die Universität sich nach wie vor in einer Krise befindet. Von der Wissenschaft »heute«, so Heidegger, könne »überhaupt keine Erweckung des Geistes ausgehen«.[22]

Heidegger verweist seine Hörer noch auf eine weitere »Mißdeutung« des Geistes, die, wie er ausführt, auf den beiden hier genannten beruhe: »Der Geist als zweckdienliche Intelligenz und der Geist als Kultur werden schließlich zu Prunk- und Ausstattungsstücken, die man neben vielem Anderen auch berücksichtigt, die man öffentlich herausstellt und vorführt zum Beweis, dass man die Kultur *nicht* verneinen und keine Barbarei will.«[23] Dass es sich dabei nicht um abstrakte Überlegungen handelt, zeigt der nächste Satz: »Der russische Kommunismus ist nach einer anfänglich rein verneinenden Haltung alsbald zu solcher propagandistischer Taktik übergegangen.«[24] Wäre diese Aussage überinterpretiert, wenn man – nach allem, was Heidegger in dieser Vorlesung über die damalige universitäre Situation in Deutschland gesagt hat, und bei allem, was auch seine damaligen

---

21 GA 40, 52.
22 GA 40, 52.
23 GA 40, 52f.
24 GA 40, 52.

Studenten über sein Rektorat und seinen Rücktritt vom Rektorat wussten – vermuten wollte, dass Heidegger hier auch an den Nationalsozialismus und die nationalsozialistische Bildungs- und Wissenschaftspolitik gedacht hat?

Trotz der »unverhohlenen Intellektuellenfeindschaft in der Partei« war es ja ab 1933 zu einer zunehmenden Politisierung der Hochschulen und Universitäten gekommen, während die Nationalsozialisten gleichzeitig darum bemüht waren, den Anschein der Wissenschaft als eines »Kulturwertes« beizubehalten.[25] So wurde ja im Dezember 1934 eine neue Reichshabilitationsordnung erlassen, deren Anliegen in einer besseren politischen Kontrolle des Lehrbetriebs bestand.[26] Sosehr man darauf hinweisen muss, dass Heidegger anfänglich eine gewisse Rolle bei der nationalsozialistischen Reform der Universität gespielt hat, so sehr muss man auch fragen, ob Heidegger 1935 sich nicht – vermittelt etwa über seine kritischen Bemerkungen zum Kommunismus – auch kritisch von der nationalsozialistischen Bildungs- und Wissenschaftspolitik distanzierte.[27] Hätte er, wenn er tatsächlich noch überzeugter Nationalsozialist gewesen wäre, dann nicht die Situation in Deutschland gegen die Situation in der Sowjetunion ausspielen können und müssen? Hätte er nicht positivere Worte über das in Deutschland bereits Erreichte finden müssen? Und wenn er nach wie vor den Bereich der Realpolitik vornehmlich aus der Perspektive der Universitätspolitik

---

25 Vgl. u. a. Michael Grüttner, »Wissenschaft«, in: Wolfgang Benz, Hermann Graml, Hermann Weiß, *Enzyklopädie des Nationalsozialismus*, München 2007, 143–165, 145 ff.

26 Vgl. hierzu Hans-Ulrich Wehler, *Deutsche Gesellschaftsgeschichte. 4. Band: Vom Beginn des Ersten Weltkrieges bis zur Gründung der beiden deutschen Staaten 1914–1949*, München ³2008, 829. Vgl. kritisch hierzu auch Bultmann in einem Brief an Heidegger vom 15. Februar 1935 (Heidegger/Bultmann, 197 ff.). Bultmann und Heidegger haben 1935 in einem gemeinsamen Gespräch die politische Lage erörtert.

27 Vgl. hierzu auch GA 16, 251–255.

zu betrachten tendiert – was besagen dann seine kritischen Anmerkungen zur Situation der Universität im Besonderen über sein Urteil zur politischen Situation im Allgemeinen? Ist gerade hier nicht Heideggers Schweigen ein in höchstem Maße beredtes Schweigen? Zeigt sich hier nicht mehr als nur Heideggers Enttäuschung über sein eigenes Rektorat?

Von offener Anerkennung der Verbesserungen in Deutschland nach 1933 finden sich nämlich – anders als noch 1933 – so gut wie keine Spuren. Stattdessen äußert er 1935 – wie auch schon im Sommer 1934 – noch weiter offene Kritik. Heidegger bezieht sich im Folgenden zunächst auf seine Antrittsrede »Was ist Metaphysik« wie auch kurz auf seine Rektoratsrede, allerdings in einer Weise, die noch einmal das Scheitern aller reformerischen Ideen und seine Kritik des *status quo* zeigt. Was er 1929 kritisch über die Universität gesagt habe, so Heidegger, gelte »auch heute noch«.[28] Eine große Hoffnung scheint Heidegger nicht mehr an die nationalsozialistische Revolution zu knüpfen. Im Gegenteil. Wer genau liest, wird Zeichen einer deutlichen Distanzierung auch in anderen Fragen als den Fragen der Universitätsreform und Wissenschaft feststellen. Heidegger bezieht sich zwar immer wieder auf das deutsche Volk, aber in einer Weise, die nichts mit einem rassistischen oder antisemitischen Volksverständnis zu tun hat. Denn jeder Bezug auf das deutsche Volk bleibt eingeordnet in einen doppelten Bezugsrahmen: Zum einen bleibt nach wie vor die von Nationalsozialisten wie etwa Alfred Rosenberg ausdrücklich kritisierte abendländische

---

28 GA 40, 52. Heidegger bezieht sich hier auf das folgende Zitat aus »Was ist Metaphysik?«: »Die Gebiete der Wissenschaften liegen weit auseinander. Die Behandlungsart ihrer Gegenstände ist grundverschieden. Diese zerfallene Vielfältigkeit von Disziplinen wird heute nur noch durch die technische Organisation von Universitäten und Fakultäten zusammen- und durch die praktische Abzweckung der Fächer in einer Bedeutung erhalten. Dagegen ist die Verwurzelung der Wissenschaften in ihrem Wesensgrunde abgestorben.«

Perspektive von zentraler Bedeutung für Heidegger – und wird immer wichtiger.[29] Ihm geht es um das »geistige Schicksal des Abendlandes«,[30] nicht um eine Wiederbelebung des Germanischen oder gar um Lebensraum im Osten. Heidegger scheint dem Mythos des Germanentums oder des Germanischen gegenüber sogar äußerst kritisch eingestellt gewesen zu sein. Findet sich doch in seinen Bezugnahmen auf das »Abendland« eine zumindest indirekte Kritik an der »ungeistigen« und biologistisch orientierten Mythifizierung des Germanischen zur Zeit des Nationalsozialismus, etwa in Heideggers zahlreichen Bezugnahmen auf Europa als Kontinent des Geistes.[31]

Diesen Kontinent sieht Heidegger in einer doppelten Gefahr: Er »liegt heute in der großen Zange zwischen Rußland auf der einen und Amerika auf der anderen Seite. Rußland und Amerika sind beide, metaphysisch gesehen, dasselbe; dieselbe trostlose Raserei der entfesselten Technik und der bodenlosen Organisation der Normalmenschen.«[32] Keine Frage: Heidegger vereinfacht hier in einer eines Philosophen

29 Vgl. Alfred Rosenberg, *Der Mythus des 20. Jahrhunderts. Eine Wertung der seelisch-geistigen Gestaltenkämpfe unserer Zeit*, München 1933, 279: »Heute ist es modern geworden, vom ›Abendlande‹ zu reden. Dies geschieht zwar mit ungleich mehr Berechtigung als in bezug auf das ›Morgenland‹, ist aber auch zu verschwommen, wenn nicht das das Abendland bildende nordische Element betont wird.« Gerade eine solche Betonung findet sich bei Heidegger nicht. Sein Verständnis des Abendlandes ist *mutatis mutandis* »alteuropäisch«. Vgl. zur weiteren Deutung von Heideggers Position auch Manfred Riedel, »Heideggers europäische Wendung«, in: Hans-Helmuth Gander (Hg.), *Europa und die Philosophie* (= *Schriftenreihe der Martin-Heidegger-Gesellschaft*; 2), Frankfurt am Main 1993, 43–66.
30 GA 40, 40.
31 Vgl. zum Beispiel auch Rosenbergs Kritik am »Pan-Europäertum« (Alfred Rosenberg, *Der Mythus des 20. Jahrhunderts*, 112; 621; 676].
32 GA 40, 40f. Vgl. zu Heideggers Antiamerikanismus und Antikommunismus auch GA 16, 314; Dieter Thomä, *Die Zeit des Selbst und die Zeit danach. Zur Kritik der Textgeschichte Martin Heideggers 1910–1976*, Frankfurt am Main 1990, 588f.

kaum würdigen, aber auch aus historischer Perspektive nicht untypischen Weise. Aber auch hier gilt es, genau zu lesen: Denn er schildert Europa oder Deutschland nicht als eine Insel der Seligen. Denn Europa sei, so Heidegger, in seiner Geistlosigkeit bereits von dem, was metaphysisch in Amerika und Russland geschehe, betroffen. Wenn er Beispiele der »trostlosen Raserei der entfesselten Technik und der bodenlosen Organisation der Normalmenschen« finden wollte, musste Heidegger nicht in die Ferne Russlands und Amerikas schauen, sondern konnte reiches Anschauungsmaterial u.a. in den faschistischen Ländern Europas finden. Europa wird daher von Heidegger als »in heilloser Verblendung immer auf dem Sprunge, sich selbst zu erdolchen«, charakterisiert.[33]

Es gibt allerdings noch einen zweiten, weiteren Bezugsrahmen, in den Heidegger seine Überlegungen stellt, nämlich neben dem abendländisch-europäischen den global-planetarischen Bezugsrahmen. Es handelt sich hierbei um den Bezugsrahmen des »geistigen Verfalls der Erde«, angesichts dessen die Situation an der Universität wie auch der Konflikt zwischen verschiedenen »Hemisphären« in ihrer Bedeutung einzuschränken sind.[34] Dieser sei, so Heidegger, »so weit fortgeschritten, dass die Völker die letzte geistige Kraft zu verlieren drohen, die es ermöglicht, den [in Bezug auf das Schicksal des ›Seins‹ gemeinten] Verfall auch nur zu sehen und als solchen abzuschätzen.«[35] Es geschehe, so Heidegger, eine »Weltverdüsterung«. Diese äußere sich nun in den folgenden »wesentlichen Geschehnissen«: »die Flucht der Götter, die Zerstörung der Erde, die Vermassung des Menschen, der Vorrang des Mittelmäßigen«.[36] Heidegger knüpft hier vor allem an Nietzsches Gedanken vom Wachsen der Wüste und

33 GA 40, 40.
34 GA 40, 41. Vgl. hierzu auch Heidegger/Bauch, 52f.; 68.
35 GA 40, 41.
36 GA 40, 48; vgl. auch 41.

vom Tod Gottes an (auch Hölderlins Wort vom »Fehl Gottes«[37] spielt hier eine wichtige Rolle). Er nennt aber noch einige andere »Krisenzeichen« der Gegenwart, die er auf einen »Andrang von Jenem, was wir das Dämonische (im Sinne des zerstörerisch Bösartigen) nennen«, zurückführt. Eines der wichtigsten Zeichen dieses Andranges sei ebenjene von ihm breit diagnostizierte »Entmachtung des Geistes im Sinn einer Mißdeutung desselben, ein Geschehen, in dem wir noch heute mitten innestehen«.[38] Es dürfte nicht unplausibel sein, dies auch als Kritik der damaligen Situation in Deutschland zu lesen – Heidegger nennt ja als Subjekt ganz konkret ein »Wir«.

Gerade auch hier gilt es, auf das Schweigen Heideggers zu hören, darauf, was er *nicht* sagt: kein Wort etwa davon, dass die Lage in Deutschland doch nun – mehr als zwei Jahre nach der nationalsozialistischen Machtergreifung – ganz anders aussehe, sondern eher Worte der impliziten Kritik. Hier zeigt sich, wie wichtig die sehr genaue Lektüre der politischen Texte Heideggers aus der Rektoratszeit war: Die politische Radikalität und der Triumphalismus, die viele dieser Texte auszeichneten, so zeigt sich jetzt sehr deutlich, fehlt spätestens ab 1935 völlig. Heideggers Stil in dieser Vorlesung ist verhalten, vorsichtig in der Argumentation und fragend in seiner Grundausrichtung – wie übrigens selbst die Vorlesungen Heideggers aus dem Sommersemester 1933 und die Vorlesung aus dem Wintersemester 1933/34 in nur in eingeschränktem Maße politisierte *philosophische* Vorle-

---

37 Vgl. hierzu auch GA 4, 47: »Sondern indem Hölderlin das Wesen der Dichtung neu stiftet, bestimmt er erst eine neue Zeit. Es ist die Zeit der entflohenen Götter *und* des kommenden Gottes. Das ist die dürftige Zeit, weil sie in einem gedoppelten Mangel und Nicht steht: im Nichtmehr der entflohenen Götter und im Nochnicht des Kommenden.« Vgl. hier auch Heidegger/Blochmann, 83.
38 GA 40, 50.

Martin Heidegger in den 1930er Jahren

sungen waren: Aussagen, die deutlich die zeitgeschichtliche Situation zeigen, finden sich vor allem zu Beginn der Vorlesungen.[39]

Wenn Heidegger 1935 sagt, es gelte, »dem geschichtlichen Dasein eine Bodenständigkeit zurückzugewinnen«[40] und »das geschichtliche Dasein des Menschen und d.h. immer zugleich unser eigenstes künftiges, im Ganzen der uns bestimmten Geschichte in die Macht des ursprünglich zu eröffnenden Seins zurückzufügen«,[41] wird auch deutlich, welche »Lösung« bzw. »Aufgabe« ihm vorschwebt: eben keine politische mehr. Er beschränkt sich zwar ausdrücklich auf die »Grenzen, innerhalb derer das Vermögen der Philosophie etwas vermag«,[42] aber legt nahe, dass die philosophische (und im strengen Sinne nutzlose) nicht nur eine mögliche Zugangsweise zur Krise der Gegenwart ist, sondern die einzig mögliche.[43] Was wie eine Selbstbeschränkung aussieht, ist in Wahrheit die Angabe des Bereiches, innerhalb dessen überhaupt so etwas wie eine neue »Bodenständigkeit« und damit ein neuer Bezug zum Sein gewonnen werden kann. Mit nationalsozialistischem Blut-und-Boden-Denken hat dies nichts zu tun. Jetzt geht es auch gar nicht mehr um Ergänzung dieses Denkens – wie noch im Wintersemester 1933/34[44] –, sondern um eine ganz andere Perspektive.

---

39 Vgl. GA 36/37, 3–6; 78–80; 262 ff. So auch Max Müller, *Auseinandersetzung als Versöhnung. Ein Gespräch über ein Leben mit der Philosophie*, hg. von Wilhelm Vossenkuhl, Berlin 1994, 55.

40 GA 40, 43.

41 GA 40, 45.

42 GA 40, 45.

43 Vgl. hierzu auch den Brief Heideggers an Kurt Bauch vom 09. August 1935: »Wir sind durch das Praktische und Prüfungsordnungen nicht gebunden – wir dienen dem, was ohne Nutzen ist und stehen doch gerade dort, wo sich die künftige deutsche Welt entscheidet« (Heidegger/Bauch, 23).

44 Vgl. hierzu oben S. 359.

Auch die in der *Einführung in die Metaphysik* – nämlich
in der vieldiskutierten Deutung des ersten Chorliedes aus
Sophokles' Antigone – ausgeführten Gedanken zum »Gewal-
tigen« oder »Gewalttätigen« stehen trotz ihres abstrakten
Charakters in einem zeitgeschichtlichen Kontext und scheinen einen philosophischen Kommentar der jüngsten Ereignisse darzustellen.[45] Zu deutlich sind die Bezüge auf die *polis*
oder die »Herrscher«, die »als Gewalt-tätige Gewalt brau-
chen und Hochragende werden im geschichtlichen Sein als
Schaffende, als Täter«.[46] Aber man sollte sich nicht täuschen
lassen: Heidegger charakterisiert so nicht nur die »Herrscher«, sondern auch die Dichter, Priester und Denker, die
nur das sein sollen, was sie als solche, nämlich als Dichter,
Priester oder Denker, sind. Von einem totalitären Staatsver-
ständnis, das alles auf den jeweiligen Herrscher bezieht, distanziert er sich nun schon ausdrücklich: Heidegger listet
zum Beispiel all das auf, was seiner Ansicht nach zur Ge-
schichtsstätte der griechischen *polis* gehört: »die Götter,
die Tempel, die Priester, die Feste, die Spiele, die Dichter,
die Denker, der Herrscher, der Rat der Alten, die Volksver-
sammlung, die Streitmacht und die Schiffe«.[47] Aber »all dieses«, so betont er, »gehört nicht erst dadurch zur *polis*, ist
nicht dadurch politisch, daß es zu einem Staatsmann und
einem Feldherrn und zu den Staatsgeschäften eine Beziehung
aufnimmt«.[48] Gegen die Tendenz zur Gleichschaltung und
totalitären Unterordnung von allen Lebensbereichen unter
die Ziele und Vorstellungen des Staatsmannes setzt Heidegger in seiner Deutung der sophokleischen *polis* also die Idee
eines Eigenrechtes verschiedener Sphären – teils ohne Zweifel auch aufgrund seiner eigenen Erfahrung, da er selbst ja

45 Vgl. GA 40, 153–173.
46 GA 40, 162.
47 GA 40, 161.
48 GA 40, 161.

dieses Eigenrecht nicht beachtet hat und auch gesehen hat, wohin diese Totalisierung des Politischen führen kann.[49]

Es ist dies der Kontext, in den Heideggers Wort von der »inneren Wahrheit und Größe des N. S.« eingeordnet werden muss: Wer genau liest, wird sehen, dass auch dieses immer wieder genannte Zitat in einem direkten Kontext steht, der zu beachten ist: Heidegger kritisiert nämlich die gegenwärtige nationalsozialistische Philosophie: »Was heute vollends als Philosophie des Nationalsozialismus herumgeboten wird, aber mit der inneren Wahrheit und Größe des N. S. nicht das Geringste zu tun hat, das macht seine Fischzüge in diesen trüben Gewässern der ›Werte‹ und der ›Ganzheiten‹.«[50] Was hat Heidegger hier gemeint? Keinesfalls hat er bedingungslos das faktische nationalsozialistische Regime bejaht und verherrlicht – wie noch zur Zeit seines Rektorats.[51] Deutlich zeigt sich hier eine Differenzierung, auf die wir auch Anfang 1933 schon gestoßen waren, die für Heidegger aber im Verlaufe der 1930er Jahre immer weniger wichtig wird, weil er, sobald er zu der Überzeugung gekommen war, dass der Nationalsozialismus eine Erscheinungsform des Nihilismus ist, auch diese Unterscheidung nicht mehr ernsthaft aufrechterhalten konnte, nämlich die Differenzierung von Partei und

---

49 Vgl. hierzu auch Theodore Kisiel, »Political Interventions in the Lecture Courses of 1933–36«, 125 ff.

50 GA 40, 208; vgl. GA 40, 234 für die hier zitierte wohl ursprüngliche Fassung. Heidegger hat 1953 allem Anschein nach »des N. S.« durch »dieser Bewegung« ersetzt und im unmittelbaren Anschluss daran die folgende Erklärung in Klammern eingefügt: »nämlich mit der Begegnung der planetarisch bestimmten Technik und des neuzeitlichen Menschen«. Vgl. hierzu auch Otto Pöggeler, *Der Denkweg Martin Heideggers*, Pfullingen ³1983, 340 ff.; Alexander Schwan, *Politische Philosophie im Denken Heidegger*, 103; Dieter Thomä, *Die Zeit des Selbst und die Zeit danach. Zur Kritik der Textgeschichte Martin Heideggers 1910–1976*, 624 ff.; Theodore Kisiel, »Political Interventions in the Lecture Courses of 1933–36«, 122–128.

51 Vgl. hier auch Heidegger/Bauch, 18.

Bewegung, von historischer Wirklichkeit und überhistorischem Ideal. Fragen wir also noch einmal, ob er also etwa seinem eigenen »Privatnationalsozialismus« das Wort geredet hat. Er scheint ja zu wissen, worin die »innere Wahrheit und Größe des N. S.« besteht. Man mag dieses Zitat so deuten und darauf hinweisen, dass er wieder einmal seine Rolle als Philosoph überschätzt. Denn nicht die offiziellen parteiamtlichen Dokumente oder die Aussagen und Taten der nationalsozialistischen Machthaber und Vordenker, sondern er – der Freiburger Philosoph – weiß, worin das eigentliche Wesen des Nationalsozialismus besteht. Aber es ist, gerade wenn man den Gesamtkontext der Vorlesung betrachtet, auch möglich, dass Heidegger hier schon vor dem Hintergrund seiner persönlichen Enttäuschung und seiner Anfragen an ein totalitäres Politikverständnis mit einer gewissen kritischen Distanz von der »inneren Wahrheit und Größe« des Nationalsozialismus gesprochen hat, also ohne dass er sich also vollständig mit »dieser Bewegung« oder dem idealen »Nationalsozialismus« identifiziert hätte – ganz abgesehen davon, dass die Einschätzung des Nationalsozialismus aus der Perspektive des Sommers 1935 ganz anders aussah als aus heutiger Perspektive. Dafür spricht etwa, dass Heidegger nicht die Chance ergriffen zu haben scheint, ausführlicher zu erklären, was es mit dieser »inneren Wahrheit und Größe« eigentlich auf sich habe. Denn im Gesamtkontext der Vorlesung steht dieser Satz einigermaßen isoliert.

Wir möchten hier die Frage, wie dieses Zitat abschließend zu deuten ist, offenlassen. Zunächst einmal ist es wichtig, zu sehen, dass man dieses Zitat keinesfalls als Zeichen für Heideggers ununterbrochene Unterstützung des faktischen Nationalsozialismus lesen kann. Es kann vielmehr, vor allem wenn es in seinen weiteren Kontext eingeordnet wird, auch als Zeichen einer subtilen Kritik an der zeitgenössischen politischen Situation gelesen werden. Es mag dabei sehr gut sein, dass Heidegger im Jahr 1935 nach wie vor positive Momente am Nationalsozialismus wahrnahm und diese noch im Vordergrund seiner politischen Ansichten standen. Wir haben ja gesehen, dass Heidegger – wie viele andere Deutsche – bestimmten Ideen oder Versatzstücken der nationalsozialistischen Ideologie gegenüber prinzipiell positiv eingestellt war. Das mag nicht nur erklären, warum er 1933 sich der NSDAP anschließen konnte, sondern auch, warum seine Kritik nach 1934 sich erst langsam radikalisierte. Es kann aber auch sein, dass Heidegger schon in höherem Maße von den totalitären Machthabern enttäuscht war, als dieser vielzitierte Satz auf den ersten Blick nahezulegen scheint. Gerade die kritischen Ausführungen zur zeitgeschichtlichen Situation, die Heidegger zuvor schon gemacht hat, die aber in keiner Weise mit einer Idealisierung der nationalsozialistischen Bewegung verbunden waren, könnten für eine solche Lesart sprechen.

Wir finden 1935 also keinen eindeutig radikalen Bruch in seinem Verhältnis zum Nationalsozialismus, sondern eher Einschnitte und kleinere »Brüche«, weshalb wir nicht mit vereinfachenden Kategorien arbeiten können, sondern auf eine »Feinanalyse« der uns heute zugänglichen Texte angewiesen sind. Und diese belegt schon für die Zeit unmittelbar nach dem Rektorat zumindest eine deutliche Verschiebung der Stoßrichtung von Heideggers politischen oder politisch relevanten Aussagen. Wir können dabei auch die Frage offenhalten, ob eine Relektüre der Texte seines Rektorats aus der Perspektive der von ihm nach seinem Rücktritt vom Rektorat gehaltenen Vorlesungen nicht die These nahelegen könnte, dass Heidegger als Rektor sich in vielen seiner Aussagen an bestimmte Sprachspiele äußerlich angepasst hat, ohne innerlich hinter allem, was er gesagt hat, voll zu stehen. Es gibt Indizien, die für diese These sprechen – etwa die Vorlesungen oder viele Briefe Heideggers aus seiner Rektoratszeit. Aber wir bedürfen dieser These nicht, um plausibel nachweisen zu können, dass Heideggers kritische Auseinandersetzung mit und seine Distanzierung von der nationalsozialistischen Ideologie bereits sehr früh beginnt und dass seine Kritik immer mehr zu einer Kritik »von außen« wird: über den Zwischenschritt einer idealistisch-philosophischen Verklärung des Nationalsozialismus findet Heidegger zu immer deutlicheren, wenn auch nicht immer mehr öffentlich geäußerten Worten der Kritik.

Bereits Anfang Mai 1935 sollte er – nachdem er auf einen »erlogenen« Artikel in dem nationalsozialistischen Kampfblatt *Der Alemanne* eingegangen war – Kurt Bauch gegenüber sehr offen seine Einschätzung der Lage mitteilen: »Man weiß nicht mehr wo man steht. Sicher ist nur, daß es vorbei ist.«[52] Und angesichts der Wiedereinführung der allgemeinen Wehrpflicht sagt Heidegger, der wenige Jahre zuvor noch die Forderung nach einem »Wehrdienst« der Studenten aufgestellt hatte: »Es ist entsetzlich, daß als einzige Rettung die völlige Militarisierung erscheint. Es ist sogar fraglich, ob alles noch die zwei bis drei Jahre hält, bis die Jugend durch den Kommiß gegangen ist. Oder ob vorher alles explodiert.«[53] Selbst wenn er 1935 noch öffentlich den Nationalsozialismus verklärt hat, scheint es zur selben Zeit für Heidegger schon Gründe für eine nicht unbeträchtliche Distanzierung vom realen und wohl auch idealen Nationalsozialismus gegeben zu haben. Denn was sich in den Briefen an Bauch widerspiegelt, ist sicherlich kein idealistischer und vom Geist der Hoffnung auf den Aufbruch getragener Privatnationalsozialismus. Deutlich zeigt sich Heideggers Enttäuschung darüber, dass der Aufbruch von 1933 nicht gehalten hat, was er versprochen hat, wie auch seine kritische Sicht der damaligen Situation. Während Heidegger in der öffentlichen Vorle-

---

52 Heidegger/Bauch, 19.
53 Heidegger/Bauch, 20.

sung eine Tendenz zum Verschweigen und zur Ambivalenz zeigt, findet er in privatem Umgang wesentlich eindeutigere Worte. Wäre es dabei falsch, die Vorlesung *Einführung in die Metaphysik* vor dem Hintergrund von Heideggers Brief an den mit ihm befreundeten Kollegen Kurt Bauch zu deuten? Statt Aufbruchstimmung – ein Abgesang. Statt Hoffnung – Angst vor einer bevorstehenden Explosion.

Exoterische Kritik I: Schelling und das Schicksal der Politik

Die Deutung, dass Heidegger sich zunehmend vom Nationalsozialismus entfremdet, wird noch plausibler, wenn wir uns anderen Zeugnissen von Heideggers Lehrtätigkeit der 1930er Jahre zuwenden. Denn auch in einer Vorlesung zur Philosophie Schellings, die Heidegger im Sommersemester 1936 gehalten hat, finden sich deutliche Zeichen einer kritischen Auseinandersetzung mit der zeitgeschichtlichen Situation. In dieser Vorlesung ist Heidegger allerdings, wie es scheint, vorsichtiger.[54] Auf die Situation in Deutschland bezieht er sich nicht explizit, sondern implizit – allerdings in einer Weise, die dem zeitgenössischen Hörer der Vorlesung durchaus verständlich gewesen sein dürfte. Denn zu Beginn seiner Vorlesung ordnet Heidegger Schellings Abhandlung *Über das Wesen der menschlichen Freiheit* aus dem Jahr 1809, die sogenannte Freiheitsschrift, gegen seine Gewohnheit in einer gewissen Ausführlichkeit zeitgeschichtlich ein. Er verweist darauf, dass im Jahr der Veröffentlichung dieser Abhandlung Schellings Napoleon Deutschland »beherrschte, d.h. hier bedrückte und schmähte«.[55] Die Vermutung, dass Heidegger sich hier nicht nur mit dem Nationalsozialismus im Allge-

---

54 Vgl. hier auch Theodore Kisiel, »Political Interventions in the Lecture Courses of 1933–36«, 128: »The political interventions diminish perceptibly in the courses that follow summersemester 1935.«
55 GA 42, 1.

meinen, sondern auch mit seinem eigenen misslungenen Rektorat auseinandersetzt, liegt nicht ferne.[56] Sie muss allerdings sorgfältig begründet werden.

Heidegger berichtet über das in diesem Zusammenhang – nämlich in einer Vorlesung über Schellings Freiheitsschrift – eigentlich belanglose Zusammentreffen Napoleons mit Goethe in Erfurt mit den folgenden Worten: »Sie unterhielten sich über die Dichtung, insbesondere über das Trauerspiel und die Darstellung des Schicksals. Napoleon sagte: Die Trauerspiele ›haben einer dunkleren Zeit angehört. Was will man jetzt mit dem Schicksal? Die Politik ist das Schicksal!‹ – ›Kommen Sie nach Paris, ich fordere es durchaus von Ihnen. Dort gibt es eine größere Weltanschauung –‹«[57] Man könnte dies auf einer oberflächlichen Ebene als Kritik an Frankreich und Napoleon und als Lob an Goethe, den Dichter der Deutschen, lesen: Habe dieser doch den Mut gezeigt, dem Reiz der fremden Macht nicht zu erliegen, und so Deutschland nicht an den Feind verraten. Man würde damit aber der Tiefe dieser Ausführungen Heideggers nicht gerecht werden. Denn es geht

---

56 Vgl. hier auch, was Johannes Baptist Lotz im Anschluss an seine kurze Diskussion der Schelling-Vorlesung des Sommersemesters 1936 sagt: »Manche bissige Bemerkung, die Heidegger in seinen Vorlesungen fallen ließ, zeigte, wie er sich vom NS-Reich distanzierte.« Vgl. auch GA 16, 290f. für Heideggers 1934 geäußerte Sicht der Besatzung Preußens durch Napoleon, die zumindest auf eine deutliche Distanzierung Heideggers von der Welt der Politik hindeutet: Obwohl Heidegger von der »Zusammenwirkung« von Dichtern, Philosophen, Staatsmännern und Soldaten spricht, als während und nach der französischen Besetzung Preußens das »Wesen der Freiheit ... neu begriffen« worden sei, kommt er zusammenfassend zu folgendem, die Staatsmänner und Soldaten nicht mehr erwähnenden Urteil: »Dichter und Denker schufen eine neue geistige Welt, in der das Walten der Natur und die Mächte der Geschichte einheitlich im Wesen des Absoluten zusammengespannt und -gedacht wurden.« Dies bestätigt unsere These, dass bereits 1934 Heidegger Hoffnung vor allem auf Dichter und Denker – und das heißt vor allem: auf Hölderlin und sich selbst – setzt. Auf die Staatsmänner scheint es kaum anzukommen.
57 GA 42, 2.

ihm in diesem Zusammenhang nicht um den Unterschied zwischen Frankreich und Deutschland oder um die »Schmähung« Deutschlands durch Napoleon, sondern um etwas ganz anderes. Es geht ihm zu Beginn seiner Vorlesung über Schellings Freiheitsphilosophie um das Verhältnis von Geist und Politik und darum, Napoleons prototitalitäres Politikverständnis als historisch überholt darzustellen: »Und bald«, so Heidegger, »sollte die tiefe Unwahrheit jenes Wortes an den Tag kommen, das Napoleon in Erfurt zu Goethe gesprochen: Die Politik ist das Schicksal. Nein, der Geist ist das Schicksal und Schicksal ist Geist. Das Wesen des Geistes aber ist Freiheit.«[58] Wieder einmal steht der Geist im Vordergrund von Heideggers Überlegungen. Und wieder einmal geht es ihm um eine Neu-Aneignung des Geistes, d.h. der Philosophie, in geistloser, das Politische absolut setzender Zeit, in der zunehmend ihre Freiheit eingeschränkt und in Frage gestellt wurde – und in der Heidegger die zutiefst problematischen Dimensionen des faktischen Nationalsozialismus und wohl auch langsam die Probleme, die mit seiner Idealisierung eines »eigentlichen« Nationalsozialismus verbunden waren, immer deutlicher wurden.[59] In diesem Zu-

58 GA 42, 3.
59 Vgl. hierzu auch den bereits zitierten Brief Heideggers an Bauch vom 7. Juni 1936. Dort heißt es: »700 BDM-Führerinnen in Berlin auf dem Pergamonaltar vereidigt! Wahrscheinlich meinten sie Pergamon läge bei Stettin. Ich habe das Gefühl, es geht irgendwo einem Ende zu; der Nationalsozialismus wäre schön als *barbarisches Prinzip* – aber er sollte nicht so bürgerlich sein« (Heidegger/Bauch, 29 f.). Da der Brief mit dieser Aussage endet – Heidegger schließt mit »Herzlichen Gruß«, nicht mehr, wie noch bis Herbst 1935 in seinen Briefen an Bauch, mit »Heil Hitler« –, bleibt der letzte Satz recht kryptisch und schwer zu interpretieren. Es ist kaum anzunehmen, dass Heidegger den Nationalsozialismus als »barbarisches Prinzip« rechtfertigen wollte. Viel eher könnte man diese Aussage als kritisch-ironische Kommentierung der Zeitgeschichte und der (klein-)bürgerlichen Tendenzen des Nationalsozialismus lesen. Andere Briefe an Bauch (etwa der Brief Heideggers vom 30. Oktober 1936; Heidegger/Bauch, 35) zeigen, dass es nicht unplausibel ist, Heidegger eine nicht

sammenhang verweist Heidegger auf drei der großen Philosophen des deutschen Idealismus, auf Schelling, Hegel und
Hölderlin. Diese seien Philosophen der Freiheit und des Geistes und hätten den Deutschen, so Heidegger, eine nach wie
vor noch nicht gelöste Aufgabe gestellt: »Sie vollbrachten
nur, jeder nach seinem Gesetz, eine Gestaltung des deutschen
Geistes, deren Verwandlung in eine geschichtliche Kraft noch
nicht vollzogen ist – und erst dann vollzogen werden kann,
wenn wir zuvor wieder gelernt haben, schöpferische Werke zu
bewundern und zu verehren.«[60] Damit bezeichnet Heidegger
auch die Aufgabe, die sich seiner Philosophie stellt.

Heidegger schreibt dies 1936 und damit in einer Zeit, in der
die reale politische Wirklichkeit in Deutschland – bei allen
hier nicht zu leugnenden Unterschieden – eher an das Frankreich unter Napoleon als an die Situation in Deutschland im
Jahr 1809 erinnert. Lassen wir einmal die komplexe und kontroverse Frage nach dem Verhältnis von Hitler zu Napoleon
aus historischer Sicht beiseite,[61] so scheint es Heidegger in
seinen Anmerkungen zum geschichtlichen Kontext der Freiheitsschrift doch nicht nur um einen geschichtlichen Exkurs
gegangen zu sein, der die Hintergründe dieser Schrift Schellings erläuterte. Vielmehr setzt er sich kritisch mit Formen
der geistlosen und wider-geistigen Absolutsetzung von Politik und der möglichen Verführung und Verführbarkeit des
geistigen Menschen – Goethes[62] – angesichts der Verlockun-

unbeträchtliche Ironie in seinen Mitte der 1930er Jahre getätigten Aussagen zum Nationalsozialismus zu unterstellen.
60 GA 42, 4.
61 Für ein in kurzen Bemerkungen deutlich werdendes, eingeschränkt
positives nationalsozialistisches Napoleonbild vgl. z. B. Alfred Rosenberg,
Der Mythus des 20. Jahrhunderts, 501; 516. Für Rosenberg ist Napoleon
»eine gleich starke umwälzende Kraft wie Caesar«, die »aber bis auf heute
nur aufwühlend und nicht typenschaffend« wirkte.
62 Gerade Goethe wurde von Rosenberg auch sehr kritisch gedeutet: Er
sei durch den *Faust* »der Hüter und Bewahrer unserer *Anlage* geworden, wie unser Volk keinen zweiten besitzt. Wenn die Zeiten erbitterter

gen der politischen Macht auseinander.[63] Gerade wenn wir im
Blick halten, dass Heidegger sich auch jetzt noch mit dem
»Pfahl« des Rektorats auseinandersetzte und immer deutlicher den Ungeist des Nationalsozialismus wahrnahm,[64]
wird deutlich, inwiefern diesen einleitenden Passagen zu dieser Vorlesung auch eine autobiographische und zeitgeschichtliche Dimension zu eigen ist: So, wie Goethe nicht nach Paris
ging, ging Heidegger nicht nach Berlin und blieb weiterhin in
der Provinz, um sich zunehmend dem Einfluss einer falschen
politischen Ideologie zu entziehen. Heidegger spricht also, so
können wir vermuten, wenn er von Goethe und über das be-
ginnende 19. Jahrhundert spricht, auch über sich und über
seine eigene Zeit. Dies wird dort ganz deutlich, wo er auf die
noch bleibenden Aufgaben einer Verwandlung des idealistischen Denkens (als einer Gestaltung des deutschen Geistes)

Kämpfe einst vorüber sein werden, wird Goethe auch wieder nach außen
bemerkbar zu wirken beginnen. In den kommenden Jahrzehnten jedoch
wird er zurücktreten, weil ihm die Gestalt einer typenbildenden Idee ver-
haßt war und er sowohl im Leben wie im Dichten keine Diktatur eines Ge-
dankens anerkennen wollte, ohne welche jedoch ein Volk nie ein Volk
bleibt und nie einen echten Staat schaffen wird.« Goethe wäre »heute unter uns weilend – nicht ein Führer im Kampf um die Freiheit und Neugestaltung unseres Jahrhunderts. Es gibt keine echte Größe ohne beschrän-
kende Opfer ...« (Alfred Rosenberg, *Der Mythus des 20. Jahrhunderts*, 515).
63 Vgl. in diesem Zusammenhang auch das »Selbstzeugnis« von Gerhard
Ritter – allerdings mit Bezug auf Napoleon III.: »Ich habe doch häufig
erlebt, dass auch Dinge, die ich gar nicht als Anspielung auf die Gegenwart gemeint habe, doch (durch lautes Trampeln erkennbar) als aktuelle
Proteste gegen das Hitler-Regime empfunden wurden. Wenn ich etwa
über Napoleon III. sprach und seine Bemühungen, populär zu werden
durch große Straßenbauten und damit seine Diktatur zu verhüllen, so
konnte ich bestimmt auf ein großes Getrampel rechnen und habe mich
mehrfach dagegen wehren müssen, dass nicht alles in diesem Sinne um-
gedeutet wurde« (vgl. Gerhard Ritter, »Selbstzeugnis 3«, 776f.).
64 Vgl. hier auch den Brief Heideggers an Kurt Bauch vom 15. Juni 1936:
»Der Vortrag über Frankreich war gar nichts – ein literarisches Gerede mit
nationalsozialistischen Sprüchen. Was diese unausgewachsenen Jünglinge für Ansprüche stellen mit ihrem Auftreten« (Heidegger/Bauch, 32).

in eine geschichtliche Kraft verweist: Drei Jahre nach der nationalsozialistischen Revolution ist diese nicht etwa noch nicht vollendet, sondern »noch nicht vollzogen«. Denn »wir«, so Heidegger in direktem Bezug auf seine Zeit und sein unmittelbares Umfeld, müssen ja erst einmal wieder dazu fähig werden, ein »schöpferisches Werk« – wie eben das Werk der idealistischen Philosophen – in seiner Bedeutung und Größe einzuschätzen und »zu verwahren«, d.h. aufzubewahren und gegenwärtig zu halten. Was hier deutlich wird, ist Heideggers Enttäuschung: Sein in der Rektoratsrede gestellter Anspruch auf »geistige Führung« hat sich nicht in die Tat umsetzen lassen. Im Gegenteil: Das nationalsozialistische Regime hat den Geist verraten und das Politische zum Schicksal erklärt und damit dem Politischen eine Bedeutung gegeben, die nach Heidegger allein der Philosophie zukommt. Denn allein diese steht in einem echten Bezug zum Geschick des Seins – und darauf, nicht auf Fragen der politischen Macht, kommt es letztlich an. Diese Sicht der Dinge erklärt auch die folgende Aussage Heideggers über Hitler und Mussolini, die sich in dieser Vorlesung findet und die oft diskutiert wird, weil sie die anhaltende Begeisterung Heideggers für Hitler zu zeigen scheint: »Es ist überdies bekannt«, so Heidegger in einer Erörterung der Schwierigkeiten im Zeitalter des Nihilismus, ein System der Freiheit aufzustellen, »daß die beiden Männer, die in Europa von der politischen Gestaltung der Nation bzw. des Volkes her – und zwar in je verschiedener Weise – Gegenbewegungen eingeleitet haben, daß sowohl Mussolini wie Hitler von Nietzsche wiederum in verschiedener Hinsicht wesentlich bestimmt sind und dieses, ohne daß dabei der eigentliche metaphysische Bereich des Nietzscheschen Denkens unmittelbar zur Geltung käme.«[65] Auch diese

---

[65] GA 42, 40f. Vgl. hier auch Theodore Kisiel, »Political Interventions in the Lecture Courses of 1933–36«, 128f.; Virgilio Cesarone, »Heidegger und

Aussage muß in ihrem Kontext betrachtet werden. Kurz zuvor hat Heidegger Folgendes ausgeführt: »Es gehört zum innersten Wesen des Nihilismus, daß er nur überwindbar wird,
wenn er immer tiefer gewußt wird, also niemals dadurch, daß
man sich eines Tages entschließt, vor ihm die Augen zuzuma-
chen. Darum Besinnung und immer schärfere Besinnung!
Wissen, immer rücksichtsloseres Wissen! Ein Wissen, das
nicht für jedermann gut und zu ertragen ist, für diejenigen
aber unumgänglich bleibt, die in allen Bezirken menschlichen Wirkens Wesentliches zu tun haben.«[66] Obwohl Heidegger also noch anerkennt, dass Hitler und Mussolini »Gegenbewegungen« ausgeführt hätten, verbindet er dies nicht
mehr mit großen Hoffnungen: Denn ihnen fehlt ja gerade das,
was notwendig ist: Wissen und Besinnung. Gerade dafür aber
zeichnet er als Philosoph, für den die »Besinnung« immer
wichtiger wird, verantwortlich, ohne dass er jetzt noch die
Hoffnung zu haben scheint, dass dies auf die politischen »Gegenbewegungen« zurückschlagen könnte. Denn das »immer
tiefer« drückt aus, dass der Nihilismus noch nicht in ausreichender Weise gewusst wird und dass es sich, in anderen Worten, bei der Aufgabe der Besinnung um eine alles andere als
leicht oder schnell zu bewältigende Aufgabe handelt – die
Nachlassmanuskripte, die Heidegger in den 1930er und frühen 1940er Jahren geschrieben hat, zeigen dieses »Unterwegs-
sein« Heideggers zu einem tieferen Verständnis des Zeitalters
des Nihilismus und nicht viel mehr als »zarte Ansätze« zu
einer Verwindung desselben.

Vermutlich denkt Heidegger dort, wo er vom »schöpferischen Werk« spricht, daher auch an sein eigenes Werk bzw.
sein Ringen um ein solches. Und auch dort, wo er über Schellings Schweigen nach der Veröffentlichung der Freiheits-

der Faschismus: Eine unwahrscheinliche Begegnung«, in: *Heidegger-Jahrbuch* 5, 268–280.
66 GA 40, 40.

schrift von 1809 spricht, spricht er indirekt über sich selbst und sein eigenes Schweigen nach seinem Rücktritt vom Rektorat. Denn danach sollte er bis Ende der 1940er Jahre nur sehr wenig noch veröffentlichen und seine eigentlichen Arbeiten (wie etwa die *Beiträge zur Philosophie*) auch gar nicht veröffentlichen wollen. »Die Tatsache dieses Schweigens«, so Heidegger über Schelling und indirekt auch über sich selbst, »wirft ein Licht auf die Schwierigkeit und Neuartigkeit des Fragens und auf das klare Wissen des Denkers um all dieses. ... Was aber in dieser Zeit des schriftstellerischen Schweigens an denkerischer Arbeit vor sich ging, können wir einigermaßen abschätzen an den 90 Vorlesungen, die uns aus dem Nachlaß überliefert sind.«[67] Dass Heidegger hier auch an sich selbst und seine eigenen Vorlesungen denkt, wird dadurch deutlich, dass er sich nun auf Nietzsche bezieht. Denn vor allem in der Auseinandersetzung mit Nietzsche setzt Heidegger sich immer auch mit sich selbst und seinem eigenen Denken auseinander. Auch Nietzsche, so Heidegger, sei – ähnlich wie Schelling – »an seinem eigentlichen Werk ... zerbrochen«.[68] Aber dies sei, so Heidegger, »kein Versagen und nichts Negatives«.[69] Es sei das »Anzeichen des Heraufkommens eines ganz Anderen, das Wetterleuchten eines neuen Anfangs«.[70] In diesem Wetterleuchten steht und denkt auch Heidegger noch.

Schelling und Nietzsche sind daher für Heidegger Denker des Übergangs – des Übergangs zu einem bislang sich nur andeutenden neuen Anfang der Philosophie. Daher sind sie einsam – und von dieser Einsamkeit, so Heidegger, sollen »wir immer etwas ... im Gedächtnis behalten«.[71] Auch dies ist

---

67 GA 42, 5.
68 GA 42, 5.
69 GA 42, 5.
70 GA 42, 5.
71 GA 42, 6. Vgl. zur Bedeutung der Einsamkeit auch Heidegger/Blochmann, 91 (Brief vom 12. April 1938): »Ich glaube, daß ein Zeitalter der Ein-

eine Form der indirekten Auseinandersetzung Heideggers mit seinem eigenen Leben und Denken. Denn er behielt nicht nur »etwas« von der Einsamkeit dieser groß scheiternden Denker in seinem Gedächtnis, er erfuhr diese Einsamkeit vor allem in den Jahren nach 1934 selbst. An Jaspers schrieb er 1935, in ebenjenem Brief, in dem er auch auf den »Pfahl« des Rektorats Bezug nahm, dass seine »Einsamkeit ... nahezu vollkommen« sei.[72] Und im Mai 1936 heißt es in einem Brief an Jaspers in lakonischer Kürze: »Sonst ist es einsam.«[73]

Wie Nietzsche und Schelling, so ging es auch ihm darum, neu zu bestimmen, was denn Philosophieren sei und wie sich ein anderer Anfang des abendländischen Philosophierens finden lasse. Daher finden sich in der Schelling-Vorlesung auch verstreute Bemerkungen zum »Wesen« der Philosophie, die nicht nur Heideggers Selbstverständnis zeigen, sondern auch die Distanz seines Philosophiebegriffes zu dem von den Nationalsozialisten favorisierten. Die Philosophie sei »nur aus Freiheit vollziehbar«,[74] so Heidegger, und »begründet sich nur aus sich selbst – oder gar nicht, so wie die Kunst ihre Wahrheit nur durch sich selbst offenbart«.[75] Heidegger setzt sich hier nicht nur mit Schellings Freiheitsschrift, sondern auch mit dem nationalsozialistischen Philosophieverständnis auseinander, insofern die Philosophie ja aus nationalsozialistischer Perspektive bestenfalls eine Funktion innerhalb des weltanschaulich-politischen Systems erfüllen könne und letztlich selbst zum Ausdruck dieser Weltanschauung werden müsse. Aus dieser Perspektive erscheint dann Heideggers Philosophie als nicht nur nicht nationalsozialistisch,

---

samkeit über die Welt kommen muß, wenn sie noch einmal neuen Atem holen soll zu einem Schaffen, das den Dingen ihre Wesenskraft zurückgibt.«
72 Heidegger/Jaspers, 157.
73 Heidegger/Jaspers, 161.
74 GA 42, 17.
75 GA 42, 16.

sondern sogar als gefährlich und destruktiv, »entpolitisiert« sie doch die Philosophie und beansprucht für das philosophische Denken eine Autonomie, die viele wortgewaltige Vertreter der nationalsozialistischen Ideologie ihr nie hätten einräumen können: Bereits 1934 hatte Ernst Krieck Heidegger ja vorgeworfen, dass seine Philosophie als eine »Verführung der Jungen zum Stillstand und zur politischen Tatenlosigkeit« führe.[76] In seiner Schelling-Vorlesung scheint Heidegger diesen Vorwurf zu bestätigen: Denn jedem Ansinnen, die Philosophie in eine funktionalisierbare und dienstbare Weltanschauung zu überführen, wird von ihm eine deutliche Absage erteilt. Das Philosophieren ist ein Vollzug der Freiheit – ein »Akt höchster Freiheit selbst«[77] – und kann als solcher gar nicht anderen Zwecken dienstbar gemacht oder untergeordnet werden. Und er erteilt auch jedem Versuch eine Absage, die Wissenschaften – etwa als deutsche Wissenschaften – zu erneuern, ohne dass zuvor die Philosophie als »ihre innerste verschwiegene Kraft«[78] in angemessener Weise bestimmt wird: »Nur ein ausgemachter Narr«, so Heidegger, »kann meinen, die Wissenschaften lassen sich erneuern unter gleichzeitiger Abschaffung und Verfemung der Philosophie; ein solches Beginnen ist genau so widersinnig wie jenes, das etwa das Schwimmen dadurch lehren wollte, dass es fortgesetzt zur Wasserscheu erzieht.«[79] Dass dies aber seiner Ansicht nach im damaligen historischen Kontext unternommen wurde, dass die Philosophie nicht mehr geschätzt wurde und keine Bedeutung mehr hatte, bringt Heidegger in einem Brief an Jaspers aus dem Mai 1936 zum Ausdruck: »Eigentlich dürfen wir es als einen wunderbaren Zustand gelten lassen, daß die ›Philosophie‹ ohne Ansehen ist – denn nun gilt

---

76 *Heidegger-Jahrbuch* 4, 195.
77 GA 42, 17.
78 GA 42, 28.
79 GA 42, 28.

es, unauffällig für sie zu kämpfen; zum Beispiel durch so eine Vorlesung über eine Schellingabhandlung, was ja an sich absonderlich wirkt. Aber es wird doch zuweilen deutlich, was vor sich gegangen und was uns fehlt: nämlich das wahrhafte Wissen, *daß* uns welches fehlt.«[80] Die Schelling-Vorlesung als »unauffälliger« Kampf für die Philosophie – spricht dies nicht für die hier vorgeschlagene Deutung von Heideggers Auslegung der Freiheitsschrift als des Zeugnisses einer impliziten Kritik am Nationalsozialismus, die freilich nun nicht mehr gebrochen wird durch Zeichen einer eher positiven Stellungnahme wie noch Heideggers Kritik im Sommersemester 1935?

Die Verengung der heideggerschen Perspektive auf Fragen der Realpolitik wird auch in dieser Vorlesung und in seinem Brief an Jaspers deutlich – aber sollten wir, statt dies vorschnell kritisch zu sehen, nicht eher darauf hinweisen, dass Heidegger seiner philosophischen Perspektive treu geblieben ist und die entsprechenden Schlüsse daraus gezogen hat? Gerade die Briefe an Jaspers zeigen, dass unsere Deutung der Schelling-Vorlesung als Absage an die totalitäre Unterordnung aller Lebensbereiche unter die Politik nicht von der Hand zu weisen ist und dass Heidegger zunehmend kritisch die damalige politische Situation, zumindest aber seine Möglichkeiten, als akademischer Lehrer zu wirken, gesehen hat. Ließe sich anders erklären, warum Heidegger schon 1936 eine Unlust bekundet, die auf die Absicht zu einer bzw. zu so etwas wie einer »inneren Emigrierung verweist? »– im übrigen habe ich gar keine Lust zu lesen und zu reden«, so schreibt er im Oktober 1936 an seinen Freund und Kollegen Kurt Bauch.[81]

---

80 Heidegger/Jaspers, 162.
81 Heidegger/Bauch, 35.

Exoterische Kritik II: Nietzsche und die Vollendung der
abendländischen Metaphysik im europäischen Nihilismus

Heideggers Vorlesung über Schelling zeigt sehr deutlich, warum er sich in den 1930er Jahren auch sehr intensiv mit Nietzsches Philosophie und mit Hölderlins Dichtung beschäftigt hat: Nietzsche, so Heidegger, sei – ähnlich wie Schelling – an der Arbeit zum *Willen zur Macht* zerbrochen, ohne dass dies als ein Versagen verstanden werden müsste. Heidegger interessiert sich insbesondere für dieses »Scheitern«, weil er in ihm nicht nur eine Widerspiegelung seines eigenen Denkweges, sondern auch das Wetterleuchten eines »neuen Anfangs« findet. Und Hölderlin wird für ihn wichtig, weil er sich – noch weit über Schelling und auch Nietzsche hinausgehend – dichterisch an einen »metaphysischen Ort« »hinausgeworfen« habe, der von besonderer Bedeutung bei dem Bemühen um das sei, was Heidegger ein andersanfängliches Denken nennt.[82] Wenden wir uns zunächst seiner Auseinandersetzung mit Nietzsche zu, um dann Heideggers »Erläuterungen« zur Dichtung Hölderlins sowie die großen Nachlasstexte *Beiträge zur Philosophie* und *Besinnung* in den Blick zu nehmen.

In seiner Auseinandersetzung[83] mit Nietzsche ordnet Heidegger – anders als viele andere Philosophen und Philosophiehistoriker seiner Zeit – den Philosophen des Willens zur Macht in die Geschichte der abendländischen Metaphysik ein. Nietzsche wusste, so Heidegger, »was Philosophie ist. Dieses Wissen ist selten, und nur die großen Denker besitzen es«.[84] In seinen Vorlesungen und Seminaren ab dem Wintersemester 1936/37 geht es Heidegger nun vor allem darum, die »Grundstellung deutlich zu machen, innerhalb

---

82 GA 40, 4f.
83 Vgl. für das, was Heidegger mit »Auseinandersetzung« meint z.B. GA 43, 275–281.
84 GA 43, 4.

derer Nietzsche die Leitfrage des abendländischen Denkens entfaltet und beantwortet«. Bei der Leitfrage handelt es sich um die Frage danach, was das Seiende sei. Nietzsches Antwort, so Heidegger, finde sich in seiner Lehre vom Willen zur Macht. Nietzsches Bestimmung des Seins, so Heidegger weiter in seiner Vorlesung aus dem Wintersemester 1936/37, finde sich in seiner Lehre von der »ewigen Wiederkehr«.[85] Die Bezogenheit beider »Motive« – die Lehre vom Willen zur Macht und die ewige Wiederkehr – in dem, was er eine »metaphysische Grundstellung« nennt, versucht Heidegger in seinen Vorlesungen und Seminaren zu Nietzsche in den 1930er Jahren herauszuarbeiten.

Nietzsche ist für Heidegger daher kein bloßer Kulturphilosoph. Die Philosophie Nietzsches ist ein Geschehen innerhalb der abendländischen Metaphysikgeschichte – und Heidegger der Interpret, der in der Auseinandersetzung mit Nietzsche das »Eigentliche« von dessen Denken wie auch der Vollendung der abendländischen Philosophiegeschichte erschließt. Insofern nun Nietzsche nicht nur wie kein »wesentlicher Denker« vor ihm zum »Anfang der abendländischen Philosophie« zurückkehre,[86] sondern sich in seinem Denken auch die abendländische Philosophie »vollende«, »wird die Auseinandersetzung mit Nietzsche zu einer Auseinandersetzung mit dem bisherigen abendländischen Denken überhaupt«.[87]

---

85 Vgl. hierzu etwa GA 43, 33f. An dieser Stelle können wir nicht in ausreichender Weise die komplexe Entwicklung von Heideggers Auseinandersetzung mit Nietzsche nachzeichnen. Hilfreich ist in diesem Zusammenhang *Heidegger-Jahrbuch* 2 (dort auch weitere Literaturangaben). Vgl. hier auch Juan Vermal, »Bemerkungen über die Nietzsche-Vorlesungen Heideggers und ihren Bezug zur Politik«, in: *Heidegger-Jahrbuch* 5, 130–144; Babette Babich, »Nietzsche: Heideggers Widerstand«, in: *Heidegger-Jahrbuch* 5, 397–415.
86 Vgl. GA 43, 4f.; 22.
87 GA 43, 4f. Vgl. hierzu auch GA 50, 4–9; GA 88, passim

Der Rahmen, innerhalb dessen sich Heidegger Nietzsche nähert, ist also denkbar weit. Heidegger setzt sich durch seine Auseinandersetzung mit Nietzsche zum Beispiel auch von den Interpretationen Alfred Baeumlers ab.[88] Allein dies ist nicht uninteressant: Baeumler gehörte ja zu den führenden Vertretern einer nationalsozialistischen Vereinnahmung Nietzsches und deutete Nietzsche sowohl als »Philosophen« wie auch als »Politiker«.[89] Heidegger aber hält nichts davon, Nietzsche als einen »Politiker« zu lesen, insofern er davon ausgeht, Nietzsche könne nur auf der Grundlage einer metaphysischen und metaphysikgeschichtlichen Zugangsweise verstanden werden. Besonders kritisch sieht Heidegger daher auch Versuche, Nietzsche biologistisch zu deuten bzw. aus seinen Schriften eine Rechtfertigung für eine biologistische Wirklichkeitssicht – wie etwa die nationalsozialistische – abzuleiten.[90] Man habe, so Heidegger, alles Mögliche aus Nietzsches Werk heraus- oder in sein Werk hineingelesen: Man habe Nietzsche als Antisemiten oder Antisemitenverächter, als Nationalsozialisten oder als den »Sozialismus ebenso wie Nationalismus Bekämpfenden« gedeutet.[91] Heidegger entscheidet sich nun nicht etwa für eine dieser Interpretationen Nietzsches, sondern spricht global von der

---

88 Vgl. GA 43, 24–27; 63.
89 Vgl. hierzu Alfred Baeumler, *Nietzsche, der Philosoph und Politiker*, Leipzig 1931. Vgl. zur Rezeption Nietzsches im Dritten Reich Martha Zapata Galindo, *Zur Rezeptions- und Wirkungsgeschichte der Philosophie Friedrich Nietzsches im deutschen Faschismus*, Berlin 1993; Hans-Martin Gerlach, »›Politik (Faschismus, Nationalsozialismus, Sozialdemokratie, Marxismus‹ (Aspekte der Rezeption und Wirkung Nietzsches)«, in: Henning Ottmann (Hg.), *Nietzsche-Handbuch. Leben – Werk – Wirkung*, Stuttgart 2000, 499–509; Thomas Mittmann, *Vom »Günstling« zum »Urfeind« der Juden. Die antisemitische Nietzsche-Rezeption in Deutschland bis zum Ende des Nationalsozialismus*, Würzburg 2006.
90 Vgl. hierzu auch Max Müllers Einschätzung in: »Gespräch mit Max Müller«, in: Heidegger/Müller, 133.
91 GA 43, 276.

»Oberflächlichkeit und Ratlosigkeit und Zufälligkeit der genannten Deutungen«.[92] Denn alle diese Deutungen (also auch eine nationalsozialistische Deutung bzw. Vereinnahmung der Philosophie Nietzsches) werden dem eigentlichen philosophischen – und das heißt: metaphysischen – Anspruchs Nietzsche nicht gerecht. Dies vermag einzig – so wieder einmal der implizite Anspruch Heideggers – ein Denker von der Statur Heideggers. Seine Perspektive ist, wie vor allem auch die in den letzten zwanzig Jahren erschienenen Texte Heideggers aus der zweiten Hälfte der 1930er Jahre zeigen, die Perspektive der Geschichte des Seins. Bereits methodologisch (wenn wir hier einmal das seinsgeschichtliche Denken als eine »Methode« des Denkens bezeichnen) finden wir bei Heidegger daher eine Tendenz gegen eine mögliche (und in den 1930er Jahren nicht unverbreitete) Politisierung des Denkens Nietzsches.

Dass er dabei sich auch immer noch mit dem Bedeutungsverlust der Universität und damit auch der Philosophie auseinandersetzt, zeigt die folgende Bemerkung aus Heideggers Nietzsche-Vorlesung aus dem Sommersemester 1937: »Entsprechend der Gesamtlage der Geschichte des Menschen auf der Erde wird der seit anderthalb Jahrhunderten angebahnte technische Industriecharakter das weitere Schicksal der heutigen Wissenschaft wesentlich mitbestimmen. ... Die großen Industriezweige und der Generalstab wissen heute bereits besser ›Bescheid‹ über die ›wissenschaftlichen‹ Notwendigkeiten als die Universitäten ... .«[93] Die Perspektive Heideggers ist, wie sich deutlich zeigt, nun global. Es geht Heidegger in der Auseinandersetzung mit Nietzsche, wie alle seine Vorlesungen und Schriften aus den 1930er und frühen 1940er Jahren sehr deutlich zeigen, um die globale Erfahrung der Ver-

92 GA 43, 277. Vgl. hier auch GA 45, 134.
93 GA 44, 15.

wüstung und des Nihilismus, die neuzeitliche Technik (ein Thema, das immer mehr in den Vordergrund von Heideggers Ausführungen rückt) und die Frage der Zukunft des Menschen. Die Vollendung der Metaphysik ist ja kein Geschehen, das Auswirkungen nur an philosophischen Fakultäten hätte. Es ist ein Geschehen, das – gerade aufgrund ihrer »technischen Dimension« – die gesamte Menschheit betrifft und das, so Heideggers Anspruch, seinsgeschichtlich gedeutet werden müsse. Kritisch versucht Heidegger also das, was geschichtlich geschah, aus der – sehr abstrakten – Perspektive der Seinsgeschichte zu deuten.

Marion Heinz und Theodore Kisiel haben in diesem Zusammenhang die Frage gestellt, ob Heideggers »Versuch, auf dem Boden der Seinsgeschichte solche Perspektiven [scil. auf die Zukunft des Abendlandes, H.Z.] zu entwickeln, einen radikalen Bruch mit dem Nationalsozialismus bedeutet oder nur eine andere Version darstellt, die biologistische Begründungen überflüssig macht«.[94] Diese Frage könnte sich in der Tat stellen: Hat Heidegger in der zweiten Hälfte der 1930er Jahre nicht einem nichtbiologistischen, philosophisch gewissermaßen purifizierten Nationalsozialismus das Wort geredet? Geht er nicht immer noch von einem gleichsam idealen oder eigentlichen Nationalsozialismus aus, den es nach wie vor unter seiner Führung zu entdecken gelte? Wenn man allerdings den Gesamttenor der Vorlesungen betrachtet und diese vor allem in den Kontext anderer Texte Heideggers stellt, wird schnell deutlich, wie sehr sich Heidegger von einer Position entfernt hat (und im Laufe der Nietzsche-Vorlesungen noch weiter entfernt), die als nationalsozialistisch oder als nationalsozialistisch beeinflusst bezeichnet werden

94 Marion Heinz/Theodore Kisiel, »Heideggers Beziehungen zum Nietzsche-Archiv im Dritten Reich«, in: Hermann Schäfer (Hg.), *Annäherungen an Martin Heidegger. Festschrift für Hugo Ott zum 65. Geburtstag*, Frankfurt am Main 1996, 103–136, 130.

könnte.[95] Dagegen spricht nämlich nicht nur seine Kritik am Biologismus oder an Baeumler. Dagegen sprechen auch andere Indizien.

Zum einen enthält Heidegger sich auch in den Nietzsche-Vorlesungen mehr oder weniger von konkreten positiven Stellungnahmen zur zeitgeschichtlichen Situation. Anders als in den Vorlesungen des Sommersemesters 1933 oder des Wintersemesters 1933/34 finden sich in seinen Vorlesungen zu Nietzsche zu Beginn oder am Ende keine direkt politischen Stellungnahmen, die Ausdruck von Heideggers anhaltender Aufbruchstimmung wären. Es finden sich – im Gegenteil – äußerst kritische Bezüge auf die zeitgeschichtliche Situation, die an Heideggers frühen Antimodernismus erinnern, die aber nun eine vertiefte, nämlich seinsgeschichtliche Deutung erfahren. Auch der Nationalsozialismus ist für Heidegger eine Erscheinungsform des Nihilismus und nicht mehr eine mögliche Antwort auf die Herausforderung des Nihilismus und des »Todes Gottes«, wie Heidegger noch 1933 gedacht hat. Im Sommersemester 1939 etwa heißt es: »Titel wie ›Biologismus‹, ›Idealismus‹, ›Liberalismus‹, ›Materialismus‹, ›Heroismus‹, ›Realismus‹ usf. sind im neuzeitlichen Sprachgebrauch und in den neuzeitlichen Formen der öffentlichen Mitteilung, Unterrichtung und Benachrichtigung auf allen Gebieten der Kunst- und Wirtschaftsbetriebes, der Politik und der Wissenschaft, der Technik und der kirchlichen Streitigkeiten unentbehrlich geworden.«[96] Die Gegenwart ist also, so Heidegger, die Zeit des Schlagwortes und einer »möglichst schnellen und glatten und zugleich griffigen Bewältigung aller Dinge«.[97] »Mit dieser gleichzeiti-

---

95 So auch (allerdings noch auf der Grundlage der von Heidegger 1961 veröffentlichten Nietzsche-Vorlesungen) Alexander Schwan, *Politische Philosophie im Denken Heidegger*, Opladen ²1989, 103.
96 GA 47, 70.
97 GA 47, 70.

gen Ausweitung und dem Hochsteigen der Ober- und Vorderfläche alles Seienden gehe zusammen, daß die Unterscheidbarkeit zwischen Wesentlichem und Unwesentlichem verschwinde; die Unempfindlichkeit für das Wesentliche werde ersetzt durch die Unersättlichkeit der Lust am je gerade ›Aktuellsten‹.«[98]

Zu einer Zeit, als die nationalsozialistische Propagandamaschine in Vorbereitung auf den Zweiten Weltkrieg heiß läuft, findet Heidegger eigentlich nur kritische Worte zur zeitgeschichtlichen Situation – wohlgemerkt: in einer öffentlichen Vorlesung. Das Jahr 1933 stellt dabei keinen relevanten Einschnitt dar – weder im positiven noch im negativen Sinne. Denn Heidegger geht es hier um die »Erkenntnis eines *Vorgangs*, der in tieferen Schichten des Seins abrollt als wir ahnen möchten; eines Vorgangs metaphysischer Art, dem wir alles Gewicht für uns nehmen, wenn wir ihn etwa mit den kleinen und dummen Perspektiven einer sogenannten ›Zeit- und Kulturkritik‹ begaffen und aus den vermeintlichen Höhen eines besseren Bildungsbesitzes, für den wir überdies nichts können, nur bemängeln«.[99] Von »Kultur- und Literatenphilosophie« hält Heidegger nach wie vor nichts. Es geht darum, eine »Empfindlichkeit« für das Wesentliche zu entwickeln. Dass dabei eigentlich notwendige Differenzierungen unter den Tisch fallen, scheint ihn nicht zu kümmern. Das zeigt allein die Aufzählung der »Titel«, in der er ja ganz unterschiedliche Schlagworte nebeneinanderstellt.

Dass diese Sicht des »Wesentlichen« allerdings eindeutige politische Implikationen hat – und zwar durchaus kritische –, zeigt nicht nur der ausdrückliche, aber recht allgemein gehaltene Verweis auf das Gebiet der Politik. Denn wenig später nimmt Heidegger in einer etwas konkreteren Weise auf den

---

98 GA 47, 70.
99 GA 47, 70.

Bereich der Politik Bezug. Dort heißt es: »Die Herrschaft der Berechnung und des Rechnungshaften und planmäßig Gesicherten entspringt nicht der Absicht und Tätigkeit einzelner Menschen, Menschengruppen, Kulturkreise und Nationen; es ist umgekehrt: der planende, rechnende Mensch, die ausnahmslos technisch-politische Einrichtung des Lebensganges ist in den sogenannten autoritären und [scil., in den, H. Z.] angeblich demokratischen Staaten zwar der Art und Gesinnung nach grundverschieden, dem metaphysischen Wesengrund nach jedoch abendländisch, und das heißt: dieselbe.«[100] Hier zeigt sich, dass Heidegger nun in keiner Weise mehr einem idealisierten »Privatnationalsozialismus« anhängt. Der Nationalsozialismus ist jetzt für Heidegger ein Phänomen, das seinsgeschichtlich zur Vollendung der Metaphysik gehört, und zwar zur Vollendung der Metaphysik im »europäischen Nihilismus«. Das bedeutet, er gehört in den Bereich jenes Geschehens, in dem die »Wahrheit, daß alle bisherigen Ziele des Seienden hinfällig geworden sind«, zur Herrschaft kommt.[101] Gerade aber wenn es nach Heidegger gilt, den Nihilismus zu über- oder verwinden, nämlich gerade durch die Suche oder Frage nach den Möglichkeiten eines »anderen Anfang«, wird deutlich, wie kritisch Heidegger – bei allem Fatalismus, der in vielen seinen Aussagen auch mitschwingt – die politische Realität der späten 1930er und frühen 1940er Jahre betrachtet hat.[102] Es gehörte sicherlich auch Mut dazu, Aussagen wie die eben zitierte zu machen: Von »Größe« eines nun schon sechs Jahre zurücklie-

---

100 GA 47, 72.
101 GA 48, 4.
102 Heidegger hat nach dem Krieg häufiger auf die kritische Dimension seiner Auseinandersetzung mit Nietzsche aufmerksam gemacht und sie als ein »Wagnis« gedeutet. Vgl. etwa Heidegger/Blochmann, 93; Heidegger/Jaspers, 202. Vgl. hierzu auch Juan Vermal, »Bemerkungen über die Nietzsche-Vorlesungen Heideggers und ihren Bezug zur Politik«, 140f.

genden »Aufbruchs« ist keine Rede mehr, sondern vielmehr von prinzipieller Vergleichbarkeit von faschistischen und demokratischen Staaten in den eigentlich wichtigen, das heißt wesentlichen Dimensionen: Denn in beiden Fällen haben wir es mit »Zeugnissen« der nihilistischen Endgestalt der abendländischen Metaphysik zu tun.

Das ist eine Aussage, die, so kritisch in ihr in einer Hinsicht Heidegger den Nationalsozialismus diskutiert, doch in einer ganz anderen Hinsicht äußerst fragwürdig und seltsam bleibt.[103] Wir sollten an dieser Stelle daher nicht darauf verzichten, Heideggers seinsgeschichtliche Perspektive auch kurz kritisch zu beleuchten. Heideggers Sicht der Dinge ist ja alles andere als unproblematisch – wie wir noch feststellen werden, wenn es darum geht, einige ähnliche Aussagen Heideggers im Zusammenhang mit der Frage nach seinem »Schweigen« zu erörtern. Wir sollten dabei vielleicht nicht zu sehr ins Auge fassen, dass Heideggers in den Nietzsche-Vorlesungen geäußerte kritische Auseinandersetzung mit der zeitgeschichtlichen Situation – die vertraute Kritik an einer oberflächlichen Nivellierung der Wirklichkeit – angesichts dessen, was bis 1939 schon in Deutschland geschehen war, erschreckend harmlos ist. Denn auf diese Kritik an Heidegger könnte man antworten, dass er, selbst wenn wir nur die eben zitierten Aussagen zur Grundlage nehmen, zum einen die zeitgeschichtliche Situation viel kritischer sah als viele andere seiner Zeitgenossen und dass er zum anderen, hätte er in der Vorlesung mehr gesagt, wenn nicht sein Leben, so doch seine Freiheit riskiert und sich der Gefahr einer Inhaftierung ausgesetzt hätte. Ein Held – so sei noch einmal gesagt – war Heidegger sicherlich nicht, auch wenn er nach 1945 die heldenhafte Dimension des »Wagnisses« seiner Vorlesungen zu

---

103 Vgl. zur Kritik auch Alexander Schwan, *Politische Philosophie im Denken Heidegger*, 170.

Nietzsche sehr stark betonen sollte. Kritisch müssen wir eher auf etwas anderes eingehen.

Was nämlich erstaunt, ist, wie leicht Heidegger – bei aller Betonung der Differenz von »sogenannten autoritären« und »angeblich demokratischen Staaten« – diese doch metaphysisch einander gleichstellen kann. Das zeigt Folgendes: Heidegger ist im Laufe der 1930er Jahre nicht zum Demokraten geworden. Er wird auch nach 1945 nicht in dem Sinne zum Demokraten werden, dass er die Demokratie begeistert begrüßt oder sich mit ihr angefreundet hätte.[104] Konkrete Fragen der politischen Philosophie gerieten ohnehin ab 1933/34 schnell aus Heideggers Blickfeld. Er hat sich – bei allen Ausführungen zur großen, auf den Nihilismus reagierenden Politik, die Heidegger in der Vorlesung »Nietzsche: Der Wille zur Macht als Kunst« macht[105] – eher gelassen in das Geschick der »vollendeten Metaphysik« gefügt, ohne sich mit der Frage nach unmittelbaren politischen Implikationen eines »neuen« oder »anderen« Anfangs gekümmert zu haben. Das wäre weder möglich noch notwendig gewesen. Denn das Jahr 1945 stellt für ihn keinen wesentlichen Wendepunkt dar. Und hier liegt das eigentliche Problem von Heideggers Denken in politischer Hinsicht, das viele seiner Aussagen außerordentlich naiv, wenn nicht gar zynisch erscheinen lässt: nicht etwa, dass er auch noch Ende der 1930er Jahre oder sogar nach 1945 noch ein überzeugter Nationalsozialist gewesen wäre (denn diese These ist bei allem, was wir wissen, falsch), vielleicht auch weniger, dass er nach 1945 geschwiegen hätte (denn er hat sich ja durchaus geäußert),

104 Vgl. in diesem Zusammenhang auch »Gespräch mit Max Müller«, in: Heidegger/Müller, 122. Müller verweist hier darauf, dass Heidegger seine »›antidemokratische‹ Einstellung« nie aufgegeben habe.
105 Vgl. neben GA 43 auch Juan Vermal, »Bemerkungen über die Nietzsche-Vorlesungen Heideggers und ihren Bezug zur Politik«, 139f.; Marion Heinz, »›Schaffen.‹ Die Revolution von Philosophie. Zu Heideggers Nietzsche-Interpretation (1936/37)«, in: *Heidegger-Jahrbuch* 2, 174–192.

sondern vielmehr, dass er die »Niederungen« des politischen
Wirklichkeitsbereichs, sei dieser nun totalitär oder demokratisch verfasst, allzu schnell aus einer allzu abstrakten
Perspektive, nämlich der Perspektive der Seinsgeschichte,
betrachtet hat und auf dieser Grundlage ganz unterschiedliche politische Systeme derart miteinander vergleichen kann,
dass er von »metaphysischer Identität« ausgeht. Wohlgemerkt: Vor allem nach 1945 ist, wie wir sehen werden, weniger (aber nicht un-)problematisch, *dass* er diese Perspektive
einnimmt (auch wenn man diese Perspektive selbst nicht
einnehmen will, kann man sie ja durchaus für eine in gewis-
sem Rahmen *mögliche* Perspektive halten), als vielmehr, dass
er diese Perspektive zu schnell und in zu ausschließlicher
Weise einnimmt und zu den hier wichtigen Differenzen
wenig zu sagen weiß. Was sich hier – wieder einmal – zeigt,
ist nicht nur das »ontologische« Interesse Heideggers – nun
transformiert in die Frage nach Seinsgeschichte, Seinsvergessenheit und dem neuen Zuspruch des Seins –, sondern auch
der philosophische Anspruch Heideggers: Er, der »wirkliche«
Philosoph, der sich zunehmend nur noch als Denker versteht, der auf das, was zu denken gibt, hört, behandelt die
wirklich grundlegenden und zentralen Fragen und weiß, dass
angesichts der äußeren (ontischen) Zerstörungen die »inneren Verwüstungen« auf der »ontologischen«, hier: seinsgeschichtlichen, »Ebene« das sind, ›was eigentlich zählt‹.[106]
Alle andere Perspektiven werden diesem »Denken des Seins«
und seinem Nachdenken über die Vergessenheit oder Ver-
schlossenheit des Seins untergeordnet.[107] Das ist eine alles
andere als unproblematische Perspektive. Es ist aber keine

---

106 Heidegger/Bauch, 57 ff., zeigt auch sehr deutlich, dass Heidegger bereits zu Beginn des Zweiten Weltkrieges eine Perspektive eingenommen
hat, der er auch nach dem Krieg treu bleiben sollte. Vgl. hier auch GA 16,
357.
107 Vgl. hier auch Heidegger/Bauch, 62 f.; 67 ff.

nationalsozialistische Perspektive, sondern eine Perspektive, die es – freilich neben anderen Perspektiven – *auch* erlauben kann, das, was zwischen 1933 und 1945 in Deutschland geschehen ist, besser zu verstehen und zu kritisieren. Wenn nämlich Heidegger in der Vorlesung des Wintersemesters 1937/38 den »heutigen Standort des Menschen auf der Erde metaphysisch« zu bestimmen sucht, so urteilt er, müsse »gesagt werden, daß der Mensch beginnt, in das *Weltalter der gänzlichen Fraglosigkeit* aller Dinge und aller Machenschaften einzutreten – ein ungeheures Geschehnis, dessen Richtungssinn niemand festzulegen und dessen Tragweite keiner abzuschätzen vermag«.[108] Mit dieser Diagnose ist für Heidegger nicht nur die Aufgabe verbunden, in einer Zeit, in der die Philosophie »befremdlich« geworden ist (dies ist für ihn vor allem die Zeit der Neuzeit), neu das Wesen des Philosophierens zu bestimmen und ihm in der besonderen Rolle, die ihm selbst zukommt, treu zu bleiben. Verbunden ist damit auch eine eindeutige Kritik der damaligen geschichtlichen Situation in Deutschland aus metaphysischer Perspektive, an die man zumindest teilweise auch noch anknüpfen kann.

Dass sich diese Kritik noch weiter radikalisieren sollte, zeigen die Vorlesungen Heideggers aus der Zeit des Zweiten Weltkrieges. Im Wintersemester 1944/45 liest Heidegger erneut über Nietzsche. Diese Vorlesung musste nach der zweiten Vorlesungsstunde abgebrochen werden, da Heidegger Ende 1944 kurzzeitig in den Volkssturm eingezogen wurde.[109] Ausdrücklich betont er in dieser Vorlesung, dass

---

108 GA 45, 13. Gerade auch diese Vorlesung aus dem Wintersemester 1937/38 zeigt sehr deutlich die Kritik Heideggers an den damaligen politischen Zuständen. Eine ausführlichere Untersuchung dieser Vorlesung würde unsere These von dem Jahr 1938 als einem wichtigen »Wendejahr« im Leben und Denken Heideggers aus einer weiteren Perspektive bestätigen. Allerdings kann dies an dieser Stelle nicht unternommen werden.
109 Vgl. hierzu auch Hugo Ott, *Martin Heidegger. Unterwegs zu seiner Biographie*, Frankfurt am Main 1988, 279 ff.

Martin Heidegger in den 1940er Jahren

Nietzsche »gegen das Deutsche seiner eigenen Zeit« gedacht habe: »Das ist die Zeit der Gründerjahre, wo alles im Grunde boden- und ahnungslos nach Aufstieg, Fortschritt und Prosperität jagte, um es im kleinen den Engländern gleichzutun und über Nacht eine Weltstellung zu erobern, für die alle Voraussetzungen fehlen, die vor allem – hier wie dort, in England und überall – auf einer brüchig gewordenen Welt ruht, für die der ›Darwinismus‹ die einzige Philosophie ist mit seiner Lehre vom ›Kampf ums Dasein‹ und der Zuchtwahl und Auswahl der Stärkeren. Nietzsche sah dies, erfuhr es, erlitt es.«[110] Spricht Heidegger hier nicht auch von sich selbst und der Gegenwart des Jahres 1944? 1941 hatte er ja schon an Kurt Bauch geschrieben: »Wenn jetzt das Seiende als das nur Wirksame in den Vorrang kommt, ›Ideen‹, ›Werte‹ und dgl. metaphysische Altwaren nur noch in den halbblinden Schaufenstern gezeigt werden, und jeden Tag andere, da offenbart sich, daß jetzt als Kennzeichen des Wirklichen die Brutalitätsfähigkeit sich herausgebildet hat. Demgegenüber ist das, was Nietzsche als Nihilismus ahnte, das reine Kinderspiel.«[111] Die Gegenwart hatte Nietzsches prophetische Vision sogar noch eingeholt. Der im »Dritten Reich« real sich zeigende Nihilismus erschien Heidegger sogar schlimmer als die von Nietzsche vorausgeahnten Formen des Nihilismus.[112]

---

110 GA 50, 120.
111 Heidegger/Bauch, 67 f.
112 Vgl. zu Heideggers »eigentümlicher Identifizierung mit Nietzsches Deutung der Zeitlage« auch Manfred Riedel, »Heideggers europäische Wendung«, 64. Vgl. in diesem Zusammenhang auch die Erinnerung des lettischen Philosophen Paul Jurevis an einen Besuch bei Heidegger im Herbst 1944: »Als ich mit der Erzählung fertig war, bei der er wohl merkte, dass ich nicht von allem, was die Deutschen bei uns unternommen hatten, begeistert war, bekannte auch er Farbe und sagte, es werde jetzt alles von Toren und beschränkten Leuten geführt und bestimmt, und das könne nicht gut enden. Er fragte, was mit den in unsere Länder gebrachten Juden passiert sei. Als ich das erzählte, wurde er noch dunkler und äußerte sich immer schärfer über das jetzige Unwesen, wenn alles von total

Daher können wir mit einer gewissen Plausibilität fragen, ob Heidegger dort, wo er von Nietzsches »Heimatlosigkeit« und der »Heimatlosigkeit des neuzeitlichen Menschen« spricht, nicht auch seine eigene Heimatlosigkeit thematisiert: »Was Nietzsche«, so Heidegger, »von der engen Heimat ›Deutschland‹ weghält, ist das mächtig gewordene Unwesen der Deutschen, welches Unwesen hier passiv hervorkommt, weil die Deutschen ihrem Wesen nach berufen wären, aus dem Deutschen die Besinnung auf das Europäische und dessen Geschick in Glanz zu bringen, welches Geschick seit der französischen Revolution und des Heraufkommens des Sozialismus in ein neues Stadium eingetreten ist, das zugleich ein Weltstadium bestimmen sollte.«[113] Heidegger – das wird auch seine Erörterung von Hölderlins Dichtung zeigen – hält bei aller Kritik an den konkreten Zuständen in Deutschland (an ihrem »Unwesen«) an einem besonderen »Auftrag« der Deutschen fest, »weil in ihnen«, so Heidegger in einem Brief an Kurt Bauch, »die anfängliche Bestimmung des Griechentums aufbewahrt und in ersten eigenen Atemzügen zur Ahnung des Geschichtlichen entfaltet und jetzt für sie zunächst auf die Nacht hinweggenommen ist«.[114] Das, was Heidegger an realen Ereignissen wahrzunehmen hat, den Verrat der Deutschen an ihrer Bestimmung, wird also durch die Idealisierung des Deutschen und durch die Hoffnung auf einen neuen oder anderen »Anfang des deutschen Wesens« kompensiert. In dem soeben schon zitierten Brief an Kurt Bauch heißt es daher: »Jeder deutsche Mann ist umsonst gefallen, wenn wir nicht stündlich dafür wirken, daß über die jetzt

---

verblendeten Parteibonzen bestimmt werde. Für mich war überraschend, dass er sich mit mir, einem ganz fremden Menschen, so offen unterhielt und Worte äußerte, für die man damals ohne weiteres zumindest ins KZ gelangen konnte« (*Heidegger-Jahrbuch* 4, 265).

113 GA 50, 120.

114 Heidegger/Bauch, 78 (Brief vom 01. Mai 1942).

Martin Heidegger in den 1940er Jahren

ganz losgelassene und endgültige Selbstverwüstung des gesamten neuzeitlichen Menschentums hinaus ein Anfang des deutschen Wesens gerettet wird.«[115] Die Niederlage kann aus dieser Sicht dann als eigentlicher Sieg erscheinen.[116] Man mag zu Recht kritisch fragen, ob hier nicht eine weniger abstrakte Deutung der zeitgeschichtlichen Lage notwendig gewesen, ob Heidegger nicht zu viel Hoffnung auf das »deutsche Wesen« gesetzt hat und ob sich in dieser Hoffnung nicht wieder einmal ein höchst problematischer Superioritäts-gedanke äußert, muss aber auch festhalten, dass Heideggers Position mit einer nationalsozialistischen Verherrlichung der Deutschen nichts zu tun hat: Diese verweist in ihren nihilistischen Dimensionen eher auf das »Unwesen« der Deutschen als auf die ihnen eigentliche Bestimmung, die Heidegger schon ab dem Wintersemester 1934/35 im Zwiegespräch mit Hölderlins Dichtung zu erschließen sucht. Wieder einmal ist es notwendig, vor vorschneller Kritik genau zu erarbeiten, was Heidegger eigentlich sagt, damit die mögliche Kritik nicht von vornherein ihren Gegenstand verfehlt. Wie viele andere hat Heidegger an einem romantisch-idealisierten Deutschlandbild auch zur Zeit des Krieges noch festgehalten – aber nicht an jenem (mit diesem Deutschlandbild nicht völlig unverbundenen, sich aber auch nicht aus ihm notwendig ergebenen) Nationalismus, der zur Rechtfertigung schier unfassbarer Grausamkeiten und Verbrechen diente. Deutschland, das war für Heideggers äußerst enge und vereinfachende Sicht das Land der Dichter und Denker,

115 Heidegger/Bauch, 70. Vgl. auch Heidegger/Friedrich, 99f. (Brief Heideggers vom 6. April 1943): »Das Einfache u. Karge der heimatlichen Landschaft hilft dabei u. bestätigt das Wissen, daß die Zukunft der Deutschen auf den Schlachtfeldern *nicht* entschieden wird.« Vgl. für eine ähnliche Sicht auch GA 16, 371.
116 Vgl. Heidegger/Bauch, 97 (Brief vom 18. Februar 1945): »Diesen Krieg gewinnt nur, wer ihn verlieren *kann* und im Verlust den Anruf eines einzigen Wandels des Menschenwesens vernimmt und sich diesem bereit hält.«

das war die Welt Hölderlins und einiger weniger anderer, die von Heidegger auf den Olymp des Denkens zugelassen wurden und dort ihren griechischen Verwandten begegnen konnten, es war aber nicht das Deutschland des »totalen Krieges«, der Absolutsetzung der Politik oder der »Vernichtung lebensunwerten Lebens«.

Exoterische Kritik III:
Hölderlin und die Suche nach einem »anderen Anfang«

Wenn Heidegger sich im Anschluss an seinen Rückzug vom Rektorat bis zu seinem Tod mit der Dichtung Hölderlins beschäftigt,[117] dann hat dies eine Reihe von Gründen. Zunächst

---

117 Vgl. hierzu auch GA 4; vgl. für die Bedeutung von Hölderlins Dichtung für Heidegger auch GA 16, 678. Vgl. zu Heideggers Deutung von Hölderlins Dichtung – weitestgehend ohne Bezug auf den politischen Subtext – u.a. Susanne Ziegler, *Heidegger, Hölderlin und die Aletheia. Martin Heideggers Geschichtsdenken in seinen Vorlesungen 1934/35 bis 1944*, Berlin 1991; Stephanie Bohlen, *Die Übermacht des Seins. Heideggers Auslegung des Bezuges von Mensch und Natur und Hölderlins Dichtung des Heiligen*, Berlin 1993; Iris Buchheim, *Wegbereitung in die Kunstlosigkeit. Zu Heideggers Auseinandersetzung mit Hölderlin*, Würzburg 1994; Peter Trawny (Hg.), *»Voll Verdienst, doch dichterisch wohnet der Mensch auf dieser Erde.« Heidegger und Hölderlin* (= *Schriftenreihe der Martin-Heidegger-Gesellschaft*; 6), Frankfurt am Main 2000. Wichtig für das Verständnis von Heideggers »Weg nach ›Europa‹« im Laufe seiner Beschäftigung mit Hölderlin ist auch Peter Trawny, *Heidegger und Hölderlin oder Der Europäische Morgen*, Würzburg 2004 (vgl. 225 für Überlegungen zu Heideggers »Anstößen« für das politische Denken. Auf die politischen Implikationen (mit weiteren Literaturangaben) geht kurz auch ein Iris Buchheim, »Heidegger«, in: Johann Kreuzer (Hg.), *Hölderlin-Handbuch. Leben – Werk – Wirkung*, Stuttgart/Weimar 2002, 432–438; im Vordergrund stehen diese Implikationen bei Theodore Kisiel, »Political Interventions in the Lecture Courses of 1933–36«, 121f.; ders., »The Siting of Hölderlin's ›Geheimes Deutschland‹ in Heidegger's Poetizing of the Political«, in: *Heidegger-Jahrbuch* 5, 145–154. Vgl. zur nationalsozialistischen Hölderlin-Rezeption Claudia Albert, »Nationalsozialismus und Exilrezeption«, in: Johann Kreuzer (Hg.), *Hölderlin-Handbuch. Leben – Werk – Wirkung*, 444–448.

einmal ist mit der Zuwendung zur Dichtung eine Abwendung von der Welt der unmittelbaren (Universitäts-)Politik verbunden. Nach 1934 steht Heidegger nicht mehr in einer unmittelbaren Auseinandersetzung mit der konkreten Welt der Politik. Denn die Grenzen und die Möglichkeiten einer solchen unmittelbaren Auseinandersetzung hat er wohl spätestens im Frühjahr 1934 klar erkannt. Man kann darin durchaus so etwas wie einen »Versuch zur Neuorientierung«[118] nach dem gescheiterten Rektorat erblicken. Mit der Absicht der Erläuterung wendet er sich nun Hölderlin zu: Es ging ihm also nicht um eine Auslegung – wie etwa bei Schelling – oder um eine Auseinandersetzung – wie bei Nietzsche –, sondern um die Erläuterung einer Dichtung, deren Dichter »hier nicht als ein Dichter unter anderen genommen wird – auch nicht als ein vermeintlich jetzt zeitgemäßer –, sondern als *der* Dichter des anderen Anfangs unserer künftigen Geschichte«.[119] Der »andere Anfang« hatte Heidegger, wie wir sahen, auch in anderen Zusammenhängen schon beschäftigt. Bereits in der frühen Auseinandersetzung mit Nietzsche sah Heidegger im Werk Nietzsches eine »Vorbereitung des anderen Anfangs«.[120] Nietzsche war für Heidegger daher wichtig als ein »Übergang, der Übergänge einleitet zum zweiten Anfang«.[121] Mit Hölderlin geht er gewissermaßen noch einen Schritt weiter: Ist Nietzsche ein Denker der »Vorbereitung« des anderen Anfangs, erscheint Hölderlin ihm als der Dichter des »anderen Anfangs«.[122]

---

118 Vgl. hierzu Günter Figal, *Heidegger zur Einführung*, Hamburg 1992, 142.
119 GA 66, 426. Vgl. zu besonderen Bedeutung Hölderlins auch GA 4, 33 ff.
120 GA 88, 15.
121 GA 43, 278.
122 Vgl. zu den Differenzen zwischen Nietzsche und Hölderlin auch GA 52, 78 und 99. Heidegger legt zunehmenden Wert darauf, diese Differenz zu betonen. Vgl. hierzu auch – aus viel späterer Perspektive – Heidegger/Bodmershof, 118.

Ähnlich wie Nietzsche wurde auch Hölderlin – wie fast alle Klassiker der deutschen Literatur – von den National-sozialisten für ihre Belange vereinnahmt. Für Rosenberg ist Hölderlin (den er allerdings nur dreimal auf dem über 700 Seiten des *Mythus des 20. Jahrhunderts* nennt) der »größte Sänger unter den Deutschen und zarteste Künder ihrer Seele«.[123] Rosenberg folgt hier einer verbreiteten Hölderlin-Interpreta-tion, die sich u.a. im Umkreis von Stefan George entwickelt hat. Heidegger steht auch in dieser Tradition einer Hölderlin oft unkritisch verherrlichenden Deutung. Diese oft quasi-religiöse und zumindest romantisch-nationalistisch einge-färbte Lesart Hölderlins erscheint gerade aus heutiger Per-spektive seltsam. Aber wir sollten bei allen Parallelen nicht vergessen, dass sich Rosenbergs und Heideggers Zugänge zu Hölderlin in wichtigen Punkten widersprechen: Rosenberg ging es darum, Hölderlins Dichtung für die nationalsozialis-tische Weltanschauung zu vereinnahmen. Heidegger hat ab Ende 1934 mit Hölderlin an seiner Seite eine kritische Ausein-andersetzung mit dem Nationalsozialismus unternommen, die, während sie zu Beginn noch als Zeichen von Heideggers idealistischem »Privatnationalsozialismus« gelesen werden kann und daher in politischer Hinsicht ambivalent ist, zu einer zunehmend von außen kommenden und auch zuneh-mend radikalen Kritik wurde. Damit war Heideggers Erläute-rung von Hölderlins Dichtung auch gegen die nationalsozia-listische Vereinnahmung Hölderlins gerichtet, so wie er sich auch gegen die politische Vereinnahmung Nietzsches aus-sprach. Denn diese – wie auch jede andere »weltanschau-liche« Hölderlin-Deutung – erschien Heidegger als falsch. Anfang 1938 heißt es daher in einem Brief an Kurt Bauch: »Fast täglich muß ich in diesen Jahren denken, wie Hölder-

---

123 Alfred Rosenberg, *Der Mythus des 20. Jahrhunderts*, 425, vgl. auch 426 und 439 für Rosenbergs Hölderlin-Deutung.

lins und Nietzsches Werke, die nicht zufällig ›Bruchstücke‹
sind, noch verschüttet liegen und durch die heutigen ›Interessen‹ noch mehr verschüttet werden, weil der Glaube auf-
kommt, nun seien sie verstanden.«[124]

Der erläuternde Zugang Heideggers zu Hölderlin stellt den
Anspruch, um die Bedeutung dieses Dichters für das denkerische Bemühen um einen »anderen Anfang«, um die Wahrheit des Seins und um die Differenz von Dichten und Denken
zu wissen. Dichten und Denken, so Heidegger, stehen zwar
in einem Verhältnis – Heidegger spricht von einem »inneren
Wesensbezug«[125] –, aber nicht derart, dass der Denker sich
interpretatorisch eines Gedichtes bemächtigen und dieses
zu einer weiteren Quelle seines Erkenntnisdranges machen
könnte. Viel eher geht es darum, dass die Erläuterung sich
selbst überflüssig machen müsse und »vor dem reinen Daste-
hen des Gedichte ... verschwinden« solle.[126] Worauf es also
nach Heidegger ankommt, ist, auf das Wort des Dichters zu
hören, also nicht einfach über das Gedicht des Dichters zu reden, sondern es zu uns sprechen zu lassen.[127] Es sei daher nötig, so Heidegger zu Anfang seiner Vorlesung über Hölderlins
Hymne »Andenken«, »schon am Beginn dieses Weges zum
Wort Hölderlins ein Haltung zu erwecken, in der wir eines
Tages vielleicht doch zu Hörenden dieses Wortes werden.«[128]

---

124 Heidegger/Bauch, 51. Heidegger wendet sich hier auch gegen eine
»oppositionelle« christliche Hölderlin-Deutung, aber nicht, weil er ihren
antinationalsozialistischen Impetus nicht geteilt hätte, sondern weil er
die ihr eigenen weltanschaulichen Implikationen kritisch betrachtete.
Vgl. hierzu auch Heidegger/Blochmann, 87 (Dezember 1935): »Hölderlin
wird jetzt etwas ›Mode‹ u. kommt in die unechten Hände; ich möchte deshalb auch darüber nichts veröffentlichen.«
125 GA 52, 5.
126 GA 4, 194. Vgl. auch GA 4, 8.
127 Vgl. hierzu GA 52, 24.
128 GA 52, 2. Auch diese Vorlesung aus dem Wintersemester 1941/42 sei,
so Otto Pöggelers Urteil, politisch zwiespältig (Otto Pöggeler, *Der Denkweg Martin Heideggers*, 371).

Falls das geschehe, könnten mit Hölderlin Momente eines zukünftigen »anderen Anfangs« des Denkens aufgezeigt werden.

Der Blick Heideggers ist also ganz auf die Zukunft gerichtet. Diese Orientierung an der Zukunft findet sich bereits in der ersten von Heideggers Hölderlin-Vorlesungen aus dem Wintersemester 1933/34. Heidegger betont gleich zu Anfang der Vorlesung, dass es ihm nicht darum gehe, »Hölderlin unserer Zeit gemäß« zu »machen, sondern im Gegenteil: wir wollen uns und die Kommenden unter das Maß des Dichters bringen«.[129] Es finden sich daher deutliche Distanzierungen Heideggers von der damaligen zeitgeschichtlichen Situation: Hölderlin ist für Heidegger in einer Zeit, in der nicht nur die Sprache immer heroischer wurde, Dichter eines »nach heute gangbarem Sprachgebrauch ›unheroischen‹« Germanien.[130] Die vielbemühte »Weltanschauung« ist für Heidegger (nach wie vor!) ein »fatales Wort«[131], und was Heidegger, der, wie wir gesehen haben, den Griechen eine zentrale Bedeutung zuschrieb, über die Bedeutung der Griechen im damaligen historischen Kontext sagt, spricht auch nicht für viel Hoffnung auf seiner Seite: »Mit den alten Göttern sind wir doch längst fertig. Was gehen uns etwa noch die Griechen an? Der alte und echte Humanismus des 15. und 16. Jahrhunderts ist ohnedies tot. Der zweite, der Neuhumanismus von Winckelmann und Herder, von Goethe und Schiller, ist nur noch Bildungssache und kaum dieses. Was dann in der zweiten Hälfte des Jahrhunderts noch folgte, hat Nietzsche schon um das Jahr 1870 in seinen Basler Vorträgen über die Zukunft unserer Bildungsanstalten in seiner Bodenlosigkeit und Leere entlarvt. Was jetzt noch als dritter Humanismus da und dort aufflackern möchte, ist kraftlose Liebhaberei Einzelner und Flucht vor dem Heutigen. Was sollen uns noch die Griechen,

---

129 GA 39, 4.
130 GA 39, 17.
131 GA 39, 17. Vgl. auch GA 39, 19.

wo wir dabei sind, künftig auch ihre ohnehin praktisch nutzlose Sprache nicht mehr zu lernen!«[132] Man mag sich wun-
dern, ob Heidegger 1934 wirklich keine anderen Sorgen hatte
als die, dass kein Griechisch mehr gelernt wurde. Wir haben
ja schon mehrfach gesehen, dass er kein politisch denkender,
wenn auch kein unpolitischer Mensch war, dessen Welt die
Welt der Universität – und das heißt letztlich: die Welt einer
bestimmten, stark idealisierten universitären Tradition –
war. Aber ihm hat vor allem die Tatsache, dass nach 1933 innerhalb der Universität eben keine Anknüpfung an den griechischen Anfang der Wissenschaft möglich gewesen war, den
wahren Charakter des nationalsozialistischen Regimes gezeigt. Aus dieser seltsam verengten Perspektive auf die Wirklichkeit hat Heidegger früh schon die Grenzen und Probleme
der nationalsozialistischen Diktatur zu verstehen begonnen.

Seine Studenten lässt er darüber nicht im Unklaren. So
richtet er sich in dieser Vorlesung auch ausdrücklich gegen
Rosenbergs Deutung der Dichtung Hölderlins als »Ausdruck
einer Rassenseele oder als Ausdruck einer Volksseele«.[133]
Diese Deutung erscheint ihm – neben anderem – als »so
trostlos flach, daß wir nur mit Widerwillen davon reden«.[134]
Denn die Dichtung Hölderlins ist für Heidegger (der hier an
seine Kritik weitverbreiteter philosophischer Optionen anknüpft) nicht in ihrem wahren Wesen erfasst, wenn man sie
als eine »*Ausdruckserscheinung von Seele, Erlebnis*«[135] deutet. Wie aber ist Hölderlins Dichtung dann zu lesen?

Zunächst einmal setzt er, wenn es um das Verständnis der
Dichtung Hölderlins geht, wenig Hoffnung auf sich selbst
und seine Studenten: »Es bedarf keiner weitläufigen Zugeständnisse mehr«, so der kurz vorher noch so kampfbegeis-

132 GA 39, 47f.
133 GA 39, 26.
134 GA 39, 27.
135 GA 39, 27.

terte Heidegger, »daß wir die Dichtung Hölderlins nicht meistern werden.«[136] Denn der »Kampf um die Dichtung im Gedicht ist der Kampf gegen uns, sofern wir in der Alltäglichkeit des Daseins aus der Dichtung ausgestoßen, blind, lahm und taub an den Strand gesetzt sind und den Wogengang des Meeres weder sehen noch hören noch spüren.«[137] Es gilt also, um an Heideggers Metaphorik anzuschließen, sich darum zu bemühen, vom Strand des alltäglichen Lebens – also auch des politischen Alltagslebens – auf das Meer der hölderlinschen Dichtung hinauszufahren. Aber das ist nicht einfach. Hölderlins Dichtungen erscheinen Heidegger (hier spielt er auch auf Nietzsches *Unzeitgemäße Betrachtungen* an) »unzeitgemäß für unsere harte Zeit«.[138] Denn sie – die Dichtungen, nicht die Menschen – müssen sich ihren »wirklichen geschichtlich-geistigen Raum« allererst noch schaffen.[139] Die »Beschäftigung« mit Hölderlin verweist also in die Zukunft, in der nicht mehr gilt, »daß wir seiner Größe und zukünftigen Macht heute noch in keiner Weise gewachsen sind«.[140] Heidegger »flieht« also – um es einmal so prosaisch zu formulieren – nicht nur aus dem Bereich der Politik und des Alltages in den Bereich der Poesie, sondern auch aus der Gegenwart in eine unbestimmt gelassene Zukunft: Hölderlin ist für ihn der Dichter der Zukunft, der seine Zeit noch nicht gehabt hat. Hatte Heidegger 1933 noch deutliche Worte zur geschichtlichen Situation gefunden, so bekennt er jetzt sogar – noch nicht einmal zwei Jahre nach der nationalsozialistischen Machtergreifung –, dass wir »unsere eigentliche geschicht-

---

136 GA 39, 23.
137 GA 39, 22.
138 GA 39, 17. Vgl. hierzu auch Heidegger/Blochmann, 83 oder die Ausführungen zum »unzeitgemäßen« Charakter der Philosophie in Heideggers Vortrag über »Die gegenwärtige Lage und die künftige Aufgabe der deutschen Philosophie« aus dem November 1934 (GA 16, 318).
139 GA 39, 23.
140 GA 39, 7.

liche Zeit« nicht kennen: »Die Weltstunde unseres Volkes ist uns verborgen. Wir wissen nicht, wer wir sind, wenn wir nach unserem Sein, dem eigentlich zeitlichen fragen.«[141] Das zeigt eine deutliche Verschiebung seiner Perspektive: Fast hat man den Eindruck, Heidegger wolle hier an das im George-Kreis verbreitete (auch alles andere als unproblematische) Wort von einem »geheimen Deutschland« anspielen,[142] aber Heideggers Position ist noch radikaler: Denn das, worum es ihm geht, ist ja nicht nur geheim, sondern uns selbst – also auch ihm – noch verborgen. Er kann in dieser Situation nur in fast prophetischer Weise auf die Zukunft »unserer« Weltstunde und des gedichteten Wortes Hölderlins verweisen.

Wir können im Vergleich zu den Texten, die Heidegger 1933 geschrieben hat, noch zwei andere wichtige Veränderungen in seinem Denken feststellen, die wir auch schon in unserer Diskussion anderer Texte beobachtet haben: Zum einen ist die Sprache des aktiven Kampfes und entschiedenen Dienstes vor allem auch in den Hölderlin-Vorlesungen einer Sprache der abwartend-passiven Gelassenheit gewichen. Wir müssen, so Heidegger, »künftig in den Wettern dieser Dichtung« ausharren.[143] Es gilt also, auf das Wort des Dichters zu hören und seine Dichtung wirken zu lassen. Dies hat auch politische Implikationen: Denn nun geht Heidegger nicht mehr davon aus, dass der »Führer« die »heutige und künftige deutsche Wirklichkeit und ihr Gesetz«[144] sei und dass daher das Politische absolut gesetzt werden müsse. Im Gegenteil: Der Bereich der Politik wird von Heidegger auf die Dichtung zurückbezogen: Denn das Dasein der Völker – so in sehr allgemeiner und eindeutig nichtrassistischer, son-

---

141 GA 39, 50. Ähnlich auch GA 16, 319.
142 Vgl. für Heideggers Bezug auf die im George-Kreis verbreitete Idee eines »geheimen Deutschlands« auch GA 16, 290.
143 GA 39, 23.
144 GA 16, 184.

dern eher an die Romantik erinnernder Argumentation – entspringe »aus der Dichtung«.[145] Aus dieser, so Heidegger weiter, entspringe »das eigentliche Wissen im Sinne der Philosophie und aus beiden – Dichtung und Philosophie – ergebe sich die Erwirkung des Daseins eines Volkes als eines Volkes durch den Staat – die Politik«.[146] Die Politik ist also für Heidegger nicht mehr total oder grundlegend, sondern sowohl der Dichtung als auch der Philosophie nach- und untergeordnet: Der Dichter sagt uns, wer wir sind. Der Philosoph bedenkt dies, ohne es zu zerreden oder zu zerdenken.[147] Erst dann können wir überhaupt anfangen, politisch tätig zu werden. Dass diese Sicht auch politische Implikationen hat, insofern sie dem Staat oder der politischen Ordnung den Einzelnen vor- und überordnet, war Heidegger ohne Zweifel bewusst.

Gleich zu Beginn der Vorlesung heißt es: »Dichtung – kein Spiel, das Verhältnis zu ihr nicht die spielerische, sich selbst vergessen machende Entspannung, sondern die Erweckung und der Zusammenriß des eigensten Wesens des Einzelnen, wodurch er in den Grund seines Daseins zurückreicht.«[148] Man vergleiche dies nur einmal mit Heideggers Rektoratsrede oder anderen Texten aus seinem Rektorat, um zu sehen, wie sehr er sich von der 1933 eingenommenen Position entfernt hat. Nun hat Heidegger nämlich wieder jene Perspektive eingenommen, die für sein gesamtes Denken von zentraler Bedeutung gewesen ist: Der Blick auf den Einzelnen steht im Vordergrund. Das schließt allerdings Gemeinschaft im Volk – Mitdasein – nicht aus: »Kommt jeder Einzelne von dorther, dann ist die wahrhafte Sammlung der Einzelnen in eine ursprüngliche Gemeinschaft schon im voraus gesche-

---

145 GA 39, 20; 51. Vgl. auch GA 4, 43 ff.
146 GA 39, 51.
147 Vgl. hierzu GA 39, 6.
148 GA 39, 8. Ähnlich auch GA 4, 35.

hen.«[149] Das Volk, von dem nun die Rede ist, ist aber ein Volk, das vom Dichter bzw. von der Dichtung gestiftet ist. Es handelt sich nicht um das rassistisch verstandene deutsche Volk der nationalsozialistischen Ideologie, dessen Macht- und Herrschaftsanspruch politisch und kriegerisch durchgesetzt werden sollte. Diese geistig-dichterische Sicht des Volkes mit der ihr eigenen Betonung des Einzelnen führt Heidegger zu der Einsicht, dass die »grobe Verschaltung der Allzuvielen in einer sogenannten Organisation ... nur eine behelfsmäßige Vorkehrung, aber nicht das Wesen« eines gemeinschaftlichen Lebens ist.[150] Heidegger war zwar bis 1945 Mitglied der NSDAP (was er nicht ohne Gefahr für Leib und Leben hätte rückgängig machen können), Hoffnung setzte er aber auf die nationalsozialistische Partei oder andere (Massen-)Organisationen ab 1934 nicht. Wirkliche oder ursprüngliche Gemeinschaft fand er in ihnen nicht ausgedrückt. Was in oberflächlicher Perspektive wie der Ausdruck einer wahren Gemeinschaft aussah, war für ihn nichts anderes als eine andere Form der technischen Organisation des Lebens und damit eine Erscheinung des Nihilismus.

Weit eher wird er in seiner Wendung zum Einzelnen der Bedeutung, die er als Philosoph hatte, wieder neu inne: Denn was in der Dichtung Hölderlins errungen wird, ist die »Offenbarung des Seyns«.[151] Hölderlins Dichtung hat daher eine prophetische Dimension, und Heidegger ist der philosophische »Priester«, der das Offenbarungswort Hölderlins von den vergangenen, uns fehlenden Göttern und dem erst noch kommenden Gott erschließt und gegen die faktischen politisch-gesellschaftlichen Tendenzen seiner Zeit deutet.[152] Auch dies wird man alles andere als unkritisch sehen müs-

---

149 GA 39, 8.
150 GA 39, 8.
151 GA 39, 6.
152 Vgl. hier auch GA 4, 45 ff.

sen – doch es ist ohne jede Frage kein Ausdruck einer »Einführung des Nationalsozialismus in die Philosophie«. Selbst wenn Heidegger im Wintersemester 1934/35 *subjektiv* noch davon ausgegangen ist, dass sich ihm die Aufgabe stelle, den Nationalsozialismus besser zu verstehen als die Nationalsozialisten selbst, wird man darauf hinweisen müssen, dass *objektiv* gesehen Heideggers Zugang zu Hölderlin gänzlich a- oder sogar antipolitisch ist und sich schwerlich mit der nationalsozialistischen Ideologie vereinbaren ließ. Nicht nur fehlen – nach wie vor – zentrale Elemente dieser Ideologie. Heidegger kritisiert auch offen führende Vertreter – zu denken ist an Rosenberg – und zentrale Ideen der nationalsozialistischen Ideologie. Dies geschieht zwar nicht auf der Ebene eines konkreten politischen oder politisch-philosophischen Diskurses, es geschieht auf der Ebene der »Offenbarung des Seins«, auf der es gilt, das »stiftende« Wort des Dichters zu hören, auf die Zukunft hin offenzubleiben und auf das »anfängliche Wort« zu warten.[153] In diesem Warten liegt die Hoffnung, die Heidegger in einer Zeit hegt, die ihm zunehmend hoffnungslos erscheint: die Zeit des global festzustellenden Sprachverfalls und der »planetarischen Entfremdung zum Wort«, so Heidegger in einer Hölderlin-Vorlesung aus dem Wintersemester 1941/42.[154] »Die Entfremdung zum Wort« ist allerdings nicht nur ein sprachphilosophisch oder gar linguistisch relevantes Phänomen. Es handelt sich dabei um etwas, das im Zusammenhang dessen verstanden werden muss, was Heidegger »Seinsvergessenheit« oder »Seinsverlassenheit« nennt und was – im Zeitalter der Vollendung der Metaphysik – ein Phänomen von gleichfalls planetarischer Tragweise ist.[155] Hier geht es Heidegger nicht mehr nur um das Schicksal der Deutschen, sondern der gesamten Erde –

---

153 Vgl. hierzu auch GA 52, 1–17.
154 GA 52, 10f.
155 Vgl. hierzu auch GA 53, 11; GA 4, 35ff.

angesichts dessen die Deutschen – gewiss – seiner Ansicht nach eine wichtige Rolle einnehmen. Allerdings war dies eine Rolle, mit der sich die nationalsozialistischen Ideologen kaum hätten anfreunden können. Dies erklärt nicht zuletzt, warum gerade auch Heideggers Hölderlin-Deutung, wie wir noch sehen werden, Gegenstand einer äußerst radikalen Kritik seitens eines jungen nationalsozialistischen Ideologen wurde.[156]

Was dies genau für das philosophische Denken bedeutet, hat Heidegger in den *Beiträgen zur Philosophie* und in *Besinnung* weiter zu entfalten und denkerisch zu erschließen versucht. Beide Texte bilden (neben einigen anderen Texten) den Hintergrund, vor dem die Vorlesungen Heideggers aus den 1930er und frühen 1940er Jahren gelesen und gedeutet werden müssen und von dem her sich unsere Deutung dieser Vorlesungen noch einmal bestätigt.

»Esoterische« Kritik:
Die Beiträge zur Philosophie *und* Besinnung

Wir können uns jetzt kurz diesen zwei wichtigen Texten zuwenden, die Heidegger in den 1930er Jahren verfasst hat, den *Beiträgen zur Philosophie (Vom Ereignis)* und *Besinnung*, und in denen Heidegger philosophisch in Richtungen geht, die sich in seinen Vorlesungen zu Nietzsche und zu Hölderlin nur in Andeutungen zeigen.[157] In diesen von Heidegger

---

156 Vgl. zu dieser Kritik S. 589 ff.
157 Die *Beiträge zur Philosophie* stehen im Zentrum von Bernhard Radloffs *Heidegger and the Question of National Socialism. Disclosure and Gestalt* (vgl. 291–410). Vgl. zur Deutung der *Beiträge* neben Friedrich-Wilhelm von Herrmann, *Wege ins Ereignis. Zu Heideggers »Beiträgen zur Philosophie«*, Frankfurt am Main 1994 vor allem auch Richard Polt, *The Emergency of Being. On Heidegger's Contributions to Philosophy*, Ithaca and London 2006; Richard Polt, »Jenseits von Kampf und Macht. Heideggers geheimer Widerstand«, in: *Heidegger-Jahrbuch* 5, 155–186; Ryosuke Ohashi, »Zwei ›Beiträge zur Philosophie‹. Ein Blick auf das Problem ›Heidegger und der Nationalsozialismus‹«, in: *Heidegger-Jahrbuch* 5, 187–199.

nur engen Freunden und Familienangehörigen – wie etwa seinem Bruder Fritz – zugänglich gemachten Texten findet Heidegger auch zu einer Eindeutigkeit des politischen Urteils und der Kritik der zeitgeschichtlichen Situation, die wir in seinen Vorlesungen und Seminaren nur andeutungsweise finden können. Beide Texte stellen in gewisser Weise – im Gegensatz zu den »exoterischen« Vorlesungen – »esoterische« Texte dar, Texte, die von Heidegger nicht nur aufgrund der damit verbundenen Gefahr im »Dritten Reich« nicht veröffentlicht wurden, sondern auch nicht für eine unmittelbare Veröffentlichung – etwa nach dem Ende des »Dritten Reiches« – vorgesehen waren.[158] Sie stellen nicht nur aufgrund dieses »esoterischen« Charakters an die Interpretation nicht geringe Herausforderungen. Worin genau liegen aber diese Herausforderungen, die weit über ihre »private« Natur hinausreichen und denen wir hier nicht in angemessener Weise gerecht werden können?

Heidegger unternimmt in den 1930er Jahren, wie wir schon ansatzweise gesehen haben, den Versuch, noch einmal neu die Aufgabe und die Möglichkeit des Philosophierens zu bestimmen. Es geht ihm um einen neuen »Versuch«, »aus der ursprünglicheren Grundstellung in der Frage nach der Wahrheit des Seyns zu denken«.[159] Heidegger steht dabei, so denkt er, in einem »Übergang«, nämlich in einem »Übergang von der Metaphysik in das seynsgeschichtliche Denken«[160] und damit auch – vereinfachend gesprochen – in einem »Übergang« von einer Philosophie der Macht zu einer Philosophie der Gelassenheit. Daher haben wir es auch bei den *Beiträgen*

---

158 Vgl. zu der mit einer Veröffentlichung vor 1945 verbundenen Gefahr auch Richard Polt, *The Emergency of Being. On Heidegger's Contributions to Philosophy*, 15; vgl. zur »Editionspolitik« Reinhard Mehring, »Von der Universitätspolitik zur Editionspolitik. Heideggers politischer Weg«, in: *Heidegger-Jahrbuch* 5, 298–315.
159 GA 65, 3.
160 GA 65, 3.

zur Philosophie mit keinem »Werk« im landläufigen Sinne zu tun, das »über« etwas handelte.[161] Vielmehr, so Heidegger, gehe es darum, dass wir im Gang des Mitdenkens gelassen »dem Er-eignis übereignet« werden. Von zentraler Bedeutung für diesen Gang des Denkens ist deshalb der Versuch, zu dem, was Heidegger den »anderen Anfang« nennt, überzugehen.[162] Dann wird nicht mehr wie im »ersten Anfang« die »Wahrheit des Seienden« erfahren und gesetzt, ohne dass nach der »Wahrheit als solcher« gefragt würde, »weil das in ihr Unverborgene, das Seiende als Seiendes, notwendig alles übermächtigt, weil es auch das Nichts verschlingt und als ›Nicht‹ und Gegen in sich einbezieht oder ganz vernichtet«.[163]

Dabei geht es Heidegger auch um eine Auseinandersetzung mit der Geschichte der Philosophie, die das Seiende erstanfänglich erfährt. Denn in dieser Geschichte bleibe ja die Wahrheit des Seins verborgen.[164] Konkret bedeutet dies, dass Heidegger sich in den *Beiträgen zur Philosophie* mit wichtigen »Momenten« des abendländischen Denkens beschäftigt und dass seine teils parallel stattfindenden Vorlesungen zu Schelling oder Nietzsche in den durch die *Beiträge* eröffneten weiteren Rahmen eingeordnet werden können.[165] Dabei setzt sich Heidegger u.a. auch mit der neuzeitlichen Wissenschaft und Technik wie auch mit dem Nihilismus und dem Tod Gottes auseinander[166] – Themen, die ihn schon seit seinen philosophischen Anfängen beschäftigt haben, die aber nun – aus dezidiert philosophischer Perspektive – für ihn immer wichtiger werden.

---

161 Vgl. GA 65, 3.
162 Vgl. GA 65, 178 ff.
163 GA 65, 179.
164 Vgl. hierzu GA 65, 195 ff.
165 Vgl. hierzu auch GA 65, 187 f.
166 Vgl. hierzu etwa GA 65, 138 ff.

Man könnte die These aufstellen, dass die *Beiträge* ein weiteres Zeugnis für Heideggers »Eskapismus« darstellen: Nach dem Scheitern des Rektorats, so scheint es, hat er sich in die Welt abstrakter Überlegungen zur Geschichte des Seins zurückgezogen und in diesem Zusammenhang Texte geschrieben, die in ihrem hermetischen Charakter kaum übertroffen werden können und zu den wohl umstrittensten Texten des heideggerschen Œuvres zählen. Allerdings muss man sich hier wieder einmal eines vorschnellen Urteils enthalten. Der Kritik sollte man eine sachliche Auseinandersetzung mit den Gedanken Heideggers vorordnen. Denn eine solche sachliche Auseinandersetzung zeigt, dass die *Beiträge* auch eine zeitgeschichtliche Dimension haben. Heideggers Auseinandersetzung mit der Geschichte der abendländischen Philosophie ist immer auch eine Auseinandersetzung mit der unmittelbaren Geschichte. Das »herrschende Seinsverständnis«, so Heidegger, entspreche der »Seinsvergessenheit«, »d. h. sie wird als solche erst vollendet und sich selbst verdeckt durch dieses«.[167] Die Zeit, in der Heidegger diese Gedanken notiert, ist also die Zeit der vollendeten Seinsvergessenheit oder, in anderen Worten, die Zeit des vollendeten Nihilismus. Wenn Heidegger vom »herrschenden Seinsverständnis« spricht, bezieht er sich nicht nur auf das philosophische Seinsverständnis, sondern auf ein allgemein verbreitetes Verständnis von Sein. Die Situation, die durch dieses Seinsverständnis charakterisiert ist, deutet Heidegger als eine Zeit der »geschichtlichen Entwurzelung«, in der die »Wahrheit des Seins« nicht mehr erfahren wird und die Menschen vom Sein »verlassen« sind.[168]

Wie sehr sich dies konkret auswirkt, zeigt eine Liste von insgesamt sechzehn Phänomenen, in denen sich die »Seins-

---

167 GA 65, 116.
168 GA 65, 117.

verlassenheit meldet«. Hierzu zählt Heidegger u.a. die
»*Vergötzung* der *Bedingungen* geschichtlichen Seyns, des
Völkischen z.B. mit all seiner Vieldeutigkeit, zum *Unbedingten*«.[169] Er zählt hierzu aber auch das »Denken in ›Weltanschauungen‹«, die »Ablehnung des echten Wissens und die
Angst vor dem Fragen; das Ausweichen vor der Besinnung;
die Flucht in die Begebenheiten und die Machenschaften«[170],
das Unverständnis für »Ruhe und Verhaltenheit«[171] und
die »Selbstsicherheit des Sichnichtmehr-rufenlassens«[172].
Des Weiteren nennt Heidegger in diesem Zusammenhang
die »Not der Notlosigkeit«, d.h., dass die Not, in der die
Menschen sich befinden, gar nicht mehr erkannt wird, und
die »Weltverdüsterung und Erdzerstörung im Sinne der
Schnelligkeit, der Berechnung, des Anspruchs des Massenhaften«.[173]

Heidegger kommt in den *Beiträgen zur Philosophie* immer
wieder auf diese Merkmale der Seinsvergessenheit oder
Seinsverlassenheit zurück. Aber allein schon diese Auflistung
reicht aus, um zu zeigen, was auch viele andere Textstellen
aus den *Beiträgen zur Philosophie* belegen, dass Heidegger
sich nämlich nicht nur in einem rein innerphilosophisch-
hermetischen Arkanum aufhält, sondern durchaus Worte zur

---

169 GA 65, 117. Vgl. hier auch GA 65, 139: »Und man ahnt nicht, daß
eben diese ... Haltung und Verhaltung zum Seienden der eigentliche Nihilismus ist: man will sich die Ziellosigkeit nicht eingestehen. Und deshalb ›hat‹ man plötzlich wieder ›Ziele‹ und sei es nur, dass, was allenfalls
ein Mittel für die Zielaufrichtung und Verfolgung sein kann, selbst zum
Ziel hinaufgesteigert wird: das Volk z.B.«
170 GA 65, 118. 1942 wird er an Kurt Bauch schreiben, dass »eine vollständige Besinnungslosigkeit, ein der Besinnung Nicht-mehr-bedürfen
zur selbstverständlichen Art des Weltverhältnisses geworden ist« (Hei-
degger/Bauch, 78).
171 GA 65, 118.
172 GA 65, 118.
173 GA 65, 119. Ähnlich hatte sich Heidegger schon Ende 1934 in einem
Brief an Elisabeth Blochmann geäußert (Heidegger/Blochmann, 83).

zeitgeschichtlichen Situation findet, und zwar Worte, in denen er sich nicht nur mit dem Scheitern seines Rektorats auseinandersetzt, sondern die nicht anders gelesen werden können denn als Zeichen einer substantiellen Kritik am nationalsozialistischen Regime. Er setzt sich ja nicht nur explizit mit dem »völkischen Denken« und dem Ausweichen vor der Fraglichkeit oder Fragwürdigkeit durch die Flucht in Weltanschauungen wie etwa den Nationalsozialismus auseinander, sondern nennt auch weitere Momente, die als typische Momente der nationalsozialistischen Ideologie betrachtet werden können: Wo der Nationalsozialismus Aktion und Handeln fordert, fordert Heidegger Ruhe und Besinnung, wo die Machthaber von Fortschritt und Erfolgen seit 1933 sprechen, erinnert Heidegger an die bleibende Not, wo das Volk verherrlicht und die Masse zelebriert wird, lenkt Heidegger den Blick auf den Einzelnen und hinterfragt – bei allen Überlegungen zum deutschen Volk in den *Beiträgen* – den so verbreiteten »Volksabsolutismus«,[174] und wo das Denken zunehmend instrumentalisiert wird, geht Heidegger Wege, die unmittelbar zu nichts dienen und sich dem politischen Zeitgeist wie auch der Politisierung der Philosophie entgegensetzen.

Spätestens mit der Veröffentlichung der *Beiträge zur Philosophie* hätte deutlich sein können, dass man Heidegger nicht einfach als einen »Nazi-Philosophen« diskreditieren kann und dass seine Kritik am Nationalsozialismus nicht einfach auf seiner privaten Vorstellung eines idealen oder philosophisch geläuterten Nationalsozialismus basiert, die er bis 1945 oder weit darüber hinaus nicht aufgeben sollte. Denn spätestens 1936, wenn nicht schon früher, ist sein Rückzug aus der Welt der konkreten Politik mit kritischen Tönen ver-

---

174 Vgl. hierzu auch Richard Polt, *The Emergency of Being. On Heidegger's Contributions to Philosophy*, 177 ff.

bunden, die an Eindeutigkeit nicht zu wünschen übriglassen, wenn sie auch in anderer Hinsicht problematisch bleiben. Was hätten die nationalsozialistischen Ideologen und Überzeugungstäter wohl gedacht, wenn sie folgende, unter der Überschrift »Nihilismus« stehenden Ausführungen Heideggers gelesen hätten: Und »eben da, wo man wieder Ziele zu haben glaubt, wo man wieder ›glücklich‹ ist, wo man dazu übergeht, die bisher den ›Meisten‹ verschlossenen ›Kulturgüter‹ (Kinos und Seebadreisen) allem ›Volke‹ gleichmäßig zugänglich zu machen, eben da, in dieser lärmenden ›Erlebnis‹-Trunkenboldigkeit, ist der größte Nihilismus, das organisierte Augenschließen vor der Ziel-losigkeit des Menschen, das ›einsatzbereite‹ Ausweichen vor jeder Ziel setzenden Entscheidung, die Angst vor jedem Entscheidungsbereich und seiner Eröffnung. Die Angst vor dem Seyn war noch nie so groß wie heute. Beweis: die riesenhafte Veranstaltung zur Überschreitung dieser Angst.«[175] Man kann dies beim besten Willen nicht als Ausdruck von Heideggers Privatnationalsozialismus deuten. Man mag Spuren eines intellektuellen Dünkels und Elitismus finden wie auch deutliche Spuren eines nicht unbescheidenen Deutungsanspruches wie auch jenes Antimodernismus, der Heidegger schon seit früher Kindheit prägte, man kann aber nicht leugnen, dass diese Aussagen eine in höchstem Maße kritische Auseinandersetzung mit dem Nationalsozialismus und der unter ihm statt-

---

175 GA 65, 139. Karl Löwith kannte die *Beiträge zur Philosophie* freilich nicht, als er in *Mein Leben in Deutschland vor und nach 1933. Ein Bericht* Folgendes schrieb: »Der destruktive Radikalismus der ganzen Bewegung und der spießbürgerliche Charakter all ihrer ›Kraft-durch-Freude‹-Einrichtungen fiel ihm nicht auf, weil er selbst ein radikaler Kleinbürger war« (58). Vgl. in diesem Zusammenhang auch Heideggers Brief an Kurt Bauch vom 29. Dezember 1936 (Heidegger/Bauch, 37): »Das ›Organische‹ ist längst zum Organisatorischen geworden, worin sich die Mittelmäßigkeit austobt.«

findenden »totalen Mobilmachung«[176] darstellen – und zwar zu einer Zeit, als die Machthaber sich über zunehmende Unterstützung seitens der deutschen Bevölkerung freuen konnten. Hatte Heidegger 1933/34 die Entscheidung des Volkes zu seinem Staat verherrlicht, spricht er nun von dem »›einsatzbereiten‹ Ausweichen vor jeder Ziel setzenden Entscheidung« – ein Privatnationalsozialismus hätte anders ausgehen. Die äußerst zeitkritische Dimension dieser Aussagen lässt sich nicht leugnen. Die *Beiträge* stellen in der Tat ein wichtiges Zeugnis der »geistigen Auseinandersetzung« mit dem Nationalsozialismus dar – und das gilt auch dann, wenn man viele der Voraussetzungen, die Heidegger in seiner Kritik macht, nicht teilt oder eher kritisch sieht.

Dabei zeigt Heidegger gelegentlich auch eine Tiefe der Einsicht, die nach wie vor beeindruckt. Man muss sich ausdrücklich vergegenwärtigen, dass Heidegger die folgenden Sätze zwischen 1936 und 1938 schrieb, um zu sehen, wie sehr Heidegger das Wesen – oder sagen wir besser: das Unwesen – des totalitären Nationalsozialismus – erkannt hatte: »Jede Haltung, die als ›totale‹ die Bestimmung und Regelung jeglicher Art des Handelns und Denkens in Anspruch nimmt, muß alles, was darüber hinaus noch als Notwendigkeit auftreten könnte, unumgänglich unter das Gegnerische und gar Herabsetzende rechnen. Wie sollte es auch einer ›totalen‹ Weltanschauung bekommen können, daß solches auch nur möglich, geschweige denn wesentlich sei, was sie selbst zugleich untertieft und überhöht und in andere Notwendigkeiten einbezieht, die ihr so wenig von außen angetragen werden, daß sie vielmehr aus ihrem verborgenen Grunde entspringen (z.B. aus dem Wesen des Volkes). So erwächst hier eine unübersteigliche Schwierigkeit, die durch keinen Ausgleich und mit keiner Anrede jemals zu beheben ist. *Die*

---

176 Vgl. hierzu GA 65, 143.

totale Weltanschauung muß sich der Eröffnung ihres Grundes und der Ergründung des Reiches ihres ›Schaffens‹ verschließen; d.h. ihr Schaffen kann nie ins Wesen kommen und zum Über-sich-hinaus-schaffen werden, weil die totale Weltanschauung damit sich selbst in Frage stellen müßte. Die Folge ist die: das Schaffen wird im vorhinein ersetzt durch den Betrieb. Die Wege und Wagnisse einstmaligen Schaffens werden in das Riesenhafte der Machenschaft eingerichtet, und dieses Machenschaftliche ist der Anschein der Lebendigkeit des Schöpferischen.«[177] Präzise fasst Heidegger hier das Wesen totalitärer Herrschaft – von Rechtfertigung oder Idealisierung kann keine Rede mehr sein.

Der Nationalsozialismus steht für Heidegger im Zusammenhang der Geschichte des abendländischen Denkens und der Vollendung der Neuzeit – eingerichtet in dem, was Heidegger die »Machenschaft« nennt.[178] Allein schon wenn man sich der Tatsache bewusst bleibt, dass diese Geschichte für Heidegger vor allem Strukturen einer Verfallsgeschichte zeigt – einer wachsenden Seinsverlassenheit nämlich –, wird das kritische Moment seiner philosophisch-seinsgeschichtlichen Deutung des Nationalsozialismus deutlich. Dies geschieht – wohlgemerkt – nicht aus einer moralphilosophischen oder politisch-philosophischen Perspektive. Dies sind Perspektiven, die Heidegger zeit seines Lebens eher fremd waren. Es geschieht aus einer Perspektive, die – mit aller Vorsicht – letztlich als ontologisch zu bezeichnen ist: Leitend ist für Heidegger nach wie vor die Frage nach dem Sinn von Sein bzw. der Wahrheit des Seins. Denn die »Machenschaft« als die »alles machende und ausmachende Machbarkeit des Seienden« ist ein Geschehen der Seinsgeschichte, insofern als »in ihr erst die Seiendheit des vom Seyn (und der Gründung

177 GA 65, 40f.
178 Vgl. u.a. GA 66, 25–29 für die Vollendung der Neuzeit und GA 66, 16–25 für Heideggers Ausführungen über die »Machenschaft«.

seiner Wahrheit) verlassenen Seienden sich bestimmt«.[179] Im Zeitalter der »Machenschaft« ist alles, was ist, als machbar gedeutet: Der Wille zur Macht kommt zu seiner Vollendung. Diese ontologische Perspektive erklärt nicht nur den »fatalistischen« Ton von Heideggers Überlegungen, sondern auch, warum Heidegger auch andere Phänomene der nihilistischen Endgestalt der abendländischen Metaphysik mit dem Nationalsozialismus aus seinsgeschichtlicher Sicht auf eine Stufe stellen kann – und zwar nicht nur in den Schriften der 1930er Jahre, sondern auch in Texten nach dem Zweiten Weltkrieg. Doch darauf – wie auch auf die Grenzen dieser Perspektive und die mit ihnen verbundenen Probleme – kommen wir später noch ausführlicher zu sprechen.

Hier sei anhand eines Zitates noch einmal verdeutlicht, inwiefern Heideggers Philosophie der *Beiträge* oder von *Besinnung* zugleich immer auch die Dimension einer kritischen Diagnose der Zeitgeschichte hat. In *Besinnung* charakterisiert Heidegger die »Machenschaft« folgendermaßen: »Nun aber verfügt die Machenschaft das Seiende als solches in den ihr sich ständig zuspielenden Spielraum fortgesetzter *Vernichtung*. Das stets vernichtende und schon durch Androhung der Vernichtung sich ausfaltende Wesen der Machenschaft ist die Gewalt. Diese entwickelt sich aus der Sicherung von Macht als dem sogleich losbrechenden und immer wandlungsfähigen Vermögen zur beliebigen und dabei sich überholenden und ausbreitenden Unterwerfung.«[180] Diese Sätze sind philosophisch derart komplex und vielschichtig, dass man zu ihrer Interpretation ein eigenes Buch schreiben könnte. Man würde diesen Sätzen aber hermeneutisch in keiner Weise gerecht werden, wenn man nicht auch erwähnte, was selbst dem philosophisch unbedarften Leser unmittelbar

179 GA 66, 16.
180 GA 66, 16.

ins Auge springen muss: dass Heidegger nämlich in diesen Sätzen auch zur zeitgeschichtlichen politischen und gesellschaftlichen Situation am damaligen Deutschland Stellung nimmt. Innerhalb von nur wenigen Jahren ist aus dem begeisterten Mitläufer ein in seiner eigenen Weise radikaler Kritiker des Nationalsozialismus geworden, der sich nun auf ein langes Warten einrichtet, angesichts dessen er durch die Denkwege, die er nun beschreitet, bestenfalls »vorbereitend« und »bereitstellend« tätig sein kann.[181]

Wie explizit er diese Kritik auch in *Besinnung* entwickelt, zeigen beispielhaft seine Ausführungen zur Geschichte. Auch hier müssen wir uns auf wenige, philosophisch recht oberflächliche Anmerkungen beschränken. Die Geschichte versteht er nun – vereinfachend gesprochen – von der Wahrheit des Seins her. Hier ist wichtig, zu beachten, dass Heidegger nun die These vertritt, dass die Geschichte – im von ihm dargelegten seinsgeschichtlichen Sinne – »allein ... in ein Volk das volkhafte Gefüge und das Gepräge seines Wesens« lege.[182] Von einer (subjektiven) Entscheidung des Volkes ist hier nicht mehr die Rede. Und anders als im Wintersemester 1933/34[183] geht es Heidegger nun nicht mehr um Ergänzung des nationalsozialistischen Blut-und-Boden-Denkens, sondern um eine radikale Absage daran: »›Raum‹ und ›Land‹,

---

181 Vgl. hierzu auch Heidegger/Bauch, 37 (Brief vom 29. Dezember 1936): »Und wo vielleicht noch Edles lebt, da hat es den Willen zur Herrschaft verloren. Ich frage mich täglich: ist es eine hinreichende Entschuldigung zu sagen, daß uns die Möglichkeit, eine geistige Welt zu bauen, genommen ist? Wir werden zwar auch in der äußersten Not nicht darauf verfallen, dergleichen zu organisieren und unmittelbar aufstellen zu wollen; und dennoch komme ich über den Zwiespalt nicht hinweg, daß unser Wirken zu schwach ist und zerflettert – ein Nichts gegenüber dem, was wir als Notwendigkeit ahnen. Und so gerät denn das Wollen auf den einzigen Ausweg, nach Kräften das Mögliche vorzubereiten und bereitzustellen – und zu warten.«
182 GA 66, 167.
183 Vgl. hierzu S. 359 und 485.

Himmelstrich und Blut haben niemals Prägekraft und Fügungswillen.«[184] Auch der Möglichkeiten, dass die Politik dabei helfen könnte, die von ihm festgestellte »Aussperrung« des Menschen aus der Geschichte zu überwinden, erteilt er eine klare und unzweideutige Absage – mit Verweis auf den Charakter der Politik, die »ihrerseits und vollends in einem ›totalen‹ Herrschaftsanspruch genommen nur die Umwendung der Kultur in das vollendete technisch-historische machenschaftliche Wesen des neuzeitlichen Menschen bedeutet«.[185]

Im Vergleich zu den *Beiträgen* zeigt *Besinnung* weniger explizite Aussagen zur konkreten politischen Situation. Heidegger hat sich ab 1938 sozusagen noch mehr in die Einsamkeit des seinsgeschichtlichen Denkens zurückgezogen.[186] Die wenigen Aussagen zeigen aber, dass der politische Subtext nicht verschwunden ist. Heideggers Anmerkungen zur zeitgeschichtlich-politischen Situation wirken sogar noch kritischer als wenige Jahre zuvor – gerade weil es Heidegger nicht mehr um gewisse Details geht, sondern er nun den

---

184 GA 66, 167. Vgl. hier noch einmal, was Heidegger dagegen zu »Blut und Boden« im Wintersemester 1936/37 zu sagen hat: »Es ist heute viel die Rede von *Blut und Boden* als vielberufener Kräfte. Bereits haben die Literaten, die es ja auch heute noch gibt, sich ihrer bemächtigt. Blut und Boden sind zwar mächtig und notwendig, aber *nicht hinreichende* Bedingung für das Dasein eines Volkes« (GA 36/37, 263). Vgl. hier auch Heidegger/Bauch, 35 (Brief vom 30. Oktober 1936). Hier äußert sich Heidegger ironisch zu der Entscheidung, neue Räume der Freiburger Universität durch den völkischen Maler Hans Adolf Bühler ausmalen zu lassen: »Ich fände es toll, wenn nun zu den gemalten Freiburger Dienstmännern noch eine an die Wände gepinselte Rassentheorie käme. Wir dürfen uns das einfach nicht gefallen lassen.«
185 GA 66, 169.
186 Nun wird er selbst den Begriff der »Revolution« ausdrücklich kritisieren (GA 69, 23), während er zuvor zumindest in eingeschränkter Weise noch daran festgehalten hatte. Darauf macht auch Richard Polt, *The Emergency of Being. On Heidegger's Contributions to Philosophy*, 227, aufmerksam.

»›totalen‹ Herrschaftsanspruch« der nationalsozialistischen Politik im Allgemeinen in den Blick nimmt und er gegen die nihilistische Verherrlichung des Willens und der Macht weiter Grundstrukturen eines Denkens der »Gelassenheit« und des wartenden Hörens entwickelt.[187] Dies erklärt auch, warum er nun auch ausdrücklich Hitler kritisiert und warum seine ursprüngliche Begeisterung für den Führer verschwunden ist.[188] Denn zwischen der idealen Bewegung und dem Führer auf der einen Seite und dem politischen Alltagsgeschäft auf der anderen konnte er jetzt nicht mehr differenzieren. An die Stelle der Macht ist in Anbetracht der Machenschaft nun die einsame »Ohnmacht des Denkens« getreten.[189] Was Heidegger nun über das Denken und die Philosophie zu sagen hat, lässt auf wenig Hoffnung aufseiten Heideggers schließen. Es gilt, auf den Vorbeigang des »letzten Gottes« zu warten.[190] Die Dunkelheit jener Jahre steht ihm bereits vor Beginn des Zweiten Weltkrieges deutlich wie nur wenigen vor Augen. Dieser Befund wird durch andere Quellen bestätigt.

Ein philosophisches Testament?
Das Jahr 1938 als Wendejahr

1937/38 verfasste Heidegger einen autobiographischen Rückblick auf seinen Denk- und Lebensweg. Dieser Rückblick zeigt noch einmal, dass Heidegger spätestens 1938 seine Haltung zum Nationalsozialismus einer radikalen Revision unterzogen hat. Bestätigt wird dies durch eine Tagebuchauf-

---

187 Vgl. hier auch GA 4, 38 ff.
188 GA 66, 122 f. Hier zitiert Heidegger eine Stellungnahme Hitlers, die er dann in nicht zu unterschätzender Radikalität kritisiert. Da Heideggers Kritik an Hitler im Wesentlichen Motive seiner kritischen Diskussion des Nationalsozialismus zusammenfasst, können wir hier auf eine nähere Diskussion dieser Textstelle verzichten.
189 Vgl. GA 65, 47 f.
190 Vgl. hierzu GA 65, 409–417.

zeichnung des Pädagogen Heribert Heinrichs, die Silvio Vietta in seinem Buch *Heideggers Kritik am Nationalsozialismus und an der Technik* mitgeteilt hat. Heinrichs berichtet hier von einer Wanderung mit Heidegger am 14. Oktober 1959. Heidegger, so Heinrichs, sei »von sich aus, was er bei mir bisher nie getan hatte, auf seine eigene tragisch-falsche Einschätzung des Nationalsozialismus und das Bohrende im Denken heute bei ihm wegen seiner Rektoratsrede vom 27. Mai 1933« eingegangen.[191] Was hat nun Heidegger hierzu zu sagen gehabt? »Sodann sagte M.H., die meisten Deutschen hätten den Räuber und Verbrecher des Jahrhunderts, Adolf Hitler, erst mit der Katastrophe von Stalingrad und dem Desaster des Luftkrieges durchschauen gelernt. Er selbst habe, wenn er seine Antworten unabdingbar vor den Gewissensrichter stelle, seit 1938 das totale Verhängnis erkannt und sein Verhältnis zum Nationalsozialismus radikal revidiert.«[192] Heidegger habe ferner, so Heinrichs, »seine ganz

---

191 Silvio Vietta, *Heideggers Kritik am Nationalsozialismus und an der Technik*, Tübingen 1989, 46; vgl. hierzu auch Otto Pöggeler, *Der Denkweg Martin Heideggers*, 384ff.

192 Silvio Vietta, *Heideggers Kritik am Nationalsozialismus und an der Technik*, 47. Wichtig ist in diesem Zusammenhang auch, dass Heidegger – anders als viele andere bedeutende Geisteswissenschaftler wie etwa auch Carl Schmitt – sich nicht an dem von dem Kieler Rektor Paul Ritterbusch organisierten »Kriegseinsatz der Deutschen Geisteswissenschaften« beteiligt hat. Vgl. hierzu Frank-Rutger Hausmann, »*Deutsche Geisteswissenschaft« im Zweiten Weltkrieg. Die »Aktion Ritterbusch« (1940–1945)*, Dresden ²2002, 25; vgl. in diesem Zusammenhang auch Frank-Rutger Hausmann, »Der ›Kriegseinsatz der Deutschen Geisteswissenschaften‹ (1940–1945) und die Albert-Ludwigs-Universität«, in: Bernd Martin (Hg.), *Von der badischen Landesuniversität zur Hochschule des 21. Jahrhunderts* (= *550 Jahre Albert-Ludwigs-Universität Freiburg. Festschrift*; 3), Freiburg 2007, 470–484. Allerdings darf man daraus *zunächst einmal* nicht allzu viel ableiten, da auch Alfred Baeumler und Ernst Krieck sich nicht an diesem »Gemeinschaftswerk« beteiligt hatten (25). Heidegger hat – anders als viele seiner Kollegen – auch keine Vorträge etwa im besetzten Frankreich gehalten (vgl. hierzu auch GA 16, 393). Von Bedeutung

eigenen, persönlichen Hoffnungen auf die Erneuerung der Universität im Dritten Reich ... schon 1938 (!) im Ganzen aufgegeben« und das Jahr 1938 als ein »Wendejahr« in seinem Leben gedeutet.[193] Wenn das der Fall ist, dann hat sich Heidegger zu einer Zeit vom nationalsozialistischen Regime distanziert, als viele andere Deutsche nach wie berauscht von den Ereignissen ab 1933 waren. Von ihnen sollten viele, wenn überhaupt vor 1945, erst 1942 – als der Zweite Welt-

---

ist in diesem Zusammenhang vor allem aber seine ausdrückliche Kritik des »Kriegseinsatzes«, mit der er sich im Sommersemester 1942 gegen die »Doktrin von dem unbedingten Vorrang des Politischen« wendet: »Man erweist daher weder dem heutigen politischen Denken noch auch den Griechen einen Dienst, wenn man im Übereifer des ›Wissenschaftseinsatzes‹ alles durcheinanderwirbelt, was in seiner jeweiligen geschichtlichen Einmaligkeit für sich im eigenen Wesen steht« (GA 53, 106]. Gerade dieser Text zeigt, dass man den nun folgenden Satz (»Man dient der Erkenntnis und Bewertung der geschichtlichen Einzigkeit des Nationalsozialismus gar nicht, wenn man das Griechentum jetzt so auslegt, daß man meinen könnte, die Griechen wären alle schon ›Nationalsozialisten‹ gewesen« [GA 53, 106]) nicht aus seinem Kontext – und damit ist nicht nur der Kontext dieser Vorlesung, sondern der Kontext von Heideggers Denkweg seit 1934 gemeint – lösen darf. Denn dann erweist sich dieser Satz nicht als eine Verherrlichung der »Einzigkeit des Nationalsozialismus«, sondern vielmehr als eine subtile Kritik an einem totalitären und nihilistischen politischen System, dessen Anhänger, so impliziert Heidegger, von der sich dem Denken stellenden Aufgabe keine Ahnung haben.
193 Silvio Vietta, *Heideggers Kritik am Nationalsozialismus und an der Technik*, 47. Pöggeler deutet Heideggers autobiographischen Rückblick als »Testament« und vermutet vor allem aufgrund der Tatsache, dass Heidegger mit 48 Jahren sich ausführlich mit Fragen seines »Nachlasses« beschäftigt hat, Heidegger habe Selbstmordabsichten gehegt: »Die Schmach, 1932/33 für Hitler eingetreten zu sein, führte ihn bis zu dem Entschluß, aus dem Leben zu scheiden. Er sah sich mit seiner philosophischen Arbeit und damit mit seinem Beruf und seiner Berufung in Frage gestellt« (vgl. Otto Pöggeler, »Heideggers Weg von Luther zu Hölderlin«, in: Norbert Fischer und Friedrich Wilhelm von Herrmann [Hg.], *Heidegger und die christliche Tradition*, Hamburg 2007, 167–187, 183]. Diese These ist insofern höchst problematisch, als es zur Zeit keine ausreichenden Quellen gibt, um sie in historisch verantwortbarer Weise zu belegen.

krieg zunehmend auf eine Niederlage Deutschlands hinaus-
lief – dem Nationalsozialismus kritisch gegenüberstehen.[194]

Nicht nur die *Beiträge* und *Besinnung*, sondern auch Heideggers Rückblick auf seinen bisherigen Weg zeigen sehr
deutlich diese Revision seiner Position in den Jahren vor allem ab 1936.[195] »Noch niemals«, so heißt es in diesem Rückblick, »war vielleicht die Notwendigkeit des *reinen Werkes*
größer als heute und künftig – denn noch nie war die verun-
staltende und zerstörerische Gewalt der Ankündigung und
Beschwatzung, der Anpreisung und des Lärmes, der Sucht
zur seelischen Zergliederung und Auflösung größer und un-
gehemmter und bewußter als heute.«[196] Heidegger aber vermisst »Werke«. Dass sie geschaffen werden können und dass
sie als solche den »Zeit-Raum« schaffen, »in dem sie selbst
zum Stehen kommen«, werde, so Heidegger, »durch die ›Psychologie‹, durch das Massenwesen und die ›Propaganda‹ von
Grund aus verwehrt«.[197]

Auf die Gegenwart setzt Heidegger jetzt keine Hoffnung
mehr, einzig auf »Einzelne …, die noch das Eine leisten …,
daß sie die Winke ins Wesentliche und geschichtlich Notwendige weiterwinken … weiter ins übernächste Geschlecht,
an dem sich vielleicht das Geschick des Abendlandes im

194 Vgl. hierzu auch Karl Jaspers, *Die Schuldfrage. Zur politischen Haftung Deutschlands*, München 1987, 46.
195 In diesem Zusammenhang ist auch an Heideggers Vortrag »Die Begründung des neuzeitlichen Weltbildes durch die Metaphysik« (»Die Zeit
des Weltbildes«) (GA 5, 75–113) zu denken, insofern sich in diesem Vortrag die veränderte Position Heideggers 1938 auch öffentlich gezeigt hat.
Diese Änderung von Heideggers Haltung zum Nationalsozialismus wurde
auch wahrgenommen, was sich u. a. auch in einem Heidegger gegenüber
kritischen Beitrag des *Alemannen* niedergeschlagen hat. Vgl. hierzu auch
GA 16, 391; 412f.
196 GA 66, 416.
197 GA 66, 417. Vgl. Heidegger/Bauch, 68 für Heideggers Kritik an der
deutschen Lügenpropaganda im Zweiten Weltkrieg.

Ganzen entscheidet.«[198] Das klingt nicht nur pessimistisch,
sondern auch als radikale Absage an die politische Propagan-
darhetorik, die 1937/38 in Deutschland gepflegt wurde. Wie
sehr Heideggers Gedanken auch in einem zeitgeschichtlich-
politischen Zusammenhang zu verstehen sind, zeigt auch die
folgende Kritik Heideggers an der zeitgenössischen Philosophie: »Wie viele von denen, die heute in der ›Philosophie‹ als
Gelehrte sich hervortun«, so fragt Heidegger, »sind noch gemäß ihrer Herkunft getragen und gestoßen von den Notwendigkeiten der ursprünglichsten Entscheidungsfragen unserer

---

[198] GA 66, 417. Vgl. hierzu Heidegger/Bultmann, 201: »Alles liegt daran,
das Kommende vorzubereiten durch die Besinnung auf das, was standhält.
Dies vermögen nur die Einzelnen, und sie müssen dabei die Klarheit besitzen, daß sie auf lange hinaus zu den scheinbar Widerlegten gehören«
(Brief Heideggers vom 2. Oktober 1939). Vgl. neben Heidegger/Friedrich,
102, auch Heidegger/Elfride Heidegger, 204: »Wenn nur Einige sind, die
nicht das Bisherige sondern das stets Ursprüngliche u. die Maßstäbe dafür
in die deutsche Zukunft hineinretten – u. d.h. auf eine Gegenwarts-
wirkung verzichten, indem sie wissen, dass das Wesentliche überhpt. nie
›wirkt‹ sondern nur ›ist‹, sofern ihm seinesgleichen aus tieferem Ursprung
entgegenkommt. Dieses aber können wir nicht planen, sondern nur in
stiller Bereitschaft warten« (Brief vom 26. Januar 1939). In diesem Brief
hatte Heidegger auch darauf hingewiesen, dass ihm »die innere Lage größere Sorge als die äußere – denn diese ist nur die Folge jener« mache und
dabei auch klare Worte zur Militarisierung Deutschlands gefunden: »Was
will da angesichts der eigentlichen Wirklichkeiten und der unaufhalt-
samen Dynamik der militärisch-technischen Gesamtorganisation des
Volkes noch dergl. wie ›Brauchtum‹ u. ›Symbole‹; das sind ja nur Vor-
wände – romantische – historische – Versuche einer Romantik – akademischer als alles ›Akademische‹ heute, das ja doch schon überall für den
Vierjahresplan arbeitet« (202). Heidegger bewegt sich hier mehr und mehr
auf seine spätere Philosophie der Gelassenheit zu. Dass diese nicht unmittelbar bei den anstehenden Problemen und Fragen weiterhilft, hat
auch Gerhard Ritter einsehen müssen: »... aber was ist mir damit geholfen, wenn H. selbst nicht einmal andeutungsweise einen Ausweg sieht
und zwar nicht naiv, aber völlig ratlos den mich bewegenden Problemen
gegenübersteht?« (*Gerhard Ritter. Ein politischer Historiker in seinen
Briefen*, hg. von Klaus Schwabe und Rolf Reichhardt unter Mitwirkung
von Reinhard Hauf [= *Schriften des Bundesarchivs*; 33], Boppard am Rhein
1984, 381).

abendländischen Geschichte?« Auch was seine Fachkollegen betrifft, hegt Heidegger keine Hoffnung – er bleibt seinen Kollegen an der Universität gegenüber zutiefst skeptisch. »Ich kenne keinen«, so beantwortet er die Frage, die er sich selbst gestellt hat, »und weiß nur, daß sie lediglich bildungsmäßig und ›interessiert‹ an die ›Philosophie‹ geraten sind und neuerdings durch das politische Geschick unseres Volkes etwas zugeworfen bekommen, an dem sie nachträglich sich einen ›Boden‹ ausdenken, ohne auch von hier aus jemals wirklich in die Notwendigkeit des Fragens der Grundfrage gestoßen zu werden.«[199] Es liegt nicht ferne zu vermuten, dass Heidegger hier auch über sich selbst spricht – über seine eigene Verstrickung in das »politische Geschick«, von der er sich nun sehr deutlich distanziert. Denn von diesem, so Heidegger nun, dürfe das philosophische Denken nicht abhängig sein. Es müsse seine Unabhängigkeit bewahren. Nur so könne es jene Frage stellen, die Heidegger als die »Grundfrage« bezeichnet, nämlich die Frage nach der Wahrheit des Seins, die im Vordergrund seiner in den *Beiträgen* und in *Besinnung* gegangenen Wege steht.

Wir müssen Otto Pöggelers These, Heidegger habe zu dieser Zeit Selbstmordgedanken gehegt, nicht folgen, um eine substantielle Krise feststellen zu können: Wenn bis 1936 sein Verhältnis zur zeitgeschichtlich-politischen Situation ambivalent, wenn auch zunehmend kritisch ist, so lassen Heideggers Stellungnahmen aus den Jahren ab 1936 an Eindeutigkeit nicht zu wünschen übrig. Heidegger scheint bereits Mitte 1937 sein Denken als eine Form des »geistigen Widerstands« oder zumindest der durchaus radikal zu nennenden »geistigen Auseinandersetzung« mit dem Nationalsozialismus aufzufassen. Das zeigt auch die folgende Begebenheit: In einem Brief an Kurt Bauch geht er auf seine Gutachten der Habilita-

---

[199] GA 66, 416.

tionsschriften von Max Müller und Gustav Siewerth ein.
Diese scheinen ihm Zeichen eines katholischen »geistigen
Widerstands« zu sein. Allerdings hält er von diesem Widerstand nichts. Er bleibt der katholischen Kirche gegenüber
nämlich kritisch und skeptisch, denn diese Form des Widerstandes führe seiner Ansicht nach dazu, dass man nicht
merke und ahne, »wo und wie die wirkliche Gegenwehr einzusetzen hat«.[200] Das erklärt, warum Heidegger den Arbeiten
von Müller und Siewerth gegenüber nicht unkritisch war, obwohl er zugleich die Qualität beider Arbeiten anerkennt:
Diese seien »nach *ihrer* Art ausgezeichnet«. Die Arbeit, die
ihm diese Arbeiten gemacht hätten, so Heidegger weiter, sei
allerdings nutzlos gewesen, »da unter den gegebenen Umständen nichts verhindert werden kann«. Was meint er damit? Wichtig zum Verständnis dieses Satzes ist zunächst der
Gedanke, den Heidegger ausgehend von seinen Bemerkungen
zu den Arbeiten von Müller und Siewerth und im Rahmen
seiner Kritik eines falschen und nicht tief genug reichenden
»geistigen Widerstands« seitens katholischer Denker formuliert: »Außerdem ist das bloße Verhindern und Beseitigen
nicht das, was heute allein not tut. Nur das, was wir an geistig
schöpferischer Arbeit gegen alle Zurückwollenden [scil. wie
z.B. Katholiken, die nicht von »Tod Gottes« ausgehen, H.Z.]
hinzustellen vermögen, hat ein Gewicht; alles Herumwer-

200 Heidegger/Bauch, 46. Vgl. hierzu aus der Perspektive Max Müllers
auch *Auseinandersetzung als Versöhnung. Ein Gespräch über ein Leben
mit der Philosophie*, hg. von Wilhelm Vossenkuhl, Berlin 1994, 52–55; 63.
Müller geht davon aus, dass Heidegger »zwar damals, wie auch aus anderen
Äußerungen hervorgeht, mit der Partei als dieser konkreten weltanschaulich bestimmten Organisation nicht allzu viel mehr zu tun haben wollte,
aber daß er diesen Staat und seine Führung unter Hitler in jenen Jahren, also
1937 und 1938, noch voll anerkannt hat« (55). Er hat ihn anerkannt, insofern
er nicht zu einem politischen Revolutionär oder »ungeistigen« Widerstandskämpfer wurde, allerdings nicht mehr anerkannt, insofern er nicht
nur ihn nicht länger mehr legitimierte, sondern in einem Akt der »geistigen
Auseinandersetzung« zum Gegenstand einer tiefgreifenden Kritik machte.

ken in Einrichtungen [scil. wie etwa der Universität, H.Z.]
und Nebenunternehmungen bringt die besten Kräfte in eine
schiefe Front, die eines Tages in die Gefahr kommt, überhaupt keine Front zu sein, weil sie kein Gegenüber mehr hat,
da sich niemand an sie kehrt.«[201]

Es gilt also, so Heidegger, gerade angesichts der ausdrücklich in diesem Brief genannten Gefahr einer drohenden »Katastrophe« die »Front« in ihrem eigentlichen Charakter zu
bewahren, also dem Ungeist der Zeit in angemessener Weise
zu widerstehen. Das aber führt dazu, dass die Einsamkeit
weiter zunimmt – Hoffnung bleibt allein im Blick auf das,
was eine ferne, nicht mehr unmittelbare Zukunft bringt und
was in der Philosophie noch bewahrt oder erinnert werden
mag, auch wenn, wie Heidegger resignativ feststellt, ja eigentlich gar nichts verhindert werden könne. Die Philosophie
(und nicht die Religion) bleibt von zentraler, ja, von alles entscheidender Bedeutung – allerdings nicht mehr in dem Sinne,
der Heidegger noch wenige Jahre zuvor vorgeschwebt war.[202]

Weiter dem »anderen Anfang« entgegengehen

In den Jahren nach 1938 hat Heidegger sich weiter mit der
Frage nach der Wahrheit des Seins und dem »anderen Anfang« beschäftigt. Die Geschichte des Seins wie auch die gegenwärtige Not der Seinsverlassenheit und Seinsvergessenheit bleiben zentrale Momente seines Denkens. Hölderlin
bleibt wichtig, zu Nietzsche entwickelt er ein immer kritischeres Verhältnis, denn zu sehr gehört Nietzsche noch in

201 Heidegger/Bauch, 46.
202 Vgl. hier auch Heidegger/Bauch 46: »Dazu kommt ein Anderes:
die ungeheure Belastung, der jetzt durch praktisch-politische Notwendigkeiten unsere ohnehin schon technisierten Wissenschaften ausgesetzt
werden, kann *nur dann ohne Katastrophe* überstanden werden, wenn
zugleich im entsprechend entschiedenen Ausmaß die Wissenschaften
wieder ›philosophisch‹ werden.«

die Geschichte der abendländischen Philosophie, die Vorsokratiker – vor allem Parmenides und Heraklit[203] – werden weitere wichtige »Gesprächspartner« in einem Denken, das Heidegger in eine immer größere Einsamkeit führt und ihn lange unverstanden sein lässt. Auf Wirkung zielt er nicht mehr. Statt Kampf, Opfer und Entscheidung des Menschen fordert er nun – und in den Jahren nach dem Zweiten Weltkrieg – Gelassenheit, Armut des Denkens und Besinnung. In gewisser Weise ist er »nicht mehr von dieser Welt« – zumindest nicht mehr nur von dieser Welt bzw. diesem »Stern«. Im September 1941 schreibt er an Kurt Bauch: »Die innere Folgerichtigkeit und Unaufhaltsamkeit, worin der Planetarismus abrollt, ist ein Ereignis, das mir das Wesen der Geschichte des Seins bestätigen könnte, wenn es noch einer Bezeugung bedürfte. Wir rollen mit und doch weiß ich davon, bereits auf einem anderen Stern zu *stehen*.«[204] Heidegger hat sich von dem, »was in der ›Welt‹ vorgeht,« gelöst[205] und spricht einer oft erschreckenden Passivität das Wort, so als ob nur noch mythische göttliche Mächte und nicht mehr menschliche Subjekte für die Geschichte sich verantwortlich zeigen.

Gerade aber weil er sich so hermetisch (gleichsam aus der Perspektive eines anderen Sternes) und in einer so grundsätzlichen Weise auch mit der Zeit des Nationalsozialismus beschäftigte und die »Realgeschichte« von einer komplexen und sehr spekulativen Seinsgeschichte her zu verstehen versuchte, konnte er nach dem Zweiten Weltkrieg auch nicht einfach die wesentlichen Arbeiten der 1930er oder frühen 1940er Jahre veröffentlichen. Er hat bereits 1937/38 gesehen,

---

203 Vgl. hierzu GA 54 und 55, aber auch GA 35.

204 Heidegger/Bauch, 72. Daher erscheint die Erde auch nur noch als »Irrstern« (Heidegger/Bauch, 85).

205 Vgl. hierzu den Brief Heideggers an Bauch vom 1. Mai 1942: »Und dieses jetzt in den Jahren, wo ich, ganz unabhängig von dem, was in der ›Welt‹ vorgeht, den ›Anfang‹ gefunden habe und das innere Gesetz seiner Gestaltung klar und einfach in mir austrage« (Heidegger/Bauch, 80)

dass diese nicht verstanden werden würden.[206] Mag man bedauern, dass er 1953 gerade die *Einführung in die Metaphysik*
veröffentlichte und nicht jene Texte, die er unmittelbar
vor oder im »Wendejahr« 1938 geschrieben hat, wird ihm
aber aus philosophischer Sicht darin recht geben, dass im Unverständnis seines eigentlichen – seinsgeschichtlichen – Anliegens auch viele derjenigen Aussagen übersehen oder missverstanden worden wären, die sich auf den unmittelbaren
zeitgeschichtlichen Kontext beziehen. Auch nach 1945 bleibt
Heidegger ein zutiefst einsamer Denker – die Texte, die er
nach dem Zweiten Weltkrieg veröffentlichen wird, zeigen
nur »Spuren« seines eigentlichen Denkens. Er wird aber den
Anspruch, schon auf einem anderen Stern zu stehen, einschränken: Nun geht es ihm darum, auf einen Stern zuzugehen.[207]

Heideggers zunehmende Kritik am Nationalsozialismus
wie auch die Unvereinbarkeit seiner Philosophie mit der nationalsozialistischen Ideologie wurde auch von zeitgenössischen Beobachtern – und zwar nicht nur von Nationalsozialisten, sondern auch, wie wir sehen werden, im Ausland und
von Emigranten – wahrgenommen. Dieser »Blick von außen«, d.h. dieser Blick *auf* Heideggers Denken, bestätigt, was
wir »von innen her«, d.h. auf der Grundlage einer Interpretation von Heideggers eigenen Texten (bzw. Mitschriften und
Protokollen aus seinen Lehrveranstaltungen), in diesem und
den letzten beiden Kapiteln festgestellt haben. Diese bislang
noch nicht in ausreichender Weise untersuchte Rezeption
Heideggers in der Zeit von 1933 bis 1945 steht im Vordergrund des nächsten Kapitels.

206 Vgl. hierzu GA 66, 419ff.
207 Vgl. GA 13, 76: »Auf einen Stern zugehen …« Die drei Punkte verdeutlichen die Offenheit der Zukunft und des heideggerschen Weges, auf
die Heidegger in dem 1947 geschriebenen Text »Aus der Erfahrung des
Denkens« besonderen Wert legt.

13. Die Heidegger-Rezeption in Deutschland zwischen 1933 und 1945: Heidegger in der Kritik

»Heidegger macht nicht mehr gerne Pfötchen.«[1]
Bruno Altmann (1938)

Weder die eher historisch noch die eher philosophisch orientierte Heidegger-Forschung hat sich bislang ausführlich mit der Rezeption des heideggerschen Denkens in der Zeit des Nationalsozialismus beschäftigt.[2] Dabei sind dies durchaus sehr wichtige Fragen, wenn es um das Verhältnis Heideggers zum Nationalsozialismus geht: Wie hat man eigentlich während der Zeit des Nationalsozialismus über Heideggers Philosophie gedacht? Haben die neuen Machthaber oder Vordenker des Regimes in seinem Denken eine willkommene Unterstützung oder gar einen system- und linientreuen Ausdruck der nationalsozialistischen Weltanschauung gesehen? Oder stand man Heidegger und seinem Denken seitens der offiziellen Vertreter der nationalsozialistischen Ideologie eher skeptisch oder gar kritisch und ablehnend gegenüber? Diese Fragen stellen sich nicht zuletzt auch aufgrund der von Emmanuel Faye geäußerten (aber aus philosophischer und histo-

---

1 Bruno Altmann, »Ernüchterung eines Philosophen. Heidegger macht nicht mehr gerne Pfötchen«, in: *Neuer Vorwärts*, 1938, Nr. 256 (15. Mai 1938), Beilage, 3 (jetzt in *Heidegger-Jahrbuch* 4, 206–209, 206).
2 Auf einige wenige Aspekte dieser Rezeption geht Victor Farías, *Heidegger und der Nationalsozialismus*, mit einem Vorwort von Jürgen Habermas, Frankfurt am Main 1989, 232 ff., ein.

rischer Sicht absurden) Vermutung, »dass in den verborgenen Netzwerken des Nationalsozialismus, die auch heute noch schlecht erforscht sind, Heidegger eine gewisse Rolle beim vorbereitenden Entwurf bestimmter Hitler-Reden spielte«.[3]

Heidegger selbst hat darauf hingewiesen, dass er ab 1934 zunehmend auf Kritik und Widerstände seitens der neuen Machthaber gestoßen sei. Im Spiegel-Gespräch spricht er nicht nur davon, dass seine Seminare überwacht wurden, sondern geht auch auf die Rezeption seiner Schriften ein: »Ich wusste nur«, so Heidegger, »daß meine Schriften nicht besprochen werden durften, zum Beispiel der Aufsatz ›Platons Lehre von der Wahrheit‹. Mein im Frühjahr 1936 in Rom im Germanischen Institut gehaltener Hölderlin-Vortrag wurde in der HJ-Zeitschrift ›Wille und Macht‹ in übler Weise angegriffen. Die seit dem Sommer 1934 einsetzende Polemik gegen mich in E. Kriecks Zeitschrift ›Volk im Werden‹ sollten Interessenten nachlesen.«[4] Was lässt sich aus historischer Sicht hierzu sagen? Stilisiert sich Heidegger zum Opfer? Oder entspricht das, was er rückblickend über die Rezeption seines Denkens sagt, den historischen Tatsachen?

Zunächst einmal ist darauf zu verweisen, dass auch die Antwort auf diese Frage sehr komplex ist. Denn neben nicht wenigen Zeugnissen, die eine sehr kritische, wenn nicht sogar offen ablehnende Rezeption des heideggerschen Denkens

---

3 Emmanuel Faye, *Die Einführung des Nationalsozialismus in die Philosophie. Im Umkreis der unveröffentlichten Seminare zwischen 1933 und 1935*, Berlin 2009, 203.

4 GA 16, 665. Heideggers Schriften wurden durchaus besprochen und diskutiert. Das zeigt nicht zuletzt die Besprechung seiner Schrift *Hölderlin und das Wesen der Dichtung* (vgl. unten S. 589 ff.). Dass der Text »Platons Lehre von der Wahrheit« ursprünglich aufgrund einer Weisung des Reichsministeriums für Volksaufklärung nicht erscheinen durfte, belegt *Heidegger-Jahrbuch* 4, 59 f. Der italienische Botschafter hat sich »auf Veranlassung des Duce« bei Joseph Goebbels dafür eingesetzt, dass dieser Text Heideggers in dem von Ernesto Grassi herausgegebenen Jahrbuch *Geistige Überlieferung* erscheinen konnte.

aus nationalsozialistischer Sicht zeigen, gibt es auch Zeugnisse einer positiven Rezeption – ganz zu schweigen von rein philosophischen Auseinandersetzungen mit Heidegger, die in keiner Weise auf die politische Dimension seines Denkens eingehen. Darauf hat schon ein zeitgenössischer Interpret des Denkens Heideggers aufmerksam gemacht: K. Hancke schrieb in seinem Artikel »Um Heidegger. Gefolgschaft und Kritik«, der 1935 in der Zeitschrift *Geistige Arbeit* erschien, Folgendes über die Auseinandersetzung mit Heideggers Denken Mitte der 1930er Jahre: »Heute fehlt es weder an Versuchen, seine Philosophie für das politische Geschehen nutzbar zu machen, noch an heftiger Gegnerschaft, – und das dilettierende Halbverständnis gedeiht.«[5]

Allerdings sind die Dokumente, die eine positive Rezeption Heideggers seitens nationalsozialistischer Denker belegen, nicht sehr zahlreich und finden sich nur zu Beginn des »Dritten Reiches«. Vor allem nach dem Rücktritt Heideggers vom Rektorat zeigt sich immer deutlicher eine aus nationalsozialistischer Perspektive entwickelte Kritik an Heideggers Philosophie. Man schien zunehmend die Unvereinbarkeit von Heideggers Philosophie mit der nationalsozialistischen Weltanschauung wahrzunehmen – ähnlich wie auch Heidegger selbst dies zunehmend bewusst geworden war. Heideggers eigene Stellungnahmen zur Rezeption seines Denkens während der Zeit des Nationalsozialismus werden auch durch Beiträge aus dem Ausland bzw. aus der Exilpresse be-

---

5 K. Hancke, »Um Heidegger. Gefolgschaft und Kritik«, in: *Geistige Arbeit* Nr. 6 (20. März 1935), 5–6, 5. Hancke hatte bereits 1934 in derselben Zeitschrift einen Überblick über Heideggers Philosophie gegeben (*Geistige Arbeit* Nr. 21 [05. November 1934], 5–6) und dort u. a. darauf verwiesen, dass Heidegger betont habe, »daß in ihr [scil. in Heideggers existenzialer Analytik, H. Z.] – wider den Anschein – keinerlei kulturkritische oder weltanschauliche Tendenz wirksam, daß ihr lediglich der phänomenale Befund angelegen sei« (6). Auf die Rektoratsrede geht Hancke in diesem Zusammenhang nicht ein.

stätigt: Denn diese gehen nicht nur ausdrücklich auf die in den 1930er Jahren gewachsene Distanz zwischen Heidegger und dem Nationalsozialismus ein, sondern verweisen auch darauf, dass Heidegger sich zunehmend kritisch zum Nationalsozialismus geäußert oder sich aus dem Bereich öffentlicher Wirksamkeit zurückgezogen habe.

Wenden wir uns zunächst den Dokumenten einer positiven Rezeption des heideggerschen Denkens aus nationalsozialistischer Sicht zu: Die Rektoratsrede ist gleich 1933 von dem Altphilologen Richard Harder in der Zeitschrift *Gnomon* besprochen worden.[6] Leider setzt sich Harder in seiner Rezension nicht sehr intensiv mit der Rektoratsrede auseinander. Es wird u. a. nicht deutlich, was er über Heideggers Bezug auf Nietzsches Wort vom Tode Gottes gedacht hat. Ein beträchtlicher Teil seiner Rezension besteht aus Zitaten aus der Rektoratsrede, die aneinandergereiht, aber nicht interpretiert werden. Dies mag die Bedeutung illustrieren, die Harder der Rektoratsrede zuschreibt, gibt aber insgesamt nur wenig Aufschluss über die Rezeption einzelner Aspekte der Rektoratsrede. Folgendes aber lässt sich aus den kurzen Bemerkungen Harders als »Essenz« seiner Besprechung herausdestillieren: Harder, der zu dieser Zeit bereits eng mit Alfred Rosenberg zusammenarbeitete, hatte einen durchweg positiven Eindruck von der Rektoratsrede. Es werde viel davon abhängen, so schließt er seine Rezension, »dass und wie Deutschlands ›hohe Schulen‹ sich unter den Dienst dieses

---

6 Richard Harder, Besprechung von Martin Heidegger, »Die Selbstbehauptung der deutschen Universität«, in: *Gnomon* (1933), 440–442 (jetzt in: *Heidegger-Jahrbuch* 4, 140–142). Zu Harders hauptamtlicher Tätigkeit für das Amt Rosenberg und den unklaren Gründen dafür vgl. auch Reinhard Bollmus, *Das Amt Rosenberg und seine Gegner. Studien zum Machtkampf im nationalsozialistischen Herrschaftssystem*, Stuttgart 1970, 323; Ernst Piper, *Alfred Rosenberg. Hitlers Chefideologe*, München 2005, 467 f.

Auftrags stellen«.[7] Harder bezieht sich hier auf den »geistigen Auftrag«, von dem Heidegger in der Rektoratsrede spricht.[8] Denn Heidegger als der »führende Philosoph unserer Tage« hat mit seiner Rede für Harder ein wegweisendes Dokument der »gegenwärtigen Wirklichkeit des Altertums« und der Neubestimmung der Aufgabe der Universität verfasst.[9] Für ihn ist die Rede »keine rhetorisch verbrämte Abhandlung und keine akademische Festrede, ist nicht epideiktisch, sondern durch und durch symbuleutisch. Eine Kampfrede, ein denkerischer Aufruf, ein entschlossenes und zwingendes Sich-in-die-Zeit-Stellen; ein Ernstnehmen der Universität und neues Ernstmachen mit der Wissenschaft, von echter Einfachheit, festem Willen und tiefer Furchtlosigkeit: ein wirklich politisches Manifest.«[10]

Für Harder ist dabei besonders wichtig, dass Heidegger an die griechischen Anfänge der Wissenschaft erinnert, allerdings scheint er Heideggers Intention nicht ganz verstanden zu haben. Harder betont zwar ganz zu Recht die Bedeutung, die das griechische Denken im Rahmen von Heideggers Gedankenführung gehabt hat. Aber ging es Heidegger in der Rektoratsrede um eine Wiederbelebung der »geistigen Kraft des Abendlandes«,[11] so spricht Harder davon, Heideggers Anliegen bestehe in einem »radikalen Neubeginn«.[12] Obwohl auch Harder die besondere Bedeutung der Griechen als der »Stifter des abendländischen Erbgutes« ausdrücklich betont, scheint er doch die Bedeutung der griechischen Welt für Heideggers Gedanken herunterzuspielen und betont in besonderer Weise die Aufgabe der Deutschen: »Es wäre aber

7 *Heidegger-Jahrbuch* 4, 142.
8 Vgl. GA 16, 107.
9 *Heidegger-Jahrbuch* 4, 140.
10 *Heidegger-Jahrbuch* 4, 140.
11 GA 16, 117.
12 *Heidegger-Jahrbuch* 4, 141.

eine kümmerliche Spezialistenhaltung, wollten wir Heideggers ausdrückliches Griechenbekenntnis beruhigt verzeichnen und das Ganze seines Manifestes darüber vernachlässigen. Echte Wirkung der Griechen ist nicht Verhinderung, sondern Befreiung des eigenen Seins und des Handelns in der Gegenwart. So hat es immer wieder Stunden gegeben, wo das griechische Denken (das heißt konkret: der Platonismus) die Abendländer, zumal die Deutschen und Engländer, bewegt und bestärkt hat mit seiner Grundlehre: bloßes Wissen ist eitel, ist sophistisch, echtes Wissen kommt aus dem Sein und aus der Tugend, aus der Gemeinschaft und aus dem Volk; Wissen ohne handelnde Verwirklichung ist verwerflich wie Handeln ohne Wissen.«[13] Daher verweist er darauf, dass die »tiefste Lehre des griechischen Denkens«, dass nämlich »echtes Wissen ... aus dem Sein und aus der Tugend, aus der Gemeinschaft und aus dem Volk« komme, »für eine Zeit, die sich nicht aus sich selber zu finden die Kraft hat,« tot bleibe.[14] Nicht allein eine klassizistische Verehrung der Griechen reiche also aus; es sei vielmehr notwendig, auch eine entsprechende Kraft aufzubringen. Daher, so Harder, kommen Stunden, »wo die Berufung auf das alte Vor- und Gegenbild allein nicht mehr genügt, wo es zu zeigen gilt, wie der gekräftige Geist sich unmittelbar mit der Gegenwart berührt und durchdringt«.[15] Das aber, so Harder pathetisch, unternehme Heidegger. Er liefere damit ein Beispiel für eine »echte Wirkung der Griechen«, die zu einer »Befreiung des eigenen Seins und des Handelns in der Gegenwart« führe.

Auch andere Rezensenten betonten die Bedeutung von Heideggers Rede: In ihr, so Hermann Herrigel in *Deutsche Zeitschrift. Unabhängige Monatshefte für die politische und geistige Gestaltung der Gegenwart*, sei der »Grund der poli-

13 *Heidegger-Jahrbuch* 4, 142.
14 *Heidegger-Jahrbuch* 4, 142.
15 *Heidegger-Jahrbuch* 4, 142.

tischen Wissenschaft aufgedeckt. Sie ist nicht die Wissenschaft des freien Menschen, der in seiner Freiheit seine ›Wissenschaft‹ in den Dienst der ›Politik‹ stellt, sondern schon ihre Frage als die Frage des sich gebunden wissenden Menschen ist eine andere. Politische Wissenschaft ist die Wissenschaft des Menschen, der nicht als Einzelner autonom der Welt gegenüber steht, sondern der sich wie der Grieche dem Schicksal oder wie der Christ dem Willen Gottes unterworfen weiß.«[16] Heideggers Rede gebe dem »Willen der Studenten eine Interpretation, die zugleich richtungweisend und verpflichtend« sei,[17] auch wenn dem Autor irgendwie fraglich erscheint, ob Heideggers »Interpretation« überhaupt richtig sei. Aber darauf scheint es letztlich nicht anzukommen: Es sei nämlich »nicht so sehr die Frage, ob diese Interpretation *richtig* ist, als ob die Studentenschaft diese Verpflichtung anerkennt und sich zu eigen macht«.[18] Aber auch die Möglichkeiten der Studenten, überhaupt zu verstehen, was Heidegger gesagt hat, schienen Herrigel beschränkt. Ihm sind hier die grundsätzlichen Konvergenzen zwischen der Rektoratsrede und den Anliegen der Studentenschaft viel wichtiger: »Aber wenn auch die Besinnung, die Heidegger hier anstellt, in der Studentenschaft nicht in ausdrücklicher Form vorhanden ist und vielleicht von vielen nicht einmal verstanden wird, so ist sie doch vorhanden in dem Verzicht auf die individuelle Freiheit des Beliebens, auf die ›akademische Freiheit‹ alten Stils, und in der Bereitschaft zu Bindung und Dienst, ›Arbeitsdienst, Wehrdienst, Wissensdienst‹, die der politischen Universität ihr Gesicht geben werden.«[19]

---

16 Hermann Herrigel, »Die politische Universität«, in: *Deutsche Zeitschrift. Unabhängige Monatshefte für die politische und geistige Gestaltung der Gegenwart* 46 (1933), 802–806 (jetzt in *Heidegger-Jahrbuch* 4, 144–149).
17 *Heidegger-Jahrbuch* 4, 149.
18 *Heidegger-Jahrbuch* 4, 149.
19 *Heidegger-Jahrbuch* 4, 149.

Sowohl Harder als auch Herrigel sehen in der Rektoratsrede also die theoretische Entfaltung dessen, was Universität
und Wissenschaft unter den gewandelten historischen Umständen sein können und sollen. Für beide ist Heidegger ein
universitätspolitischer Vordenker auf dem Weg zu einer radikal neuen politischen Universität. Ähnlich hat auch Benedetto Croce Heideggers Rektoratsrede gelesen – allerdings
aus kritischer Perspektive: Für ihn war die Rektoratsrede das
mehrdeutige (»zwitterhafte«) Zeichen einer Selbstaufgabe
der Philosophie, die allerdings von der Politik nicht geschätzt
werde: »Und so schickt er sich an, so erbietet er politisch-
philosophische Dienste zu leisten: was sicher eine Art ist, die
Philosophie zu prostituieren, ohne damit der harten Politik
zu helfen, ich glaube sogar, nicht einmal der nicht-harten
Politik; die Politik weiß nicht, was sie mit dieser zwitterhaf-
ten Schulweisheit anfangen soll, denn sie hält an anderen
und ihr eigenen Kräften und arbeitet damit.«[20] Croce, der
als Neohegelianer auch aus rein philosophischen Gründen
Heideggers Philosophie kritisch gegenüberstand, stellt Heideggers Rektoratsrede der Verteidigung der »theologischen
Existenz«, wie sie Karl Barth unternommen hatte, gegen-

---

20 Benedetto Croce, Rezension von Martin Heidegger, »Die Selbstbehauptung der deutschen Universität« und Karl Barth, *Theologische Existenz
heute!*, in: *La Critica* 32 (1934), 69–70, 69 (jetzt in *Heidegger-Jahrbuch* 4,
196–197, 196). Vgl. für Croces Einschätzung des möglichen politischen
Einflusses Heideggers auch Heinrich Wiegand Petzet, *Auf einen Stern zugehen. Begegnungen und Gespräche mit Martin Heidegger 1929–1976*,
Frankfurt am Main 1983, 43. Vgl. für eine Diskussion der Rektoratsrede
Heideggers aus japanischer Sicht (die allerdings nicht auf einer Lektüre
des Textes der Rede, sondern nur auf in der *Vossischen Zeitung* veröffentlichten Auszügen basiert) auch Hajimi Tanabe, »Philosophie der Krise
oder Krise der Philosophie?«, übersetzt von Elmar Weinmayr, in: Hartmut
Buchner (Hg.), *Japan und Heidegger. Gedenkschrift der Stadt Meßkirch
zum hundertsten Geburtstag Martin Heideggers*, Sigmaringen 1989,
139–145.

über. Hatte Barth in seiner Schrift die Unabhängigkeit der Theologie bewahrt,[21] habe Heidegger, so Croce, die Philosophie in einer nationalistischen Neudeutung des Wesens der Universität und der Wissenschaft verraten und der Politik ausgeliefert, ohne dass dieses Unterfangen viel Erfolg zu erwarten habe.

Andere Rezensionen beschränken sich auf kurze Inhaltsangaben der Rektoratsrede.[22] Erich Rothacker[23] geht in seiner Rezension von neueren Schriften zur Hochschulreform nur in einem einzigen Satz auf Heideggers Rektoratsrede ein – nämlich auf Heideggers Differenzierung der verschiedenen Dienste.[24] Man könnte daraus ableiten, dass Rothacker andere Schriften zur Universitätsreform für wichtiger gehalten hat, wird ein solches Urteil aber nur mit einer gewissen Vorsicht formulieren können.[25] Die von Helmut Ricke verfasste Rezension der Rektoratsrede für die *Berliner Börsenzeitung* findet in der Rede nicht nur die »Haltung Heideggers«, sondern »der neuen deutschen Geisteswelt schlechthin« ausgedrückt. Es gebe, so der Rezensent in seinen kurzen Ausführungen zur Rektoratsrede, »wohl wenige Rektoratsreden, die

21 *Heidegger-Jahrbuch* 4, 196 f. Vgl. hierzu Karl Barth, *Theologische Existenz heute!*, München 1933.
22 So etwa die Rezension der Rektoratsrede, die in *Der Zeitspiegel. Halbmonatsschrift für politische Bildung* (2 [1933], 306 f.) in der Sektion »Das politische Buch« erschien.
23 Vgl. zu Rothacker auch Hans-Joachim Dahms, »Philosophie«, in: Frank-Rutger Hausmann, *Die Rolle der Geisteswissenschaften im Dritten Reich 1933–1945*, München 2002, 193–227, 215 ff.
24 Vgl. Erich Rothacker, »Politische Universität und Deutsche Universität. Die Doppelaufgabe«, in: *Kölnische Zeitung* vom 30. Juli 1933 (jetzt in *Heidegger-Jahrbuch* 4, 150–155, 153.).
25 Rothacker geht – neben der Rektoratsrede Heideggers – ausführlich auf die folgenden Schriften ein: Adolf Rein, *Die Idee der politischen Universität*, Hamburg 1933; J. W. Mannhardt, *Hochschulrevolution*, Hamburg 1933; Hans Freyer, *Das politische Semester*, Jena 1933; Arnold Köttgen, *Deutsches Universitätsrecht*, Tübingen 1933.

eine gleiche bannende und verpflichtende Wirkung ausüben«.[26]

Auf die Rektoratsrede geht auch der Maler, Schriftsteller
und Anthroposoph Karl Ballmer ein: Er veröffentlichte 1933
eine Schrift mit dem Titel *Aber Herr Heidegger! Zur Freiburger Rektoratsrede Martin Heideggers*.[27] Während allerdings
der Leser eine intensive Auseinandersetzung mit der Rektoratsrede und Heideggers universitätspolitischer Einstellung
erwartet, spielt die Rektoratsrede in dieser Schrift nur eine
recht untergeordnete Rolle. Ballmer geht es vor allem um
eine kritische Auseinandersetzung mit der Philosophie Heideggers aus anthroposophischer Perspektive.

Eine intensivere Auseinandersetzung mit Heideggers Rek-
toratsrede und der ihr zugrundeliegenden philosophischen
Position hat Ernst Krieck – der, so Ernst Piper, neben Alfred
Baeumler »wichtigste Proponent einer Nazifizierung der Phi-
losophie«[28] – in der von ihm herausgegebenen Zeitschrift
Volk im Werden unternommen.[29] Unter dem Titel »Germa-

26 Heinz Ricke, »Die Selbstbehauptung der deutschen Universität«, in:
Berliner Börsenzeitung vom 13. August 1933 (jetzt in *Heidegger-Jahrbuch*
4, 142–144, 143).
27 Karl Ballmer, *Aber Herr Heidegger! Zur Freiburger Rektoratsrede
Martin Heideggers. Mit einem Vorwort von Prof. theol. F. Eymann, Bern*,
Basel 1933 (jetzt in *Heidegger-Jahrbuch* 4, 155–178). Zu Ballmer vgl. u. a.
auch *Karl Ballmer. 1891–1958. Der Maler*, hg. vom Aargauer Kunsthaus
und der Karl Ballmer-Stiftung, Aarau 1990.
28 Ernst Piper, *Alfred Rosenberg. Hitlers Chefideologe*, München 2005,
360.
29 Vgl. hier auch GA 16, 391. Vgl. für die Bibliographie der Schriften Ernst
Kriecks Eckhard Thomale, *Bibliographie Ernst Krieck. Schrifttum –
Sekundärliteratur – Kurzbiographie*, Weinheim 1970, 1–65; vgl. ebd.,
204–213 für einen kurzen Überblick über das Leben Ernst Kriecks. Ernst
Piper geht in *Alfred Rosenberg. Hitlers Chefideologe* kurz auf die Spannungen zwischen Heidegger und Krieck ein (361 f.), betont aber auch, dass
es falsch sei, Krieck, Baeumler und Heidegger auf eine Stufe zu stellen
(707), wie es u. a. Hans Sluga unternommen habe (vgl. Hans Sluga, *Heidegger's Crisis. Philosophy and Politics in Nazi Germany*, Cambridge, Mass.,
1993, 151). Zum Verhältnis zwischen Krieck und Heidegger vgl. auch

nischer Mythos und Heideggersche Philosophie« äußert er
sich im zweiten Jahrgang dieser vor allem mit universitäts-
und bildungspolitischen Fragestellungen befassten Zeitschrift zum Denken Heideggers – allerdings hat er zu diesem
Denken kaum etwas Positives zu sagen.[30] Krieck nimmt die
Perspektive des nationalsozialistischen Vordenkers ein und
kommt zu einem vernichtenden Urteil über das Denken
Heideggers. Obwohl er mit dem Denken Heideggers einigermaßen vertraut scheint, erlaubt er sich auch einige inhaltliche Fehlinterpretationen. Dass Heideggers Philosophie von
»Thomas von Aquino« herkomme, wie Krieck schreibt, kann
man nicht behaupten, ist doch der Einfluss Thomas von
Aquins auf Heideggers Denken ohne jeden Zweifel gering.
Korrekter wäre es gewesen, u.a. auf Aristoteles zu verweisen.
Diese Deutung von Heideggers Philosophie war aber nicht
untypisch: Auch in anderem Zusammenhang sollte man

Hartmut Tietjen, »Heidegger und die nationalsozialistische Hochschulpolitik«, in: István M. Fehér (Hg.), *Wege und Irrwege des neueren Umgangs mit Heideggers Werk. Ein deutsch-ungarisches Symposium*, Berlin
1991, 109–128, 117f.
30 Vgl. Ernst Krieck, »Germanischer Mythos und Heideggersche Philosophie«, in: *Volk im Werden* 2 (1934), 247–249 (jetzt in *Heidegger-Jahrbuch*
4, 193–195). Wer diesen Text liest, wird sich wohl kaum der folgenden
Deutung des Verhältnisses von Krieck und Heidegger durch Emmanuel
Faye anschließen können: »Krieck und Heidegger werden sich übrigens,
was das mythische Bewusstsein betrifft, zumindest in gewisser Weise,
immer nahe stehen, denn wenn Krieck aus dem Mythos den Motor der
Geschichte macht, so versteht Heidegger in seiner Vorlesung aus dem
Sommersemester 1935 ›Wissen von der Urgeschichte‹ als ›Mythologie‹«
(Emmanuel Faye, *Heidegger. Die Einführung des Nationalsozialismus
in die Philosophie*, 175). Viele, wenn nicht alle Menschen stehen sich
»zumindest in gewisser Weise« immer nahe. Viel interessanter und wichtiger aber ist es gerade in diesem Zusammenhang, auf die Differenzen aufmerksam zu machen: Denn dann würde sich zeigen, dass Heideggers Ver-
ständnis von Mythos wie auch seine gesamte Philosophie beträchtliche
Unterschiede zum mythischen Denken Ernst Kriecks oder auch Alfred
Rosenbergs zeigt. Um derlei notwendige Differenzierung bemüht sich
Faye hier – wie oft auch andernorts – allerdings nicht.

Heidegger – vermutlich u.a. auch aufgrund seiner katholischen Herkunft und aufgrund bestimmter Merkmale seiner damals bekannten Philosophie – den Vorwurf einer Nähe zum scholastischen Denken machen.[31] Auch andere Details – etwa Kriecks Äußerungen zu *Sein und Zeit* – zeigen, dass Krieck Heidegger nicht auf Augenhöhe begegnet. Dies ist in diesem Zusammenhang allerdings nicht von zentraler Bedeutung. Wichtiger ist hier die Tatsache, dass Krieck in seinem Aufsatz eine öffentliche Kritik an Heidegger entwickelt, die in ihrer Radikalität nichts zu wünschen übriglässt. Denn wenn sich Krieck mit Heidegger auseinandersetzt, dann ist dies für ihn nicht eine Auseinandersetzung unter Nationalsozialisten, die grundsätzlich in ihren Positionen übereinstimmen, aber in bestimmten Detailfragen voneinander abweichen. Krieck schlägt einen viel radikaleren Ton an: Für ihn ist die Philosophie Heideggers nicht nur mit dem Nationalsozialismus in bestimmten Aspekten nicht vereinbar oder der Ergänzung oder Vertiefung bedürftig. Sie ist vielmehr dem Anliegen des Nationalsozialismus und seiner Weltanschauung diametral entgegengesetzt.

Ausgangspunkt seiner Überlegungen ist ein Kapitel in Hans Naumanns Buch *Germanischer Schicksalsglaube*. Der Germanist und Volkskundler Naumann (1886–1951) hatte sich in einem Kapitel seines Buches unter der Überschrift »Der Mythos und die Lehre Heideggers« mit Heideggers Denken auseinandergesetzt und versucht, Parallelen zwischen Heideggers Philosophie und der germanischen Mythologie zu ziehen.[32] Naumann geht davon aus, dass – in den Worten

---

31 Vgl. hierzu auch *Heidegger-Jahrbuch* 4, 254f,
32 Hans Naumann, *Germanischer Schicksalsglaube*, Jena 1934, 68–89 (jetzt in *Heidegger-Jahrbuch* 4, 178–193). Vgl. für Naumanns Leben und sein Denken wie auch für sein eigenes Verhältnis zum Nationalsozialismus Thomas Schirrmacher, »*Der göttliche Volkstumsbegriff*« *und der* »*Glaube an Deutschlands Größe und heilige Sendung*«. *Hans Naumann als Volkskundler und Germanist unter dem Nationalsozialismus*, 2 Bände,

Kriecks – der »germanische Mythos wie ein erster großartiger Versuch zu einer der Heideggerschen verwandten Interpretation des Seins« erscheint: »endend in Wahrheit (mit der Götterdämmerung) in einer wirklichen ›Gigantomachie um das Sein‹.«[33] Ein kurzer Blick in Naumanns Buch mag illustrieren, was dies bedeutet. Naumann geht davon aus, dass die »Situation im alten Mythos ... verteufelt derjenigen Deutschlands seit dem Kriege« gleiche. Daher traten, so schließt Naumann, »vielleicht notwendig die weltanschaulichen Erbstrukturen wieder zutage. Diese Erbstrukturen mögen und müssen natürlich auch in ungezählten Zwischengliedern immer vorhanden sein und sich nachweisen lassen, uns kommt es heute nur auf die Anfangs- und Endglieder der heiligen Kette an.«[34] Naumann illustriert die von ihm postulierte Nähe zwischen Heideggers Philosophie und dem germanischen Mythos anhand von zwei Beispielen. Zunächst geht er auf Heideggers Überlegungen zum Gerede ein: »Man könnte hier bis in sehr kleine Einzelheiten gehen, man könnte zum Beispiele erinnern an Heideggers eigenartiges Phänomen des ›Geredes‹ als Seinsart des Miteinanderseins, und man könnte die Verkörperung dieses Geredes im germanischen Mythos wiederfinden in jenem unentwegten Eichhörnchen, das so sonderbar am Weltbaum auf und ab läuft, um dem Drachen und dem Adler die Worte zuzutragen, die sie beide übereinander äußern.«[35] Dass dieses Beispiel nicht gerade dazu dient, seine These zu bestätigen, ist Naumann wohl bewusst: »Das erscheint vielleicht nicht wichtig genug.«[36]

Bonn 1992. Vgl. hierzu auch die kurze Stellungnahme von Karl Löwith, *Mein Leben in Deutschland vor und nach 1933. Ein Bericht*, Stuttgart 1986, 40.
33 *Heidegger-Jahrbuch* 4, 180.
34 *Heidegger-Jahrbuch* 4, 180f.
35 *Heidegger-Jahrbuch* 4, 181.
36 *Heidegger-Jahrbuch* 4, 181.

Naumann verfügt aber über ein wichtigeres Beispiel, anhand dessen er seine These zu illustrieren versucht: »Schon wichtiger vielleicht dies: der Philosoph spricht von der ›Vermeintlichkeit des Man, das volle und echte Leben zu nähren und zu führen‹. Diese Vermeintlichkeit bringt Beruhigung in das Dasein, alles ist für die in bester Ordnung. Diese Beruhigung im uneigentlichen Sein läßt eine Verführung zu Stillstand und Tatenlosigkeit nicht aufkommen, sondern treibt eher in die Hemmungslosigkeit des Betriebs. – Begreift man den Wesensunterschied zwischen Odin und Thor tief und von Grund auf, so liegt es nicht eben sehr fern, dies Verhalten der ›Vermeintlichkeit des Man‹ mythisch in Thor ausgedrückt zu sehen. Dieser ›Man‹ führt schon jetzt den unentwegten Kampf mit den Riesen, erschlägt ihrer so viele, wie er bekommt, einen nach dem andern; das wirkt beruhigend, hält die unmittelbare Gefahr von Menschenland fern, scheinbar ist alles nun gut und besorgt. In Wirklichkeit ist nichts gut. Die Bedrohung der Welt vermindert im Großen sich nicht. Das Eigentliche wird nur verdeckt und verschoben. Dieses ›Betriebes‹ gedenkt der Mythos selbst nicht ohne jenes leichte Lächeln, das auch auf den Lippen des Philosophen schwebt, wenn er die ›Vermeintlichkeit des Man‹ abhandelt. Dieses ›man‹ weiß nichts von der großen metaphysischen Sorge, der tiefen letzten und durch keinen ›Betrieb‹ abwendbaren Bedrohtheit, die sich vielmehr in Odin verkörpert.«[37]

Eine tiefgehende Auseinandersetzung mit Naumanns »Interpretation« von Heideggers Denken erübrigt sich eigentlich: Man wird seinen Zugang zu Heidegger als skurril, höchst eigenwillig und letztlich absurd bezeichnen können, als eine kuriose Facette der nationalsozialistischen Heidegger-Rezeption, die mit Heideggers Denken wenig zu tun hatte und die

---

37 *Heidegger-Jahrbuch* 4, 181.

Heidegger selbst in keiner Weise hätte gutheißen können: Denn Naumann liest etwas in Heidegger hinein, mythologisiert und germanisiert Heideggers Denken in einer Weise, die sich in keiner Weise auf Heideggers Denken beziehen kann und seinen philosophischen Anliegen völlig entgegengesetzt ist. Dessen war sich nicht zuletzt auch Ernst Krieck bewusst – allerdings kritisiert er Naumann ganz anders, als wir es aus heutiger Sicht unternehmen würden. Denn Naumanns Versuch einer Vermittlung von germanischem Mythos und Heideggers Philosophie, so schreibt Krieck in apodiktischer Schärfe, »kann selbst nur als Unternehmen eines im Grunde nihilistischen Literatentums beurteilt werden«.[38] Zu Naumanns gewagter Heidegger-Deutung schreibt Krieck daher: »Einen verantwortungsloseren Satz hat die deutsche Wissenschaft wohl selten hervorgebracht.«[39] Denn für Krieck gibt es keinerlei Verbindung zwischen dem »germanischen Mythos« und der »Heideggerschen Philosophie«. Die beiden Themen oder Elemente in der Überschrift seines Artikels – »Germanischer Mythos und Heideggersche Philosophie« – stehen in einem völligen Gegensatz zueinander – was jeden Versuch einer Versöhnungs- oder Synthese als naiv, wenn nicht sogar gefährlich erscheinen lässt.

Worin besteht aber die ausdrückliche Kritik Kriecks an Heideggers Denken? Was führt dazu, dass Heideggers Philosophie für ihn derart »ungermanisch« ist? Zum einen kritisiert Krieck die Bedeutung, die das griechische Denken in Heideggers Philosophie spielt. Krieck betont Heideggers »Herkommen« von der »griechischen Seinslehre«.[40] Aller-

---

38 *Heidegger-Jahrbuch* 4, 194.
39 *Heidegger-Jahrbuch* 4, 194.
40 *Heidegger-Jahrbuch* 4, 193. Vgl. für eine ähnliche, sich teils auf Krieck berufende Entgegensetzung der griechischen und der deutschen Kultur auch Herman Schwarz, *Nationalsozialistische Weltanschauung. Freie Beiträge zur Philosophie des Nationalsozialismus aus den Jahren 1919–1933*, Berlin [2]1933, 104: »Es ist nicht zu sagen, welcher Schaden dem

dings geht Krieck nicht mit Heidegger – und vielen anderen
Dichtern und Denkern der deutschen Klassik und Romantik – von einer besonderen Nähe des griechischen und des
deutschen Denkens aus. Ganz im Gegensatz zu dieser These
von der verwandtschaftlichen Nähe zwischen dem griechischen und dem deutschen Geist betont er die Differenz
zwischen griechischer Philosophie und dem germanischen
Mythos: »Die von Platon als ›Riesenschlacht um den Begriff
des Seins‹ charakterisierte Geschichte der griechischen Philosophie hat mit der germanischen Götterdämmerung und
der germanischen Lehre von der Welterneuerung schlechthin
nichts zu tun, auch dort nicht, wo bei den Griechen die Lehre
von der ewigen Wiederkehr des Gleichen anklingt.«[41] Eine
besondere Nähe zwischen den Griechen und den Deutschen
gibt es daher für Krieck nicht – und das diskreditiert für ihn
jede Philosophie, die von einer solchen Nähe ausgeht bzw.
diese zu rekonstruieren versucht.

Wenig später sollte Krieck sich in *Volk im Werden* noch
einmal ausdrücklich unter dem Titel »Nationalsozialistische Philosophie?« zur Bedeutung der griechischen Philoso-

---

Verständnis der deutschesten und völkischsten Weltanschauung dadurch
erwachsen ist, daß man Namen, die aus Griechenland stammen, auf sie
übertragen hat, obwohl das, was hinter diesen Namen in Deutschland und
Griechenland steht, einander genau entgegengesetzt ist, so wie Feuer und
Wasser.«

41 *Heidegger-Jahrbuch* 4, 194. Es gibt durchaus eine positive Bezugnahme
auf das antike Griechenland vonseiten nationalsozialistischer Vordenker
wie etwa bei Alfred Rosenberg und Alfred Baeumler. Vgl. hierzu etwa
Hans-Günther Seraphim, *Das politische Tagebuch Alfred Rosenbergs aus
den Jahren 1934/35 und 1939/40*, Berlin 1956, 22 f. Rosenberg hat sich u.a.
mit Ulrich Wilamowitz-Moellendorffs *Der griechische und der platonische Staatsgedanke* (Berlin 1919) beschäftigt (vgl. hierzu Ernst Piper, *Alfred Rosenberg. Hitlers Chefideologe*, 193). Zu Baeumlers und Rosenbergs
Sicht der »Philosophie des Hellenentums« vgl. auch Alfred Baeumler, *Alfred Rosenberg und der Mythus des 20. Jahrhunderts*, München 1943,
41 ff. Es geht dabei um eine Aneignung des griechischen Denkens ohne Bezug auf »Rom« und »Jerusalem«.

phie – vor allem der Philosophie Platons – in der deutschsprachigen Philosophie äußern.[42] In diesem Artikel setzt sich Krieck kritisch vor allem mit der »Kathederphilosophie« auseinander. Es liegt nicht ferne, Kriecks Kritik an der akademischen Philosophie auch auf Heidegger zu beziehen, auch wenn Heideggers Name in diesem Aufsatz (der auf keinen einzigen Philosophen namentlich Bezug nimmt) nicht genannt wird. Krieck kritisiert an der »Kathederphilosophie« vor allem, dass sie auch ein Jahr nach der nationalsozialistischen Machtergreifung keinen angemessenen Bezug zur »Wirklichkeit« und zum »Dienst an der völkisch-politischen Aufgabe« gefunden habe: »Auch der nationale Philosoph hat noch nicht in die gegenwärtige Wirklichkeit, in das wirkliche Geschehen gefunden.«[43] Die »nationale Philosophie«, so Krieck, »setze sich mit Platon auseinander«, folge aber Platon nicht, indem sie das, was Platon für seine Zeit getan habe, nämlich »das Bild eines Staates, einer Lebensordnung, einer Erziehung« zu schaffen, »das, auf die Wirklichkeit übertragen, sein Volk vom Untergang hätte retten sollen«, »für unsere Tage, für unsere Not, für unser Volk« unternehme.[44] Die Philosophie versage, auch dort, wo sie sich national gebe, vor den Herausforderungen der Wirklichkeit – und dies erscheint Krieck nicht nur als ein Mangel, sondern als eine Gefahr, gerade dort, wo die Philosophie »wohlgetarnt mit dem Hakenkreuz« sei.[45] Was Krieck dagegen fordert, ist Folgendes: »Wir wollen den radikalen und unverfälschten Nationalsozialismus auch in Weltanschauung, Philosophie und Wissenschaft, nicht einen philosophischen und wissenschaftlichen Nationalliberalismus, wie er uns schon vor

---

42 Vgl. Ernst Krieck, »Nationalsozialistische Philosophie?«, in: *Volk im Werden* 2 (1934), 311–312.

43 Ernst Krieck, »Nationalsozialistische Philosophie?«, 311.

44 Ernst Krieck, »Nationalsozialistische Philosophie?«, 312.

45 Ernst Krieck, »Nationalsozialistische Philosophie?«, 312.

einem Jahrzehnt und mehr verkündet worden ist.«[46] Diese
Forderung verdeutlicht, warum Krieck sich so entschieden
gegen Heidegger ausgesprochen hat: Denn in Heideggers Philosophie – selbst in seiner Rektoratsrede – fand er eben nicht
den »radikalen und unverfälschten Nationalsozialismus«,
sondern etwas, was vielleicht auf den ersten Blick so aussehen könnte, aber bei näherer Betrachtung sich als eine
wirklichkeitsferne »Kathederphilosophie« erweisen würde,
die, so Kriecks Deutung der 1934 gegebenen Gefahr, sich als
»Fremdkörper, als Ferment der Zersetzung« nun »im Nationalsozialismus und in den Knochen der Jungen selbst« fest-
setzen könne.[47]

Daher erschöpft sich Kriecks ausdrückliche Kritik an Heidegger nicht darin, auf die Bedeutung der griechischen Philosophie für Heideggers Denken und die Eigenart des germanischen Mythos aufmerksam zu machen. Kriecks Kritik zielt
vielmehr darauf hin, Heidegger den Vorwurf des Nihilismus
und der Nähe zu von jüdischen Denkern vertretenen Positionen zu machen: »Der weltanschauliche Grundton der Lehre
Heidegger«, so Krieck, »ist bestimmt durch die Begriffe der
Sorge und der Angst, die beide auf das Nichts hinzielen.«[48]
Was Krieck für das Zentrum des heideggerschen Denkens
hält, verweist für ihn auf eine Verwandtschaft des heideggerschen Denkens mit dem, was er als antideutsches jüdisches

46 Ernst Krieck, »Nationalsozialistische Philosophie?«, 312.
47 Ernst Krieck, »Nationalsozialistische Philosophie?«, 312. 1945 verweist Heidegger darauf, dass nach dem Zeugnis seiner Schüler Hans-Georg
Gadamer, Gerhard Krüger und Walter Bröcker die Rektoratsrede nach
seinem Rücktritt vom Rektorat »zu einem beliebten Zielgegenstand der
Polemik in den Dozentenlagern« geworden sei (GA 16, 391; 666). Wenn
man nicht nur Kriecks Kritik an der Rektoratsrede, sondern auch die
Tatsache betrachtet, dass Heidegger dies zu einer Zeit schrieb, als viele
Zeitzeugen – u.a. auch die von ihm ausdrücklich genannten Zeugen –
noch lebten, wird man diese Aussage für nicht unwahrscheinlich halten
dürfen.
48 *Heidegger-Jahrbuch* 4, 193.

Denken bezeichnet: »Der Sinn dieser Philosophie ist ausgesprochener Atheismus und metaphysischer Nihilismus,
wie er sonst vornehmlich von jüdischen Literaten bei uns
vertreten worden ist, also ein Ferment der Zersetzung und
Auflösung für das deutsche Volk.«[49] Wenn Krieck Heideggers
Denken derart charakterisiert und kritisiert, dann hat er
sicherlich auch die Rektoratsrede im Sinn gehabt. Denn in
dieser Rede setzt Heidegger ja nicht nur Nietzsches atheisti-
sche These vom »Tod Gottes« voraus, sondern geht auch – in
gewisser Nähe zu einer nihilistischen Lebensauffassung –
ausdrücklich auf die »Verlassenheit des heutigen Menschen
inmitten des Seienden« ein.[50] Auf die Rektoratsrede bezieht
sich Krieck in seiner Invektive gegen Heidegger allerdings
nicht explizit kritisch. Dies erschien ihm vielleicht doch zu
inopportun. Er erwähnt sie in seinem Aufsatz nur sehr kurz:
Dass in ihr »plötzlich das Heroische anklingt«, erscheint ihm
bloß als eine »Anpassung an das Jahr 1933«,[51] vielleicht sogar als eine Philosophie, die »wohlgetarnt mit dem Hakenkreuz«[52] ist, nicht aber als Ausdruck einer substantiellen
Übereinstimmung Heideggers mit dem nationalsozialistischen Denken. Eine Verbindung zwischen Heideggers Denken vor der Rektoratsrede und der Bedeutung des »He-
roischen« in der Rektoratsrede findet Krieck nämlich nicht.
Im Gegenteil: Dieses Element stehe, so Krieck, im »völligen

49 *Heidegger-Jahrbuch* 4, 193. Vgl. zur Gegenüberstellung der »slawisch-
asiatischen Gottlosigkeit« und der »germanisch-abendländischen Gott-
verbundenheit« auch Rudolf Köhler, *Ethik als Logik. Zum Grundproblem
der Philosophie des Nationalsozialismus*, Breslau 1933, 3.
50 Vgl. GA 16, 111: »Und wenn gar unser eigenstes Dasein selbst vor
einer großen Wandlung steht, wenn es wahr ist, was der leidenschaftlich
den Gott suchende letzte deutsche Philosoph, Friedrich Nietzsche, sagte:
›Gott ist tot‹ –, wenn wir Ernst machen müssen mit dieser Verlassenheit
des heutigen Menschen inmitten des Seienden, wie steht es dann mit der
Wissenschaft?«
51 *Heidegger-Jahrbuch* 4, 194.
52 Ernst Krieck, »Nationalsozialistische Philosophie?«, 312.

Widerspruch zur Grundhaltung von ›Sein und Zeit‹ (1927) und ›Was ist Metaphysik?‹«.[53]

Denn seit *Sein und Zeit* erschienen sei, so behauptet Krieck, habe man dies nicht als eine Aufforderung zum Heroismus verstanden, sondern als eine »Verführung der Jungen zum Stillstand und zur politischen Tatenlosigkeit«.[54] Darüber hinaus finde sich in diesem Buch »nichts ... von Volk und Staat, von Rasse und allen Werten unseres nationalsozialistischen Weltbildes«.[55] Hätte er genauer gelesen, hätte er zumindest etwas vom Volk in *Sein und Zeit* lesen können – allerdings in einem Sinne, mit dem er sich aus nationalsozialistischer Perspektive kaum hätte anfreunden können, denn Heideggers Verständnis des Volkes in *Sein und Zeit* entbehrt jeglicher rassistisch-biologistischen Grundlage. Heideggers »Anpassung« an die politischen Verhältnisse des Jahres 1933 ist also, so Krieck, in keiner Weise aus seiner Philosophie heraus zu verstehen – und wer Kriecks Text genau liest, wird feststellen, dass es seiner Ansicht nach mit dieser Anpassung nicht allzu weit her war: Denn in der Rektoratsrede ist das »Heroische« ja nur angeklungen.[56] Vermutlich zählt Krieck Heidegger daher auch zu jenen »intellektuellen Gerüchtemachern und literarischen Flaumachern aus dem bürgerlichen Lager ..., die sich dem Nationalsozialismus nicht eingliedern können, die aber auch zu feige sind, sich der Erneuerung des germanischen Weltbaums offen entgegenzustellen, darum an

---

53 *Heidegger-Jahrbuch* 4, 194.

54 *Heidegger-Jahrbuch* 4, 195.

55 *Heidegger-Jahrbuch* 4, 193f. Ähnlich hat auch Gerhard Lehmann, *Die deutsche Philosophie der Gegenwart* (Stuttgart 1943) *Sein und Zeit* kritisiert (vgl. 397–409 und 497–500 für Lehmanns Darstellung und Kritik von Heideggers Philosophie). Vgl. zu Lehmanns Kritik an Heidegger auch Dieter Thomä, *Die Zeit des Selbst und die Zeit danach. Zur Kritik der Textgeschichte Martin Heideggers 1910–1976*, Frankfurt am Main 1990, 555–557.

56 *Heidegger-Jahrbuch* 4, 194.

einer Zerstörung der nationalsozialistischen Erneuerungs-
bewegung heimlich arbeiten«.[57] Denn dazu, so Krieck in grob
verallgemeinernder Weise, »gehört das alles zerstörende
und zersetzende Literatentum der letzten Jahrzehnte überhaupt«.[58] Dieses Literatentum habe mit dem »Germanischen« und seiner »Erneuerung« nichts im Sinne. Und das
gilt nicht nur für Heideggers Denken, sondern auch für seine
Sprache.[59] Denn in Heideggers Denken zeige sich, so Krieck,
wenn auch nicht ein germanischer Mythos, so doch »Däm-
merung alles Sinnes und Verballhornung deutscher Sprache,
die mit Germanischem nichts zu tun hat«.[60]

57 *Heidegger-Jahrbuch* 4, 194f.

58 *Heidegger-Jahrbuch* 4, 195.

59 Krieck hatte sich auch in anderem Zusammenhang kritisch zur
Sprache Heideggers geäußert, so etwa in dem Aufsatz »Vom Deutsch des
Deutschen Sprachvereins« (in: *Volk im Werden* 2 [1934], 128–129). Dort
heißt es u.a. über das Denken Heideggers: »Es ist die Aufgabe solcher
Philosophie, Geradliniges krumm, Einfaches verbogen, Schlichtes ver-
worren, Anschauliches undurchsichtig, Sinnhaftes unsinnig zu machen.
›Deine Sprache verrät dich, Galiläer!‹« Krieck spielt hier auf die Verleug-
nung Jesu durch Petrus an (vgl. Mt 26, 73) und suggeriert dabei in sehr subtiler Weise, dass Heidegger den Nationalsozialismus nicht nur verrate
bzw. verraten habe, sondern dass sein Denken auch einen jüdischen Einfluss zeige. Krieck richtet diesen Vorwurf nicht nur gegen Heidegger, sondern auch gegen die Philosophien des Deutschen Idealismus. Vgl. hierzu
auch Ernst Krieck, »Von der Philosophie zur Weltanschauung«, in: *Volk
im Werden* 9 (1941), 249–255, 252. Heidegger wird in diesem Aufsatz nicht
ausdrücklich genannt. Vermutlich hängt dies damit zusammen, dass Heideggers keinen (universitäts-)politischen Einfluss mehr ausübte. Krieck
wird allerdings sicherlich auch an Heidegger gedacht haben, als er schrieb:
»Die kleinen Epigonen auf den Lehrstühlen der Begriffsschaumschlägerei
werden angesichts der neuen Wirklichkeit und Weltanschauung der Deutschen die Philosophie nicht vor dem wohlverdienten Untergang retten«
(255). Unsere Diskussion von Kriecks Kritik an Heidegger dürfte gezeigt
haben, dass Viktor Farías' Urteil, Kriecks »Angriffe konzentrierten sich
vor allem auf die Sprache des Philosophen« falsch ist (vgl. Victor Farías,
Heidegger und der Nationalsozialismus, 233). Es ging um viel mehr als
um die Sprache Heideggers.

60 *Heidegger-Jahrbuch* 4, 195.

Die Kritik Kriecks an Heidegger betrifft also nicht nur Fragen der Universitätsreform, sondern den Kern des heideggerschen Denkens. Dieses schien Krieck als Ganzes dem Nationalsozialismus grundsätzlich zu widersprechen. Auch wenn Krieck im »Dritten Reich« nicht die Bedeutung gehabt hat wie etwa Alfred Rosenberg[61] oder auch Alfred Baeumler, und auch wenn Krieck sich später selbst aus tagespolitischen Geschäften zurückziehen sollte und marginalisiert wurde, stellt sich doch die Frage, ob man angesichts seiner 1934 vorgetragenen Deutung der heideggerschen Philosophie so einfach von einer »Einführung des Nationalsozialismus in die Philosophie« durch Heidegger sprechen kann, wie etwa Emmanuel Faye dies unternimmt. Krieck ist sicherlich nicht eine Autorität in der Heidegger-Forschung und auch nicht der führende nationalsozialistische Ideologe, aber der radikale Charakter seiner Kritik an Heidegger verweist doch darauf, dass es nicht unbeträchtliche Spannungen zwischen dem Denken Heideggers und der nationalsozialistischen Ideologie gab und dass diese von den Zeitgenossen – und zwar gerade von denjenigen, die sich selbst als Vertreter oder Vordenker des Nationalsozialismus sahen – auch wahrgenommen wurden. Der Vorwurf von Krieck ist ja nicht, dass Heidegger seinen eigenen »Privatnationalsozialismus« entwickelt habe, sondern vielmehr, dass selbst dort, wo Motive der nationalsozialistischen Ideologie bemüht werden, diese bestenfalls Zeichen einer rein äußeren Anpassung seien.

In einem Beitrag von Wilhelm Classen, den Krieck in *Volk und Werden* über sein eigenes Denken veröffentlicht hat, wird daher die rhetorische Frage gestellt: »Was bietet diese Existenzphilosophie und Fundamentalontologie uns Heutigen angesichts der uns gestellten völkischen Gesamt-

---

61 Vgl. zur oft unterschätzten Bedeutung Rosenbergs Ernst Piper, *Alfred Rosenberg. Hitlers Chefideologe*, vor allem 186 und 200.

aufgabe?«[62] Die Antwort ist einfach: Im Vergleich zu Kriecks Denken bietet Heideggers Fundamentalontologie nichts, denn diese sei, so auch der Verfasser dieses Artikels, eine von Kierkegaards Philosophie der Verzweiflung beeinflusste Form des Nihilismus: »Das Nichts wird primäre Bezugseinheit der menschlichen Wirklichkeit: im Grunde liegt darin ein radikales Bekenntnis zur Daseinsnichtigkeit.«[63] Auch den Vorwurf des Individualismus wiederholt Classen gegen Heidegger: Heideggers Philosophie sei die »letzte und radikalste Konsequenz« einer »betont individualistischen Haltung«: »Je bewußter das Icherlebnis, je singulärer das Ichgefühl, je privater die Existenz, je abgelöster das Einzelsein, um so gewaltiger das Gefühl der Bedrohtheit und Geworfenheit, des einsamen Stehens ›vor dem Abgrund‹, des Grauenhaften in der Begegnung mit dem Tode und dem Nichts: der Individualist verliert mit dem Tode alles.«[64] Dagegen steht die völkische und rassistische Weltanschauung Kriecks, mit der Heideggers »Hermeneutik des Daseins« gar nichts zu tun habe.[65]

Natürlich wird man darauf hinweisen können, dass Krieck auch ein Interesse daran gehabt hatte, die Differenz zwischen seinem und Heideggers Denken zu betonen und damit auch die Rolle Heideggers möglichst zu beschränken. Denn es ging ja in der Auseinandersetzung zwischen Krieck und Heidegger (zu der Heidegger, wie sich bereits gezeigt hat, zumindest implizit auch seinen Beitrag geleistet hat) auch darum, wer universitäts- und bildungspolitisch einen führenden Einfluss ausüben könne. Er hätte dies aber nicht so einfach unternehmen können, wenn es nicht auch anderswo eine gewisse

---

62 Wilhelm Classen, »Weltanschauung und Wissenschaft«, in: *Volk im Werden* 4 (1936), 408–410, 408.
63 Wilhelm Classen, »Weltanschauung und Wissenschaft«, 409.
64 Wilhelm Classen, »Weltanschauung und Wissenschaft«, 409.
65 Vgl. Wilhelm Classen, »Weltanschauung und Wissenschaft«, 409f.

Sympathie für seine Heidegger-Deutung gegeben hätte. Hätte Heidegger tatsächlich die Bedeutung gehabt, die Emmanuel Faye ihm zuschreibt, dann wäre Kriecks Kritik an Heidegger vermutlich vorsichtiger aufgefallen: Er hätte dann viel subtiler argumentieren müssen und hätte nicht einfach mit recht groben und wenig differenzierenden Worten den ungermanischen und in Nähe zu »jüdischen Literaten« stehenden Charakter des heideggerschen Denkens betonen können. Bernd Martin geht in diesem Zusammenhang davon aus, dass die Angriffe Kriecks »gegen die nihilistische Sprache des Philosophen … keinesfalls parteipolitischen Differenzen« entsprangen, »sondern … als professorale Querelen zweier selbstbewußter Gelehrter zu sehen« seien, »die sich jeder für den größeren und einflußreicheren Denker hielten«.[66] Es ist nicht zu leugnen, dass gerade Krieck sehr ehrgeizig und selbstbewusst war und dass seine Kritik an Heidegger auch Momente einer »professoralen Querele« zeigt. Allerdings darf man dabei nicht den politisch-historischen Kontext, die Radikalität der Kritik Kriecks an Heidegger und andere Zeugnisse der Kritik an Heidegger zur Zeit des Nationalsozialismus übersehen: Berücksichtigt man all diese Faktoren, dann zeigt sich sehr deutlich, dass es bereits sehr früh eine Form der äußerst kritischen Auseinandersetzung mit Heidegger seitens nationalsozialistischer Vordenker gegeben hat, die nicht so einfach bloß als Ausdruck innernationalsozialistischer oder professoraler Privatfehden gedeutet werden kann – vor allem angesichts der Tatsache, dass sich Heidegger bereits im April 1934 aus dem tagespolitischen Geschäft zu-

---

66 Bernd Martin, »Martin Heidegger und der Nationalsozialismus«, in: Bernd Martin (Hg.), *Martin Heidegger und das ›Dritte Reich‹. Ein Kompendium*, Darmstadt 1989, 14–50, 37. Victor Farías, *Heidegger und der Nationalsozialismus*, 231 ff., deutet die »Angriffe« Ernst Kriecks ähnlich. Kurz geht auf Kriecks Kritik an der Sprache Heideggers auch Ernst Nolte, *Heidegger. Politik und Geschichte im Leben und Denken*, Berlin 1992, 147, ein.

rückgezogen hatte und sich öffentlich mit sehr wenigen Ausnahmen gar nicht mehr zu politischen Fragen äußerte.

Kriecks Angriffe auf das Denken Heideggers beschränken sich nicht auf die bislang diskutierten Aufsätze. Immer wieder äußert sich Krieck – nicht nur in *Volk im Werden* – auch implizit über Heideggers Denken und seine Gedanken zur Universitätsreform. In dem Vorwort seines Buches *Wissenschaft. Weltanschauung. Hochschulreform* geht Krieck noch einmal auf die Gefahr einer nur vorgetäuschten nationalsozialistischen Einstellung ein und schreibt: »Daß auch die mit dem Hakenkreuz geschmückten Professoren hier [scil., bei dem von ihm unternommenen »Kampf um eine neue Wissenschaft«, H. Z.] noch nicht mitkommen, ist kein Beweis gegen die Sache, sondern gegen die Professoren.«[67] Er wird dabei u.a. auch an Martin Heidegger gedacht haben, der ja wenige Monate zuvor von seinem Amt als Rektor zurückgetreten war. Denn Heidegger ging es ja, wie die Rektoratsrede sehr deutlich zeigt, nicht um die Schaffung einer »neuen Wissenschaft«, sondern um die Reform, d.h. um die Erneuerung der Wissenschaft aus ihren griechischen Anfängen. Und dass Krieck sich immer wieder implizit mit Heidegger auseinandersetzt, zeigen auch seine in ebendiesem Vorwort gemachten Ausführungen zur Differenz des deutschen Volkes zu allen anderen Völkern. »Wir [scil., die Deutschen, H.Z.] bleiben ihnen auf ewig fremd und sind ihnen darum eine Quelle der Beunruhigung. Wir setzen aber unseren Stolz darein, eigene Wege zu gehen, wie sie uns von Charakter und Schicksal gewiesen sind.«[68] Auch wenn es bestimmte Aussagen Heideggers gibt, die in die Richtung einer solchen Position zu weisen scheinen (wir haben diese im 10. Kapitel diskutiert), liegt diese Sicht der Dinge nicht in der Logik von

67 Ernst Krieck, »Vorwort«, in: Ernst Krieck, *Wissenschaft. Weltanschauung. Hochschulreform*, Leipzig 1934, IV.
68 Ernst Krieck, »Vorwort«, IV.

Heideggers Denken, wie es sich vor und nach dem Rektorat entfaltet hat. Diese Sicht der Dinge ist ihm vielmehr zutiefst fremd. Denn er hatte ja nicht nur immer wieder von der besonderen Nähe der Griechen und der Deutschen gesprochen, sondern immer wieder auch den gesamten abendländisch-europäischen Horizont berücksichtigt.

Ernst Krieck setzt sich aber auch explizit weiter mit Heidegger auseinander bzw. bietet, wie wir bereits gesehen haben, in *Volk im Werden* das Forum für eine solche Auseinandersetzung. Im 1938 erschienenen sechsten Jahrgang seiner Zeitschrift publiziert er unter den »Gedanken zur Zeit« einen Artikel über Søren Kierkegaard.[69] Wenn man die ideologische Ausrichtung von *Volk im Werden* kennt, erstaunt es nicht, dass die Philosophie Kierkegaards, durchweg äußerst kritisch und polemisch verzerrt dargestellt wird. Die Diskussion beschränkt sich dabei nicht auf die Philosophie des dänischen Denkers. Kierkegaards Denken wird auch von einer biologisch-genetischen Perspektive her gedeutet. Es wird nämlich darauf hingewiesen, dass Kierkegaard »erbkrank« gewesen sei und dass er daher »weder als zurechnungsfähig noch als maßgebend gelten« könne.[70] Dort, wo auf die Wirkung Kierkegaards eingegangen wird, wird auch die »›Existential-philosophie‹« genannt und in diesem Zusammenhang – nicht ganz zu Unrecht – darauf verwiesen, dass der Gedanke von der »Grundbefindlichkeit der Sorge« in Heideggers *Sein und Zeit* Ausdruck von Kierkegaards »Grundhaltung« sei. Allerdings hält der Autor dieses Pamphletes gegen Kierkegaard und seinen Einfluss eine intensivere Auseinandersetzung mit der »›Existentialphilosophie‹« und damit auch mit Heideggers Denken für nicht notwendig: »Von einer eingehenden Behandlung und Beurteilung dieser Gedankenwelt«, so

69 Fr. M., »Sören Aabye Kierkegaard«, in: *Volk im Werden* 6 (1938), 92–93.
70 Fr. M., »Sören Aabye Kierkegaard«, 92.

heißt es hier, »kann hier abgesehen werden – sie erweist sich ohnehin dem schaffenden deutschen Menschen als artfremd, lebensfeindlich, im Grunde unverständlich.«[71] Auch der Autor dieses Textes zieht – zumindest indirekt – die Parallelen, die auch Ernst Krieck schon zwischen Heideggers Denken und dem Werk jüdischer Denker gezogen hatte: »Wie der deutsche Mensch das artfremde Denken des Juden oder einer anderen Fremdrasse ablehnt, so muß er auch das Denken eines entgleisten Gehirnes ablehnen.«[72] Dies gilt nicht nur für Kierkegaards eigenes Denken, sondern auch für das Denken der von Kierkegaard beeinflussten Denker: »Gerade angesichts Kierkegaards und seiner Nachwirkungen muß man eindeutig verlangen, daß das deutsche Geistesleben von allem Kranken gründlich gesäubert wird, daß vor allem nichts Krankes mehr lehrend zu Worte kommt. Und man kann nur wünschen«, so der Autor im abschließenden Absatz seines Artikels, »daß Kierkegaard und seine Gedankenwelt recht bald eine Angelegenheit der Altertumskunde wird.«[73]

Auch das in diesem rassistischen und antisemitischen Text geäußerte Urteil über Heideggers Denken lässt an Eindeutigkeit nicht zu wünschen übrig: Auch Heideggers Denken gilt als pathologisch, lebensfeindlich und der deutschen Rasse nicht würdig bzw. als artfremd. Der Autor zieht dann auch die entsprechende Forderung: dass nämlich Denker wie Heidegger nicht mehr lehrend tätig sein dürfen. Denn dass er bei seinen Bemerkungen im letzten Abschnitt seines Textes vor allem auch an Heidegger gedacht haben dürfte (und dem Leser dies auch klar gewesen sein dürfte), wird aus der ausdrücklichen Nennung des Namens Heideggers zu Anfang seines Textes deutlich. Und auch dort, wo der Autor darauf verweist, dass die Philosophie, wenn sie »mehr sein« wolle

71 Fr. M., »Sören Aabye Kierkegaard«, 92.
72 Fr. M., »Sören Aabye Kierkegaard«, 93.
73 Fr. M., »Sören Aabye Kierkegaard«, 93.

»als eine elegante Spielerei mit Begriffen, … Weltanschauung« sein müsse, mag Zeichen einer impliziten Auseinandersetzung mit Heidegger sein. Denn dieser hatte sich ja nicht nur gegen das Verständnis von Philosophie als Weltanschauung gewandt (auch insofern, als er in der Rektoratsrede die These aufgestellt hatte, dass die Philosophie als Wissenschaft zur Sachlichkeit verpflichtet sei),[74] Ernst Krieck hatte ihm ja auch in seinem Aufsatz »Germanischer Mythos und Heideggersche Philosophie« eine »Verballhornung deutscher Sprache« vorgeworfen, »die mit Germanischem nichts zu tun habe«[75] – eine Kritik, an die Classen anzuknüpfen scheint.

Deutliche Zeichen einer bereits früh einsetzenden radikal-kritischen Auseinandersetzung mit Heideggers Denken im »Dritten Reich« finden sich auch in zwei Dissertationen über das Denken Heideggers. Es hat, so sei zunächst noch einmal bemerkt, eine durchaus wissenschaftlich und philosophisch ernstzunehmende Auseinandersetzung mit Heideggers Denken im »Dritten Reich« gegeben – und zwar in Arbeiten, deren geschichtlicher Kontext kaum oder gar nicht die Argumentationsführung bestimmt. Es gibt aber zwei Dissertationen, bei denen der geschichtliche Kontext und ein eindeutiges ideologisches Interesse die Argumentationsführung derart bestimmen, dass von einer ernsthaften wissenschaftlichen oder philosophischen Beschäftigung mit dem Denken Heideggers nicht gesprochen werden kann, auch wenn zumindest teilweise ein gegenteiliger Eindruck erweckt wird. 1936 erschien unter dem Titel *Das Dasein des Menschen. Die Grundfrage der Heideggerschen Philosophie*[76] die gedruckte

---

74 Vgl. hierzu GA 16, 114.
75 *Heidegger-Jahrbuch* 4, 195.
76 Clemens August Hoberg, *Das Dasein des Menschen. Die Grundfrage der Heideggerschen Philosophie*, München 1937. Auf Hoberg geht auch Karl Löwith, *Mein Leben in Deutschland vor und nach 1933. Ein Bericht*, 40, kurz ein.

Fassung der Dissertation Clemens August Hobergs, die von
Hans Alfred Grunsky betreut und 1936 eingereicht wurde.
Grunsky (1902–1988) war ein antisemitisch und rassistisch
eingestellter Ideologe, der ab 1935 den Lehrstuhl Alexander
Pfänders vertrat und 1937 zum ordentlichen Professor der
Philosophie an der Ludwig-Maximilians-Universität Mün-
chen berufen wurde und seit diesem Jahr auch für das Amt
Rosenberg tätig war.[77] Grunsky war zumindest für einige
Jahre[78] also so etwas wie ein »offizieller Philosoph« des Na-
tionalsozialismus. Unter seiner Betreuung entstand eine Ar-

---

[77] Vgl. zu Grunsky Michael Grüttner, *Biographisches Lexikon zur nationalsozialistischen Wissenschaftspolitik* (= *Studien zur Wissenschafts-
und Universitätsgeschichte;* 6), Heidelberg 2004, 66. Vgl. auch George
Leaman, »Deutsche Philosophen und das ›Amt Rosenberg‹«, in: Ilse Korotin (Hg.), *»Die besten Geister der Nation.*« *Philosophie und Nationalsozialismus*, Wien 1994, 41–65, 50; Claudia Schorcht, »Gescheitert – der
Versuch zur Etablierung nationalsozialistischer Philosophen an der Universität München«, in: Ilse Korotin (Hg.), *»Die besten Geister der Nation.*« *Philosophie und Nationalsozialismus*, 291–327, 312–317; Christian
Tilitzki, *Die deutsche Universitätsphilosophie in der Weimarer Republik
und im Dritten Reich*, Band 1, Berlin 2002, 688–692. Tilitzki verweist
darauf, dass Grunsky Hobergs Dissertation über Heidegger »selbst ange-
regt« habe (691; vgl. zu Hoberg 691f.). Grunsky war seit 1930 Mitglied
der NSDAP. Von 1937 bis 1940 übte er das Amt des »Hauptlektors für
Philosophie« im »Amt Schrifttumspflege der Dienststelle Rosenberg«
aus. Seine »Philosophie« war eine antisemitische »Blut-und-Boden-Ideologie«. Er hat im Zusammenhang mit Berufungsverhandlungen Anfang
der 1940er Jahre auch ein negatives Gutachten über Heidegger verfasst,
das allerdings von den anderen Fakultätsmitgliedern abgelehnt wurde
(vgl. hierzu Claudia Schorcht, »Gescheitert – der Versuch zur Etablierung
nationalsozialistischer Philosophen an der Universität München«, 315f.).
Vgl. zu Grunskys Antisemitismus auch seine Münchener Antrittsvorlesung aus dem Jahr 1935 *Die Freiheit des Geistes* (Hamburg 1935) oder
auch seine Hetzschrift *Der Einbruch des Judentums in die Philosophie*
(Berlin 1937).
[78] Grunsky war von 1941 bis 1943 nach der Einleitung eines Dienststraf-
verfahrens beurlaubt. Im Mai 1943 wurde er vom Reichserziehungsministerium mit einem Verweis bestraft (vgl. hierzu Michael Grüttner,
*Biographisches Lexikon zur nationalsozialistischen Wissenschaftspoli-
tik*, 66).

beit über Heidegger, in der wir viele Motive finden, die schon aus *Volk im Werden* bekannt sind. Dies ist kein unwichtiges Faktum, zeigt es doch, dass Ernst Krieck nicht in eine »Privatfehde« mit Heidegger verstrickt war, während andernorts – und zwar an anderen wichtigen Stellen wie etwa dem »Amt Rosenberg« – Heideggers Denken mit Wohlwollen rezipiert wurde. Denn Hobergs Auseinandersetzung mit Heideggers Denken ist so radikal und so kritisch wie diejenige Kriecks. Zwar bemüht sich der Autor noch darum, Heideggers Denken in seinem inneren Zusammenhang darzustellen, er lässt aber auch keinen Zweifel an seiner Zugangsweise und seinem Urteil über Heideggers Denken. Wenn sich nämlich aus seinem Bemühen um ein Verständnis und eine Würdigung des heideggerschen Denkens »von innen her«, so Hoberg in der Einleitung, »eine Ablehnung Heideggers und seiner Philosophie ergibt – beide bilden eine unzertrennliche Einheit –, so geschieht dies nicht von einem philosophischen System her, sondern aus der schlichten, selbstverständlichen Haltung eines jungen Deutschen«.[79] Warum aber gibt es eine »unzertrennliche Einheit« zwischen Heideggers Denken und seinem Leben? Hoberg nennt den Grund für die These in einer Endnote, die sehr deutlich den Geist ihres Verfassers zeigt: »Heideggers Philosophie birgt außerordentlich viel an persönlichem Erleben in sich und legt dieses zudem noch ausdrücklich zugrunde, sodaß eine *historische Darstellung* Heideggers unbedingt einen stark *biographischen* Charakter tragen müßte. Ohne Heidegger persönlich kränken zu wollen, müssen wir doch darauf hinweisen, daß uns die geistigen Beziehungen zu Juden und Halbjuden (Husserl, Scheler, Simmel, Bergson, Cohen usw.) zum historischen Verständnis der Heideggerschen Geistesart

---

79 Clemens August Hoberg, *Das Dasein des Menschen. Die Grundfrage der Heideggerschen Philosophie*, 8.

nicht unwesentlich erscheinen.«[80] Dass Hoberg hier nicht
einfach nur seinem antisemitischen Doktorvater entgegenkommt, zeigt sein weiterer Lebenslauf: Neben der Tatsache,

80 Clemens August Hoberg, *Das Dasein des Menschen. Die Grundfrage
der Heideggerschen Philsophie*, 94. Grunsky selbst nennt in *Die Freiheit
des Geistes* oder in *Der Einbruch des Judentums in die Philosophie* Heidegger nicht. Er mag aber auch an Heidegger gedacht haben, als er in *Die
Freiheit des Geistes* Husserl als »den Hofjuden der jüngst vergangenen
Epoche der Philosophie« bezeichnete (20) oder in *Der Einbruch des Judentums in die Philosophie* auf die Bedeutung des »Juden Husserl« (vgl. vor
allem 22 f.) eingeht und die Phänomenologie als eine »jüdische« Disziplin
charakterisiert (23). In seiner Münchener Antrittsvorlesung geht Grunsky
auch auf den für Heideggers Denken zentralen Begriff der Umwelt ein (vgl.
etwa GA 2, § 16). Dazu schreibt er Folgendes: »In dem Bestreben, das
Wirkliche zu bestimmen und zu erfassen, hat man sich allzu einseitig an
den Begriff der *Umwelt* angeklammert: dem Ich, dem Bewußtsein stellte
man die wahrgenommene Umwelt gegenüber, gespalten in ein Innen und
ein Außen, in eine Innenwelt und eine Außenwelt. So zu Recht nun auch
der Begriff einer solchen Umwelt besteht, so wird man ihn in Zukunft
doch nicht gebrauchen dürfen ohne den ergänzenden Begriff einer anderen
Welt, die ich die *Blutwelt* nennen will. ... Die Blutwelt ist also eine Welt
der Gemeinschaft, und zwar die ursprüngliche, die denkbar ist. Von der
Umwelt allein kommt man nie zur Gemeinschaft. Daher muss jeder
Wirklichkeitsbegriff, der die Blutwelt vernachlässigt, falsch und unvollständig bleiben, da ihm das Wichtigste und Wesentliche fehlt, nämlich
eben die Vorstellung der Gemeinschaft« (21). Es ist wahrscheinlich, dass
Grunsky hier auch Heidegger im Blick hatte und ihm eine völlige Ignoranz im Hinblick auf die Bedeutung der »Blutwelt« vorwarf. Auf Heideggers »Blutlosigkeit« wie auch auf die Bedeutung von Husserls Denken für
seine Philosophie könnte auch die folgende Aussage bezogen sein: »Für
diese Entartung Geist ohne Blut, die sich heute ebenso anmaßend Geistigkeit nennt, als sie mit dem freien, schöpferischen Geist in Wahrheit nicht
das geringste gemein hat, ist die jüdische Psyche in besonderer Weise vor-
ausbestimmt« (25). Heidegger hatte ja nicht nur dem Begriff »Geist« eine
zentrale Bedeutung in der Rektoratsrede verliehen, sondern im Jahr 1933
unter dem Titel »Schöpferische Landschaft. Warum bleiben wir in der
Provinz?« seine Ablehnung des Rufes nach Berlin erörtert. Nicht die von
Heidegger beschworene Landschaft ist schöpferisch, sondern nur, so
könnte man Grunskys Kritik auf das Denken Heideggers anwenden, das
»Blut« und damit das Bewusstsein von der »untrennbaren Zusammenge-
hörigkeit von Geist und Blut« (25).

dass er ab 1938 im »Hauptreferat Judenfrage« des Reichsinstituts von Frank tätig war,[81] zeigt dies, dass er sich in einigen weiteren Schriften in ähnlich antisemitischer Weise äußern sollte – etwa zu den »geistigen Grundlagen des Antisemitismus in Frankreich«.[82]

Wer also, so legt Hoberg nahe, Heideggers Denken verstehen will, muss es aus rassistisch-antisemitischer Perspektive lesen. Denn gerade diese Perspektive erlaubt es, jene Mängel der heideggerschen Philosophie in angemessener Weise zu verstehen, die Hoberg in seiner Dissertation offenlegt. Dass er dabei großzügig in der Einleitung zugesteht, »daß die Heideggersche Philosophie dem deutschen Denken noch bedeutsame Anregungen zu geben vermag« und es ihm vornehmlich um »Erschließung und Kritik« gehe,[83] wird durch eine weitere Endnote in Frage gestellt und zeigt sich als bloßes Lippenbekenntnis an zumindest oberflächlich noch beachtete akademische Gepflogenheiten. In dieser Endnote schreibt Hoberg: »Die Anerkennung, daß Heidegger bedeutsame Anregungen zu geben vermag, bedeutet keinen Widerspruch zu unserer unbedingten Ablehnung.« Heideggers Denken also scheint ihm, dem Schüler Grunskys, »unbedingt« ablehnenswert. Der Grund liegt für Hoberg darin, dass Heideggers Philosophie »versagt«,[84] sie stelle zwar Fragen, beantworte diese aber nicht, indem sie neues Wissen ge-

---

81 Vgl. hierzu Christian Tilitzki, *Die deutsche Universitätsphilosophie in der Weimarer Republik und im Dritten Reich*, Band 1, 692.

82 Vgl. Clemens August Hoberg, »Die geistigen Grundlagen des Antisemitismus im modernen Frankreich«, in *Forschungen zur Judenfrage* 6 (1940), 177–214. Vgl. Christian Tilitzki, *Die deutsche Universitätsphilosophie in der Weimarer Republik und im Dritten Reich*, Band 2, 1331 für eine Übersicht der Schriften Hobergs.

83 Clemens August Hoberg, *Das Dasein des Menschen. Die Grundfrage der Heideggerschen Philosophie*, 8.

84 Clemens August Hoberg, *Das Dasein des Menschen. Die Grundfrage der Heideggerschen Philosophie*, 89.

winne, sondern führe nur zu der »im Versagen sich bewährenden menschlichen Haltung«.[85]

Auch Hoberg macht Heidegger wie auch Ernst Krieck den Vorwurf des Nihilismus: »Als Antwort auf die Fragen, mit denen junge Menschen hungrig zu Heidegger kommen, um höchste Weisheit zu hören, gibt Heidegger nicht etwa bloß Steine statt Brot, sondern nichts, buchstäblich *das* Nichts.«[86] Nun wird auch deutlich, warum Hoberg in der Einleitung so betont darauf verwiesen hatte, dass er aus der Perspektive der »schlichten, selbstverständlichen Haltung eines jungen Deutschen« schreibe: Denn damit ist nicht nur die Kritik an der Philosophie und insbesondere an vermeintlich lebensfernen philosophischen Systemen verbunden, sondern auch der Hinweis an die Leser, dass Hobergs Auseinandersetzung mit Heideggers aus der Sicht derjenigen »jungen Deutschen« geschrieben ist, die hungrig waren, aber nun das Gebot der Stunde verstanden haben, ihren Hunger haben stillen können und nun tätig – und nicht theoretisch oder in nihilistisch geprägter Angst – am Aufbau des neuen nationalsozialistischen Deutschland mitwirken: »Wir haben demgegenüber«, so Hoberg zusammenfassend, »von vornherein – unter Voraussetzung unserer deutschen germanischen Art – Heidegger unsere Haltung entgegengesetzt. Der entscheidende Gegensatz zwischen uns und Heidegger besteht darin, dass wir im

---

85 Clemens August Hoberg, *Das Dasein des Menschen. Die Grundfrage der Heideggerschen Philosophie*, 90.
86 Clemens August Hoberg, *Das Dasein des Menschen. Die Grundfrage der Heideggerschen Philosophie*, 89. Heidegger selbst hatte, wie wir bereits gesehen haben, 1916 seiner Frau geschrieben, es komme darauf an, »unseren jungen Helden, wenn sie hungrig aus dem Kampffeld zurückkommen, nicht Steine statt Brot [zu] geben, nicht unwirkliche u. tote Kategorien, nicht schattenhafte Formen u. blutleere Schulfächer um das rationalistisch zerriebene Leben fein säuberlich darin aufzubewahren. vermodern zu lassen« (Heidegger/Elfride Heidegger, 38). Allerdings ging es Heidegger um ganz anderes »Brot« als nationalsozialistischen Ideologen wie Hoberg.

Alltag schaffen und wirken, nicht aber uns im bloßen Betrieb verlieren. Solange wir an dem uns aufgegebenen Werk tätig sind, kann unmöglich die Heideggersche Angst in uns aufsteigen und uns alles als nichtig erscheinen lassen.«[87]

Von besonderer Bedeutung in unserem Zusammenhang ist die Tatsache, dass Hoberg sich hier auch ausdrücklich auf die Rektoratsrede bezieht: Es ist nicht nur *Sein und Zeit*, sondern gerade auch die Rektoratsrede, die nach Hoberg den problematischen Charakter von Heideggers Denken deutlich zeige.[88] Für ihn ist die Philosophie Heideggers das Zeugnis einer zutiefst fragwürdigen Haltung, die man allerdings nicht »*dadurch positiv überwinden*« könne, »*daß man ihm eine Philosophie lediglich als Ausfluß ›echter germanischer Geisteshaltung‹ entgegensetzt*«.[89] Hoberg scheint sich hier mit Ernst Kriecks Kritik an Heidegger auseinanderzusetzen. Denn während dieser ja betonte, die Philosophie müsse immer Ausdruck einer bestimmten Weltanschauung (und damit einer bestimmten Haltung) sein, ist für Hoberg Philosophie »mehr als diese oder jene Haltung«.[90] Er fordert daher eine Philosophie, die sich durch ihre »sachliche Leistung« ausweist, »d.h. das, was durch sie an Erkenntnis der Wirklichkeit beigebracht wird«.[91] Denn gerade hierin versage, so Hoberg, Heideggers Philosophie. So wirklichkeitsnah diese Philosophie zunächst erscheine, so wirklichkeitsfern sei sie bei näherer Betrachtung. Sie sei, so Hoberg weiter, ein

87 Clemens August Hoberg, *Das Dasein des Menschen. Die Grundfrage der Heideggerschen Philosophie*, 90.
88 Vgl. Clemens August Hoberg, *Das Dasein des Menschen. Die Grundfrage der Heideggerschen Philosophie*, 90.
89 Clemens August Hoberg, *Das Dasein des Menschen. Die Grundfrage der Heideggerschen Philosophie*, 90.
90 Clemens August Hoberg, *Das Dasein des Menschen. Die Grundfrage der Heideggerschen Philosophie*, 90.
91 Clemens August Hoberg, *Das Dasein des Menschen. Die Grundfrage der Heideggerschen Philosophie*, 91.

Aufruf, »allerdings ohne die rechte Richtung zu zeigen«.[92] Und nur insofern sie ein »Aufruf« sei, könne ihr überhaupt so etwas wie eine positive Bedeutung zugesprochen werden – aber eben in jener Weise, die unter dem Vorzeichen einer »unbedingten Ablehnung« steht. Die Frage, wie dies logisch zu denken sei, lassen wir hier vielleicht besser beiseite. Von Bedeutung ist weit eher, dass wir auch in dieser Dissertation jene Momente der Kritik an Heidegger gefunden haben, die Ernst Kriecks Invektiven gegen Heidegger kennzeichnen. Heideggers Denken wird als Zeugnis eines wirklichkeitsfernen Nihilismus gedeutet, der in engem Zusammenhang zu »artfremdem«, d.h. jüdischem Denken steht.

Die Dissertation Hobergs wurde durchaus wahrgenommen – etwa auch in der Schweiz. 1942 hielt der Benediktiner Raphael Meile einen Vortrag unter dem Titel »Martin Heideggers Existentialphilosophie im Aufriß«, der 1945 »wesentlich unverändert« veröffentlicht wurde. Dort geht Meile auch auf Hobergs Dissertationsschrift ein: »Starke Beachtung fand 1937 ein scharfer, öffentlicher Angriff eines ›jungen Deutschen‹, August Hoberg, auf Heideggers Lehre und Person. In einer von der Universität München offiziell angenommenen Doktorthese ... wird, vom Standpunkt der nordischen Art aus, Heideggers ›unsoziale Philosophie der Angst und des lähmenden Pessimismus‹ abgelehnt, und es wird auf seine geistigen Beziehungen zu Juden und Halbjuden ... hingewiesen.«[93] Hobergs These scheint also Meile nicht nur bekannt gewesen zu sein, sondern auch einer breiteren Öffentlichkeit.

Das gilt vermutlich auch für die von Ernst Krieck betreute Doktorarbeit von Wilhelm Dultz, die 1940 unter dem Titel

92 Clemens August Hoberg, *Das Dasein des Menschen. Die Grundfrage der Heideggerschen Philosophie*, 91.
93 Raphael Meile O.S.B., »Martin Heideggers Existentialphilosophie im Aufriß«, in: *Annalen der Philosophischen Gesellschaft Innerschweiz*, Mai/Juni 1945, 2. Jg. Nr. 1, 4–16, 7.

Eine Untersuchung über die Philosophie Martin Heideggers erschien.[94] Heideggers »Bild vom Menschen und seiner Welt« erschien Dultz als »nicht nur wertlos und unbrauchbar, sondern auch schädlich. [...] Derjenige«, so Dultz, »der sich ernsthaft in seine [scil. Heideggers, H.Z.] Gedankenwelt vertieft, wird nicht nur jeder positiven Mitarbeit an Gemeinschaft und Geschichte entzogen, sondern dem Leben oft sogar entfremdet und doch zugleich von dem Dünkel erfüllt, als lägen in Heideggers Philosophie die wahren philosophischen Probleme des Welt- und Menschenbildes.«[95] Heideggers Denken gilt aber auch Dultz als wirklichkeitsfern und ablehnenswert: »Auch Heidegger entwirft ein Bild vom Menschen und seiner Welt, das aber als der Wirklichkeit des Lebens nicht entsprechend abgelehnt werden muß.«[96]

Ähnlich wie Hoberg (und auch Krieck) geht Dultz davon aus, dass die »Schädlichkeit« des heideggerschen Denkens nicht auf den ersten Blick erkennbar sei. Diese Philosophie sei daher, so Dultz, »doppelt gefährlich«.[97] Es gibt noch zwei weitere wichtige Gemeinsamkeiten zwischen der Kritik Hobergs und der Kritik von Dultz. Auch Dultz scheint (wie sein Lehrer Krieck) davon auszugehen, dass Heideggers Rektoratsrede in keiner substantiellen Verbindung zum Nationalsozialismus stehe. Er spricht davon, dass sich Heideggers Lehre »zudem seit 1933 das Gesicht einer völkisch-politischen Philosophie« verleihe, dass also, in anderen Worten,

---

94 Wilhelm Dultz, *Eine Untersuchung über die Philosophie Martin Heideggers*, Heidelberg 1940. Für eine Übersicht über die von Ernst Krieck von 1934–1944 betreuten Dissertationen und Habilitationen vgl. Eckhard Thomale, *Bibliographie Ernst Krieck. Schrifttum – Sekundärliteratur – Kurzbiographie*, 65–69.
95 Wilhelm Dultz, *Eine Untersuchung über die Philosophie Martin Heideggers*, 5.
96 Wilhelm Dultz, *Eine Untersuchung über die Philosophie Martin Heideggers*, 5.
97 Wilhelm Dultz, *Eine Untersuchung über die Philosophie Martin Heideggers*, 6.

Heideggers Philosophie etwas ganz anderes sei, als sie nach
außen zu sein vorgebe. Abschließend fasst Dultz daher die
Ergebnisse seiner »Untersuchung« folgendermaßen zusammen: »Hinter dem Äußeren einer geheimnisvollen Philosophie voll tiefer metaphysischer Einsicht, wie die Öffentlichkeit bisher Heideggers Lehre anzusehen geneigt ist, kommt
ein Rationalismus in einer von jedem Sachgehalt entleerten
Form zum Vorschein.«[98] Lobt nun aber Hoberg an Heidegger
seine Kritik an der idealistischen Tradition, nämlich dass
er »mit unerbittlicher Folgerichtigkeit ein für allemal das
aus einer vereinzelten, nur auf sich selbst reflektierenden
menschlichen Persönlichkeit ohne echte Berührung mit der
Wirklichkeit entwickelte Fragen seiner Nichtigkeit über-
führt« habe, und betont er, dass es »Heidegger um mehr als
um reines Denken« gehe,[99] so ist für Dultz Heidegger ein Vertreter des Rationalismus und steht in der Tradition des Idealismus. Trotz dieser unterschiedlichen Deutung der Wurzeln
und des wahren Charakters von Heideggers Denken stimmen
beide Kritiker aber darin überein, dass dies zu einer »Wirklichkeitsferne« aufseiten Heideggers führe. Und nicht nur im
Urteil, dass Heideggers Denken als Ganzes abzulehnen sei,
stimmen beide wieder überein, sondern auch darin, dass sie
Heideggers Denken aus einer rassistisch-antisemitischen
Perspektive heraus zu deuten und durch den Verweis auf eine
Nähe Heideggers zu jüdischen Denkern zu diskreditieren versuchen. Im letzten Kapitel spricht Dultz ausdrücklich nicht
nur von der »Leere« und »Sinnlosigkeit«, sondern auch von
der »Widernatürlichkeit des Heideggerschen Denkens«.[100]

---

98 Wilhelm Dultz, *Eine Untersuchung über die Philosophie Martin
Heideggers*, 60.
99 Clemens August Hoberg, *Das Dasein des Menschen. Die Grundfrage
der Heideggerschen Philosophie*, 91.
100 Wilhelm Dultz, *Eine Untersuchung über die Philosophie Martin
Heideggers*, 56.

Dultz geht in diesem Zusammenhang nicht nur auf die »Psychoanalyse des Juden Freud« ein,[101] sondern auch auf die biographische und denkerische Nähe Heideggers zu seinem Lehrer Edmund Husserl. Denn »der Kern seines Systems«, so Dultz, »ist ein logischer Idealismus, der unmittelbar unter Anstößen vom Neukantianismus her vor allen Dingen an die Phänomenologie des Juden Husserl anknüpft«.[102] Die besondere Bedeutung Heideggers liege nun darin, dass er »dieser Grundidee« Husserls »zugleich durch geschickte Interpretation ein anderes Aussehen verleiht«[103] – und das gilt nach Dultz auch schon für die Veröffentlichungen Heideggers vor *Sein und Zeit*. Und auch Dultz versucht, eine enge Verbindung von Heideggers Leben und seinem Denken zu ziehen. Denn er betont, dass sich »seit 1916 ... Heideggers Verhältnis zu Husserl durch persönliche Beziehungen«[104] vertieft habe und er auch ausdrücklich in *Sein und Zeit* diese »Verbundenheit« anerkannt habe.[105]

Es gibt noch andere Zeugnisse, die eine sehr kritische Auseinandersetzung mit Heideggers Philosophie aus nationalsozialistischer Perspektive zeigen. Im Jahr 1937 erschien in der Zeitschrift *Wille und Macht*, der Zeitschrift der Hitler-Jugend, eine Besprechung von Heideggers 1937 in einer Einzelausgabe erschienenem Vortrag »Hölderlin und das Wesen der Dichtung«.[106] Der Rezensent war Willi Fr. Könitzer, ein

---

101 Wilhelm Dultz, *Eine Untersuchung über die Philosophie Martin Heideggers*, 53.
102 Wilhelm Dultz, *Eine Untersuchung über die Philosophie Martin Heideggers*, 39.
103 Wilhelm Dultz, *Eine Untersuchung über die Philosophie Martin Heideggers*, 39.
104 Wilhelm Dultz, *Eine Untersuchung über die Philosophie Martin Heideggers*, 44f.
105 Wilhelm Dultz, *Eine Untersuchung über die Philosophie Martin Heideggers*, 44.
106 Vgl. Willi Fr. Könitzer, »Hölderlin und das Wesen der Dichtung. Eine Entgegnung«, in: *Wille und Macht* 5 (1937), Heft 6, 28–30 (jetzt in *Heideg-*

nationalsozialistischer Journalist und Schriftsteller, der 1931 mit der Arbeit *Die Bedeutung des Schicksals bei Hölderlin* an der Universität Marburg promoviert worden war.[107] 1934 war sein Buch *Hölderlin. Ein Schicksal in Deutschland*[108] erschienen, das in *Wille und Macht* 1936 sehr positiv besprochen worden war.[109] »Was Hölderlin suchte und prophezeite hat Auferstehung gefeiert. Das kleine Buch aus der Feder Könitzers«, so heißt es hier, »will in der Seele der deutschen Jugend das Denkmal eines Propheten der Deutschen errichten helfen.« Was hat nun Könitzer selbst zu Heideggers Hölderlin-Deutung zu sagen? Victor Farías interpretiert Könitzers Text folgendermaßen: »Die Behauptung Heideggers nach 1945, sein Text sei von der Zeitschrift der Hitlerjugend, Wille und Macht, heftig kritisiert worden, war, gelinde gesagt, ungenau.«[110] Stimmt dies?

Könitzer beginnt seine Rezension damit, auf die Bedeutung Hölderlins für die »Jungen« hinzuweisen. »Wir glauben sogar«, so Könitzer, »daß wir ihn in seiner Eigenart besser kennen als Herr Professor Heidegger, der uns sein dichterisches Werk und das Wesen der Dichtung an fünf willkürlich herausgegriffenen Worten deuten will, dazu nicht Deuten in der Hingabe an das Werk des Dichters, sondern mit den Mitteln einer uns gänzlich wesensfremden Sprache und mit den Methoden einer philosophischen Richtung, für die wir zumindest bei Hölderlin keine Voraussetzung entdecken können.«[111] Die Rezension Könitzers ist also alles andere als

ger-Jahrbuch 4, 202–206). Der Text des Vortrages von Heidegger findet sich jetzt in GA 4, 33–48.

107   Vgl. Willi Fr. Könitzer, *Die Bedeutung des Schicksals bei Hölderlin*, Würzburg 1932.

108   Willi F. Könitzer, *Hölderlin. Ein Schicksal in Deutschland*, Berlin 1934.

109   In: *Wille und Macht* 4 (1936), Heft 24, 30.

110   Victor Farías, *Heidegger und der Nationalsozialismus*, 315.

111   *Heidegger-Jahrbuch* 4, 202.

wohlwollend. Sie geht aus von einem radikalen Gegensatz zwischen der Hölderlin-Interpretation der nationalsozialistischen Jugend und dem von Heidegger unternommenen Versuch einer Deutung Hölderlins. Denn es gehe, so legt Könitzer nahe, nicht einfach nur um zwei verschiedene Deutungen, die beide sich zu Recht auf Hölderlin beziehen könnten, sondern um eine texttreue Deutung und eine Deutung, deren Sprache zu kritisieren sei (als »gänzlich wesenfremd«) und die – überdies in einer dunklen, abgehobenen und dem Volk nicht zugänglichen Sprache – eine bestimmte Philosophie in die Gedichte Hölderlins hineinlese.[112] In seiner Kritik an Heidegger geht es Könitzer also nicht um Detailfragen der Hölderlinexegese, sondern um die Gegenüberstellung einer den Intentionen Hölderlins gemäßen und einer ihm zutiefst problematisch erscheinenden Lektüre Hölderlins. »Wir wollen«, so Könitzer, »uns hier nur auf einige Hinweise beschränken, die Herrn Heidegger zeigen mögen, wie die deutsche Jugend in ihrer Liebe zu Hölderlin diesen Dichter sieht und von seinem Werk her das Wesen der Dichtung erkennt. Es genügt zumeist sogar eine bloße Gegenüberstellung, aus der bereits erhellt, wie und wodurch Hölderlin heute unter uns lebendig ist. Denn auf das Erhellen kommt es uns an, nicht auf das Verdunkeln durch einen Sprachgebrauch, für den sich weiteste Kreise erst schulen müssen, um ihn zu verstehen. Wir wollen Hölderlin nämlich ins Licht des Erlebnisses eines ganzen Volkes gerückt sehen, nicht aber in das geheimnisvolle Dunkel akademischer Sektionsklubs. Der volksnahe (nicht = populäre!) Dichter gehört ins Volk (nicht = Masse!),

---

112 Vgl. *Heidegger-Jahrbuch* 4, 203: »Da wir hier nicht mit dem Philosophen Heidegger rechten wollen, sondern Hölderlin suchen, heißt unsere Frage: Wo ist hier Hölderlin? [...] Wir – vermissen nur Hölderlin dabei. [...] Also ist eine Deutung des Wesens der Dichtung nichts anderes als eine Deutung vom Wesen der Sprache, die wir übrigens wohl schon an mancher anderen Stelle von Heidegger ohne Bezug auf Hölderlin gehört haben.«

und wer ihm dienen will, öffne seinem Verständnis den Weg.«[113] Könitzer findet zwar Anzeichen einer solchen Deutung Hölderlins in Heideggers Text, aber doch in einer derartigen Weise, dass Heidegger, wäre er dieser Deutung gefolgt, den gesamten Texte hätte umformulieren müssen: »Herr Heidegger hat in den letzten Absätzen seines Aufsatzes selbst gespürt, wie sehr sich unter der Gewalt des dichterischen Wortes der eigene Auftrag in den Dienst und Willen des Dichters stellt. Darum gibt er dem wirklichen Hölderlin da endlich Raum. Wir meinen aber, er hätte den Mut und Kraft haben sollen, von dieser letzten Erkenntnis aus noch einmal seinen ganzen Aufsatz zu betrachten, und er wäre wahrscheinlich mit uns zum gleichen Ergebnis gekommen.«[114] Wir haben es also durchaus mit einer »heftigen« Kritik an Heidegger zu tun. Denn diese betraf ja neben der elitären, nicht die Belange und Interessen des Volkes berücksichtigenden Sprache Heideggers auch seine Unfähigkeit, auf der Grundlage eines völkischen Denkens einen Zugang zu Hölderlin zu bereiten. Für Könitzer ist Heidegger nicht nur ein im akademischen Elfenbeinturm agierender Gelehrter, der die Herausforderungen der nationalsozialistischen Revolution noch nicht recht verstanden hat, sondern, so legt seine Kritik dar, auch ein Philosoph des »Individualismus«, für den das Volk immer den negativen Beigeschmack der »Masse« habe. Dabei mag Könitzer – wie auch Ernst Krieck – an das gedacht haben, was Heidegger in *Sein und Zeit* über das Man gesagt hat.[115]

Wir können nun die ersten Ergebnisse unserer Diskussion zusammenfassen: Unsere Untersuchung der Rezeption Heideggers zeigt, dass es bereits sehr früh auch eine sehr kritische Auseinandersetzung mit dem Denken Heideggers seitens verschiedener nationalsozialistischer Organe gegeben

---

113 *Heidegger-Jahrbuch* 4, 202.
114 *Heidegger-Jahrbuch* 4, 202f.
115 Vgl. hierzu GA 2, §§ 25–27.

hat. Heideggers Denken erschien nicht als nur in bestimmten Teilaspekten problematisch. Auch sahen die hier diskutierten Kritiker nicht die Notwendigkeit, Heideggers Denken zu ergänzen – etwa durch einen ausdrücklichen Rassismus oder Antisemitismus –, damit es dann mit der nationalsozialistischen Ideologie kompatibel sei. Vielmehr erschien Heideggers Philosophie im Ganzen als zutiefst fragwürdig, als falsch und als gefährlich – insbesondere, weil der wahre Charakter dieses »wirklichkeitsfernen« Philosophierens nicht offenkundig, sondern von Heidegger gut verborgen worden sei. Unsere Diskussion der Kritik an Heideggers Denken dürfte durchaus wichtige Momente der Heidegger-Rezeption im »Dritten Reich« korrekt aufzeigen: Denn sie findet sich ja nicht nur im Umkreis von Ernst Krieck, sondern auch im Umkreis der Hitlerjugend oder des »Amtes Rosenberg«, zu dem Krieck in keinem spannungsfreien Verhältnis stand.[116] Zudem handelt es sich um in der Zeit des Nationalsozialismus veröffentlichte und zugängliche Quellen und nicht um vertrauliche Gutachten oder briefliche Äußerungen. Hätte Heidegger tatsächlich die Bedeutung im »Dritten Reich« gehabt, die ihm manche seiner Kritiker zuschreiben, oder hätte die hier diskutierte Kritik nicht mit einer gewissen Zustimmung rechnen können, dann wären die Veröffentlichungen von Krieck, Könitzer, Hoberg oder Dultz vielleicht kaum möglich gewesen, ohne dass es zu negativen Konsequenzen für die entsprechenden Autoren gekommen wäre. Man kann vermuten, dass die Kritik an Heidegger dann in wesentlich subtilerer Weise geäußert worden wäre. Und wenn man diese Auseinandersetzung mit Heidegger als oft sehr radikal formulierte innernationalsozialistische Kritik an Heidegger deu-

---

116 Vgl. hierzu Ernst Piper, *Alfred Rosenberg. Hitlers Chefideologe*, 360f. Vgl. allgemein zum »Amt Rosenberg« Reinhard Bollmus, *Das Amt Rosenberg und seine Gegner. Studien zum Machtkampf im nationalsozialistischen Herrschaftssystem*, Stuttgart 1970.

ten wollte (was angesichts der hier entfalteten *kumulativen* Evidenz nur schwer möglich sein dürfte), stellt sich doch die Frage, warum sich Heidegger nach 1934 nicht deutlicher und häufiger öffentlich zu Wort gemeldet hat, um die Zweifel an seiner politischen Zuverlässigkeit zu zerstreuen – er schien ja von diesen Angriffen auf seine Person und sein Denken gewusst zu haben.

Dies war nicht der Fall – unter anderem auch deshalb, weil sich Heidegger selbst bereits ab 1934 zunehmend vom Nationalsozialismus distanziert hat. Und wenn wir uns hier mit der Rezeption des Denkens Heideggers zwischen 1933 und 1945 beschäftigen, dann gibt es weitere Dokumente – neben von Heidegger stammenden Dokumenten oder Texten (die wir in Kapitel 11 und 12 diskutiert haben) –, die diese Interpretation stützen. Eine in dieser Hinsicht wichtige Quelle stellt ein Artikel dar, der 1938 in der sozialdemokratischen, in Paris erscheinenden Exilzeitschrift *Neuer Vorwärts* unter dem Titel »Ernüchterung eines Philosophen. Heidegger macht nicht mehr gerne Pfötchen« erschien.[117] Dieser von

117 Bruno Altmann, »Ernüchterung eines Philosophen. Heidegger macht nicht mehr gerne Pfötchen«, in: *Neuer Vorwärts*, 1938, Nr. 256 (15. Mai 1938), Beilage, 3 (jetzt in *Heidegger-Jahrbuch* 4, 206–209). Vgl. zur Praxis und Bedeutung des sog. »Deutschen Grußes« an den Universitäten auch Helmut Heiber, *Universität unterm Hakenkreuz. Band I: Der Professor im Dritten Reich*, München 1991 165; Cornelia Schmitz-Berning, *Vokabular des Nationalsozialismus*, Berlin 2000, 141–143; »Gespräch mit Max Müller« in: Heidegger/Müller, 134: »Und mit dem zum ›deutschen Gruß‹ erhobenen Arm haben wohl alle Ordinarien dieser Zeit ihre Vorlesungen eröffnet. Nur Unbedeutende, Unbeachtete konnten sich über diese Anweisung hinwegsetzen.« Vgl. hierzu auch Max Müller, *Auseinandersetzung als Versöhnung. Ein Gespräch über ein Leben mit der Philosophie*, hg. von Wilhelm Vossenkuhl, Berlin 1994, 55. Müller geht hier darauf ein, dass der Beginn der Vorlesungen mit dem Hitlergruß »später gleichsam verfiel, ohne wohl direkt aufgehoben zu werden«. Außerdem weist er darauf hin, dass nur »wenn man z.B. als Lehrbeauftragter eine kleine Nebenvorlesung hielt oder als Assistent eine Übung, dann ... auf solches nicht geachtet« worden sei.

Bruno Altmann verfasste Artikel enthält (neben einigen Missverständnissen, die Leben und Werk Heideggers betreffen)
einige in diesem Zusammenhang wichtige Informationen.
Zum einen weist Altmann darauf hin, dass Heideggers »Begeisterung« über die nationalsozialistische Machtergreifung
nicht lange angehalten habe: »Seit mehr als einem Jahr
passiert es ihm öfters, dass er bei der Studentenbegrüßung
die vorgeschriebene Heil-Hitler-Formel unterließ. Absicht?
Fehlleistung im psychoanalytischen Sinne, d. h. Unachtsam-
keit aus verdrängter Gesinnung des Übelwollens? Die Freiburger Studenten stellten mit großem Vergnügen fest, dass
Heidegger auch nicht mehr ›Pfötchen mache.‹«[118] Des Weiteren erfahren wir einiges über Heideggers Lehrveranstaltungen:
»Im Sommer 1937 hielt er Seminarübungen in Anknüpfung
an *Thomas Hobbes* Werk ›Leviathan‹. Was sollte das bedeuten? Leviathan, das ist der allmächtige, in alle privaten Sphären eindringende Staat und Hobbes legt dem Repräsentanten
dieses Staates, dem absoluten Fürsten, geradezu die Pflicht
auf, die Angelegenheiten des privaten Lebens möglichst voll-
zählig in den Staatsraum einzubeziehen, um sie in seinem
Interesse zu regeln.«[119]

Habe also Heidegger Hobbes' Werk genutzt, um den nationalsozialistischen Totalitarismus philosophisch zu rechtfertigen? Altmann verneint diese Interpretation: »Wollte Heidegger für sein nachlässiges ›Pfötchen machen‹ Busse tun?
Wollte er zeigen, dass er noch immer vor Begeisterung für
Hitler und Goebbels bersten kann? Durchaus nicht. Er be-
nutzte die Hobbes'sche Schrift, um die Verfehltheit der totalitären Staatskompetenzen und ihren vandalisierenden Einfluss auf die menschliche Gesittung darzulegen. Der sonst
ziemlich pathetische und zur Schulmeisterei neigende Mann

---

118 *Heidegger-Jahrbuch* 4, 207.
119 *Heidegger-Jahrbuch* 4, 207 f.

wurde dabei manchmal witzig. Wenn Hobbes dem absoluten Monarchen das Recht einräumt, seinen Untertanen Religion oder Religionslosigkeit vorzuschreiben, so gab ihm Heidegger auch noch das Recht, sie auf Spinoza und Einstein einzuexerzieren. Jawohl, der verruchte Name Einstein fiel im akademischen Seminar und die meisten Studenten quittierten mit Beifallsgetrampel. Wenn Hobbes seinem absoluten Fürsten gestattete, Grundsätze der Logik abzuändern und die Abänderung als neues Dogma gewaltsam einzuführen, so empfahl Heidegger ihm noch, den Untertanen zu befehlen, dass sie ihre Nasen auf dem Rücken tragen.«[120] An diese Schilderungen aus der heideggerschen Seminarübung schließt Altmann die folgenden Bemerkungen an: »Der ehemalige Verfechter des Staatsabsolutismus war also nach vierjähriger Hitlerkur dahintergekommen, dass durch das Totalsystem theoretisch und praktisch jeder Wahnwitz ermöglicht wird. Es war ihm zu Bewusstsein gekommen, dass die Einbeziehung von Wissenschaft, Kunst, Weltanschauung in die Staatsraison höchst unsittlichen Zwecken dienen könne [...].«

Diese Aussagen über Heideggers Lehrtätigkeit sind mit einer gewissen Vorsicht zu lesen. Es gibt vieles in dem Artikel Altmanns, das der historischen Überprüfung nicht standhält. So ist etwa kein Seminar Heideggers zu Thomas Hobbes' *Leviathan* bekannt. Allerdings sind die Angaben über Heideggers kritische Abwendung vom Nationalsozialismus zu konkret und detailliert, als dass sie völlig aus der Luft gegriffen sein könnten. Eine sozialdemokratische Exilzeitschrift wie der *Neue Vorwärts* dürfte darüber hinaus kaum ein Interesse daran gehabt haben, Heideggers politische »Wende« zu erörtern, wenn diesem Bericht nicht zuverlässige Berichte über einen entsprechenden Gesinnungswandel Heideggers zugrunde gelegen hätten.

120 *Heidegger-Jahrbuch* 4, 208.

Bruno Altmann veröffentlichte 1938 auch einen Artikel in *Die neue Weltbühne,* in dem er auch auf Heidegger eingeht und der teilweise mit dem Artikel des *Neuen Vorwärts* identisch ist.[121] Der Artikel steht unter dem Titel »Heidegger und Banse« und beschäftigt sich nicht nur mit Heidegger, sondern auch mit dem Geographen Ewald Banse.[122] Auch in diesem Artikel geht Altmann auf Heideggers vermeintliche Seminarübung zu Hobbes' *Leviathan* ein. Über diese vermeintliche Seminarübung zum *Leviathan* hinaus sei Heidegger, so Altmann, sogar »noch weiter gegangen«, indem er nämlich Theodor Litts *Die Geisteswissenschaften im nationalsozialistischen Staat* empfohlen habe: Litt, der im Oktober 1936 um vorzeitige Emeritierung gebeten hatte und mit einem Vortragsverbot belegt war, hatte sich in dieser Schrift sehr kritisch zum nationalsozialistischen Verständnis der Geisteswissenschaften geäußert.[123]

---

121 Vgl. Bruno Altmann, »Heidegger und Banse«, in: *Die neue Weltbühne* 34 (1938), 930–934.

122 Ewald Banse (1883–1953) war ein Geograph und Schriftsteller, der u.a. die Expansionspolitik des Nationalsozialismus theoretisch untermauerte, sich aber auch schnell vom Nationalsozialismus abwandte. Zu Banse vgl. auch Helmut Heiber, *Universität unterm Hakenkreuz. Band I: Der Professor im Dritten Reich,* München 1991, 477 ff.

123 Altmann zitiert den Titel der Schrift Litts nicht vollständig. Der vollständige Titel lautet: »Die Stellung der Geisteswissenschaften im Nationalsozialismus«. Diese Schrift Litts wurde sowohl in der von ihm u.a. zusammen mit Hermann Nohl und Eduard Spranger herausgegebenen Zeitschrift *Die Erziehung* (8 [1934], Heft 12), als auch als eigenständige Broschüre veröffentlicht. Vgl. hierzu Wolfgang Matthias Schwiedrzik, *Lieber will ich Steine klopfen … Der Philosoph und Pädagoge Theodor Litt in Leipzig 1933–1947,* Leipzig 1997, 20 ff.; vgl. 25 und 29 ff. für seine vorzeitige Emeritierung und seine sich daran anschließende kritische Auseinandersetzung mit dem Nationalsozialismus. Vgl. zu Litts Denken auch Josef Derbolav/Clemens Menze/Friedhelm Nicolin (Hg.), *Sinn und Geschichtlichkeit. Werk und Wirkungen Theodor Litts,* Stuttgart 1980; George Leaman, »Reflections on German Philosophy and National Socialism«, in: Marion Heinz/Goran Gretić (Hg.), *Philosophie und Zeitgeist im Nationalsozialismus,* Würzburg 2006, 233–250, 242 f.

Altmann geht hier aber auch ausführlich auf Heideggers Verhältnis zum Nationalsozialismus ab 1933 ein: Heidegger sei »ursprünglich mehr Flankenschutz als Mitkämpfer« der nationalsozialistischen Bewegung gewesen und »erst unter dem Eindruck der nationalsozialistischen Machtentfaltung Parteigenosse« geworden.[124] Zunächst habe man, so Altmann, Heidegger für einen Nationalsozialisten gehalten; Goebbels habe ihn »1932 zum repräsentativen Philosophen des Dritten Reiches ernannt«, so Altmann fälschlicherweise (auch dieser zweite Artikel Altmanns bedürfte, was viele der historischen Fakten betrifft, einer genaueren Diskussion), aber nun berufe »man sich nicht mehr gern auf Heidegger, niemand bezeichnet ihn als repräsentativen Philosophen, der Renommiergötze ist in Ungnade«.[125] Heidegger aber scheine »dies mit Würde zu tragen und scheint immer weiter vom Nationalsozialismus abzukommen«.[126] Auch Altmann geht davon aus, dass Heidegger 1933 kein wirklicher »Überzeugungstäter« gewesen ist. Und auch für Altmann scheint Heidegger 1938 seinen Irrtum erkannt zu haben. Selbst wenn wir bestimmte Details seiner Artikel mit einem Fragezeichen versehen müssen, werden wir doch auch davon ausgehen können, dass diese »Grundthese« Altmanns nicht völlig aus der Luft gegriffen ist. Bereits 1938 wurde also unter Emigranten die Distanz Heideggers zum nationalsozialistischen Regime deutlich wahrgenommen – ein Befund, der unsere Interpretation des Denkweges Heideggers bis 1938 bestätigt.

Auch Julius Kraft, der sich bereits vor der nationalsozialistischen Revolution mit Heideggers Denken kritisch beschäftigt hat,[127] geht 1941 im ersten Jahrgang der amerikanischen

---

124 *Heidegger-Jahrbuch* 4, 209f.
125 *Heidegger-Jahrbuch* 4, 211.
126 *Heidegger-Jahrbuch* 4, 211.
127 Vgl. Julius Kraft, *Von Husserl zu Heidegger. Kritik der phänomenologischen Philosophie*, Leipzig 1932.

Zeitschrift *Philosophy and Phenomenological Research* auf Heideggers Verhältnis zum Nationalsozialismus ein. Kritisch diskutiert er nicht nur die Rektoratsrede als eine Politisierung des Radikalismus Nietzsches,[128] sondern geht auch auf die Enttäuschung Heideggers ein: Da leider die von Heidegger erwartete Harmonie zwischen dem Arbeits-, dem Wehr- und dem Wissensdienst nicht eingetreten sei, habe sich Heidegger aus der Welt der Politik zurückgezogen: »So the philosopher of existence excapes from the reality of politics, which provides itself so indisposed even towards an obliging philosophy, into the dream-world of poetry and finds in Hölderlin's work ... an object dealing out consolation ....«[129] Heidegger hat sich, in anderen Worten, in die Welt der Dichtung zurückgezogen, ohne allerdings, wie Kraft auch bemerkt, ein rechtes Ohr für die Schönheit der Texte Hölderlins zu haben. Auch hier stimmt die von außerhalb Deutschlands unternommene zeitgenössische Deutung mit unserer Interpretation von Heideggers Denkweg überein.

Aber auch in Deutschland hatte man einen Wandel bei Heidegger festgestellt. Bereits 1936 hatte Egon Vietta darauf hingewiesen, dass Heidegger sich aus der Öffentlichkeit zurückgezogen habe. Einen Artikel über Heidegger beendet er mit der Frage: »Aber warum, wird man fragen, hat Heidegger die Folge seiner Veröffentlichungen abgebrochen und sich selbst aus der öffentlichen Diskussion zurückgezogen?«[130]

128 Julius Kraft, »The Philosophy of Existence. Its Structure and Significance«, in: *Philosophy and Phenomenological Research* 1 (1941), 339–358, 343: »For what Nietzsche was pleading as literary radicalism, has now become the echo of political practice.«
129 Julius Kraft, »The Philosophy of Existence. Its Structure and Significance«, in: *Philosophy and Phenomenological Research* 1 (1941), 339–358, 343.
130 Egon Vietta, »Martin Heidegger. Ein Versuch über das existenziale Philosophieren«, in: *Das deutsche Wort* 12 (1936), 830–835, 835.

Vietta, so scheint es, hat mit Heidegger selbst diese Frage besprochen. Denn er zitiert nun »eine gesprächsweise Antwort Heideggers«: »Er meinte, wir lebten in einer der größten Umwälzungen und es seien die Wenigsten, die deren Tragweite ahnten – und er schreibe ja nicht nur für das Heute, sondern auch für die ›Ewigkeit‹ oder das Mehr-als-Heute.«[131] Auf einen ähnlichen »Eskapismus«, Heideggers mit Hölderlin unternommene Flucht in eine unbestimmt gelassene Zukunft, wird von Raphael Meile Anfang der 1940er Jahre verwiesen: Heidegger, so heißt es in seinem aus Schweizer Sicht geschriebenen Artikel, gehöre seit seinem Rücktritt vom Rektorat »nach einem Zusammenstoß mit Vertretern des Regimes ... zu den ›Stillen‹ im Lande«.[132]

Heidegger selbst war sich bewusst, dass im Ausland oder vonseiten der Exilpresse über ihn in einer Weise geschrieben wurde, die unter den gegebenen politischen Umständen zu Schwierigkeiten führen konnte. Altmanns Artikel aus *Die neue Weltbühne* war ihm 1938 zugeschickt worden. In einem Brief an den damaligen Rektor der Universität nimmt Heidegger hierzu wie auch zu ihm vom Hörensagen her bekannten in England erschienenen Artikeln Stellung: »Das Heft«, so Heidegger an den Rektor, »enthält einen Artikel, der sich mit meiner hiesigen Lehrtätigkeit beschäftigt. Die dort mitgeteilten Tatsachen und Äußerungen sind völlig aus der Luft gegriffen. Ich sehe mich zu dieser Meldung veranlaßt, da seit einiger Zeit, wie ich höre, auch die englische Presse mit mei-

---

131 Egon Vietta, »Martin Heidegger. Ein Versuch über das existenziale Philosophieren«, 835.
132 Raphael Meile O.S.B., »Martin Heideggers Existentialphilosophie im Aufriß«, in: *Annalen der Philosophischen Gesellschaft Innerschweiz*, Mai/Juni 1945, 2. Jg. Nr. 1, 4–16, 7. Es handelt sich bei dieser Publikation um den »wesentlich unveränderten« Text eines im Oktober 1942 in Einsiedeln gehaltenen Vortrages (vgl. Raphael Meile O.S.B., »Martin Heideggers Existentialphilosophie im Aufriß«, 4).

ner Lehrtätigkeit sich beschäftigt.«[133] Heidegger schien sich bewusst zu sein, dass aufgrund der Berichterstattung über ihn eine Erklärung notwendig sei. Allerdings beschränkt er seine an den Rektor gerichtete Erklärung auf das Allernotwendigste, nämlich darauf, die Berichte über ihn als fiktiv zu bezeichnen. Ein ausdrückliches Bekenntnis zum nationalsozialistischen Deutschland oder gar eine Kritik an der »lügenhaften Propaganda« der ausländischen Presse findet sich in diesem (freilich mit einem obligatorischen »Heil Hitler« schließenden) Brief nicht. Der Enthusiasmus Heideggers für den Nationalsozialismus scheint sich allerspätestens 1938, so zeigt sich noch einmal, gelegt zu haben. Von Begeisterung ist keine Spur mehr – und dies in einer Zeit, in der, wie Hans-Ulrich Wehler schreibt, die »stürmisch wachsende, schließlich enthusiastische Zustimmung« der Deutschen für Hitler ihren »vorläufigen Gipfelpunkt« erreichte.[134]

---

133 GA 16, 351. Die Artikel in der englischen Presse, auf die Heidegger sich bezieht, konnten bislang nicht eindeutig ermittelt werden.
134 Hans-Ulrich Wehler, *Deutsche Gesellschaftsgeschichte. 4. Band: Vom Beginn des Ersten Weltkrieges bis zur Gründung der beiden deutschen Staaten 1914–1949*, München ³2008, 675.

14. War Heidegger ein Antisemit?
Zu einer kontroversen Frage

> »Heidegger war nicht antisemitisch,
> so wie viele Nicht-Juden nicht antisemitisch
> zu sein pflegen, die dabei auch nicht anti-antisemitisch sind.
> Heidegger ist nicht genug anti-antisemitisch gewesen,
> um im Antisemitismus des Nationalsozialismus
> ein genügendes Hindernis für seinen eigenen Beitritt zu sehen –
> auch nicht genug, um ihn daran zu hindern,
> in einer Zeit der Verfolgungen das Wort ›Jude‹
> an den Namen eines Kollegen zu heften, dem er schaden wollte.«[1]
> *Jeanne Hersch*

Wenn über das Verhältnis von Person und Werk Martin Heideggers zum Nationalsozialismus gesprochen wird, wird in der Regel auch die Frage erörtert, ob Heidegger ein Antisemit war und ob sich antisemitische Tendenzen oder Gedanken auch in seinem philosophischen Werk finden. Würde eine antisemitische Einstellung nicht Heideggers Begeisterung für den Nationalsozialismus erklären oder zumindest verständlich machen? Falls aber auch sein Werk antisemitische Züge zeigte, müssten wir es dann nicht mit noch viel größerer Vorsicht diskutieren und viel radikaler kritisieren, als es oft geschieht? Und verweist die Bedeutung seines Denkens dann nicht auf problematische Weichenstellungen in der Phi-

---

1 Jeanne Hersch, »Was in der heutigen Heidegger-Debatte auf dem Spiel steht«, in: Jeanne Hersch, *Quer zur Zeit. Essays*, Zürich ²1990, 51–69, 55. Vgl. GA 16, 774 für Heideggers Bezug auf den »Juden Fränkel«.

losophie- und Geistesgeschichte des 20. Jahrhunderts, angesichts deren dann die Errungenschaften der Aufklärung zu beschwören wären – gegen den Obskurantismus, Irrationalismus und Verrat am Geist der Menschlichkeit, den man im Werke Heideggers festzustellen glaubt?

Auch bei der Diskussion dieser Fragen zeigt sich schnell, dass die Antwort nicht in einem einfachen »Ja« oder »Nein« liegt und dass die Diskussion dieser Fragen nur auf der Grundlage ausreichender Differenzierungen geschehen kann. Denn bei der Diskussion der hier in Betracht zu ziehenden Quellen, so zeigt sich, sind Differenzierungen unverzichtbar. Zum Beispiel könnte man zwischen einem religiös oder kulturell ausgerichteten Antijudaismus und einem biologisch-rassistisch begründeten Antisemitismus unterscheiden, d. h. zwischen einer in der christlichen Tradition seit dem 1. Jahrhundert belegbaren, alles andere als harmlosen Feindschaft gegenüber den Juden als Mitgliedern einer fremden Religion, Kultur oder Religionsgemeinschaft auf der einen und einer biologistisch-rassistisch definierten Feindschaft gegenüber der »jüdischen Rasse« auf der anderen Seite, die in ihrer Radikalität – bei aller Kontinuität etwa zu den verschiedenen Formen des christlichen Antijudaismus – alle andere Formen der Diskriminierung von und Feindschaft gegen Juden in den Schatten stellte. Wohlgemerkt: Es kann hier nicht darum gehen, durch eine begriffliche Vorentscheidung Heideggers Schuld einzugrenzen oder von vornherein zu entschuldigen. Gerade in der Auseinandersetzung mit dem nationalsozialistischen Antisemitismus ist es schwer, die rechten Worte zu finden, und zwar nicht nur, weil das, was in der Shoah geschehen ist, sich letztlich nicht in Worte fassen lässt und immer wieder auf die Grenzen unserer Sprache verweist, sondern auch, weil zwischen dem, was man als »Antijudaismus« vom »Antisemitismus« unterscheiden könnte, die Grenzen fließend sind und man das eine letztlich nicht ohne das andere recht verstehen kann:[2] Kann man überhaupt so leicht zwischen zwei Formen der Feindschaft gegenüber Juden unterscheiden? Liefe dies nicht zuletzt auf eine Verharmlosung des Antijudaismus hinaus, da dieser – im Vergleich mit dem zur »Endlösung« der Judenfrage führenden Antisemitismus – doch nicht so schlimm sei? So schwer und fragwürdig es auch sein mag, derlei Differenzierungen vorzunehmen, mag es doch – mit der gebotenen Vorsicht – hilfreich und wichtig sein, das, was in ihnen zum Ausdruck kommt, nicht aus den Augen zu verlieren: Gab und gibt es ja in der Tat gewichtige Unterschiede zwischen – gehen wir einmal von Extremen aus – kulturell oder religiös bedingten ideologischen Vorurteilen gegenüber den Juden auf der einen und der pseudowissenschaftlich gerechtfertigten Absicht, die gesamte »jüdische Rasse« zu vernichten, auf der anderen Seite. Selbst wenn man (wie im Folgenden) nicht zwischen Antijudaismus und Antisemitismus unterscheidet und den Begriff Antisemitismus als Oberbegriff vorzieht, muss man ja zwischen verschiedenen Formen des Antisemitismus unterscheiden, die mit je unterschiedlichen Konsequenzen – etwa im Hinblick auf die gesellschaftliche Stellung von Juden oder auf mögliche Gewaltanwendung ihnen gegenüber – verbunden sind. All dies

2 Vgl. hierzu wie zur Geschichte des Antisemitismus neben Wolfgang Benz, *Was ist Antisemitismus?*, München 2004, 9–26 auch Wolfgang Benz / Werner Bergmann (Hg.), *Vorurteil und Völkermord. Entwicklungslinien des Antisemitismus*, Freiburg im Breisgau 1997; Julius H. Schoeps/Joachim Schlör (Hg.), *Antisemitismus. Vorurteile und Mythen*, München/Zürich 1995; Detlev Claussen, *Grenzen der Aufklärung. Zur gesellschaftlichen Geschichte des modernen Antisemitismus*, Frankfurt am Main 1987; Detlev Claussen, *Vom Judenhass zum Antisemitismus. Materialien einer verleugneten Geschichte*, Darmstadt/Neuwied 1987; Herbert A. Strauss/Norbert Kampe (Hg.), *Antisemitismus. Von der Judenfeindschaft zum Holocaust*, Frankfurt/New York 1985; Hermann Greive, *Geschichte des modernen Antisemitismus in Deutschland*, Darmstadt 1983; Alphons Silbermann, *Der ungeliebte Jude. Zur Soziologie des Antisemitismus*, Zürich 1981. Begriffsgeschichtlich aufschlussreich ist auch »Antisemitismus«, in: Cornelia Schmitz-Berning, *Vokabular des Nationalsozialismus*, Berlin 2000, 34–39.

zeigt sehr deutlich, dass, wenn Heideggers Verhältnis zu Juden zur Diskussion steht, eine ganze Reihe von Differenzierungen notwendig sind. Außerdem können wir uns nicht auf einige wenige Quellen beziehen. In gewisser Weise muss alles, was wir über Heideggers Denk- und Lebensweg wissen, wie auch der historische Kontext mit in Betracht gezogen werden, um eine Annäherung an eine Beantwortung dieser Frage zu erreichen.

Gerade die vieldiskutierte Frage nach Heideggers Antisemitismus stellt die Deutung seines Denk- und Lebensweges daher vor nicht unbeträchtliche Herausforderungen. Das Bild, das sich zunächst einmal ergibt, ist – wieder einmal – ambivalent. Denn auf der einen Seite wird man seine Philosophie unter keinen Umständen als antisemitisch bezeichnen können.[3] Es gibt in seinen philosophischen Werken – das zeigen vor allem auch die zahlreichen Bände der Gesamtausgabe, die seit Mitte der 1970er Jahre erschienen sind – keinen systematischen oder philosophisch relevanten Antisemitismus, der es erlaubte, von einer antisemitischen Philosophie zu sprechen. Und auch von antisemitischen Momenten innerhalb seines Denken lässt sich nicht sprechen. Der Antisemitismus liegt seinem Denken fern – nicht zuletzt, weil Heidegger jeder biologistischen oder rassistischen Position gegenüber kritisch eingestellt war. Dieser Befund zeigt sich, wie Bernd Martin zusammenfassend schreibt, auch aus biographischer Perspektive: »Auch wenn Heidegger in seiner alemannischen Heimat

---

3 Vgl. in diesem Zusammenhang auch die Heidegger-Rezeption in Israel wie auch die jüdische Heidegger-Rezeption (mit dem einen Thema hat sich Michael Roubach im Band 5 des *Heidegger-Jahrbuches* auseinandergesetzt [419–432]; Thomas Meyer hat sich mit dem anderen Thema beschäftigt [433–452]): Gerade diese beiden »Rezeptionszweige« bestätigen die hier aufgestellte These, dass Heideggers philosophisches Werk unter keinen Umständen als antisemitisch bezeichnet werden kann, dass aber die Frage nach seiner persönlichen Einstellung zu Juden sich angesichts bestimmter Aussagen Heideggers durchaus stellt.

bodenständig verwurzelt war und sich im archaischen Sinne zur Scholle bekannte, so waren ihm jede Blut-und-Boden-Mythologie und jedweder platte Antisemitismus fremd. Antisemitische Äußerungen oder Bekenntnisse zur deutschen Rasse sind von Heidegger, ganz im Gegensatz zu den meisten seiner Rektoren-Kollegen, zumindest in der Öffentlichkeit nicht gefallen. Im Vergleich zu vielen Freiburger Professoren ... hat sich Heidegger so gut es ging bei den Säuberungen zurückgehalten und, wenn immer es möglich war, sogar zugunsten jüdischer Kollegen eingesetzt.«[4] Auch Rüdiger Safranski teilt diese Ansicht: »Heidegger – ein Antisemit? Er war es nicht«, so schreibt er, »im Sinne des ideologischen Wahnsystems der Nationalsozialisten. Denn auffällig ist, dass sich weder in den Vorlesungen und den philosophischen Schriften noch in den politischen Reden und Pamphleten antisemitische, rassistische Bemerkungen finden. ... Heideggers Nationalsozialismus war dezisionistisch. Nicht die Abstammung, sondern die Entscheidung ist für ihn maßgebend.«[5]

---

4 Bernd Martin, »Universität im Umbruch: Das Rektorat Heidegger 1933/34«, in: Eckhard John/Bernd Martin/Marc Mück/Hugo Ott (Hg.), *Die Freiburger Universität in der Zeit des Nationalsozialismus*, Freiburg 1991, 9–24, 16. Vgl. hierzu auch Bernd Martin, »Martin Heidegger und der Nationalsozialismus«, in: Bernd Martin (Hg.), *Martin Heidegger und das »Dritte Reich«. Ein Kompendium*, Darmstadt 1989, 14–50, 27f.; Bernd Martin, »Das politisch-weltanschauliche Umfeld«, in: Eckhard Wirbelauer (Hg.), *Die Freiburger Philosophische Fakultät 1920–1960. Mitglieder – Strukturen – Vernetzungen (= Freiburger Beiträge zur Wissenschafts- und Universitätsgeschichte*, Neue Folge 1), Freiburg und München 2006, 29–57, 45. Vgl. auch Hans-Joachim Dahms, »Philosophie«, in: Frank-Rutger Hausmann, *Die Rolle der Geisteswissenschaften im Dritten Reich 1933–1945*, München 2002, 193–227, 209, 214, 218; Dieter Thomä, »Heidegger und der Nationalsozialismus. In der Dunkelkammer der Seinsgeschichte«, in: Dieter Thomä (Hg.), *Heidegger-Handbuch. Leben – Werk – Wirkung*, Stuttgart 2003, 141–162, 148f.
5 Rüdiger Safranski, *Ein Meister aus Deutschland. Heidegger und seine Zeit*, Frankfurt am Main ³2000, 287. Vgl. hier auch Julian Young, *Heidegger, Philosophy, Nazism*, Cambridge 1997, 49f.

Wenn zwei wichtige Autoren, deren Anliegen nicht einfach in einer Apologie Heideggers besteht und deren Haltung zu Heidegger von einer wissenschaftlich-kritischen Distanz charakterisiert ist, so eindeutig Stellung nehmen, dürfte die Frage nach Heideggers Antisemitismus nun eigentlich geklärt sein, und wir könnten uns anderen, wichtigeren und zu Recht umstritteneren Fragen zuwenden.

Dies scheint vor allem auch deshalb möglich zu sein, weil es eine ganz Reihe von weiteren Fakten und Aussagen gibt, die Martins und Safranskis Deutungen bestätigen oder zunächst einmal zu bestätigen scheinen. Heidegger hatte zum Beispiel sehr viele jüdische Schüler und Studenten – nicht nur Hannah Arendt, sondern auch Hans Jonas, Herbert Marcuse, Karl Löwith und viele andere –, mit denen er auch nach 1945 teils intensiven Kontakt pflegte.[6] Aber man kann daraus nicht so einfach schließen, dass Heidegger *nicht* antisemitisch eingestellt gewesen wäre. Eine antisemitische Einstellung war ja nicht nur in den 1920er und frühen 1930er Jahren in bestimmten Fällen durchaus mit freundschaftlichen Beziehungen zu jüdischen Mitbürgern vereinbar. In diesem Zusammenhang kann man etwa an Carl Schmitt denken, der jüdische Freunde und Bekannte hatte, aber trotzdem einem in seinem Werk sich systematisch niederschlagenden Antisemitismus das Wort redete.[7] Man darf also zunächst einmal

6 Nach Löwith spielte der Antisemitismus in Heideggers Verhalten ihm gegenüber keine Rolle (vgl. Karl Löwith, *Mein Leben in Deutschland vor und nach 1933. Ein Bericht*, Stuttgart 1986, 56 f.). Auch nach seinem Amtsantritt als Rektor wie auch auch 1936 in Rom habe sich Heidegger ihm gegenüber freundlich verhalten. Vgl. Hans Jonas, *Erinnerungen. Nach Gesprächen mit Rachel Salamander*, hg. und mit einem Nachwort versehen von Christan Wiese, Frankfurt am Main 2003, 301 f., für Hans Jonas' Verhältnis zu Heidegger ab 1959/60.
7 Vgl. hierzu die wichtigen Ausführungen von Raphael Gross, *Carl Schmitt und die Juden. Eine deutsche Rechtslehre*, durchgesehene und erweiterte Auflage, Frankfurt am Main 2005, 9 ff. Beispielhaft sei in diesem Zusammenhang auf den umfangreichen Briefwechsel Schmitts mit Lud-

nicht zu viel aus der Tatsache ableiten, dass Heidegger viele jüdische Schüler hatte. Es handelt sich hier um eine ambivalente Tatsache, die gegen eine antisemitische Haltung sprechen kann, aber keinesfalls muss. Hans Jonas verweist ausdrücklich darauf, dass man aus dieser Tatsache auch nicht ein besonderes Interesse Heideggers daran, insbesondere jüdische Studentinnen und Studenten zu seinen Schülern zu zählen, ableiten kann. Das Interesse seiner jüdischen Schüler mag, so legt Jonas nahe, ein sehr einseitiges Interesse gewesen sein: »Viele dieser jungen Heidegger-Adoranten, die von weither kamen, darunter einige aus Königsberg, waren – und das kann, obwohl ich keine Erklärung dafür habe, kein purer Zufall gewesen sein – junge Juden. Dies Affinität war aber wohl eher einseitig. Ich weiß nicht, ob es Heidegger so ganz behaglich war, dass gerade junge Juden zu ihm strömten, aber er war an sich ganz und gar apolitisch.«[8] Jonas vermutet, dass es Heidegger wohl »ein klein wenig unheimlich« gewesen sei, »das so viele Juden unter seinen Schülern waren, aber wohl mehr in dem Sinne, daß das ein bißchen einseitig war, daß nicht genügend da waren, die mehr von seiner Art waren.«[9] Ob es Heidegger nun behaglich war oder nicht und wie unheimlich es ihm auch gewesen sein mag, zumindest hat Jonas, der Heidegger seit seiner frühen Freiburger Lehrtätigkeit kannte, keinerlei Anzeichen für einen offenen Antisemitismus Heideggers entdeckt – im Gegenteil. Jonas geht etwa

wig Feuchtwanger, dem damaligen Verlagsleiter seines Hausverlages Duncker & Humblot, verwiesen (Carl Schmitt/Ludwig Feuchtwanger, *Briefwechsel 1918–1935*, hg. von Rolf Rieß, mit einem Vorwort von Edgar J. Feuchtwanger, Berlin 2007). Auch Karl Löwith, *Mein Leben in Deutschland vor und nach 1933. Ein Bericht*, 55, geht – mit Bezug auf Oskar Becker als »einer unter Tausenden ›schlichten‹ Deutschen« – auf diese Ambivalenz vieler Deutscher im Verhältnis zu den Juden ein.

8 Hans Jonas, *Erinnerungen. Nach Gesprächen mit Rachel Salamander*, 108 f.
9 Hans Jonas, *Erinnerungen. Nach Gesprächen mit Rachel Salamander*, 122.

darauf ein, dass Heidegger 1929 »keine Ahnung« davon hatte, was Zionismus war, und sich von Jonas, der damals dem Zionismus nahestand, erklären lassen musste, was es denn mit dem Zionismus auf sich habe.[10] Heidegger, so scheint es, lebte tatsächlich in einer Welt, in der Fragen der konkreten Politik und Zeitgeschichte keine oder nur eine sehr untergeordnete Rolle spielten und in der der Unterschied zwischen Juden und Nichtjuden keine allzu große Rolle spielte, zumindest keine Rolle, die eindeutig auf eine antisemitische Einstellung aufseiten Heideggers hätte schließen lassen. Wäre er antisemitisch eingestellt gewesen, hätte er, so kann man vermuten, gewusst, worum es sich beim Zionismus handelte. Zusammenfassend kommt Jonas daher zu folgendem eindeutigen Urteil: »Nein – Heidegger war kein persönlicher Antisemit.«[11] Wenn Heideggers jüdische Studenten sich später über das Verhalten ihres akademischen Lehrers im »Dritten Reich« äußerten, so wurde ihm, soweit wir heute sehen können, auch nie der explizite Vorwurf des Antisemitismus gemacht, sondern eher seine politische Naivität, seine frühe Unterstützung des Nationalsozialismus und sein Schweigen nach 1945 vorgeworfen.

Aber auch hier folgt auf die *eine* Seite eine *andere*, die auch diskutiert werden muss, bevor wir die hier gestellte Frage beantworten können. Denn es gibt bestimmte Äußerungen Heideggers, die verständlich machen, warum man ihm Antisemitismus vorgeworfen hat und immer noch vorwirft, und die auch erklären mögen, warum nach Jonas die »Affinität« der jüdischen Studenten zu Heidegger eine einseitige war. Be-

---

10 Vgl. Hans Jonas, *Erinnerungen. Nach Gesprächen mit Rachel Salamander*, 120. Dass Heidegger sich der großen Zahl seiner jüdischen Schüler bewusst war, zeigt auch sein Brief an Hannah Arendt vom Winter 1932/33 (vgl. Heidegger/Arendt, 68 f.).
11 Hans Jonas, *Erinnerungen. Nach Gesprächen mit Rachel Salamander*, 121.

schränken wir uns zunächst auf Zeugnisse aus dem unmittelbaren Umfeld der Schüler und Studenten Heideggers, nämlich – zum Beispiel – einen schon kurz diskutierten Brief, den Herbert Marcuse im August 1947 an Heidegger schrieb und den man so lesen kann, als habe Marcuse in ihm zumindest implizit Heidegger eine antisemitische Haltung vorgeworfen. Damit nähern wir uns sehr langsam jenen Dokumenten, die eindeutig eine antisemitische Position Heideggers zu belegen scheinen.

In diesem Brief Marcuses heißt es: »Aber die Tatsache bleibt bestehen, daß Sie sich 1933–34 so stark mit dem Regime identifiziert haben, daß Sie heute noch in den Augen vieler als einer der unbedingtesten geistigen Stützen des Regimes gelten. Ihre eigenen Reden, Schriften und Handlungen aus dieser Zeit sind der Beweis. Sie haben sie niemals öffentlich widerrufen – auch nicht nach 1945. Sie haben niemals öffentlich erklärt, dass Sie zu anderen Erkenntnissen gekommen sind als denen, die Sie 1933–34 ausgesprochen und in ihren Handlungen verwirklicht haben. Sie sind nach 1934 in Deutschland geblieben, obwohl Sie überall im Ausland eine Wirkungsstätte gefunden hätten. Sie haben keine einzige der Taten und Ideologien des Regimes öffentlich denunziert. Unter diesen Umständen sind Sie auch heute noch mit dem Nazi-Regime identifiziert.«[12] Marcuse gesteht ein, dass auch ein Philosoph sich im Politischen täuschen könne – dann, so Marcuse, werde er »seinen Irrtum offen darlegen«.[13] Aber nicht nur das habe Heidegger, so Marcuse, bis zum August 1947 noch nicht unternommen: Die Schuld Heideggers reiche tiefer, denn ein Philosoph, so Marcuse, »kann sich nicht täuschen über ein Regime, das Millionen von Juden umge-

---

12 Herbert Marcuse, Brief an Martin Heidegger vom 28. August 1947, in: Bernd Martin (Hg.), *Martin Heidegger und das ›Dritte Reich‹. Ein Kompendium*, 155–156, 155f.
13 Herbert Marcuse, Brief an Martin Heidegger vom 28. August 1947, 156.

bracht hat – bloß weil sie Juden waren, das den Terror zum Normalzustand gemacht hat und alles, was je wirklich mit dem Begriff Geist und Freiheit und Wahrheit verbunden war, in sein blutiges Gegenteil verkehrt hat.«[14] Deutlich betont Marcuse zwar den Unterschied zwischen Heidegger und dem »Regime, das in allem und jedem die tödliche Karikatur jener abendländischen Tradition war, die Sie selbst so eindringlich dargelegt und verteidigt haben«.[15] Dieser tiefreichende Unterschied zwischen dem Denken Heideggers und der philosophischen Tradition, die er repräsentierte, auf der einen und der nationalsozialistischen Ideologie auf der anderen Seite entschuldige, so Marcuse, aber nicht Heideggers Handlungen – oder sagen wir besser: die von ihm unterlassenen Handlungen im »Dritten Reich« und nach 1945. Denn Marcuse wirft ihm – nicht zu Unrecht – vor, den wahren Charakter dieses Regimes nicht erkannt oder zumindest sich dazu nicht früh genug eindeutig geäußert zu haben.

Auch hier gilt es, genau zu lesen: Ein direkter Vorwurf des Antisemitismus findet sich in diesem Brief nicht, auch kein Vorwurf, der darauf hinweisen könnte, dass Marcuse Heidegger für einen Antisemiten gehalten hat. Wenn wir den äußerst kritischen und sehr offenen Ton des Briefes in Betracht ziehen, dann könnte man, wenn Marcuse tatsächlich davon ausgegangen wäre, dass es zumindest eine gewisse Nähe Heideggers zu antisemitischen Positionen gegeben hätte, vermuten, dass er dies auch offen gesagt hätte. Marcuse thematisiert aber nicht den vermeintlichen Antisemitismus, sondern ist über Heideggers mangelnde Sensibilität gegenüber den Juden und die verblendete Sicht Heideggers auf die Wirklichkeit entsetzt. Hatte er wirklich nichts gewusst? War er wirklich so naiv gewesen? Wie gleichgültig, blind und

---

14 Herbert Marcuse, Brief an Martin Heidegger vom 28. August 1947, 156.
15 Herbert Marcuse, Brief an Martin Heidegger vom 28. August 1947, 156.

gefühlskalt, so mag sich Marcuse gefragt haben, muss jemand sein, der nicht wahrgenommen hat, was zwischen 1933 und 1945 in Deutschland geschehen war? Das sind Fragen, die nicht von der Hand zu weisen sind und die sich nicht nur aus der Sicht Marcuses stellen. Und noch eine Frage stellt sich vor allem aus heutiger Perspektive: Zeigt sich in Heideggers Schweigen und dem, was wir nicht nur eine »mangelnde Sensibilität«, sondern sogar eine weitgehende Ignoranz gegenüber dem Schicksal der Juden in Deutschland nennen können, nicht doch so etwas wie ein verborgener Antisemitismus, ein Antisemitismus, der vielleicht noch nicht einmal dem Briefschreiber Marcuse bewusst war?

Deutlich zeigt sich die Notwendigkeit dieser Frage auch angesichts eines späteren Briefes vom 13. Mai 1948, in dem Marcuse auf Heideggers Antwort Bezug nimmt. In diesem Brief schreibt Marcuse: »Sie schreiben, daß alles, was ich über die Ausrottung der Juden sage, genauso für die Alliierten gilt, wenn statt ›Juden‹ ›Ostdeutsche‹ steht. Stehen Sie nicht mit diesem Satz außerhalb der Dimension, in der überhaupt noch ein Gespräch zwischen Menschen möglich ist – außerhalb des Logos?«[16] Die Frage stellt sich in der Tat, wenn Heidegger die Vertreibung der Ostdeutschen durch die sowjetische Armee und die systematische Vernichtung der Juden auf eine Stufe gestellt hat. War Heidegger so unempfindlich, dass er, der doch die Kunst des Unterscheidens sonst so wie nur wenige andere beherrschte, hier nicht fähig war, die außerordentliche Dimension der nationalsozialistischen Judenvernichtung anzuerkennen – und zwar zu einer Zeit, als dies ohne Nachteile möglich war, und gegenüber einem früheren Schüler, dem gegenüber allein schon aufgrund der Tatsache, dass er selbst

---

16 Herbert Marcuse, Brief an Martin Heidegger vom 13. Mai 1948, in: Bernd Martin (Hg.), *Martin Heidegger und das ›Dritte Reich‹. Ein Kompendium*, 156–157, 157.

Jude war und Deutschland verlassen musste, eine besondere Sensibilität und Scham über das, was in Deutschland geschehen war, notwendig gewesen wären? Angesichts dieses Briefwechsels Heideggers mit Marcuse stellt sich noch einmal die Frage, die Otto Pöggeler mit Bezug auf die zwölf Jahre der nationalsozialistischen Diktatur gestellt hat: »Was nahm Heidegger eigentlich von der Wirklichkeit wahr?«[17]

Das Ende der nationalsozialistischen Diktatur im Mai 1945 schien auf Heideggers Seite nicht zu einer wirklich angemessenen Bewertung der politischen und historischen Situation der Jahre von 1933 bis 1945 geführt zu haben – der Briefwechsel mit Marcuse stellt nicht das einzige Zeugnis einer zumindest teilweise verzerrten Wahrnehmung von Wirklichkeit aufseiten Heideggers dar. Und die Vermutung einiger Interpreten, dass wir hier nicht nur von Heideggers Gleichgültigkeit gegenüber den Juden oder von einem Mangel an Sensibilität sprechen müssen, ist nicht ganz von der Hand zu weisen. Bei der Diskussion dieser Vermutung hilft es, Heideggers Antwortbrief genau zu lesen. Am 20. Januar 1948 hat Heidegger nämlich Marcuse recht ausführlich – mit einem zwei Druckseiten umfassenden Brief – geantwortet. Heidegger nimmt gegenüber den Vorwürfen Marcuses Stellung.[18] Heidegger spricht zunächst einmal davon, dass die Vorwürfe, die Marcuse über das nationalsozialistische Regime ausspreche, »schwer« und »berechtigt« seien. Allerdings beschränkt er sich in der Tat darauf, »hinzuzufügen, daß statt ›Juden‹ ›Ostdeutsche‹ zu stehen hat und dann genau so gilt für einen der Alliierten, mit dem Unterschied, daß alles, was seit 1945 geschieht, der Weltöffentlichkeit bekannt ist, während der

---

17 Otto Pöggeler, »Von Nietzsche zu Hitler. Heideggers politische Optionen«, in: Hermann Schäfer (Hg.), *Annäherungen an Martin Heidegger. Festschrift für Hugo Ott zum 65. Geburtstag*, Frankfurt am Main und New York 1996, 81–101, 83.
18 Vgl. GA 16, 430f.

blutige Terror der Nazis vor dem deutschen Volk tatsächlich geheimgehalten worden ist«.[19] Heidegger gibt also Marcuse auf der einen Seite recht, er anerkennt die Vorwürfe, die Marcuse in seinem Brief geäußert hatte, er relativiert sie zunächst nicht – und zeigt auf der anderen Seite, fast noch im selben Atemzug, dass er nicht wirklich verstanden hatte, was zur Diskussion stand.

Man kann hier Heidegger nicht einfach damit entschuldigen, dass man darauf hinweist, er habe noch nicht von der politisch korrekten und menschlich angemessenen Weise, sich zur Shoah zu äußern, gewusst. Es gibt eine seltsame und heute noch peinlich berührende und schockierende Unfähigkeit Heideggers, das, was zwischen 1933 und 1945 geschehen war, in seinen Dimensionen wirklich anzuerkennen, ohne unpassende und letztlich auch geschmacklose Vergleiche und vermeintliche Analogien »hinzuzufügen«. Auch wenn Heidegger mit dieser Blindheit gegenüber der Wirklichkeit nicht alleine stand, wird man hier nichts beschönigen können. Denn gerade in dieser Situation würde man doch von Heidegger, der mit einer Tiefe wie wenige andere Denker des 20. Jahrhunderts Phänomene wie Schuld, Gewissen oder Geschichtlichkeit gedeutet hat, eine größere Wirklichkeitsnähe fordern – nicht zuletzt, weil er in diesem Zusammenhang die Frage nach persönlicher Schuld ja zunächst einmal hätte ausklammern können. Noch einmal also sei gefragt: Zeigt sich hier also nicht doch so etwas wie ein latenter Antisemitismus? Geht Heideggers Schweigen oder seine mangelnde Sensibilität, wenn es um die nationalsozialistischen Verbrechen an den Juden ging, auf eine gut verborgene, sich aber doch gelegentlich zeigende antisemitische Einstellung zurück?

19 GA 16, 431.

Weil diese Frage sich auch angesichts anderer Texte unweigerlich stellt, gibt es mittlerweile eine breite Diskussion über Heideggers Antisemitismus. So wird in diesem Zusammenhang oft darauf verwiesen, dass 1941 Heidegger auf die Widmung von *Sein und Zeit* »Edmund Husserl in Verehrung und Freundschaft zugeeignet«[20] verzichtet habe und noch nicht einmal zu Husserls Beerdigung gekommen sei. Aber verweist dies wirklich auf eine antisemitische Einstellung bei Heidegger? Die Neuauflage von *Sein und Zeit* ist anders nicht möglich gewesen – und die Fußnote, in der Heidegger Husserl ausdrücklich dankt, blieb über alle Auflagen hinweg unverändert.[21] Zudem blieben Husserls Beerdigung auch viele andere Professoren fern. Dies entschuldigt nichts, lässt aber ebenfalls auch nicht unbedingt auf eine antisemitische Einstellung schließen, da ein Grund hierfür einfach in der Angst vor möglicher Repression oder in der Scham angesichts dessen, was mit Husserl und seiner Familie seit 1933 geschehen war, gelegen haben mag.[22] Außerdem hat Heidegger selbst 1950 in »Bemerkungen zu einigen Verleumdungen,

20 GA 2, V.
21 Vgl. GA 2, 52: »Wenn die folgende Untersuchung einige Schritte vorwärts geht in der Erschließung der ›Sachen selbst‹, so dankt das der Verf. in erster Linie *E. Husserl*, der den Verf. Während seiner Freiburger Lehrjahre durch eindringliche persönliche Leitung und durch freieste Überlassung unveröffentlichter Untersuchungen mit den verschiedensten Gebieten der phänomenologischen Forschung vertraut machte.« Vgl. hierzu auch GA 12, 259; Heidegger/Müller, 126.
22 Vgl. hierzu *Gerhard Ritter. Ein politischer Historiker in seinen Briefen*, hg. von Klaus Schwabe und Rolf Reichhardt unter Mitwirkung von Reinhard Hauf (= *Schriften des Bundesarchivs*; 33), Boppard am Rhein 1984, 614: »… daß außer mir wenigstens ein paar, wenn auch leider sehr wenige Kollegen der Beerdigung Husserls beiwohnten.« Vgl. sehr kritisch hierzu Karl Löwith, *Mein Leben in Deutschland vor und nach 1933. Ein Bericht*, 58f. Vgl. zu Heideggers Verhältnis zu Husserl nach 1933 auch Hans Jonas, *Erinnerungen. Nach Gesprächen mit Rachel Salamander*, 299ff. und 459f. Jonas spricht davon, dass Heidegger sich Husserl gegenüber »schäbig« und »schändlich« verhalten habe.

die immer wieder kolportiert werden« entschuldigend darauf hingewiesen, dass er am Tag der Beerdigung Husserls krank gewesen sei.[23] Aus welchen Gründen Heidegger nun an Husserls Beerdigung nicht teilnahm – über seinen vermeintlichen Antisemitismus sagt dies wenig, solange wir nicht einen eindeutig antisemitischen Grund zweifelsfrei belegen können. Sein Verhalten gegenüber Husserl nach 1933 zeigt sich bestenfalls als außerordentlich zwiespältig,[24] ohne dass man aus ihm auf Grundlage der heutigen Quellen eine eindeutig antisemitische Einstellung Heideggers ableiten könnte.

Gibt es aber vielleicht weiter in Heideggers Jugend zurückreichende Belege für eine antisemitische Einstellung Heideggers? Victor Farías hat etwa in der Begeisterung des jungen Studenten Martin Heidegger für den in Kreenheinstetten in der Nähe von Meßkirch geborenen Abraham a Sancta Clara Anzeichen für eine antisemitische Orientierung bei Martin Heidegger gesehen. Was Abraham a Sancta Clara betreffe, so Farías, seien sowohl Antisemitismus und Xenophobie »unübersehbar«[25] – und Heidegger partizipiere daran, durch die geographische Nähe von Meßkirch und Kreenheinstetten sowie durch eine kurze und, soweit wir wissen, in keiner Weise antisemitisch orientierte Ansprache, die er bei der Enthüllung eines Denkmals in Kreenheinstetten gehalten hat.[26] Andere Belege kann Farías nicht anführen. Auch der amerikanische Philosoph Richard Wolin hat gegen Heidegger den Vorwurf des Antisemitismus gerichtet und von »well-docu-

---

23 Vgl. GA 16, 468 f.
24 Vgl. hierzu auch »Gespräch mit Max Müller« in: Heidegger/Müller, 126. Dort sagt Müller: »Aber seinen Lehrer Husserl, der ja damals in Freiburg in der Lorettostraße wohnen blieb, hat er nicht mehr besucht. Allerdings hat er auch nichts gegen ihn unternommen.« Vgl. hier auch S. 347 f.
25 Victor Farías, *Heidegger und der Nationalsozialismus*, mit einem Vorwort von Jürgen Habermas, Frankfurt am Main 1989, 68.
26 Vgl. GA 13, 1–3.

mented incidents of anti-Semitic conduct on Heidegger's part« gesprochen.[27] Der Deutung Bernd Martins und Rüdiger Safranskis stehen also Victor Farías' und Richard Wolins Aussagen gegenüber. Wer hat recht?

In jüngster Vergangenheit ist der Vorwurf des Antisemitismus gegenüber Heidegger erneut erhoben worden, so nicht nur von Emmanuel Faye, sondern auch von Bernhard H.F. Taureck. Taureck geht davon aus, dass es eine enge und alles andere als zufällige Verbindung Heideggers zum Nationalsozialismus gegeben habe: Es lasse sich nämlich eine »Interessengemeinschaft« zwischen Heidegger und dem Nationalsozialismus feststellen. Für diesen Fall gebe es allerdings, so Taureck, keinen »Präzedenzfall der Beurteilung«, es liege somit historisch etwas ganz Neues und bislang Unbekanntes vor: Denn »[k]ein bedeutender Denker hat eine Interessengemeinschaft gebildet mit einem Zeitgenossen, dessen Ziel die Vernichtung anderer Völker und Zivilisationen um der eigenen Macht willen bildete[,] wie Adolf Hitler.«[28] Heidegger sei nun in dieser Interessengemeinschaft mit Hitler gestanden, so Taureck, und dies bedeute, dass er mit Hitler die Ziele seiner Politik teilte, also neben vielen anderen Zielen auch die Vernichtung der Juden: »Zwischen Heidegger und dem Nationalsozialismus existiert Interessengemeinschaft. Heidegger verstand den NS-Führer-Staat als Rettung des Wesens und als höchste Verwirklichung menschlichen Seins.«[29]

---

27 Richard Wolin, *The Politics of Being. The Political Thought of Martin Heidegger*, New York 1990, 5.

28 Bernhard H. F. Taureck, »Einleitung«, in: Bernhard H. F. Taureck (Hg.), *Politische Unschuld? In Sachen Martin Heidegger*, München 2008, 7–41, 39.

29 Bernhard H. F. Taureck, »Einleitung«, 40; vgl. 41 für Taurecks Verständnis von »Interesse«: »›Interesse‹ wird hier verwendet im Anschluss an den lateinischen Sinn des ›interest‹ als ›wichtig sein‹, ›daran gelegen sein‹ und vor allem an den im Deutschen seit dem 18. Jahrhundert bestimmenden Sinn von ›Anteil, den wir an einer Sache nehmen‹.«

Taureck verzichtet bei seiner Rede von einer »Interessengemeinschaft« zwischen Hitler und Heidegger aber auf dieses: nämlich genau – und das heißt: in historisch und philosophisch verantwortlicher Weise – zu umgrenzen, worin diese »Interessengemeinschaft« eigentlich bestanden habe. Er legt nahe, dass Heidegger in allen wichtigen und zentralen Fragen mit dem Nationalsozialismus übereingestimmt habe. Aber lässt sich dies tatsächlich belegen? Kann der Begriff der »Interessengemeinschaft« zwischen Hitler und Heidegger, der ja gerade auch den Antisemitismus einschließt, als ein in wissenschaftlicher Redlichkeit genutzter Begriff verstanden werden? Dass dies nicht der Fall ist, zeigt eine Untersuchung der historischen Quellen, die im Zusammenhang der Frage nach Heideggers Antisemitismus von Bedeutung sind. Denn dann zeigt sich, dass Taurecks Versuch, eine Interessengemeinschaft zwischen Hitler und Heidegger zu etablieren, nicht nur polemisch, sondern aus wissenschaftlicher Sicht unverantwortlich ist. Wir haben keinen Anlass, von einer besonderen »Interessengemeinschaft« zwischen Hitler und Heidegger zu sprechen – es sei denn, wir nutzen den Begriff der »Interessengemeinschaft« in einer derart unspezifischen Weise, dass nicht nur Heidegger, sondern viele andere in dieser besonderen »Interessengemeinschaft« mit Hitler stehen.

Dass Taureck seine Position oft eher auf der Grundlage von reinen Spekulationen entwickelt, zeigt sich auch daran, dass er die von Jaspers überlieferte Bezugnahme Heideggers auf die *Protokolle der Weisen von Zion* als wichtiges Interpretament seiner Philosophie deutet: »Wenn – der Akzent liegt auf diesem ›Wenn‹ – es zutrifft, dass Heidegger den *Protokollen der Weisen von Zion* nicht ablehnend gegenüberstand, und sich auch nach 1945 von dieser Ansicht nicht verabschiedet hat, dann drohen die Argumente auszugehen gegen die Folgerung, dass eine Bindung an diese Verleumdungsschrift, die er mit Rosenberg und Hitler teilte, seine Philosophie beein-

flusste, infizierte und in mancher Hinsicht verdarb.«[30] Angesichts einer solchen Aussage, die Heideggers Philosophie –
und zwar auch seine Spätphilosophie – als vom Nationalsozialismus »infiziert« und »verdorben« bezeichnet, stellen
sich eine Reihe von Fragen. Denn selbst wenn wir annäh-
men, dass Heidegger Anfang der 1930er Jahre wie auch noch
nach 1945 den *Protokollen der Weisen von Zion* nicht ablehnend gegenübergestanden sei, bleibt die Frage offen, ob dies
überhaupt eine Auswirkung auf sein Denken gehabt habe.
Dies würde eine viel intensivere Auseinandersetzung mit
Heideggers Denken nach 1945 erfordern – aber sowohl Taureck als auch Faye, der zu ähnlich radikalen Aussagen
kommt, unterlassen eine solche vorurteilsfreie Auseinandersetzung. Was auch immer Heidegger sagt oder denkt, so
scheint es, wird bereits aus einer bestimmten Perspektive
oder Hermeneutik heraus gedeutet. Wenn es aber darum
geht, Heidegger gegen Taurecks Vorwürfe zu verteidigen,
wird, was die Bedeutung der *Protokolle der Weisen von Zion*
für Heidegger betrifft, man gewiss nicht entschuldigend darauf hinweisen, dass »auch Winston Churchill und Henry
Ford ihrerseits im Sinn der ›Protokolle‹ an eine jüdische Glo-
balverschwörung glaubten«.[31] Hier hat Taureck recht, dass
dies Heidegger nicht entlastet.[32] Viel wichtiger wäre es, zunächst einmal zu untersuchen, auf welcher Grundlage die
These von der Bedeutung der *Protokolle* für Heidegger und
damit auch für Heideggers Denken aufgestellt wird. Die
Quelle, auf die Taureck sich bezieht und überhaupt beziehen
kann, ist eine einzige Stelle in der *Philosophischen Autobio-*

30 Bernhard H. F. Taureck, »Einleitung«, 35. Vgl. allgemein zu den »Protokollen der Weisen von Zion« Wolfgang Benz, *Was ist Antisemitismus?*,
München 2004, 174–192; Ernst Piper, »Die jüdische Weltverschwörung«,
in: Julius H. Schoeps/Joachim Schlör (Hg.), *Antisemitismus. Vorurteile
und Mythen*, München/Zürich 1995, 127–135, 130f.
31 Bernhard H. F. Taureck, »Einleitung«, 35.
32 Vgl. hierzu Bernhard H. F. Taureck, »Einleitung«, 35.

graphie von Karl Jaspers. Dort heißt es: »Ich sprach über die Judenfrage, über den bösartigen Unsinn von den Weisen von Zion, worauf er: ›Es gibt doch eine gefährliche internationale Verbindung der Juden.‹«[33] Genauso wie es falsch wäre, in Abrede zu stellen, dass Heidegger diese Aussage getätigt hat, wäre es falsch, die Frage nach der Zuverlässigkeit dieser Quelle nicht zu stellen. Jaspers schrieb seine *Philosophische Autobiographie* Anfang der 1950er Jahre auf Bitten von Paul Arthur Schilpp; sie erschien (ohne das Kapitel über Heidegger) 1957 in zwei von Schilpp herausgegebenen Sammelbänden.[34] Das bedeutet, dass Jaspers sich nach fast 20 Jahren an Ereignisse des März 1933 erinnert – und zwar in einer Zeit, als das Verhältnis zu Heidegger vor allem in philosophischer Hinsicht bereits seit langem nicht unproblematisch war. Daher stellt sich unweigerlich die Frage, ob Jaspers hier Heidegger korrekt zitiert. Die direkte Rede scheint dies nahezulegen, aber sie kann auch dem erzählerischen Stil Jaspers' geschuldet sein. Es soll – wohlgemerkt – hier Jaspers nicht vorgeworfen werden, er habe bewusst falsch zitiert, sondern nur in Erinnerung gerufen werden, dass zwischen der Niederschrift seiner Autobiographie und dem eigentlichen Geschehen gut zwei Jahrzehnte liegen und dass offenbleibt, ob Heidegger tatsächlich gesagt hat »Es gibt doch eine gefährliche internationale Verbindung der Juden«. Kleine Unterschiede können hier durchaus eine große Rolle spielen: Was, wenn Heidegger tatsächlich gesagt hat, dass es »eine gefährliche internationale Verbindung der Juden« geben solle oder geben könnte?

Wir können nicht abschließend klären, ob Heidegger sich Jaspers gegenüber tatsächlich zu den *Protokollen der Weisen von Zion* geäußert hat oder nicht (dies ist eine Möglichkeit,

---

33 Karl Jaspers, *Philosophische Autobiographie*, erweiterte Neuausgabe, München 1977, 101.
34 Vgl. Paul Arthur Schilpp (Hg.), *Karl Jaspers*, Stuttgart 1957; ders. (Hg.), *The Philosophy of Karl Jaspers*, New York 1957.

die zumindest angesichts der bislang relativ unsicheren
Quellenlage – nichts aus Heideggers Hand weist darauf hin –
eingeräumt werden muss) und, falls ja, ob Jaspers ihn korrekt zitiert oder ob er etwas anderes gesagt hat. Diese Fragen
können wir hier offenlassen. Denn viel gewichtiger scheint
die Tatsache zu sein, dass aus dem von Jaspers überlieferten
Gespräch – nämlich in der Weise, wie Jaspers es überliefert –
in keiner Weise hervorgeht, dass Heidegger die Protokolle
näher gekannt oder sogar gelesen hat. Um sich in der von Jaspers zitierten Weise zu äußern, hätte eine oberflächliche Lektüre oder Kenntnis der *Protokolle* durchaus ausgereicht, und
diese oberflächliche Kenntnis hätte Heidegger auch erst im
Gespräch mit Jaspers erworben haben können. Wenn er, wie
Jonas schreibt, wenige Jahre zuvor noch nichts vom Zionismus gehört hatte, ist eine detaillierte Kenntnis der *Protokolle* Anfang der 1930er Jahre nicht unbedingt wahrscheinlich. Auch hier gilt es, Fragen, die nicht – oder zumindest
noch nicht – abschließend beantwortet werden können, offenzuhalten. Keinesfalls aber ist es möglich, wie Taureck diesen isolierten Hinweis zu einen Interpretationsschlüssel des
heideggerschen Denkens zu machen. Wer, wie Taureck, ohne
jede Reflexion auf den Charakter seiner Quellen davon ausgeht, dass »Heidegger ihnen, wie der das Machwerk durch-
schauende Jaspers berichtet, nicht ablehnend gegenüberstand«, und auf dieser Grundlage die Vermutung äußert, dass
dies »destruktive Folgen für Heideggers Philosophie im Ganzen« gehabt haben könnte,[35] argumentiert in aus historischer
und philosophischer Sicht äußerst unredlicher Weise. Das
wird nicht zuletzt deutlich, wenn man sich vergegenwärtigt,
in welch geringem Maße sich Taureck im unmittelbaren
Kontext seiner Kritik mit Heideggers eigenen Schriften aus-

35 Bernhard H. F. Taureck, »Heidegger und die nationalsozialistische Revolution«, 158.

einandersetzt – ganz abgesehen davon, dass sich der Vorwurf des Antisemitismus in den zahlreichen, alles andere als un-kritischen Notizen von Karl Jaspers zum Werk Heideggers nicht finden lässt. Denn wichtig wäre doch, diese »destrukti-ven Folgen« in einer Auseinandersetzung mit Heideggers Denken zu belegen. Aber gerade Heideggers »Philosophie im Ganzen« erlaubt es nicht, von einer Position auszugehen, die von den *Protokollen der Weisen von Zion* beeinflusst ist oder den *Protokollen* inhaltlich nahekommt.

Historisch in ähnlicher Weise problematische Argumenta-tionsmuster finden sich auch bei Emmanuel Faye. Da Fayes Deutung der Philosophie Heideggers die Diskussion um sein Verhältnis zum Nationalsozialismus neu entfacht hat und er zu einigen weitreichenden Urteilen kommt, sei an dieser Stelle auch kurz auf seine Thesen eingegangen. In seinem Aufsatz »Heidegger und der Nationalsozialismus« geht Faye – wie auch im 5. Kapitel seines Buches – auf Heideggers Seminar »Über Wesen und Begriff von Natur, Geschichte und Staat« aus dem Wintersemester 1933/34 ein.[36] Er schreibt über dieses Seminar, über das wir – wie gesehen – nur auf der Grundlage von Studentenprotokollen reden können, also nicht auf der Grundlage von Texten, die aus Heideggers eige-ner Feder stammen: »Heidegger führt ein besonders erschre-ckendes Verfahren ein zur diskriminierenden Unterschei-dung zwischen dem deutschen Volk, den slawischen Völkern und den Juden, die, weil sie in Europa ohne Verwurzelung in einem eigenen Boden oder Raum sind, weil sie ohne Erde sind, von ihm als ›semitische Nomaden‹ bezeichnet wer-den. ... Dann behauptet er: ›Einem slawischen Volk würde die Natur unseres deutschen Raumes bestimmt anders offen-bar werden als uns, dem semitischen Nomaden wird sie viel-leicht überhaupt nie offenbar‹, womit die Juden gemeint

---

36 Vgl. für dieses Seminar *Heidegger-Jahrbuch* 4, 53–88.

sind.«[37] Das von Faye zitierte Zitat findet sich nun tatsächlich im Protokoll der achten Sitzung, aber weder in diesem Protokoll noch in einem anderen der Protokolle dieses Seminars findet sich das Wort »Jude« oder »jüdisch«. Dass Heidegger mit den »semitischen Nomaden« eigentlich die Juden – und zwar auch die im 20. Jahrhundert in Europa lebenden Juden – meint, ist also – soviel ist zunächst festzuhalten – eine Interpretation von Faye, nicht etwas, was sich explizit in Heideggers Text finden ließe, auch wenn zuzugestehen ist, dass »Nomadentum« zu den gängigen Stereotypen gehörte, die in Bezug auf Juden Aufwendung fanden.[38] Heidegger mag hier aber – dies ist zumindest eine Möglichkeit, die sich nicht *a priori* ausschließen lässt und unseres Erachtens eine gewisse Plausibilität für sich beanspruchen darf – schlicht und einfach an im Bereich des Nahen Ostens lebende semitische Nomadengruppen und weniger an die damals in Deutschland lebenden Juden gedacht haben, denn in der Argumentation, um die es ihm hier geht, ist ja nicht die Tatsache wichtig, dass es sich um *semitische* Nomaden gehandelt hat, sondern dass es sich um *Nomaden* gehandelt hat, die über keinen festen Lebensraum verfügen und daher die sesshafte Lebensweise der Deutschen nicht verstehen können. Mehr können wir, vor allem da Heidegger selbst in den Aussagen, die eine antisemitische Einstellung auf seiner Seite nahelegen, niemals das Stereotyp des »jüdischen Nomadentums« bemüht, auf der heute zugänglichen Textgrundlage nicht sagen.

---

37 Emmanuel Faye, »Heidegger und der Nationalsozialismus«, in: Bernhard H. F. Taureck (Hg.), *Politische Unschuld? In Sachen Martin Heidegger*, München 2008, 45–77, 66f.
38 Vgl. hierzu Christoph Cobet, *Der Wortschatz des Antisemitismus in der Bismarckzeit* (= *Münchner Germanistische Beiträge*; 1), München 1973, 138f.; 217f.; 238. Natürlich ist nicht auszuschließen, dass sich hier auch eine Anspielung auf das Stereotyp des »landlosen Volkes« der Juden findet.

Noch nicht einmal Spuren der hier notwendigen Differenzierung und hermeneutischen Vorsicht lassen sich in Fayes
Argumentationsgang finden. Seine Interpretation des Seminares »Über Wesen und Begriff von Natur, Geschichte und
Staat« zeigt dies (nicht nur in der Interpretation dieser Stelle)
sehr deutlich: »Diese Schrecken einflößende Art, mit der
Heidegger den Lebensraum des deutschen Volkes ontologisiert, lässt selbstverständlich die Assimilierung der Juden in
dem als ›natürlich‹ vorausgesetzten Raum der Deutschen unmöglich werden. So wird die Ausrottung der Juden in allen
im Osten eroberten Gebieten im Voraus gerechtfertigt.«[39]
Sehen wir einmal davon ab, dass es Ende 1933 und Anfang
1934 – zur Zeit des fraglichen Seminares also – noch gar keine
im Osten eroberten Gebiete gab (und allein zu vermuten,
dass Heidegger entsprechenden Expansionsplänen Hitlers
zugestimmt hätte, ist reine Spekulation), so fällt doch viel
schwerer gegen Fayes Argumentation ins Gewicht, dass, wer
auch immer nun die »semitischen Nomaden« sind, von
denen Heidegger spricht, ihre »Ausrottung« überhaupt in
keiner Weise zur Diskussion steht. Worauf es Heidegger
vielmehr ankommt, ist der Unterschied zwischen einer sess-
haften und einer nomadischen Lebensweise. Wer so mit Texten umgeht, betreibt keine *Ex*egese, sondern *Eis*egese: Er liest
immer nur das in die entsprechenden Texte hinein, was er
vorzufinden intendiert, und verschleiert diese Strategie vor
dem Leser, der keinen Zugang zu den zur Diskussion stehenden Quellen hat, so gut wie möglich. Gerade Faye aber hat
betont, dass die »Rolle des Philosophen« im Umgang mit
dem Werk Heideggers heute darin bestehe, »mittels sich kon-
tinuierlich vertiefender Forschungen die wirkliche Bedeutung seiner Schriften ans Tageslicht zu befördern«.[40] Dass es

39 Emmanuel Faye, »Heidegger und der Nationalsozialismus«, 67.
40 Emmanuel Faye, »Heidegger und der Nationalsozialismus«, 58.

ihm letztlich nicht um eine »Vertiefung« der Diskussion, sondern um eine polemische Verschleierung geht, zeigen auch andere Aussagen von Faye. Nur eine weitere sei an dieser Stelle näher untersucht, weil sie die Frage nach dem möglichen Antisemitismus bei Heidegger betrifft. Faye bezieht sich in seiner Argumentation auch auf Heideggers Vorlesungen zu Nietzsche aus den 1930er Jahren. Von besonderem Interesse ist für ihn das folgende Zitat: »Nur dort, wo die unbedingte Subjektivität des Willens zur Macht zur Wahrheit des Seienden im Ganzen wird, ist das *Prinzip* der Einrichtung einer Rassenzüchtung, d.h. nicht bloße aus sich wachsende Rassenbildung, sondern der sich selbst wissende Rassenge*danke* möglich, d.h. metaphysisch notwendig.«[41] Dieses Zitat findet sich nicht nur im Band 50 der Gesamtausgabe, der die Vorlesung in der von Heidegger vorgetragenen Form enthält, sondern auch im zweiten Band der von Heidegger selbst besorgten Überarbeitung seiner Nietzsche-Vorlesungen. Allein dies hätte Faye zu interpretatorischer Umsicht mahnen müssen. Denn er hält ja selbst fest, Heidegger habe seine Vorlesungen bei seiner Bearbeitung nach dem Zweiten Weltkrieg »verändert ..., um sie akzeptierbarer zu machen«.[42] Hielt Heidegger also die jetzt zur Diskussion stehende Aussage mit der von Faye unterstellten Bedeutung auch nach dem Ende des »Dritten Reiches« noch für »akzeptierbar«? Hatte er schlicht vergessen, diese Stelle im Rahmen der von ihm vorgenommenen Bearbeitung zu streichen? Oder ist diese Aussage weit weniger problematisch, als Faye es nahelegt – wenn man sie denn richtig, das heißt im Kontext des heideggerschen Denkens interpretiert?

Schauen wir zunächst, wie Faye diese Stelle deutet. Er betont ja selbst auch ausdrücklich, dass wir uns »hinreichend

41 Vgl. GA 50, 56 f.; GA 6.2, 309; Emmanuel Faye, »Heidegger und der Nationalsozialismus«, 53.
42 Emmanuel Faye, »Heidegger und der Nationalsozialismus«, 51.

bewusst machen« müssen, was dieser Satz bedeutet.[43] Faye
betont zunächst, Heidegger behaupte, »dass die gesamte Geschichte der modernen Philosophie von Descartes bis Nietzsche, die er als eine ›Metaphysik der Subjektivität‹ versteht,
ihren Höhepunkt in der Rassenselektion findet, die derzeit
(sic!) konkret in mörderischer Form im Nationalsozialismus
ins Werk gesetzt wird«.[44] Dies sei nun, so Faye weiter, eine
»historische und ontologische Legitimierung des nationalsozialistischen Rassismus«,[45] die in doppelter Weise »unerträglich« sei. Denn nicht nur kompromittiere sie »radikal die
gesamte moderne Philosophie seit Descartes«, sie verleiht
auch »der Rassenzüchtung die Legitimation eines ›Gedan-
kens‹ in dem Augenblick, als die Vernichtung der polnischen
Juden in dem vom Dritten Reich eroberten Gebieten bereits
im Gange ist«.[46] Hat Heidegger philosophisch die Vernichtung der Juden historisch oder ontologisch legitimiert? Diese
These aufzustellen, bedeutet, das philosophische Anliegen
Heideggers grundlegend zu verkennen. Denn Heidegger ging
es nicht um Legitimation der Judenvernichtung (wie es ihm
1933/34 durchaus um die Legitimierung der nationalsozialistischen Machthaber gegangen war), sondern um ein kritisches Verständnis seiner Gegenwart. Diese ordnet Heidegger
in den Verlauf der abendländischen Metaphysikgeschichte
ein, nämlich als die Zeit, in der sich der »europäische Nihilismus« vollende. Nietzsche ist dabei für Heidegger ein wichtiger Gesprächspartner, da Nietzsche, so Heidegger, als ein
metaphysischer Denker den Charakter der Gegenwart wie
kaum ein anderer erkannt habe: nämlich als eine Zeit, in der
das metaphysische »Prinzip« des »Willens zur Macht« sich
immer weiter auswirke. Es ist dieser metaphysikgeschicht-

---

43 Emmanuel Faye, »Heidegger und der Nationalsozialismus«, 53.
44 Emmanuel Faye, »Heidegger und der Nationalsozialismus«, 53.
45 Emmanuel Faye, »Heidegger und der Nationalsozialismus«, 53.
46 Emmanuel Faye, »Heidegger und der Nationalsozialismus«, 53.

liche Zusammenhang, in den Heidegger auch die »rassische Züchtung« des Menschen stellt. Man mag Heideggers Kritik der Moderne oder der Wissenschaft einer Metakritik unterwerfen, man mag durchaus kritisch fragen, ob Heideggers Verständnis der Neuzeit und der gesamten Geschichte der abendländischen Metaphysik nicht zu einseitig und simplifizierend ist, man wird aber, gerade wenn man sich der kritischen Auseinandersetzung Heideggers mit der Moderne bewusst bleibt, in keinem Fall behaupten können, dass Heidegger die Judenvernichtung legitimiert habe. Er hat – im Gegenteil – in keinesfalls unkritischer Weise versucht zu verstehen, warum es zu einer »rassischen Züchtung des Menschen« gekommen sei, worin also, in anderen Worten, die tieferen Gründe für das, was Heidegger zum Zeitpunkt seiner Auseinandersetzung mit Nietzsche um sich herum geschehen sah, lagen: Von Legitimation kann dabei keine Rede sein. Nicht jeder, der etwas auf seinen Grund zurückführt, legitimiert es auch! Wenn man Heideggers Position kritisieren will, dann muss man ihn schon als Denker ernst nehmen und etwa seine philosophiegeschichtlichen Konstruktionen zum Gegenstand der Kritik machen. Zitate aus dem Kontext zu reißen und Heidegger Vorwürfe zu machen, die seiner eigentlichen Intention diametral entgegengesetzt sind, hilft hier kaum weiter.

Es scheint daher wenig Grund zu geben, Taureck und Faye in ihrer Interpretation von Heideggers Denk- und Lebensweg zu folgen. Sie unterlassen nicht nur die notwendigen Differenzierungen, sondern lassen in ihrer Deutung von Heideggers Denken ihrer Phantasie auch weit mehr Raum, als einem Philosophen oder Historiker zusteht. Aus rein wissenschaftlicher Hinsicht wäre eine weitere Auseinandersetzung mit ihren Positionen kaum notwendig, wenn ihre Deutung Heideggers nicht so einflussreich wäre. Wer nur eine oberflächliche Kenntnis von Heideggers Leben und Denken hat, mag ihrer Argumentation folgen, wer sich intensiver mit den Primär- und Sekundärquellen auseinandergesetzt hat, wird nicht umhinkönnen, einige wichtige Fragen zu stellen, die den Kern der Argumentation von Taureck und Faye betreffen.

Wie also soll man die Frage, ob Heidegger antisemitisch eingestellt war oder nicht, nun beantworten? Wir haben es ja nicht nur mit einander widersprechenden Deutungen und Quellen zu tun, sondern sogar mit Widersprüchen innerhalb einzelner Quellen: Dazu gehören etwa auch die Erinnerungen von Toni Cassirer, der Frau von Ernst Cassirer, die Ende der 1940er Jahre ihre Erinnerungen schrieb, die 1981 erstmalig unter dem Titel *Mein Leben mit Ernst Cassirer* veröffentlicht wurden. Dort heißt es u. a. über Heidegger: »Auch seine Neigung zum Antisemitismus war uns nicht fremd.«[47] Allerdings finden sich in ihren Erinnerungen wenig Belege für Heideggers Antisemitismus. Sie spricht zwar von den »philosophischen« und »persönlichen Antipathien«[48] Heideggers gegen Hermann Cohen und Ernst Cassirer, berichtet aber auch (in einer freilich etwas seltsam anmutenden Metaphorik), dass sie in ihren Gesprächen mit Heidegger das »Vergnügen« gehabt habe, »diesen harten Teig [scil. Heidegger, H. Z.] wie eine Semmel, die man in warme Milch getaucht hatte, sich erweichen zu sehen«.[49] Zudem verweist sie darauf, dass »nach der Davoser Tagung« Heideggers »Stellung zu Ernst ... unklar geworden sei« (sie meint damit, dass die Beziehung Heideggers zu ihrem Mann sich verbessert habe) und zitiert aus einem Brief ihres Ehemannes, den dieser während eines Aufenthaltes in Freiburg geschrieben hatte: »Heidegger habe ich dann am nächsten Morgen noch besucht und ihn sehr aufgeschlossen und direkt freundschaftlich gefunden. Von den wilden Gerüchten, die um ihn schwirren, vermochte ich

---

47 Toni Cassirer, *Mein Leben mit Ernst Cassirer*, Darmstadt 2003, 187.
48 Toni Cassirer, *Mein Leben mit Ernst Cassirer*, 188.
49 Toni Cassirer, *Mein Leben mit Ernst Cassirer*, 188.

jedenfalls nichts festzustellen.«[50] Cassirer, der von Heidegger eingeladen worden war, einen Vortrag in Freiburg zu halten (dies dürfte zeigen, dass Heidegger Cassirer sowohl menschlich als auch fachlich schätzte), mag sich in seinem Brief an seine Frau auf Gerüchte über Heideggers Antisemitismus und seine politische Einstellung bezogen haben. Man kann aus den Erinnerungen von Cassirer also einzig ableiten, dass es Ende der 1920er Jahre Gerüchte über Heideggers Antisemitismus gegeben habe – viel mehr zunächst einmal nicht. Das bei allen fachlichen Differenzen allem Augenschein nach doch nicht schlechte persönliche Verhältnis Heideggers zu Cassirer scheint eher das Gegenteil zu belegen.

Dass es Ende der 1920er Jahre und Anfang der 1930er Jahre solche Gerüchte gegeben hat (wie es ja auch 1932 das Gerücht gegeben hat, Heidegger sei in die NSDAP eingetreten[51]), zeigt auch ein Brief Heideggers an Hannah Arendt, in dem er Folgendes schreibt: »Die Gerüchte, die Dich beunruhigen, sind Verleumdungen, die völlig zu den übrigen Erfahrungen passen, die ich in den letzten Jahren machen mußte. Daß ich Juden nicht gut von den Seminareinladungen ausschließen kann, mag daraus hervorgehen, daß ich in den letzten 4 Semestern *überhaupt keine* Seminareinladungen hatte. Daß ich Juden nicht grüßen soll, ist eine so üble Nachrede, daß ich sie mir allerdings künftig merken werde.«[52] In diesem Brief geht Heidegger auch darauf ein, dass er zahlreiche jüdische Schüler habe: Wer, obwohl Heidegger eigentlich in Ruhe gelassen werden wolle und keine Arbeiten annehme, »trotzdem kommt und dringlich promovieren muß und es auch kann, ist ein Jude. Wer monatlich zu mir kommen kann, um über eine laufende große Arbeit zu berichten (weder Disserta-

---

50 Toni Cassirer, *Mein Leben mit Ernst Cassirer*, 189.
51 Vgl. hierzu Heidegger/Bultmann, 187f. und 191f.
52 Heidegger/Arendt, 68f.

tions- noch Habilitations-Projekt) ist wieder ein Jude.«[53] 1933 scheint auch Jaspers sich gefragt zu haben, welche Haltung Heidegger zum Judentum einnehme – vielleicht auch aufgrund von Gerüchten. 1945 berichtet er in seinem für die Universität Freiburg geschriebenen Gutachten über Heidegger von seinem letzten Gespräch mit seinem Freiburger Kollegen im Jahr 1933: Heidegger habe »1933 seinerseits auf heikle Fragen« geschwiegen oder »ungenau« – besonders in der Judenfrage – »geantwortet«.[54] Es gibt also doch gerechtfertigte Fragen, wenn es um Heideggers Haltung zum Judentum geht.

Einen überzeugenden Grund für die besagten Gerüchte über Heidegger scheint es, folgen wir seinen eigenen Erklärungen wie auch vielen anderen Zeugnissen über Heidegger, nicht zu geben. Es kann sein, dass Gerüchte über die antisemitische Einstellung seiner Frau Elfride auch auf Heidegger selbst übertragen wurden. Von diesen Gerüchten berichtet etwa Hans Jonas: »Man hörte munkeln, dass Elfriede [sic!] Heidegger antisemitische Neigungen habe, ohne dass ich sagen könnte, woher man das wusste.«[55]

Allerdings gibt es weitere Dokumente, die besser verständlich machen, warum auch Heidegger selbst gegenüber dieser Vorwurf gemacht werden konnte: Denn wir finden in dem uns heute zur Verfügung stehenden Quellematerial eine Reihe von Aussagen, die etwas besser verstehen lassen, warum Heidegger in dem Ruf stand, ein Antisemit zu sein – nicht etwa, weil diese Aussagen schon damals bekannt gewesen wären, sondern weil sie eine bestimmte Haltung Hei-

---

53 Heidegger/Arendt, 68.
54 Heidegger/Jaspers, 270.
55 Hans Jonas, *Erinnerungen. Nach Gesprächen mit Rachel Salamander*, 122. Vgl. zu Elfride Heideggers Antisemitismus auch Hannah Arendt/ Heinrich Blücher, *Briefe 1936–1938*, hg. und mit einer Einführung von Lotte Köhler, München/Zürich 1999, 207 f.; 274. Vg. hier auch *Heidegger-Jahrbuch* 4, 269 f.; Alfred Denker, »Mutter in dürftiger Zeit. Elfride Heidegger und der Nationalsozialismus«, in: *Heidegger-Jahrbuch* 5, 347–358.

deggers widerspiegeln, die vermutlich auch anderswo – in Gesprächen oder Briefen – Ausdruck gefunden haben dürfte. Allein die 2005 veröffentlichten Briefe an seine Frau Elfride beinhalten einige Aussagen Heideggers, die auf Antisemitismus oder antisemitische Tendenzen auf Heideggers Seite schließen lassen. Heidegger schreibt etwa am 18. Oktober 1916: »Die Verjudung unserer Kultur u. Universitäten ist allerdings schreckerregend u. ich meine die deutsche Rasse sollte noch soviel innere Kraft aufbringen um in die Höhe zu kommen.«[56] Heidegger sprach in ähnlichem Zusammenhang von »Verjudung« auch 1929 in einem Brief an Victor Schwoerer, den Vizepräsidenten der Notgemeinschaft der Deutschen Wissenschaft. In diesem Brief, den Heidegger einem Gutachten für Eduard Baumgarten beifügte, heißt es: »… es geht um nichts Geringeres als um die unaufschiebbare Besinnung darauf, daß wir vor der Wahl stehen, unserem deutschen Geistesleben wieder echte bodenständige Kräfte und Erzieher zuzuführen oder es der wachsenden Verjudung im weiteren u. engeren Sinne endgültig auszuliefern. Wir werden den Weg nur zurückfinden, wenn wir imstande sind, ohne Hetze und unfruchtbare Auseinandersetzung frischen Kräften zur Entfaltung zu verhelfen.«[57] Hierbei handelt es sich um zwei weitere der insgesamt sehr wenigen Stellen im Werk Heideggers, die in eindeutiger Weise einen rassistischen Antisemitismus zu belegen scheinen. Aber um welche Art des Antisemitismus handelt es sich bei Heidegger eigentlich?[58] Wie ernst

---

56 Heidegger/Elfride Heidegger, 51. Vgl. zum Begriff »verjudet« und »Verjudung«, in: Cornelia Schmitz-Berning, *Vokabular des Nationalsozialismus*, Berlin 2000, 629–632.

57 Vgl. Ulrich Sieg, »›Die Verjudung des deutschen Geistes‹. Ein unbekannter Brief Heideggers«, in: *Die Zeit*, Nr. 52, 22. Dezember 1989.

58 Auch jüdische Denker – wie zum Beispiel Leo Strauss – sollten kritisch von der »›Überfremdung‹« der deutschen Universität durch Juden sprechen (vgl. Leo Strauss, *Gesammelte Schriften 3*, hg. von Heinrich Meier, Stuttgart [2]2008, 391; ich danke meinem Kollegen Jerry Muller dafür,

muss man diese frühen brieflichen Aussagen nehmen, gibt es doch Aussagen, die in eine ganz andere Richtung zu weisen scheinen? Mehr als zehn Jahre später, im Februar 1928 schreibt er an seine Frau, dass »freilich: die Besten« die »Juden« seien.[59] Heidegger bezieht sich hier auf die Situation an der Universität – und es gibt keine weiteren Anzeichen, die dafür sprächen, dass er dies abwertend und nicht zunächst einmal konstatierend meint – freilich im Kontext des Bewusstseins, dass an den Universitäten eine hohe Zahl von jüdischen Studenten eingeschrieben ist. Und dass er sich selbst nicht als Antisemiten gesehen hat, zeigt sein an Elfride gerichteter Wunsch, dass man »manchmal … schon geistiger Antisemit werden« möchte.[60] Er scheint also Verständnis zu

mich auf diese Stelle aufmerksam gemacht zu haben). Dieser Hinweis sollte nicht als Entschuldigung Heideggers gelesen werden, aber doch als Warnung davor, seine Äußerungen zu schnell anachronistisch zu lesen und sie dabei aus dem ihr eigenen (alles andere als unproblematischen!) Kontext herauszulösen.

59 Heidegger/Elfride Heidegger, 156.

60 Heidegger/Elfride Heidegger, 116. Dass er Mitte der 1920er Jahre die Position eines »geistigen Antisemitismus« nicht geteilt hat, zeigt auch ein Brief von Heidegger an Jaspers vom 2. Dezember 1926. Anlässlich sich hinziehender Berufungsverhandlungen in Marburg schreibt Heidegger: »Was ich voraussah, ist eingetroffen. Mir ist die Sache völlig gleichgültig. … Der eine Teil der Fakultät hat das einzige Prinzip: keinen Juden und möglichst einen Deutschnationalen; der andere (Jaensch und sein Anhang): nur Mittelmäßiges und nichts Gefährliches« (Heidegger/Jaspers, 69). Es ist deutlich, dass Heidegger keiner Fraktion der Fakultät zustimmen kann und nicht damit rechnet, dass er selbst einen gewissen Einfluss ausüben könne: »Im übrigen wird ebenso sicher von hier aus in Berlin manövriert werden, wie in meinem Fall, daß meine Vorschläge wirkungslos bleiben« (69). Vgl. auch den Brief Heideggers an Jaspers vom 1. März 1927: »Und was das Schlimmste war – sachlich hatten die Herren gar kein Interesse – sondern es ging einzig darum, die deutschnationale und völkische Partei in der Fakultät zu stärken« (74). Heidegger scheint auch kritisch zu sehen, dass Ernst Cassirer »in der Einleitung der Liste ehrenhalber abgesägt« (74) wurde. Auf ein völkisches oder antisemitisches Denken Heideggers deuten diese Briefe also überhaupt nicht hin – im Gegenteil. Heidegger ist diesen Tendenzen an der Universität noch 1927 gegenüber äußerst

haben für bestimmte Formen des Antisemitismus, aber lehnt es hier eindeutig ab, selbst eine wirklich als antisemitisch zu qualifizierende Position einzunehmen. Denn ein überzeugter Antisemit hätte nicht so reflektiert über seinen Wunsch, »geistiger Antisemit« zu werden, gesprochen.

Worum aber handelt es sich bei einem geistigen Antisemiten? Es scheint, dass Heidegger durch die Qualifizierung des Antisemitismus andeutet, dass er einem rassistisch oder biologistisch begründeten Antisemitismus kritisch gegenüberstand: Wieder einmal äußert er sich zu Fragen, die im weitesten Sinne als politische Fragen zu kennzeichnen sind, aus einer verengten Perspektive, nämlich der Perspektive des Geistes. Dass diese Perspektive – wieder einmal – diejenige Perspektive ist, die auf seiner Überzeugung von der zentralen Bedeutung der Universität basiert, zeigt – neben den bereits zitierten Texten – eine Stelle, die sich im Brief an Hannah Arendt an seine Verteidigung gegen die Gerüchte, er sei Antisemit, anschließt. Hier nun schreibt Heidegger mit einem gewissen Trotz: »Im übrigen bin ich heute in Universitätsfragen genau so Antisemit wie vor 10 Jahren und in Marburg, wo ich für diesen Antisemitismus sogar die Unterstützung von Jacobsthal und Friedländer fand. Das hat mit persönlichen Beziehungen zu Juden (z.B. Husserl, Misch, Cassirer und anderen) gar nichts zu tun.«[61] Wie haben wir dies zu verstehen? Es scheint, dass Heidegger gegen einen zu großen Einfluss von jüdischen Wissenschaftlern an der Universität war – in keiner Weise drückt diese Aussage aber Heideggers Wunsch, die Universität müsse von jüdischen

kritisch eingestellt, weil sie u.a. im Widerspruch zu seinem damals vertretenen Ideal des universitären Leben stehen. Das wird sich in den Jahren danach insofern ändern, als nun das Volk bzw. die Nation eine zunehmend wichtige Bezugsgröße für Heidegger wird und sich damit gelegentlich, aber nicht in systematisch-grundlegender Weise auch antisemitische Stereotype verbinden.

61 Heidegger/Arendt, 69.

Studierenden und Lehrenden »gesäubert« werden, aus. Es scheint, wie auch die oben zitierte Aussage von Hans Jonas nahelegt, Heidegger eher um das Verhältnis gegangen sein, darum also, den relativen Anteil von jüdischen Studierenden und Lehrenden zu reduzieren. Denn ansonsten würden sich ja all seine Bemühungen um seine jüdischen Studierenden nicht verstehen lassen – wie auch sein Einsatz für jüdische Schüler und Kollegen nach 1933. Um einen rassistischen Antisemitismus, wie ihn die Nationalsozialisten bereits in den 1920er Jahren propagierten, ging es Heidegger also nicht. Aus heutiger Perspektive würde man hier auch eher von einem kulturell bedingten, allerdings sich nur gelegentlich zeigenden antisemitischen Ressentiment aufseiten Heideggers sprechen: Die Differenz von Juden und Nichtjuden spielte für ihn durchaus eine Rolle, allerdings nicht in einer rassistisch-biologistischen Weise und nicht so, dass sich dies in seinem konkreten persönlichen Verhalten in Handlungen, die sich gegen Juden richteten, maßgeblich niedergeschlagen hätte – sehen wir von sehr wenigen Ausnahmen wie etwa dem Gutachten Heideggers über den Neukantianer Richard Hönigswald oder seiner Aussage über den »Juden Fränkel« ab.[62]

Einen Beleg für diesen »geistigen Antisemitismus« Heideggers, also einen, um etwas genauer zu sein, universitätspolitisch orientierten Antisemitismus, liefert auch Max Müller: Heidegger machte, so erinnert sich Müller, als der Mediziner Thannhauser 1931 eine Professur in Freiburg angetreten habe, »in Gesprächen darauf aufmerksam, daß ursprünglich nur zwei jüdische Ärzte in der Internistik tätig waren, dann schließlich aber in diesem Fach nur noch zwei Nichtjuden anzutreffen waren. Das hat ihn schon etwas geärgert.«[63]

---

62 Vgl. hierzu oben S. 384.
63 »Gespräch mit Max Müller« in: Heidegger/Müller, 128. Gleichzeitig aber scheint sich Heidegger auch 1933 für Thannhauser verwendet zu haben (vgl. oben S. 394).

Auch hier gilt es, die von Müller überlieferte Aussage nicht
zu verharmlosen und als Produkt des Zeitgeistes abzutun.
Aber es gilt – auf der anderen Seite – auch, nicht zu viel von
dieser Aussage abzuleiten. Denn selbst wenn Müller sich
korrekt erinnert und Heidegger tatsächlich sich in dieser
Weise über die Berufung Thannhausers geäußert hat, bleibt
doch immer noch offen, wie genau seine Äußerung zu verstehen ist und welche Folgerungen Heidegger daraus, dass es so
viele jüdische Professoren gegeben hat, gezogen hat.

Müller verweist auch darauf, dass »von dem Moment an,
als Heidegger Rektor wurde, ... er keinen jüdischen Schüler,
der bei ihm eine Doktorarbeit angefangen hatte, mehr promoviert« habe, sondern diese u.a. bei seinem Kollegen Martin Honecker promovieren ließ.[64] Auch hier stellt sich die
Frage, was das eigentlich bedeutete, dass Heidegger (der ohnehin nie sehr viele Doktoranden hatte) nach 1933 keine jüdischen Schüler mehr promovierte. Es zeigt sich, dass, selbst
wenn Max Müller sich in beiden Fällen korrekt erinnert, immer noch offenbleibt, wie genau Heideggers Haltung zu verstehen ist. Wusste er – wie im Fall von Helene Weiß, der Heidegger geraten hatte, in Basel bei Herman Schmalenbach zu
promovieren – darum, dass eine Promotion in Deutschland
ohnehin aussichtslos war, und half daher seinen Studenten,
wenn möglich, Alternativen zu finden?[65] War er daher davon
innerlich überzeugt, dass diese bei ihm nicht mehr promovieren sollten? Oder hatte er Angst, dass sein Ruf als Rektor
der gleichgeschalteten Universität Freiburg darunter leiden
könnte? Wollte er sich von seinen jüdischen Schülern distanzieren, weil er nach 1933 – vielleicht aus Opportunismus,
vielleicht aber auch aus einer kritisch-ablehnenden Haltung
gegenüber Juden, die nun tatsächlich sein Denken und Han-

---

64 »Gespräch mit Max Müller« in: Heidegger/Müller, 128.
65 Vgl. hierzu auch GA 16, 659.

deln bestimmte – darauf bedacht war, im Allgemeinen keinen oder nur geringen Kontakt mehr mit Juden zu pflegen?
Dafür spricht zum Beispiel, dass Heidegger in der Erinnerung
Gerhard Ritters sich ab 1933 geweigert habe, das Haus des jüdischen Rechtshistorikers Fritz Pringsheim zu betreten.[66]
Vor allem im Jahr 1933 scheint es im Zusammenhang mit der
auch in anderer Hinsicht festzustellenden politischen Radikalisierung in bestimmter Hinsicht *auch* so etwas wie eine
Radikalisierung eines zuvor eher latent oder im Hintergrund
wirkenden kulturellen Antisemitismus aufseiten Heideggers
gegeben zu haben – darauf hat ja auch unsere Diskussion seines Rektorats hingewiesen. »In bestimmter Hinsicht« – denn
andernfalls wird man nicht erklären können, warum er sich
zugleich für jüdische Schüler und Kollegen verwendet hat.

Nachdem wir nun nicht nur Heideggers eigene Schriften
und Quellen aus anderer Hand diskutiert haben, sondern auch
einige Interpretationen seines Verhältnisses zu Juden, stellt
sich die Frage, wie sich dieses Verhältnis auf der Grundlage
des heute zugänglichen Quellenmaterials zusammenfassend
deuten lässt. Wer sich mit Heideggers Leben, seinem Denken
und seinem Werk – einschließlich seiner Briefe – beschäftigt,
wird zunächst einmal feststellen, dass die Belege, die sich
überhaupt für eine antisemitische Position oder Orientierung
Heideggers anführen lassen, nicht sehr zahlreich sind. Das
scheint auch nicht damit zusammenzuhängen, dass viele Belege vernichtet wurden oder noch nicht zugänglich sind. Es

---

66 Vgl. hierzu Christoph Cornelißen, *Gerhard Ritter. Geschichtswissenschaft und Politik im 20. Jahrhundert* (= *Schriften des Bundesarchivs*; 58),
Düsseldorf 2001, 155. Allerdings steht fest, dass sich Heidegger im Juli
1933 für das Verbleiben von Pringsheim an der Universität verwendet hat
(GA 16, 147; vgl. oben S. 394). Heidegger scheint 1933 auch den Kontakt
mit dem jüdischen Philosophen Wilhelm Szilasi abgebrochen zu haben
(vgl. Max Müller, *Auseinandersetzung als Versöhnung. Ein Gespräch
über ein Leben mit der Philosophie*, hg. von Wilhelm Vossenkuhl, Berlin
1994, 261).

handelt sich überdies nicht nur um zahlenmäßig sehr wenige Stellen, sondern auch um Stellen, die zumindest keine zentrale Bedeutung für die Entwicklung seines philosophischen Denkens haben. Es zeigt sich auch, dass es sich in den meisten Fällen um eher *en passant* gemachte Bemerkungen handelt, die nicht im Vordergrund einer bestimmten politischen Argumentation stehen. Und es scheint auch so zu sein, dass es für jeden Beleg, der die These von Heideggers Antisemitismus zu unterstützen scheint, einen Gegenbeleg gibt oder dass die Belege selbst recht unterschiedlich interpretiert werden können. Was aber vor allem sehr wichtig ist bei der Einschätzung dieser Quellen, ist die Tatsache, dass es sich vornehmlich um briefliche Äußerungen handelt, um Äußerungen also, die nicht für die Publikation vorgesehen waren und die daher auch nicht mit der Sorgfalt formuliert waren, die Texten, die publiziert werden sollen, normalerweise zukommt. Außerdem wird man in seinen Vorlesungen und in anderen Schriften auch viele Belege für eine zumindest implizite Kritik des Antisemitismus als einer rassistischen Theorie finden.

Wäre Heidegger tatsächlich ein innerlich und zutiefst überzeugter Antisemit im Sinne des von den Nationalsozialisten vertretenen rassistischen Antisemitismus gewesen, dann hätte er in der Zeit von 1933 bis 1945 und vor allem während des Rektorats reichlich Gelegenheit gehabt, dies auch öffentlich zu zeigen und damit den neuen Machthabern entgegenzuarbeiten. Und angesichts der antisemitischen Tendenzen auch in der Freiburger Studentenschaft hätte er auch vor 1933 reichlich Gelegenheit gehabt, einen antisemitischen Standpunkt auch öffentlich – etwa in seinen Vorlesungen – zu vertreten und dabei auf wohlwollende Reaktionen seitens vieler Studenten zu stoßen.[67] Aber selbst die Äußerungen, die er

---

67 Vgl. hierzu (mit weiteren Literaturangaben) Bernd Grün, »Die Radikalisierung der Studentenschaft in der Weimarer Republik und der Wehrsport«, in: Bernd Martin (Hg.), *Von der badischen Landesuniversität zur*

als Rektor getätigt hat, können nicht dazu herangezogen werden, um bei Heidegger eine sein gesamtes Leben und Denken
bestimmende antisemitische Einstellung zu belegen – ganz
zu schweigen von seinem Einsatz für jüdische Schüler und
Kollegen. Wir müssten schon einzelne und sehr isolierte
Aussagen in ihrer Bedeutung überbewerten, um zu einem
solchen Schluss zu kommen.

Was sich bei Heidegger findet, sind bestimmte Bemerkungen, die auf so etwas wie einen kulturellen (nicht zuletzt
auch christlich bestimmten) Antisemitismus zurückgehen,
einen gewissermaßen abstrakten (deshalb freilich nicht unproblematischen) Antisemitismus, der in der persönlichen
Begegnung mit Juden in der Regel keine wesentliche Rolle
spielte und sich vor allem auf den sehr begrenzten Bereich
der Universität oder des Geistes bezog. Dieser kulturelle
Antisemitismus hat sicherlich den rassistischen und pseudo-
wissenschaftlichen Antisemitismus und die nationalsozialistische Judenverfolgung als einen Faktor mit bestimmt und
auch möglich gemacht. Noch einmal: Verharmlosen lässt
sich hier nichts. Aber es lässt sich nicht so einfach von ihm
eine direkte Verbindung zur Shoah herleiten, ohne dass noch
viele andere Faktoren – wie etwa die rassistische Radikalisierung und viele andere Versatzstücke der nationalsozialistischen Ideologie, die Heidegger auch 1933 nicht teilte –
zusätzlich in Erwägung gezogen werden müssten. Wenn
Heidegger also kritisch von einer »Verjudung« spricht, dann

Hochschule des 21. Jahrhunderts (= *550 Jahre Albert-Ludwigs-Universität
Freiburg. Festschrift*; 3), Freiburg 2007, 308–330, 312: »Die Studentenschaft war bereits seit Ende des 19. Jahrhunderts auf dem Wege zu einem
radikalen, rassistischen Antisemitismus, schon 1914 verfügten fast alle
Korporationen über einen Arierparagraphen.« Vgl. hierzu auch Usha
Swamy, »›Für Nichtarier bestehen besondere Bedingungen‹ – Das Schicksal der jüdischen Studierenden und Professoren«, in: Bernd Martin (Hg.),
*Von der badischen Landesuniversität zur Hochschule des 21. Jahrhun-
derts*, 374–390, 377.

steht er in einem bestimmten kulturellen Kontext, in dem »der Jude« als der Andere wahrgenommen wird, aber in einer Weise, die man nicht vorschnell in anachronistischer Weise von unserem heutigen Bewusstseins- und Wissensstand her deuten sollte und die man auch nicht zu schnell mit einem rassistischen Antisemitismus identifizieren kann.

Man kann Heidegger sicherlich nicht so einfach davon entschuldigen, dass er diese Aussagen gemacht hat. Sosehr er – sicherlich – auch Kind seiner Zeit war, so sehr hat gerade Heidegger auch darum gewusst, dass man seine Fehler nicht so einfach mit dem Verweis darauf, dass diese Fehler doch weit verbreitet waren, von jeder Schuld freisprechen kann. Wenn es aber um die Frage nach seiner Schuld geht, muss immer auch im Auge behalten werden, um welche Schuld es denn eigentlich geht. Und dann wird sich zeigen, dass das Verhältnis Heideggers zum Judentum durchaus nicht unproblematisch ist und durchaus als ambivalent zu kennzeichnen ist, dass dies aber – dies ist vor allem wichtig – in keiner Weise sein philosophisches Denken belastet hätte. Denn dieses zeigt auch bei einer sehr genauen Betrachtung keine Zeichen einer antisemitischen Einstellung. Die plausibelste Antwort auf die Frage nach Heideggers Stellung zum Judentum ist unseres Erachtens daher eine Deutung, die von einem der Tendenz nach perspektivisch auf die Welt der Universität verengten »geistigen«, sich auf sein Denken gar nicht auswirkenden und ohnehin nur in wenigen Dokumenten belegbaren (Gelegenheits-)Antisemitismus bei Heidegger ausgeht, der gleichzeitig mit einer nicht von Vorurteilen getragenen Offenheit gegenüber und Freundschaft oder freundschaftlichen Beziehung mit jüdischen Schülern und Kollegen verbunden war.[68]

---

68 Vgl. hierzu auch »Gespräch mit Max Müller« in: Heidegger/Müller, 126 f.

Ein Brief an seine Frau Elfride aus dem Jahr 1932 zeigt noch einmal aus einer anderen Perspektive diese Widersprüchlichkeit von Heideggers Haltung gegenüber dem Judentum: Auf der einen Seite äußert er sich enttäuscht über die philosophischen Fähigkeiten Alfred Baeumlers, lobt aber dessen Kapazität als Historiker und Interpret der Zeitgeschichte: Mit Baeumler sieht Heidegger die heraufziehende Gefahr des Kommunismus und stellt seiner Frau gegenüber fest, dass »die ganze jüdische Intellektualität … jetzt dahin über»gehe und dass »das Berliner Tagblatt … schon seit einem Jahr kommunistisch« sei.[69] Im gleichen Brief erwähnt Heidegger aber auch, Baeumler habe ihm die *»Jüdische Rundschau* bestellt, die ausgezeichnet orientiert u. Niveau hat«.[70] Diese Ambivalenz in Heideggers Verhalten gegenüber Juden zeigt sich des Weiteren auch in Heideggers Verhalten seinem Assistenten Werner Brock gegenüber, den er sehr hoch schätzte und dem er auf der einen Seite nach 1933 hilft, in Bezug auf den er auf der anderen Seite aber auch – bei aller Bereitschaft, ihn zu unterstützen – antisemitische Stereotype verwendet, nämlich in einem Brief an seinen Kollegen und Freund Kurt Bauch.[71] Sie wird aber auch von Jaspers im Dezember 1945 in seinem gutachterlichen Brief an Friedrich Oehlkers, der Mitglied des Bereinigungsausschusses der Freiburger Universität war, betont. In diesem Brief schreibt Jaspers, der ja vor allem in den 1920er Jahren engen persönlichen Kontakt mit Heidegger pflegte: »In den zwanziger Jahren war Heidegger kein Antisemit. Jenes durchaus unnötige Wort vom Juden Fraenkel beweist, daß er 1933 wenigstens in gewissen Zusammen-

---

69 Heidegger/Elfride Heidegger, 176.
70 Heidegger/Elfride Heidegger, 176.
71 Vgl. Heidegger/Bauch, 32: »Brock – ich glaube nicht, daß er im Seminar arbeiten kann. Merkwürdig, wie da doch dem Juden etwas fehlt. Unsereiner käme doch nie auf den Gedanken, so eine Frage zu stellen. Wichtiges kann ich ihm ja besorgen. –«

hängen Antisemit geworden ist. Er hat in dieser Frage nicht nur Zurückhaltung geübt. Das schließt nicht aus, daß ihm, wie ich annehmen muß, in anderen Fällen der Antisemitismus gegen sein Gewissen und seinen Geschmack ging.«[72] Gerade diese Spannung in seinem Verhältnis zu Juden mag auch erklären, was man Heidegger vorwerfen kann, nämlich gewisse Handlungen nach 1933 oder nach 1945 unterlassen zu haben oder nach dem Ende des Zweiten Weltkrieges nicht eindeutiger das Wort ergriffen zu haben – etwa in seinem Briefwechsel mit Herbert Marcuse.

Wäre Heideggers »Antisemitismus« tatsächlich so gut dokumentierbar, wie Wolin, Faye und andere suggerieren, könnte man hier ganz andere Aussagen Heideggers diskutieren – aber das ist nicht möglich, da derlei Aussagen bislang nicht bekannt sind und es eher unwahrscheinlich ist, dass weitere Quellen auftauchen, die die These eines den Kern von Heideggers Leben und Denken betreffenden Antisemitismus bestätigen. Wie aber verhält es sich dann mit den Anfang der 1950er Jahre gehaltenen *Bremer Vorträgen*? Diese werden ja immer wieder diskutiert, wenn die Frage nach Heideggers vermeintlichem Antisemitismus gestellt wird. In dem Vortrag mit dem Titel »Das Gestell« heißt es an einer auch von Faye diskutierten Stelle: »Ackerbau ist jetzt motorisierte Ernährungsindustrie, im Wesen das Selbe wie die Fabrikation von Leichen in Gaskammern und Vernichtungslagern, das Selbe wie die Blockade und Aushungerung von

---

72 Heidegger/Jaspers, 271. Vgl. für Heideggers Aussagen über Fränkel oben S. 384. Vgl. hierzu auch Hermann Heimpel, »Der gute Zuhörer«, in: *Erinnerung an Martin Heidegger*, hg. von Günther Neske, Pfullingen 1977, 116: »Sagte er [scil., Heidegger, H. Z.] von einem Kollegen ›der Jude‹, verkannte er sich selbst.« In diesem Zusammenhang ist auch Heinrich Wiegand Petzet, *Auf einen Stern zugehen. Begegnungen und Gespräche mit Martin Heidegger 1929–1976*, Frankfurt am Main 1983, 40 aufschlussreich.

Ländern, das Selbe wie die Fabrikation von Wasserstoffbomben.«[73] Das Urteil, das Faye über diese Aussage trifft, lässt an Eindeutigkeit nichts zu wünschen übrig: »Indem Heidegger einen solchen Satz ausspricht, schließt er sich selbst aus der Philosophie aus und zeigt, dass er allen menschlichen Verstand verloren hat.«[74] Wer diesen Satz in unbedarfter Haltung liest, wird vielleicht geneigt sein, Faye zu folgen. Wie kann man so leicht die »Fabrikation von Leichen in Gaskammern« neben die »motorisierte Ernährungsindustrie« stellen? Noch einmal stellt sich die Frage, was Heidegger eigentlich von der Wirklichkeit wahrgenommen hat: Selbst wenn man in Betracht zieht, dass Anfang der 1950er Jahre die späteren Debatten um die historische Einmaligkeit der nationalsozialistischen Judenvernichtung noch nicht stattgefunden hatten, stellt sich doch die Frage, wie Heidegger eine solche Sicht der Dinge ernsthaft vertreten konnte und ob dieser Satz nicht noch einmal auf so etwas wie eine antisemitische Haltung Heideggers verweist. Aber es mag gerade diese Frage auch auf die Notwendigkeit hinweisen, das Zitat nicht einfach von seinem Kontext zu isolieren und das eigentliche Anliegen Heideggers auszublenden: Jenseits der Diskussionen um die historische Einmaligkeit der Shoah ging es Heidegger darum, die tieferen Gründe für die »Fabrikation von Leichen in Gaskammern« philosophisch zu erschließen: Heideggers Antwort ist hochspekulativ, aber doch nicht einfach dumm.

73 GA 79, 27. Vgl. zu dieser Sichtweise Heideggers auch kritisch Hannah Arendt, in: Hannah Arendt/Heinrich Blücher, *Briefe 1936–1938*, 243. Vgl. aus kritischer Perspektive auch Dieter Thomä, *Die Zeit des Selbst und die Zeit danach. Zur Kritik der Textgeschichte Martin Heideggers 1910–1976*, Frankfurt am Main 1990, 626ff. Vgl. für die Sicht der Nachkriegszeit als eine – zumindest in Teilbereichen – »Fortsetzung dessen, was in der Hitlerzeit sich breit machte«, auch Heidegger/Bultmann, 205.
74 Emmanuel Faye, *Heidegger. Die Einführung des Nationalsozialismus in die Philosophie*, Berlin 2009, 406.

Könnte es nämlich nicht wirklich der Fall sein, dass die Shoah zumindest teilweise im Hinblick auf Konstellationen innerhalb der Geschichte des Denkens verstanden werden kann, die auch zur »motorisierten Ernährungsindustrie« geführt haben? Wäre dann nicht – in der abstrakten Sprache des Philosophen gesprochen – die Ernährungsindustrie tatsächlich »im Wesen das Selbe« wie die Fabrikation von Leichen in Gaskammern, nämlich eine Auswirkung oder Erscheinung des auf dem gesamten Planeten zur Verwüstung führenden Willens zur Macht, der alles darauf reduziert, zum bloßen Objekt seiner Verfügungsgewalt zu werden? Man scheut sich fast, dies niederzuschreiben, weniger aber, weil der Gedanke so absurd wäre, als vielmehr, weil die Möglichkeit des Missverständnisses so naheliegt.

Wie leicht kann man sich über Heideggers Ignoranz und – wieder einmal – den schockierenden Mangel an Sensibilität entsetzen. Und dies teils zu Recht: Hätte Heidegger in den Bremer Vorträgen zusätzlich noch anderes gesagt, hätte er ausdrücklicher darauf hingewiesen, dass es eine Ebene gibt, auf der die »Fabrikation von Leichen« alles andere als vergleichbar ist mit der »motorisierten Ernährungsindustrie« – die Diskussion um diesen Satz sähe ganz anders aus und wäre ganz anders verlaufen. Aber wir sahen schon im zweiten Teil dieses Buches, dass Heidegger trotz seines hermeneutischen Ansatzes in Fragen des konkreten Lebens – der konkreten Politik oder der konkreten Geschichte – nicht zu den sensibelsten Zeitgenossen gehörte. Zu wichtig war ihm die ontologisch-philosophische Perspektive, zu schnell nahm er diese Perspektive ein, als dass er sich mit den Niederungen des konkreten Lebens ausführlich hätte beschäftigen können: Die ihn seit seinen philosophischen Anfängen beschäftigende Seinsfrage und sein Kampf gegen die Seinsvergessenheit führten bei Heidegger zu einer anderen Vergessenheit. Denn er stellte andere Fragen gar nicht oder zumindest nicht

immer in einer angemessenen Weise: die Frage nach dem Seienden in seiner Konkretheit, nach dem anderen Menschen
in seiner Sterblichkeit und Freiheit, nach den Geschehnissen
der »Realgeschichte« oder nach den Ereignissen im politischen Bereich und ihrer moralischen Bewertung. Hier
müsste eine Kritik an Heidegger ansetzen – nicht auf der
Ebene einer unsachlichen Polemik. Denn war Heidegger auf
einem Auge vielleicht blind – eine Blindheit, auf die viele
Kritiker Heideggers hingewiesen haben –, so hat er auf dem
anderen Auge doch vielleicht wesentlich mehr gesehen
als viele andere vor und nach ihm und dies in einer immer
neu ansetzenden, ihrer eigenen Unzulänglichkeit bewussten
Sprache zu formulieren versucht.[75] Man kann sich leicht
über Heideggers Ignoranz entsetzen, seinem Denken gerecht
wird man damit aber nicht – noch nicht einmal auf einer kritischen Ebene. Denn dass »Ackerbau ... jetzt motorisierte Ernährungsindustrie, im Wesen das Selbe wie die Fabrikation
von Leichen in Gaskammern und Vernichtungslagern« sei,
ist vielleicht ein Gedanke, der auf einen zweiten Blick auch
politisch in ganz anderer Weise radikal erscheint, als Faye
und viele andere Kritiker einzuräumen gewillt sind: Denn
richtet sich Heidegger damit nicht auch gegen die Aufbruchstimmung der 1950er Jahre, gegen den Geist des Vergessens,
des Verdrängens und des Herunterspielens, gegen den oft ge-
schichtsblinden Optimismus, der die junge Bundesrepublik
schon zu ergreifen begann? Wie auch immer man über diese
These denken mag, dass Heidegger »allen menschlichen Verstand verloren« habe, zeigt sie nicht. Sie zeigt vielleicht, dass
Heidegger, nachdem er 1933/34 zu sehr auf Aktivität, Ent-

---

75 Vgl. hier auch Heideggers Brief an Elisabeth Blochmann aus dem März
1948 (Heidegger/Blochmann, 96): »Mir ist aus den Erfahrungen seit 1933
längst klar, daß unsere geläufigen europäischen Vorstellungen nicht zurei-
chen, um das zu denken, was längst schon ist und – entschieden ist.«

scheidung und Handeln beharrt hat, nun vielleicht zu passiv sich ins Schicksal fügt und keinerlei Handlungsmöglichkeiten offenzuhalten scheint. Dies gibt uns weiter zu denken, und gerade deshalb fordert diese These zum Denken (und nicht zur billigen Kritik) auf – mit und gegen Heidegger.

IV.

Nach 1945:
Unterwegs zur Gelassenheit?

15. Von 1945 bis zur Emeritierung 1951:
Stadien der Wiedereingliederung Heideggers
in die Universität

»Ein apolitischer Bereich fordert auch Selbstausschaltung
von politischer Wirksamkeit jeder Art –
und hebt doch nicht in jedem Sinn eine politische Mithaftung auf.«[1]
Karl Jaspers

»Merkwürdig, das alles: man steht vor einem Geist,
wie er in solcher Kraft und Größe einem
nicht zum zweiten Mal im Leben begegnet, – und zugleich
sieht man den ganzen menschlichen Wirbel,
der um ihn herum entsteht, und
man kann doch nicht recht ergründen,
wer an diesem Wirbel eigentlich schuld hat.«[2]
Hugo Friedrich (1950)

Nach dem Ende des »Dritten Reiches«

Ende November 1944 wurde die Stadt Freiburg durch einen
alliierten Luftangriff sehr schwer getroffen. Der Betrieb der
Universität wurde daher vorläufig eingestellt. Im Frühjahr
1945 wurden die juristische, die theologische und die philosophische Fakultät wie auch viele naturwissenschaftliche

---

1 Karl Jaspers, *Die Schuldfrage. Zur politischen Haftung Deutschlands*,
München 1987, 42.
2 In einem Brief an Fritz Heidegger (Heidegger/Friedrich, 115).

Institute ausgelagert.[3] Die philosophische Fakultät befand sich ab dem 16. März 1945 auf der Burg Wildenstein im oberen Donautal. Heidegger spielte bei der Entscheidung, seine Fakultät in die Nähe seiner Meßkircher Heimatstadt auszulagern, vielleicht sogar eine gewisse Rolle.[4] Allerdings war ihm die Fortsetzung des Lehrbetriebes nicht das wichtigste Anliegen. Die akademische Lehre hatte er schon seit längerem äußerst kritisch gesehen und, wie es scheint, nicht mit allzu großer Lust weiterbetrieben. Es ging ihm Anfang 1945 vor allem darum, seine »Lebensarbeit vielleicht für die Zukunft zu retten«.[5] Wir hatten ja gesehen, dass er ab 1934 zunehmend für die Zukunft und auf die Zukunft hin dachte. Nun galt es aber auch, sein Denken in ganz konkreter Weise für die Zukunft zu bewahren: Da auch Meßkirch sich nicht als ein sicherer Ort für seine Manuskripte erwies (die Stadt wurde am 22. Februar 1945 bombardiert), musste Heidegger sich intensiv um eine sichere Unterbringung seiner Manuskripte bemühen.

3 Vgl. hierzu auch Silke Seemann, *Die politischen Säuberungen des Lehrkörpers der Freiburger Universität nach dem Ende des Zweiten Weltkrieges (1945–1957)*, Freiburg 2002, 39; Hugo Ott, *Martin Heidegger. Unterwegs zu seiner Biographie*, Frankfurt am Main 1988, 283–288.
4 Vgl. hierzu neben Hugo Ott, *Martin Heidegger. Unterwegs zu seiner Biographie*, 293f., auch Bernd Martin, »Das politisch-weltanschauliche Umfeld«, in: Eckhard Wirbelauer (Hg.), *Die Freiburger Philosophische Fakultät 1920–1960. Mitglieder – Strukturen – Vernetzungen* (= *Freiburger Beiträge zur Wissenschafts- und Universitätsgeschichte*, Neue Folge 1), Freiburg und München 2006, 29–57, 51. Vgl. Heidegger/Elfride Heidegger, 238, für Heideggers Eindrücke von der Situation auf der Burg Wildenstein: »Aus den Unterhaltungen auf Wildenstein entnehme ich nur, daß die ›Universität‹ im alten Stil weiterdenkt. Von irgendwelchen Institutionen dieser Art ist wohl nichts zu erwarten.« Heidegger hält also weiterhin an seiner äußerst kritischen Sicht der Universität fest, die allerdings nach wie vor von derart zentraler Bedeutung für ihn zu sein scheint, dass er in einer freilich nicht ereignisarmen Zeit seiner Frau ausdrücklich von seinen diesbezüglichen Ansichten schreibt. Vgl. hier auch GA 16, 370.
5 Heidegger/Bauch, 95.

Freiburg nach der Bombardierung 1944

Knapp fünf Wochen nach der Auslagerung der Philosophischen Fakultät, am 21. April 1945, wurde Freiburg von französischen Streitkräften besetzt; die Universität musste erneut ihren Lehrbetrieb einstellen. Bereits vier Tage nach der
Besetzung der Stadt durch die Franzosen kam es allerdings
zu einer – aus heutiger Sicht überraschenden – Neugründung
der Freiburger Albert-Ludwigs-Universität seitens der Professorenschaft. Dass es dazu kommen konnte, hatte vor allem
einen Grund: »Das Verhalten der französischen Besatzungsmacht war aufgrund der vielfältigen organisatorischen und
personellen Schwierigkeiten ... anfänglich eher von Zufäl-
ligkeiten geprägt. Dies galt auch für Planungen bezüglich
der zukünftigen Gestaltung der Freiburger Universität. Im
Gegensatz dazu verfügte diese über eine eigene Strategie. Sie
konnte die Orientierungsphase der französischen Militärregierung dazu nutzen, um ihr mit einer Politik der vollendeten Tatsachen resolut entgegenzutreten.«[6] Zunächst wurde
die 1933 eingeführte Hochschulverfassung, an deren Erstellung und Erlass auch Heidegger zumindest indirekt mitgewirkt hatte, abgeschafft und die bis 1933 gültige Weimarer
Hochschulverfassung von 1919 wieder eingeführt.[7] Der Grund
für diese Verfassungsänderung liegt auf der Hand: Durch die
Wiedereinführung der Verfassung aus der Zeit vor der nationalsozialistischen Machtergreifung sollte ein Zeichen gesetzt werden, dass nämlich die Universität in ihrem Neuanfang nach dem verlorenen Krieg nun an die demokratische
Zeit vor dem Nationalsozialismus und damit auch an die
altehrwürdige deutsche Universitätstradition anzuknüpfen

6 Silke Seemann, *Die politischen Säuberungen des Lehrkörpers der Frei-*
burger Universität, 42. Vgl. hierzu auch Hugo Ott, *Martin Heidegger. Un-*
terwegs zu seiner Biographie, 291 ff.
7 Vgl. zur Verfassung von 1919 Bernd Grün, »Universitätsleitung und
Philosophische Fakultät«, in: Eckhard Wirbelauer (Hg.), *Die Freiburger*
Philosophische Fakultät 1920–1960. Mitglieder – Strukturen – Vernetzun-
gen, 717–722.

gedachte und sich damit deutlich vom Nationalsozialismus distanzieren wollte. »Neubeginn und zugleich innerer rechtlicher Wiederaufbau«, so Hugo Ott daher in prägnanter Kürze, »das war die Losung des 25. April 1945.«[8]

Sommer 1945: Die ersten Reinigungsmaßnahmen

Die Franzosen konnten – aus mehr als verständlichen Gründen – die Neugründung der Universität allerdings nicht akzeptieren, ohne auf eine Reinigung der Professoren- und Dozentenschaft zu bestehen.[9] Schon im Mai 1945 wurde daher der französischen Besatzungsmacht seitens des Senates der Universität vorgeschlagen, dass die Universität eine »Selbstreinigung« des Lehrkörpers vornehme, bevor sie ihren Lehrbetrieb wiederaufnehme. Der Senat traf die Entscheidung, die Angehörigen der Universität, die als belastet galten, in drei Kategorien einzuteilen, nämlich in die Gruppe der Denunzianten, der Funktionäre und der Rektoren und Dekane.[10] Während diejenigen, die zur ersten Gruppe gehörten, aus dem Lehrkörper entlassen und die Angehörigen der zweiten Gruppe ihres Amtes enthoben werden sollten, war zu-

8 Hugo Ott, *Martin Heidegger. Unterwegs zu seiner Biographie*, 291.
9 Vgl. hier neben Silke Seemann, *Die politischen Säuberungen des Lehrkörpers der Freiburger Universität*, 45 ff., auch Silke Seemann, »Die gescheiterte Selbstreinigung: Entnazifizierung und Neubeginn«, in: Bernd Martin (Hg.), *Von der badischen Landesuniversität zur Hochschule des 21. Jahrhunderts* (= *550 Jahre Albert-Ludwigs-Universität Freiburg. Festschrift*; 3), Freiburg 2007, 536–554; Reinhard Grohnert, *Die Entnazifizierung in Baden 1945–1949. Konzeption und Praxis der ›Epuration‹ am Beispiel eines Landes der französischen Besatzungszone*, Stuttgart 1991; Corine Defrance, »Die französische Besatzungsmacht und die Philosophische Fakultät«, in: Eckhard Wirbelauer (Hg.), *Die Freiburger Philosophische Fakultät 1920–1960. Mitglieder – Strukturen – Vernetzungen*, 803–820; Corine Defrance, »Wiederaufbau und geistige Neugestaltung«, in: Bernd Martin (Hg.), *Von der badischen Landesuniversität zur Hochschule des 21. Jahrhunderts*, 575–591.
10 Vgl. Hugo Ott, *Martin Heidegger. Unterwegs zu seiner Biographie*, 293.

nächst unklar, was mit den ehemaligen Dekanen und Rektoren – also u.a. auch mit Martin Heidegger – zu geschehen
habe.[11]

Da die Militärregierung mit der vom Senat unternommenen »Selbstreinigung« alles andere als zufrieden war,[12] wurde
im Sommer 1945 eine Kommission eingerichtet, die die Universität bei der französischen Militärregierung vertreten
sollte. Diese Kommission sollte auch bei der Reinigung der
Universität eine wichtige Rolle spielen und war mit der Aufgabe betraut, Gutachten über Angehörige der Universität zu
erstellen. Sie bestand aus moralisch integren Persönlichkeiten: Neben Constantin von Dietze, Gerhard Ritter und Adolf
Lampe, die als Mitglieder des »Freiburger Kreises« und der
»Bekennenden Kirche« zum Widerstand gegenüber dem Nationalsozialismus zu rechnen sind und vom Herbst 1944 bis
April 1945 in Berlin inhaftiert gewesen waren,[13] gehörten der
Kommission auch der mit einer Jüdin verheiratete Botaniker
Friedrich Oehlkers und der Theologe Arthur Allgeier an.[14]

---

11 Vgl. hier auch Silke Seemann, *Die politischen Säuberungen des Lehrkörpers der Freiburger Universität*, 50 f.; vgl. 159–195 für die Beurteilung
der Rektoren im Reinigungsverfahren und insbesondere 162–172 für die
Auseinandersetzung um Martin Heidegger; vgl. auch Hugo Ott, *Martin
Heidegger. Unterwegs zu seiner Biographie*, 293.

12 Vgl. hierzu u.a. Silke Seemann, »Die gescheiterte Selbstreinigung:
Entnazifizierung und Neubeginn«, 541 f.

13 Vgl. zu Dietze, Lampe und Ritter wie auch zum »Freiburger Konzil«,
dem neben den Genannten u.a. auch Walter Eucken, Clemens Bauer, Erik
Wolf und Franz Boehm angehörten, Helmut Heiber, *Universität unterm
Hakenkreuz. Band I: Der Professor im Dritten Reich*, München 1991,
189–196; Nils Goldschmidt, »Verfolgung und Widerstand: Die Freiburger
Kreise«, in: Bernd Martin (Hg.), *Von der badischen Landesuniversität zur
Hochschule des 21. Jahrhunderts*, 503–519.

14 Vgl. zur (kontroversen) Bildung dieser Kommission auch Silke Seemann, *Die politischen Säuberungen des Lehrkörpers der Freiburger Universität*, 61–69; vgl. hier auch Christoph Cornelißen, *Gerhard Ritter. Geschichtswissenschaft und Politik im 20. Jahrhundert* (= *Schriften des
Bundesarchivs*; 58), Düsseldorf 2001, vor allem 375–388.

Die Kommission arbeitete zunächst sehr schnell: Bereits zum 1. August 1945 wurden die ersten Professoren der Philosophischen Fakultät entlassen, suspendiert oder – was ihre Stellung betrifft – zur Disposition gestellt.[15] Einfach war die Arbeit dieser Kommission aber nicht – zudem waren ihre Arbeit wie auch ihre Entscheidungen alles andere als unumstritten, so dass sie keinesfalls schnell ihre Arbeit erledigen konnte. Das Universitätsleben sollte daher bis in die frühen 1950er Jahre – und teils darüber hinaus – von zwei verschiedenen Anliegen gekennzeichnet sein, die nicht immer leicht miteinander zu vereinbaren waren, nämlich dem Bemühen, die Vergangenheit aufzuarbeiten, und dem ebenfalls nicht unwichtigen Interesse, möglichst schnell zu einem normalen Lehr- und Forschungsbetrieb zurückzukehren. Aber konzentrieren wir uns nun darauf, wie es im »Fall« Heidegger im Sommer 1945 weiterging.

Obwohl Heidegger nicht der einzige Professor der Philosophischen Fakultät war, der 1933 in die NSDAP eingetreten war und das nationalsozialistische Regime zumindest anfänglich unterstützt hatte, war seine Fakultät doch durch ihn, wie Silke Seemann zu Recht schreibt, »schwer belastet«.[16] Er war ja auch 1945 der prominenteste Professor seiner Fakultät. Schnell kommt es zu Maßnahmen gegen ihn: Sein Haus sollte beispielsweise 1945 beschlagnahmt werden, weil er Mitglied der NSDAP gewesen war. Außerdem sollte auch seine Bibliothek in seinem Haus verbleiben, da – in Heideg-

15 Da dies bedeutet hätte, dass der universitäre Lehrbetrieb zum Erliegen gekommen wäre, wurden nach jahrelangen Verhandlungen letztlich aber nur Wolfgang Aly und F. K. Günther entlassen.
16 Silke Seemann, *Die politischen Säuberungen des Lehrkörpers der Freiburger Universität*, 112. Seemanns Darstellung zeigt auch, dass schon 1945 die Auseinandersetzung mit dem Fall Heidegger auch eine »Stellvertreterfunktion« erfüllen sollte: »Nach dem Ende des Dritten Reichs lenkte die Konzentration auf den Fall Heidegger jedoch von einer Beschäftigung mit den politisch belasteten Instituten ab« (113).

gers eigener Zusammenfassung der Ereignisse – er »ohnehin
in der nächsten Zeit meinen Beruf nicht mehr ausüben
könne«.[17] Heideggers Existenz als Philosoph steht also auf
dem Spiel. Am 16. Juli 1945 wird Heidegger deshalb an den
Oberbürgermeister der Stadt Freiburg schreiben und sich gegen die »Diskriminierung« und »die Diffamierung meiner
Person und meiner Arbeit durch das gekennzeichnete Vorgehen« wenden und »schärfsten Einspruch« erheben.[18] Die
Universität sollte sich erfolgreich auf Heideggers Seite stellen. Die Gefahr einer Beschlagnahmung des gesamten Wohnhauses Heideggers und seiner Bibliothek konnte daher fürs
Erste gebannt werden.[19] Allerdings bedeutet dies nicht, dass
Heidegger, der noch bis Mitte Juni im oberen Donautal gewesen war,[20] nun ungestört seine philosophische Arbeit hätte
fortsetzen können.

Denn am 23. Juli wurde Heidegger von der genannten Kommission, deren Mitglieder Heidegger gegenüber, wie Hugo
Ott zu Recht betont, »überwiegend wohlwollend eingestellt«
waren, zum ersten Mal befragt.[21] Am 25. Juli kam es dann –
auf Wunsch Heideggers – zu einer Besprechung mit Adolf
Lampe, der Heideggers Verhalten im »Dritten Reich« sehr
kritisch sah. Lampe war, so Ott, »vielleicht ein erbitterter
Gegner« Heideggers. Denn dieser hatte sich gegen eine Lehr-
stuhlvertretung durch Lampe im Jahr 1933 gewandt, da
Lampe, so vermutet Ott, politisch unzuverlässig erschien.[22]

---

17 GA 16, 367.

18 GA A 16, 367 und 369.

19 Vgl. hierzu Hugo Ott, *Martin Heidegger. Unterwegs zu seiner Biographie*, 295 ff. Vgl. hierzu auch Silke Seemann, *Die politischen Säuberungen
des Lehrkörpers der Freiburger Universität*, 164.

20 Vgl. hierzu Heidegger/Elfride Heidegger, 237 f.

21 Vgl. hierzu und zum Vorhergehenden Hugo Ott, *Martin Heidegger.
Unterwegs zu seiner Biographie*, 299 ff.

22 Vgl. Hugo Ott, *Martin Heidegger. Unterwegs zu seiner Biographie*,
301; vgl. auch 200 und 235 ff. für die belastete Beziehung zwischen Heidegger und Lampe. Vgl. in diesem Zusammenhang auch GA 16, 268; 273. Es

Mit diesen beiden Befragungen war die universitätsinterne Diskussion des »Falles Heidegger« eröffnet. Allerdings handelt es sich auch bei diesem Verfahren um kein Verfahren, das schnell zu einem Abschluss gekommen wäre. Denn die Reinigungskommission tat sich allem Anschein nach schwer mit der Bewertung der Rektoren – nicht zuletzt, weil sie sich schwer mit dem »Fall Heidegger« tat. Früh wurde zum Beispiel bekannt, dass die französische Militärregierung die Rolle Heideggers im »Dritten Reich« anders – nämlich positiver – einschätzte als die Reinigungskommission und dass auch französische Philosophen wie etwa Jean Beaufret oder Frédéric de Towarnicke sich für Heidegger in Frankreich einsetzten und sogar überlegten, ihn zu einem Vortrag einzuladen.[23] Heidegger selbst schien dies auch gewusst und dieses Wissen sich dienstbar gemacht zu haben.[24] Das aber führte zu der Frage, ob es möglich sei, die anderen Rektoren zu entlassen, wenn Heidegger nicht auch entlassen werde.

Wie Silke Seemann gezeigt hat, verfasste die Reinigungskommission in dieser Situation einen Sonderbericht, in dem die betroffenen ehemaligen Rektoren in sehr positivem Licht

ist auf der Grundlage der heutigen Quellen allerdings nicht einfach, das Verhältnis Heideggers zu Lampe im Jahr 1933 genau zu rekonstruieren. Vgl. für den Bericht Lampes über seine Besprechung mit Heidegger Bernd Martin (Hg.), *Martin Heidegger und das ›Dritte Reich‹. Ein Kompendium*, Darmstadt 1989, 186–191.

23 Vgl. hierzu Corine Defrance, »Die französische Besatzungsmacht und die Philosophische Fakultät«, 813 ff.

24 Vgl. Hugo Ott, *Martin Heidegger. Unterwegs zu seiner Biographie*, 304; vgl. hierzu neben GA 16, 396; 405 auch Silke Seemann, *Die politischen Säuberungen des Lehrkörpers der Freiburger Universität*, 164; Heidegger betont das Interesse an seinem Denken seitens der »französischen geistigen Welt« auch in einem Brief an den Rektor der Freiburger Universität, in dem er darum bittet, man möge künftig nur ein Zimmer seines Hauses beschlagnahmen oder, falls dies nicht möglich sei, aufgrund der möglichen Lärmbelästigung keine Familie mit kleinen Kindern bei ihm einquartieren, da dies seine Arbeit störe (GA 16, 426 f.).

dargestellt wurden. Wie Seemann vermutet hat, geschah dies u.a. auch mit der Absicht, Zeit für die weitere Arbeit der Kommission zu gewinnen.[25] In diesem Sonderbericht heißt es: »Was die beiden anderen Rektoren, Professor Heidegger und Professor Mangold betrifft, so möchten wir uns dahin äußern, daß die beiden Professoren nicht mehr mit der Führung des Rektorats betraut werden sollten, daß aber eine Einschränkung ihrer akademischen Lehrtätigkeit vermieden werden möge.«[26] Das hätte bedeutet, dass Heidegger weiterhin im Amt geblieben wäre. Da er ohnehin, wie man vermuten kann, kein Interesse mehr gezeigt hätte, nach dem Desaster von 1933/34 das Amt des Rektors noch einmal zu übernehmen, wären mit einem solchen Urteil keine weiteren Einschränkungen für Heidegger verbunden gewesen. Mit diesem äußerst positiven Sonderbericht konnte sich – aus wiederum sehr verständlichen Gründen – die französische Besatzungsmacht trotz der Tatsache, dass der »Fall Heidegger« von französischer Seite auch mit einem gewissen Wohlwollen betrachtet wurde, aber nicht zufriedengeben – ganz zu schweigen davon, dass es auch andere Personen gab, denen dieses Urteil über Heidegger falsch erschien. Die Besatzungsmacht entließ daher die ehemaligen Rektoren und ordnete eine erneute Überprüfung seitens der universitären Reinigungskommission an.

Heidegger war zunächst einmal entlassen und durfte daher auch nicht lehren. Der politische Bereinigungsausschuss beschäftigt sich nun erneut mit dem Fall seines Kollegen und ehemaligen Rektors. Im September 1945 legt dieser Ausschuss unter dem Vorsitz von Constantin von Dietze sein

---

25 Vgl. hierzu Silke Seemann, *Die politischen Säuberungen des Lehrkörpers der Freiburger Universität*, 161.
26 UAF: B 34/6, Reinigungsakten, Allgemeines (zitiert nach Silke Seemann, *Die politischen Säuberungen des Lehrkörpers der Freiburger Universität*, 161).

Gutachten über Heidegger vor.[27] Dieses Gutachten zeigt sehr deutlich das Anliegen des Bereinigungsausschusses: Die Kommission lässt keinen Zweifel daran, dass Heidegger als Rektor der Universität sich verfehlt und Schuld auf sich geladen habe. So heißt es in dem Gutachten, es könne »kein Zweifel sein, daß Heidegger den großen Glanz seines wissenschaftlichen Namens und die eigentümliche Kunst seiner Rede in dem Schicksalsjahr 1933 bewußt in den Dienst der nationalsozialistischen Revolution gestellt und dadurch ganz wesentlich dazu beigetragen hat, diese Revolution in den Augen der deutschen Bildungswelt zu rechtfertigen, die auf sie gesetzten Hoffnungen zu steigern, die Selbstbehauptung deutscher Wissenschaft im politischen Umbruch wesentlich zu erschweren.« Damit wird sehr klar ausgesprochen, was auch aus heutiger Sicht noch als eine der zentralen Anfragen an Heidegger und seine Amtsführung als Rektor bezeichnet werden muss.

Da Heidegger aber bereits 1934 den Nationalsozialismus nicht mehr unterstützt habe und da keine Gefahr bestehe, dass er »jemals wieder nazistischen Ideen Vorschub leisten würde«, schlägt die Kommission die Emeritierung Heideggers, »die ihm die Möglichkeit beschränkter Lehrtätigkeit belassen, ihn jedoch aus der aktiven Beteiligung an der Selbstverwaltung, den Prüfungen und Habilitationen entfernen würde«, vor. Bei allem Bewusstsein um die Schuld, die Heidegger sich als Rektor aufgeladen habe, müsse also gelten, auch seinen weiteren Denk- und Lebensweg ab 1934 wie auch die besondere Bedeutung Heideggers zu berücksichtigen. Denn die Kommission weiß auch um diese Bedeutung und legt in ihrem Gutachten darauf besonderes Gewicht: »Wir müßten es als schweren Verlust beklagen, wenn unsere

---

27 Vgl. für dieses Gutachten Hugo Ott, *Martin Heidegger. Unterwegs zu seiner Biographie*, 305 f.

Universität um seiner politischen Vergangenheit willen diesen berühmten Geisteswissenschaftler vollständig verlieren sollte ...« Allerdings kann man sich »nach so verhängnisvollen politischen Entgleisungen« auch nicht dazu entschließen, wie zunächst noch vorgeschlagen, Heidegger wieder in Amt und Würden einzusetzen.

Dezember 1945 und 1946:
Lehrverbot und Entlassung Heideggers

Wer sich aus heutiger Sicht mit dem Gutachten aus dem September 1945 – wie auch mit dem gesamten Reinigungsprozess – beschäftigt, wird zweierlei feststellen, nämlich dass zum einen eine wirkliche Prüfung der u. a. auch von Heidegger selbst vorgebrachten Sachverhalte nur in sehr oberflächlicher Weise stattfand und dass zum anderen persönliche Vorurteile – seien sie negativer oder positiver Art – bei den Mitgliedern der Reinigungskommission eine nicht unbeträchtliche Rolle spielten. Freilich geschah dies alles auch unter nicht unbeträchtlichem Zeitdruck: Denn es galt ja nicht nur, sehr viele belastete Kollegen zu prüfen, sondern auch den Universitätsbetrieb so schnell wie möglich zu normalisieren. Was wir über das im September 1945 verfasste Gutachten geschrieben haben, gilt auch für den Bericht, den Constantin von Dietze am 19. Dezember 1945 über die Verhandlungen des Bereinigungsausschusses zum Fall Heidegger, die am 11. und 13. Dezember 1945 stattfanden, verfasst hat.[28] Bevor wir uns mit diesem Bericht befassen, müssen wir aber zuerst einmal die Frage beantworten, warum es überhaupt zu diesem Bericht gekommen war. Denn das Gutachten vom September schien doch den Fall

28 Dieser Bericht ist abgedruckt in Bernd Martin (Hg.), *Martin Heidegger und das ›Dritte Reich‹. Ein Kompendium*, 191–206.

Heidegger erst einmal abgeschlossen zu haben – vor allem, wenn man auch in Betracht zieht, dass die Militärregierung am 28. September 1945 Heidegger für disponibel erklärte (also weder suspendierte noch entließ) und damit auch ihrerseits eine Antwort auf die Frage nach dem weiteren Schicksal Heideggers gefunden zu haben schien.[29] Was also war geschehen, dass es zu erneuten Verhandlungen im »Fall Heidegger« – mittlerweile also zu einem dritten Anlauf – kam? Warum wurde Heidegger im Spätsommer 1945 nicht einfach emeritiert?

Adolf Lampe hatte sich bereits in der Kommission gegen das Urteil über Heidegger ausgesprochen, das ihm viel zu wohlwollend erschien. Da die Heidegger folgenden Rektoren allesamt suspendiert worden waren, während Heidegger am 8. Oktober 1945 bei der Philosophischen Fakultät einen Antrag auf Emeritierung stellen konnte, richteten Lampe, Walter Eucken und Franz Böhm, damals Prorektor der Universität, im Oktober 1945 ein Schreiben an den Rektor der Universität, in dem sie darlegten, dass das gesamte Reinigungsverfahren scheitern müsse, wenn Heidegger emeritiert werde und weiterhin lehren dürfe. Denn dann könne und dürfe kein anderer Professor *nicht* wieder in die Universität integriert werden.[30] Der Senat beschließt daher Mitte Oktober 1945, dass er das Urteil, zu dem die Bereinigungskommission gekommen war, nicht akzeptieren könne. Anfang

---

29 Vgl. hier auch GA 16, 405.
30 Vgl. hierzu Bernd Martin (Hg.), *Martin Heidegger und das ›Dritte Reich‹. Ein Kompendium*, 191; vgl. auch Christoph Cornelißen, *Gerhard Ritter. Geschichtswissenschaft und Politik im 20. Jahrhundert*, 380f.; Hugo Ott, *Martin Heidegger. Unterwegs zu seiner Biographie*, 307f. Ott fasst die Argumente folgendermaßen zusammen: »Heideggers Verantwortung aus der Frühzeit des Dritten Reiches sei so enorm, daß kein anderes Mitglied der Universität zur Verantwortung gezogen werden könne, wenn Heidegger weitgehend ungeschoren davonkomme« (307). Vgl. für die Folgen und Situation »vor Ort« auch GA 16, 405ff.

November sollte Heidegger, dessen Berufung nach Tübingen nun zur Diskussion steht,[31] mit einem langen, die Ereignisse des Jahres 1933 aus seiner Sicht erklärenden Brief sogar die Wiedereinsetzung in die Lehrtätigkeit beantragen.[32] Die ihm wohlwollend gesinnte Philosophische Fakultät trifft Anfang Dezember eine einstimmige Entscheidung, einen Antrag auf Reintegration Heideggers zu stellen und ihn zu emeritieren.

In dieser Situation, in der sich sehr deutlich die Interessen derjenigen, die Heidegger eher kritisch, und derjenigen, die ihm eher wohlwollend gegenüberstehen, ausmachen lassen, kommt es zu neuen Besprechungen Mitte Dezember 1945. Auf der Grundlage von Dietzes Bericht über diese Besprechungen sollte dann der Ausschuss dem Rektor einen »endgültigen Vorschlag für das weitere Vorgehen der Universität« machen. Der Bericht von Dietze geht nun viel ausführlicher auf eine ganze Reihe von Fragen ein – etwa auf Heideggers »Verhalten gegen Juden« oder bei Berufungen, auf seine Rektoratsrede und andere Reden, die er zur Zeit seines Rektorats hielt, oder auf die Zeit nach seinem Rücktritt vom Rektorat. Hier kommt der Bericht zu einem wesentlich komplexeren Urteil als das vorhergehende Gutachten. So wird u. a. festgestellt: »Ohnehin hat Herr Heidegger damals den Nationalsozialismus niemals so deutlich und klar bekämpft, wie er einst in der Rektoratsrede für ihn eingetreten war.«[33]

---

31 Vgl. hierzu Hugo Ott, *Martin Heidegger. Unterwegs zu seiner Biographie*, 310: Es waren vor allem auch die »zuständigen französischen Stellen, also die Hochschulreferenten in der Funktion des Curateur«, die versuchten, »Heidegger aus der Freiburger Schußlinie herauszunehmen und in das ruhigere, weniger aufgeregte Tübingen zu bringen ...« Vgl. hierzu auch GA 16, 395 f.; 405; Heidegger/Bauch, 103.
32 Vgl. den Brief Heideggers an das akademische Rektorat der Universität Freiburg vom 04. November 1945 (GA 16, 397–404).
33 Bernd Martin (Hg.), *Martin Heidegger und das ›Dritte Reich‹. Ein Kompendium*, 204.

Noch bevor Dietze seinen Bericht am 19. Dezember 1945 abschloss, hatte sich Heidegger brieflich bei ihm gemeldet, nämlich am 15. Dezember 1945, um einige weitere Fragen zu klären.[34] Heidegger, so zeigt sich in diesem Brief, war mit dem Gutachten des Bereinigungsausschusses anscheinend zufrieden: Es habe »diese Zwischenstellung, die sich ergab aus meinem Mitgehen, das zugleich und einzig eine Wandlung wollte, klar dargestellt«.[35] Heidegger räumt dabei auch Fehler ein, die er 1933/34 gemacht habe: Er habe »viele Fehler im Technischen und Personalen der Universitätsverwaltung gemacht. Ich habe«, so Heidegger weiter, »aber niemals den Geist und das Wesen der Wissenschaft und der Universität an die Partei preisgegeben, sondern die Erneuerung der Universität versucht. Ich bitte die Universität nur um den Schutz meiner dreißigjährigen philosophischen Arbeit, von der ich allerdings glaube, daß sie eines Tages für das Abendland und die Welt noch etwas zu sagen haben wird.«[36] Selbst wenn wir heute einige der Aussagen, die Heidegger als Rektor getätigt hat, etwas anders bewerten, können wir ihm nicht in Abrede stellen, dass 1933/34 sein Hauptanliegen tatsächlich das der Erneuerung der Universität gewesen ist und dass er auch während seines Rektorates den strengen Prinzipien des wissenschaftlichen Geistes bis auf sehr wenige Ausnahmen treu blieb. Ein fanatischer Parteiideologe war Heidegger ja in der Tat nie gewesen, auch wenn einige wenige Aussagen in diese Richtung zu weisen scheinen, wenn man sie nicht in ihren weiteren Kontext stellt. Und dass Heidegger den Anspruch stellt, mit seiner philosophischen Arbeit einen wichtigen Beitrag für die Zukunft des Abendlandes und der Welt geleistet zu haben bzw. noch zu leisten, dürfte vielleicht von

---

34 Vgl. für den Brief GA 16, 409–415.
35 GA 16, 414.
36 GA 16, 414. Vgl. für Heideggers Eingeständnis seiner Fehler auch GA 16, 390.

Dietze und die Mitglieder der Kommission überrascht haben. Uns überrascht es nicht mehr – nur fragt man sich heute, warum Heidegger nicht versucht hat, deutlicher seinen Denkweg ab 1934 darzustellen und die Kommissionsmitglieder von seiner »geistigen Entwicklung« zu überzeugen. Aber aus der Retrospektive klingt vieles leichter, als es in der konkreten Situation gewesen ist.

Zusätzlich wird nun noch – auf den ausdrücklichen Wunsch Heideggers hin – am 15. Dezember Karl Jaspers von Friedrich Oehlkers um ein Gutachten gebeten.[37] Jaspers ist sich nicht sicher, ob er angesichts seiner doch zumindest in den 1920er Jahren und frühen 1930er Jahren sehr freundschaftlichen Beziehungen zu Heidegger überhaupt auf die Bitte, sich zum Fall Heidegger zu äußern, eingehen könne.[38] Er trifft aber die Entscheidung, Stellung zu nehmen, und geht in seinem Brief zunächst auf Heideggers Gutachten über Baumgarten ein, das er kannte. Dieses Gutachten war, wie wir gesehen haben, nicht nur in sich selbst höchst problematisch, sondern hatte Jaspers ja auch persönlich schwer getroffen, insofern er – als Schüler Max Webers – auch sich selbst als implizites Objekt der Kritik Heideggers verstehen musste. »Wir sind heute an Greuel gewöhnt«, so Jaspers über das Gutachten Heideggers, »an denen gemessen man vielleicht kaum noch versteht, welches Entsetzen mich damals beim Lesen dieser Sätze ergriff.«[39] Also: Im Vergleich zu allem, was nach 1933 geschehen war, sei das Gutachten Heideggers eher harmlos, aber das

37 Vgl. hierzu auch den Briefentwurf von Karl Jaspers vom 1. März 1948 (Heidegger/Jaspers, 166–168). Vgl. für den Brief von Oehlkers Heidegger/Jaspers, 269f. Vgl. auch Hugo Ott, *Martin Heidegger. Unterwegs zu seiner Biographie*, 313ff.
38 Vgl. hierzu Heidegger/Jaspers, 273f.
39 Heidegger/Jaspers, 271. Vgl. hierzu oben S.384. Heidegger kannte eine Teilabschrift des Briefes von Jaspers und nimmt in einem Brief vom 17. Januar 1946 zu seinem Gutachten über Baumgarten Stellung (GA 16, 417f.).

entschuldige, so legt Jaspers nahe, dieses Gutachten in keiner Weise.

Jaspers geht dann aber auch darauf ein, dass Heidegger sich gegenüber seinem jüdischen Assistenten Werner Brock »einwandfrei benommen« habe, und betont ebenfalls die besondere Bedeutung Heideggers, dass es sich nämlich bei ihm um »eine bedeutende Potenz, nicht durch den Gehalt einer philosophischen Weltanschauung, aber in der Handhabung spekulativer Werkzeuge« handle.[40] Gerade aufgrund dieser Tatsache erscheint es ihm »dringend zu wünschen und zu fordern, daß er in der Lage bleibe, zu arbeiten und zu schreiben, was er vermag«.[41] Allerdings erteilt Jaspers – gerade angesichts der »Gesamtlage« – jedem Ansinnen, Heidegger weiterhin lehren zu lassen, eine klare Absage. Er hält Heideggers Denken für gefährlich: »Heideggers Denkungsart, die mir ihrem Wesen nach unfrei, diktatorisch, kommunikationslos erscheint, wäre heute in der Lehrwirkung verhängnisvoll.«[42] Jaspers stellt das von ihm empfohlene Verbot der Lehre aber unter eine Bedingung: In einigen Jahren, so Jaspers, solle es eine »Nachprüfung auf Grund der inzwischen erfolgten Publikationen und auf Grund der erneuten akademischen Zustände« geben.[43] Damit aber Heidegger weiterarbeiten könne, empfiehlt Jaspers die »Bereitstellung einer persönlichen Pension« für Heidegger.[44]

Heidegger und die ihm wohlwollend gegenüber eingestellten Professoren der Freiburger Universität hatten sicherlich nicht ein solches Gutachten erwartet. Vermutlich hat man damit gerechnet, dass Jaspers anders – wohlwollender – über

---

40 Heidegger/Jaspers, 271.
41 Heidegger/Jaspers, 271.
42 Heidegger/Jaspers, 272.
43 Heidegger/Jaspers, 273.
44 Heidegger/Jaspers, 273.

seinen alten Freund urteilen würde. Wir dürfen hier aber
nicht vergessen, dass Jaspers von den Schriften und Texten,
die wir in den Kapiteln 11 und 12 diskutiert haben, so gut
wie nichts wissen konnte, da die meisten der Texte, die eine
Rekonstruktion des Denkweges von Heidegger zwischen
1934 und 1945 erlauben, erst viel später – zumeist sogar erst
nach Heideggers Tod – veröffentlicht wurden. Jaspers kannte
Heideggers Aufsätze »Platons Lehre von der Wahrheit« und
»Hölderlins Hymne ›Wie wenn am Feiertage …‹«.[45] Viel mehr
wird er nicht gekannt haben, denn ab 1936 war die Korrespondenz zwischen den beiden »Kampfgenossen«[46] mehr oder
weniger unterbrochen worden, so dass Jaspers 1945 nicht
recht wusste, wo Heidegger eigentlich politisch und philosophisch stand.[47] Jaspers konnte sich daher 1945 nicht ganz
sicher sein, dass Heidegger – bei aller Distanzierung von seinem Rektorat, um die Jaspers auch wusste – nicht doch nach
wie vor eine philosophische oder politische Position vertrat,
die der Position der Rektoratsrede oder anderer 1933/34
gehaltener Reden noch sehr verwandt war. Unter diesen
Voraussetzungen war sein Urteil, so hart es gerade auch in
Heideggers Ohren geklungen haben mag, sehr verständlich – und sehr weise, da er durchaus die Möglichkeit einer
»Bewährung« Heideggers einräumte. Allerdings muss die
Enttäuschung Heideggers sich in Grenzen gehalten haben,

---

45 Vgl. Heidegger/Jaspers, 164.
46 Vgl. hierzu Heidegger/Jaspers, 30; 42.
47 Vgl. hierzu den Entwurf eines nicht abgesendeten Briefes von Jaspers
an Heidegger, in dem Jaspers u. a. auch auf die Aufsätze Heideggers zu Platon und Hölderlin Bezug nimmt (Heidegger/Jaspers, 164)· »Dann hörte ich
nichts mehr von Ihnen, weder zu meinem persönlichen Schicksal seit
1937 noch zu zwei 1937 und 1938 Ihnen gesandten Büchern … Von Ihnen
kamen nur diese beiden Aufsätze, beide unverkennbar Ihres Geistes, aber
beide in einer Sprechweise, die ich vielleicht darum nicht ganz verstehe,
weil mir der inzwischen bei Ihnen erwachsene Hintergrund unbekannt
ist.«

da er wenige Jahre später überlegt, die Initiative zu ergreifen und mit Jaspers wieder in Kontakt zu treten.[48] Bei diesen Überlegungen spielte sicherlich auch die von Jaspers vorgeschlagene Möglichkeit einer »Nachprüfung« und Heideggers Interesse an seiner Emeritierung und damit an einer ihn zufriedenstellenden Beendigung der Diskussion um seinen »Fall« eine motivierende Rolle – allerdings darf man Heideggers Vorhaben auch nicht nur strategisch deuten. Ihm lag, wie der Ende der 1940er Jahre wieder einsetzende Briefwechsel mit Jaspers zeigt, durchaus etwas am Kontakt mit seinem alten Freund, dem er die Situation von 1933/34 dann auch brieflich erklären sollte.[49] Auch der Grund hierfür ist nicht schwer zu finden: Jaspers gehörte nämlich zu den wenigen Personen im Umkreis Heideggers, die ihn und das, was 1933/34 geschehen war, wirklich verstehen konnten – nicht zuletzt, weil Heidegger und Jaspers Anfang der 1930er Jahre ganz ähnliche Vorstellungen über die Reform der Universität entwickelt hatten und Jaspers damals selbst davon gesprochen hatte, dass die Zukunft der deutschen Universität auf Heideggers Schultern liege. Jaspers konnte die politische Radikalisierung Heideggers im Jahr 1933 nicht gutheißen und stand den Nationalsozialisten von Anfang an viel kritischer gegenüber als Heidegger. Aber in Heideggers Rektoratsrede fand er durchaus viele Ideen, die er selbst in ähnlicher Weise geäußert hatte und nach wie vor für wichtig hielt. Hätte sich dies nicht deutlicher in seinem Gutachten niederschlagen können? Vermutlich hat Heidegger nicht da-

---

48 Vgl. Heidegger/Elfride Heidegger, 253: »Ich habe … mir öfters überlegt, ob es nicht gut wäre, wenn ich von mir aus den Anfang machte u. das Verhältnis von uns beiden wieder in Ordnung brächte. Was soll man sonst von den gegenseitigen Zwistigkeiten unter den Deutschen sagen, wenn ihre beiden Philosophen auseinander leben, statt daß beide jeder in seiner Art zusammen helfen, was sie können.«
49 Vgl. hierzu Heidegger/Jaspers, 196 f.; 200–203.

mit gerechnet, dass Jaspers sein Gutachten über Baumgarten kannte.[50]

Aber wenden wir uns nun wieder den Ereignissen in Freiburg im Jahr 1945/46 zu. Im Wissen um das Gutachten von Jaspers wendet sich Heidegger auch an Erzbischof Conrad Gröber, der Heidegger seit seiner Kindheit kannte und ihm zumindest für eine gewisse Zeit ein väterlicher Freund gewesen war.[51] Überdies stand Gröber sowohl in der Stadt als auch bei der französischen Besatzungsmacht als moralische Autorität in großem Ansehen. Auch Gröber setzt sich für Martin Heidegger ein: Er favorisiert eine Emeritierung Heideggers, die ihm erlauben sollte, weiterhin in der akademischen Lehre tätig zu sein. Gröber bleibt aber zunächst erfolglos.[52] Im Senat der Universität kommt es am 19. Januar 1946 zu einer Abstimmung: Der Antrag der Heidegger gegenüber wohlwollend eingestellten Fakultät wird abgelehnt. Es wird beschlossen, Heidegger mit einem unbefristeten Lehrverbot zu belegen und zu emeritieren. Der Senat orientiert sich also nur teilweise an dem Gutachten von Jaspers. Denn Jaspers hatte zwar nur eine Pensionierung Heideggers vorgeschlagen, aber die Möglichkeit einer Nachprüfung seines Falles offengehalten. Außerdem wird an Heidegger die Erwartung gerichtet, dass er öffentlich nicht in Erscheinung trete. Um ihm die weitere Arbeit zu erlauben,

---

50 Umgekehrt aber wird man aus der Tatsache, dass Heidegger Jaspers darum bittet, sich zu seinem Verhalten im »Dritten Reich« und u. a. auch zu seinem vermeintlichen Antisemitismus zu äußern, schließen können, dass Heidegger Verhältnis zu Jaspers bzw. zu Gertrud Jaspers zumindest aus der Sicht Heideggers nicht durch eine antisemitische Einstellung aufseiten Heideggers belastet gewesen ist.

51 Vgl. zum sich hier zeigenden Gesinnungswandels des Erzbischofs GA 16, 406.

52 Vgl. hierzu Hugo Ott, *Martin Heidegger. Unterwegs zu seiner Biographie*, 319 ff.; Silke Seemann, *Die politischen Säuberungen des Lehrkörpers der Freiburger Universität*, 172; Corine Defrance, »Die französische Besatzungsmacht und die Philosophische Fakultät«, 816.

soll sein Haus aber nicht mehr in der Gefahr stehen, beschlagnahmt zu werden.[53]

Schon im März 1946 scheint es allerdings Bemühungen gegeben zu haben, Heidegger doch wieder zu reintegrieren.[54] Diese Bemühungen wurden aber, wie es scheint, nicht weiterverfolgt, da sie wohl aussichtslos erschienen. Im Herbst 1946 verfügt die französische Militärregierung die Zwangspensionierung Heideggers, was nicht zuletzt auch in materieller Hinsicht eine Verschärfung des vom Senat getroffenen Urteils bedeutet. Nun soll ein Nachfolger für Heidegger gesucht werden; Heidegger wird um Vorschläge für mögliche Kandidaten gebeten.[55] Ende Dezember 1946 wurde Heidegger von der Militärregierung noch mit einem fristlosen Lehrverbot belegt.[56] Im Jahr 1947 sollte dann auch die Bezahlung der Bezüge an Heidegger eingestellt werden. Wir haben es hier, wie Corine Defrance schreibt, mit einer »kuriosen Situation« zu tun: Denn die »französische Besatzungsmacht änderte erst unter dem Druck deutscher Professoren und Pariser Philosophen

---

53 Heidegger selbst fasst die Ergebnisse zusammen in einem Brief an Rudolf Stadelmann (GA 16, 419 f.).

54 Vgl. hierzu Heidegger/Elfride Heidegger, 247. Eine besondere Rolle scheint bei diesen Bemühungen Hugo Friedrich gespielt zu haben. Vgl. hierzu auch den Brief der Philosophischen Fakultät an die Militärregierung vom 15. Mai 1946 (*Heidegger-Jahrbuch* 4, 214 f.).

55 Vgl. Heidegger/Friedrich, 106. Ab 1947 wird Wilhelm Szilasi Heideggers Professur vertreten.

56 Vgl. hierzu GA 16, 432; *Heidegger-Jahrbuch* 4, 215 f.; Hugo Ott, *Martin Heidegger. Unterwegs zu seiner Biographie*, 323. Heidegger/Friedrich, 104 zeigt, dass zumindest zeitweise die »*Pensionierung* mit vollen Bezügen« zur Diskussion gestanden zu haben scheint. Vgl. in diesem Zusammenhang auch den Brief Hugo Friedrichs an Martin Heidegger vom 1. Oktober 1946: »Bei dem Fluß der Verhältnisse wird es aber sicherlich auf Dauer nicht dabei bleiben – ich meine, daß nach einiger Frist die Bitte an Sie getragen werden wird, wieder zu lesen. Die Franzosen selbst sind dieser Ansicht; sie sind menschlich genug, ihre eigenen Dekrete – das auf Sie Bezügliche stammt nicht einmal von ihnen, sondern kommt aus Berlin – mit Ironie und als vorläufig zu nehmen.«

der Sorbonne ihre zögerliche und abwartende Haltung und verkündete schließlich Ende 1946 die Entlassung Heideggers.«[57]

Heidegger war angesichts dessen, wie mit ihm seit 1945 umgegangen worden war, fassungslos. Im Jahr 1950 wird er an Bauch schreiben, er sei seit »fünf Jahren von der Universität entfernt und werde, trotz aller Bemühungen Einzelner, wie ein toter Hund behandelt. Das ist die Tatsache, an der Versicherungen, ich sei der größte Philosoph der Zeit und allerlei Vertröstungen ... nicht das mindeste ändern.«[58] Heidegger hält die Ereignisse und Beschlüsse für eine »Schande« der Universität[59] und versucht, die Geschehnisse zu verstehen und Menschen in seinem Umfeld zu erklären. In einem Briefentwurf aus dem Jahr 1946 schreibt er: »Du wunderst Dich mit manchen anderen darüber, daß meine ›Entnazifizierung‹ immer noch nicht erledigt ist. Das läßt sich leicht erklären. Meine Beseitigung hat im Grunde mit Nazismus gar nichts zu tun. Man spürt in meinem Denken etwas Unbequemes, vielleicht sogar Unheimliches, was man weg haben möchte; daß man sich gleichzeitig dafür interessiert, ist nur ein Beweis dafür.«[60]

Man wird aus historischer Sicht sagen müssen, dass die Situation nicht so einfach gedeutet werden kann, wie Heidegger es hier versucht. Heideggers Verhältnis zum »Dritten Reich« war, wie wir gesehen haben, vor allem 1933/34 äußerst ambivalent und komplex. Es ging nach 1945 durchaus auch um sein Verhältnis zum »Nazismus«, daran kann gar kein Zweifel bestehen. So einfach ließ sich das Geschehen ab 1945 nicht mit einer »Hermeneutik des Verdachtes« deuten.

---

57 Corine Defrance, »Die französische Besatzungsmacht und die Philosophische Fakultät«, 815. Vgl. zur Entwicklung der französischen Säuberungspolitik auch Silke Seemann, *Die politischen Säuberungen des Lehrkörpers der Freiburger Universität*, 211–216.
58 Heidegger/Bauch, 128.
59 Vgl. Heidegger/Elfride Heidegger, 254.
60 GA 16, 421. Es ist unbekannt, an wen dieser Brief sich gerichtet hat.

Und auch angesichts dessen, was Heidegger selbst unmittelbar nach dem Mai 1945 unternommen hat, wird man vieles nicht unkritisch bewerten können: Schnell hatte sich Heidegger auf eine bestimmte Form der Verteidigung festgelegt, auf die er oft zurückgreifen sollte, ohne dass er sich selbst damit immer geholfen hätte. Obwohl wir heute viel besser verstehen können, als es in den Jahren nach dem Zweiten Weltkrieg möglich war, dass Heideggers Verteidigung und seine Stellungnahmen zum Rektorat – etwa in »Das Rektorat 1933/34. Tatsachen und Gedanken«[61] – nicht völlig aus der Luft gegriffen waren, sondern vieles korrekt wiedergaben, bleiben doch offene Fragen, ohne dass man Heidegger direkt vorwerfen wollte, er habe damals einfach nur gelogen. Denn zu viel Gewicht legt Heidegger auf die Selbstverteidigung, vieles, was wichtig gewesen wäre, wird von ihm gar nicht genannt, anderes wird beschönigt oder bestenfalls in sehr abstrakter oder allgemeiner Weise angesprochen, einiges falsch oder einseitig dargestellt (teils sicherlich, weil Heidegger sich nach mehr als 12 Jahren falsch erinnerte, teils vielleicht auch, weil er sich bewusst falsch erinnerte oder falsch erinnern wollte), und vor allem fehlt ein klares Bekenntnis zu seiner Schuld in ihrem wirklichen Ausmaße.[62] Hat er wirklich nur »viele Fehler im Technischen und Personalen« gemacht? Die Frage ist freilich, ob Heidegger die Ehrlichkeit, die er als Philosoph immer wieder gefordert hat, angesichts seiner eigenen Schuld in der Situation der Jahre nach dem Ende der nationalsozialistischen Diktatur hätte aufbringen können. Und es stellt sich – wieder einmal – auch die Frage, ob sein »Fall« nicht weniger die Ausnahme als vielmehr die

---

61 Vgl. GA 16, 372–394.
62 Corine Defrance, »Die französische Besatzungsmacht und die Philosophische Fakultät«, 819 zeigt, dass die Tatsache, dass Heidegger keine Reue geäußert habe, für die französische Militärregierung ein nicht unwichtiger Faktor bei der Urteilsfindung war.

Regel darstellt: Denn wie viele Fälle eines eindeutigen Schuldbekenntnisses unmittelbar nach 1945 gab es eigentlich? Und
musste Heidegger das, was er 1933/34 sich hatte zuschulden
kommen lassen, nicht – teils zu Recht – als belanglos erscheinen im Vergleich zu dem, was nach 1934, als Heidegger zunehmend der wahre Charakter der nationalsozialistischen
Ideologie und Regierung bewusst wurde, in Deutschland geschehen war – teils auch unter maßgeblicher Mitwirkung
von einigen seiner universitären Kollegen? Dies sind nur
einige der Fragen, die sich unweigerlich stellen.

Man wird aber auch feststellen müssen, dass der historische Blick auf das Verfahren der Entnazifizierung Heideggers
die These, dass es nicht nur um »Nazismus« ging, als nicht
vollständig unplausibel erscheinen lässt. Denn in all den
Diskussionen, Sitzungen und Besprechungen der Jahre 1945
und 1946 ging es immer auch um mehr und anderes als um
Heideggers »Nazismus« oder eine sachlich-objektive Einschätzung seiner Schuld. Es ging auch um nicht immer
oder in allem gerechtfertigte Vorurteile gegenüber Heideggers Denken, um universitätsinterne Konflikte (etwa zwischen Senat und Reinigungskommission) oder um Konflikte
zwischen der Universität oder insbesondere der Reinigungskommission und der französischen Besatzungsmacht. Und in
dieser Situation wurde man auf allen Seiten der historischen
Wahrheit wie auch der Komplexität dieser Wahrheit nicht
immer in dem Maße gerecht, das man sich aus heutiger Sicht
wünschen würde.[63] Vielleicht hätte man mehr und an ande-

---

63 Vgl. Bernd Martin, »Das politisch-weltanschauliche Umfeld«, 53:
»Die Säuberungen waren an kollegialen Netzwerken, nicht zuletzt aber
auch an der mildtätig-kollegialen Haltung Gerhard Ritters gescheitert.«
Vgl. auch Silke Seemann, *Die politischen Säuberungen des Lehrkörpers
der Freiburger Universität*, 89 ff. Seemann macht hier darauf aufmerksam,
dass Dietze, Lampe und Ritter zu den deutschnational gesinnten konservativen Professoren gehörten, die nicht nur die Republik von Weimar
abgelehnt hatten, sondern anfänglich dem Nationalsozialismus auch mit

rer Stelle Gutachten über Heidegger einholen können? Vielleicht hätte man sich auch intensiver mit Heideggers Denken ab 1934 beschäftigen können? Vielleicht hätte man auch die nationalsozialistische Kritik an Heidegger ernster nehmen können? Aber – dies sei noch einmal betont – die rückschauende Sicht des Historikers ist eine andere als die Sicht der Zeitgenossen, die nicht nur unter Bedingungen arbeiten mussten, die wir uns heute kaum noch vorstellen können, sondern die auch »Kinder ihrer Zeit«, unmittelbare Zeitgenossen also, waren. In einer idealen Welt hätte man – gewiss – bereits unmittelbar nach dem Zweiten Weltkrieg den »Fall Heidegger« anders aufarbeiten können und müssen. Es hätte – in ebenjener idealen Welt, in der die Suche nach Wahrheit nicht von persönlichen Interessen, perspektivischen Verengungen oder mangelnden Ressourcen beeinträchtigt ist – nicht jenes Hin und Her geben müssen, das wir hier in aller Kürze geschildert haben und das, wie wir noch sehen werden, weiter fortgesetzt wurde. Das soll Heidegger nicht entschuldigen oder von aller Schuld freisprechen, aber doch darauf verweisen, dass auch sein »Reinigungsverfahren« wie auch sein eigener Umgang mit seiner Schuld in den Kontext der unmittelbaren zeitgeschichtlichen Situation zu stellen ist und dass wir, wenn wir aus heutiger Sicht über den

einem gewissen Wohlwollen gegenübergestanden waren, sich erst ab 1938 eindeutig vom »Dritten Reich« distanziert hatten und seitdem dem Widerstand zuzurechnen waren (89). Es gab also – bei allen Unterschieden! – doch auch Parallelen zwischen Dietzes, Lampes und Ritters und Heideggers Verhältnis zum »Dritten Reich«. Vgl. auch 90: »Die Reinigungskommission verhinderte ... eine nachhaltige Auseinandersetzung der Hochschullehrer mit ihrer persönlichen und beruflichen Verstrickung in das nationalsozialistische System. Die Frage nach den Anforderungen, die ein aufzubauender demokratischer Staat an seine Hochschullehrer stellen würde, stand im Hintergrund.« Damit ist der Kontext genannt, in den auch die Auseinandersetzung um den »Fall Heidegger« an der Universität Freiburg sowie Heideggers eigene Stellungnahmen zu seinem Rektorat nach 1945 einzuordnen sind.

Fall Heidegger und vor allem über die ab 1945 sich stellende
Frage, wie mit Heidegger zu verfahren sei, zu einem Urteil
kommen würden, das weder mit dem Mitte 1945 noch mit
dem Ende 1946 getroffenen Urteil übereinstimmen dürfte.
Das zeigt sich nicht zuletzt daran, dass wenig später auch seitens der Universität Freiburg der »Fall Heidegger« neu aufgerollt wird.

Heidegger aber zieht sich während der laufenden Verfahren
ins Schweigen zurück und idealisiert dieses Schweigen als einen Grundgestus seines Denkens: »Ich schweige im Denken
nicht erst seit 1927, seit der Veröffentlichung von ›Sein und
Zeit‹«, so der Freiburger Denker in jenem schon erwähnten
Briefentwurf, »sondern *in* diesem selbst und vorher ständig.
Dieses Schweigen ist die Bereitung der Sage des Zu-denken-
den und dieses Bereiten ist das Er-fahren und dieses ein Tun
und Handeln. Allerdings ›existierend‹, ohne ein Engagement
nötig zu haben.«[64] 1946 ist auch das Jahr einer schweren
gesundheitlichen Krise Heideggers. Er erleidet einen Nerven-
zusammenbruch und verbringt einige Zeit in der Behandlung
des Psychiaters von Gebsattel in Badenweiler.[65] Heidegger
will sich in den Schlossturm von Meßkirch zurückziehen,
um dort zu denken – und Hölderlins Turmexistenz nachzu-
leben.

---

64 GA 16, 421 f.
65 Vgl. hierzu auch Martin/Elfride Heidegger, 239 ff. Der Zusammenbruch hatte neben beruflichen auch private Gründe: Heidegger musste
eine Entscheidung zwischen seiner Frau Elfride und seiner Geliebten, der
Prinzessin von Sachsen-Meiningen, treffen.

Heidegger am Schlossturm in Meßkirch nach dem Zweiten Weltkrieg

Ende der 1940er Jahre: Auf dem Weg zur Aufhebung
des Lehrverbotes und zur Emeritierung Heideggers

Ab 1947 ist Heidegger allerdings wieder durch Veröffentlichungen in der Öffentlichkeit präsent: Der 1946 an Jean
Beaufret geschriebene Humanismusbrief erscheint 1947 zusammen mit dem 1942 gehaltenen Vortrag »Platons Lehre
von der Wahrheit« erstmals in der Schweiz. Ebenfalls 1947 erscheint *Aus der Erfahrung des Denkens* in einem Privatdruck. Heidegger hat zu dieser Zeit noch Lehrverbot. Er ist
zwangspensioniert, aber nicht emeritiert. 1947 gerät sogar die
Bibliothek Heideggers, wie Hugo Ott schrieb, »erneut – diesmal ernsthaft – in Gefahr der Beschlagnahme, so daß es der
Anstrengung vereinter Kräfte bedurfte, 1947 diese Bedrohung
abzuwenden. ... Einem Ondit zufolge sollte Heideggers Bibliothek zur Ausstattung der durch die französische Besatzungsmacht wiedergegründeten Universität Mainz dienen.«[66]
U. a. hat sich auch Max Müller, der Heidegger trotz der negativen Erfahrungen, die er in den 1930er Jahren mit ihm machen musste, nach 1945 sehr wohlwollend verbunden war,[67]
dafür eingesetzt, dass Heidegger seine Bibliothek behalten
konnte – wie er sich auch in den folgenden Jahren tatkräftig
für Heidegger einsetzen sollte.[68]

Im Jahr 1948 kommt wieder Bewegung in den »Fall Heidegger«. Im März soll für Heidegger eine »öffentliche Aktion

[66] Hugo Ott, *Martin Heidegger. Unterwegs zu seiner Biographie*, 324f.
Vgl. hierzu auch den Brief des Oberbürgermeisters der Stadt Freiburg an
den Rektor der Universität vom 4. Juli 1947 (Universitätsarchiv Freiburg,
Nachlass Tellenbach, C 157/12; ich danke sehr herzlich Herrn Dr. Dieter
Speck, Universitätsarchiv Freiburg, dafür, dass er mir wichtige Unterlagen aus dem Nachlass Tellenbach zugänglich gemacht hat).
[67] Vgl. hierzu auch Max Müller, *Auseinandersetzung als Versöhnung.*
Ein Gespräch über ein Leben mit der Philosophie, hg. von Wilhelm Vossenkuhl, Berlin 1994, 63f.; 254; 258–268.
[68] Vgl. Heidegger/Müller, 14. Vgl. zu Müllers Verhältnis Heidegger gegenüber auch »Gespräch mit Max Müller«, in: Heidegger/Müller, 132f.

Heidegger, Max Müller und Bernd Welte

über die Schweizerpresse ... inszeniert« werden. Heidegger spricht sich dagegen aus und bittet darum, man möge sich um sein Gehalt und sein Haus kümmern.[69] Im September 1948 schreibt Kurt Bauch an Heidegger: »Nur möchte ich, daß Du wieder lehrst, in irgendeiner Form. Du brauchst auch den Austausch, man gerät sonst leicht ins Monologische und schränkt sich die Möglichkeit zu einem freien Gespräch ein.«[70] Bauch drückt auch den Wunsch der Fakultät aus, die sich nun erneut für Heidegger einsetzt. Heidegger nimmt dazu in einer Erklärung an die Professoren Gerd Tellenbach, Wilhelm Szilasi, Robert Heiß und Max Müller vom 9. Januar 1949 Stellung. Nach einer kurzen Zusammenfassung der Geschehnisse ab 1945 schreibt er, was ihm in dieser Situation

---

69 Vgl. Heidegger/Elfride Heidegger, 254.
70 Heidegger/Bauch, 115.

wichtig erscheint: »Wenn die Fakultät jetzt daran denkt, diesen Zustand zu beseitigen, dann kann es sich nach dem Voraufgegangenen nur darum handeln, daß die Universität bei der Militärregierung die Aufhebung des Lehrverbotes erwirkt, damit danach der von mir gestellte Entpflichtungsantrag ordnungsgemäß erledigt werden kann.«[71] Heidegger geht es vor allem darum, emeritiert zu werden und damit offiziell rehabilitiert zu sein.[72] Die Lehre interessiert ihn nach wie vor wenig – er fühlt sich, wie viele seiner Briefe aus dieser Zeit und aus den nächsten Jahren zeigen, von der Lebenswelt der damaligen Studenten sehr weit entfernt (eine Erfahrung, die er ja schon in den 1920er Jahren machen musste) und zeigt kein Interesse daran, wieder lehrend tätig zu werden.[73]

Clemens Bauer, der Dekan der Philosophischen Fakultät, richtet nun ein Schreiben an den Senat der Universität, das hier recht ausführlich zitiert sei, da es sehr gut den damaligen Diskussionsstand wiedergibt. In seinem Brief fasst Bauer zunächst einmal die Situation zusammen: »Wegen der internationalen Bedeutung des Philosophen Martin Heidegger ist die

71 GA 16, 432. Auch Heidegger/Bauch, 117f., zeigt, dass Heidegger Anfang 1949 dem Ansinnen von u. a. Max Müller, eine Rückkehr Heideggers in sein Amt als Ordinarius zu ermöglichen, ablehnend gegenüberstand.
72 Vgl. hierzu Heidegger/Bauch, 117: »Die Leute haben offenbar weder 1945 noch heute begriffen, daß es mir mit meinem Emeritierungsantrag *Ernst* war und ist und daß für mich die Universität zu den erledigten Sachen gehört.« Vgl. auch Heidegger/Bauch, 128.
73 Vgl. zum Beispiel Heidegger/Bauch, 109; 128; 146; vgl. auch Heidegger/Blochmann, 100; Heidegger/Friedrich, 119; Heidegger/Arendt, 117; 132; 134. Heidegger/Arendt, 122 (Brief Heideggers vom 18. Dezember 1950) zeigt, dass Heidegger jedoch große Hoffnung auf die Studienanfänger zu setzen scheint. Der Grund liegt darin, dass diese noch nicht in ihrem Blick verdorben seien: Auch Anfang der 1950er Jahre ist Heideggers Urteil über die Studenten also ambivalent und schwankt zwischen dem Gefühl der Entfremdung und der Hoffnung, doch noch den ein oder anderen mit seinem Denken erreichen zu können. Dies erklärt u. a., warum er weiterhin lehrt und den Kontakt mit Studenten pflegt.

Regelung seines Verhältnisses zur Universität nicht in dem normalen Verfahren getroffen worden, sondern hat eine Sonderbehandlung erfahren, deren endgültige Entscheidung sich der Herr Gouverneur vorbehalten hat. Grundlage der Behandlung ist das Gutachten des Senatsausschusses gewesen (Bericht vom 1. 8. 45, Ergänzung des Berichtes vom 15. 1. 46, Senatsprotokoll vom 19. 1. 46). Der Senat machte sich aufgrund des Gutachtens die Ansicht zu eigen, dass eine Emeritierung mit Versagung der Lehrbefugnis angemessen sei. Die im Gutachten unter Ziffer 3) vorgeschlagene Höchstfrist der Nachprüfung der Lehrverbote (April 1948) hat der Senat abgelehnt mit dem Bemerken, dass die Möglichkeit einer späteren Nachprüfung beim Eintreten wesentlich neuer Gesichtspunkte ihm selbstverständlich erscheint.«[74] Dies habe nun zu folgender Entscheidung aufseiten der Besatzungsmacht geführt: »Lehrverbot, keine Funktion in der Universität. Das Lehrverbot tritt sofort in Kraft, Zahlung der Bezüge wird mit Ende Februar 1947 eingestellt.« Zudem sei entschieden worden, »dass unter Ablehnung der beantragten Emeritierung das Ruhegehalt in voller Höhe gezahlt werden sollte. Mündlich wurde hinzugesetzt, dass die endgültige Entscheidung vorbehalten sei.« Jetzt, so Clemens Bauer weiter, habe sich die Situation geändert.

Es erscheine nämlich der Fakultät nun »richtig, sich weiter an das Gutachten der Senatskommission zu halten, das ja auch die Grundlage für die anderen Fälle in der Universität abgegeben hat. Zugleich ist sie der Meinung, dass inzwischen die vorgesehenen neuen Umstände eingetreten sind«. Bauer begründet dies folgendermaßen: »Das Interesse, das der Philosophie Heideggers und ihren Entwicklungen in aller Welt weiter entgegengebracht wird, lassen es wünschenswert erscheinen, dass Heidegger selbst wieder das Wort gegeben

---

74 *Heidegger-Jahrbuch* 4, 217.

wird. Die ausgesprochene Zurückhaltung, die Herr Heidegger geübt hat, hat auch verhindert, dass er Dinge aussprach, die er früher in seinem Kolleg, wie vielfach bezeugt, gegen verderbliche Zeiterscheinungen äusserte, und dass damit die neueste Entwicklung, die sein Denken genommen hat, gar nicht bekannt ist.« Daraus zieht Bauer die folgende Schlussfolgerung: Es erscheine »der Fakultät richtig, im Anschluss an das Gutachten der Senatskommission um die Anwendung der angeführten Ziffer 3) zu bitten. Das Entnazifizierungsverfahren ist weiter in ein Abschlussstadium eingetreten, in dem selbst gegen Mitglieder der Reichsministerien sehr milde Urteile ausgesprochen worden sind, wofern nicht eigentliche crimina vorliegen. Es scheint schliesslich auf die Dauer ein unhaltbarer Zustand, dass in einem Staatswesen, das auf der Meinungsfreiheit aufbaut, einem Manne vom Range Heideggers das Wort verboten wird, was ein Lehrverbot bedeuten würde.« Daran schließt sich die folgende Forderung an: »Die Fakultät bittet darum, die vorbehaltene Entscheidung in dem Sinne treffen zu wollen, dass Herr Heidegger mit allen Rechten emeritiert wird. Die Fakultät würde es als einen Gewinn für die ganze Universität ansehen, wenn Herr Heidegger, zu dessen 60. Geburtstage in diesem Jahre seine Bedeutung der Öffentlichkeit besonders deutlich wird, die Universität wieder betreten darf und in dem bescheidenen Rahmen des Emeritus zwar nicht an der Bestimmung der Geschicke der Universität mehr Anteil hat, aber das, was er seit 1934 (sic!) nicht mehr sagen durfte, in würdiger Form vortragen kann.«[75]

Um den Antrag auf Emeritierung Heideggers und die Aufhebung des Lehrverbotes zu unterstützen, werden Gutachten von anerkannten auswärtigen Wissenschaftlern eingeholt, nämlich u. a. von Karl Jaspers, Werner Heisenberg, Raymond

75 *Heidegger-Jahrbuch* 4, 218.

Bayer und Romano Guardini.[76] Das Gutachten von Heisenberg ist kurz und sehr positiv. Heisenberg schreibt am 14. Juni 1949: »Durch Kollegen hörte ich, dass die Universität Freiburg beabsichtigt, die Aufhebung des Lehrverbotes gegen Martin Heidegger zu beantragen. Es drängt mich, in diesem Zusammenhange Ihnen zu schreiben, wie sehr in den vergangenen vier Jahren mich die Tatsache bedrückt hat, dass einer der bedeutendsten deutschen Philosophen unserer Zeit nicht das Recht hatte, zu lehren und sein Wissen der studentischen Jugend zur Verfügung zu stellen. Ich habe von einzelnen Vorträgen und Vorlesungen Heideggers die stärksten wissenschaftlichen Eindrücke empfangen, und ich bin von der über alle Tagesmeinungen weit hinausgehenden Bedeutung dessen, was Heidegger zu sagen hat, so überzeugt, dass ich das Lehrverbot gegen ihn stets als einen schweren Fehler angesehen habe. Ich hoffe also sehr, dass es Ihnen gelingen wird, die Aufhebung des Lehrverbotes zu erwirken.«[77] Auf Fragen der Schuld Heideggers geht Heisenberg nicht näher ein. Er teilt allerdings die Position der philosophischen Fakultät: Gerade aufgrund der Bedeutung Heideggers und seines Denkens müsse es ihm wieder erlaubt sein, lehrend tätig zu werden. Weiterhin an einem Lehrverbot festzuhalten wäre, so das eindeutige Urteil Heisenbergs, falsch.

In ähnlicher Weise äußerst sich auch Karl Jaspers, der ein Gutachten schreibt, das nicht zuletzt auch aufgrund seines unmittelbar nach dem Zweiten Weltkrieg verfassten kritischen Gutachtens wie auch aufgrund seiner philosophischen Reputation und seiner moralischen Integrität von großer Bedeutung gewesen sein dürfte. Auch Jaspers betont die besondere Bedeutung des Denkens Heideggers. Er hat ja nie daran

---

76 Es wurde auch noch ein Gutachten Nicolai Hartmanns eingeholt. Allerdings ist bislang nicht bekannt, ob Hartmann dieses Gutachten geschrieben hat (vgl. hierzu *Heidegger-Jahrbuch* 4, 222 f.).
77 *Heidegger-Jahrbuch* 4, 220.

einen Zweifel gelassen, dass er Heidegger für einen außerordentlich wichtigen Denker hielt. Im Vergleich zu seinem 1945 geschriebenen ambivalenten Gutachterbrief[78] fällt nun – vier Jahre später – Jaspers' Urteil über die philosophische Größe Heideggers allerdings eindeutig aus: »Herr Professor Martin Heidegger ist durch seine Leistungen in der Philosophie als einer der bedeutendsten Philosophen der Gegenwart in der ganzen Welt anerkannt. In Deutschland ist niemand, der ihn überträfe. Sein fast verborgenes, mit den tiefsten Fragen in Fühlung stehendes, in seinen Schriften nur indirekt erkennbares Philosophieren macht ihn vielleicht heute in einer philosophisch armen Welt zu einer einzigartigen Gestalt.«[79] Hält Heisenberg es für einen schweren Fehler, Heidegger nicht zu erlauben, seine Lehrtätigkeit wiederaufzunehmen, formuliert Jaspers es umgekehrt als »Pflicht«, die Heidegger betreffende Entscheidung zu revidieren: »Es ist für Europa und für Deutschland eine Pflicht, die aus der Bejahung geistigen Rangs und geistigen Könnens folgt, dafür zu sorgen, dass ein Mann wie Heidegger richtig arbeiten, sein Werk fortsetzen und zum Druck bringen kann.«[80] Die Konsequenzen, die Jaspers daraus zieht, sind ebenfalls eindeutig: »Dies ist gesichert nur, wenn Heidegger in den status der Emeritierung als ordentlicher Professor eintritt. Damit gewinnt er das Recht, nicht die Pflicht, Vorlesungen zu halten. Er würde also auch als Docent wieder zur Geltung kommen. Ich halte dies für tragbar und sogar für erwünscht.« In diesem Zusammenhang geht Jaspers auch auf sein wenige Jahre zuvor geschriebenes Gutachten ein: »Zwar habe ich in meinem Gutachten 1945 das Princip ausgesprochen, man müsse vorübergehend von der Idee der Universität abweichen, nach der

78 Vgl. zu Jaspers' Einschätzung der philosophischen Bedeutung Heideggers im Jahr 1945 Heidegger/Jaspers, 271.
79 *Heidegger-Jahrbuch* 4, 219.
80 *Heidegger-Jahrbuch* 4, 219.

an der Hochschule alles, was geistigen Rang hat, auch wenn
es ihrer Liberalität fremd ist, zur Geltung kommen soll.
Denn die Erziehung der durch den Nationalsocialismus in ihrem kritischen Denken geschwächten Jugend fordere es, dass
man sie nicht gleich jeder Möglichkeit unkritischen Denkens aussetze. Nach der bisherigen Entwicklung in Deutschland kann ich dies Princip nicht mehr festhalten. Wie mein
damaliges Gutachten vorsah, sollte die Wiedereinsetzung
Heideggers nach einigen Jahren nachgeprüft werden. Die Zeit
scheint mir jetzt reif. Die deutsche Universität kann meines
Erachtens Heidegger nicht mehr abseits lassen. Ich unter-
stütze daher wärmstens den Antrag, Heidegger in die Rechte
eines emeritierten Professors einzusetzen.«[81] Jaspers und
Heisenberg stimmen also überein. Auch Enrico Castelli äu-

---

81 *Heidegger-Jahrbuch* 4, 219. Jaspers wird sich im Jahr 1949 noch einmal
für Heidegger einsetzen, so in einem vertraulichen Brief an den Rektor
Gerd Tellenbach vom 26. November 1949. Jaspers schreibt Tellenbach, er
habe gehört, »dass das Badische Ministerium auf den Antrag der Universität betreffend Heidegger und die Genehmigung seitens der französischen Behörden nicht eingegangen ist, vielmehr ihm ein Monatseinkom-
men von 160 DM festgesetzt hat. ... Meinerseits möchte ich Ihnen nur
sagen, dass ich für eventuelle Schreiben zur Verfügung stehe. Offenbar
war mein Brief im Sommer, den Sie veranlasst haben, unwirksam. Wir
sind ja vor den Augen der Bürokratie lauter Nullen, von denen man nichts
weiss und nichts wissen will. Aber sollte es Ihrer Meinung nach trotz
allem einen Sinn haben, dass ich ein persönliches Schreiben an den entscheidenden Minister richte – wohl ein lächerliches Unterfangen –, so
würde ich Sie bitten, mir Namen, Titel und Adresse des Mannes mitzu-
teilen, und mir, wenn Sie es für angängig halten, einen Hinweis zu geben
auf das, was etwa Ihrer Ansicht nach darin stehen sollte. Entschuldigen
Sie die Bemühung. Ich gründe mich dabei auf Ihr Interesse an Heidegger
im Sommer, und denke mir, daß die Sache mit dieser Entscheidung ihr Be-
wenden nicht haben kann. Der nächste Schritt wäre eine öffentliche Erklärung in der deutschen Presse, an der ich mich beteiligen würde, wenn
sie von Ihnen ausgeht. Die Sache ist empörend, vor allem, weil man über
den Willen der Universität einfach hinweggeht. ... .« Tellenbach wird Jaspers am 1. Dezember 1949 darüber informieren, dass seine Informationen
»vollkommen unrichtig« seien (vgl. für die Briefe von Jaspers und von Tellenbach Universitätsarchiv Freiburg, Nachlass Tellenbach, C 157 / 12).

ßert sich in einem Brief an Wilhelm Szilasi vom 8. Juli 1949
in eindeutiger Weise über die Bedeutung Heideggers. Dieser
Brief wird von Szilasi daher an den Rektor weitergeleitet, obwohl Castelli nicht zu den offiziell angefragten Gutachtern
gehörte.[82]

Wie aber haben der in Paris an der Sorbonne lehrende Fran-
zose Raymond Bayer und Romano Guardini – mit Heidegger
ja seit Freiburger Studienzeiten freundschaftlich verbunden –
reagiert? Bayer fühlt sich nicht zuständig. Er schreibt am
7. Juli 1949 u. a. Folgendes an Wilhelm Szilasi, der damals
den Lehrstuhl Heideggers vertrat:[83] »Was Heidegger angeht,
so habe ich von ihm den besten Eindruck gewonnen, doch
scheint es mir nach reiflicher Überlegung und nachdem ich
diejenigen Persönlichkeiten zu Rate gezogen habe, die in
Paris diese Frage am besten beurteilen können, dass wir als
einzelne und privat oder als Angehörige einer Besatzungsmacht uns nicht, direkt oder indirekt, in die Angelegenheiten der deutschen Universitäten einmischen können, ob es
sich um laufende, vergangene oder zukünftige Entnazifizierungsverfahren handelt. Die Schuldfrage – wie unser Kollege
Jaspers sagt – kommt uns wie eine spezifisch deutsche Aufgabe vor, bei der jegliche Einmischung von aussen, selbst
wenn sie zweckentsprechend wäre, zum mindesten uns
Franzosen etwas deplaciert erscheint.«[84]

Bayers Gutachten ist schwer zu interpretieren: Vermutlich
spielte eine Rolle, dass sich der »Fall Heidegger« aus Pariser
Perspektive recht schwer bewerten ließ. Was hätte man auf
der Grundlage des 1949 Bayer zur Verfügung stehenden Ma-

82 Vgl. hierzu den Brief Castellis (Universitätsarchiv Freiburg, Nachlass
Tellenbach, C 157 / 12).
83 Vgl. zu Szilasis Vertretung des Lehrstuhls Heideggers wie auch zu
dem spannungsvollen Verhältnis zwischen Heidegger und Szilasi auch
Max Müller, *Auseinandersetzung als Versöhnung. Ein Gespräch über ein
Leben mit der Philosophie,* 260–268.
84 *Heidegger-Jahrbuch* 4, 221.

terials auch sagen können? War es da nicht besser, die Entscheidung »vor Ort« – wo man direkt mit Heidegger sprechen konnte und auch über mehr Wissen verfügte – treffen zu
lassen? Das mag auch Romano Guardini gedacht haben, der
sich ebenfalls für nicht zuständig hält. Er schreibt am 1. Juli
1949 an Max Müller: »Ich habe Ihren Brief erhalten und muß
Ihnen der Wahrheit gemäß sagen, dass ich mich nicht berechtigt fühle, die Art und Weise der Aufhebung des an Martin
Heidegger ergangenen Lehrverbots zu beurteilen.«[85] Auch
wenn nicht alle Gutachten den Antrag auf Emeritierung ausdrücklich unterstützen, läuft doch alles auf eine Emeritierung Heideggers hinaus.

Am 18. Mai 1949 stimmt der Senat dem Antrag der Philosophischen Fakultät auf Emeritierung Heideggers zu.[86] Auch
die französische Militärregierung ist mit der Emeritierung
Heideggers – deren Möglichkeit Heidegger noch Pfingsten
1949 sehr skeptisch eingeschätzt hatte[87] – einverstanden. In

---

85 *Heidegger-Jahrbuch* 4, 224. Es gab nach dem Zweiten Weltkrieg Bemühungen, Guardini nach Freiburg zu berufen (vgl. hierzu auch GA 16, 395).
Dabei stand auch der Lehrstuhl Heideggers zur Diskussion. Guardini
lehnte die Nachfolge Heideggers ab. Wie Max Müller berichtet, geschah
dies u. a. aus dem folgendem Grund: »Bei der Ungeklärtheit der damaligen
Situation Heideggers war es ihm unmöglich, daß durch ihn als eventuel-
len Nachfolger die Position Heideggers im negativen Sinne als geklärt
hätte angesehen werden können« (Max Müller, *Auseinandersetzung als
Versöhnung. Ein Gespräch über ein Leben mit der Philosophie*, 240). Dies
könnte darauf hinweisen, dass Guardini 1949 nicht deshalb kein Gutachten geschrieben hat, weil er 1) der Ansicht war, Heidegger sei zutiefst
schuldig und dürfe unter keinen Umständen rehabilitiert werden, und 2)
Heidegger durch ein ehrliches Gutachten nicht schaden wolle. Vermutlich war sich Guardini einfach der weitreichenden Implikationen eines
Gutachtens bewusst und wollte auf der Grundlage seines damaligen begrenzten Wissensstandes kein Gefälligkeitsgutachten verfassen.
86 Vgl. *Heidegger-Jahrbuch* 4, 222 f.
87 Vgl. hierzu Heidegger/Elfride Heidegger, 258. Dass Heidegger nicht
ganz falsch lag, zeigt ein Brief Gerd Tellenbachs aus dem Jahr 1976 an den
damaligen Rektor Engler. Tellenbach geht in diesem Brief darauf ein,
»dass ich 1949 als Rektor den Ausschlag gegeben habe bei dem Beschluss

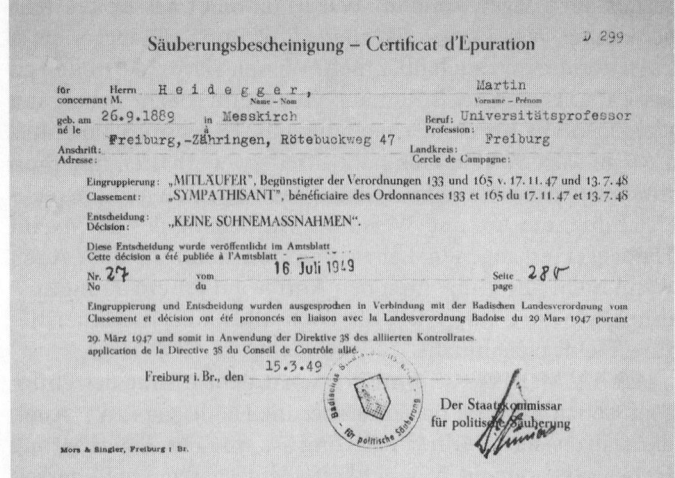

Säuberungsbescheinigung Heideggers

einem Schreiben des »Curateur de l'Université« vom 3. September 1949 an den badischen Erziehungs- und Kultusminister heißt es: »Auf Ihr oben genanntes Schreiben teile ich Ihnen mit, dass ich gegen die Emeritierung von Herrn Prof. Heidegger nichts einzuwenden habe. Die Vergünstigung, welche Prof. Heidegger genießt, beruht auf dem internationalen Ruf dieses Philosophen und seiner reservierten Haltung seit 1945. Sie kann nicht als das Zeichen einer neuen Einstellung hinsichtlich entlassener Nazi-Professoren ausgelegt

des Senats, Heideggers Emeritierung zu beantragen, womit über seine fortdauernde Zugehörigkeit zur Universität Freiburg gegen die Hälfte der Voten entschieden wurde, die nur seiner Pensionierung zustimmten« (vgl. für diesen Brief Universitätsarchiv Freiburg, Nachlass Tellenbach, C 157/12). Vgl. hierzu auch die Aktennotiz Tellenbachs über seine Erklärung in der Fakultätssitzung vom 15. Juli 1950 vom 17. Juli 1950 (ebd.); Silke Seemann, »Die gescheiterte Selbstreinigung: Entnazifizierung und Neubeginn«, 551.

werden.«[88] Am 15. März 1949 war Heidegger seitens des Badischen Staatskommissars für politische Säuberung bereits die »Säuberungsbescheinigung« ausgestellt worden. Heidegger sei ein »Mitläufer« und »Sympathisant« gewesen, so das Urteil, »Sühnemaßnahmen« seien keine zu ergreifen.[89] Im Sommer 1949 konnte Heidegger also emeritiert und sein Lehrverbot aufgehoben werden.[90]

1950/51: Konkrete Schritte zur Pensionierung und Emeritierung Heideggers

Im Frühjahr 1950 sollte sich sogar noch die Möglichkeit herauskristallisieren, dass Heidegger seinen Lehrstuhl wieder übernehmen könne – zumindest wird ein Antrag gestellt, der darauf hinausläuft.[91] Der Sprachwissenschaftler Johannes Lohmann hatte am 31. März 1950 den Antrag an die Philosophische Fakultät gestellt, man möge Heidegger reintegrieren, da er nach einer Besprechung mit Heidegger wie auch mit dem Juristen Theodor Maunz (dem selbst aufgrund seiner Lehr- und Forschungstätigkeit im »Dritten Reich« nicht unumstrittenen späteren Grundgesetzkommentator), so Lohmann in einem Brief an den Rektor, »zu der Überzeugung gekommen« sei, »daß Heidegger rechtlich noch im Amte ist, nur an der vollen Ausübung desselben zeitweise verhindert«.[92]

88 *Heidegger-Jahrbuch* 4, 225 f.
89 Vgl. *Heidegger-Jahrbuch* 4, 216.
90 Vgl. auch den Geburtstagsbrief Gerd Tellenbachs an Martin Heidegger vom 23. September 1949 (Universitätsarchiv Freiburg, Nachlass Tellenbach, C 157/12).
91 Vgl. hierzu auch Heidegger/Müller, 21 f. und 159.
92 Vgl. den Brief von Lohmann vom 31. März 1950 (Universitätsarchiv Freiburg, Nachlass Tellenbach, C 157/12). Vgl. auch den Brief von Clemens Bauer, des Dekans der Philosophischen Fakultät, an den Rektor vom 3. April 1950 (Universitätsarchiv Freiburg, Nachlass Tellenbach, C 157/12). Vgl. hierzu auch Heidegger/Müller, 22 f.; 161; Heidegger/Bauch, 126–130.

Heidegger selbst sah diesen Antrag in positivem Licht. Das
überrascht nicht, da diesem Antrag eine ihm nicht unwill-
kommene Interpretation seines Status seit 1945 zugrunde
lag und überdies die Reintegrierung eine vollständige Rehabilitation bedeutet hätte, während selbst der frühzeitigen
Emeritierung noch ein gewisser Makel anhaftete. Dies zeigt
deutlich auch ein Brief, den Heidegger am 6. April 1950 an
den Rektor der Universität schreibt: »Wenn jetzt aus der
Fakultät heraus statt dieses Lehrauftrages der Antrag auf
Reintegrierung gestellt wird, dann muß ich allerdings diese ...
Möglichkeit als die der Situation gemäßere ansehen, besonders nachdem fünf Jahre lang ›Strafmaßnahmen‹ gegen mich
angewendet wurden, die weit über das hinausgehen, was der
Reinigungsausschuß der Universität im Jahre 1945 für richtig
hielt.«[93] Lohmanns Antrag scheint allerdings auf wenig
Gegenliebe gestoßen zu sein. Heidegger schreibt am 10. April
an Max Müller, der ihn über die Vorgänge nach diesem Antrag mündlich oder brieflich informiert zu haben scheint und
auch den Antrag auf eine Reintegrierung Heideggers unterstützt hatte: »Aber auch das ist ein *Gewinn*, klar zu wissen,
daß ich von der Universität, von wenigen Weiterblickenden
abgesehen, *im Grunde nicht mehr gewünscht werde*. Man
sollte die Tatsache mutiger bekennen. Die Situation wäre
dadurch klarer.«[94] Alles scheint also auf eine Emeritierung
Heideggers hinauszulaufen.

Allerdings war auch die Emeritierung nicht so einfach
durchzusetzen, wie es zunächst schien. Denn es gab noch ein
weiteres Problem: Beamtenrechtlich war eine Emeritierung
vor der Vollendung des 62. Lebensjahres nicht möglich. Der
Rektor der Universität hatte Heidegger darüber informiert,
dass, so Heidegger Anfang März 1950 in einem Brief an das

---

93 GA 16, 445. Vgl. hierzu auch den Brief Elfride Heideggers an Kurt
Bauch (Heidegger/Bauch, 124 f.).
94 Heidegger/Müller, 23.

Badische Ministerium des Kultus und Unterrichts, »die von
der Universität beantragte, von der Militärregierung im Spätsommer vorigen Jahres genehmigte und mir in sichere Aussicht gestellte Emeritierung aus juristischen Gründen doch
erst mit dem 62. Lebensjahr vollzogen werden könne«.[95] Heidegger wurde aber erst am 26. September 1951 62 Jahre alt.
Was also war zu tun?

Man fand die Lösung, dass Heideggers Lehrverbot aufgehoben, er zunächst pensioniert und dann – zum Datum seines
62. Geburtstages – emeritiert werden sollte.[96] Heidegger
stellt also in jenem eben zitierten Brief an das Ministerium
des Kultus und Unterrichts einen Antrag auf Vollpensionie-
rung, »da ich z. Zt. den Verpflichtungen eines Ordinarius aus
gesundheitlichen Gründen nicht in vollem Umfang nach-
kommen kann«.[97] Um diese – für den Antrag notwendige –
Begründung zu belegen, legt Heidegger ein ärztliches Attest
bei. Es kommt noch einmal zu einer kurzen Verzögerung aufgrund einer fehlenden Unterschrift.[98] Ende Mai 1950 drängt
Heidegger in einem Brief an Max Müller darauf, dass nun
»möglichst rasch die *Pensionierung*« durchgesetzt werde und
»für deren praktische Auswirkung« zu sorgen sei. Heidegger
hat hier nicht zuletzt auch seine materielle Situation im
Blick. »Alles andere«, so Heidegger weiter, sei, »wie ich immer wieder betonte, Sache der Universität und Fakultät.«[99]
Bis Ende Juni geschieht aber noch nichts: Es sei, so Heidegger
Ende Juni an Max Müller, »wieder ein Vierteljahr vergangen.
Universität und Ministerium lassen mich ohne jede Nach-
richt.«[100] Heidegger erwägt sogar, einen Anwalt einzuschal-

---

95 GA 16, 442.
96 Vgl. hierzu neben Heidegger/Friedrich, 113 f., auch Hugo Ott, *Martin Heidegger. Unterwegs zu seiner Biographie*, 339.
97 GA 16, 442; vgl. auch GA 16, 447 f.
98 Vgl. GA 16, 444.
99 Heidegger/Müller, 24.
100 Heidegger/Müller, 25.

ten.[101] Die Studenten setzen sich nun – gegen den Willen Heideggers – für diesen ein.[102] Am 13. Juli 1950 wird – endlich – Heidegger mit Rückwirkung auf den 1. April 1950 pensioniert und erhält einen Lehrauftrag.[103] Heidegger scheint froh zu sein, dass das Hin und Her der vergangenen Jahre zu einem Ende gekommen ist: »Ich wünsche mir«, so schreibt er Mitte August 1950 an Max Müller, »daß der Fall Heidegger nun endgültig an der Universität erledigt ist.«[104]

Heidegger möchte sich auf seine Arbeit konzentrieren, auch wenn ihn zu wurmen scheint, dass man in der »Öffentlichkeit« meine, er sei »›in der ehrenvollsten Weise rehabilitiert‹«.[105] Eineinhalb Jahre später wird er dann emeritiert: Ende September 1951 – am Tag seines 62. Geburtstages – erhält er die Urkunde seiner Emeritierung.[106] Wenige Tage später wird er sich bei Paul Fleig, Ministerialdirektor im Ministerium des Kultus und Unterrichts, für ein Schreiben anlässlich seiner Emeritierung bedanken. Er bittet Fleig, »Ihrem Herrn Minister, dem Herrn Staatspräsidenten [scil., Leo Wohleb, H.Z.], meinen ergebensten Dank zu übermitteln,

---

101 Vgl. Heidegger/Müller, 25.
102 Vgl. Heidegger/Müller, 24: »Durch unseren Sohn Hermann erfahre ich jetzt, daß die Studentenschaft Unterschriften sammelt, um wegen meines Falles beim Senat vorstellig zu werden. Ich möchte Ihnen ausdrücklich erklären, daß dieses Vorgehen ohne mein Wissen und gegen meinen Willen geschieht.« Vgl. hierzu auch Heidegger/Bauch, 129.
103 Vgl. hier auch GA 16, 457f.; 460–466.
104 Heidegger/Müller, 25. Vgl. auch Heidegger/Friedrich, 119ff. Seine Enttäuschung über die Universität zeigt auch GA 16, 454–456.
105 Heidegger/Müller, 26. Der Südwestfunk hat allem Anschein nach schon im Juli 1950 darüber berichtet, dass Heidegger pensioniert sei und ab dem Wintersemester 1950/51 wieder lehren werde (vgl. Heidegger/Friedrich, 116). Heidegger hat ein Interesse daran, dass die »Sachlage« nicht »verschleiert« wird. So drängt er darauf, dass nach seiner Pensionierung und nach der damit verbundenen Erteilung eines Lehrauftrages sein Name im Vorlesungsverzeichnis nicht unter den ordentlichen Professoren, sondern unter den Lehrbeauftragten genannt werde (GA 16, 448).
106 Vgl. hierzu auch Heidegger/Müller, 30.

IM NAMEN
DES BADISCHEN VOLKES

WIRD

DER

ORDENTLICHE PROFESSOR DR. MARTIN H E I D E G G E R

VON DEN

AMTLICHEN VERPFLICHTUNGEN (ENTPFLICHTUNG)

ENTBUNDEN.

DEM BEAMTEN WIRD FÜR SEINE DEM VOLK GELEI-
STETEN TREUEN DIENSTE DER DANK DER LANDES-
REGIERUNG AUSGESPROCHEN.
FREIBURG I.BR., DEN 20. SEPTEMBER 1951

DIE LANDESREGIERUNG
UND ZUGLEICH ALS
DER MINISTER DES
KULTUS UND UNTERRICHTS

Heideggers Emeritierungsurkunde

daß er es mit der Landesregierung ermöglicht hat, mich wieder zu meiner Heimatuniversität in das gemäße Verhältnis zu bringen«.[107] Am 1. Oktober spricht er dem Rektor Gerd Tellenbach wie auch Hugo Friedrich, der 1950/51 Dekan der Philosophischen Fakultät gewesen war, »für Ihre Bemühungen bei der endgültigen Regelung meines Verhältnisses zur Universität« seinen Dank aus.[108]

Erneutes öffentliches Wirken Heideggers –
mit einigen Nachspielen bis zum Universitätsjubiläum 1957

Aber es gibt noch einige Nachspiele, die in diesem Zusammenhang von Interesse sind: Am 31. Dezember 1951 teilt Heidegger dem Rektor mit, dass er nach wie vor nur 80 % der Pensionsbezüge und nicht das ihm als Emeritus zustehende volle Gehalt erhalte.[109] Als diese Frage geklärt war und er auch nicht mehr die Vergütung seines Lehrauftrages erhielt, die seine Pensionsbezüge ergänzt hatte,[110] geht Anfang 1952 alles in seinen geregelten administrativen Bahnen: Heidegger ist emeritiert, er darf wieder lehren. Im Sommer 1953 – Heidegger ist ja nun Emeritus – kommt es aber zu einem zweiten Nachspiel. Es wird ihm bei einem geselligen Beisammensein aus Anlass der Einweihung des Hofes der alten Universität von dem damaligen Rektor Schuchhardt zu seiner 40 Jahre zurückliegenden Promotion gratuliert. Constantin von Dietze kann dies nicht verstehen und schreibt dem Rektor: »Wenn

---

107 GA 16, 477. Vgl. zur Bedeutung von Wohleb (und zum Einfluss von Max Müller auf ihn) auch Tobias Wöhrle, »Der Umgang mit dem Badischen Ministerium des Kultus und Unterrichts 1945–1952«, in: Eckhard Wirbelauer (Hg.), *Die Freiburger Philosophische Fakultät 1920–1960. Mitglieder – Strukturen – Vernetzungen*, 831–835.
108 Vgl. hierzu GA 16, 478; Heidegger/Friedrich, 122.
109 GA 16, 479. Heidegger informiert auch Max Müller und die Philosophische Fakultät darüber (vgl. Heidegger/Müller, 31).
110 Vgl. hierzu GA 16, 480.

auf einer Veranstaltung philosophischer Gelehrter Herrn
Heidegger eine Ehrung dargebracht wird, so wird das vermutlich allgemein verstanden werden. Aber hat er sich um unsere Universität wirklich so verdient gemacht, dass der Rektor ihn öffentlich feiern sollte, noch dazu aus einem Anlass,
der sonst im akademischen Leben nicht erwähnt zu werden
pflegt, wo die laudatio also als Demonstration wirkt und die
Erinnerung an Beklagenswertes geradezu herausfordert?«[111]
Der Rektor reagiert postwendend. Der Brief seines Kollegen
sei für ihn, so bekennt er, eine »echte Überraschung und
Belehrung«. Er sieht ein, dass es noch zu früh sei für Veranstaltungen, die den Charakter eines »familiären Beisammen-
seins« haben: »Denn wo gegen einen Kollegen, der als Emeritus seine ganz bestimmten Rechte und Freiheiten geniesst,
so starke Ressentiments bestehen, dass einige harmlose Worte
der Beglückwünschung zu dem gerade in jener Stunde beginnenden 40. Doktorjubiläum des gerade anwesenden, nicht
ganz unbedeutenden Kollegen eine solche Schockwirkung
ausüben, da sollte man gewiss keine falschen Versuche einer
Übertünchung solcher Gegensätze anstellen.«[112] Dietze antwortet ebenfalls postwendend und im Ton versöhnlich. Nach
einem weiteren Brief von Schuchhardt vom 31. Juli und einer
Antwort von Dietzes vom 5. August 1953 scheint die Angelegenheit bereinigt. Heidegger selbst hat von dieser kurzen
inneruniversitären Episode, die sehr genau zeigt, dass auch
nach 1951 der »Fall Heidegger« an der Freiburger Universität
noch kontrovers gedeutet wurde, anscheinend nichts mitbe-
kommen.

111 Abschrift des Entwurfes für einen handschriftlichen Brief Constantin von Dietzes an den Rektor vom 26. Juli 1953 (Universitätsarchiv Freiburg, Nachlass Tellenbach, C 157/12).
112 Abschrift eines Briefes des Rektors der Albert-Ludwigs-Universität
an Constantin von Dietze vom 27. Juli 1953 (Universitätsarchiv Freiburg,
Nachlass Tellenbach, C 157/12).

In der Öffentlichkeit ist Heidegger mit Vollzug seiner Pensionierung wieder präsent. Ab Anfang der 1950er Jahre wird er zunehmend auch durch Vorträge in der universitären und in der breiteren Öffentlichkeit wirken – nicht nur im »Club zu Bremen«,[113] auf der Bühlerhöhe bei Baden-Baden, in München, Darmstadt, Kassel, sondern auch in Österreich, in der Schweiz und in Frankreich. Für Heidegger scheint mit den Entscheidungen des Jahres 1950 auch sein Verhältnis zur Universität mehr oder weniger bereinigt zu sein, auch wenn die gesamten Geschehnisse seit 1945 einen schlechten Nachgeschmack bei ihm zu hinterlassen scheinen. Bereits ab dem Wintersemester 1950/51 ist er daher wieder lehrend tätig. Im Wintersemester 1951[114], im Sommersemester 1952[115] wie auch im Wintersemester 1955/56[116] hält er wieder Vorlesungen. Auch im Studium Generale der Freiburger Universität spricht Heidegger: Im Wintersemester 1957/58 hält er drei Vorträge über »Das Wesen der Sprache«.[117] Vor allem sein öffentliches Auftreten im Rahmen der Jubiläumsfeierlichkeiten der Albert-Ludwigs-Universität im Sommer 1957 dürfte Heidegger

---

113 Vgl. hierzu neben Heinrich Wiegand Petzet, »Die Bremer Freunde«, in: *Erinnerung an Martin Heidegger*, hg. von Günther Neske, Pfullingen 1977, 179–190 auch Heinrich Wiegand Petzet, *Auf einen Stern zugehen. Begegnungen und Gespräche mit Martin Heidegger 1929–1976*, Frankfurt am Main 1983, 59–69; vgl. ebd., 54–83 für Heideggers öffentliches Wirken nach 1945. Für Heideggers Wirken auf der Bühlerhöhe vgl. auch Gerhard Stroomann, *Aus meinem roten Notizbuch. Ein Leben als Arzt auf der Bühlerhöhe*, aus dem Nachlass zusammengestellt und hg. von Heinrich W. Petzet, Frankfurt am Main 1960, 207f.
114 In diesem Semester hält er den ersten Teil der Vorlesung »Was heißt Denken?« (GA 8).
115 In diesem Semester hält er den zweiten Teil der Vorlesung »Was heißt Denken?« (GA 8). Für eine Schilderung dieser Vorlesung vgl. auch Hannah Arendt/Heinrich Blücher, *Briefe 1936–1938*, hg. und mit einer Einführung von Lotte Köhler, München/Zürich 1999, 274f.; 282.
116 In diesem Semester hält er die Vorlesung »Der Satz vom Grund« (vgl. GA 10).
117 Vgl. GA 12, 147–204.

Jubiläum der Freiburger Universität 1957

wie auch weite Teile der Öffentlichkeit als Zeichen seiner vollständigen Rehabilitation bewertet haben – seine Vergangenheit als Rektor schien »bewältigt«, auch wenn die Entscheidung, Heidegger in diesem Rahmen öffentlich auftreten zu lassen, alles andere als unkontrovers diskutiert wurde.[118]

118 Der Kunsthistoriker Erwin Panofsky hat mit dem Verweis auf die »prominent position«, die Heidegger bei den Jubiläumsfeierlichkeiten eingeräumt wurde, die Einladung, an diesen Feierlichkeiten teilzunehmen, abgelehnt: Denn Heideggers »Rektoratsrede of 1934 still rings in the ears of more people than Freiburg University seems to realize« (vgl. Erwin Panofsky, *Korrespondenz 1957 bis 1961*, hg. von Dieter Wuttke, Wiesbaden 2008, 94; vgl. auch 141; 143; 256; 268; vgl. für Panofskys kritische Einstellung zu Heidegger auch Erwin Panofsky, *Korrespondenz 1937 bis 1949*, hg. von Dieter Wuttke, Wiesbaden 2003, 610; Erwin Panofsky, *Korrespondenz 1950 bis 1956*, hg. von Dieter Wuttke, Wiesbaden 2006, 922). Vgl. zur Diskussion um die Rolle Heideggers bei den Jubiläumsfeierlichkeiten auch Meike Steinle, »Das Universitätsjubiläum 1957: Die wiedergefundene Identität«, in: Bernd Martin (Hg.), *Von der badischen Landesuniversität zur Hochschule des 21. Jahrhunderts*, 609–622, 619f.

Im Vorfeld der Feierlichkeiten zum 500. Jahrestag der Gründung der Albert-Ludwigs-Universität war es allerdings zu einem dritten Nachspiel gekommen. Heidegger behauptete 1956 in einem Brief an den Dekan der Philosophischen Fakultät, Gerd Tellenbach habe ihn als Rektor zu einer Pensionierung gedrängt. Tellenbach bittet in Briefen an den Rektor, den Juristen Ernst von Caemmerer, mehrfach darum, dass die Angelegenheit geprüft werde, und stellt im Oktober die Sachlage seinerseits klar. Anfang 1957 antwortet nach einer eingehenden Prüfung der Akten Heideggers der damalige Rektor Tellenbach und nimmt auf seine Bitte Bezug. Was er in seinem Brief schreibt, spiegelt durchaus eine allgemeine Tendenz wider und zeigt, dass man 1956 seitens der Universität den »Fall Heidegger« für abgeschlossen erachtete und in die Zukunft schauen wollte.[119] Ruhe und die Verheilung der alten Wunden sind gefragt, nicht ein erneutes Bohren in der Vergangenheit. Normalisierung heißt das Gebot der Stunde – nicht nur angesichts des unmittelbar bevorstehenden Jubiläums. »Ich glaube nicht«, so von Caemmerer, »dass die von Ihnen erbetene Nachprüfung der gesamten Vorgänge durch einen von mir zu beauftragenden Juristen (oder etwa durch eine Kommission) irgendwie nötig ist. Kritik wird es in so komplexen Fällen immer geben.« Einer weiteren Untersuchung steht der Rektor also ablehnend gegenüber. Und zwar nicht nur, weil sie nicht nötig wäre: Denn eine »solche Untersuchung über Dinge, die nun Jahre und Jahrzehnte zurückliegen, würde von neuem schwere Unruhe in unsere Universität tragen und Wunden aufreissen, die endlich zu vernarben

---

119 Vgl. hierzu auch Silke Seemann, »Die gescheiterte Selbstreinigung: Entnazifizierung und Neubeginn«, 553. Seemann verweist darauf, dass »mit der Reintegration der ›Entnazifizierten‹ ... gleichzeitig ein Prozeß der Tabuisierung der NS-Vergangenheit eingeleitet« wurde. Nur so, so Seemann, sei es möglich gewesen, dass Heidegger 1957 bei den Jubiläumsfeierlichkeiten habe auftreten können.

beginnen, ohne dass neue Gesichtspunkte zu Tage treten würden. Gerade angesichts des bevorstehenden Jubiläums möchte ich unsere Universität gerne vor Derartigem bewahren, und ich wäre Ihnen, sehr verehrter Herr Kollege, dankbar, wenn Sie sich dazu entschliessen könnten, mir dabei zu helfen.«[120] Tellenbach, der damals bereits der gewählte Rektor für das Jubiläumsjahr 1957/58 war, hat sich dem Willen von Caemmerers gebeugt. Der »Fall Heidegger« wurde nicht erneut aufgerollt. Das Interesse an Normalisierung und die Orientierung an der Zukunft bestimmte den Umgang mit der unmittelbaren Vergangenheit – nicht nur Heideggers! Im Rahmen der Feierlichkeiten hält Heidegger den Vortrag »Der Satz der Identität«.[121] Er war, wenn auch nicht unumstritten, nun wieder ein anerkanntes und in seiner Bedeutung geschätztes Mitglied jener Institution, die er seit seinen akademischen Anfängen verehrt, idealisiert und der er 1933/34 – bezeichnen wir es einmal so – auch massivst in den Rücken gefallen war. Mit Heideggers Emeritierung und seinem öffentlichen Vortrag im Rahmen der Jubiläumsfeierlichkeiten war allerdings die Diskussion um den »Fall« Heidegger noch nicht beendet. Diese sollte in der Öffentlichkeit erst in den 1950er Jahren richtig anfangen und bis heute anhalten.

120 Brief des Rektors der Albert-Ludwigs-Universität an Gerd Tellenbach vom 8. Januar 1957 (Universitätsarchiv Freiburg, Nachlass Tellenbach, C 157/12).
121 Vgl. GA 79, 115–129. Der bereits zitierte Brief Gerd Tellenbachs aus dem Jahr 1976 an den damaligen Rektor Helmut Engler zeigt, dass es im Senat der Universität eine nicht unbeträchtliche Opposition gegen die Entscheidung, »dass Heidegger eine der repräsentativen Vorlesungen in der Stadthalle anvertraut wurde,« gegeben hat, dass aber Tellenbach für Heidegger eingetreten ist (vgl. für den Brief Universitätsarchiv Freiburg, Nachlass Tellenbach, C 157/12).

16. »Die Wächter des Denkens sind in der steigenden Weltnot nur noch wenige.«[1] Heideggers Denkweg nach 1945

»Das Einschwenken des tiefsten Denkers der Zeit in den
tosenden Gleichschritt der braunen Bataillone
erschien mir als katastrophales Debakel
der Philosophie, als welthistorische Blamage,
als Bankrott philosophischen Denkens.«[2]
Hans Jonas

Es läßt sich geradehin auch schwer sagen,
daß wir vermutlich: d.h. das Geschlecht der Menschen,
von einer Wirklichkeit bestimmt sind,
der unser Erfahren u. dessen Reichweite nicht gewachsen bleiben.«[3]
Martin Heidegger (1947)

Warten auf eine »Erklärung von Ihrer Seite«

Die Jahre nach dem Mai 1945 waren für Martin Heidegger
schwierige Jahre, weil in dieser Zeit über seine Entnazifizierung, über die Möglichkeit seiner weiteren Tätigkeit als
akademischer Lehrer sowie über die – nicht zuletzt in finan-

---

1 Heidegger/Jaspers, 171 (Brief Heideggers an Jaspers vom 22. Juni
1949).
2 Hans Jonas, *Erinnerungen. Nach Gesprächen mit Rachel Salamander*,
hg. und mit einem Nachwort versehen von Christan Wiese, Frankfurt am
Main 2003, 299.
3 Heidegger/Blochmann, 92.

zieller Hinsicht auch bedeutsame – Frage nach seiner Pensionierung oder Emeritierung verhandelt wurde. Es waren Jahre, in denen nicht nur Heideggers Ruf und die weitere Wirkung seines Denkens auf dem Spiel standen, sondern auch materielle Unsicherheiten das Leben erschwerten. Er musste sich in dieser Zeit intensiv mit Fragen nach seinem Rektorat und seinem Verhältnis zum Nationalsozialismus beschäftigen, und zwar nicht nur, weil die dazu zuständigen Stellen und Kommissionen Antworten auf ihre Fragen verlangten, sondern auch weil er wusste, dass viele ehemalige Kollegen, Freunde oder Schüler seine Rektoratszeit wie auch seinen Denk- und Lebensweg nach 1934 sehr kritisch sahen. Er musste, so erwarteten es viele, sich zu Wort melden – wenigstens jetzt, nach dem Ende der nationalsozialistischen Diktatur.

Karl Jaspers erwartete, wie er im Februar 1949 an Heidegger schrieb, bereits 1945 eine »Erklärung von Ihrer Seite«.[4] Jaspers konnte diese Erklärung vor allem deshalb erwarten, weil er in das Bereinigungsverfahren auf den ausdrücklichen Wunsch Heideggers hineingezogen worden war. Heidegger blieb, auch wenn er später selbst in Erwägung zog, sich bei Jaspers zu melden, stumm und meldete sich erst im Juni 1949 bei seinem alten Freund, als er erfährt, dass Jaspers ihm im Februar schon geschrieben hatte – und zwar einen Brief, der vermutlich Heidegger nicht erreicht hat.[5] Jetzt – endlich – lebt der 1936 unterbrochene Briefwechsel zwischen Heidegger und Jaspers wieder auf.[6] Auch der Briefwechsel mit Elisabeth Blochmann beginnt einige Jahre nach dem Krieg wieder – und auch dies geschieht, wie es scheint, nicht auf Initiative Heideggers, sondern aufgrund eines im September

4 Heidegger/Jaspers, 169.
5 Vgl. Heidegger/Jaspers, 171f.
6 Vgl. zu seinem Verhältnis zu Heidegger ab 1933 und zu seinen Fragen an Heidegger auch Karl Jaspers, *Philosophische Autobiographie*, erweiterte Neuausgabe, München 1977, 100–111.

1946 von Blochmann an Heidegger geschickten Geburtstags-
grußes. Heidegger selbst antwortet erst im März 1947. Er
habe, bekennt er, »mit dem Schreiben gewartet. Ich habe das
Gefühl, erst müßte ein unmittelbares Gespräch das Unterbrochene der Zeit, nicht ein Gebrochenes der Gesinnung und
des Andenkens, wieder verheilen.«[7] Die rechten Worte zu
finden schien Heidegger schwerzufallen. Was immer er auch
schrieb, so dachte er, schien zu Missverständnissen zu führen. »Vielleicht ist das, was ich da schreibe«, so lesen wir in
seinem Brief an Blochmann, »sehr mißverständlich.«[8] Sicherlich spürte er den Erwartungsdruck, der auf ihm lastete.
Er sehnt sich daher nach einem »unmittelbaren Gespräch«
mit Blochmann.[9] Wäre es nicht einfacher gewesen, im persönlichen Gespräch die anstehenden drängenden Fragen zu
klären und wieder an die alte gemeinsame »Gesinnung« anzuknüpfen?

Man kann Heideggers Zögern wie auch sein Bedürfnis nach
einem persönlichen Gespräch auch als ein Zeichen seiner
Scham deuten. Dass Heidegger nach dem Zweiten Weltkrieg
durchaus auch mit Gefühlen der Scham an die Jahre von 1933
bis 1945 – vor allem aber an den *annus horribilis* seines Rektorats – zurückdenkt, zeigt sehr deutlich sein Briefwechsel
mit Jaspers. Im März 1950 findet Heidegger endlich ein eindeutiges Wort. »Heute«, so Heidegger, »möchte ich Ihnen
nur mit *einem* Satz, der alles andere Vermuten und Reden zu-
nichte macht, *das* erläutern, was ich in meinem ersten Brief,
der wieder zu Ihnen kam, mit dem Wort ›ratlos‹ zu nennen
versuchte. … Ich bin seit 1933 nicht deshalb nicht mehr in
Ihr Haus gekommen, weil dort eine jüdische Frau wohnte,

---

7 Heidegger/Blochmann, 92. Heidegger wird auch ein Jahr später erst ver-
spätet auf Blochmanns Geburtstagsgrüße reagieren (vgl. 95).
8 Heidegger/Blochmann, 92.
9 So in den Briefen vom 3. März 1947 und vom 21. März 1948 (Heidegger/
Blochmann, 92; 96).

sondern *weil ich mich einfach schämte.«*[10] Endlich – nachdem schon eine ganze Reihe von Briefen gewechselt wurden –
ein klares Wort, zumindest zu einer der Fragen, die Jaspers
bewegt haben mögen.

Heidegger hat sich aber noch in anderer Weise zur damaligen zeitgeschichtlichen Situation geäußert: Wenn wir uns
noch einmal vergegenwärtigen, wie intensiv Heidegger sich
bereits in den 1930er und in der ersten Hälfte der 1940er Jahre
mit dem Nationalsozialismus auseinandergesetzt hat, wundert es nicht, dass wir sowohl im Briefwechsel mit Jaspers als
auch im Briefwechsel mit Blochmann Ausführungen Heideggers zum Zeitalter der vollendeten Metaphysik finden, die
seinen Gedanken der 1930er und frühen 1940er Jahre entsprechen oder sich aus diesen ergeben.[11] In gleichsam homöopa-
thischer Dosis teilt er den beiden Briefpartnern Gedanken
mit, mit denen er sich seit 1934 beschäftigt hat. Und was wir
bereits dort, wo wir diese Gedanken zunächst diskutiert haben – nämlich vor allem in den Kapiteln 11 und 12 –, gesagt
haben, muss an dieser Stelle erneut gesagt werden: Heidegger
schweigt nicht einfach, wenn es um das Verstehen oder eine
Stellungnahme zum Nationalsozialismus geht. Er äußert
sich vielmehr äußerst kritisch – allerdings aus einer Perspektive, die höchst abstrakt und in ihrer Abstraktion zugleich
auch höchst problematisch ist: Was zwischen 1933 und 1945
geschehen ist, kann nämlich, so Heideggers Einsicht, nur als
Geschehen der Seinsgeschichte recht verstanden werden.

So schreibt Heidegger an Jaspers Anfang Juli 1949: »Die
Auseinandersetzung mit dem deutschen Unheil und seiner
weltgeschichtlich-neuzeitlichen Verflechtung wird den Rest

---

10 Heidegger/Jaspers, 196.
11 Ausführungen dieser Art, die als Stellungnahmen Heideggers zur zeitgeschichtlichen Situation wie auch zu seinem eigenen Verhalten 1933/34
gelesen werden können, finden sich auch im Briefwechsel mit Hannah
Arendt (vgl. z.B. Heidegger/Arendt, 81 f.; 93 ff., 121).

unseres Lebens durchdauern! Insgleichen die Besinnung über das Unheimliche, daß, je wesentlicher das Wesenhafte genommen wird, dessen Vollbringung sich in ein Faktisches entfremden muß, das heute fast unaufhaltsam alles Wesen verwüstet. Vielleicht muß sich das Seyn aus diesem, um grob zu reden, Platonismus überhaupt erst herausdrehen, wenn dem Menschenwesen noch ein Weg ins Heile gewahrt bleiben soll.«[12] Ohne dass wir bei unserer Interpretation dieser sehr dunklen und nicht leicht zu verstehenden Sätze jedes Detail erschließen könnten, können wir doch festhalten, dass hier einige schon aus den 1930er und 1940er Jahren vertraute Motive auftauchen: Der schnelle Übergang (um es einmal so zu nennen) von der realgeschichtlichen (»deutsches Unheil«) zur seinsgeschichtlichen Ebene (»das Unheimliche«); die Mythifizierung eines nur schwer deutbaren »Seyns«; die Interpretation dessen, was zwischen 1933 und 1945 in Deutschland geschah, im Kontext der Weltgeschichte, der Neuzeit und der Geschichte der abendländischen Metaphysik als einer Geschichte verschiedener Formen des Platonismus; die anti-modernistisch gestimmte Deutung der Gegenwart im Anschluss an Nietzsche als einer Zeit der Verwüstung und die quasireligiöse, ja, sogar quasieschatologische Perspektive auf einen neuen Anfang und ein mögliches »Heiles«. Für Jaspers waren dies neue Gedanken, die ihn sicherlich erstaunt haben mögen. Für Heidegger wenig mehr als eine Kurzfassung von Einsichten, um die er sich schon Mitte der 1930er Jahre bemüht hat.

Und auch Elisabeth Blochmann erfährt einiges von dem, was Heidegger denkerisch in den Jahren der nationalsozialistischen Diktatur umgetrieben hat, wenn Heidegger auch ihr gegenüber (sie ist ja keine Philosophin, sondern Pädagogin) die »ontologische«, seinsgeschichtliche Dimension nicht so

---

12 Heidegger/Jaspers, 174.

prononciert herausarbeitet wie gegenüber Jaspers. Im März 1947 schreibt Heidegger an Blochmann: »Zwar ist in allem Besinnlichen ein großes Bemühen um Einsicht u. reinen Willen. Aber jetzt wie seit langem sind wir in der Mitte Europas; u. dadurch hat das Verhängnis noch eine ganze andere Gewalt über uns. Das ›Abendland‹ ist wohl schon zu einer Zeit untergegangen, da noch niemand davon sprach. *Wirklich* sind seit langem andere ›Mächte‹. ... Die Vorgänge, die den Planeten umdüstern, können nicht das Gemächte einzelner Menschen sein, die nur als Schergen fungieren.«[13] Wiederum: Wir finden hier nicht nur mittlerweile vertraute Motive des von Heidegger seit 1934 beschrittenen Denkweges, sondern müssen auch noch einmal jene Fragen stellen, die wir schon mehrfach gestellt haben, nämlich – erstens – ob Heideggers Zugang zu Fragen der Zeitgeschichte nicht gewissermaßen zu schnell zu abstrakt ist und ob – zweitens – er nicht einer Passivität des Menschen das Wort redet, die dort entschuldigt, wo eindeutig von persönlicher Schuld zu reden ist. Wäre nicht gerade 1947 – bei allem Elend und aller Not – auch einmal ein Wort darüber zu sagen gewesen, dass endlich zumindest eine – und zwar eine gewaltige und in ihrer Dunkelheit nicht so einfach abmess- oder relativierbare – Verdüsterung ans Ende gekommen ist? Stellte der Mai 1945 keinen Einschnitt dar, der auch seinsgeschichtlich berücksichtigt werden müsste? Gewiss, es mag zwar auch nach Heidegger »Schergen« geben, aber was kann man diesen schon vorwerfen, wenn die »Vorgänge«, um die es geht (und bei denen es nicht einfach nur um Deutschland in den Jahren von 1933 bis 1945 geht, sondern um den Planeten Erde in der Neuzeit), auf anonyme ›Mächte‹ zurückgehen, deren man kaum habhaft werden kann, ist man ihnen doch selbst nahezu schutzlos ausgeliefert?

13 Heidegger/Blochmann, 92.

Auch gegenüber Blochmann deutet Heidegger die Gegenwart in seltsam »abgehobener« und in der Tat missverständlicher Weise und mit einem Anspruch, der prophetisch und quasireligiös wirkt und in dem Heideggers bereits sehr früh nachweisbares »quasi-priesterliches« Selbstverständnis seine Fortsetzung gefunden hat. Aber haben nicht gerade auch Jaspers und Blochmann – der eine immer zum Freitod bereit, falls seine jüdische Frau hätte deportiert werden sollen, die andere als Halbjüdin seit Anfang 1934 im Exil in Oxford – andere Worte erwartet? Und zwar nicht unbedingt Worte eines persönlichen Schuldbekenntnisses, aber vielleicht doch ein eindeutigeres Wort darüber, was zwischen 1933 und 1945 in Deutschland geschehen war? Gewiss, es gibt Ansätze dazu: Heidegger spricht Blochmann gegenüber von dem »verelendeten Zustand der Deutschen« und dem »Ausbruch des Unmenschlichen ..., das wir nicht sogleich in seiner Liste erkannten u. dem wir zu unbedacht das Spiel der Macht überließen«.[14] Aber es erstaunt doch, wie schnell Heidegger auf eine Ebene springt, auf der ihm – der doch in anderen Bereichen die Kunst der Unterscheidung wie wenige beherrschte – selbst die notwendigsten Unterscheidungen nicht möglich sind. Denn man könnte doch auch fragen, so haben wir schon gesehen, ob nicht selbst aus seinsgeschichtlicher Perspektive zwischen dem nationalsozialistischen Deutschland und der Welt der Alliierten – um nur ein Beispiel zu nennen – mehr und besser zu unterscheiden gewesen wäre, so schwer dies vielen Deutschen aus heute teils noch gut verständlichen Gründen auch in der konkreten Situation des Jahres 1947 gefallen sein mag. Heidegger scheint aber – aus der Perspektive des Schwarzwaldes – nur karge Wüste zu sehen: »Aber ich lerne immer wieder«, so Heidegger an Blochmann im August 1947 in einem Brief, den er aus der

14 Heidegger/Blochmann, 92.

Heideggers Todtnauberger Hütte

Todtnauberger Hütte geschrieben hat, »einiges von der kargen Landschaft hier.«[15] Was er konkret von der Landschaft lernt, lässt auf wenig Hoffnung schließen: »Am 21. August schlug der Blitz bei einem schweren Abendgewitter in den uns nächstbenachbarten Schneider-Hof. Innerhalb von zwei Minuten war das Schindeldach weggebrannt u. der Hof eine einzige Glut. Die Menschen und das Großvieh konnten gerade noch gerettet werden.«[16] Darin mag man eine Analogie zur zeitgeschichtlichen Situation sehen – »gerade noch gerettet«! –, aber ist das alles, was zu sagen wäre? Ist der Blick von den Höhen des Schwarzwaldes her, den Heidegger genoss und stilisierte, nicht einerseits weit und andererseits zugleich beängstigend eng?

15 Heidegger/Blochmann, 94.
16 Heidegger/Blochmann, 94.

Aber es stellt sich jetzt, nach 1945, vor allem auch nach seiner Emeritierung 1951 noch eine andere Frage: Erwartete man nicht auch ein eindeutiges *öffentliches* Wort? Wurde nicht zu Recht immer wieder die Frage nach Heideggers Schweigen in der Öffentlichkeit gestellt, die ja weder von seinen Briefen noch von seinen Erklärungen im Rahmen des Entnazifizierungsverfahrens etwas wusste? Öffentlich hatte sich Heidegger ja in eindeutiger Weise bis zu seinem Tod nicht zu seinem Rektorat geäußert: Das berühmte *Spiegel-Gespräch* wurde auf seinen Wunsch erst nach seinem Tod veröffentlicht. Auch in vielen eher als privat zu bezeichnenden Begegnungen blieb Heidegger schweigsam. Dieses Schweigen ist zunächst einmal in der Tat erstaunlich und nicht einfach zu verstehen. Paul Celan thematisiert es in seinem berühmt gewordenen Gedicht »Todtnauberg«, das er 1967 nach einem Besuch bei Heidegger in Todtnauberg schrieb. In diesem Gedicht heißt es: »Arnika, Augentrost, der / Trunk aus dem Brunnen mit dem / Sternwürfel drauf, // in der / Hütte, // die in das Buch / – wessen Namen nahms auf / vor dem meinen? –, / die in das Buch / geschriebene Zeile von / einer Hoffnung, heute, / auf eines Denkenden / kommendes / Wort / im Herzen, [...].«[17] Bereits in das Hüttenbuch Heideggers hatte Celan von diesem »kommenden Wort« gesprochen und einige Motive seines Gedichtes vorweggenommen: »Ins Hüttenbuch, mit dem Blick auf den Brunnenstern, mit einer Hoffnung auf ein kommendes Wort im Herzen.«[18]

---

17 Paul Celan, »Todtnauberg«, in: Paul Celan, *Die Gedichte. Kommentierte Gesamtausgabe in einem Band*, hg. und kommentiert von Barbara Wiedemann, Frankfurt am Main 2005, 282; vgl. 806f. für eine kurze Kommentierung. Vgl. zur Begegnung zwischen Celan und Heidegger auch die kurzen instruktiven Ausführungen von George Steiner, *Martin Heidegger*, Chicago 1995, 125ff.
18 Vgl. hierfür Paul Celan, *Die Gedichte. Kommentierte Gesamtausgabe in einem Band*, 807.

Vor der Todtnauberger Hütte

Es kam kein Wort, zumindest nicht jenes Wort, das viele erwartet und sich erhofft hatten. Heidegger blieb stumm. Gerade von ihm, der doch eine öffentliche Figur war und um seine bleibende Bedeutung wusste – und mit allem Recht darauf hätte verweisen können, dass sich sein politischer Irrtum vor allem auf die Frühzeit der nationalsozialistischen Diktatur bezogen habe, er sich danach politischer Äußerungen weitestgehend enthalten und eine zunehmend kritische Distanz zu den Machthabern eingenommen habe –, kam kein Wort, das als ein Eingeständnis seiner eigenen Schuld und seines Irrtums verstanden werden konnte. Rudolf Bultmann, so scheint es, hat Heidegger direkt dazu aufgefordert, sich öffentlich zu dem, was er 1933 »verkündet« habe, zu äußern und einen »wirklichen Widerruf« zu leisten. Heidegger, so erinnert sich Hans Jonas, habe Bultmann versprochen, dies zu tun. Zehn Jahre später aber musste Bultmann Jonas gegenüber feststellen, dass dies noch nicht geschehen sei.[19]

Wie lässt sich dieses Schweigen, das Schweigen Heideggers nach 1945 verstehen? Zunächst einmal wird man darauf aufmerksam machen können, dass Heideggers Schweigen nach 1945 alles andere als ungewöhnlich war. Viele Fragen, die heute mit einer gewissen Selbstverständlichkeit diskutiert und als notwendig erachtet werden, wurden direkt nach dem Ende des nationalsozialistischen Terrorregimes gar nicht oder nur selten gestellt und noch seltener beantwortet. Auch Heidegger fiel einer verbreiteten Tendenz zum Verschweigen und Verdrängen zum Opfer – und war gleichzeitig auch zumindest teilweise dafür verantwortlich, dass diese Tendenz so erfolgreich sein konnte. Was wäre geschehen, wenn er und viele andere sich eindeutig erklärt und entschuldigt hätten? Hätte dies nicht auch dazu geführt, dass viele spätere, oft so

---

19 Vgl. hierzu Hans Jonas, *Erinnerungen. Nach Gesprächen mit Rachel Salamander*, 302 f.

bitter geführte Diskussionen nicht notwendig gewesen wären? Aber gerade die Anerkennung eigener Schuld verlangt immer einen besonderen Mut, eine besondere Wahrhaftigkeit, die Heidegger selbst, obwohl er so viel und so oft gerade von der Wahrhaftigkeit unserer je eigenen Existenz gesprochen hat, wohl nicht immer (und eher selten) zu eigen war. Man muss hier eine seltsame und irritierende (aber nicht völlig unverständliche) Spannung zwischen seinem Denken und seinem Leben feststellen.

In *Sein und Zeit* ist etwa ein eigener Paragraph dem Thema »Anrufverstehen und Schuld« gewidmet.[20] Dort hat Heidegger u. a. darauf verwiesen, dass das »Schuldigwerden an Anderen ... möglich« sei »ohne Verletzung des ›öffentlichen‹ Gesetzes«. Er hat den »formalen Begriff des Schuldigseins im Sinne des Schuldiggewordenseins am Anderen« folgendermaßen bestimmt: »*Grundsein* für einen Mangel im Dasein eines Anderen, so zwar, dass dieses Grundsein selbst sich aus seinem Wofür als ›mangelhaft‹ bestimmt. Diese Mangelhaftigkeit ist das Ungenügen gegenüber einer Forderung, die an das existierende Mitsein mit Anderen ergeht.«[21] Selbst wenn Heidegger davon ausgegangen ist, dass er sich vor allem nach 1934 rein rechtlich nichts oder nur sehr wenig zuschulden habe kommen lassen, hätte ihm doch auch die Möglichkeit eines Schuldigwerdens am anderen, die sich nicht von einer Verletzung des positiven Rechtes her verstehen lässt, deutlich vor Augen stehen müssen. Von dieser Möglichkeit, dass das Dasein schuldig werden kann, und von dem »*ursprünglichen Schuldigsein*« des Daseins[22] spricht Heidegger nach dem Zweiten Weltkrieg nicht mehr. Wenn er von Schuld spricht, dann abstrakt oder oft derart fatalistisch, dass der Schuldbegriff all seine Konturen zu verlieren tendiert.

---

20 GA 2, § 58.
21 GA 2, 375.
22 Vgl. hierzu GA 2, 377.

Man wird, wenn es um die Frage nach Gründen von Heideggers Schweigen geht, auch – wiederum nicht in der Absicht, Heidegger zu entschuldigen, sondern in der Absicht, sein Verhalten und die Motive seines Verhaltens nach 1945 besser zu verstehen – darauf aufmerksam machen müssen, dass es sich hierbei nicht nur um eine verbreitete Tendenz gehandelt hat, sondern dass es viele andere prominente und weniger prominente Zeitgenossen gab, die wesentlich *mehr* Grund zu einem entschuldigenden Wort oder einer Stellungnahme zu ihrem Verhalten zwischen 1933 und 1945 gehabt hätten, aber auch schwiegen und sich um eine möglichst schnelle Verdrängung der Vergangenheit bemühten. Dies gilt nicht zuletzt auch für viele Professoren und Universitätsangehörige, die schnell zur Normalität des universitären Lebens zurückkehren wollten – oft so, als habe sich die ehrwürdige Institution der deutschen Universität nichts vorzuwerfen, als habe im Gegenteil innerhalb ihrer Mauern immer und überall ein Geist wenn nicht des Widerstandes, so doch der inneren Emigration geherrscht, weil es anders ja nicht sein könne und dürfe. Dass dies nicht der Fall war, dass gerade auch die Universitäten und viele ihrer Angehörigen eine nicht zu vernachlässigende Rolle innerhalb der nationalsozialistischen Diktatur gespielt haben, wurde daher gerade in den unmittelbaren Nachkriegsjahren so gut wie gar nicht öffentlich thematisiert. Es ging oft darum, möglichst schnell die alten Wunden verheilen zu lassen und erst recht keine neuen zu schlagen. Der im letzten Kapitel zitierte Brief des Rektors von Caemmerer an Gerd Tellenbach aus dem Jahr 1956 zeigt das ja in exemplarischer Weise. Normalität gab es oft nur um den Preis der Verdrängung, und ob dieser Preis gerechtfertigt war oder nicht, ist eine Frage, die heute noch kontrovers diskutiert wird.

Natürlich kann man an dieser Stelle auch noch einmal darauf aufmerksam machen, dass Heidegger als einer der führen-

den Denker des 20. Jahrhunderts hier eine besondere Verantwortung gehabt hätte. Hätte nicht sein eigenes Denken eine
Reaktion nahegelegt – gerade auch gegen die Tendenz, wie
»man« mit seiner Schuld oder seinem Verhalten in den Jahren der nationalsozialistischen Diktatur umging? Heidegger
aber scheint diesen Mut zu einer persönlichen Stellungnahme nicht gehabt zu haben. Man wird daher davon ausgehen können, dass auch die Frage, ob in Heideggers Schweigen
nicht auch Zeichen einer eher ängstlichen und schamvollen
Persönlichkeit und dessen, was man ein »Pathos der Distanz« nennen kann,[23] zu finden sind, nicht von der Hand zu
weisen ist. Vielleicht hat er sich gesagt, er habe sich doch wesentlich weniger vorzuwerfen als viele seiner Kollegen oder
andere prominente Zeitgenossen, die schnell wieder in Amt
und Würden waren. Aber die rein psychologische oder biographische Perspektive löst die Frage nach Heideggers Schweigen nicht – genauso wenig, wie eine rein philosophische Betrachtung diese Frage abschließend zu beantworten hilft. Es
bleiben offene Fragen, die, eben weil sie sich nicht abschließend beantworten lassen, auch offenbleiben sollten.

Es gibt aber durchaus Faktoren auf dem Denk- und Lebensweg Heideggers, die helfen, besser (aber eben nicht: vollständig) zu verstehen, warum Heidegger geschwiegen hat: Bei
Heidegger verstärken sich nämlich nach 1945 zwei Tendenzen, auf die wir bereits häufiger aufmerksam gemacht haben
und die in diesem Zusammenhang von großer Bedeutung
sind: Zum einen finden wir insbesondere auch nach 1945 die
bereits in den 1920er Jahren immer wieder feststellbare Tendenz zur Einsamkeit, zum Rückzug auf das, was ihm eigentlich wichtig ist und worin er seine eigentliche Aufgabe sieht:
das philosophische Denken, das nun von einem Hören auf

---

23 Vgl. hierzu auch Emil Staiger, »Streiflichter«, in: *Erinnerung an Mar-*
tin Heidegger, hg. von Günther Neske, Pfullingen 1977, 232.

den Entzug und den Zuspruch des Seins bestimmt ist und nur von wenigen – wenn überhaupt – nachvollzogen werden kann. »Man soll nicht«, so Heidegger an Jaspers, »über Einsamkeit reden. Aber sie bleibt die einzige Ortschaft, an der Denkende und Dichtende nach menschlichem Vermögen dem Sein bei-stehen.«[24] Und gleichzeitig bleibt Heidegger – dies ist eng mit seinem Bedürfnis nach Einsamkeit verbunden – seiner Tendenz zum beredten »Schweigen« treu. Im August 1949 zitiert er Nietzsche in einem Brief an Jaspers: »Hundert tiefe Einsamkeiten bilden zusammen die Stadt Venedig – dies ihr Zauber. Ein Bild für die Menschen der Zukunft.« Heidegger weist Jaspers darauf hin, dass das, was hier gedacht sei, »außerhalb der Alternative von Kommunikation und Nichtkommunikation« liege.[25] »Wir«, so Heidegger weiter, seien »vor dem hier und dort Gedachten und ins Wesenhafte – Künftige Gedachten … die reinen Zwerge«.[26] Gerade deshalb stellt sich vielleicht auch Heidegger das Problem, die rechten Worte zu finden. Gerade deshalb fürchtet er, missverstanden zu werden, und zieht das Schweigen vor. Er erfährt sich als »reiner Zwerg«, dem sich etwas zu denken gibt, das letztlich jenseits der klassischen Alternative von Mitteilung oder Nicht-Mitteilung liegt – eine Position, die in der Tat einsam macht, da sie nur schwer zu verstehen ist und sich den Erwartungen, die viele an ihn gerichtet haben, entzieht. Denken und Leben Heideggers sind wieder einmal in kaum auflösbarer Weise miteinander verknüpft.

Jetzt erhebt Heidegger allerdings nicht mehr den Anspruch, schon auf einem anderen Stern zu sein. Jetzt kann es nur darum gehen, in aller Vorsicht, Demut und Einsamkeit »auf einen Stern« zuzugehen.[27] Die Schriften und Texte, die

---

24 Heidegger/Jaspers, 172.
25 Heidegger/Jaspers, 181.
26 Heidegger/Jaspers, 181.
27 Vgl. GA 13, 76.

Heidegger nach dem Zweiten Weltkrieg geschrieben hat, sind
daher in ihrem Stil und Inhalt verhalten, vorsichtig und »be-
dächtig« formuliert. Denn er macht nun die folgende Erfahrung mit dem Denken: »Im Denken«, so sagt er, »wird jeglich
Ding einsam und langsam.«[28] Heidegger ist sich daher immer
auch der Grenzen und beschränkten Möglichkeiten des Denkens bewusst – auch dies ein Zeichen der Ambivalenz seines
philosophischen Anspruchs. Auf die Öffentlichkeit setzt er
dabei keine Hoffnung mehr. Er spürt zwar, wie vor allem der
Briefwechsel mit Jaspers zeigt, den Druck, der auf ihm lastet.
Aber seiner kritischen Sicht der Medien oder des »Man«
ist er treu geblieben: Man würde auf der einen Seite, so weiß
er, nicht verstehen, was er zu sagen hat und was sich ihm
zu denken gibt, und er könnte, auf der anderen Seite, das
nicht sagen, was die Öffentlichkeit von ihm hören wollte.
Denn nur wenige, nur Einzelne können, so Heideggers Ansatz, überhaupt verstehen, was auf dem Spiel steht. Mit einer
Wirkung seines Denkens rechnet er nicht mehr. So schreibt
Heidegger am 22. Juni 1949 – gut einen Monat nach der Gründung der Bundesrepublik Deutschland – in einem Brief an
Karl Jaspers Folgendes: »Der Wächter des Denkens sind in
der steigenden Weltnot nur noch wenige; dennoch müssen
sie gegen den Dogmatismus jeder Art ausharren, ohne auf
Wirkung zu rechnen. Die Weltöffentlichkeit und ihre Organisation ist nicht der Ort, an dem das Geschick des Menschen*wesens* sich entscheidet.«[29]

Aber auch hier ist die Situation noch komplexer, als sie
zunächst zu sein scheint. Denn es war nicht einfach so, dass
Heidegger ab 1945 nur noch geschwiegen und nichts mehr
veröffentlicht hätte und gar nicht mehr öffentlich in Erscheinung getreten wäre. Wir hatten ja schon darauf hingewiesen,

---

28 GA 13, 81.
29 Heidegger/Jaspers, 172.

dass bereits 1947 *Platons Lehre von der Wahrheit. Mit einem Brief über den »Humanismus«* erschienen war. Diese Veröffentlichung könnte man noch damit erklären, dass es Heidegger darum gegangen war, auf die unerlaubte Vervielfältigung des »Humanismusbriefes« in Frankreich zu reagieren und eine gleichsam autorisierte Fassung dem interessierten Leser zugänglich zu machen, sosehr ihm die Gefahr erneuter Missverständnisse auch bewusst war.[30] Nur hätte er dann nicht zugleich auch den Text »Platons Lehre von der Wahrheit« veröffentlichen müssen. Heidegger hat sich allerdings nicht auf die Veröffentlichung von *Platons Lehre von der Wahrheit* oder von Privatdrucken beschränkt. Ab 1949 war er publizistisch in der jungen Bundesrepublik außerordentlich präsent. Von der Angst, missverstanden zu werden, ist keine Spur mehr zu finden: In keiner Phase seines Lebens sollte er mehr Bücher veröffentlichen als in den Jahren von 1949 bis 1961: vom *Feldweg* (1949), den *Holzwegen* (1950) und der zweiten Auflage von *Erläuterungen zu Hölderlins Dichtung* (1951) über die *Vorträge und Aufsätze* (1954), *Der Satz vom Grund* (1957) und *Identität und Differenz* (1957) bis hin zu *Unterwegs zur Sprache* (1959) und den beiden umfangreichen *Nietzsche*-Bänden (1961) – von zahlreichen weiteren kleineren Schriften einmal abgesehen.

Und auch was seine Idealisierung der Einsamkeit betrifft, bleibt Heidegger sich nicht treu – oder interpretiert diese zumindest in recht eigenwilliger Weise. Er wird nicht nur ab dem Wintersemester 1950/51 wieder lehrend an der Universität Freiburg tätig sein – und zwar nicht allein an der Philosophischen Fakultät, sondern auch im Studium Gene-

---

30 Vgl. hierzu Heidegger/Jaspers, 182: »Der Humanismus-Brief, den ich notgedrungen veröffentlichte, weil er durch Indiskretionen schon ein halbes Jahr vorher in Paris in unkontrollierbaren Abschriften und Übersetzungen umlief, erzeugte wohl neue Mißverständnisse und Schlagworte.«

rale.[31] Er reist ab 1950 auch durch Deutschland, Österreich, die Schweiz und Frankreich, um an Seminaren teilzunehmen und Vorträge zu halten. Fast scheint es so, als habe Heidegger mit seiner Emeritierung wieder neue Energie gewonnen: Er stellt ein großes Interesse an seinem Denken fest und antwortet auf dieses Interesse, indem er zumindest bestimmte Aspekte seines Denkens der weiteren, nicht nur der akademischen Öffentlichkeit zugänglich macht und zur Diskussion stellt. Die Aufmerksamkeit, die er dabei erhalten hat, wird er, nachdem er sich lange wie einen »toten Hund«[32] behandelt fühlte, sicherlich genossen haben. So bescheiden Heidegger auf der einen Seite war, so eitel war er wohl auch: Wir stoßen erneut auf eine Ambivalenz im Leben und Denken Heideggers. Gibt es auf der einen Seite eine klare Tendenz zur Einsamkeit, zum Rückzug in die Provinz, zum Schweigen und zur Idealisierung seiner eigenen Wirkungslosigkeit, scheint Heidegger auf der anderen Seite auch das Rampenlicht und die öffentliche Aufmerksamkeit genossen zu haben. Schweigt er also einerseits mit den Bauern im Schwarzwald,[33] so genießt er es andererseits, auf der Bühlerhöhe in der Nähe von Baden-Baden oder in Bremen mit der gesellschaftlichen und auf den Sitzungen verschiedener Akademien mit der intellektuellen und künstlerischen Elite zu verkehren und dabei nicht selten im Mittelpunkt zu stehen.

Ende der 1940er Jahre meldet sich Heidegger also doch öffentlich zu Wort. Aber, wie wir sehen werden, wieder einmal

---

31 Vgl. zum Auftreten Heideggers im universitären Kontext nach 1945 auch Max Müller, *Auseinandersetzung als Versöhnung. Ein Gespräch über ein Leben mit der Philosophie*, hg. von Wilhelm Vossenkuhl, Berlin 1994, 258 f.; 267.

32 Heidegger/Bauch, 128.

33 Vgl. hierzu GA 13, 10: »Wenn ich zur Zeit der Arbeitspause abends mit den Bauern auf der Ofenbank sitze oder am Tisch im Herrgottswinkel, dann reden wir *zumeist gar nicht*. Wir rauchen *schweigend* unsere Pfeifen.«

in einer ihm eigenen Weise, die in ihrer Ambivalenz nicht
unproblematisch ist und auch viele Fragen offenlässt. Zu
Wort meldet er sich nämlich nicht mit Äußerungen zum
Rektorat, zum Nationalsozialismus oder zur Frage nach der
politischen Neuorientierung, sondern mit Texten, die verdeutlichen sollen, wo Heidegger nun steht und was sich ihm –
seinem Denken – nun als Erfahrung und Aufgabe angesichts
der »steigenden Weltnot« und der »Vollendung der Metaphysik« zuspricht. Heidegger blendet dabei die Schuldfrage nicht
aus. Aber wenn er die Schuldfrage stellt, dann nicht mehr
in Bezug auf das Dasein oder gar in Bezug auf die konkrete geschichtliche Situation, in der – mit Jaspers – »fast die ganze
Welt ... Anklage gegen Deutschland und gegen die Deutschen« erhebt,[34] sondern in einem sehr abstrakten Sinne.
  Er thematisiert die Frage nach Schuld oder Buße etwa unmittelbar nach dem Zweiten Weltkrieg in der Auseinandersetzung mit dem vorsokratischen Denker Anaximander.
1946 schrieb Heidegger eine Abhandlung zu Anaximander,
aus der er einen Teil unter dem Titel »Der Spruch des Anaximander« 1950 in den *Holzwegen* veröffentlichte.[35] Im Vordergrund steht dabei – wieder einmal – nicht die konkrete
Geschichte, sondern die Seinsgeschichte. Und von dieser
Perspektive aus beschäftigt er sich mit vielen konkreten
Themen: mit der Technik, der Sprache oder der Wissenschaft. Was das bedeutet, versuchen wir im Folgenden noch
näher herauszuarbeiten. Dabei werden wir uns zunächst mit
zwei kurzen, bereits Ende der 1940er Jahre veröffentlichten
Texten Heideggers, nämlich dem *Feldweg* und *Aus der Erfahrung des Denkens* beschäftigen, um eine erste Annäherung
an seinen Denkweg nach 1945 zu gewinnen. Wir werden

---

34 Karl Jaspers, *Die Schuldfrage. Zur politischen Haftung Deutschlands*,
München 1987, 15.
35 GA 5, 321–373. Die gesamte Abhandlung wird in Band 78 der Gesamtausgabe erscheinen.

dann in der hier gebotenen Kürze zwei weitere, im landläufigen Sinne weniger poetische, sondern mehr philosophische Aufsätze diskutieren, die Heidegger – wie auch seinen Text über den Spruch des Anaximander – im Jahr 1946 schrieb und bis 1950 auch veröffentlichen sollte: den Humanismusbrief und *Wozu Dichter?* Angesichts der Tatsache, dass Heidegger sehr viele Texte »in der Schublade« hatte, die er auch zu dieser Zeit hätte veröffentlichen können, kommt den genannten Texten eine besondere Bedeutung zu: Nicht etwa, weil wir hier den »eigentlichen« Kern von Heideggers Denken finden würden, sondern weil wir es hier mit Texten zu tun haben, die zwar auf diesen Kern verweisen, mit denen Heidegger zunächst einmal aber sowohl öffentlich wirken als auch das Bild, das die Öffentlichkeit sich von ihm machte, beeinflussen wollte. Neben dem inhaltlich-philosophischen Interesse hatte Heidegger bei der Veröffentlichung dieser Texte also auch ein durchaus strategisch zu nennendes Interesse. Er wollte Stellung beziehen, aber nicht so, dass er nur über sich gesprochen hätte. Die »Sache selbst« war ihm ein Anliegen – wichtig war ihm zu verstehen, womit der neuzeitliche, ja, der abendländische Mensch sich nun konfrontiert sah. Er wollte dabei in der ihm eigenen Weise verdeutlichen, dass ihm das Verstehen und die Kritik der Gegenwart wie auch der eben vergangenen nationalsozialistischen Diktatur durchaus ein Anliegen war und dass er nicht von einem fernen Elfenbeinturm her dachte – das ist, wie sich schon öfters gezeigt hat, wahr, aber eben nur die halbe Wahrheit oder zumindest eine Wahrheit, die der Ergänzung bedarf.

»Der Zuspruch macht heimisch in einer langen Herkunft.«

1949 veröffentlicht Heidegger den berühmten *Feldweg*, einen Text, der meist nur als biographisches, selten aber als philosophisches Zeugnis gelesen wird.[36] Heidegger beschreibt in dieser kurzen Schrift einen Meßkircher Feldweg, der »aus dem Hofgartentor zum Ehnried« läuft.[37] An diesem Feldweg stehe, so Heidegger, unter einer hohen Eiche eine Bank, auf der »bisweilen die eine oder andere Schrift der großen Denker, die eine junge Unbeholfenheit zu entziffern versuchte«, gelegen habe.[38] Der Gang über den Feldweg war eine der bestimmenden Erfahrungen von Heideggers Jugend: »Wenn die Rätsel einander drängten und kein Ausweg sich bot, half der Feldweg. Denn er geleitet den Fuß auf wendigem Pfad still durch die Weite des kargen Landes.«[39]

Diese biographische Erinnerung an Heideggers frühe Feldweggänge wird aber schnell mit grundsätzlichen Überlegungen zur Zeitsituation verknüpft. Dies dürfte kaum überraschen. Denn die Welt des Feldweges, an die sich Heidegger nun, wenige Jahre nach dem Zweiten Weltkrieg erinnert, ist die Welt einer gefährdeten, wenn nicht sogar einer schon vergangenen, von Heidegger stark idealisierten »Ordnung«. Heidegger beschwört zunächst diese Ordnung, die im Feldweg in seiner Einfachheit ihr Welt-spendendes »Symbol« hat: »Das Einfache verwahrt das Rätsel des Bleibenden und des Großen. Unvermittelt kehrt es bei den Menschen ein und

---

36 Der Text erschien zunächst Anfang 1949 in Meßkirch. Im Oktober 1949 erschien er im Verlag Vittorio Klostermann als Privatdruck und unter dem Titel »Der Zuspruch des Feldweges« in der Zeitschrift *Sonntagsblatt* und 1950 in der Zeitschrift *Wort und Wahrheit* (vgl. hierzu GA 13, 247).
37 GA 13, 87.
38 GA 13, 87.
39 GA 13, 87.

Heidegger als Student

braucht doch ein langes Gedeihen. ... Die Weite aller gewachsenen Dinge, die um den Feldweg verweilen, spendet
Welt.«[40] Die Menschen, die, wie Heidegger schreibt, den Zuspruch des Feldweges hören, sind »Hörige ihrer Herkunft«.
Sie sind verwurzelt in ihrer Heimat, leben ein bodenständi-
ges Leben, haben eine Zukunft, die immer schon in ihrer
Herkunft liegt. Sie sind, wie Heidegger gegen den »Geist der
Zeit« betont, keine »Knechte von Machenschaften«, sie sind
frei, weil gerade der »Zuspruch des Feldweges ... einen Sinn,
der das Freie liebt«, weckt.

Gerade aber die Verknechtung an die Machenschaften
stellt, so Heidegger, eine große Gefahr dar: Es drohe nämlich
die Gefahr, »daß die Heutigen schwerhörig für seine Sprache
bleiben. Ihnen fällt nur noch der Lärm der Apparate, die sie
fast für die Stimme Gottes halten, ins Ohr.« Dann aber werde

40 GA 13, 89.

der Mensch »weglos«, und die »stille Kraft« des Einfachen sei versiegt. Die Welt des Feldweges ist daher gefährdet, weil immer weniger Menschen überhaupt den »Zuspruch des Feldweges« noch hören können. Allerdings werden die wenigen »Hörigen«, so Heidegger, »überall die Bleibenden« sein: »Sie vermögen einst«, so hofft Heidegger, »aus der sanften Gewalt des Feldweges die Riesenkräfte der Atomenergie zu überdauern, die sich das menschliche Rechnen erkünstelt und zur Fessel des eigenen Tuns gemacht hat.«[41] Die biographische Erinnerung an das alte Meßkirch, an Heideggers erste Schritte auf dem Feldweg und die lesende, studierende und fragende Rast auf der Bank am Feldweg ist also eingefügt in Gedanken zu einer Zeit, in der der einfache Zuspruch des Feldweges nicht mehr verstanden wird, in der der Mensch planend eine Ordnung zu erzeugen versucht, statt sich in die Welt des Feldweges einzuordnen, seinen Zuspruch zu hören und so in einer vorgegebenen, aus dem Unvordenklichen der Herkunft kommenden Ordnung des Einfachen Heimat zu finden.

Wenn man den Text sorgsam liest und den einzelnen Wörtern »nachhört« und sie in ihrer Tiefe erschließt, stößt man schnell auf einen der »Kerngedanken« Heideggers, den Gedanken der Freiheit. Heidegger denkt nicht nur *in* Freiheit, er denkt immer wieder auch *über* die Freiheit nach, sein Denken ist – von Anfang an – ein Denken der Freiheit, und was er dabei einsieht, ist ein Zweifaches: Denn ihm wird nicht nur bewusst, dass unsere menschliche Freiheit im Prozess der Modernisierung (um es einmal so soziologisch auszudrücken) immer gefährdeter wird, dass wir immer verknechteter werden und eigentlich »Hörige« sein müssen, um wirklich frei zu sein, sondern auch, dass wir immer schon in einem Freien und Offenen stehen, das wir allerdings immer wieder

---

41 GA 13, 89.

Der Feldweg

und immer mehr zu übersehen tendieren, weil es sich unseren Plänen und unserem Ordnungs- und Machbarkeitswahn nicht unterordnet. Wir sind, wie Heidegger sagt, »seinsvergessen«.

Ende der 1940er Jahre hat Heidegger mit dem *Feldweg* einen sehr schönen und tiefen Text geschrieben, der relativ verständlich viele seiner in den *Beiträgen* oder in *Besinnung* entfalteten Gedanken zugänglich macht. Es ist schwer, von der poetischen Sprache und den Gedanken dieses Textes nicht berührt zu werden. Einige Gedanken erscheinen prophetisch – nicht nur seine Kritik an der Atomenergie oder am »rechnenden Denken«. Es wundert nicht, dass dieser Text auch heute noch begeisterte Leser findet. Spricht Heidegger nicht eine Grunderfahrung einer beschleunigten Moderne aus? Verleiht er nicht unserer Sehnsucht nach Heimat und Ent-Entfremdung einen nach wie vor berührenden und zum Weiterdenken anregenden Ausdruck? Es ist auch schwer, die enge Verklammerung von Biographie, zeitgeschichtlicher Reflexion und philosophischem Denken zu übersehen. Diese verschiedenen Momente finden eine Einheit in der einfachen Besinnung auf das »Wesen« des Feldweges, der für Heidegger zum Zeichen einer Welt geworden ist, die er als zunehmend bedroht erfährt. Der *Feldweg* ist daher nicht nur eine anekdotische Erinnerung an seine Meßkircher Jugend, sondern Zeugnis eines Denkers, dessen Leben und Denken genauso eng miteinander verknüpft sind wie seine »Herkunft« und seine »Zukunft« – und damit auch Zeugnis eines denkenden Sich-Auseinander-Setzens mit der unmittelbaren Vergangenheit.

Es ist aber auch nicht schwer zu verstehen, warum gerade auch dieser Text zum Gegenstand teils heftiger Kritik werden konnte: Denn unterliegt Heidegger nicht einem antimodernen Ressentiment? Verherrlicht er nicht ein ländlich-beschauliches Leben, das für alle diejenigen, deren bäuerlicher Arbeitsalltag vom Feldweg – der oft mühsamen Arbeit auf

den Feldern – bestimmt ist, ganz anders ausschaut als für den
Philosophen, der in vielleicht allzu sentimentalen Erinnerungen an seine Kindheit und Jugend schwelgt? Und flieht
Heidegger nicht – wie bereits zuvor – in eine wortspielende
Mystik, in der es sich gut leben lässt, wenn man keine oder
nur geringe praktische Verantwortung zu tragen hat? Was
hilft einem Politiker oder Wirtschaftsführer, so mag man
fragen, der Gang auf dem Feldweg? Wie kann dieser Gang
dabei helfen, den Nationalsozialismus zu überwinden?[42]
Verweigert Heidegger sich nicht der Aufgabe, moralische
Orientierung zu bieten in einer Zeit, die von vielen seiner
Zeitgenossen als krisenhaft, orientierungslos und dürftig
wahrgenommen wurde? Hätte man von ihm nicht anderes
erwartet als pastorale und der Tendenz nach fatalistische
Feldwegmeditationen, die als Kompensation dessen, was verloren ist, verstanden werden können, ohne dass sie wirklich
den Verlust zu über- oder verwinden helfen? Auch diese Fragen stellen sich, wenn sie sich auch im Laufe des weiteren
Nachdenkens als zu polemisch, als zu einseitig gestellt erweisen werden. Um sie aber beantworten zu können, ist es
notwendig, noch etwas weiter auszuholen und Heideggers
Denkweg nach 1945 genauer nachzuverfolgen, um zu sehen,
wie Heidegger doch mehr – in bestem Sinne – orientierende
Antworten gibt, als es zunächst der Fall zu sein scheint und
wie doch das Schweigen nicht das letzte Wort hat. Andeutungsweise hat sich dies ja schon bei der Besprechung des
Feldweges gezeigt. Aber angesichts der hier sich stellenden
Fragen ist mehr zu sagen.

42 Vgl. hier auch Alexander Schwan, *Politische Philosophie im Denken
Heidegger*, Opladen ²1989, 6: »Zur politischen und moralischen ›Überwindung‹ des Nationalsozialismus trägt Heideggers Spätphilosophie nichts
bei.« Aufgrund der heutigen Quellenlage wird man in dieser Frage etwas
anders urteilen müssen. Die Ausarbeitung der Bedeutung, die die Spätphilosophie Heideggers für das politische Denken hat bzw. haben kann, stellt
gegenwärtig allerdings ein Forschungsdesiderat dar.

Der Feldweg

Wenden wir uns zunächst noch kurz einem anderen dichterisch-denkerischen Text zu, in dem die autobiographischen, philosophischen und zeitgeschichtlichen Momente eine ähnliche Einheit wie im *Feldweg* finden. Allerdings ist hier der Bezugspunkt nicht das heimatliche Meßkirch, sondern die Welt der Todtnauberger Hütte. Dieser Text, den Heidegger zwei Jahre vor dem *Feldweg* veröffentlicht hat, steht unter der Überschrift *Aus der Erfahrung des Denkens* und ist wenig bekannt, obwohl ein Satz aus ihm sehr oft zitiert wird: »Wer groß denkt, muß groß irren.«[43] Man wird nicht fehlgehen, wenn man diesen Satz vor allem auch auf Heidegger selbst bezieht: Ist nicht gerade auch Heidegger der große Denker, der wegen der Größe seines Denkens auch groß irren musste? Erklärt er hier seinen Irrtum aus dem Jahr 1933/34? Entschuldigt er ihn gar? Heidegger lässt dies offen.

Aus der Erfahrung des Denkens ist ein im wahrsten Sinne des Wortes kryptischer und selbstbezogener Text: Das, worum es Heidegger eigentlich geht, bleibt irgendwie verborgen und »verschwiegen«: Wir kommen ja, wie er schreibt, nicht nur »zu früh für das Seyn«[44], auch der »Dichtungscharakter des Denkens ist noch verhüllt«.[45] Die kryptische Natur dieser philosophischen »Aphorismen«, geschrieben nach dem Tod Gottes und der Götter, aber vor der Ankunft des Seyns, wird noch dadurch verstärkt, dass Heideggers Mitteilungen aus seiner *eigenen* Erfahrung des Denkens dichterische »Impressionen« aus dem Leben auf der Todtnauberger Hütte beigestellt sind: so, als befänden sich Leben und Denken, die Hüttenwelt und das Offensein für Gedanken, zu denen wir, wie Heidegger hier schreibt, nie kommen, sondern die zu uns

---

43 GA 13, 81. Vgl. hierzu auch Heinrich Wiegand Petzet, *Auf einen Stern zugehen. Begegnungen und Gespräche mit Martin Heidegger 1929–1976*, Frankfurt am Main 1983, 32f.
44 GA 13, 76.
45 GA 13, 84.

kommen,[46] in einem stillen Zwiegespräch, so, als gälte es, die Tiefendimension jenes einfachen Hüttenlebens wenigstens anzudeuten und wenigstens die Gefahren und Herausforderungen des Denkens in der »kargen Landschaft« Todtnaubergs zu benennen. Was in der Natur, in der Todtnauberger Schwarzwaldwelt geschieht, steht daher in einer Beziehung zum in einer ebenfalls dichterischen Sprache Wort fassenden Gedanken, als ob, was außen geschieht, im Innenraum des Denkens seine geheimnisvolle Entsprechung fände und als ob auch hier Herkunft und Zukunft engstens aufeinander bezogen bleiben: »Das Älteste des Alten kommt in unserem Denken hinter uns her und doch auf uns zu.«[47] So lesen wir auf der ersten Seite von *Aus der Erfahrung des Denkens*:

Wenn das frühe Morgenlicht still über den
Bergen wächst ...

Die Verdüsterung der Welt erreicht nie
das Licht des Seyns.

Für die Götter kommen wir zu spät und
zu früh für das Seyn. Dessen angefangenes Gedicht
ist der Mensch.

Auf einen Stern zugehen ...

Denken ist die Einschränkung auf einen
Gedanken, der einst wie ein Stern am Himmel
der Welt stehen bleibt.[48]

Beide Texte – der *Feldweg* und *Aus der Erfahrung des Denkens* – können hier noch nicht einmal ansatzweise gedeutet werden. Sie entziehen sich letztlich einer umfassenden Deu-

46 Vgl. GA 13, 78.
47 GA 13, 82.
48 GA 13, 76.

tung, sie verweisen eher auf Wege, die Heidegger gegangen ist
und auf die er uns aufmerksam machen wollte: Beide Texte
hat er nicht nur in Privatdrucken Freunden und Weggefährten, sondern auch bald einer größeren Leserschaft zugänglich
gemacht. Heidegger hielt sie für wichtig – als Zeichen seines
Unterwegsseins in der konkreten geschichtlichen Situation der späten 1940er Jahre. Recht verstanden wurden diese
Texte allerdings nur selten: Oft haben sie dazu geführt, dass
Heidegger als ein verschrobener Naturdichter, ein provin-
zieller Mystiker oder ein naiv-romantischer Antimodernist
kritisiert wurde: Die Natur in Meßkirch und Todtnauberg –
unerträglich verkitscht. Das Einfache und der Zuspruch des
Feldweges – unerträglich pseudoreligiös. Die Notwendigkeit
des Hörens und der Hörigkeit – unerhört pseudomystisch.
Die Kritik am Planen und Berechnen und die Rede von Gefahr und Verdüsterung – unerträglich vorgestrig und fatalistisch. War dies noch ein Denken, das an der Zeit war? Setzte
Heidegger nicht sogar bestimmte nationalsozialistische Anschauungen fort, statt radikal mit ihnen zu brechen? Konnte
diese Form von »Denken« bei der Bewältigung der Probleme
und Aufgaben der späten 1940er Jahre helfen? Wie sollte man
es verstehen, dass Heidegger nun das »Philosophieren« als
die »schlechte und darum wirre Gefahr« bezeichnete?[49] Ließ
sich mit diesem Denken ein gesellschaftlicher oder politischer Neuanfang wagen?

Dies sind Fragen und Eindrücke, die manche Leser bei
einer ersten Lektüre haben mögen. Nach 1945, so scheint es,
schweigt Heidegger und zieht sich auf die Berge des Schwarzwaldes oder auf die gemütliche Einfachheit heimatlicher
Feldwege zurück. Er schreibt denkerische, aber literarisch
wenig beeindruckende Dichtung und versucht, das Geschehen von 1933/34 vergessen zu machen – wie auch das, was

49 GA 13, 80.

seitdem politisch in Deutschland geschehen war. Ja, wir bleiben immer noch in der Provinz: Denn nur dort gibt es Feldwege und jenes »frühe Morgenlicht«, das Heidegger in Todtnauberg »still über den Bergen« wachsen sieht.[50] Gibt es aber
nicht Zeiten, in denen es falsch wäre, in der Provinz zu bleiben? Bleibt Heidegger weiterhin in der »Irre«?

Wenn es denn so einfach wäre. Diese Texte so zu deuten,
würde bedeuten, zu verkennen, worum es Heidegger eigentlich darin ging und warum er gerade diese Texte schon sehr
früh einem breiten Publikum zugänglich machte. Heidegger
war gewiss kein großer Dichter. Dies war aber auch gar nicht
sein Anspruch: Er blieb ein Denker, der in vielen seiner Texte
bis an die Grenzen des sprachlich überhaupt Ausdrückbaren
ging und immer wieder die Grenzen eines jeden Sprechens
und Schreibens erfahren hat. Er rang mit den Worten und
der Sprache und wurde auch immer »verschlossener«[51] und
»sparsamer mit dem Wort«.[52] Gewiss, es gibt Heideggers
berühmt gewordenes Schweigen, es fehlen die Worte, die
man aus heutiger Sicht, aus der Sicht einer »Entschuldi-
gungskultur«,[53] in der das Eingeständnis persönlicher Schuld
fast schon zum guten Ton gehört, so gerne vernommen hätte.
Aber das bedeutet, wie wir bereits mehrfach gesehen haben,
nicht, dass Heidegger sich gar nicht zum Nationalsozialismus geäußert hätte. Aber er hat sich eben nicht aus politischer oder historischer Sicht geäußert, sondern aus der Sicht
des »Denkers« und seiner eigenen »Denkerfahrung«. Das
lässt viele Fragen offen, aber bevor wir uns den offenen Fragen zuwenden, soll doch zumindest einmal dem, was Heidegger gesagt hat und im unmittelbaren Kontext der späten

50 GA 13, 76.
51 Vgl. Heidegger/Bauch, 130.
52 Vgl. Heidegger/Blochmann, 93.
53 Vgl. hierzu kritisch Hermann Lübbe, *Ich entschuldige mich. Das
neue politische Bußritual*, Berlin 2001.

1940er Jahre veröffentlicht hat, Gerechtigkeit widerfahren, damit ihm auch auf der angemessenen Ebene geantwortet werden kann. Denn erst dann, erst wenn wir genauer verstanden haben, welchen Weg des Denkens Heidegger nach 1945 gegangen ist, wird es auch möglich sein, eine Kritik zu entwickeln: nicht nur an seinem Schweigen, sondern, auf der Grundlage eines weit besser verstandenen beredten Schweigens, an dem, was er eigentlich gesagt hat und wie er nicht nur seinen eigenen »großen« Irrtum, sondern auch die Zeit des Nationalsozialismus gedeutet hat. Es ist in diesem Zusammenhang nämlich wenig hilfreich, von einem Vorverständnis dessen auszugehen, was Heidegger hätte sagen sollen. Weit wichtiger ist es, zunächst einmal zur Kenntnis zu nehmen, was er gesagt hat. Dabei hilft eine Deutung des Humanismusbriefes und von *Wozu Dichter?* Was sich in der Besprechung des *Feldweges* und von *Aus der Erfahrung des Denkens* bereits angedeutet hat, wird dabei weitere Konturen und Substanz gewinnen – und es wird sich viel deutlicher zeigen, dass Heidegger doch etwas zu sagen hat, was weiterhin zu denken gibt.

Das »Denken des Seyns« und die Verwindung der abendländischen Metaphysik

Heidegger geht es in diesen beiden Texten um das »Denken des Seyns«. Auch dieses Denken hat einen konkreten zeitgeschichtlichen Ort, auf den Heidegger an einigen wenigen Stellen ausdrücklich eingeht: Heidegger deutet die Gegenwart als die Zeit, in der die »Natur ... durch das Vor-stellen des Menschen vor den Menschen gebracht« ist.[54] Die Natur wird, in anderen Worten, durch ein vor-stellendes, in die Gegenwart des Anwesenden holendes Denken vergegenständlicht und verobjektiviert. Sie ist, mit anderen Worten, nicht

---

54 GA 5, 288.

mehr jener Raum, *in dem* der Mensch immer schon lebt und der in gewisser Weise den Rahmen seines Lebens vorgibt. Die Natur ist in einem langen Prozess zum Gegen-stand geworden. Der Mensch beansprucht dabei eine zentrale Position: »Der Mensch stellt die Welt auf sich zu und die Natur zu sich her.«[55] Der Mensch wird zum Subjekt, das die Welt seinen Interessen und Bedürfnissen unterordnet. Diese Herrschafts-tendenz zeigt sich auch darin, dass nun die »Erde und ihre Atmosphäre ... zum Rohstoff« wird und selbst der Mensch zum »Menschenmaterial, das auf die vorgesetzten Ziele an-gesetzt wird«.[56] Der neuzeitliche Mensch kann daher von Heidegger der »Wollende« genannt werden.[57] Er lebe, so Hei-degger in Passagen, die gerade auch im Hinblick auf aktuelle Ereignisse und Diskussionen von Interesse sein dürften, »von den Einsätzen seines Wollens. Er lebt wesenhaft im Ri-siko seines Wesens innerhalb der Vibration des Geldes und des Geltens der Werte«.[58]

Den Ursprung für dieses Geschehen findet Heidegger im »Wesen der Technik«, das sich erst in der Neuzeit vollständig zu entfalten beginne. Folgen davon sind neben der modernen Wissenschaft auch der »totale Staat«.[59] Diese Herrschaft der Technik führt allerdings zu einer Entfremdung: »Indem der Mensch die Welt technisch als Gegenstand aufbaut, verbaut er sich willentlich und vollständig den ohnehin schon ge-sperrten Weg in das Offene.«[60] Die Herrschaft der Technik verknechtet also: Das Wesen der Technik, so Heidegger, liegt nicht in einer Befreiung, noch handelt es sich bei der Technik um ein als neutral zu verstehendes »Instrument«. Heidegger

55 GA 5, 288.
56 GA 5, 289.
57 GA 5, 318.
58 GA 5, 314.
59 GA 5, 290. Vgl. hier auch die Aufsätze »Die Frage nach der Technik« sowie »Wissenschaft und Besinnung« (beide in GA 7; 7–36 und 37–65).
60 GA 5, 293.

lehnt daher zwei weitverbreitete Thesen darüber, was die
Technik eigentlich ist, ab.[61] Die neuzeitliche Technik führt
weit eher dazu, wie wir bereits in der Diskussion des *Feldwe-*
ges gesehen haben, dass der Mensch in all seinem Planen und
Berechnen weglos wird und nicht mehr auf den Zuspruch des
Feldweges zu hören vermag. Dabei geht er auch seiner eigentlichen Freiheit verlustig.

Diese Gedanken bilden den Hintergrund dafür, dass Heidegger zu Beginn seines Aufsatzes »Wozu Dichter?« von
einer »Weltnacht« sprechen kann, die »ihre Finsternis« aus-
breite.[62] Wir leben also in einer »dürftigen« Situation und
stehen daher in der Gefahr: »Die Gefahr besteht in der Bedrohung, die das Wesen des Menschen in seinem Verhältnis zum
Sein selbst angeht, nicht aber in zufälligen Fährnissen. Diese
Gefahr ist *die* Gefahr.«[63] Dieser Gefahr versucht Heidegger
zu begegnen, indem er sie zunächst einmal zu verstehen
sucht. Von »Aktionsplänen« gegen die Gefahr hält er dabei
wenig. Er äußert eher den Verdacht, dass derlei Pläne die
Gefahr fortsetzen oder intensivieren, statt sie zu überwinden
zu helfen. Das erklärt nicht zuletzt Heideggers Kritik an Versuchen, ein christliches Weltbild zu erneuern und zu einer
Quelle der moralischen Neuorientierung zu machen. Damit
und mit ähnlichen, mehr oder weniger aktionistischen Versuchen, auf die Krise der unmittelbaren Nachkriegszeit zu
antworten, kann Heideggers nichts anfangen. Womit er allerdings nach wie vor etwas anfangen kann, ist die Dichtung –
er versucht ja, in seinem Aufsatz im Zwiegespräch mit Ril-
kes Dichtung eine Antwort auf die Frage »Wozu Dichter?« zu
finden.

Aber weniger Rilke als vielmehr Hölderlin kommt in der
Weltnacht eine besondere Bedeutung zu: Denn »Hölderlin ist

---

61 Vgl. hierzu auch GA 7, 7 ff.
62 GA 5, 269.
63 GA 5, 295.

der Vor-gänger der Dichter in dürftiger Zeit. Darum kann
auch kein Dichter dieses Weltalters ihn überholen. Der Vor-
gänger geht jedoch nicht in eine Zukunft weg, sondern er
kommt aus ihr an, dergestalt, daß in der Ankunft seines Wortes allein die Zukunft anwest.«[64] Herkunft ist also nach wie
vor Zukunft, und *der* Dichter – sprich: Hölderlin – hat uns
in unserer »dürftigen Zeit« nach wie vor viel zu sagen. Denn
allein in der Ankunft seines Wortes west die Zukunft an. Wir
müssen also, so Heidegger, wieder auf das Wort des Dichters
hören – also dichterisch wohnen.[65]

Man sollte dies nicht zu schnell als Zeichen von Hei-
deggers Eskapismus lesen. Gewiss, Heideggers Texte klingen
oft außerordentlich fatalistisch und vermögen kaum die
drängenden Fragen zu beantworten, die man in der späten
1940er und frühen 1950er Jahren in Deutschland gehabt hat.
Aber sie warnen auch davor, die eigentlichen Gründe für die
Katastrophe von 1933 nicht zu suchen und nicht zu sehen.
Denn wenn dies nicht geschieht, so Heidegger, könnte die
Gefahr – allem Anschein entgegen – noch weiterwirken.
Heideggers Texte sind in einer ihnen eigenen Weise »einseitig« – aber sie können als Korrektiv einer anderen, aktio-
nistischeren Einseitigkeit verstanden werden. Gerade aus
heutiger Perspektive mag man ihnen daher eine Wahrheit
zusprechen, die vielleicht viele zeitgenössische Leser nicht
gesehen haben, ohne dass man damit Heidegger in all seinen
Gedanken folgen wollte: Er setzt sich nach 1945 durchaus
mit der Vergangenheit der Zeit von 1933 bis 1945 auseinander. Erscheint dies auf der einen Seite wenig radikal, erscheint es auf der anderen Seite sehr radikal: Denn zum einen
legt er viel mehr Gewicht auf die Gegenwart der Vergangen-

---

64 GA 5, 320.
65 Vgl. zu diesen Gedanken auch Heideggers Aufsätze »Bauen Wohnen
Denken« und »... dichterisch wohnet der Mensch ...« (beide in GA 7,
145–164 und 189–208).

heit als viele andere Versuche, mit den Jahren der national-
sozialistischen Diktatur »fertig« zu werden. Wir können, so
Heidegger, mit dieser Zeit gar nicht so schnell fertig werden.
Und zum anderen verweist er in einer viel radikaleren Weise
auf die Möglichkeit einer Rettung, die – so Heidegger mit
Hölderlin – wachse, wo Gefahr ist: »Vielleicht ist jede andere
Rettung«, so Heidegger, »die nicht von dort kommt, wo *die*
Gefahr ist, noch im Unheil. Jede Rettung durch einen noch so
gut gemeinten Behelf bleibt für den im Wesen gefährdeten
Menschen auf die Dauer seines Geschicks ein bestandloser
Schein.«[66]

Man mag Heidegger sicherlich die Abstraktion, die Perspektivität und die Einseitigkeit seines Denken vorwerfen,
aber das bedeutet nicht, dass sein Denken nicht auch nach
wie vor noch Bedeutung hätte oder dass es falsch wäre: Denn
es bleibt weiter darüber nachzudenken, ob nicht gerade Heideggers teilweise in der kritischen Auseinandersetzung mit
dem Nationalsozialismus entfaltetes Denken Ansätze der
»Orientierung« beinhaltet, die es nach wie vor ernst zu nehmen gilt. Denn das dichterische Wohnen, das Hören auf das
Wort des Dichters, geschieht nicht nur auf dem Feldweg oder
in der Todtnauberger Hütte. Noch mehr als die eher »biographisch« orientierten Texte zeigt Heidegger nämlich in *Wozu
Dichter?*, dass wir auch dort, wo kein Feldweg ist, auf den Zuspruch hören können und müssen, den Heidegger auf dem
Feldweg in Meßkirch oder in Todtnauberg erfahren hat.

Dies wird auch in jenem Text deutlich, der lange Zeit die
Rezeption der Spätphilosophie Heideggers maßgeblich bestimmt hat, nämlich dem sogenannten Humanismusbrief.
Auch dieser Brief hat einen »Ort« im Leben Heideggers und
in der Zeitgeschichte: Wie der Titel zeigt, handelt es sich um
einen Brief, den Heidegger im Herbst 1946 an Jean Beaufret

66 GA 5, 296.

geschrieben hat und den er sicherlich auch dazu genutzt hat, um sich zu erklären und seine Position französischen Philosophen zu verdeutlichen, die ihm freundlich gegenüber eingestellt waren.[67] In seinem Brief an Heidegger, auf den dieser mit dem »Humanismusbrief« antwortet, hatte Beaufret unter anderem Heidegger danach gefragt, wie man dem Wort »Humanismus« seinen Sinn zurückgeben könne.[68] Der zeitgeschichtliche Ort dieser Frage wie auch der Antwort Heideggers ist nicht schwer zu fassen: Denn das Wort »Humanismus« schien ja alle Rechtfertigung, jeden Sinn in dem, was in den 1930er und frühen 1940er Jahren in Europa geschehen war, verloren zu haben. Wie konnte man nach den Materialschlachten des Zweiten Weltkrieges, nach der Shoah, dem Leiden und Tod von Millionen unschuldiger Menschen, überhaupt noch von »Humanismus« sprechen? War das Zeitalter des Humanismus nicht zu Ende, die Hoffnung auf den Menschen und die Rede von seiner besonderen Würde und Stellung im Kosmos nicht zu kühn, als dass sie der harten Wirklichkeit, der abgründigen Natur des Menschen überhaupt hätte gerecht werden können? Oder war es andererseits nicht nur möglich, sondern sogar notwendig, den Humanismus neu zu begründen?

Karl Jaspers bemühte sich im deutschsprachigen Bereich um eine Neubegründung des Humanismus und hielt 1949 – u. a. auch als Antwort auf Heidegger – eine Rede unter dem Titel »Über Bedingungen und Möglichkeiten eines neuen Humanismus«.[69] Er war nicht der Einzige, der es für notwen-

---

67 Vgl. zum Humanismusbrief auch Friedrich-Wilhelm von Herrmann, *Wege ins Ereignis. Zu Heideggers »Beiträgen zur Philosophie«*, Frankfurt am Main 1994, 325–349.

68 Vgl. GA 9, 315.

69 Vgl. Karl Jaspers, »Über Bedingungen und Möglichkeiten eines neuen Humanismus«, in: Karl Jaspers, *Über Bedingungen und Möglichkeiten eines neuen Humanismus. Drei Vorträge*, mit einem Nachwort von Kurt Rossmann, Stuttgart 1983, 21–53.

dig erachtete, den Humanismus neu zu beleben. Jean-Paul
Sartre hatte schon einige Jahre zuvor in Frankreich versucht,
teils mit Bezug auf Heideggers Philosophie den Humanismus
neu zu beleben, indem er nämlich die Frage aufwarf, ob der
Existentialismus ein Humanismus sei, und diese Frage positiv beantwortete.[70] Das ist *ein* Kontext von Heideggers Humanismusbrief: die französische Diskussion über den Humanismus, ein Kontext, auf den Heidegger auch ausdrücklich in
seinem Brief an Beaufret eingeht. Heidegger geht aber auch
auf andere zeitgeschichtliche Kontexte ein, nämlich zwei andere Formen, auf die nationalsozialistische Barbarei »humanistisch« zu reagieren: die christliche und die marxistische
Reaktion. In beiden Fällen geht es um Formen der Auseinandersetzung mit den zwölf Jahren nationalsozialistischer Diktatur und um Versuche der Bestimmung des Menschen: im
einen Fall um den Marxismus als eine Theorie oder Sicht der
Wirklichkeit, die, so zumindest der Anspruch marxistischer
Denker, zu einer wirklichen Befreiung des Menschen führe
und den Menschen allererst sein eigentliches Selbst verwirklichen lasse,[71] und im anderen Falle um das Christentum
als diejenige Religion, die bei der Aufgabe einer Bewältigung
oder Auseinandersetzung mit der Vergangenheit der nationalsozialistischen Diktatur, so zumindest seine Vertreter,
wie auch bei der ethisch-moralischen Neubesinnung helfen
könne.[72]

Den Humanismusbrief schreibt Heidegger also zu einer
Zeit, als es ein neues Interesse am Humanismus gibt: Allerdings finden wir auch in diesem Text eine Zugangsweise zu

[70] Vgl. hierzu Jean-Paul Sartre, »Ist der Existentialismus ein Humanismus?«, in: Jean-Paul Sartre, *Drei Essays*, mit einem Nachwort von Walter
Schmiele, Frankfurt am Main 1965.
[71] Vgl. hierzu GA 9, 319.
[72] Vgl. GA 9, 319 f. Heidegger knüpft hier an seine schon zuvor geäußerte
Kritik von Humanismus und Christentum an (vgl. hier neben den Vorlesungen der frühen 1920er Jahre auch GA 16, 282).

seinem »Objekt«, die für Heideggers Denken charakteristisch ist: Er setzt sich kurz konkret mit den wichtigen huma-
nistischen »Orientierungsversuchen« seiner Zeit auseinander und kritisiert diese Formen des Humanismus deshalb,
weil sie ihm noch zu metaphysisch und in gewisser Weise
nicht humanistisch genug seien. Gerade der in den 1940er
Jahren in Frankreich populäre sartresche Existentialismus
trifft auf die harte Kritik Heideggers. Von ihm will er sich
Beaufret gegenüber absetzen, damit sein Denken nicht missverstanden werde. »Mit dem Dunstgewölke des ›Existentialismus‹«, so Heidegger auch in einem Brief an Elisabeth
Blochmann, »habe ich nichts zu schaffen.«[73] Warum aber
hat Heidegger damit nichts zu schaffen? War er nicht einer
der wichtigen Ideengeber des Existentialismus gewesen?
Kann *Sein und Zeit* nicht als Zeugnis des Existentialismus
gelesen werden? Wer sich intensiver mit Heideggers Denken beschäftigt, wird feststellen, dass Heidegger keinesfalls
ein existentialistischer Denker ist. Es gibt zwar gewisse
Gemeinsamkeiten zwischen Heideggers Denken und dem
Existentialismus, es gibt existentialistische Momente oder
Dimensionen seines Denkens, aber keinesfalls eine derartige
Nähe oder Verwandtschaft des heideggerschen Denkens zum
Existentialismus, die es erlauben würde, ihn zu einem Exis-
tentialisten zu erklären. Während in *Sein und Zeit* die funda-
mentalontologische Perspektive im Vordergrund steht, findet
sich in seinem Spätwerk die seinsgeschichtlich gewendete
Frage nach dem Sinn oder der Wahrheit des Seins an zentraler
Stelle. Es geht Heidegger nun um das »Denken des Seyns«,
nicht um eine existentialistisch misszuverstehende Philosophie der Tat oder der einsamen Entscheidung der Freiheit,
wie sie in Frankreich etwa von Sartre entwickelt wurde.

---

73 Heidegger/Blochmann, 93.

Aber worum geht es eigentlich in diesem Denken? Was ist das eigentliche Anliegen Heideggers, das auch verstehen lässt, warum sein Denken nach wie vor noch bedeutend ist – ob dies nun anerkannt wird oder nicht? Es gelte, so Heidegger in seiner Kritik landläufiger Formen des Humanismus, den Menschen in nicht-metaphysischer Weise nicht von seiner »Tierheit« her, sondern auf seine »Menschheit« hin zu denken.[74] Seine Kritik des Humanismus geht also nicht auf eine antihumanistische Position zurück, sondern darauf, dass, so Heidegger, die verschiedenen Formen des Humanismus noch nicht tief genug erschlossen hätten, worin denn eigentlich das Humanum des Menschen bestehe. Dabei ist es ihm ein Anliegen, daran zu erinnern, dass der Mensch – und nur der Mensch – in der Nähe des Seins wohnt: Der Mensch, so Heidegger, ist daher nicht nur der »Nachbar des Seins«, er ist auch eigentlich der »Hirt des Seins« und nicht der »Herr des Seienden«.[75]

Es ist leicht, sich darüber, wie Heidegger seinem Denken nun Ausdruck verleiht, lustig zu machen. Heidegger, das haben wir ja schon gesehen, wusste nur zu gut darum, wie leicht er missverstanden werden konnte und wie schwierig es angesichts dessen, was sich ihm zu denken gab, war, die rechten Worte zu finden. Er wollte ja auch gar nicht »über« etwas reden, sondern seine Leser auf etwas verweisen, was von ihm eher verschwiegen ist. Und dies, worauf er verweisen wollte, sollten wir, so schwer dies auch fallen mag, nicht aus den Augen verlieren. Was wir dann sehen werden, ist

---

74 Vg. GA 9, 323: »Aber dadurch [scil., durch eine metaphysische Bestimmung des Menschen, sei sie nun christlich, marxistisch, existentialistisch oder anderes ausgerichtet, H. Z.] wird das Wesen des Menschen zu gering geachtet und nicht seiner Herkunft gedacht, welche Wesensherkunft für das geschichtliche Menschentum stets die Wesenszukunft bleibt. Die Metaphysik denkt den Menschen von der animalitas her und denkt nicht zu seiner humanitas hin.«
75 GA 9, 342.

Heideggers Bemühen, noch einmal neu an die Würde und Freiheit des Menschen in der Nähe des Seins zu erinnern, an den »›Humanismus‹ im äußersten Sinne«.[76] Das bedeutet für Heidegger nicht nur, kritisch das neuzeitliche Verständnis des Menschen in Frage zu stellen, d.h. fragwürdig werden zu lassen, sondern auch, in einem Versuch eines, so zumindest sein Anspruch, weit ursprünglicheren nicht-metaphysischen Denkens und Sagens auf das »Sein als das Ankommende« sich zu beziehen.[77] Das ist die eigentliche »Sache des Denkens«. Noch einmal finden wir hier das »Zusammenspiel« von Herkunft und Zukunft – und die Überzeugung Heideggers, dass wir unser Wesen verfehlen und unsere Menschlichkeit riskieren, wenn wir dessen nicht eingedenk bleiben.

Wo die Gefahr ist, so Heidegger mit Hölderlin, wachse das Rettende auch. Auch hier gilt es, genau zu lesen: Das Rettende wächst, es lässt sich nicht machen oder herstellen. Wir können über das, was rettet, nicht planend verfügen. Auch dies ist ein Gedanke Heideggers, der weiterhin zu denken gibt. Dass er dabei nicht einfach einer romantischen Weltflucht das Wort geredet hat, zeigen andere Texte, die Heidegger in den 1950er Jahren verfasst hat. In der in Meßkirch 1955 gehaltenen Rede »Gelassenheit« lehnt er zum Beispiel die neuzeitliche Technik und die Welt, in der wir leben – immerhin die Welt der Neuzeit! –, nicht einfach ab. Gelassenheit bedeutet nicht Gleichgültigkeit oder Flucht in die Berge des Schwarzwaldes. Es bedeutet, das in der Neuzeit vorherrschende rechnende (als Ausdruck des Willens zur Macht zu verstehende) Denken durch ein besinnliches Denken zu ergänzen. Es geht Heidegger daher um ein gleichzeitiges »Ja« und »Nein« zu den »technischen Gegenständen«.[78] Das ist die Haltung, die er »Gelassenheit zu den Dingen« nennt.

---

76 Vgl. GA 9, 342.
77 GA 9, 363.
78 GA 16, 527.

Wer diese Haltung einnimmt, hat nicht nur ein techni-
sches Verhältnis zu den Dingen, sondern kann gelassen die
Dinge sein lassen, was sie von sich selbst her sind. Was sich
dann zeigt, ist das Geheimnis und der in der technischen
Welt verborgene Sinn, für den wir offen sein sollten. Wie
sehr Heidegger das Schicksal des Menschen ein Anliegen ist
(und er sich dabei auch indirekt noch mit der unmittelbaren
Vergangenheit auseinandersetzt), zeigen die folgenden Worte
dieser Rede: »Die Gelassenheit zu den Dingen und die Offenheit für das Geheimnis geben uns den Ausblick auf eine
neue Bodenständigkeit. Diese könnte sogar eines Tages geeignet sein, die alte, jetzt rasch hinschwindende Bodenständigkeit in einer gewandelten Gestalt zurückzurufen.«[79] Die Gefahr, die Heidegger nun sieht, ist nicht nur die Gefahr eines
dritten Weltkrieges und damit der »völligen Vernichtung
der Menschheit und der Zerstörung der Erde«[80], sondern
auch die Gefahr, dass »insofern, als die im Atomzeitalter an-
rollende Revolution der Technik den Menschen auf eine
Weise fesseln, behexen, blenden und verblenden könnte, ...
eines Tages das rechnende Denken als das einzige in Geltung
und Übung bliebe«.[81] Sein Nachdenken über die Notwendigkeit der Gelassenheit zu den Dingen und die Offenheit gegenüber dem Geheimnis ist daher alles andere als fatalistisch
oder eskapistisch, sondern deutliches Zeichen des Bemühens
Heideggers, in dürftigen Zeiten Momente einer neuen Orientierung, eines neuen Verhältnisses zur Welt und zu uns selbst
aufzuzeigen – und sich dadurch auch in ein Verhältnis zur
unmittelbaren Vergangenheit und Gegenwart zu setzen.
Sollte man hier nicht, statt sofort zu kritisieren und auf das,
was zu fehlen scheint, aufmerksam zu machen, zunächst einmal gelassen wahrnehmen, was Heidegger sagt? Zeigt sich

79 GA 16, 528.
80 GA 16, 528.
81 GA 16, 528. Vgl. hier auch GA 16, 669f.

Heidegger hält die Rede »Gelassenheit« in Meßkirch 1955

dann das vermeintliche Schweigen Heideggers nicht auch als
ein sehr beredtes Schweigen? Man wird diese These aufstellen können, ohne damit die Ambivalenz von Heideggers viel-
diskutiertem Schweigen zu leugnen.

Beredtes Schweigen
und die Unbewältigbarkeit der Vergangenheit

Heideggers Schriften nach 1945, so hat sich gezeigt, ist eine
seltsame und auch irritierende Ambivalenz zu eigen. Auf der
einen Seite fehlt vieles, was man von einem Denker, der sich
Anfang der 1920er Jahre so interessiert an der »faktischen
Zugangssituation« zur Philosophie gezeigt und uns phänomenologische Beschreibungen von nach wie vor beeindruckender Detailliertheit und »Sehkraft« geschenkt hat, erwarten würde: Es gibt zwar konkrete Bezugnahmen auf die
zeitgeschichtliche Situation. Diese halten sich allerdings in
sehr engen Grenzen – und werden oft in eher stereotypen und
sehr stark verallgemeinernden Formulierungen wiederholt.
Eine wirklich intensive Auseinandersetzung mit der historischen Situation seines eigenen Philosophierens scheint nicht
stattzufinden. Gerade aus der heutigen Sicht hätte man vielleicht gerade nach 1945 eine konkretere Diskussion der zeitgeschichtlichen Probleme erwarten können. Man denke in
diesem Zusammenhang nur an die zahlreichen politischen
Schriften von Karl Jaspers. Aber anders als Jaspers war Heidegger – dies sei noch einmal betont – kein politischer oder
moralphilosophischer Denker, dem Fragen der konkreten Politik oder Moral ein unmittelbares Anliegen gewesen wären.
Heidegger stellt immer einen tiefer reichenden Anspruch –
und verschwendet daher auf den nicht so tiefliegenden Ebenen wenig Zeit.

Er scheint daher in einer heute seltsam erscheinenden
Weise sich mit der Welt der konkreten Geschichte beschäf-

tigt zu haben: nicht, dass er diese geleugnet oder gar verdrängt hätte. Es ist sehr deutlich, dass sie im Hintergrund all seiner Gedanken steht. Aber sie fungiert vor allem in seinem Spätwerk in einer verzerrten Weise als Hintergrund: Heidegger hat nämlich kein Interesse an den Details, der Fülle und Komplexität der Welt der konkreten Geschichte, sondern ordnet diese in all ihrer Vielfältigkeit in letztlich nur relativ wenige »Grundbegriffe« ein. Gefahr und Rettung, Weltnacht und Lichtung des Seins, Seinsvergessenheit und dichterisches Wohnen oder wissenschaftlich-technisches Rechnen und besinnlich-gelassenes Denken bilden einige dieser »Grundbegriffe« des späten Heidegger. Sie helfen ihm (durchaus erfolgreich), seine Zuhörer oder Leser in bestimmte Denk- und Lebenserfahrungen zu weisen oder zu »winken«. Man mag das mit dem Hinweis darauf erklären, dass Heidegger ja nicht den Anspruch stellt, auf einer historischen oder zeitgeschichtlichen Ebene zu argumentieren, sondern dass es ihm um Seinsgeschichte geht. Aber verlangt nicht auch die seinsgeschichtliche Perspektive, wenn wir ihr einmal folgen, ein wesentlich differenzierteres »begriffliches Instrumentarium«? Kann man die Frage nach dem Wesen der neuzeitlichen Technik stellen, ohne auch deren Vielfalt und innere Komplexität zur Kenntnis genommen zu haben? Das sind Fragen, die sich jedem Leser Heideggers, sosehr er die nach wie vor vorhandene spekulative Kraft des Freiburger Denkers bewundern mag, stellen.

Denn Heideggers gewissermaßen »grober Blick« bedeutet ja auch, dass der Einschnitt des Mai 1945 – die Befreiung der Deutschen durch die alliierten Truppen – für Heidegger kein wesentlicher Einschnitt gewesen zu sein scheint. Auch über die konkrete Not spricht Heidegger nur in einer sehr abstrakten Sprache. All das Leid, das das Leben der Menschen in den 1940er Jahren bestimmte, wird zu einer Erscheinung der Weltnot oder der Weltnacht. Und dort, wo Heidegger einmal konkret wird, relativiert sich dieses Konkretion sehr schnell: Anfang der 1950er Jahre hält er zum Beispiel einen Vortrag unter dem Titel »Bauen Wohnen Denken«. Dort geht er u. a. auch auf den »Mangel an Wohnungen« ein, legt aber sofort dar, dass »die eigentliche Not des Wohnens ... nicht erst im Fehlen von Wohnungen« bestehe: »Die eigentliche Wohnungsnot ist auch älter als die Weltkriege und die Zerstörungen, älter auch denn das Ansteigen der Bevölkerungszahl auf der Erde und die Lage des Industrie-Arbeiters.«[82]

Es ist – wieder einmal – der Philosoph, dessen Arbeit – bei allem Bewusstsein um die Grenzen seiner Wirkungsmöglichkeiten – hier notwendig wird. Die »normalen Menschen« mögen von ihrer alltäglichen Wohnungsnot ausgehen – wirklich verstanden haben sie aber noch nicht, worin die eigentliche Not besteht. Dazu bedürfen sie des philosophischen Beistandes. Heidegger hat aber, so pessimistisch das, was er schreibt, klingt, durchaus auch Hoffnung: Die Technik, so Heidegger in einem Brief an Blochmann, ist ja »selber nicht ewig«, sondern wird »zu seiner Zeit im Geheimnis des Seinsgeschicks einer wesentlicheren Wahrheit der Welt u. des Menschen weichen«.[83] Gegen Ende seines Briefes spricht er die folgende prophetisch klingende Vermutung aus: »Wir u. die Kindeskinder werden es noch nicht erfahren. Doch was liegt an uns? Nur dies, daß wir sorgsam auf die Winke des Geschicks achten u. uns fügen.«[84] Mit dieser Flucht in die Abstraktionen der Seinsgeschichte wird Heidegger den konkreten historischen Geschehnissen kaum gerecht, und auch die Frage nach Schuld und persönlicher Verantwortung lässt sich von dieser Ebene aus nicht stellen.[85] Nach individueller

---

82 GA 7, 163.
83 Heidegger/Blochmann, 93.
84 Heidegger/Blochmann, 93.
85 Vgl. hierzu auch Alexander Schwan, *Politische Philosophie im Denken Heideggers*, 171 f.

oder kollektiver Schuld fragt Heidegger daher gar nicht, obwohl gerade *Sein und Zeit* diese Frage nahegelegt hätte. Sosehr der Geist der Neuzeit auf der einen Seite in einem auf
die Spitze getriebenen Subjektivismus zu bestehen scheint,
so sehr scheint auf der anderen, von Heidegger präferierten
Seite der einzelne Mensch nur noch ein passiver Mitspieler
in einem anonymen Geschehen zu sein. Vielleicht hat er die
Radikalität und Problematik dieser Position selbst eingesehen. Denn spätere Texte – wie etwa die Rede »Gelassenheit« – sprechen eine andere Sprache, die sich in den früheren
Texten freilich schon andeutet: Und selbst »Wozu Dichter?«
und der Humanismusbrief sprechen eine weniger fatalistisch
erscheinende Sprache als der Brief an Blochmann, auch wenn
Heidegger auch in ihnen zur Frage nach historischer Schuld
und Verantwortung schweigt.

Aber genauso wenig, wie man die Diskontinuität des Mai
1945 nicht übersehen darf und anerkennen muss, dass es Ereignisse von ganz unterschiedlicher Natur im Geschehen der
Neuzeit gibt, genauso wenig wäre es korrekt, im Mai 1945
einen absoluten Bruch zu sehen, der alles, was später geschehen ist, in radikaler Weise von dem, was vor 1945 und nach
1933 in Deutschland geschehen ist, trennt – und zwar derart,
dass die Jahre von 1933 bis 1945 als eine radikale Ausnahme-
zeit gelten dürften, die in keiner Verbindung zu dem steht,
was vor ihnen geschah oder nach ihnen geschehen sollte.
Auch dies wäre eine Mythisierung der Geschichte. Denn es
bedeutet nicht, die historischen Geschehnisse der nationalsozialistischen Diktatur zu relativieren, wenn man darauf
aufmerksam macht, dass auch der Nationalsozialismus in
einem weiteren zeit- und ideengeschichtlichen Kontext
steht, dass nach 1945 nicht einfach alle Probleme gelöst wurden und dass eine rein historische Perspektive nicht dabei
helfen kann, in all seinen Aspekten zu verstehen, was zwischen 1933 und 1945 in Deutschland geschah. Hier mag Hei-

deggers Deutung des Geschehens aus seinsgeschichtlicher Perspektive – bei allen Problemen, die mit einer solchen Perspektive im Detail verbunden sein mögen – ein wenig weiterhelfen: Denn weder der totale Staat noch der totale Krieg sind einfach vom Himmel gefallen, sondern stehen in einem komplexen Zusammenhang mit gewissen Verschiebungen in unserem Verhältnis zur Wirklichkeit, das vor allem für die Neuzeit symptomatisch wurde.

Es ist ja nicht von der Hand zu weisen, dass es eine neuzeitliche Tendenz zum Subjektivismus und zur subjektivistischen Unterordnung des Wissens unter die Erfordernisse des Handelns, der Macht oder des Produzierens gibt und dass dies auch Auswirkungen auf unseren Umgang mit uns selbst, mit anderen Menschen oder mit der Natur oder auf unser Verständnis des Politischen hat. Die Einsicht, dass die Vergangenheit des 20. Jahrhunderts *auch* im Zusammenhang der abendländischen Denk- und Geistesgeschichte steht, ist daher nicht einfach als falsch zu bezeichnen, auch wenn man – auch darauf haben wir schon verwiesen – viele der Voraussetzungen oder Schlussfolgerungen, die Heidegger macht, nicht teilt und einige Anfragen an Heideggers Verständnis der Seinsgeschichte stellt. Aber vielleicht hat gerade Heideggers besondere seinsgeschichtliche Perspektive es ihm möglich gemacht, mehr zu sehen als viele andere, die noch weiter den »seinsvergessenen« Geist des Planens und Rechnens pflegen und nicht sehen, wie sehr dieser Geist der Ergänzung bedarf, soll der Mensch weiterhin menschlich leben können. Hier nun stellt sich die Aufgabe einer eigentlich philosophischen Auseinandersetzung mit Heidegger.

Wenn Heidegger daran erinnert und vor allem auch in seinen Schriften der 1950er Jahre »Auswege« aufzuzeigen sucht, dann finden sich in Heideggers Denken aber auch Ansätze zu einer »Vergangenheitsbewältigung«, die weit radikaler ist als vieles, was unter diesem Namen unternommen wurde.

Und zwar nicht nur, weil er die weiteren und oft übersehenen, aber nach wie vor teils gegenwärtigen Kontexte dieser Vergangenheit zu Bewusstsein brächte. Denn Heideggers Denken zeigt auch, dass wir Vergangenheit, wenn Herkunft stets Zukunft bleibt, nie bewältigen können. Wir können uns unseres Geworden-Seins nicht entledigen. Nie können wir als Menschen ganz neu beginnen. Wir können Vergangenheit daher nicht bewältigen, sondern uns nur in ein neues Verhältnis zu ihr setzen. Überdies würde jeder Versuch, auch noch die Vergangenheit bewältigen zu wollen, ein wichtiges Moment dessen, was an der Vergangenheit problematisch ist, weiter fortsetzen. Können wir denn so einfach die Vergangenheit bewältigen und mit ihr fertig werden? Ließe sich aus deutscher Sicht je sagen, wir hätten nun die Vergangenheit der nationalsozialistischen Diktatur bewältigt? Die Antwort wird »nein« sein – eine Einsicht, bei der u. a. auch Heideggers Philosophie helfen dürfte. Denn dass Herkunft stets Zukunft bleibt, dass wir nicht einfach unsere Herkunft vergessen oder verdrängen dürfen, gilt ja gerade auch für diejenigen Aspekte unserer Herkunft, deren wir uns gerne – manchmal schamhaft, manchmal schuldbewusst – entledigen wollen.

17. Nachwort:
Zwischen radikaler Kritik und naiver Apologie

»Mag der Weg von Irre u. Schuld umstellt sein,
die ich erst austragen muß,
ich lasse von dem,
was mir als Aufgabe vorschwebt, nicht ab,
auch wenn ich daran zerbreche.«[1]
Martin Heidegger (1952)

Wir sind einen langen Weg gegangen: Vom Meßkirch des späten 19. Jahrhunderts über die Irrungen und Wirrungen des
Ersten Weltkrieges und der Weimarer Republik bis zur Zeit
der nationalsozialistischen Diktatur und zu den Jahrzehnten
nach dem Zweiten Weltkrieg. Aber nicht nur in allgemein
historischer, sondern auch in anderer, in biographischer und
in philosophischer Hinsicht sind wir einen weiten Weg gegangen: von Heideggers Meßkircher Herkunft, seinem Studium der katholischen Theologie, den ersten eigenständigen
Denkversuchen in der frühen »Hermeneutik der Faktizität«,
seinen Überlegungen zur Gegenwart und Zukunft der Universität und *Sein und Zeit* über die Rektoratsrede, das Rektorat und seine Auseinandersetzung mit Schelling, Nietzsche
und Hölderlin bis hin zu seinen Bemühungen um ein andersanfängliches besinnliches Denken und die Verwindung der
Metaphysik ab Mitte der 1930er Jahre.

---

1 Heidegger/Elfride Heidegger, 275.

Heidegger in den späten 1960er Jahren

Was dabei zunächst einmal deutlich geworden sein dürfte, ist, was oft betont wurde, dass nämlich die Frage nach Heideggers Verhältnis zum Nationalsozialismus äußerst komplex ist: Einfache Antworten oder Lösungen gibt es nicht. Wir mussten uns sehr oft des Wortes »Ambivalenz« bedienen. Es ist nicht nur nicht möglich, zu einer eindeutigen Antwort auf diese Frage zu kommen, ohne den gesamten Lebens- und Denkweg Martin Heideggers in den Blick zu nehmen. Viele Fragen bleiben auch offen, ja, werden vermutlich immer offenbleiben, und zwar nicht nur, weil wichtige Dokumente verschollen oder vernichtet sind. Auch nicht nur, weil unser interpretatorischer Blick von außen nie das Innere einer Person – ihre wirklichen Gefühle, ihre stillen Zweifel, ihre verschwiegene Scham – erschließen können.

Es gibt noch einen anderen Grund: Das 20. Jahrhundert ist in besonderer Weise ein Jahrhundert der Extreme: Nicht nur im Bereich des Politischen, sondern in vielen anderen Lebensbereichen verschwanden überlieferte Sicherheiten und Gewissheiten. Orientierungslosigkeit ging mit dem Zwang, sich neu zu orientieren, einher; der Zweifel sah sich immer mit der Aufgabe, sich zu entscheiden, konfrontiert, der Mensch erfuhr seine radikale Begrenzung und wollte doch immer wieder alle Grenzen sprengen. Mit diesen wenigen Bemerkungen ist in keiner Weise das 20. Jahrhundert erschöpfend beschrieben. Das ist auch gar nicht der Anspruch dieser Bemerkungen. Ihr Anspruch liegt eher darin, auf etwas zu verweisen, nämlich darauf, dass hier, in der geschichtlichen Konstellation des 20. Jahrhunderts, der Grund dafür zu suchen ist, dass die Lebensläufe so vieler Menschen, die im späten 19. und frühen 20. Jahrhundert geboren wurden, von einer heute oft schwer verständlichen Ambivalenz gekennzeichnet sind und dass auch überlieferte Kriterien von Schuld und Unschuld oder Gut und Böse nicht immer so einfach Anwendung finden können, wie es uns oft lieb wäre.

Damit ist nicht gesagt, dass es nicht eindeutige Fälle von persönlicher Schuld und nicht entschuldbarem Versagen gegeben hätte. Es gibt zu viele Beispiele, wo der Begriff der Ambivalenz nicht angebracht ist, wo er in billiger Weise relativiert, was sich jeder Relativierung entzieht. Es ist damit auch nicht behauptet, dass es angesichts der zeitgeschichtlichen Situation des 20. Jahrhunderts nicht mehr möglich sei, von Verantwortung zu sprechen oder sich um eine moralisch eindeutige Bewertung zu bemühen. Es ist schlicht damit zum Ausdruck gebracht, dass diese Bewertung und damit die Frage nach Schuld oder Unschuld, so leicht sie in einigen Fällen ist, in anderen Fällen auch äußerst schwer ist. Die Komplexität der Zeit bedarf einer ihr entsprechenden Komplexität der Fragestellung und oft auch einer ihr entsprechenden Sensibilität für die Tragik, die Ambivalenz und die Verworrenheit von Situationen und Entscheidungen. Gerade auch die reiche Geschichte der Dichter und Denker bietet zahlreiche Beispiele dafür, dass geistige Größe nicht vor Schuld und Irrtum bewahrt. Viele, die es eigentlich anders hätten wissen können und müssen, waren daher nicht davor geschützt, Hitler, Stalin oder vielen anderen Diktatoren in naiver Blindheit oder auch in vollem Bewusstsein zu folgen und dabei zu verraten, was eigentlich ihre Aufgabe und ihr Auftrag gewesen wäre.

Dass dies gerade auch für den »Fall Heidegger« gilt, zeigt – neben seinen eigenen Texten – die immer noch anhaltende Diskussion über sein Denken. Allein dass wir immer wieder auf unterschiedliche »Extremthesen« gestoßen sind, auf die Thesen der radikalen Kritiker Heideggers wie auf die Thesen seiner nicht minder radikalen Verteidiger, zeigt, dass es mit einem einfachen »Entweder – Oder« nicht getan ist. Denn *dass* es überhaupt diese Thesen gibt – sie sind ja zumeist nicht einfach aus der Luft gegriffen, sondern können sich oft auch auf Belege stützen –, verweist auf die Ambivalenz jenes Falles, der uns in diesem Buch beschäftigt hat.

Obwohl dieses Buch wesentlich länger geworden ist als ursprünglich geplant, hätte doch noch viel mehr gesagt sein können. Manche Kritiker spezialisieren sich darauf, Lücken in der Argumentation zu finden. Was man zu jenem Brief Heideggers sage, so können sie dann fragen, den man nicht zitiert habe. Oder sie mögen wissen wollen, was man über genau diesen Satz aus jener Vorlesung, die man nur sehr oberflächlich besprochen habe, denke. Habe man hier etwa aus strategischen Gründen etwas verschwiegen, etwas unter den Tisch fallen lassen, um die eigene Interpretation umso überzeugender erscheinen zu lassen? Gewiss, Heideggers Denk- und Lebensweg ist so reich, dass er sich nicht erschöpfend behandeln lässt. Heidegger hat nicht nur viel geschrieben, er hat auch ein ziemlich ereignisreiches Leben geführt. Daher wird es, wenn Heideggers Denk- und Lebensweg zur Diskussion steht, immer Lücken geben. Es wird – auch dies ist häufig schon angeklungen – auch viele Fragen geben, die weiter offenbleiben. Mehr hätte man sagen können über die Entwicklung von Heideggers Denken vor 1933 oder nach 1934. Mehr auch wäre zu sagen gewesen über den jungen Heidegger oder sein Verhältnis zu bestimmten Freunden und Kollegen oder auch zu seinem Bruder Fritz. Und man hätte sicherlich auch die Entnazifizierung Heideggers und die Schritte, die zu seiner Emeritierung führten, noch in weitere Kontexte stellen können: in den Kontext der Entnazifizierungsverfahren an anderen Universitäten oder ganz allgemein in den Kontext der »Bewältigung« der deutschen Vergangenheit und Schuld seit 1945.

Aber weil nicht nur die Kunst lang und das Leben kurz ist, sondern auch aus einem anderen Grund lassen sich diese »Lücken« verkraften: Denn bei allem Wissen um das, was noch hätte gesagt werden können und was als Frage noch oder auf Dauer offenbleiben wird, soll doch der Anspruch erhoben werden, dass hier alle wesentlichen Fragen, die das Thema »Heidegger und der Nationalsozialismus« betreffen, diskutiert und, wo möglich, auch beantwortet wurden. Mit der hier vorliegenden »Erzählung« liegt daher ein Rahmen vor, so der Anspruch, in den andere, hier nicht diskutierte Texte Heideggers wie auch Ereignisse in seinem Leben eingeordnet werden können – und zwar in einer Weise, die auf dem Stand der gegenwärtigen Forschung philosophisch wie historisch vor dem Forum der argumentativen und diskursiven Vernunft verantwortet werden kann. Dass dabei einige Antworten kontrovers sind und kontrovers bleiben, liegt in der Natur der Sache. Die sich daran anschließenden Fragen können aber nur im Austausch von Argumenten gelöst werden: Denn nicht um Ideologie geht es hier, nicht um Verteidigung oder Kritik um ihrer selbst willen, sondern um jenes Ideal der Wahrheit, dem sowohl der Historiker als auch der Philosoph verpflichtet sind und dem das Argument im Geist der Sachlichkeit bislang zumeist noch den besten Dienst erwiesen hat. Daher bleibt der Anspruch, dass das hier vorliegende Buch als ein Schritt in Richtung auf dieses Ideal verstanden werden kann – und die Hoffnung, dass es auch so verstanden werde.

Damit aber haben wir noch nicht positiv gesagt, was zum »Fall Heidegger« abschließend und zusammenfassend zu sagen ist. Und da schon von der Kürze des Lebens gesprochen wurde, sei kurz versucht, die verschiedenen Fäden, die hier gesponnen und verwebt wurden, zusammenzuführen und einige wichtige Schlussfolgerungen noch einmal ausdrücklich zu nennen: Man wird zunächst einmal die Schuld, die Heidegger auf sich geladen hat, und den Irrtum, den er begangen hat, offen benennen müssen. Es gibt gerade aus der Rektoratszeit zu viel, was sich – bei allem Verständnis, das teilweise vielleicht noch möglich ist – nicht entschuldigen, ja, was sich letztlich noch nicht einmal verstehen lässt. Man wird aber auch darauf verweisen müssen, dass Heideggers Rektorat in keiner Weise seine philosophische Bedeutung und seinen gesamten Denk- und Lebensweg in Frage stellt. Es ist ja nicht nur der Fall, dass sich sein Rektorat und das, was er im Rektorat gesagt und getan hat, in keiner Weise notwendig aus seinem Denken ergeben hätte, sondern auch, dass Heidegger selbst auf philosophischer Ebene sein Rektorat zu überwinden und die nationalsozialistische Ideologie zu verstehen und zunehmend radikal zu kritisieren suchte. Es ist daher auch wichtig, Heideggers eigene Bemühungen, sein Rektorat wie auch unsere geschichtliche Situation zu verstehen, zur Kenntnis zu nehmen.

Aber dies bedeutet nicht, dass man ihm in allem kritiklos folgen müsste. Auch die Probleme seiner eigenen philosophischen »Bewältigungsversuche« müssen klar benannt werden: Zu sehr spricht sich in ihnen eine antimodernistische Tendenz aus, zu kritisch und ablehnend sieht Heidegger das liberale und demokratisch orientierte politische Denken, zu wenig spricht er nach 1945 von Verantwortung und Schuld, zu schnell springt er auf eine höchst spekulative, aber vieles grob vereinfachende seinsgeschichtliche Ebene, zu viel Bedeutung spricht er auch nach 1945 noch der Philosophie – *seiner* Philosophie – zu, als dass ihm die Grenzen des eigenen Denkens und die Bedeutung alternativer Zugänge zur Wirklichkeit – seien diese nun philosophisch oder nicht – wirklich bewusst würden. Heidegger bleibt eben ein ambivalenter Denker: Bei aller Betonung der Grenzen seines Denkens und der Bedeutung des Fragen-Stellens, der Freiheit des Denkens und der Gelassenheit, steht er immer auch in der Gefahr, diese Grenzen zu verletzen und Antworten, die alles andere als unkontrovers sind, in oft apodiktischer Diktion vorzutragen. Und geht es ihm darum, auf der einen Seite »Tiefendimensionen« der Wirklichkeit zu erschließen, verbleibt er auf der anderen Seite oft in erschreckend oberflächlichen Bereichen.

Gewiss, die Philosophie ist wichtig (und auch Heideggers Denken ist daher wichtig), vielleicht so wichtig und notwendig wie selten zuvor, aber sie kann nicht alle Fragen beantworten, sie kann vielleicht am besten – dies hat Heidegger selbst auch klar erkannt und auch nach 1945 oft ausdrücklich betont – Fragen stellen und uns dadurch an die Fragen erinnern, die wir im geschäftigen Leben einer durchtechnisierten Spätmoderne zu vergessen tendieren. Denn wer könnte, wer wollte leugnen, dass jenes so barbarische 20. Jahrhundert sich nicht einfach aus dem Nichts entwickelt hat? Wer wollte leugnen, dass es nicht nur eine Vorgeschichte dieses Jahrhunderts gibt und dass auch die Geschichte des philosophischen Denkens eine wesentliche, wenn auch nicht alles entscheidende Rolle spielt, wenn es gilt, zu verstehen, wer wir sind und wie wir zu denen geworden sind, die wir sind? Wer wollte in Frage stellen, dass wir nicht alles mit Bezug auf menschliche Subjektivität klären und verstehen können und dass sich die bleibende Herausforderung stellt, sich Wirklichkeit vielleicht noch einmal neu und anders geben zu lassen? Und wer wollte leugnen, dass in einer Zeit der Not gerade auch die Aufgabe sich stellt, auf die Zukunft hin und von der Zukunft her zu denken und diese Not von ihrem »Wesen« her zu verstehen?

Wenn es also gilt, sich mit Heideggers Philosophie auseinanderzusetzen, dann sollte dies also vor allem auf jener Ebene geschehen, die ihm angemessen ist: auf der philosophischen Ebene. Und auf dieser Ebene ist auch anzuerkennen, dass Heideggers Denken nach wie vor beeindruckt, fasziniert, anregt und zum Weiterdenken und -fragen bewegt, auch wenn wir differenzierter und positiver unsere Gegenwart und die Moderne wahrzunehmen versuchen. Das Philosophieren ist daher heute oft auch ein Philosophieren, das in irgendeiner Weise an Heideggers Denken anknüpft – nicht zuletzt geht ja die Rehabilitierung der praktischen oder politischen Philosophie in der deutschsprachigen Philosophie der zweiten Hälfte des 20. Jahrhunderts auch auf eine kritische Auseinandersetzung mit Heidegger zurück.[2] Dass dies der Fall ist, darf uns nach allem, was wir hier über Heideggers Denken gesagt haben, nicht verwundern, sondern sollte eher als Ansporn dienen, erneut – in jener Freiheit des Denkens, die Heidegger immer wieder betont hat – über die großen Fragen der Philosophie, die Herausforderungen des Denkens und das labile, immer wieder gefährdete Verhältnis von Hören und Sprechen, Gelassenheit und Handeln, Philosophie und Politik nachzudenken. Denn gerade »dürftige Zeiten« bedürfen der Philosophie, gerade das Zeitalter der Wissenschaft bedarf des eigentlichen oder wesentlichen Denkens, gerade die Welt, die den Anschein des Nihilismus (ob nun vollendet oder nicht) zeigt, bedarf der Be-sinnung, und das Rechnen, Kalkulieren und Planen bleibt auf die Gelassenheit angewiesen, jene vielleicht höchste uns Menschen mögliche Freiheit.

Der Worte sind – fast – genug gewechselt. Nun noch gilt es – auch hier können wir uns an Heidegger orientieren – das Denken zum Dank werden zu lassen: Sehr herzlich gedankt sei an dieser Stelle Frau Prof. D. Marion Heinz, Herrn Dr. Alfred Denker und Herrn Prof. Dr. Rainer Marten für eine genaue Lektüre des hier vorliegenden Buches wie auch für ihre Anmerkungen, Korrekturen und Anregungen. Gleichfalls danken möchte ich Herrn Dr. Christoph Berchtold für seinen Rat und wichtige Hinweise. Herrn Dr. Hermann Heidegger sei sehr herzlich für die Erlaubnis gedankt, in diesem Buch teils bislang unveröffentlichte Fotografien seines Vaters zu veröffentlichen, wie auch für die briefliche Mitteilung von

---

2 Vgl. hierzu u.a. Otto Pöggeler, »›Praktische Philosophie‹ als Antwort an Heidegger«, in: Bernd Martin (Hg.), *Martin Heidegger und das ›Dritte Reich‹. Ein Kompendium*, Darmstadt 1989, 62–92.

Erinnerungen an Gespräche mit seinem Vater. Herrn Dr. Alexander Roesler und Frau Katrin Bury vom S. Fischer Verlag danke ich sehr herzlich für eine äußerst angenehme und erfreuliche Zusammenarbeit – und nicht zuletzt für ihre Geduld, ihre Kommentare und ihre Anregungen im persönlichen und brieflichen Austausch.

Washington, D.C.,   *Holger Zaborowski*
am 1. Oktober 2009

V.

Anhang

18. Zeittafel
(1889–2000)

Die folgende Zeittafel bietet einen Überblick über die wichtigsten Ereignisse im Leben Heideggers von 1933 bis 1945. Berücksichtigt werden hier auch weitere wichtige Grunddaten aus dem Denk- und Lebensweg Heideggers wie etwa die Daten der Erstveröffentlichungen vieler seiner zu Lebzeiten veröffentlichter Schriften. Als wichtige Quellen bei der Erstellung dieser Zeittafel seien neben den Bänden der Gesamtausgabe der Schriften Martin Heideggers, den bislang erschienenen Briefwechseln, dem Band 4 des *Heidegger-Jahrbuches* auch das von Chris Bremmers zusammengestellte Schriftenverzeichnis im ersten Band des *Heidegger-Jahrbuches* genannt. Eine hilfreiche Chronik findet sich auch in Dieter Thomä (Hg.), *Heidegger-Handbuch. Leben – Werk – Wirkung*, Stuttgart 2003, 515–539.

26. September 1889	Geburt Heideggers in Meßkirch als ältester Sohn der Eheleute Friedrich und Johanna Heidegger.
1909–1911	Studium der Theologie und der Philosophie an der Albert-Ludwigs-Universität in Freiburg i. Br. in der Absicht, Priester zu werden.
1911–1913	Studium der Philosophie und der Geistes- und Naturwissenschaften an der Albert-Ludwigs-Universität in Freiburg i. Br.

ab 1909	Erste Veröffentlichungen Heideggers, die sehr durch einen antimodernistisch bestimmten Katholizismus beeinflusst sind.
1913	Promotion mit der Arbeit »Die Lehre vom Urteil im Psychologismus. Ein kritisch-positiver Beitrag zur Logik« (GA 1, 59–188).
1915	Habilitation mit der Arbeit »Die Kategorien- und Bedeutungslehre des Duns Scotus« (GA 1, 189–411).
ab Wintersemester 1915/16	Heidegger hält Vorlesungen in Freiburg (für die Vorlesungen ab dem Wintersemester 1918/19 vgl. GA 56/57; 58; 59; 60; 61; 62; 63).
1915–1918	Militärdienst.
29. Februar 1916	Heidegger hält einen Vortrag »Über die Philosophie in den kriegsführenden Ländern«.
9. Juli 1916	Heidegger hält eine Rede zum 50. Geburtstag von Großherzog Friedrich II. von Baden.
21. März 1917	Heidegger heiratet Elfride Petri.
Sommersemester 1919	Heidegger hält die Vorlesung »Über das Wesen der Universität und des akademischen Studiums« (GA 56/57, 205–214).
1919	Geburt des ältesten Sohnes Jörg.
1919–1923	Heidegger ist Husserls Privatassistent und bietet Vorlesungen und Seminare an der Universität Freiburg an, in denen er wesentliche Elemente seines späteren Denkens entfaltet.
1920	Geburt des Sohnes Hermann.
14. April 1920	Heidegger hält einen Vortrag über Oswald Spenglers *Der Untergang des Abendlandes*.
ab 1. Oktober 1923	Ordentlicher Professor *ad personam* auf einem außerordentlichen Lehrstuhl für Philosophie an der Universität Marburg.
1924–1929	Liebesbeziehung mit Hannah Arendt.
1927	Veröffentlichung der ersten Hälfte von *Sein und Zeit* im *Jahrbuch für Philosophie und phänomenologische Forschung* und als Einzelausgabe (GA 2).

ab 01. Oktober 1928	Ordinarius für Philosophie an der Universität Freiburg und damit Nachfolger seines Lehrers Edmund Husserl.
Sommersemester 1929	Heidegger hält die Vorlesung »Einführung in das akademische Studium« (GA 28).
24. Juli 1929	Heidegger hält seine Antrittsvorlesung in Freiburg unter dem Titel »Was ist Metaphysik?« (GA 9).
1929	Heidegger warnt in einem Brief vor der »Verjudung« des deutschen Geisteslebens.
Wintersemester 1929/30	Heidegger hält die Vorlesung »Die Grundbegriffe der Metaphysik. Welt – Endlichkeit – Einsamkeit« (GA 29/30), die ein Dokument einer wachsenden Politisierung seiner Philosophie ist.
10. Mai 1930	Heidegger lehnt den ersten Ruf an die Universität Berlin ab.
1932	Heidegger wählt die NSDAP, lehnt aber einen Eintritt in die Partei ab.
Wintersemester 1932/33	Heidegger verbringt ein Freisemester weitestgehend in Todtnauberg.
Ab Ende 1932/ Anfang 1933	Kontakte mit der NSDAP, insbesondere mit dem Altphilologen Aly.
Sommersemester 1933	Heidegger bietet die Übung »Der Begriff der Wissenschaft« an (erscheint in der IV. Abteilung der GA).
April 1933	Heidegger wird u.a. von seinem Nachbarn und Kollegen von Möllendorff wie auch von dem ehemaligen Rektor Joseph Sauer dazu gedrängt, das Rektorat zu übernehmen.
21. April 1933	Wahl Heideggers zum Rektor der Albert-Ludwigs-Universität.
1. (3.) Mai 1933	Eintritt Heideggers und seiner Frau Elfride in die NSDAP.
06. Mai 1933	Heidegger hält eine Ansprache zur 1. Immatrikulation (GA 16, 95–97).
Mai 1933	Heidegger hält eine Rede zur Immatrikulation der Studenten (GA 16, 100).

17. Mai 1933	Heidegger hält eine Ansprache zur Studenten- und Dozentenschaft nach einer Rede Hitlers (GA 16, 104).
20. Mai 1933	Heidegger schreibt ein Telegramm an Hitler, in dem er um Verschiebung eines geplanten »Empfanges des Vorstandes des Verbandes der deutschen Hochschulen« bittet, bis die Leitung dieses Verbandes gleichgeschaltet sei (GA 16, 105).
26. Mai 1933	Heidegger hält eine Rede zum Andenken an den aus Freiburg stammenden Albert Leo Schlageter (GA 16, 759f.).
27. Mai 1933	Heidegger hält die Rektoratsrede »Die Selbstbehauptung der deutschen Universität« (GA 16, 107–117).
10./11. Juni 1933	Heidegger hält die Rede »Die Universität im Dritten Reich« auf der Schulungstagung des Amtes für Wissenschaft der Deutschen Studentenschaft.
14. Juni 1933	Heidegger hält eine Ansprache bei der Übergabe des Wohnhauses der Studentenschaft am 14. Juni 1933 (GA 16, 125–126).
24. Juni 1933	Heidegger spricht einen »Feuerspruch« bei der Sommersonnenwende 1933 (GA 16, 131).
25. Juni 1933	Heidegger schreibt einen Gutachterbrief über seinen Münchener Kollegen Richard Hönigswald und bemängelt, dass dieser den »Blick« von der »Herkunft« des Menschen »aus Blut und Boden« abgelenkt habe (GA 16, 132f.).
30. Juni 1933	Heidegger hält den Vortrag »Die Universität im Neuen Reich« in Heidelberg (GA 16, 761–763).
Juli 1933	Heidegger wiederholt den Vortrag »Die Universität im Neuen Reich« in Kiel.
August 1933	Heidegger hält eine Tischrede bei der Feier des fünfzigjährigen Bestehens des Instituts

	für pathologische Anatomie der Universität Freiburg (GA 16, 150–152).
3. September 1933	Heidegger hält eine Ansprache auf dem 22. Verbandstag des Landesverbandes Badischer Schreinermeister in Freiburg (GA 16, 764).
30. September 1933	Heidegger lehnt den zweiten Ruf an die Universität Berlin ab (vgl. GA 16, 163f.; 168f.; 172f.).
1. Oktober 1933	Die badische Landesregierung ernennt Heidegger gemäß der neuen Hochschulverfassung zum Rektor der Freiburger Universität.
Anfang Oktober 1933	Heidegger hält den Vortrag »Universität und Wissenschaft« in einem Wissenschaftslager in Todtnauberg (vgl. auch GA 16, 170f.).
Wintersemester 1933/34	Zum Beginn des Wintersemesters wendet sich Heidegger an die »Deutschen Studenten« (GA 16, 184f.).
Wintersemester 1933/34	Heidegger bietet eine Übung für Anfänger zum Thema »Über Natur, Geschichte und Staat« an (*Heidegger-Jahrbuch* 4, 53–89).
Oktober 1933	Heidegger lehnt einen Ruf an die Universität München ab. Im Herbst 1933 begründet er die Ablehnung der Rufe nach Berlin und München im Rundfunk unter dem Titel »Schöpferische Landschaft. Warum bleiben wir in der Provinz?« (GA 13, 9–13).
10. November 1933	Heidegger ruft einen Tag vor dem Referendum über den deutschen Austritt aus dem Völkerbund die »Deutschen Männer und Frauen« in einem Artikel in der Freiburger Studentenzeitung zur Unterstützung Hitlers auf (GA 16, 188f.).
11. November 1933	Heidegger beteiligt sich an der Leipziger »Kundgebung der deutschen Wissenschaft« und hält dort eine Ansprache zur Unterstützung Hitlers (GA 16, 190–193).

25. November 1933	Heidegger hält die Rede »Der deutsche Student als Arbeiter« bei der feierlichen Immatrikulation der Studenten.
22. Januar 1934	Heidegger hält eine Rede bei der Eröffnung der Schulungskurse für die Notstandsarbeiter der Stadt (GA 16, 232–237).
23. Januar 1934	Heideggers Text »Der Ruf zum Arbeitsdienst« erscheint in der Freiburger Studentenzeitung (GA 16, 238f.).
10. Februar 1934	Heidegger schreibt ein denunzierendes Gutachten über seinen Kollegen Staudinger (GA 16, 248f.).
22. Februar 1933	Heidegger hält im Rahmen einer Ringvorlesung den Vortrag »Die Notwendigkeit der Wissenschaft« (GA 16, 251–255).
14. April 1934	Heidegger erklärt nach Konflikten an der Universität und mit dem Karlsruher Ministerium seinen Rücktritt als Rektor zum Sommersemester 1934 (GA 16, 272).
23. April 1934	Heidegger informiert den Kanzler und die fünf Dekane von seinem Rücktritt, die daraufhin auch ihre Ämter zur Verfügung stellen (GA 16, 274).
27. April 1934	Heidegger wird von seinen Pflichten als Rektor entbunden.
2. Mai 1934	Heidegger lehnt es ab, an der Rektoratsübergabe teilzunehmen (GA 16, 277).
Sommersemester 1934	Heidegger liest nicht über »Der Staat und die Wissenschaften«, sondern über »Logik als die Frage nach dem Wesen der Sprache« (GA 38).
15. und 16. August 1934	Heidegger hält zwei Vorträge in den Ausländerkursen der Freiburger Universität zum Thema »Die deutsche Universität« (GA 16, 285–307).
29. August 1934	Heidegger entwickelt Gedanken »Zur Einrichtung der Dozentenschule« (GA 16, 308–314).

Ab 1934/35	Heidegger sieht das Rektorat als einen »Pfahl im Fleische« und bemüht sich um seine Überwindung. Er entwickelt eine zunehmend kritische Sicht des Nationalsozialismus im Rahmen seines seinsgeschichtlichen Denkens und deutet dies auch in seinen Vorlesungen u. a. zu Nietzsche, Schelling, Hölderlin, Parmenides und Heraklit an.
Wintersemester 1934/35	Heidegger bietet zusammen mit seinem Kollegen Erik Wolf von der juristischen Fakultät die Übung »Hegel, über den Staat« an (erscheint in GA 86).
Wintersemester 1934/35	Heidegger bietet die erste von zahlreichen Lehrveranstaltungen zur Dichtung Hölderlins an (vgl. GA 4; 39; 52; 53; 75).
Sommersemester 1935	Heidegger hält die Vorlesung »Einführung in die Metaphysik« (GA 40).
13. November 1935	Heidegger hält den Vortrag »Vom Ursprung des Kunstwerks« in Freiburg i. Br. (GA 5; 1–74).
Januar 1936	Heidegger wiederholt den Vortrag »Vom Ursprung des Kunstwerks« in Zürich (GA 5).
2. April 1936	Heidegger hält den Vortrag »Hölderlin und das Wesen der Dichtung« in Rom (GA 4); dort trifft er auch Karl Löwith.
1936–38	Heidegger arbeitet an den *Beiträgen zur Philosophie. Vom Ereignis* (GA 65).
Wintersemester 1936/37	Heidegger bietet die erste von zahlreichen Lehrveranstaltungen (Vorlesungen / Seminare) zur Philosophie Nietzsches bis 1945 an (GA 5; 43; 44; 46; 47; 48; 50; 87; vgl. auch GA 6.1 und 6.2).
13. September 1938	Heidegger nimmt zu in der ausländischen Presse über seine Kritik am Nationalsozialismus veröffentlichten Texten Stellung (GA 16, 351).

1938/39	Heidegger arbeitet an *Besinnung* (GA 66). Er arbeitet in den Jahren bis 1945 an weiteren wichtigen Nachlassmanuskripten (vgl. GA 13; 69; 70; 71; 73; 74; 75; 77).
1938	Heidegger schreibt einen Rückblick auf sein Werk (GA 66, 411–417).
Wintersemester 1942/43	Heidegger hält eine Vorlesung über Parmenides (GA 54).
Sommersemester 1943	Heidegger hält eine Vorlesung über Heraklit (GA 55).
November 1944	Heidegger wird in den Volkssturm eingezogen.
Anfang 1945	Heidegger ist mit der Philosophischen Fakultät auf der Burg Wildenstein im oberen Donautal. Er kümmert sich um die Sichtung und Rettung seiner Manuskripte.
21. April 1945	Freiburg wird von französischen Streitkräften besetzt; vier Tage später kommt es zu einer Neugründung der Albert-Ludwigs-Universität.
Juli 1945	Heideggers Bibliothek und Haus sollen beschlagnahmt werden. Am 16. Juli wendet er sich an den Freiburger Oberbürgermeister, um dagegen zu protestieren (GA 16, 367–369).
Sommer 1945	Heidegger verfasst »Das Rektorat 1933/34. Tatsachen und Gedanken« (GA 16, 372–394).
Sommer u. Herbst 1945	Heidegger wird von der Reinigungskommission und von Adolf Lampe befragt. Die Kommission schlägt in einem im September 1945 erstellten Gutachten die Emeritierung Heideggers mit beschränkter Lehrtätigkeit vor. Im Oktober wird der Senat beschließen, dass das Urteil der Bereinigungskommission nicht akzeptiert werden könne.

Oktober u. November 1945	Heidegger stellt im Oktober bei der Philosophischen Fakultät einen Antrag auf Emeritierung; im November stellt er einen Antrag auf Wiedereinsetzung in die Lehrtätigkeit.
Anfang Dezember	Die Philosophische Fakultät stellt einen Antrag auf Reintegration und Emeritierung Heideggers.
11. u. 13. Dezember 1945	Es finden aufgrund von Protesten gegen das Gutachten vom September erneut Verhandlungen über das weitere Vorgehen im »Fall Heidegger« statt; es wird auf Vorschlag Heideggers ein Gutachten von Karl Jaspers eingeholt.
19. Januar 1946	Der Antrag der Philosophischen Fakultät wird abgelehnt. Heidegger wird mit einem unbefristeten Lehrverbot belegt und emeritiert.
1946	Heidegger schreibt einen Brief »Über den Humanismus« an Jean Beaufret (GA 9, 313–364).
Herbst 1946	Die französische Militärregierung verschärft die vom Senat vorgeschlagenen Maßnahmen und verfügt die Zwangspensionierung Heideggers.
Ende Dezember 1946	Heidegger wird seitens der Militärregierung mit einem unbefristeten Lehrverbot belegt.
1947	Erste Buchveröffentlichung Heideggers nach dem Zweiten Weltkrieg: *Platons Lehre von der Wahrheit. Mit einem Brief über den »Humanismus«* (Bern 1947)
1947	Heidegger veröffentlicht einen Privatdruck von »Aus der Erfahrung des Denkens« (GA 13, 75–86).
März 1947	Heidegger nimmt den Briefwechsel mit Elisabeth Blochmann wieder auf.
Sommer 1947	Heideggers Bibliothek soll beschlagnahmt werden.

September 1947	Der Briefwechsel mit Max Müller wird wieder aufgenommen. Müller wird sich sehr für Heideggers Rehabilitierung und die Aufhebung des Lehrverbots einsetzen.
1948	Die Philosophische Fakultät setzt sich erneut für Heidegger ein.
9. Januar 1949	Heidegger wendet sich in einem Brief an Gerd Tellenbach, Wilhelm Szilasi, Robert Heiß und Max Müller, um seine Sicht der Dinge darzulegen. Er drängt auf die Aufhebung des Lehrverbotes und die Bearbeitung des Entpflichtungsantrages (GA 16, 432).
15. März 1949	Heidegger erhält die Säuberungsbescheinigung und wird als »Mitläufer« und »Sympathisant« eingestuft, »Sühnemaßnahmen« seien keine zu ergreifen.
18. Mai 1949	Der Senat der Universität stimmt dem Antrag der Philosophischen Fakultät auf Emeritierung Martin Heidegger zu.
Sommer 1949	Es werden Gutachten von u. a. Karl Jaspers, Romano Guardini und Werner Heisenberg über Heidegger eingeholt, um den Antrag Heideggers auf Emeritierung und Aufhebung des Lehrverbots zu unterstützen.
3. September 1949	Die französische Militärregierung teilt mit, dass sie gegen die Emeritierung Heideggers nichts einzuwenden habe.
Dezember 1949	Heidegger hält die sogenannten »Bremer Vorträge« (GA 79), die im März 1950 auf der Bühlerhöhe wiederholt werden.
1949	*Über den Humanismus* erscheint als Einzelschrift im Klostermann-Verlag (Frankfurt am Main).
1950	Heidegger veröffentlicht in den *Holzwegen* eine Auswahl von Aufsätzen (GA 5).
1950	Der Briefwechsel und persönliche Kontakt Heideggers mit Hannah Arendt wird wieder-

	aufgenommen. Am 7. Februar 1950 besucht Arendt Heidegger in Freiburg.
Anfang 1950	Neben der Möglichkeit einer Aufhebung des Lehrverbotes und der Emeritierung wird auch die Möglichkeit einer Reintegration Heideggers diskutiert.
Juni 1950	Die Freiburger Studentenschaft sammelt Unterschriften, um sich für Heidegger einzusetzen.
13. Juli 1950	Heidegger wird rückwirkend zum 1. April 1950 pensioniert.
Wintersemester 1951/52	Heidegger hält ein Privatseminar »Übung im Lesen« in seinem Haus.
1951	Die zweite Auflage von *Erläuterungen zu Hölderlins Dichtung* (1944) erscheint (GA 4).
26. September 1951	Heidegger wird emeritiert.
Wintersemester 1950/51	Heidegger hält die Vorlesung »Was heißt Denken? I« (GA 8).
Sommersemester 1952	Heidegger hält die Vorlesung »Was heißt Denken? II« (GA 8).
1953	Heideggers Vorlesung aus dem Sommersemester 1935 »Einführung in die Metaphysik« (GA 40) erscheint als Buch und wird u.a. von Jürgen Habermas kritisch besprochen.
1954	Heidegger veröffentlicht *Vorträge und Aufsätze* (GA 7)
30. Oktober 1955	Heidegger hält die Rede »Gelassenheit« in Meßkirch (GA 16, 517–529).
Ab 1955	Reisen und Vorträge Heideggers in Frankreich.
1957	*Der Satz vom Grund* (GA 10) und *Identität und Differenz* (GA 11) erscheinen.
Sommersemester 1957	Heidegger hält im Studium Generale der Universität Freiburg fünf Vorträge unter dem Titel »Grundsätze des Denkens« (GA 79, 81–176).

27. Juni 1957	Den dritten Vortrag »Der Satz der Identität« trägt Heidegger im Rahmen des 500-jährigen Jubiläums der Universität Freiburg in der Freiburger Stadthalle vor.
1957	Aufnahme in die Heidelberger Akademie der Wissenschaften (GA 1, 55–57).
Wintersemester 1957/58	Heidegger hält drei Vorträge über »Das Wesen der Sprache« im Studium Generale der Universität Freiburg (GA 12, 147–204).
1959	*Unterwegs zur Sprache* erscheint (GA 12).
27. September 1959	Heidegger wird Ehrenbürger seiner Heimatstadt Meßkirch (GA 16, 558–561).
10. Mai 1960	Heidegger erhält den staatlichen Hebelgedenkpreis (GA 16, 565–567).
1961	Die beiden Bände der überarbeiteten Nietzsche-Vorlesungen erscheinen (GA 6.1 und 6.2.).
Ab 1962	Reisen nach Griechenland (vgl. GA 75).
23. September 1966	Heidegger führt das sogenannte »Spiegel-Gespräch« mit Rudolf Augstein und Georg Wolff. Es wird erst nach seinem Tod veröffentlicht (GA 16, 652–683).
1972	Heidegger *Frühe Schriften* erscheinen (GA 1).
1975	Mit *Die Grundprobleme der Phänomenologie* erscheint der erste Band der Gesamtausgabe der Schriften Martin Heideggers (vgl. GA 24).
26. Mai 1976	Heidegger stirbt in Freiburg.
28. Mai 1976	Heidegger wird in Meßkirch beerdigt.
1983	Die Wiederveröffentlichung der Rektoratsrede zusammen mit der Erstveröffentlichung von Heideggers »Tatsachen und Gedanken« aus dem Jahr 1945 (GA 16, 372–394) führt zu einer weiteren intensiven Diskussion über Heideggers Verhältnis zum Nationalsozialismus sowie sein philosophisches Denken.
2000	GA 16 mit weiteren Dokumenten aus der Rektoratszeit erscheint.

19. Bibliographie

Gesamtausgabe der Schriften Martin Heideggers

GA 1   *Frühe Schriften (1912–1916)*, herausgege-
         ben von Friedrich-Wilhelm von Herrmann,
         Frankfurt am Main 1978.

GA 2   *Sein und Zeit*, herausgegeben von Friedrich-
         Wilhelm von Herrmann, Frankfurt am
         Main 1977.

GA 3   *Kant und das Problem der Metaphysik*,
         herausgegeben von Friedrich-Wilhelm von
         Herrmann, Frankfurt am Main 1991.

GA 4   *Erläuterungen zu Hölderlins Dichtung*,
         herausgegeben von Friedrich-Wilhelm von
         Herrmann, Frankfurt am Main 1981, [2]1996.

GA 5   *Holzwege*, herausgegeben von Friedrich-
         Wilhelm von Herrmann, Frankfurt am
         Main 1977; [2]2003.

GA 6.1   *Nietzsche I*, herausgegeben von Brigitte
         Schillbach, Frankfurt am Main 1996.

GA 6.2   *Nietzsche II*, herausgegeben von Brigitte
         Schillbach, Frankfurt am Main 1997.

GA 7   *Vorträge und Aufsätze*, herausgegeben von
         Friedrich-Wilhelm von Herrmann, Frank-
         furt am Main 2000.

GA 8   *Was heißt Denken?*, herausgegeben von
         Paola-Ludovika Coriando, Frankfurt am
         Main 2002.

GA 9   *Wegmarken*, herausgegeben von Friedrich-
         Wilhelm von Herrmann, Frankfurt am
         Main 1976; [2]1996; [3]2004.

GA 10   *Der Satz vom Grund*, herausgegeben von Petra Jaeger, Frankfurt am Main 1997.

GA 11   *Identität und Differenz*, herausgegeben von Friedrich-Wilhelm von Herrmann, Frankfurt am Main 2006.

GA 12   *Unterwegs zur Sprache*, herausgegeben von Friedrich-Wilhelm von Herrmann, Frankfurt am Main 1985.

GA 13   *Aus der Erfahrung des Denkens* (1910–1976), herausgegeben von Hermann Heidegger, Frankfurt am Main 1983; [2]2002.

GA 14   *Zur Sache des Denkens*, herausgegeben von Friedrich-Wilhelm von Herrmann, Frankfurt am Main 2007.

GA 15   *Seminare*, herausgegeben von Curd Ochwadt, Frankfurt am Main 1986; [2]2005.

GA 16   *Reden und andere Zeugnisse eines Lebensweges (1910–1976)*, herausgegeben von Hermann Heidegger, Frankfurt am Main 2000.

GA 17   *Einführung in die phänomenologische Forschung*, herausgegeben von Friedrich-Wilhelm von Herrmann, Frankfurt am Main 1994; [2]2006.

GA 18   *Grundbegriffe der aristotelischen Philosophie*, herausgegeben von Mark Michalski, Frankfurt am Main 2002.

GA 19   *Platon: Sophistes*, herausgegeben von Ingeborg Schüßler, Frankfurt am Main 1992.

GA 20   *Prolegomena zur Geschichte des Zeitbegriffs*, herausgegeben von Petra Jaeger, Frankfurt am Main 1979; [2]1988; [3]1994.

GA 21   *Logik. Die Frage nach der Wahrheit*, herausgegeben von Walter Biemel, Frankfurt am Main 1976; [2]1995.

GA 22   *Die Grundbegriffe der antiken Philosophie*, herausgegeben von Franz-Karl Blust, Frankfurt am Main 1993; [2]2004.

GA 23   *Geschichte der Philosophie von Thomas von Aquin bis Kant*, herausgegeben von Helmuth Vetter, Frankfurt am Main 2006.

GA 24   *Die Grundprobleme der Phänomenologie*, herausgegeben von Friedrich-Wilhelm von Herrmann, Frankfurt am Main 1975; [2]1989; [3]1997.

GA 25   *Phänomenologische Interpretation von Kants Kritik der reinen Vernunft*, herausgegeben von Ingtraud Görland, Frankfurt am Main 1977; [2]1987; [3]1995.

GA 26   *Metaphysische Anfangsgründe der Logik im Ausgang von Leibniz*, herausgegeben von Klaus Held, Frankfurt am Main 1978; [2]1990; [3]2007.

GA 27   *Einleitung in die Philosophie*, herausgegeben von Otto Saame und Ina Saame-Speidel, Frankfurt am Main 1996; [2]2001.

GA 28   *Der deutsche Idealismus (Fichte, Schelling, Hegel) und die philosophische Problemlage der Gegenwart*, herausgegeben von Claudius Strube, Frankfurt am Main 1997.

GA 29/30   *Die Grundbegriffe der Metaphysik. Welt – Endlichkeit – Einsamkeit*, herausgegeben von Friedrich-Wilhelm von Herrmann, Frankfurt am Main 1983; [2]1992; [3]2004.

GA 31   *Vom Wesen der menschlichen Freiheit. Einleitung in die Philosophie*, herausgegeben von Hartmut Tietjen, Frankfurt am Main 1982; [2]1994.

GA 32   *Hegels Phänomenologie des Geistes*, herausgegeben von Ingtraud Görland, Frankfurt am Main 1980; [2]1988; [3]1997.

GA 33   *Aristoteles, Metaphysik IX, 1–3. Von Wesen und Wirklichkeit der Kraft*, herausgegeben von Heinrich Hüni, Frankfurt am Main 1981; [2]1990; [3]2006.

GA 34   *Vom Wesen der Wahrheit. Zu Platons Höhlengleichnis und Theätet*, herausgegeben von Hermann Mörchen, Frankfurt am Main 1988; [2]1997.

GA 35   *Der Anfang der abendländischen Philosophie (Anaximander und Parmenides)*, herausgegeben von Peter Trawny (noch nicht erschienen).

GA 36/37   *Sein und Wahrheit*, herausgegeben von Hartmut Tietjen, Frankfurt am Main 2001.

GA 38   *Logik als die Frage nach dem Wesen der Sprache*, auf der Grundlage der Vorlesungsnachschrift von Wilhelm Hallwachs herausgegeben von Günter Seubold, Frankfurt am Main 1998.

GA 39   *Hölderlins Hymnen »Germanien« und »Der Rhein«*, herausgegeben von Susanne Ziegler, Frankfurt am Main 1980; [2]1989; [3]1999.

GA 40   *Einführung in die Metaphysik*, herausgegeben von Petra Jaeger, Frankfurt am Main 1983.

GA 41   *Die Frage nach dem Ding. Zu Kants Lehre von den transzendentalen Grundsätzen*, herausgegeben von Petra Jaeger, Frankfurt am Main 1984.

GA 42   *Schelling: Vom Wesen der menschlichen Freiheit (1809)*, herausgegeben von Ingrid Schüßler, Frankfurt am Main 1988.

GA 43   *Nietzsche: Der Wille zur Macht als Kunst*, herausgegeben von Bernd Heimbüchel, Frankfurt am Main 1985.

GA 44   *Nietzsches metaphysische Grundstellung im abendländischen Denken: Die ewige Wiederkehr des Gleichen*, herausgegeben von Marion Heinz, Frankfurt am Main 1986.

GA 45   *Grundfragen der Philosophie. Ausgewählte*
         »Probleme« der »Logik«, herausgegeben
         von Friedrich-Wilhelm von Herrmann,
         Frankfurt am Main 1984; [2]1992.

GA 46   *Zur Auslegung von Nietzsches II. Unzeit-*
         gemäßer Betrachtung »Vom Nutzen und
         Nachteil der Historie für das Leben«,
         herausgegeben von Hans-Joachim Fried-
         rich, Frankfurt am Main 2003.

GA 47   *Nietzsches Lehre vom Willen zur Macht*
         als Erkenntnis, herausgegeben von
         Eberhard Hanser, Frankfurt am Main 1989.

GA 48   *Nietzsche: Der europäische Nihilismus*,
         herausgegeben von Petra Jaeger, Frankfurt
         am Main 1986.

GA 49   *Die Metaphysik des deutschen Idealismus.*
         Zur erneuten Auslegung von Schelling:
         Philosophische Untersuchungen über das
         Wesen der menschlichen Freiheit und die
         damit zusammenhängenden Gegenstände
         (1809), herausgegeben von Günter Seubold,
         Frankfurt am Main 1991; [2]2006.

GA 50   *Nietzsches Metaphysik. Einleitung in*
         die Philosophie – Denken und Dichten,
         herausgegeben von Petra Jaeger, Frankfurt
         am Main 1990; [2]2007.

GA 51   *Grundbegriffe*, herausgegeben von
         Petra Jaeger, Frankfurt am Main 1981;
         [2]1991.

GA 52   *Hölderlins Hymne »Andenken«*, herausge-
         geben von Curd Ochwadt, Frankfurt am
         Main 1982; [2]1992.

GA 53   *Hölderlins Hymne »Der Ister«*, herausgege-
         ben von Walter Biemel, Frankfurt am Main
         1984; [2]1993.

GA 54   *Parmenides*, herausgegeben von
         Manfred S. Frings, Frankfurt am Main
         1982, [2]1992.

GA 55   *Heraklit*, herausgegeben von
Manfred S. Frings, Frankfurt am Main 1979;
[2]1987; [3]1994.

GA 56/57   *Zur Bestimmung der Philosophie*, herausgegeben von Bernd Heimbüchel, Frankfurt
am Main 1987; [2]1999.

GA 58   *Grundprobleme der Phänomenologie*,
herausgegeben von Hans-Helmuth Gander,
Frankfurt am Main 1992.

GA 59   *Phänomenologie der Anschauung und des
Ausdrucks. Theorie der philosophischen
Begriffsbildung*, herausgegeben von
Claudius Strube, Frankfurt am Main 1993;
[2]2007.

GA 60   *Phänomenologie des religiösen Lebens*,
herausgegeben von Matthias Jung, Thomas
Regehly und Claudius Strube, Frankfurt am
Main 1995.

GA 61   *Phänomenologische Interpretationen
zu Aristoteles. Einführung in die phänomenologische Forschung*, herausgegeben
von Walter Bröcker und Käte Bröcker-
Oltmanns, Frankfurt am Main 1985; [2]1994.

GA 62   *Phänomenologische Interpretationen aus-
gewählter Abhandlungen des Aristoteles
zu Ontologie und Logik*, herausgegeben
von Günther Neumann, Frankfurt am
Main 2005.

GA 63   *Ontologie. Hermeneutik der Faktizität*,
herausgegeben von Käte Bröcker-Olt-
manns, Frankfurt am Main 1988; [2]1995.

GA 64   *Der Begriff der Zeit*, herausgegeben von
Friedrich-Wilhelm von Herrmann, Frankfurt am Main 2004.

GA 65   *Beiträge zur Philosophie (Vom Ereignis)
(1936–1938)*, herausgegeben von Friedrich-
Wilhelm von Herrmann, Frankfurt am
Main 1989; [2]1994, [3]2003.

GA 66   *Besinnung (1938/39)*, herausgegeben von
           Friedrich-Wilhelm von Herrmann, Frank-
           furt am Main 1997.

GA 67   *Metaphysik und Nihilismus*, heraus-
           gegeben von Hans-Joachim Friedrich,
           Frankfurt am Main 1999.

GA 68   *Hegel*, herausgegeben von Ingrid Schüßler,
           Frankfurt am Main 1993; ²2009.

GA 69   *Die Geschichte des Seyns*, herausgegeben
           von Peter Trawny, Frankfurt am Main 1998.

GA 70   *Über den Anfang*, herausgegeben von
           Paola-Ludovika Coriando, Frankfurt am
           Main 2005.

GA 71   *Das Ereignis*, herausgegeben von
           Friedrich-Wilhelm von Herrmann
           Frankfurt am Main 2009.

GA 72   *Die Stege des Anfangs (1944)*, heraus-
           gegeben von Friedrich-Wilhelm von
           Herrmann (noch nicht erschienen).

GA 73   *Zum Ereignis-Denken*
           (noch nicht erschienen).

GA 74   *Zum Wesen der Sprache*, heraus-
           gegeben von Thomas Regehly
           (noch nicht erschienen).

GA 75   *Zu Hölderlin – Griechenlandreisen*,
           herausgegeben von Curd Ochwadt,
           Frankfurt am Main 2000.

GA 76   *Leitgedanken zur Entstehung der Meta-
           physik, der neuzeitlichen Wissenschaft
           und der modernen Technik*, herausgegeben
           von Claudius Strube
           Frankfurt am Main 2009.

GA 77   *Feldweg-Gespräche (1944/45)*, heraus-
           gegeben von Ingrid Schüßler,
           Frankfurt am Main 1995; ²2007.

GA 78   *Der Spruch des Anaximander (1946)*,
           herausgegeben von Ingeborg Schüßler
           (noch nicht erschienen).

GA 79 *Bremer und Freiburger Vorträge*, herausgegeben von Petra Jaeger, Frankfurt am Main 1994; ²2005.

GA 80 *Vorträge*, herausgegeben von Bernd Heimbüchel (noch nicht erschienen).

GA 81 *Gedachtes*, herausgegeben von Paola-Ludovika Coriando, Frankfurt am Main 2007.

GA 82 *Zu eigenen Veröffentlichung* (noch nicht erschienen)

GA 83 *Seminare: Platon – Aristoteles – Augustinus*, herausgegeben von Mark Michalski (noch nicht erschienen).

GA 84 *Seminare: Leibniz – Kant*, herausgegeben von Günther Neumann (noch nicht erschienen).

GA 85 *Seminar: Vom Wesen der Sprache. Die Metaphysik der Sprache und die Wesung des Wortes. Zu Herders Abhandlung »Über den Ursprung der Sprache«*, herausgegeben von Ingrid Schüßler, Frankfurt am Main 1999.

GA 86 *Seminare: Hegel – Schelling*, herausgegeben von Peter Trawny (noch nicht erschienen).

GA 87 *Nietzsche: Seminare 1937 und 1944*, herausgegeben von Peter von Ruckteschell, Frankfurt am Main 2004.

GA 88 *Seminare: 1. Die metaphysischen Grundstellungen des abendländischen Denkens 2. Einübung in das philosophische Denken*, herausgegeben von Alfred Denker, Frankfurt am Main 2008.

GA 89 *Zollikoner Seminare*, herausgegeben von Claudius Strube (noch nicht erschienen).

GA 90 *Zu Ernst Jünger*, herausgegeben von Peter Trawny, Frankfurt am Main 2004.

GA 91	*Ergänzungen und Denksplitter* (noch nicht erschienen).
GA 92	*Ausgewählte Briefe I* (noch nicht erschienen).
GA 93	*Ausgewählte Briefe II* (noch nicht erschienen).
GA 94	*Überlegungen II–VI* (noch nicht erschienen).
GA 95	*Überlegungen VII–XI* (noch nicht erschienen).
GA 96	*Überlegungen XII–XV* (noch nicht erschienen).
GA 97	*Anmerkungen II–V* (noch nicht erschienen).
GA 98	*Anmerkungen VI–IX* (noch nicht erschienen).
GA 99	*Vier Hefte I – Der Feldweg. Vier Hefte II – Durch Ereignis zu Ding und Welt* (noch nicht erschienen).
GA 100	*Vigilae I, II* (noch nicht erschienen).
GA 101	*Winke I, II* (noch nicht erschienen).
GA 102	*Vorläufiges I–IV* (noch nicht erschienen).

Zitierte Briefwechsel mit Martin Heidegger

Heidegger/Arendt	Martin Heidegger/Hannah Arendt, *Briefe 1925 bis 1975 und andere Zeugnisse*, aus den Nachlässen herausgegeben von Ursula Ludz, Frankfurt am Main 1998; [2]1999.
Heidegger/Bauch	Martin Heidegger/Kurt Bauch, *Briefwechsel*, herausgegeben und kommentiert von Almuth Heidegger, Freiburg 2010 (= *Martin Heidegger Briefausgabe*; II.1).
Heidegger/ Blochmann	Martin Heidegger/Elisabeth Blochmann, *Briefwechsel. 1918–1969*, herausgegeben von Joachim W. Storck, Marbach am Neckar 1989.

Heidegger/ Bodmershof	Martin Heidegger/Imma von Bodmershof, *Briefwechsel 1959–1976*, herausgegeben von Bruno Pieger, Stuttgart 2000.
Heidegger/Bultmann	Rudolf Bultmann/Martin Heidegger, *Briefwechsel 1925–1975*, herausgegeben von Andreas Großmann und Christof Landmesser, mit einem Geleitwort von Eberhard Jüngel, Frankfurt am Main/Tübingen 2009.
Heidegger/Friedrich	»Der Briefwechsel zwischen Martin Heidegger und dem Freiburger Romanisten Hugo Friedrich«, herausgegeben und kommentiert von Frank-Rutger Hausmann, in: *Heidegger-Jahrbuch* 4 (2009), 90–139.
Heidegger/ Elfride Heidegger	*»Mein liebes Seelchen!« Briefe Martin Heideggers an seine Frau Elfride 1915–1970*, herausgegeben, ausgewählt und kommentiert von Gertrud Heidegger, München 2005.
Heidegger/Jünger	Ernst Jünger/Martin Heidegger, *Briefe 1949–1975*, unter Mitarbeit von Simone Maier herausgegeben, kommentiert und mit einem Nachwort versehen von Günter Figal, Stuttgart und Frankfurt am Main 2008.
Heidegger/Jaspers	Martin Heidegger/Karl Jaspers, *Briefwechsel 1920–1963*, herausgegeben von Walter Biemel und Hans Saner, München und Frankfurt am Main 1992.
Heidegger/Müller	Martin Heidegger, *Briefe an Max Müller und andere Dokumente*, herausgegeben von Holger Zaborowski und Anton Bösl, Freiburg und München 2003 ([2]2004).

Zitierte Bände des Heidegger-Jahrbuches

Heidegger-Jahrbuch 1	*Heidegger und die Anfänge seines Denkens*, herausgegeben von Alfred Denker, Hans-Helmuth Gander und Holger Zaborowski, Freiburg/München 2004.
Heidegger-Jahrbuch 2	*Heidegger und Nietzsche*, herausgegeben von Alfred Denker, Marion Heinz, John Sallis, Ben Vedder und Holger Zaborowski, Freiburg/München 2005.
Heidegger-Jahrbuch 4	*Heidegger und der Nationalsozialismus I. Dokumente*, herausgegeben von Alfred Denker und Holger Zaborowski, Freiburg/München 2009.
Heidegger-Jahrbuch 5	*Heidegger und der Nationalsozialismus II. Interpretationen*, herausgegeben von Alfred Denker und Holger Zaborowski, Freiburg/München 2009.

20. Personen- und Sachregister

21. Verzeichnis der Abbildungen

Die Fotos auf den Seiten 89, 92, 94, 97, 101, 103, 105, 106, 111, 116, 120, 122, 154, 162, 264, 310, 317, 335, 387, 402, 463, 484, 514, 517, 651, 675, 677, 691, 695, 705, 707, 719, 721, 724, 740, 748 stammen aus dem Heidegger-Archiv der Stadt Messkirch.

Das Original von Martin Heideggers Karteikarte aus der Zentralkartei der NSDAP (Seite 213) befindet sich im Bundesarchiv Berlin (Personenbezogene Unterlagen des ehemaligen Berlin Document Center; NSDAP-Mitgliederkarteikarten).

Das Original der Säuberungsbescheinigung (Seite 686) befindet sich im Hauptstaatsarchiv in Stuttgart: Personalakten Heidegger (EA3/150 Bü 835).

Den Mitarbeiterinnen und Mitarbeitern dieser Archive sei an dieser Stelle ein herzlicher Dank für Ihre Unterstützung und Hilfe ausgesprochen. Ebenfalls sei den genannten Archiven sehr herzlich für die Abdruckgenehmigung dieser Fotos und Dokumente gedankt.

Rüdiger Safranski
Ein Meister aus Deutschland
Heidegger und seine Zeit

Band 15157

Das Leben, die Philosophie, das Jahrhundert – Safranski legt mit seinem Buch über Martin Heidegger die Biographie des 20. Jahrhunderts vor. Es ist zugleich das Porträt einer Epoche, eine prägnante Reflexion über den Zusammenhang von Denken, Leben und politischer Verstrickung. Heideggers nationalsozialistisches Engagement in der Zeit seines Freiburger Rektorats bleibt in Safranskis glasklarer Darstellung des philosophischen Werdegangs Martin Heideggers ebensowenig ausgespart wie die Kontroverse um die Nachgeschichte seines »Irrtums«.

Das Buch besticht durch seine souveräne Beherrschung des zeit- und ideengeschichtlichen Materials, es ist eine überragende Auseinandersetzung mit Heideggers Lebenswerk, die sich zu einem Panorama deutscher Kulturgeschichte von der Zwischenkriegszeit bis in die frühen 70er Jahre der Bundesrepublik ausweitet.

Fischer Taschenbuch Verlag

fi 15157 / 1